BEATE SANDER

WIE FINDE ICH DIE BESTEN ETFS UND INVESTMENT FONDS?

Aus dem Inhalt

	Vorwort	09
1	**Was sollten Sie über Investmentfonds unbedingt wissen?**	**13**
1.1	Einführung: Allgemeine Informationen	13
1.2	Warum Investmentfonds statt nur Einzelaktien und ETFs?	17
2	**Interessante Aktienfonds und ETFs für deutsche Indizes**	**22**
2.1	Die wichtigen deutschen Börsenbarometer stellen sich Ihnen mit Fondslisten vor	22
2.1.1	Der Leitindex DAX, um den sich alles dreht	23
2.1.2	Der MDAX mit jetzt 60 mittelgroßen Werten schlägt den DAX in zwei Jahrzehnten um Längen	27
2.1.3	Der Hightech-Index TecDAX mit Zukunftsmusik	31
2.1.4	Die Kleinen zeigen es den Großen: Der SDAX auf der Überholspur	36
2.1.5	DAXplus Family 30: Familienfirmen als Herz des deutschen Mittelstands wirtschaften nachhaltig	38
2.2	Eine Bestenlisten-Auswahl internationaler Aktienfonds	40
3	**Bei etlichen Aktienfonds dreht sich alles um hohe Dividenden**	**43**
3.1	Was Sie über den DivDAX wissen sollten	43
3.2	Vorschlag für deutsche und internationale Dividenden-Aktienfonds mit Musterdepot	44
4	**Blick auf große ausländische Indizes mit Fondsauswahl**	**48**
4.1	Euro Stoxx 50 und Stoxx 50: Mehr als nur ein kleiner Unterschied	48
4.2	Amerika gibt die Trends vor: Dow Jones, S&P 500, Nasdaq	54
4.3	Ein Fonds-Ausflug nach Japan	59
4.4	China und Indien: Noch Leuchttürme für die Konjunktur?	63
4.5	Interessante Fonds für Risikofreudige: Emerging Markets und Frontiermärkte	70
4.6	Ethische, umweltfreundliche und nachhaltige Geldanlagen mit Aktienfonds	74

5 Wählen Sie Ihre Fonds auch nach Branchen aus — 79

- 5.1 Blick auf die zukunftsfähigsten Branchen — 79
- 5.2 Bestandsaufnahme mit Fondsauswahl — 79
  - 5.2.1 Demografischer Wandel: Gesundheitswesen mit Biotech, Medtech, Pharma rund um den Globus — 79
  - 5.2.2 Zukunftsmärkte: Erneuerbare Energie, Wasserwirtschaft, Klimawandel und Umweltschutz — 85
  - 5.2.3 Für Edelmetall Erholung in Sicht? Energie- und Rohstoffsektor auf Stabilisierungskurs — 88
  - 5.2.4 Bauindustrie und Immobiliensektor durch demografischen Wandel und Einwanderer im Aufwind — 95
  - 5.2.5 Stabiler Konsumgütersektor: Wir essen, trinken, heizen, waschen und pflegen uns auch in Krisen — 100
  - 5.2.6 Industrie 4.0: Hightech, IT-Software, Elektronik, Elektrotechnik Nutznießer des globalen Wandels — 104
  - 5.2.7 Aktienfonds im Zukunftsmarkt Internet der Dinge und Informationstechnologie mit Digitalisierung — 107
  - 5.2.8 Aktienfonds: Medien und Telekommunikation; Produktvielfalt durch die industrielle Evolution — 112
  - 5.2.9 Raus aus der Autokrise mit schwerem Abgas- und Dieselbetrug. Auf zu neuen Technologien! — 114
  - 5.2.10 Banken, Versicherer und Finanz-Aktienfonds durch Null-Zins-Politik und Strafzins gebeutelt — 116
  - 5.2.11 Interessante Aktienfonds im Zukunftsmarkt Infrastruktur/Logistik — 119
  - 5.2.12 Schwere Zeiten für Versorger: Kernkraftausstieg, noch Windkraftflaute, aber Erholung bei Öl — 121

6 Aktienfonds-Werkstatt: vier Musterdepots und ein Baukasten-Aufbaumodell auch zum Basteln — 125

- 6.1 Vier Musterdepots für sicherheitsbewusste, erfolgsorientierte und risikofreudige Typen — 125
- 6.2 Das Branchen-Musterdepot als die neue Fonds-Alternative — 133
- 6.3 Das Baukastensystem mit dem Aufbaumodell für Ihre komplette Wertpapieranlage — 138
- 6.4 Anlegerfallen – nicht nur am Grauen Kapitalmarkt — 144
- 6.5 Ist der Russland-Crash ein düsterer Vorbote für weitere Kurseinbrüche? — 148

❼ 2018 In- und Ausland: Nebenwerte- und Technologiefonds liegen vorn — 150

7.1	Aktienfonds-Sieger: Kontinente, Nationen und Regionen	150
7.2	Beste Aktienfonds Indizes und Länder: www.finanzpartner.de	157
7.3	Aktienfonds-Auswahl nach Branchen und Zukunftsmärkten	171
7.4	Das Musterdepot Branchen-Aktienfonds	187
7.5	Fondsbilanz: Nebenwerte und Technologie im Trend	190
7.6	Aktienfonds-Favoriten 2017/2018 von Wallstreet.online	193
7.7	Die besten Aktienfonds laut Handelsblatt	195
7.8	Die ARD-Börse informiert über Aktienfondssieger 2017/2018	198
7.9	Das Länder-Musterdepot mit ARD-Börse-Siegern 2018	204

❽ Damit Sie sich bei den wichtigen Fondsarten auskennen und klug entscheiden — 206

8.1	Mischfonds mit Musterdepot: Statt Ladenhüter Evolution?	206
8.2	Dachfonds mit dem Musterdepot für Kinder, Enkel und vorsichtige Anleger	223
8.3	Wertgesicherte Fonds: Alternative zum Garantiezertifikat	227
8.4	Rentenfonds – Leidtragende der Null- und Strafzinspolitik	232
8.5	Geldmarktfonds: großteils ein Alptraum. So sieht schleichende Kapitalvernichtung aus	240
8.6	Aktien-Immobilienfonds oft besser als Offene Immobilienfonds! Geschlossene Fonds vernichten häufig viel Geld	245
8.7	Hedgefonds: Die Gewinne schmelzen. Zu hohe Gebühren schrecken ab und treiben manchen Manager in die Pleite	255
8.8	Ein Siegerquartett unterschiedlicher Fondsarten 2018	263
8.9	Was hat der wöchentliche Fonds-Ersttipp 2017 von BÖRSE ONLINE 2018 gebracht?	266

❾ Indexfonds mit börsennotierten ETFs als die klassische passiv gemanagte Alternative — 269

9.1	Warum boomen Indexfonds? Eine ETF-Auswahl für die globale Marktabdeckung	269
9.2	ETF-Auswahl TOP-10 ARD-Börse 1 und 3 Jahre, ergänzt durch die eigene Fundgrube	274
9.3	Branchen-ETFs werden immer beliebter	279
9.4	Dreikampf: Aktien – Aktienfonds – ETFs	285

9.5	Die ETF-Favoriten vom **EX**tra-Magazin	286
9.6	Aufgehobene Grenzen – aber viel Rendite im Bullenmarkt bei zweifach gehebeltem ETF	289
10	**Vision: Deutscher Familienfirmen-Aktienfonds ergänzt durch Nasdaq**	**291**
11	**Deutsche Millionärsfamilien schätzen kreative Investmentfonds in Zukunftsmärkten**	**299**
12	**Angst vor neuen Krisen? Statt Panikstarre mutiges Handeln!**	**303**
13	**Expertennachlese: „Ewige Aktien" und Fonds**	**308**
14	**Wie 5.000, 10.000, 20.000, 30.000, 50.000 und 100.000 Euro am besten langfristig anlegen?**	**312**
14.1	Worauf es ankommt, um Erfolg zu haben	312
14.2	Auch aus 5.000 € kann Großes entstehen	315
14.3	Chancen nutzen mit Startkapital 10.000 €	318
14.4	Mehr Anlagespielraum bei 20.000 €	324
14.5	Zukunftsmärkte erschließen und Reichtumsträume verwirklichen ab 30.000 €	331
14.6	Weichenstellung Millionär mit Startkapital 50.000 €	341
14.7	Wie mit einer Erbschaft oder anderem Geldsegen von 100.000 € umgehen?	356
14.8	Das Musterdepot Geldanlage 100.000 €	373
14.9	So finden Sie rasch Ihre Lieblingsaktien für die Kapitalanlage 5.000 bis 100.000 €	378
15	**Testen Sie schnell Ihr Fondswissen**	**383**
16	**Anhang**	**388**
16.1	Das Lexikon mit Fachbegriffen und Fonds-Schwerpunkten	388
16.2	Lösungen der fünf Leistungs-Schnelltests	409
16.3	Die wichtigsten Indizes weltweit für den raschen Überblick	414
16.4	Unser Partner DJE stellt sein Geschäftsmodell vor	415
16.5	Unser Partner Qiagen aus dem TecDAX und MDAX informiert über sein Geschäftsmodell	419
16.6	Sachwortverzeichnis: Wo steht was?	421
16.7	Nachtrag: Hilfe Crashgefahr! Mein Notfallfahrplan für Sie	431

Vorwort

Liebe Leserinnen und Leser,

im vorigen Jahr erschien die erste Auflage von *Wie finde ich die besten Investmentfonds?* Das Buch wurde so gut vom Markt aufgenommen, dass schon jetzt eine Neubearbeitung ansteht. Die große Neuordnung der deutschen Indizes schreit danach, die wichtigsten Änderungen und Auswirkungen aufzuzeigen. Ich stelle mich der Herausforderung, neue Erfahrungen, Erkenntnisse und innovative Anlagekonzepte einzubringen. Auch im Fondssektor hat sich einiges verändert – beispielsweise der flexible Multi-Asset-Ansatz bei Mischfonds. Die Industrie 4.0, das Internet der Dinge, die digitalisierte und vernetzte Welt mit Künstlicher Intelligenz und Robotik hinterlassen im Fondsmarkt deutliche Spuren.

Die Börsenrallye hält – abgesehen von sich häufenden heftigen Einbrüchen – seit über neun Jahren an. Viele Anleger rechnen schon seit Jahren mit einem neuerlichen Crash. Da sind für sicherheitsbewusste und erfolgsorientierte Anleger gute Aktienfonds und preiswerte ETFs, die bestimmte Indizes nachbilden, beliebt. Aktienfonds und ETFs sorgen für breite Streuung, die wohl wichtigste Erfolgsformel für einen langfristigen Börsenerfolg. Neue Studien zeigen, dass es selbst im Rentenalter unklug ist, von Aktien in Anleihen umzuwechseln.

Die Zahl der weltweit zugelassenen Investmentfonds lag Mitte Oktober 2018 bei über 49.500 Produkten. Vorn lagen 16.800 Aktienfonds vor 11.900 Rentenfonds, 4.950 Mischfonds und 4.250 sonstigen Fonds. Besonders beliebt sind die immer neue Rekorde erzielenden ETFs. Hier führen 850 Aktien-ETFs vor 300 Renten-ETFs. Bei der Gesamtanzahl können die preiswerten passiven Indexfonds logischerweise nicht mithalten, weil sie den ausgewählten Index genau nachbilden müssen. Umso mehr überzeugen die Zuwachsraten gegenüber dem Vorjahr: 7,5 % bei Aktien-ETFs, aber nur 1,7 % bei Renten-ETFs, nachdem die Nullzinspolitik deutliche Spuren hinterlässt. Insgesamt wurde die Rekordsumme von stolzen 5 Billionen Dollar weltweit in ETFs angelegt. Zu meinem Erstaunen werden Indexprodukte bereits mit einem zweifachen Hebel angeboten, der die Kursgewinne, aber auch mögliche Kursverluste verdoppelt. Solche Spekulationen sollten den Hebelzertifikaten und alternativen Hedgefonds vorbehalten bleiben.

Bis Mitte 2017 legten Bundesbürger 367.800 Mio. € in Aktien-, 250.800 Mio. in Misch-, 202.900 Mio. in Renten-, 21.700 Mio. in Wertgesicherte Fonds, 11.200 Mio. in Geldmarktprodukte und 6.800 Mio. in Hedgefonds an, die auf steigende und fallende Märkte setzen. Dies zeigt, dass viele Privatanleger am Gewohnten festhalten und sich schwer tun, Neues zu lernen und umzusetzen. Warum Rentenfonds kaufen in den Zeiten der Nullzinspolitik, die bis 2019 anhalten dürfte?

Gute Aktienfonds und börsennotierte Indexfonds sind für eine Langzeitanlage auch mit Sparplänen bestens geeignet, statt mit virtuellen Bitcoins zu spekulieren.

Niemand auf der Welt kann ohne Unterstützung aus Tausenden von Publikumsfonds die besten Produkte in Perlenfischerart herausfiltern. Wer auf das Zufallsprinzip setzt oder Stammtischtipps vertraut, gerät womöglich unter Druck. Es gibt zahlreiche Investmentfonds, mit denen Sie erfolgreich Vermögensaufbau und Altersvorsorge vorantreiben und mit Glück, Geduld, Geschick binnen 10 oder 20 Jahren reich werden können. Umgekehrt besteht ein hohes Verlustrisiko, wenn Sie schlechte Produkte auswählen und strategisch fast alles falsch machen. Eine Einwert-Strategie ist nicht nur bei Einzelaktien ein Riesenfehler, sondern trotz gewisser Streuung auch im Fondssektor gefährlich und von daher ist davon abzuraten.

Ich will Ihnen dabei helfen, die für Sie passenden besten Fonds auszuwählen. Ein Angsthase mit wenig Geld hat andere Bedürfnisse als ein großspuriger Optimist mit Geld in Hülle und Fülle. Börsenwissen, Alter, Vermögensdecke, Einkommen, Ziele und Erwartungen, berufliche und familiäre Lage, soziale Verpflichtungen, Zeit, Lust und Laune, Vorlieben und Abneigung spielen in diesem Mix mit.

Das Buch ist für Privatanleger zugeschnitten und überfordert niemanden. Sie können es Kapitel für Kapitel durcharbeiten, aber auch querlesen und sich die Abschnitte heraussuchen, die Sie aktuell am meisten interessieren. Verlassen Sie sich bitte darauf, dass ich alles verständlich, überschaubar, in möglichst kurzen Sätzen, von unnötigen Fachausdrücken und Fremdwörtern befreit, erkläre. Lesefreude und Spannung sollen und dürfen nicht zu kurz kommen.

Nach der Einführung mache ich Sie zunächst mit dem großen Bereich Aktienfonds vertraut. Vielleicht wissen Sie, dass vier von fünf Aktienfonds, die in den deutschen Leitindex DAX, Euro Stoxx 50, Stoxx 50 oder Dow Jones investieren, gegen das Börsenbarometer verlieren. Kein Grund zur Panik! Ein ETF kann gegen den Index weder gewinnen noch verlieren. Mit Aktienfonds sind Sie auf der Siegerseite, wenn Sie sich für tüchtige, innovative Fondsmanager entscheiden, die aus den zahlenmäßig großen Indizes wie MDAX, SDAX, DAX 100, Nasdaq 100, Nikkei 225 oder S&P 500 flexibel und engagiert eine kluge Auswahl treffen.

Gut sieht es für Sie aus, wenn das Fondsmanagement auf Nebenwerte mit zahlreichen Familienfirmen wie MDAX, TecDAX, SDAX setzt und zukunftsfähige Branchen, Themen, Regionen und Märkte anpeilt. Hier sind bei den Siegern über 50 % Kursgewinn in einem Jahr, eine dreistellige Rendite in 5 oder 10 Jahren und ein vierstelliges Erfolgserlebnis in 2 oder 3 Jahrzehnten möglich. Kein Jägerlatein, keine Schaumschlägerei, sondern nachweisbar. Studieren Sie die Musterdepots und Kurslisten von Aktienfonds mit Dividendenstars, aus dem Nebenwertesektor und den großen Zukunftsmärkten, wie sie die US-Technologiebörse Nasdaq bringt.

Viele Anleger jammern und klagen ihr Leid über die Null- und Strafzinspolitik und fühlen sich enteignet. Das Sparbuch ist längst nicht mehr ein Quell für Wohlstand, sondern eine schleichende Kapitalvernichtung. Statt frustriert, genervt oder wutentbrannt Geld rauszuschmeißen, ist es vernünftig, in die besten Aktienfonds mit Blick auf die Dividende als Ersatzzins, in wachstums- und ertragsstarke Branchen, Themen und Zukunftsmärkte zu investieren. Wie dies geschieht, zeigen meine Informationen und ausführlichen Kurslisten in allen Bereichen. Dabei stütze ich mich auf Besten- und Siegerlisten, die Favoriten von Analysten, Vermögensverwaltern, Börsenexperten und Agenturen. Ein mühsames Unterfangen mit dem Ziel, dass Sie erfolgreich und verantwortungsbewusst investieren können. Wichtig und aufschlussreich für Ihre passende Produktauswahl sind die folgenden Kapitel, die sich auch zum Querlesen und Nachschlagen eignen:

01 **Sie erwerben das Grundwissen für die Fondsbeurteilung**
02 **Ich präsentiere erfolgreiche Aktienfonds zu den deutschen Indizes**
03 **Eine Dividenden-Aktienauswahl als richtige Antwort auf Nullzinspolitik**
04 **Blick in die Technologiebörse Nasdaq und andere ausländische Indizes**
05 **Branchen-Aktienfonds in Zukunftsmärkten als Erfolgsformel**
06 **Aktienfonds-Werkstatt mit Musterdepots und Baukasten-Aufbaumodell**
07 **2017/18: In- und ausländische Nebenwerte- und Technologiefonds vorn**
08 **Sie lernen wichtige Fondsarten kennen, um klug handeln zu können**
09 **Blick auf boomende ETFs aus nationalen und globalen Siegerlisten**
10 **Eine Vision wird Wirklichkeit: ein chancenreicher Familienfirmenfonds**
11 **Deutsche Millionärsfamilien schätzen kreative Investmentfonds**
12 **Furcht vor neuen Krisen? Statt Panikstarre mutiges Handeln angezeigt!**
13 **Forschungsprojekt: „Ewige" Aktien und Fonds**
14 **Wie am besten 5.000, 10.000, 20.000, 30.000, 50.000 € und 100.000 € anlegen als vorsichtiger, erfolgsorientierter und risikofreudiger Typ?**
15 **Testen Sie schnell Ihr Fondswissen**
16 **Anhang mit einem Lexikon der Fachbegriffe, den Lösungen für die Schnelltests, Vorstellung der Buchpartner und Sachwortverzeichnis**

Es geht darum, strategisch klug und unaufgeregt zu handeln und große, das Vermögen zerstörende Fehler zu vermeiden. Ermutigend ist, dass es hierzulande 2018 endlich wieder über 10 Millionen Aktionäre gibt. Dennoch ist in Amerika der prozentuale Anteil mehr als doppelt so hoch. Warum wird dem schleichenden Geldvernichtungs-Sparbuch weiter die Treue gehalten? Jeder Zweite befürchtet, dass mit kleineren Beträgen gute Geldanlagen unmöglich sind. In Amerika unterläuft nur jedem Fünften eine solche Fehleinschätzung. Sie handeln richtig, wenn Sie die zu Ihnen passenden Siegerfonds auswählen und die Finger weglassen von Produkten, an denen nur Banken und Spekulanten verdienen.

Mit dem beliebten Sparbuch vernichten Sie vorerst weiterhin Ihr Kapital. Sie müssen mehrere Sparbücher besitzen, um ohne Zusatzkosten an größere Summen heranzukommen. Bei einem breit gestreuten Depot aus Einzelaktien, ETFs und Aktienfonds können Sie börsentäglich beliebige Summen abheben – schon am nächsten Tag verfügbar. Selbst im Crash gibt es Wertpapiere, die auf Börsenturbulenzen kaum reagieren und die Sie mit Gewinn verkaufen können. Je länger Ihr Anlagehorizont und je breiter Ihr Depot gestreut ist, umso besser funktioniert meine Hoch-/Tief-Mutstrategie. Zum Schluss ein paar Tipps, damit Sie beste Fonds entdecken für Vermögensaufbau und Ruhestand mit finanzieller Unabhängigkeit:

- **Langzeithorizont:** Wenn Sie gute Fonds mindestens ein Jahrzehnt halten, steigern Sie Ihre Rendite erheblich. Zudem senken Sie Ihr Risiko deutlich.
- **Breit gestreut – nie bereut!** Begnügen Sie sich nicht mit einem Fonds. Streuen Sie bei der wichtigsten Gruppe Aktienfonds: Dividenden-, Themen-, Branchenfonds, Indizes, Länder und Zukunftsmärkte. Die Siegerlisten helfen.
- **Umfang:** Legen Sie pro Produkt und Transaktion über 1.000 € an, damit die Gebühren nicht den Ertrag auffressen. Bei Erfolg können Sie nachlegen.
- **Ausgabeaufschlag:** Es gibt Angebote von 0 % bis über 5 %. Halten Sie Ihren Aktienfonds „ewig", spielt der Ausgabeaufschlag nur eine Nebenrolle. Ganz anders verhält es sich, wenn Sie nur für ein, zwei oder drei Jahre anlegen.
- **Verwaltungsgebühr.** Sie entscheidet mit über Ihren Anlageerfolg. Liegt die Gebühr bei 2 %, sind dies pro Jahrzehnt 20 % vom Anlagebetrag.
- **Risikoprofil.** Die Fondsanlage darf Sie weder nervös noch unzufrieden machen und unkontrollierte Reaktionen auslösen. Stufen Sie sich ehrlich ein. Je höher Ihr Anspruch ist, umso mehr Risiko müssen Sie einplanen.
- **Kursschwankungen.** Gebetsmühlenähnlich wird Privatanlegern eingeredet, dass große Kursschwankungen schlecht sind und das Nervenkostüm strapazieren. Auch viele Aktienfondsmanager sichern, um die Volatilität zu bekämpfen, ihr Depot mit Derivaten ab. Zumindest bei Einzelaktien bieten starke Kursschwankungen vortreffliche Chancen für günstigen Zukauf und Teilverkauf.
- **Ein Crash ist gut – für Leute mit Mut.** Es ist grundverkehrt, bei einem Crash alle Wertpapiere panikartig aus dem Depot zu schleudern. Viel besser: Nutzen Sie Einstiegs- und Zukaufchancen zu Tiefstkursen.
- **Musterdepots, das Baukasten-Aufbaumodell und ein unterschiedlich hohes Startkapital für drei Anlegertypen laden auch Sie zum Mitmachen ein.**

Viel Lesefreude und Anlageerfolg mit guten Fonds wünscht Ihnen die Autorin

Beate Sander, im Frühjahr 2019
Beate.S.Sander@t-online.de

❶ Was sollten Sie über Investmentfonds unbedingt wissen?

1.1 Einführung: Allgemeine Informationen

Nur eine maßgeschneiderte Anlagestrategie verspricht dauerhaften Erfolg und macht dann auch richtig Spaß

Immer wieder werde ich auf Hauptversammlungen und bei Anlegerkonferenzen gefragt: *„Haben Sie für mich ein paar tolle Anlagetipps auf Lager?"* Meine Antwort lautet: *„So einfach geht dies nicht! Was für mich richtig ist, kann für Sie falsch sein. Jeder hat andere Vorlieben und Ansprüche. Was der eine liebt, kann dem anderen verhasst sein."* Aber einige wichtige Grundregeln gelten für jeden. In einem erfolgreichen Strategieorchester spielen mehrere Einflussfaktoren mit.

Bei vernünftiger Kapitalanlage mit persönlichem Zuschnitt dient als Orientierungshilfe die folgende Grobeinteilung:

- ➢ Schätzen Sie sich als ängstlichen, vorsichtigen, risikoscheuen Typ ein?
- ➢ Sind Sie erfolgsorientiert mit ausgewogenem Chance-/Risiko-Verhältnis?
- ➢ Lieben Sie Nervenkitzel? Sind Sie risikofreudig? Mögen Sie es spekulativ?

Typ 1: Sofern Sie sich als ängstlich einschätzen, muss Ihnen bewusst sein, dass es das größte Risiko ist, gar kein Risiko eingehen zu wollen. Übertriebenes Streben nach Sicherheit kann kostspielig sein und ist dennoch nicht garantierbar. Das Festhalten am Sparbuch bedeutet seit Einführung der Nullzinsen eine schleichende Kapitalvernichtung. Was ist also zu tun? Legen Sie nur übriges Geld längerfristig an. Aber pro Order nicht unter 1.000 €. Sonst fressen die Gebühren möglicherweise Ihren Kursgewinn auf. Als Fondsliebhaber dürfen Sie sich freuen, dass es auch für sicherheitsbewusste Anleger gute Produkte gibt. Vielleicht interessieren Sie sich für Mischfonds, die in Aktien und Rentenpapiere anlegen, jedoch in unterschiedlicher Ausrichtung, Gewichtung und Auswahl, z. B. Deutschland, Europa, USA, weltweit. Bei innovativer Multi-Asset-Struktur mit Anteil Aktien/Anleihen zwischen 5 bis 95 % je nach Marktlage, beigemischt mit Gold, Öl und Rohstoffen, ist auch jetzt ein Plus möglich. Dividendenfonds sind beliebt, wird doch die Ausschüttung als Ersatzzins bewertet. Viele vorsichtige Anleger bevorzugen Standardfonds wie auf den DAX oder Dow Jones bezogen. Aber die Gewinnentwicklung ist bei Nebenwerten und Branchenfonds deutlich besser.

Typ 2: Als erfolgsorientierter Anleger sollten Sie Ihr Fonds-Investment auf MDAX, SDAX, TecDAX, Nasdaq, weltweit bzw. auf Ostasien, Südamerika, Osteuropa ausdehnen. Deutsche und ausländische Nebenwerte sowie interessante Branchen in Zukunftsmärkten sind chancenreich. Bei Aktienfonds gehört jetzt auch eine Growth- oder Value-/Growth-Kombination in Ihr Depot.

Typ 3: Als risikofreudiger bis spekulativer Anleger mit Lust auf Nervenkitzel gibt es bei Einzelaktien auch ein schnelles Rein/Raus. Aber bitte nie mit Aktienfonds, die langfristig ausgelegt sind! Sie sollten im Fondssektor Schwellenländer und Frontiermärkte unterhalb der Emerging Markets nicht verschmähen. Begeben Sie sich auf Schatz- und Perlensuche, verdienen Fonds mit kleineren Aktien, also Mikrochips, bevorzugt aus dem Prime Standard, Ihr Augenmerk. Vielleicht mögen Sie Hedgefonds, wenn auch deren Kursentwicklung oft enttäuscht. Dies liegt kaum daran, dass auf steigende und fallende Märkte spekuliert wird. Eher sind die Gebühren und Stücke vom Kuchen, die sich die Manager abschneiden, zu üppig und Transaktionen zu häufig. Wichtig ist, dass Sie Verluste verkraften können. Machen Sie nicht den Fehler, wie in Spielbanken zu beobachten, Verluste mit noch mehr Spekulation und höherem Einsatz ausgleichen zu wollen.

Die wichtigsten Einflussfaktoren für jeden Anlegertyp

Je nachdem, wie Ihr Selbstbild aussieht, gleicht Ihre Anlagestrategie nicht wie ein Ei dem anderen. Ihre Entscheidungen müssen zu Ihrer Persönlichkeit passen. Sobald Sie sich über Ihre Beweggründe, Wünsche, Ziele und Lebenslage im Klaren sind, können Sie Chancen besser nutzen. So vermeiden Sie grobe Fehler. Und Krisen bringen Sie nicht um Ihren nächtlichen Schlaf. Seien Sie kein Angsthase, sondern zuversichtlich. Zu viel Sicherheit belastet Lebensfreude und Vermögen. Und möglicherweise geht der Schuss nach hinten los.

Was sollte jeder Einsteiger bei der Fondsanlage beachten?

Anlagezeitraum
Vermögensdecke
Monatsausgaben
Investmentziele
Renditeerwartung
Lebensalter
Lebensplanung
Familienverhältnisse
Steuerrechtliche Faktoren
Diversifikation (Streuung)

- Investmentfonds eignen sich nur **für langfristige Anlagen**: möglichst ein Jahrzehnt. Mit ein paar Hundert Euro **Vermögensdecke** lässt sich kein gewinnbringendes Fondsdepot aufbauen. Es müssen schon einige Tausend Euro übriges, also nicht benötigtes Geld sein. Bei Berechnung der **monatlichen Ausgaben** runden Sie unbedingt nach oben auf, damit die Fehlkalkulation bei unerwarteten Ausgaben nicht zu Schwierigkeiten führt und Besorgnis auslöst.

- Wie lautet Ihr **Anlageziel?** Geht es um Erfolgserlebnisse, um Vermögensaufbau und Altersvorsorge? Sind für Sie Kursgewinne und Dividenden statt der schleichenden Sparbuch-Geldvernichtung wichtig? Welche **Renditeerwartung** haben Sie konkret? Reicht Ihnen der Kapitalerhalt? Dann sind die beliebten Mischfonds aus Aktien und Anleihen sowie gute Standard-Aktienfonds geeignet. Wollen Sie ein paar Prozentpunkte pro Jahr erzielen, sollten Sie sich als erfolgsorientiert einordnen und entsprechend investieren. Oder verfolgen Sie risikofreudig das ehrgeizige Ziel, alljährlich im Schnitt 10 % einzusacken? Ihnen muss bewusst sein, dass hohe Erträge mit mehr Risiko verbunden sind.

- Wichtig sind **Lebensalter** und **Lebensplanung**. Je früher Sie beginnen, umso besser. Wollen Sie Vermögen aufbauen für Eigenheim, Familie und/oder Firmengründung? Selbst im Ruhestand ist es nicht zu spät, Geld zu vermehren statt zu verzehren. Völlig wirklichkeitsfern ist die Formel: 100 minus Alter = Aktien- und Aktienfondsanteil. Junge Leute wollen oft, können aber nicht wegen vielfältiger Verpflichtungen und Start der beruflichen Karriere. Viele Rentner und Pensionäre haben im Ruhestand genug Zeit und verfügen oft über eine ansehnliche Kapitaldecke, um in Aktien, ETFs und Investmentfonds anzulegen. Für diese Gruppe gilt weiterhin: Vermögen vermehren statt zu verzehren.

- Wie sehen Ihre **Familienverhältnisse** aus? Brauchen engste Angehörige Ihre finanzielle Hilfe? Dies gilt sowohl für die Bildung der Kinder und Enkel, als auch die Unterstützung pflegebedürftiger Eltern bei bescheidenem Einkommen.

- Klären Sie **steuerliche Fragen** ab. **Breite Streuung** ist wichtig, um das Risiko zu senken und nicht auf dem falschen Fuß erwischt zu werden. Eine **Einwert-Strategie** macht Sie im Glücksfall reich. Viel wahrscheinlicher aber ist es, dass Sie bei hohem Verlust falsch reagieren und Geld, Nerven, Kontrolle, Beherrschung, Zuversicht und Lebensfreude verlieren.

Kurzinformation über die aktuellen Fondskosten

Teilweise sinken die Fondskosten. Nicht zuletzt wegen der begehrten preisgünstigen ETFs, die Hedgefonds, Aktien- und Mischfonds das Leben schwer machen. Eine Untersuchung von Morningstar zeigt bei 90.000 Fonds, dass die laufenden Gebühren in den vergangenen drei Jahren um rund 1 % sanken.

Die Gebühren für Aktienfonds fielen im Schnitt von 1,43 % auf 1,27 %, ein Preisnachlass von 11 %. Rentenfonds verbilligten sich noch stärker, immerhin um 17 % von 0,89 % auf 0,74 %. Bei den ohnehin teuren Mischfonds gab es nur einen kleinen Abschlag von 1,56 % auf 1,47 %. Für deutsche Anleger ist die Gebührengestaltung weniger erfreulich. Hier verteuerten sich die Kosten für Investmentfonds binnen drei Jahren von 1,18 % auf 1,25 %. Der Hauptgrund ist, dass gern in Mischfonds investiert wird, obwohl deren Rendite wegen abgeschaffter Guthabenzinsen oder sogar Strafzinsen bei klassischer Ausrichtung mit Aktien-/Anleihenanteil 50:50 bzw. 1:1 sinkt. Besser ist eine flexible Multi-Asset-Strategie. Bei Aktienfonds gab es winzige Abschläge von 1,49 % auf 1,48 %. Die jährliche Verwaltungsgebühr bei Rentenfonds blieb mit 0,75 % unverändert. Seit 2010 haben deutsche Sparer ein Minus von über 102 Milliarden Euro zu verschmerzen. Statt zu wehklagen, kann es nur heißen: ab sofort Anlage in nachhaltige Aktien, Aktienfonds und ETFs

Wohin mit dem Geld in Zeiten abgeschaffter Guthabenzinsen?

All die Untergangsszenarien, die als Folge von Brexit und Strafzöllen in düsteren Farben ausgemalt werden, dürften außer bei einem Atomschlag kaum eintreten, also DAX & Dow nicht halbieren. Entscheidend für die Börse ist, wie sich die Erträge der Großkonzerne entwickeln. Ob der amerikanische Markt mit dem Dow Jones, dem S&P 500 und der Technologiebörse Nasdaq steigt oder fällt, hängt von der Politik des unberechenbaren US-Präsidenten Donald Trump, der Regierungsbildung in Italien und dem Verhältnis Euro/Dollar ab. Die ausufernden Strafzölle, verhängt gegen China und die Türkei, sorgen für große Unruhe.

Für Fondssparpläne spricht der Cost-Average-Effekt. Im Bärenmarkt legen die Anteile zu. Im Bullenmarkt sinken sie. Kostet ein gestückelter MDAX-Aktienfonds 100 €, bekommen Sie mit einem Sparvertrag beim Kursrückgang von 10 % einen weiteren Anteil eingebucht. Steigt der MDAX um ein Zehntel, erhalten Sie einen Anteil weniger – grob gerechnet.

Fazit zur Einschätzung der Märkte und Anlageformen

➢ Mit einem heftigen **Crash** ist kaum zu rechnen, eher einem Seitwärtstrend mit starken Kursschwankungen nach oben, aber häufiger nach unten.

➢ Es spricht nichts gegen einen **Goldanteil** von 5 bis 10 % als „sicherer Hafen".

➢ **Technik-, Software-, Netzwerk-, Internet-, Robotik-Fonds** decken Zukunftsmärkte ab. Wegen Wohnraummangels gilt dies auch für **Immobilienfonds**.

➢ Es spricht nichts gegen eine Übergewichtung von **Dividenden-Fonds** und ausschüttungsstarken Qualitätsaktien.

➢ **Kleine Zinsschritte** nach oben sind von den USA ausgehend weiterhin in den nächsten Jahren zu erwarten, aber gewiss keine Guhaben-Zinsexplosion.

1.2 Warum Investmentfonds statt nur Einzelaktien und ETFs?

Mit den richtigen Themen- und Branchen-Aktienfonds sind Sie bei fairen Gebühren auf der Überholspur und schlagen ETFs

Zählen Sie zu den Anlegern, die nicht täglich ihr Depot überprüfen, über kein großes Finanzwissen verfügen und auch nicht ständig den Markt beobachten wollen? Hindert Sie eine schmale Kapitaldecke, weltweit in Einzelaktien zu investieren? Fühlen Sie sich in schwierigen Zeiten unsicher? Ist Ihre Risikobereitschaft gering? Dann bieten sich neben ETFs vor allem Aktienfonds an. Von den Standardfonds mit großen Titeln aus Dow Jones und DAX verlieren im Schnitt über vier Fünftel gegen den Index. Ganz anders sieht es bei Nebenwerte-, Themen- und Branchen-Aktienfonds aus, die in Zukunftsmärkten aktiv sind.

2015 legten die Bundesbürger 321 Mrd. €, 2016 schon 341 Mrd. €, 2017 sogar 394 Mrd. € allein in Aktienfonds an. Bei ETFs betrug das 2017 in Europa verwaltete Anlagevermögen über 600 Mrd. €. Weltweit wurde bereits die Marke von 4 Billionen Euro überschritten. In der Beliebtheitsskala liegen Dividenden-Aktienfonds ganz vorn.

Dies gilt auch weiterhin für Mischfonds, zusammengesetzt aus Aktien und Anleihen. Sie enden jedoch als Ladenhüter, wenn sie die flexible Multi Asset-Ausrichtung mit sich änderndem Aktien- und Rentenanteil zwischen 5 % und 95 % je nach Marktlage ignorieren. Beim Blick auf die Gewinnentwicklung seit zwei Jahrzehnten ist noch vieles in Ordnung. Schlimm sieht es jedoch wegen der abgeschafften Guthabenzinsen beim Kursverlauf der letzten fünf Jahre aus.

In Deutschland werden über 10.000 unterschiedliche Investmentfondsarten angeboten. Dabei wird zwischen Offenen und Geschlossenen Fonds unterschieden. Für unerfahrene Anleger sind wegen des geringeren Risikos nur Offene Fonds ratsam. Mit Geschlossenen Fonds sind Sie angekettet. Sie kommen wegen der langen Laufzeit ohne Ersatzperson nicht raus. Notfalls müssen Sie Geld nachschießen.

Aktiv gemanagte Aktienfonds erfassen neben den weltweiten Indizes unterschiedliche Branchen, Sektoren und Themen. Zertifizierte Aktienfonds sind für die staatlich geförderte Riester-Rente zugelassen. Als Sparplan lässt sich der Cost-Average-Effekt nutzen: mehr Anteile bei niedrigen, weniger Anteile bei hohen Kursen. Der Zusatz „thesaurierend" besagt, dass die Dividende in neue Anteile wandert. Obgleich viele Anleger Fonds bevorzugen und sich von Gebühren nicht abschrecken lassen, überzeugt die Gewinnentwicklung nicht immer.

Mit aktiv gemanagten Aktienfonds lassen sich theoretisch zwar bessere Renditen erzielen als mit Indexfonds (Exchange Traded Fonds), die das jeweilige Börsenbarometer exakt abbilden. Über die Hälfte der Fondsmanager verlieren aber gegenüber dem Index. Bei global ausgerichteten Fonds sind es 80 % bis 90 %.

Mit guten Fonds nutzen Sie das Börsenwissen der Profis

Vielleicht ziehen auch Sie Aktienfonds gegenüber Einzelaktien vor, um das Wissen der Profis zu nutzen. Trotz Ausgabeaufschlags und oftmals hoher Gebühren spricht einiges dafür. Während die Gewinnentwicklung bei den auf DAX und Dow Jones bezogenen Standardfonds kaum überzeugt, gibt es erfolgreiche Themen-, Branchen-, Dividenden- und Nebenwertefonds. Wichtig ist, dass das Management gegenüber dem Referenzindex nicht nur wenig verändert, sondern innovativ und sehr aktiv ist. Ja nicht schummeln, um hohe Gebühren einzusacken! Es ist einfach, sich vom DAX bei zurückgehenden Kursen Zug um Zug mit erstklassigen Einzelaktien einzudecken. Es gibt genug Informationen in der Fachpresse, in Börsenmagazinen und im Internet. Ganz anders sieht es in Schwellenländern und bei Nebenwerten unterhalb vom MDAX und TecDAX aus. Und über die erfolgreichen Familienindizes DAXplus Family 30 und GEX wird gar nicht kommuniziert.

Mit aktiv gemanagten Aktienfonds lassen sich zumindest theoretisch bessere Renditen erzielen als mit ETFs, die das jeweilige Börsenbarometer exakt abbilden. Bei Blue Chips verlieren jedoch die meisten Aktienfonds gegenüber dem entsprechenden Index – Benchmark genannt. Allerdings sollten Sie bedenken, dass eine aktive Einzelaktienanlage über längere Zeit zwar höhere Renditen ermöglicht, aber durch Einstieg, Zukauf, Teil- und Komplettverkauf mit Transaktionskosten belastet wird. Umgekehrt ist bei Zeit, Lust und Kompetenz ein flexibles, rasches Reagieren auf Markttrends und das aktuelle Börsengeschehen chancenreich.

Investmentfonds übernehmen für Sie die Spartopf-Funktion

Ist das Management gut, sind Sie mit auf Kontinente, Branchen, Themen, Indizes und Dividenden spezialisierten Aktienfonds auf der richtigen Seite. Der Fonds übernimmt die Spartopffunktion. Das Management erwirbt je nach Ausrichtung Blue Chips, Nebenwerte, Biotech-, Rohstoff- oder Hightechaktien usw. So können Sie breit gestreut alle gewünschten Märkte abdecken, ohne Millionär zu sein. Sie werden mit Ihren Anteilen Miteigentümer am Fondsvermögen der Kapitalanlage-Gesellschaft. Nutzen Sie aktuelle Trends; und behalten Sie Zukunftsmärkte im Auge. Informationen über ausländische Nebenwerte sind dünn gesät. Mit Qualitätsfonds vermeiden Sie das gebührenpflichtige Umschichten – ein Ausgleich für Ausgabeaufschlag und Managementgebühr. Umfasst ein Fonds nur wenige Millionen Anlagekapital, wächst das Risiko, dass er aufgelöst wird.

Fazit: Passiv gemanagte Indexfonds (ETF) und aktiv ausgerichtete Spitzenfonds bieten längerfristig gute Renditechancen. Fähige Manager bringen eigene Innovationen ein. Diese Chance gilt es zu nutzen, wenn es an Zeit, Wissen und Geld mangelt, mit Einzelaktien interessante Sektoren aufzuspüren.

Nutzen Sie die Bewertungen der führenden Rating-Agenturen

Bei der Fondsauswahl helfen Rating-Agenturen wie S&P, Moody's, Fitch Ratings und Morningstar, die besten Produkte zu entdecken. Das Ranking umfasst quantitative Faktoren wie Rendite, Schwankungsbreite und Risikoprofil. Das Rating bewertet die Qualität, also die Leistungsfähigkeit der Fondsmanager. Interessant ist beim Ranking die Anzahl der Sterne – vergleichbar mit Hoteleinstufungen. Bei vier oder fünf Sternen schnitt dieser Fonds in den vergangenen 3 bis 5 Jahren bei der Rendite gut bis sehr gut ab. Die Rating-Buchstaben, selbst AAA, sind jedoch kein Freibrief für eine künftig positive Einschätzung. Bei Crash, Trendumkehr und Branchenrotation sind die Favoriten von gestern vielleicht die Verlustbringer von morgen. Rating und Ranking erleichtern die Orientierung. Leicht verstecken sich schlechte Fonds im Bullenmarkt, solange sie ein kleines Plus zeigen.

Fondsbewertungen von Standard & Poor's (S&P)		
Ranking: Bewertung von Rendite und Risiko, auf drei Jahre bezogen	★★★★★	Zählt zu den Top-Zehn-Prozent der Gruppe
	★★★★	Gutes Rendite- und Risikoprofil
	★★★	Mittleres Rendite- und Risikoprofil
	★★	Schwaches Rendite- und Risikoprofil
	★	Zählt zum schlechtesten Viertel der Gruppe
Rating: auf Basis der S&P-Analyse Beurteilung des Managements	AAA	Außergewöhnlich hohe Managementqualität
	AA	Sehr gute Qualität des Fondsmanagements
	A	Gute Qualität des Fondsmanagements
	NR	Das Rating wurde entzogen
	UR	Wird beobachtet (z. B. Managerwechsel)
Die großen Drei dominieren: S&P 40,5 %, Moody's 34,7 % und Fitch 16,8 %. Alljährlich überprüft S&P europaweit ungefähr 1.400 Investmentfonds.		

➢ Angst und Besorgnis aufgrund von Ereignissen wie der Brexit Großbritanniens Ende Juni 2016, die aktuelle Strafzollandrohung Donald Trumps, die politische Unsicherheit in Italien und steigende Zinsschritte der US-Notenbank FED bewirken, dass viele deutsche Anleger die Börse weiter meiden. Sie halten an der schleichenden Kapitalvernichtung Sparbuch bzw. Sparkonto fest.

Über die Hälfte der vom Deutschen Aktieninstitut befragten Personen will keinen Euro in Aktien oder Aktienfonds investieren, wenn 10.000 € für 25 Jahre anzulegen sind. Der Anteil der Aktionäre und Fondsbesitzer liegt bei 15 %. Erfreulicherweise steigt das Interesse wegen abgeschaffter Guthabenzinsen nun leicht. Erstmals seit einem Jahrzehnt investieren immerhin wieder 10 Millionen Privatanleger direkt oder indirekt in Aktien: ein Plus von 1 Million.

Investmentfonds: für viele Deutsche ein Buch mit sieben Siegeln

Laut einer Finanzdienstleister-Studie glaubt jeder zweite Deutsche, dass Rentenfonds die gesetzliche Rente absichern. Die knappe Hälfte hält eine Fondsanlage für kompliziert und genauso riskant wie Einzelaktien. Wenige können sich unter einem ETF etwas vorstellen. Und wer kennt sich schon mit der Prozentrechnung aus? Was ist günstiger? Statt 100 € nun 105 € bezahlen oder 3 % mehr? Die Börse erscheint oft schwer verständlich. Seit der Finanzkrise 2008/2009 ließ die Begeisterung für Aktien nach. Die Null-Zins-Politik sorgt für etwas mehr Interesse.

Als Fondsanleger nehmen Sie mit geschütztem Sondervermögen und dynamischen Sachwerten am Wirtschaftswachstum und über Kursgewinn und Dividende an der Wertschöpfung teil. Sie können Trends nutzen, in Schwellenländer, neue Märkte, Geschäftsmodelle wie Digitalisierung, Sozialnetzwerke, Robotik investieren. Mit den richtigen Fonds vermeiden Sie das gebührenpflichtige Umschichten – ein Ausgleich für die oft hohe jährliche Verwaltungsgebühr.

Passive Indexfonds (ETF) und aktiv gemanagte Spitzenfonds, deutschlandweit, europäisch, international, nach Indizes, Märkten und Themen ausgerichtet, bieten langfristig gute Renditechancen. Fähige Fondsmanager schichten im Rahmen ihrer Vorgaben mit Augenmaß um. Für Sie bleiben diese Aktivitäten gebührenfrei. Ein ETF ist preiswert: Kein Ausgabeaufschlag, nur ein geringer Spread (Unterschied Geld- und Briefkurs) und eine kleine Jahresgebühr, schwankend zwischen 0,10 % und 0,70 %. Privatanleger zahlen für Aktienfonds Managementgebühren zwischen 0,10 % und 2,25 %. Strenge Regulierungsauflagen fressen Geld. Hinzu kommt oft ein Ausgabeaufschlag bis zu rund 5 %.

Konzentrieren Sie sich als Fondsliebhaber beim Neukauf auf wachstumsstarke Märkte. Goldminenaktien liefen bis 2010 bestens, um ab 2011 zweistellig abzustürzen, sich zeitweilig als Angstbarometer zu verdoppeln und jetzt erneut im Abwärtstrend. Eine ähnlich dramatische Entwicklung zeigt der Rohstoffsektor. Der Gesundheitsbereich mit Biotech bietet nach längerer Korrekturphase gute Chancen. Neuartige Wirkstoffe und Immuntherapie erobern den Markt. Der Traum vom ewigen Leben und der Kampf gegen Krebs und Alzheimer machen Pharma zum Risikopuffer. Das Gesundheitswesen bleibt wegen demografischen Wandels mit steigender Lebenserwartung für viele Fondsmanager ein großes Zukunftsthema.

Der Ölpreis stürzte ins tiefste Kellerloch, um sich danach deutlich zu erholen. Niedrige Preise sind günstig für Autofahrer und Erdölheizer, Fluglinien und Unternehmen, die viel fossile Energie verbrauchen. Für Öl-exportierende Länder und Ölfördernde Firmen sind es Horrornachrichten. Kracht es an der Börse, ist Gold als sicherer Hafen begehrt, vor allem physisch als Barren und Münzen.

Als zukunftsträchtig gilt die Immobilienbranche wegen des starken Bedarfs an bezahlbarem Wohnraum. Einerseits befeuert durch den Flüchtlingszustrom von 1,1 Mio. Migranten 2015. Andererseits blasengefährdet. Selbst wenn die einheimische Bevölkerung trotz längeren Lebens wegen noch geringer Geburtenrate von 1,5 % pro Frau nicht wächst, steigt der Bedarf an größeren Wohnflächen. Hotel „Mama" ist beim volljährigen Nachwuchs nicht mehr gefragt.

Die Wachstumsfantasie Industrie 4.0 kommt in den vollautomatisierten Fabriken mit Robotik nicht nur im Sektor Autobau, Logistik und Medizintechnik auf. Der Technologie- und Online-Sektor sind im Umbruch durch Digitalisierung, Cloud-Computing, Internet der Dinge, Vernetzung und dem Anspruch auf Datensicherheit. Eine weitere Erfolgsformel stellen Nachhaltigkeit, Wachstumsstrategie und Erkennen neuer Megatrends dar. Was hier wohl noch alles möglich sein wird, übersteigt unsere Vorstellungswelt. Einen Vorgeschmack bilden Drohnen, Künstliche Intelligenz und Roboter, die manchen Nobelpreisträger und Schachweltmeister alt aussehen lassen. Die auf Elektromobilität setzende Autoindustrie treibt das autonome Fahren, von Senioren besonders stark nachgefragt, mit Riesenschritten voran. Umgekehrt zeigt das Ergebnis einer FORSA-Umfrage Ende Juni 2016 ein trauriges Bild. Sie bestätigt ein geringes Interesse und kümmerliches Finanzwissen bei erwachsenen Bundesbürgern mit einem knappen Drittel: „weiß ich nicht".

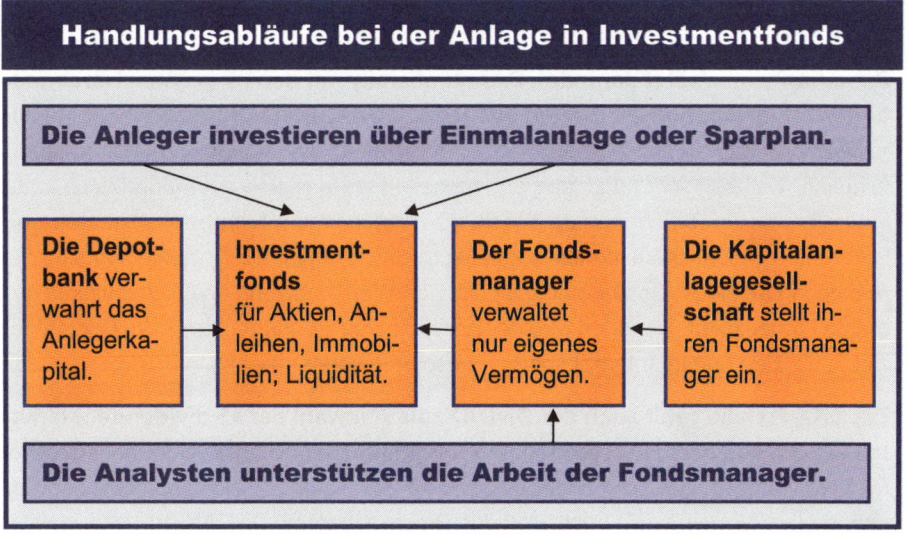

❷ Interessante Aktienfonds und ETFs für deutsche Indizes

2.1 Die wichtigen deutschen Börsenbarometer stellen sich Ihnen mit Fondslisten vor

Die Aktienfondsanlage ist kein Glücksspiel. Wichtig für Sie ist, sich über Ihr Anlageprofil im Klaren zu sein und zu wissen, wie viel übriges Geld für eine längerfristige Anlage vorhanden ist. Sie sollten sich überlegen, ob für Sie eine Einmalanlage oder ein Sparplan mit monatlichen oder vierteljährigen Zahlungen günstiger erscheint. Im Hinblick auf die deutschen Börsenbarometer ist zumindest ein Grundwissen notwendig. Schließlich sollten Sie kennen, verstehen und abgrenzen, worin Sie investieren wollen und wo es besser wäre: „Hände weg"!

Die wichtigsten deutschen Indizes im Segment Prime Standard mit strengen Zulassungsauflagen werden angeführt vom deutschen Leitindex DAX mit den 30 größten börsennotierten deutschen Aktien, erinnernd an die 1. Fußballbundesliga. Danach kommen der klassisch ausgerichtete MDAX mit jetzt 60 mittelgroßen Titeln, Mid Caps genannt. Gleichrangig einzuordnen ist der TecDAX mit 30 Technologie-, Biotech-, Software- und Internetwerten. Beide Indizes sind vergleichbar mit der 2. Liga. Danach folgt der klassisch geprägte SDAX mit 70 kleineren Aktien, als Small Caps bezeichnet. Beim Fußball wäre dies die 3. Liga.

Zur DAX-Familie zählt der Index DAXplusFamily mit den 30 größten börsennotierten familiengeführten Firmen aus DAX, MDAX, TecDAX und SDAX. Eigentümergeführte Firmen bilden das Herz des deutschen Mittelstands und sind oft so erfolgreich, weil sie nicht kurzfristig auf schnelle Gewinne und gute Quartalsberichte fokussiert sind. Sie richten zum Wohle der Angehörigen, Mitarbeiter, Kunden und Lieferanten ihr Geschäftsmodell langfristig aus. Wichtig für die Firmenlenker sind die Anbindung an die Region und eine intakte von Wertschätzung und Aufrichtigkeit geprägte Firmenkultur. Dennoch wird der Erfolgs-Index DAXplus Family im Printsektor nicht publiziert und im Internet selten – absolut unverständlich!

Zur DAX-Familie zählt auch der DivDAX, die Auswahl der 15 dividendenstärksten Firmen aus dem DAX, einmal jährlich angepasst. Schneidet der beliebte DivDAX wohl besser oder schlechter als der DAX ab? Raten Sie nicht, sondern begründen Sie Ihre Meinung. Die Lösung finden Sie im Kurzprofil DivDAX.

2.1.1 Der Leitindex DAX, um den sich alles dreht

Ob TV, Rundfunk, Tageszeitung oder Wirtschaftspresse. Geht es um die Börse, gehören fast alle Schlagzeilen dem DAX. Gern werden die langfristig erfolgreichsten Börsenbarometer TecDAX, MDAX und SDAX vergessen.

Der deutsche **A**ktieninde**X**, dessen Abkürzung zum Tierbild DACHS anregte, wurde 1988 gegründet und ist nun 30 Jahre alt. In den drei Jahrzehnten seines Börsenlebens hat er alle Höhen und Tiefen mitgemacht. Der Leitindex konnte, wie es sich an der Börse langfristig gehört, den Kurs seit seiner Geburtsstunde mehr als verzehnfachen. Der DAX startete im Juli 1988 mit 1.163 Punkten, wurde aber auf die glatte Zahl von 1.000 Punkten zurückgerechnet bzw. normiert.

> **Es gibt noch zwei andere Börsentiere, Bulle und Bär.** Da der Bulle mit seinen gefährlichen Hörnern aufwärts stößt und einen angreifenden Torero – wie in Spanien geschehen – aufspießt, steht der Bulle als Leitfigur für steigende Kurse. Der Bär schlägt mit seinen gewaltigen Tatzen von oben nach unten auf sein Opfer ein, ist also das Symbol für fallende Notierungen.

Was besagen die beiden Versionen „Performance-Index" und „Kurs-Index" beim DAX?

Den DAX – eine typisch deutsche Eigenart – gibt es in zwei Ausführungen: Der Performance-DAX, um den sich alles dreht, rechnet im Gegensatz zu den ausländischen Börsenbarometern die Dividenden und Sonderausschüttungen in den Kurs ein. Dies führt einerseits zu ansehnlichen Kurssteigerungen im Langzeitvergleich. Andererseits wird zu unrecht über hohe Bewertungen gemeckert, was gegenüber ausländischen Börsenbarometern oft nicht stimmt. Über 1.000 % Kursgewinn beim DAX seit 1988 sind dennoch keine Lüge. Dividenden gelten als wesentlicher Bestandteil des Vermögensaufbaus. Das Hauptziel sind finanzielle Freiheit und Unabhängigkeit sowie ein sorgenfreier Ruhestand.

Der Performance-DAX notierte am 17. Aug. 2018 (WKN 846 900) bei rund 12.210 Punkten. Das 52 Wochen-Hoch lag bei knapp 13.600, das Tief bei 11.730 Punkten. Werfen wir einen Blick auf den Kurs-DAX (WKN 846 744) so beträgt das Jahreshoch 6.450 Punkte, das Jahrestief 5.540 Zähler. Aktueller Stand: 5.625 Zähler.

Tipp: Wenn Sie über Zeit, Lust und genügend Geld verfügen, sollten Sie statt DAX-Fonds besser Aktien substanzstarker, nachhaltig wirtschaftender DAX-Firmen erwerben. So können Sie niedrige Kurse für den Zukauf und Hochs bei Teilverkäufen nutzen. Das bedeutet Spannung, aber gegenüber gesparten Ausgabeaufschlägen und Verwaltungsgebühren höhere Transaktionskosten, wenn Sie breit streuen. Alternativ bieten sich ETFs an.

52 Wochen-Hoch der DAX-Familie bis zum Jahresende 2017

DAX Perform.	DAX Kursindex	MDAX	TecDAX
2017: 13.526 P.	2017: 6.410 P.	2017: 27.155 P.	2017: 2.599 P.
SDAX	DivDAX	DAXplus Family	GEX
2017: 12.142 P.	2017: 354 Punkte	2017: 6.135 P.	2017: 2.566 P.

52 Wochen-Tief der DAX-Familie bis zum Jahresende 2017

DAX Perform.	DAX Kursindex	MDAX	TecDAX
2017: 11.405 P.	2017: 5.551 P.	2017: 22.055 P.	2017: 1.799 P.
SDAX	DivDAX	DAXplus Family	GEX
2017: 9.490 P.	2017: 293 Punkte	2017: 5.019 P.	2017: 1703 P.

Kursentwicklung DAX-Familie bis Ende 2017: 1/3/5/10 Jahre

DAX Perform. %	DAX Kurs %	MDAX %	TecDAX %
+13/+32/+71/+63	+10/+21/+48/+18	+19/+55/+120/+169	+40/+85/+206/+160
SDAX %	DivDAX %	DAXplus Fam. %	GEX %
+25/+65/+125/+129	+15/+31/+81/+57	+21/+57/+129	+51/+116/+218/+11

Die erfolgreichsten DAX-Unternehmen im Langzeitvergleich

Nr.	Aktie/Unternehmen	WKN 846 900	Kurs 12.06.17	Hoch/Tief 52 Wochen	Kursplus 10 Jahre
❶	Fresenius	578 560	76,90 €	79,50/60,00 €	315 %
❷	Adidas	A1E WWW	170,25 €	189,0/107,7 €	276 %
❸	Henkel	604 843	125,25 €	127,6/96,25 €	236 %
Nr.	Unternehmen	WKN	12.06.17	Hoch/Tief	5 Jahre
❶	Infineon	623 100	19,30 €	20,50/11,65 €	229 %
❷	Fresenius	578 560	76,90 €	79,50/60,00 €	204 %
❸	Continental	543 900	198,75 €	210,4/158,2 €	195 %
Nr.	Unternehmen	WKN	12.06.17	Hoch/Tief	3 Jahre
❶	Infineon	623 100	19,30 €	20,50/11,65 €	123 %
❷	Adidas	A1E WWW	170,25 €	189,0/107,7 €	121 %
❸	Fresenius	578 560	76,90 €	79,50/60,00 €	111 %

Änderungen beim Leitindex ab Herbst 2018: Neu ist, dass Dt. Telekom, Infineon und SAP zusätzlich im TecDAX gelistet werden, Wirecard aufsteigt und die Commerzbank den DAX verlassen muss.

80 bis 90 % der Standardfonds für die großen Werte schneiden zwar schlechter als das jeweilige Börsenbarometer ab. Um besser zu sein als mit den preiswerten ETFs, die zwar den Index nicht schlagen, aber gegen ihn auch nicht verlieren, sind Innovation, flexible Gestaltung ohne starre Vorgaben, beigemischt mit Nebenwerten, Aktien aus Zukunftsmärkten und renditestarken Branchen interessant. Sonst wird es dem Management kaum gelingen, einen anzahlmäßig kleinen Index wie DAX und Dow Jones mit nur je 30 Titeln hinter sich zu lassen.

Aktienfonds Schwerpunkt DAX, Siegerlisten 2017/2018

Name, Fonds-Gesellschaft	WKN	Kurs 02.03.18	Hoch/Tief 52 Wochen	Entwicklung 1, 3, 5, 10 Jahre
ACATIS Champions Select Aktien Deutschland	163 701	325,00 €	350,7/288,3 €	+12/+27/+85/+176 %
		Umfang 210 Mio. €, Alter 15 Jahre, Ausgabeaufschlag **5,50 %**, Verwaltungsgebühr **0,25 %**, thesaurierend. Dieser Fonds konzentriert sich auf den DAX mit den größten Positionen Allianz, Bayer, HeidelbergCement, mischt aber auch Nebenwerte bei.		
Allianz Adifonds A	847 103	127,00 €	140,5/117,1 €	+7/+15/+66/+76 %
		Umfang 227 Mio. €, Alter 59 Jahre, Ausgabeaufschlag **5,00 %**, Gebühr **1,80 %**, ausschüttend, Währung €. Dieser DAX-Fonds übergewichtet SAP, Bayer, Infineon, Continental, Fresenius, Allianz und Merck, fügt ergänzend auch deutsche Nebenwerte bei.		
Baring German Growth	972 849	9,50 €	11,25/8,80 €	+12/+48/+84/+163 %
		Umfang 550 Mio. €, Alter 18 Jahre, Ausgabeaufschlag **5,00 %**, Gebühr **1,50 %**, thesaurierend. Der Fonds setzt auf wachstumsstarke Growth-DAX-Aktien, mischt aber auch Titel aus deutschen Nebenwerte-Indizes bei wie Airbus, Rheinmetall (MDAX).		
Concentra A EUR	847 500	120,50 €	134,2/111,4 €	+7/+15/+67/+118 %
		Umfang 2,34 Mrd. €, Alter 62 Jahre, Ausgabeaufschlag **5,00 %**, Jahresgebühr **1,80 %**, ausschüttend. Der Fonds bevorzugt DAX-Technologie- und Pharmatitel, wie SAP, Infineon, Conti, Bayer, Fresenius und fügt mehrere Titel aus MDAX und TecDAX bei.		
DWS German Equities Typ 0	847 428	429,50 €	494,6/409,8 €	+4/+15/+81/+100 %
		Umfang 408 Mio. €, Alter 23 Jahre, Ausgabeaufschlag **0,00 %**, Jahresgebühr **1,45 %**, thesaurierend. Dieser Fonds investiert in substanz- und dividendenstarke DAX-Titel vom Technologie-, Konsumgüter-, Auto-, Chemiesektor, wie BASF, BMW, SAP.		

Name, Fonds-Gesellschaft	WKN	Kurs 02.03.18	Hoch/Tief 52 Wochen	Entwicklung 1, 3, 5, 10 Jahre
DWS Aktien Strategie Deutschland	**976 986**	400,10 €	453,6/368,9 €	+8/**+24**/+107/+155 %
		Umfang 3,91 Mrd. €, Alter 19 Jahre, Ausgabeaufschlag **5,00 %**, Gebühr **1,45 %**, thesaurierend. Anlage in wachstumsstarke Titel aus DAX, MDAX, TecDAX, SDAX, Schwerpunkt Familienfirmen.		
DWS Deutschland	**849 096**	226,20 €	263,5/216,4 €	+3/+15/+77/+153 %
		Umfang 7,80 Mrd. €, Alter 25 Jahre, Ausgabeaufschlag **5,00 %**, Verwaltungsgebühr **1,4 %**, ausschüttend. Der DAX-Fonds mit Nebenwerte-Ergänzung ist auf dividendenstarke Titel fokussiert.		
DWS Investa	**847 400**	171,35 €	198,5/168,3 €	+1/+17/+71/+95 %
		Umfang 4,13 Mrd. €, Alter 61 Jahre, Ausgabeaufschlag **5,00 %**, Verwaltungsgebühr **1,4 %**, ausschüttend. Hauptanteile am DAX-Fonds sind Siemens, BASF, Dt. Telekom, Dt. Post, SAP, BMW.		
FPM Stockpicker Germany All	**603 328**	399,60 €	444,6/344,4 €	**+16**/+20/+72/+108 %
		Umfang 101 Mio. €, Alter 17 Jahre, Ausgabeaufschlag **3,00 %**, Gebühr **0,0 %**, ausschüttend. Der Fonds investiert in den DAX, in SIXT, Freenet, Talanx, Drägerwerk und noch kleinere Titel.		
GAM Multistock German	**973 020**	409,75 €	453,8/370,9 €	+9/+9/+67/+88 %
		Umfang 151 Mio. €, Alter 24 Jahre, Ausgabeaufschlag **5,00 %**, Gebühr **1,20 %**, thesaurierend. Es dominiert der fundamentale Value-Ansatz mit substanzstarken, fair bewerteten DAX-Titeln.		
Metzler Aktien Deutschland	**975 223**	202,20 €	218,1/182,9 €	+10/+10/+57/+95 %
		Umfang 157 Mio. €, Alter 26 Jahre, Ausgabeaufschlag **5,00 %**, Gebühr **1,25 %**, ausschüttend. Angelegt wird in DAX, MDAX, TecDAX. Große Anteile: FMC, Bayer, SAP, United Int., Ströer.		

Der DAX ist so stark globalisiert, dass beim Umsatzanteil die Prozentsätze teilweise über 80 % bis zu 94 % betragen. Damit wandern auch rund 60 % der Dividende in ausländische Hände.

FMC: 97 %, Adidas: 94 %, Merck: 94 %, HeidelbergCement: 93 %, Linde: 93 %, BAYER: 90 %, Covestro: 88 %, BASF: 87 %, Henkel: 87 %, BMW: 86 %, SAP: 86 %, Daimler: 85 %, Infineon: 85 %, VW: 81 %, Beiersdorf: 80 %, Conti: 80 %.

Die Kursentwicklung der DAX-Aktien Top & Flop im Fünf-Jahres-Vergleich, errechnet vom 13. Okt. 2013 bis 13. Okt. 2018

Sieger: Wirecard: +555 %, Infineon: +165 %, Adidas: +157 %, Covestro: +153 %, **Verlierer:** Dt. Bank: -67 %, RWE: -30 %, E.ON: -30 %, VW: -13 %, BAYER: -8 %.

2.1.2 Der MDAX mit jetzt 60 mittelgroßen Werten schlägt den DAX in zwei Jahrzehnten um Längen

MDAX-Firmen erinnern an schnell reagierende Schnellboote gegenüber den etwas schwerfälligen Dickschiffen im DAX

Der DAX ist der Leitindex mit den 30 größten deutschen börsennotierten Unternehmen. Geht es um Aktien und Börse, dreht sich um ihn fast alles in den Medien: in Fernsehen, Rundfunk, Fachzeitschriften und Tageszeitungen. Aber bei Kursgewinnen im Langzeitvergleich können die weniger beweglichen Dickschiffe mit den manövrierfähigen Schnellbooten nicht mithalten, sobald es auf rasche Reaktionen ankommt. Flexibilität ist gefragt in Krisen, bei Trendwenden und Entwicklung von Zukunftsmärkten als Folge bahnbrechender Erfindungen und Entdeckungen.

Der MDAX begeisterte 2016 am 20. Geburtstag mit mehr als verdoppeltem Kurs im Vergleich zum Leitindex DAX. Das Risiko ist kaum höher – die Dividende mit dem DAX vergleichbar. 2017 knackte der MDAX erstmals die Marke von 27.000 Punkten

Das ist eine Vervierfachung gegenüber 2008 und Verdreifachung im Vergleich zu 2011. Die MDAX-Firmen, darunter zahlreiche Familienfirmen, sind als Marktführer in attraktiven Nischen weniger konjunkturanfällig als die Konsum-, Finanz-, Auto- und Chemietitel im Leitindex. Umgekehrt ist trotz Exportstärke und Flexibilität die Abhängigkeit vom Inlandsgeschäft hoch.

Der MDAX schnitt in zwei Jahrzehnten mehr als doppelt so gut ab wie der Leitindex und schaffte Kursgewinne von rund 700 %. Dies glückte auch deshalb, weil es hier viele Familienfirmen gibt. Die größeren Mittelständler sind beweglicher als die DAX-Großkonzerne und können auf neue Herausforderungen rascher reagieren. Während der DAX in seiner Zusammensetzung recht stabil ist, wandelte sich der MDAX von 1996 bis 2016 schon 135-mal – zuletzt mit dem Ausstieg der Roboterfirma KUKA durch die China-Übernahme MIDEA und aktuell beim Absteiger Grammer.

Mit der Neuordnung deutscher Indizes Ende Sept. 2018 verändert sich viel. Der MDAX umfasst jetzt 60 mittelgroße Werte aller Branchen, da auch Technologiefirmen einziehen dürfen.

Aufsteiger vom SDAX: Alstria REIT, **Absteiger in den SDAX:** Ceconomy, Leoni, Jungheinrich, Ströer und Talanx. **Doppelnotiz TecDAX:** 1&1 Drillisch, Bechtle, Evotec, Freenet, MorphoSys, Nemetschek, Qiagen, Sartorius, Siemens Healthineers, Siltronic, Software AG, Telefónica, United Internet. **Folgen:** Der MDAX wird noch attraktiver, weil Technologie (Growth) dazugehört.

MDAX auf dem Weg nach oben im Duell mit dem DAX

Phase 1	MDAX	DAX	Typische Merkmale
1988 bis 1996	Kursplus **157 %**	Kursplus 154 %	MDAX läuft dem DAX beim Start davon, wird aber abgefangen.
Phase 2	**MDAX**	**DAX**	**Typische Merkmale**
1996 bis 2002	Kursplus 20 %	Kursplus **21 %**	Die Dotcom-Blase bremst den Aufwärtstrend vom DAX: ein Patt.
Phase 3	**MDAX**	**DAX**	**Typische Merkmale**
2002 bis 2009	Kursplus **46 %**	Kursplus 37 %	MDAX stürmt aufwärts, stürzt aber 2008/09 stärker ab als der DAX.
Phase 4	**MDAX**	**DAX**	**Typische Merkmale**
2009 bis 2016	Kursplus **378 %** DÜRR **+1.442 %** in 10 Jahren	Kursplus 153 %	Der MDAX setzt sich vom Leitindex ab, schafft in 20 Jahren mehr als doppelt so hohe Kursgewinne.
Quelle:	**Handelsblatt:** 05.10.16, Nr. 192, Autoren Hans Müller & Ulf Sommer		

FAZIT: Im MDAX gibt es nur wenige Dickschiffe, aber zahlreiche Spezialisten, oft familiengeführt. Beim DAX liegt der Börsenwert bei über 1.000 Mrd. €. Beim MDAX sind es knapp 300 Mrd. €. Bei der so wichtigen Internationalisierung und Digitalisierung halten sich DAX und MDAX die Waage. Der DAX führt hier nur ganz knapp.

Die besten MDAX-Unternehmen im Langzeitvergleich.
Sämtliche Mehrjahressieger sind familiengeführt!

Nr.	Aktie/Unternehmen	WKN 846 741	Kurs 30.12.17	Hoch/Tief 52 Wochen	Kursplus 10 Jahre
❶	DÜRR	556 520	106,00 €	120,5/71,60 €	**716 %**
❷	CTS Eventim	547 030	38,75 €	41,75/29,30 €	495 %
❸	Fuchs Petrolub	579 043	44,35 €	51,90/39,20 €	351 %
Nr.	**Unternehmen**	**WKN**	**30.12.17**	**Hoch/Tief**	**5 Jahre**
❶	Ströer (Abstieg)	749 399	61,55 €	65,70/40,25 €	**830 %**
❷	Jungh. (Abstieg)	621 993	39,35 €	40,80/25,80 €	293 %
❸	Hochtief	607 000	147,60 €	174,0/131,5 €	237 %
Nr.	**Unternehmen**	**WKN**	**30.12.17**	**Hoch/Tief**	**3 Jahre**
❶	Wacker Chemie	703 000	106,10 €	109,6/105,1 €	**192 %**
❷	Hochtief	607 000	147,60 €	174,0/131,5 €	152 %
❸	Ströer (Abstieg)	749 399	61,55 €	65,70/40,25 €	148 %

MDAX-Aktien Top/Flop 2016 und TOP Jahresende 2017			
Siegeraktien	**30.12.2016**	**Verliereraktien**	**30.12.2016**
❶ Covestro (jetzt DAX)	+93,8 %	❶ Ströer (Abstieg)	-28,0 %
❷ Hochtief	+54,9 %	❷ Hugo Boss	-24,1 %
❸ Salzgitter	+47,6 %	❸ Norma Group	-20,7 %
Siegeraktien 52 Wochen, Jahresende 2017, MDAX-Familienfirmen			
❶ LEONI (Abstieg)	+85,8 %	❸ Ströer (Abstieg)	+49,1 %
❷ Wacker Chem.	+61,9 %	❹ Axel Springer	+45,7 %

4 MDAX-Aktien mit erwarteter Dividendenrendite ab 4,7 %					
Aktien/ Firma	WKN	KGV 2018	Kurs 02.01.18	Hoch/Tief 1 Jahr	Div. 2018(e) Div.-Rendite
RTL Group	861 149	13,4	66,90 €	75,80/62,10 €	4,00 €/**6,0 %**
Aareal Bank	540 811	12,8	37,75 €	38,45/33,70 €	2,30 €/**5,8 %**
Innogy	A2A ADD	9,3	32,60 €	42,30/30,95 €	1,75 €/**5,2 %**
Hannover R.	840 221	11,7	105,40 €	115,7/95,95 €	5,25 €/**4,9 %**

Erfolgreiche Aktienfonds mit dem Schwergewicht MDAX, öfters durch TecDAX, SDAX und noch kleinere Werte aus dem Prime Standard ergänzt, sorgen für großteils erstklassige Renditen bei Langzeitstrategie. Solche Fonds stellen die großen Sieger 2017.

Aktienfonds-Auswahl 2017/2018, deutsche Nebenwerte				
Name, Fonds-Gesellschaft	WKN	Kurs 05.03.18	Hoch/Tief 52 Wochen	Entwicklung 1, 3, 5, 10 Jahre
Baring UK-German Growth Trust	940 132	9,85 €	10,15/7,90 €	**+21**/+41/+98/+98 %
		Umfang 291 Mio. €, Alter 27 Jahre, Ausgabeaufschlag **5,00 %**, Gebühr **1,50 %**, ausschüttend. Der Fonds investiert nicht nur in deutsche Nebenwerte-Indizes, sondern ebenso in den DAX Wichtigste Sektoren: Industrie, Software, Rohstoffe, Gesundheit.		
CS Small & Mid Cap Germany	973 882	2.523,75 €	2.590/2.004 €	+20/**+46**/+115/+108 %
		Umfang 356 Mio. €, Alter 23 Jahre, Ausgabeaufschlag **5,00 %**, Gebühr **1,92 %**, thesaurierend. Die größten Anteile in diesem „naturreinen" Nebenwertefonds haben Airbus, MorphoSys, RIB Software, Deutsche Wohnen, Qiagen, Brenntag und Symrise.		

Fondsgesell-schaft	WKN	Kurs 05.03.18	Hoch/Tief 52 Wochen	Entwicklung 1, 3, 5, 10 Jahre
DB PI IV Platinum Platow	DWS 030	288,85 €	314,8/245,3 €	+20/+43/+124/+261 %
		Umfang 189 Mio. €, Alter 11 Jahre, Ausgabeaufschlag **4,00 %**, Gebühr **1,00 %**, thesaurierend. Angelegt wird in MDAX, SDAX, TecDAX und noch kleinere Titel, wie Technotrans, Datagroup.		
DWS German Small/Mid Cap	515 240	161,85 €	178,2/135,9 €	+17/+38/+124/+261 %
	Umfang 254 Mio. €, Alter 12 Jahre, Ausgabeaufschlag **5,00 %**, Gebühr **1,40 %**, ausschüttend. Große Anteile haben: Airbus, Osram, Siltronic, Qiagen und Covestro (DAX-Aufstieg März 2018).			
FPM Stockpicker Germany Small/Mid	A0D N1Q	438,50 €	483,6/333,9 €	+34/+71/+136/+254 %
	Umfang 207 Mio. €, Alter 14 Jahre, Ausgabeaufschlag **3,00 %**, Gebühr **1,40 %**, ausschüttend. Der Fonds investiert in den DAX, MDAX, SDAX und kleinere Titel. Große Anteile: Conti, Lufthansa, HeidelbergCement, Wacker Chemie, Aurubis, SAF Holland.			
Lupus Alpha Smaller German Champ.	974 564	358,30 €	413,1/312,5 €	+22/+52/+137/+267 %
	Umfang 603 Mio. €, Alter 17 Jahre, Ausgabeaufschlag **5,00 %**, Gebühr **1,50 %**, thesaurierend. Die größten Posten im „naturreinen" Nebenwertefonds sind United Internet, Airbus, Symrise, Lanxess, MTU, Zalando, SIXT, Rheinmetall, WashTec, Grenke.			
MainFirst Germany A	A0R AJN	227,30 €	246,2/189,0 €	+23/+58/+71/+375 %
	Umfang 617 Mio. €, Alter 9 Jahre, Ausgabeaufschlag **5,00 %**, Verwaltungsgebühr **1,50 %**, thesaurierend. Neben Aktien vom MDAX und SDAX werden noch kleinere Werte berücksichtigt.			
UBS Equity-Small C. Germany	975 165	599,30 €	632,5/452,7 €	+32/+37/+93/+186 %
	Umfang 192 Mio. €, Alter 25 Jahre, Ausgabeaufschlag **2,00 %**, Gebühr **1,80 %**, thesaurierend. Investiert wird in MDAX, TecDAX, SDAX, z. B.: MTU, LEG Immobilien, Sartorius, Nemetschek.			
UNI Deutschland XS	975 049	176,00 €	195,0/137,0 €	+22/+45/+130/+330 %
	Umfang 1,13 Mrd. €, Alter 12 Jahre, Ausgabeaufschlag **4,00 %**, Gebühr **1,55 %**, thesaurierend. In diesem Fonds dominiert der SDAX mit ADO Prop., König & Bauer, Hypoport, Patrizia, VTG,			

Anmerkung: Die Erfolge im Nebenwertesektor bei Aktienfonds, ETFs und Einzelaktien spiegeln keinen Kurzzeit-Aufwärtstrend wider. Auch im Mehrjahresvergleich schneiden MDAX und SDAX doppelt so gut wie der DAX ab. Der TecDAX entwickelt sich zum Renditerenner – ebenso die US-Technologiebörse Nasdaq. Nebenwerte-Aktienfonds sind die großen Sieger bei den internationalen Vergleichen Ende 2017. Ganz vorn dabei: Nebenwerte-Aktienfonds aus China, Japan und Deutschland.

> **Fazit:** Ein passiv gemanagter ETF bildet den Index ab, also MDAX, TecDAX oder SDAX. Ein innovativer Aktienfonds mit den besten deutschen oder globalen Nebenwerten kann deutlich besser als die Vergleichsindizes abschneiden. Er sorgt breit gestreut für gute Marktabdeckung.

Seit 2017 werden ETFs mit zweifachem Hebel angeboten. Im Bullenmarkt bedeutet dies doppelte Erträge. Im Bärenmarkt drohen doppelt so hohe Verluste. Ich bin gespannt, wann Aktienfonds diese Neuerung aufgreifen, um den ETFs für erfolgsorientierte bzw. risikofreudige Anleger nicht hinterherzuhinken. Hebelprodukte empfinde ich bei ETFs nicht angebracht, sollen sie doch die Wertentwicklung vom Index 1:1 widerspiegeln. Bei Aktienfonds sind zwei Versionen vorstellbar, da-runter eine mit niedrigem Hebel für ungeduldige Anleger, die mit kleinerem Einsatz beim schnellen Rein und Raus das gleiche Ergebnis erzielen wollen.

2.1.3 Der Hightech-Index TecDAX mit Zukunftsmusik

Der TecDAX mit 30 Hightechaktien ist in wichtigen Zukunftsmärkten erfolgreich unterwegs – auch bei Nebenwertefonds

Der TecDAX ist geprägt durch eine wechselvolle Geschichte. Sie beginnt mit der Installation Neuer Markt 1997 mit 50 Titeln im NEMAX 50 nach dem Vorbild der amerikanischen Technologieböse NASDAQ. Bis Mitte März 2000 bricht der NEMAX 50 alle Rekorde und steigt auf 9.650 Punkte. Die Gelddruck-Maschine Neuer Markt wird zur Spielwiese für Spekulanten und Zocker, ebenso für die Träumer einer wundersamen Geldvermehrung für Reichtum ohne berufliche Arbeit. Beerdigt wird der jugendliche Index im Juni 2003 nach Kursverlusten von über 95 %. Mit seinem Niedergang stirbt der Traum vom schnellen Reichtum ohne Arbeit. Mobilcom und Bertrandt sind die Gründungsmitglieder. Mobilcom verschwindet in der Versenkung. Der Ingenieurdienstleister Bertrandt bewährt sich im SDAX.

Der TecDAX mit 30 Hightechaktien ist in wichtigen Zukunftsmärkten unterwegs – auch bei Nebenwertefonds. Der TecDAX ist das Gesicht der Industrie 4.0. In den letzten 5 Jahren schnitt er annähernd dreimal so gut wie der DAX ab. Vom Leitindex dürfen die Technologiewerte Infineon, SAP und Siemens zusätzlich in den TecDAX einziehen, was ihn noch attraktiver macht und die Marktkapitalisierung erhöht. Er präsentiert Software, Internet, Informationstechnologie, Biotech und Medtech. Hier hören wir Zukunftsmusik. Die erste Geige spielt die Softwarebranche mit erfolgreichen Firmen, wie Bechtle, Cancom, CompuGroup, Nemetschek, RIB Software und Software AG. Chancen haben auch der Biopharma- und Medtechsektor mit Carl Zeiss Meditec, Evotec, Medigene, MorphoSys, Qiagen, Sartorius und Siemens Healthineers. DAX-Anwärter im Austausch Commerzbank ist Wirecard mit einem Börsenwert von 21 Mrd. €.

TecDAX-Aktien Top/Flop 2016 und Jahresende 2017

Siegeraktien	30.12.2016	Verliereraktien	30.12.2016
❶ SML (Abstieg)	+60,0 %	❶ SMA Solar (Abstieg)	-58,0 %
❷ S&T	+56,3 %	❷ Nordex	-45,5 %
❸ Siltronic	+49,6 %	❸ GFT (Abstieg)	-38,8 %
Siegeraktien 52 Wochen, 19. Dez. 2017, TecDAX-Familienfirmen			
❶ RIB Software	+99,8 %	❹ CompuGroup	+45,2 %
❷ United Internet	+57,9 %	❺ Bechtle	+44,2 %
❸ Carl Zeiss Med.	+47,6 %	❻ Software AG	+37,9 %

TecDAX-Aktien mit einer Dividendenrendite ab 2,9 %

Aktie/Firma (KGV)	WKN 720 327	Kurs 19.12.17	Hoch/Tief 52 Wochen	Div. 2018 Rendite
Telefónica (negat.)	A1J 5RX	4,25 €	4,80/3,70 €	0,27 €/6,3 %
Freenet (15,7)	A0Z 2ZZ	31,25 €	32,20/21,60 €	1,70 €/5,4 %
1&1 Drillisch (26,6)	554 550	68,55 €	69,05/40,05 €	2,00 €/2,9 %

Die besten TecDAX-Unternehmen im Langzeitvergleich.

Nr.	Aktie/Unternehmen	WKN 720 327	Kurs 30.12.17	Hoch/Tief 52 Wochen	Kursplus 10 Jahre
❶	Cancom	541 910	68,80 €	71,05/42,50 €	1.770 %
❷	1&1 Drillisch	554 550	68,40 €	69,35/40,10 €	1.440 %
❸	Dialog Semicond.	927 200	25,85 €	52,25/21,40 €	1.430 %
❹	Nemetschek	645 290	74,65 €	83,30/47,10 €	1.378 %
Nr.	**Unternehmen**	**WKN**	**30.12.17**	**Hoch/Tief**	**5 Jahre**
❶	Nemetschek	645 290	74,65 €	83,30/47,10 €	796 %
❷	XING	XNG 888	266,50 €	274,4/174,5 €	543 %
❸	1&1 Drillisch	554 550	68,40 €	69,35/40,10 €	519 %
❹	RIB Software	A0Z 2XN	24,85 €	25,45/11,40 €	460 %
Nr.	**Unternehmen**	**WKN**	**30.12.17**	**Hoch/Tief**	**3 Jahre**
❶	Nemetschek	645 290	74,65 €	83,30/47,10 €	260 %
❷	Sartorius Vz	716 563	79,30 €	94,15/63,50 €	208 %
❸	XING	XNG 888	266,50 €	274,4/174,5 €	189 %

Rück- und Ausblick: Elf Überlebende vom Neuen Markt				
Aktien/ Unternehmen	WKN	Kurs 12.10.18	52 Wochen- Hoch/Tief	Kursverlauf 1, 3, 5 Jahre
Bechtle (Splitt 2:1)	515 870	77,65 €	90,65/63,65 €	+20/+94/+286 %
Altbestand steuerfrei: Kauf am 20.09.2004 zu 13,25 €, mein **Kursgewinn: 600 %**. Die Aktie des führenden Softwaresystemhauses war 2002 für nur 5 € zu haben.				
Bertrandt	523 280	71,35 €	110,5/68,50 €	-17/-36/-25 %
Neubestand steuerpflichtig: Kauf 22.06.2009 zu 14,75 €, mein **Kursgewinn 500 %**. Der SDAX-Ingenieurdienstleister ging im Herbst 1996 an die Börse, Preis 6,65 €.				
Dialog Semiconduc.	927 200	21,80 €	44,25/12,45 €	-46/-45/+42 %
Altbestand steuerfrei: Kauf am 09.02.2004 zu 3,95 €, mein **Kursgewinn: ca. 55 %**. Der Aktienkurs rauschte von über 75 € Anfang 2009 bis auf 50 Cent in den Keller.				
Drägerwerk	555 063	50,00 €	110,5/49,45 €	-48/-34/-44 %
Altbestand steuerfrei: Kauf am 05.07.2008 zu 27,50 €, mein **Kursgewinn ca. 90 %**. Die Aktie der Medizintechnikfirma war im Crashjahr 2000 für nur 7,70 € zu haben.				
1&1 Drillisch	554 550	37,90 €	72,35/35,90 €	-37/-18/+109 %
Neubestand steuerpflichtig: Kauf 15.03.2011 zu 6,75 €, mein **Kursgewinn 550 %**. Die Telekommunikationsfirma ging 1998 an die Börse und stürzte auf 56 Cent ab.				
EVOTEC	566 480	16,50 €	23,35/11,50 €	-23/+290/+360 %
Altbestand steuerfrei: Kauf 12.01.2000 zu 20,00 €, mein **Kursverlust rund 15 %**. Anfang 2000 kostete die Biotechaktie 90 €. Auch jetzt noch ein deutliches Minus.				
MorphoSys	663 200	82,15 €	124,9/70,55 €	+7/+39/+39 %
Neubestand steuerpflichtig: Kauf 27.02.2013 zu 30,95 €, mein **Kursgewinn 180 %**. Börsenguru Bernd Förtsch verkündete in der 3SAT-Börse ein Kursziel von 1.000 €!				
Pfeiffer Vacuum	691 660	118,00 €	175,4/109,6 €	+14/+7/+25 %
Altbestand steuerfrei: Kauf 29.05.2003 zu 23,40 €, mein **Kursgewinn ca. 500 %**. Der Pumpenhersteller ging 1998 an die Börse. Das Kurstief 2002 lag bei 16,60 €.				
Qiagen	A2D KCH	29,90 €	34,05/25,20 €	+1/+25/+84 %
Altbestand steuerfrei: Kauf 17.11.1999 zu 13,00 €, mein **Kursgewinn ca. 120 %**. Vom 63 €-Hoch blieb wenig übrig. 2002 kostete die Qiagen-Aktie nur noch 4,65 €.				
Sartorius Vz	716 563	125,80 €	160,2/70,65€	+45/+157/+485 %
Altbestand steuerfrei: Kauf 10.01.2006 zu 5,40 €, mein **Kursgewinn über 2.300 %**. 2009 fiel in den Zeiten der Weltwirtschaftskrise der Kurs auf kümmerliche 80 Cent.				
United Internet	508 903	36,55 €	59,80/35,75 €	-33/-19/+24 %
Altbestand steuerfrei: Kauf 19.05.2006 zu 10,90 €, mein **Kursgewinn über 330 %**. Der Erstkurs von 3 € stürzte bis auf 40 Cent ab, um später auf über 40 € zu steigen.				
Anmerkung: Die scharfe Korrektur im Okt. 2018 zeigt, wie wichtig es ist, beim Jahreshoch mit Teilverkauf viel Gewinn einzufahren und spätere Verluste zu begrenzen.				

Welche Auswirkungen bringt die Neuordnung der deutschen Indizes vom 24. September 2018 rund um den TecDAX mit sich?

Die Deutsche Börse AG reformierte zum 24. September 2018 das Regelwerk für deutsche Indizes. Viel Arbeit kam auf die ETF-Manager zu, die ja ein Börsenbarometer exakt abbilden müssen. Die sich abzeichnenden Änderungen sind gewaltig. Im MDAX mit nun 60 und im SDAX sogar 70 Titeln geht es richtig zur Sache. Warum das alles? Ziel war und ist es, Technologieaktien auch in den bisher klassisch ausgerichteten MDAX und SDAX zu verankern und damit deren Attraktivität zu steigern. Also nicht nur Value, sondern zugleich Growth ins Depot. Tüchtige Aktien- und Mischfondsmanager sollten ihre Chancen nutzen. Sie als Privatanleger können Nutznießer sein. Aber was haben die voneinander abschreibenden Print-Medien daraus gemacht? Sie lösten den souveränen Tabellenführer auf mit der Begründung, man könne alle TecDAX-Titel im MDAX und SDAX finden!

Was geschieht beim DAX? Die einzige Änderung bedeutet, dass die Technologiewerte Infineon, SAP und Dt. Telekom (anfangs wurde immer Siemens genannt) zusätzlich dem TecDAX angehören. In den USA geschieht dies schon lange. Apple und Microsoft sind im Dow Jones wie auch im Nasdaq 100 gelistet. Die passiv gemanagten TecDAX-ETFs müssen die Aktien der drei DAX-Unternehmen kaufen. Die aktiv gemanagten TecDAX-Aktienfonds werden auch bei viel Freiraum auf diese DAX-Titel mit einem Börsenwert von 220 Mrd. € kaum verzichten.

Die Commerzbank steigt aus dem Leitindex ab und Wirecard vom TecDAX auf. Der Online-Bezahl-Dienstleister konnte allein 2018 den Kursgewinn verdoppeln und mit einer Marktkapitalisierung von 24 Mrd. € die Commerzbank mit 10 Mrd. € überrunden. Selbst die Dt. Bank kommt da nicht heran. Können Sie sich an 2016 erinnern, als ein dubioses Researchinstitut aus Geldgier und purem Eigennutz den Leerverkauf bei Wirecard einleitete mit „Kursziel 0"? Ich griff bei 33 € zu.

<u>**Die Realtät:**</u> **Die Neuordnung deutscher Indizes im Herbst 2018 bewirkte, dass vom DAX die Dt. Telekom, Infineon und SAP auch im TecDAX notieren und Wirecard in den Leitindex aufstieg. TecDAX-Firmen zogen zusätzlich in den MDAX oder SDAX ein.**

Abstieg durch Doppelnotiz von Dt. Telekom, Infineon und SAP: Medigene, SLM Solutions und SMA Solar. **Zusätzlich im MDAX:** 1&1 Drillisch, Bechtle, Evotec, Freenet, MorphoSys, Nemetschek, Qiagen, Sartorius, Siemens Healthineers, Siltronic, Software AG, Telefónica, United Internet. **Zusätzlich im SDAX:** Aixtron, Cancom, Carl Zeiss, CompuGroup, Dialog, Drägerwerk, Isra Vision, Jenoptik, Nordex, Pfeiffer Vacuum, RIB Software und XING. **Folgen:** Der TecDAX gewinnt durch die DAX-Titel 220 Mrd. € an Börsenwert.

ETF-Auswahl: Da die meisten deutschen Nebenwertefonds den MDAX übergewichten und TecDAX- und SDAX-Aktien mit unterschiedlich hohen Anteilen beimischen, habe ich gewinnbringende Fonds im Anschluss an die MDAX-Einführung zusammenhängend gebracht. Wer den TecDAX allein abgebildet wünscht, kann einen ETF ordern oder die besten Einzeltitel in Perlenfischer-Manier herauspicken. Also: Es gilt, übertriebene Kursabschläge für den Einstieg und Höchstkurse für den Teilverkauf zu nutzen.

Kleine ETF-Auswahl: SDAX, MDAX, TecDAX und DAX 2018

Markt, Index, Emittent	WKN	Kurs 06.03.18	Hoch/Tief 52 Wochen	Kursentwicklung 1, 3, 5, 10 Jahre
SDAX ComStage SDAX	ETF 005	110,25 €	110,7/84,55 €	+25/+62/+118 %
		Umfang 119 Mio. €, Alter 6 Jahre, Gebühr **0,70 %**, thesaurierend. Die größten Positionen: Scout 24, Rational, Grenke, TLG Immobilien, ADO Properties, Indus, Zooplus, DMG Mori Seiki, Stabilus.		
MDAX iShares MDAX	593 392	191,15 €	192,3/153,8 €	+19/+53/+121/+132 %
		Umfang 2,21 Mrd. €, Alter 16 Jahre, Gebühr **0,51 %**, thesaurierend. Größte Positionen: Airbus, Deutsche Wohnen, Brenntag, GEA, Symrise, LEG Immobilien, Hannover Rück, Metro, MTU.		
TecDAX iShares-TecDAX	593 397	21,80 €	22,00/15,50 €	+35/+86/+186/+149 %
		Umfang 556 Mio. €, Alter 16 Jahre, Gebühr **0,51 %**, thesaurierend. Große Posten: Wirecard, Qiagen, United Internet, Freenet, Dialog Semicond., Telefónica, Sartorius, Software, Drillisch, MorphoSys.		
TecDAX ComStage TecDAX	ETF908	20,55 €	22,10/15,75 €	+33 % (neu am Markt)
		Umfang 52 Mio. €, Alter 2 Jahre, Gebühr **0,43 %**, ausschüttend. Führende Branchen: Software, Gesundheit, Konsum, Industrie. Hauptanteile: Wirecard, United Inter., Qiagen, Freenet, Sartorius.		
DAX DEKA	ETF L01	111,45 €	124,7/108,4 €	+1/+7/+57 %
		Umfang 2, 1 Mrd. €, Alter 10 Jahre, Gebühr **0,15 %**, thesaurierend. Hauptanteil: Industrie. Größte Posten: Siemens, SAP, Allianz, Bayer, BASF, Daimler, Dt. Telekom, Dt. Post, Adidas, Linde.		
DAX iShares UCITS ETF	593 393	105,25 €	117,7/102,4 €	+1/+4/+53/+68 %
		Umfang 7,6 Mrd. €, Alter 17 Jahre, Gebühr **0,16 %**, thesaurierend. Branchen mit höchster Gewichtung: Industrie, IT-Software, Gesundheitswesen, Rohstoffe, Konglomerate, Konsum, Energie.		

Anmerkung: Die passiv gemanagten ETFs bilden den Index möglichst genau nach. Dies gilt für die Zusammensetzung und Gewichtung. Da das Management weniger zu tun hat, entfällt der Ausgabeaufschlag. Auch die Jahresgebühr ist meist niedrig.

2.1.4 Die Kleinen zeigen es den Großen: Der SDAX auf der Überholspur

Der Kleinwerte-Index SDAX mit jetzt 70 Werten steigt wie ein Phönix aus der Asche mit Allzeithoch 12.750 Punkte

Die meisten Privatanleger orientieren sich am Leitindex DAX. Bestenfalls wird noch in den MDAX mit mittelgroßen Werten investiert. Er feierte Anfang 2016 seinen 20. Geburtstag und schnitt in zwei Jahrzehnten mehr als doppelt so gut wie der DAX ab. Vom Kleinwerte-Index SDAX, vergleichbar mit der im Aufschwung befindlichen 3. Fußballliga, ist in der Wirtschaftspresse etwas mehr zu erfahren. Die Neuordnung im Herbst 2018 führte dazu, dass der SDAX auf 70 Titel aufgestockt wurde und Technikwerte Einlass finden – aus dem TecDAX mit Doppelnotiz.

Bodenständige Firmen, oftmals familiengeführt, richten ihr Geschäftsmodell langfristig auf Angehörige, Mitarbeiter und Kunden aus. Wer auf den Spuren anderer läuft, kann nicht überholen

Familienfirmen – im SDAX vielfach vertreten – gelten als Qualitätsmerkmal. Firmengründer, ausgestattet mit dem Erfinder-Gen, achten kaum auf Quartalsberichte und schnelle Erfolge. Wer sein eigenes Unternehmen aufbaut, richtet das Geschäftsmodell eher langfristig aus. Vielleicht staunen Sie, wie glänzend sich die kreativen Kleinen gegenüber den 30 Großkonzernen behaupten. Der Leitindex schaffte das 1. Halbjahr 2018 im 1-/3-/5-/10-Jahresvergleich **-2/+10/+62/+91 %**. Der SDAX konterte mit **+10/+42/+114/+173 %**. Der DAX kommt in keiner Zeitspanne an die SDAX-Rendite heran. Weit abgeschlagen – im Sport ein Debakel!

Risiko beim SDAX geringer als beim TecDAX

Das KGV ist beim Kleinwerteindex SDAX niedriger als im TecDAX. Keiner der großen Verlustbringer mit einem Minus von über der Hälfte stammt aus dem SDAX. Beim jetzt nur noch halbjährigen Auf- und Abstieg herrscht mehr Bewegung. Die MDAX-Absteiger und neuen Mitglieder erfolgreicher Börsengänge sorgen für imposante Blutauffrischung. Im SDAX mit 70 Mittelständlern aus allen Branchen sind erfolgreiche Nischenanbieter vertreten, darunter Familienfirmen mit vorbildlicher Kultur, flacher Hierarchie, gesunder Bilanz, steigendem Umsatz und Ertrag.

Ihre Stärke sind begehrte Produkte für den Binnenmarkt, Euroland, Osteuropa, China und Japan. SDAX-Firmen erinnern an wendige Schnellboote, die gefährliche Klippen umschiffen und nicht wie die Costa Concordia am spitzen Fels zerschellen. Zügig wird auf Markttrends reagiert. Da weniger als von den DAX-Konzernen in die USA ausgeführt wird, sind mögliche Währungsturbulenzen nicht so dramatisch. In zahlreichen Marktnischen arbeiten die SDAX-Weltmarktführer erfolgreich.

Mit der Neuordnung deutscher Indizes Ende Sept. 2018 verändert sich beim SDAX am meisten. Er ist kaum wiederzuerkennen. Der Hauptgrund für die Aufstockung ist die Doppelnotiz fast aller TecDAX-Titel in den MDAX oder SDAX. Der Kleinwerte-Index gewinnt neben Hightech, Software, Biotech an Qualität durch vier MDAX-Absteiger, Aufsteiger Prime Standard und Rauswurf schwächster Titel.

Aufsteiger aus dem Prime Standard: Baywa, Befesa, Dr. Hönle, Shop Apotheke. **Absteiger vom MDAX oder TecDAX:** Ceconomy, Leoni, Jungheinrich, Medigene, Ströer und Talanz. **Rauswurf aus dem SDAX:** Biotest, ElringKlinger, Grammer. **Doppelnotiz TecDAX:** Aixtron, Cancom, Carl Zeiss, CompuGroup, Dialog, Drägerwerk, Isra Vision, Jenoptik, Nordex, Pfeiffer Vacuum, RIB Software und XING. **Aufstieg vom SDAX in den MDAX:** Alstria Office Reit.

Folgen: Jeder SDAX-ETF muss den gesamten Index abbilden. Innovative Aktienfonds sollten die Chance aufgreifen, aus 70 Werten die besten Aktien herauszufiltern. Angereichert mit TecDAX-Technologie zieht Growth in den bislang klassisch ausgerichteten SDAX ein. Nachteil: Der SDAX wird dadurch sehr unübersichtlich. Ein schwacher Trost: Vor 2003 umfasste er auch 70 Titel.

Die besten SDAX-Unternehmen im Langzeitvergleich

Nr.	Aktie/Unternehmen	WKN 965 338	Kurs am 30.12.17	Hoch/Tief 52 Wochen	Kursplus 10 Jahre
❶	Bet-at-h. (Abstieg)	A0D NAY	103,90 €	150,5/79,65 €	960 %
❷	Grenke	A16 1N3	79,40 €	88,00/47,90 €	911 %
❸	Bertrandt	523 280	101,70 €	102,5/67,25 €	815 %
Nr.	Aktie, Firma	WKN	30.12.17	Hoch/Tief	5 Jahre
❶	Hypoport	549 336	145,30 €	164,2/75,90 €	1.717 %
❷	Adler Real Estate	500 800	12,95 €	14,45/12,00 €	954 %
❸	Bet-at-h. (Abstieg)	A0D NAY	103,90 €	150,5/79,65 €	849 %
Nr.	Aktie, Firma	WKN	30.12.17	Hoch/Tief	3 Jahre
❶	Hypoport	549 336	145,30 €	164,2/75,90 €	1.096 %
❷	König & Bauer	719 350	62,20 €	71,15/42,30 €	521 %
❸	WashTec	750 750	79,00 €	79,25/49,30 €	498 %
Nr.	Aktie, Firma	WKN	30.12.17	Hoch/Tief	1 Jahr
❶	Wacker Neuson	WAC K01	29,60 €	30,00/15,15 €	99,0 %
❷	Hypoport	549 336	145,30 €	164,2/75,90 €	91,2 %
❸	Grenke	A16 1N3	79,40 €	88,00/47,90 €	59,5 %

2.1.5 DAXplus Family 30: Familienfirmen als Herz des deutschen Mittelstands wirtschaften nachhaltig

Was macht eigentümergeführte Firmen so erfolgreich?

Familienfirmen als Herz des deutschen Mittelstands wollen sich nachhaltig in ihren Marktnischen behaupten. Firmengründer richten ihr auf Angehörige, Mitarbeiter, Kunden und Lieferanten ausgerichtetes Geschäftsmodell meist langfristig aus. Die über 500-Prozent-Aktien im Fünf- und Zehn-Jahresvergleich stehen für Innovation und Substanzkraft. Keine dieser Familienfirmen startete als Dickschiff, waren dafür aber ausgestattet mit dem Erfinder-/Entdecker-Gen. Auch Google, Microsoft, Facebook, Amazon, Netflix und NVIDIA begannen nicht als Giganten. Sie schufen ihr Imperium im Laufe der Jahre, getrieben von Ideen, Mut, Begeisterung, Elan, Kampfkraft. Nichts für Angsthasen, sondern kreative Köpfe mit Gespür für Trends im Zukunftsmarkt! Jürgen Meier vom Bankhaus Julius Bär erläutert: *„Als Familienfirma hätte Daimler alle unprofitablen Sparten längst abgestoßen und heute nur mit Mercedes ein kleineres, aber hoch profitables Unternehmen."*

Laut Untersuchung des Stuttgarter Instituts für Familienfirmen (IFF) sind die besten deutschen eigentümergeführten Unternehmen substanzstark. Sie wirtschaften im Allgemeinen verlässlich, bilanzieren seriös, erhöhen Umsatz und Ertrag, sodass Zukunftssorgen, sofern die Nachfolge geregelt ist, unbegründet sind. Immerhin erzielen die 50 größten eigentümergeführten Unternehmen, von denen ein Dutzend börsennotiert sind, Umsätze von rund 1.000 Milliarden Euro. Die hiesigen 4.500 Familienfirmen mit mindestens 50 Millionen Jahresumsatz sind Arbeitgeber für fast ein Fünftel der Mitarbeiter. Der Index DAXplus Family 30 hätte es verdient, in der Wirtschafts- und Börsenpresse regelmäßig abgebildet zu werden.

DAXplus Family 30 besteht aus DAX, MDAX, TecDAX, SDAX

Mitte August 2018 notierte der Familienfirmenindex bei 6.280 Punkten. Dies bedeutet Tuchfühlung bzw. Augennähe zum Allzeithoch von 6.414 Zählern und gehörigen Abstand zum Jahrestief von 5.490 Punkten.

Auswertung des Langzeitvergleichs beim Index DAXplus Family

Bei den ersten drei Plätzen im 3-, 5- und 10-Jahresvergleich sind der TecDAX fünfmal, der MDAX dreimal, der SDAX einmal vertreten. Wieso liegt der TecDAX mit nur 30 Titeln so deutlich vorn? Geht es um hohe Kursgewinne im Langzeitvergleich, setzen sich wachstumsstarke Growth-Titel durch. In der großen Bandbreite erzielt der MDAX mit seinen vielen Value-Industrieaktien die bessere Rendite. **Fazit:** Am erfolgreichsten ist es, Growth und Value zu mischen.

Langzeitvergleich: Die besten Aktien DAXplus Family 30

Nr.	Aktie, Firma, Index	WKN A0YKTN	Kurs 30.12.17	Hoch/Tief 52 Wochen	+ 10 Jahre
❶	Nemetschek, TecD.	645 290	74,65 €	83,30/47,10 €	1.310 %
❷	Grenke, SDAX	A16 1N3	79,40 €	88,00/47,90 €	911 %
❸	DÜRR, MDAX	556 520	102,50 €	120,5/71,60 €	716 %
❹	Patrizia, SDAX	PAT 1AG	19,30 €	20,30/14,60 €	504 %
Nr.	Unternehmen	WKN	30.12.17	Hoch/Tief	+ 5 J.
❶	Hypoport, SDAX	549 336	145,00 €	164,2/75,90 €	1.717 %
❷	Ströer, SDAX	749 399	61,55 €	65,75/40,25 €	830 %
❸	Nemetschek, TecD.	645 290	74,65 €	83,30/47,10 €	797 %
❹	Bechtle, TecDAX	515 870	69,65 €	73,20/46,35 €	408 %
Nr.	Unternehmen	WKN	30.12.17	Hoch/Tief	+ 3 J.
❶	Hypoport, SDAX	549 336	145,00 €	164,2/75,90 €	1.096 %
❷	Nemetschek, TecD.	645 290	74,65 €	83,30/47,10 €	259 %
❸	CompuGr., TecDAX	543 730	54,75 €	57,80/36,15 €	174 %
❹	Grenke, SDAX	A16 1N3	79,40 €	88,00/47,90 €	171 %
Nr.	Unternehmen	WKN	30.12.17	Hoch/Tief	+1 J.
❶	Hypoport, SDAX	549 336	145,00 €	164,2/75,90 €	93,3 %
❷	Grenke, SDAX	A16 1N3	79,40 €	88,00/47,90 €	59,5 %
❸	United I., TecDAX	508 903	57,45 €	59,15/37,00 €	54,8 %
❹	Carl Zeiss, TecDAX	531 370	51,75 €	53,55/33,65 €	48,2 %

Zwei Aktienfonds Familienunternehmen europaweit

Name, Fonds-Gesellschaft	WKN	Kurs 06.03.18	Hoch/Tief 52 Wochen	Kursentwicklung 1, 3, 5, 10 Jahre
Bellevue (Lux) BB Entrepreneur Europe B	A0R PSJ	360,25 €	373,8/320,5 €	+13/+19/+46/+150 %
		Umfang 124 Mio. €, Alter 9 Jahre, Ausgabeaufschlag **5,0 %**, Gebühr **1,60 %**, thesaurierend. Die bekanntesten deutschen Firmen aus dem Index DAXplus Family 30 sind mit Anteilen von jeweils 3,4 bis 3,9 % die MDAX-Titel DÜRR, Jungheinrich und Hochtief.		
FT UnternehmerWerte PT EUR ACC	A0K FFW	82,25 €	87,45/70,80 €	+3/+18/+57/+89 %
		Umfang 67 Mio. €, Alter 11 Jahre, Ausgabeaufschlag **0,00 %**, Gebühr **1,25 %**, thesaurierend. Der Fonds mischt die Aktien mittlerer und kleiner Europa-Familienfirmen. Aus Deutschland dabei: United Internet, TUI, Tom Tailor, Hello Fresh, Rocket Internet.		

2.2 Eine Bestenlisten-Auswahl internationaler Aktienfonds

Wer die Wahl hat, hat die Qual, dafür aber viel mehr Chancen

Eine riesige Anzahl von Aktienfonds buhlt um Ihre Gunst. Hier finden Sie die Sieger von Handelsblatt, €uro am Sonntag und boerse.ard. Wählen Sie aus nach Depotstruktur, Risikobewusstsein und Vorlieben. Richten Sie Ihr Augenmerk auf Zukunftsmärkte, interessante Branchen und Internationalisierung. Vergleichen Sie Ergebnisse und Gebühren. Der Ausgabeaufschlag ist weniger wichtig als die jährliche Verwaltungsgebühr. Hier geht es um mehrjährige Anlagen. Bei einem Fondsvermögen im niedrigen Millionenumfang besteht die Gefahr der Auflösung. Überlegen Sie, ob für Sie ein Sparvertrag oder eine Einmalanlage günstiger ist. Unter 1.000 € fressen die Gebühren den möglichen Gewinn weg.

Lassen Sie sich von Untergangspropheten, die einen Börsencrash voraussagen, nicht verunsichern. Legen Sie langfristig an. Am schnellen Rein/Raus verdienen Börse, Broker, Banken und geldgierige Gurus, die es auf Ihr Geld absehen. Bedenken Sie, dass es nicht nur auf Kursgewinne ankommt. Viele Firmen zahlen üppige Dividenden, die selbst im Crash nur selten gekürzt werden und bei Kursrückgang prozentual steigen. Dies sind willkommene Ersatzzinsen für abgeschaffte Guthabenzinsen. Gut schlafen <u>wegen</u> Aktien, statt gut schlafen <u>trotz</u> Aktien! Auf **S. 25/26** finden Sie Kurslisten mit Schwerpunkt DAX. **S. 29/30** bringen Nebenwerte-Aktienfonds. Durch die Reform der deutschen Indizes ändert sich einiges bei der Zusammensetzung. Dies gilt jedoch nicht für die globale Aktienfondsauswahl.

Globale Aktienfondsauswahl aus Bestenlisten 2017/2018: Standardtitel und Nebenwerte international

Name, Fonds-Gesellschaft	WKN	Kurs 06.03.18	Hoch/Tief 52 Wochen	Kursentwicklung 1, 3, 5, 10 Jahre
AXA Rosenberg Alpha Global Small	692 188	31,95 €	34,55/31,05 €	-5/+9/+70/+110 %
		Umfang 346 Mio. €, Alter 16 Jahre, Ausgabeaufschlag **4,50 %**, Gebühr **1,50 %**, thesaurierend. Dieser Fonds orientiert sich am Index S&P Small Cap und investiert mindestens 75 % in Aktien von Firmen mit niedrigem Börsenwert aus Industrieländern.		
Carmignac Investissement A	A0D P5W	1.237,00 €	1.280/1.166 €	+3/-2/+35/+63 %
		Umfang 4,02 Mrd. €, Alter 29 Jahre, Ausgabeaufschlag **4,00 %**, Gebühr **1,50 %**, thesaurierend. Der Fonds orientiert sich am weltweiten MSCI-Index und investiert mindestens 60 % in internationale Aktien ohne Branchen- und Regionen-Einschränkung.		

Name, Fonds-Gesellschaft	WKN	Kurs 07.03.18	Hoch/Tief 52 Wochen	Kursentwicklung 1, 3, 5, 10 Jahre
BlackRock Global Opportunities A2	A0B MA0	43,10 €	46,15/40,35 €	+1/+7/+54/+86 %
		Umfang 211 Mio. €, Alter 22 Jahre, Ausgabeaufschlag **5,00 %**, Gebühr **1,50 %**, thesaurierend. Der Fonds erstrebt Kapitalwachstum und Erträge. Er legt weltweit mindestens 70 % in substanzstarke Aktien unabhängig von der Marktkapitalisierung an.
Deka LUX-BioTech CF	DK1 A3Y	399,00 €	427,7/378,0 €	-1/-17/+118/+300 %
		Umfang 107 Mio. €, Alter 10 Jahre, Ausgabeaufschlag **3,75 %**, Gebühr **1,25 %**, ausschüttend. Der Fonds investiert in Nasdaq-Biotechaktien, wie Amgen, Biogen, Celgene, Gilead, Regeneron.
Deka-Technologie	515 262	33,80 €	34,30/28,55 €	+18/+48/+136/+231 %
		Umfang 198 Mio. €, Alter 18 J., Ausgabeaufschlag **3,75 %**, Gebühr **1,25 %**, thesaurierend. Globale Anlage in Hightech-Aktien, wie Google, Amazon, Facebook, Microsoft, Apple, Samsung.
DWS Akkumula	847 402	1.005,5 €	1.064/952,4 €	+-0/+10/+70/+82 %
		Umfang 4,1 Mrd. €, Alter 57 J., Ausgabeaufschlag **5,00 %**, Gebühr **1,45 %**, thesaurierend. Der Fonds setzt auf Fundamentaldaten und investiert global in substanzstarke Blue Chips.
DWS Vermögensbildung I LD internat.	847 652	148,70 €	157,5/140,0 €	-2/+10/+35/+63 %
		Umfang 7,53 Mrd. €, Alter 47 Jahre, Ausgabeaufschlag **5,00 %**, Gebühr **1,45 %**, ausschüttend. Der Fonds investiert in unterschiedlich große Titel weltweit mit nachhaltigem Wertzuwachs.
FCP OP MEDICAL BioHealth	941 135	445,55 €	450,6/354,1 €	+12/+24/+166/+431 %
		Umfang 118 Mio. €, Alter 17 Jahre, Ausgabeaufschlag **5,00 %**, Gebühr **1,70 %**, ausschüttend. Der Fonds überzeugt mit hoher Rendite. Er investiert in große und mittlere Pharma- und Biotechwerte wie MorphoSys (TecDAX), BioMarin, Genmab, Incyte.
FF Fidelity Global Technology A	921 800	20,60 €	21,10/17,90 €	+12/+53/+168/+304 %
		Umfang 2,71 Mrd. €, Alter 19 Jahre, Ausgabeaufschlag **5,25 %**, Gebühr **1,5 %**, ausschüttend. In diesem erfolgreichen Hightechfonds dominieren die Aktien aus Zukunftsmärkten, wie Google, Apple, Samsung, Intel, SAP, Qualcomm, Oracle, Salesforce.
FTIF Franklin Templeton Technology	A0K EDE	15,35 €	15,40/12,70 €	+19/+49/+153/+368 %
		Umfang 2,12 Mrd. €, Alter 12 Jahre, Ausgabeaufschlag **5,54 %**, Gebühr **1,00 %**, thesaurierend. Der Fonds investiert weltweit in Hightechtitel wie Amazon, Facebook, Alibaba, Microsoft. Dem hohen Ausgabeaufschlag steht eine faire Gebühr gegenüber.

Name, Fonds-Gesellschaft	WKN	Kurs 07.03.18	Hoch/Tief 52 Wochen	Kursentwicklung 1, 3, 5, 10 Jahre
Hellerich Sachwert-aktien	HAF X0R	226,10 €	242,4/223,6 €	-3/+6/+56/+127 %
		Umfang 51 Mio. €, Alter 10 Jahre, Ausgabeaufschlag **5,00 %**, Gebühr **1,10 %**, thesaurierend. Der Fonds bevorzugt Aktien der Branchen Nahrungsmittel, Pharma sowie Telekommunikation.		
Invesco Global Small Cap Equity	987 084	132,80 €	141,4/116,7 €	+23/+33/+64/+110 %
		Umfang 461 Mio. €, Alter 22 J., Ausgabeaufschlag **5,0 %**, Gebühr **1,50 %**, ausschüttend. Weltweite Anlage in kleinere Werte von Industrie, Konsumgütern, IT-Software, Finanzdiensten.		
Loys SICAV Global P	926 229	28,90 €	31,05/27,00 €	+7/+17/+57/+115 %
		Umfang 405 Mio. €, Alter 18 Jahre, Ausgabeaufschlag **5,00 %**, Gebühr **0,80 %**, ausschüttend. Der Fonds konzentriert sich auf unterbewertete Qualitätsaktien in chancenreichen Branchen.		
M&G Global Growth A	A0R DTH	18,85 €	20,50/16,50 €	+13/+20/+37/+153 %
		Umfang 1,17 Mrd. €, Alter 9 Jahre, Ausgabeaufschlag **5,25 %**, Gebühr **1,75 %**, thesaurierend. Der Fonds investiert weltweit in Aktien von qualitativ überzeugenden, fair bewerteten Firmen.		
Nordea 1 Global Stable	A0L GS7	17,20 €	18,35/16,40 €	+2/+14/+55/+99 %
		Umfang 1,47 Mrd. €, Alter 11 Jahre, Ausgabeaufschlag **5,00 %**, Gebühr **1,50 %**, thesaurierend. Dieses computergestützte Selektionsmodell setzt auf defensive Aktien mit stabilen Erträgen.		
Schroder ISF Global Smaller	A0H 06H	185,00 €	196,6/162,4 €	+15/+30/+71/+98 %
		Umfang 322 Mio. €, Alter 12 Jahre, Ausgabeaufschlag **5,00 %**, Gebühr **1,50 €**, thesaurierend. Der Fonds investiert weltweit ca. zwei Drittel in Aktien kleinerer Firmen ohne Branchenfestlegung.		
Struktured Solutions Lithium	HAF X4V	120,00 €	152,3/95,15 €	+13/+194/+109 %
		Umfang 16 Mio. €, Alter 8 Jahre, Ausgabeaufschlag **5,00 %**, Gebühr **1,00 %**, thesaurierend. Schwerpunkte sind Exploration, Abbau, Investition in den Rohstoff Lithium mit Anteil von 83 %.		
Warburg Value	A0D N29	315,85 €	342,6/308,2 €	-2/+22/+60/+113 %
		Umfang 463 Mio. €, Alter 13 Jahre, Ausgabeaufschlag **5,00 %**, Gebühr **1,75 %**, thesaurierend. Der Fonds vertritt einen klassischen Value-Ansatz, also weltweite Anlage in defensive Aktien.		

Anmerkung: Diese weltweite Aktienfondsauswahl kann es mit einer guten Einzelaktienstrategie aufnehmen. Als risikomindernd ist die **breite Streuung** zu nennen. Umgekehrt können Sie hier nicht so flexibel mit Zukauf und Teilverkauf auf große Kursschwankungen bei scharfer Korrektur und im Crash reagieren.

❸ Bei etlichen Aktienfonds dreht sich alles um hohe Dividenden

3.1 Was Sie über den DivDAX wissen sollten

Alljährlich im Herbst wählt die Deutsche Börse AG die 15 besten Dividendenwerte aus. Jetzt haben nur jene DAX-Firmen sichere Plätze, deren Gewinnausschüttung verlässlich steigt mit einer Rendite ab 2,2 %. Spitzenreiter sind im Aug. 2018 Daimler, BMW, Dt. Telekom und Munich Re. Wer vom DivDAX eine bessere Entwicklung erwartet, muss wissen, dass etliche Spitzenaktien nicht zum DivDAX gehören, weil bei stetigem Kursanstieg das Kursplus prozentual oft höher als die Dividende ist. Sie können den DivDAX mit einem ETF abdecken oder einen Dividenden-Fonds erwerben, der Aktien mit üppigen Ausschüttungen präsentiert.

DivDAX mit insgesamt 15 Aktien, Stand 14. August 2018

Aktien/Unternehmen	WKN A0C 33D	KGV 2018	Kurs am 14.08.18	Hoch/Tief 52 Wochen	Div.-Rend. 2018(e)
Allianz	840 400	9,9	184,80 €	205,8/171,8 €	4,7 %
BASF	BAS F11	11,2	78,95 €	97,70/78,75 €	4,1 %
BAYER	BAY 001	10,6	83,80 €	117,70/83,70 €	3,5 %
BMW St	519 000	7,1	82,45 €	96,25/77,55 €	5,2 %
Covestro	606 214	8,8	80,90 €	95,00/63,65 €	3,0 %
Daimler St	710 000	6,1	56,50 €	75,70/55,15 €	6,1 %
Dt. Post	555 200	13,4	30,70 €	41,00/27,55 €	3,9 %
Dt. Telekom	555 750	13,2	14,05 €	15,80/12,80 €	5,0 %
E.ON	ENA G99	13,4	9,40 €	10,70/7,90 €	4,6 %
Linde	A2E 4L7	21,0	190,65 €	217,8/159,2 €	2,2 %
Lufthansa	823 212	5,1	23,00 €	31,10/19,65 €	3,3 %
Münchener R.	843 002	10,0	183,05 €	199,0/168,0 €	4,9 %
RWE St	703 712	13,0	21,95 €	23,15/15,10 €	2,7 %
Siemens	723 610	12,1	110,65 €	125,2/100,4 €	3,4 %
Vonovia	A1M L7J	18,7	41,10 €	42,40/34,25 €	3,5 %

Duell: dividendenstarke DAX-Einzelaktien – ETF DivDAX	
Vorteile DAX-Einzelaktien	**Vorteile ETF DivDAX**
➤ Kurskorrekturen werden genutzt	➤ Eine einzige Transaktionsgebühr
➤ Kauf und Verkauf jederzeit machbar	➤ Kein Ausgabeaufschlag, geringe Jahresgebühr von ca. 0,35 %
➤ Teilverkäufe und Zukäufe möglich	
➤ Depot wird schrittweise aufgebaut	➤ Vielleicht ein Sparplan möglich
➤ Genaue Kursbeobachtung möglich	➤ Bei thesaurierendem ETF wird Dividende in neue Anteile angelegt
➤ Wichtige Kennzahlen überprüfbar	
➤ Jahresgebühren gibt es nicht	➤ Wenig Zeitaufwand, bei geringer Marktkenntnis sehr zu empfehlen
➤ Ertragsgutschriften sind steuerfrei	

3.2 Vorschlag für deutsche und internationale Dividenden-Aktienfonds mit Musterdepot

Auch Dividendenfonds erfordern eine langfristige Kapitalanlage. Wichtig ist eine gute Kursentwicklung im Mehrjahreszeitraum.

Internationale Dividendenfonds, Siegerlisten 2017/2018				
Name, Fonds-Gesellschaft	**WKN**	**Kurs 08.03.18**	**Hoch/Tief 52 Wochen**	**Kursentwicklung 1, 3, 5, 10 Jahre**
BlackRock Global Equity Income	A1C 8TA	13,75 €	15,00/12,50 €	+11/+20/+37 %
	Umfang 2,33 Mrd. €, Alter 8 Jahre, Ausgabeaufschlag **5,00 %**, Gebühr **1,50 %**, thesaurierend. Der Fonds investiert weltweit in substanzstarke Unternehmen, wobei der Pharmabereich mit AstraZeneca, Johnson & Johnson, Novartis und Sanofi führt.			
CG Capital Group Global Growth	A0N CRC	19,55 €	20,85/18,20 €	+2/+11/+54/+105 %
	Umfang 259 Mio. €, Alter 10 Jahre, Ausgabeaufschlag **5,25 %**, Gebühr **1,50 %**, thesaurierend. Der Fonds investiert weltweit in substanz- und wachstumsstarke Unternehmen bevorzugt aus den Bereichen Gesundheitswesen, Hochtechnologie, Software.			
DB Platinum IV CROCI	A0B 535	269,65 €	290,2/242,6 €	+11/+22/+79/+76 %
	Umfang 346 Mio. €, Alter 13 Jahre, Ausgabeaufschlag **4,00 %**, Gebühr **1,00 %**, thesaurierend. Der Fonds investiert in Großkonzerne der Eurozone aus Industrie, Konsum, Rohstoffe, Pharma. Vom DAX sind dabei: Linde, BASF, Dt. Post, Continental.			

Name, Fonds-Gesellschaft	WKN	Kurs 08.03.18	Hoch/Tief 52 Wochen	Kursentwicklung 1, 3, 5, 10 Jahre
Deka-Dividenden-Strategie CF	DK2 CDS	148,50 €	159,8/144,5 €	-4/+1/+51 %
	\multicolumn{4}{l}{Umfang 5,1 Mrd. €, Alter 8 Jahre, Ausgabeaufschlag **3,75 %**, Gebühr **1,25 %**, ausschüttend. Der Fonds investiert in Dividendenstars von Weltkonzernen wie Allianz, AXA, ROCHE, Nestlé.}			
DJE Asia High Dividende	A0Q 5KZ	212,45 €	223,9/192,0 €	+11/+31/+48/+130 %
	\multicolumn{4}{l}{Umfang 189 Mio. €, Alter 10 Jahre, Ausgabeaufschlag **5,00 %**, Gebühr **1,30 %**, ausschüttend. Der Fokus liegt auf fair bewerteten dividendenstarken Aktien des asiatisch-pazifischen Raums.}			
DJE Dividende & Substanz	164 325	394,65 €	422,3/376,3 €	+3/+9/+46/+76 %
	\multicolumn{4}{l}{Umfang 1,3 Mrd. €, Alter 15 Jahre, Ausgabeaufschlag **5,00 %**, Gebühr **1,32 %**, thesaurierend. Der Fonds investiert in dividenden- und substanzstarke Aktien langfristig erfolgreicher Firmen.}			
First Private Dividenden STAUFER	977 961	96,15 €	103,2/90,50 €	+6/+14/+87/+79 %
	\multicolumn{4}{l}{Umfang 231 Mio. €, Alter 20 Jahre, Ausgabeaufschlag **5,00 %**, Gebühr **1,5 %**, thesaurierend. Anlage in dividendenstarke Aktien. Aus Deutschland sind dabei: Dt. Post, Freenet, MTU, Siemens.}			
FF Fidelity Global Dividende	A1J SY0	16,00 €	17,40/15,50 €	+0/+26/+65 %
	\multicolumn{4}{l}{Umfang 7,57 Mrd. €, Alter 5 Jahre, Ausgabeaufschlag **5,25 %**, Gebühr **1,50 %**, ausschüttend. Der Fonds legt weltweit in dividendenstarke Aktien großer Konzerne an wie J&J, Pfizer, GE.}			
Invesco Global Growth Equity Income	A1J DBL	59,35 €	63,90/49,25 €	+18/+19/+48 %
	\multicolumn{4}{l}{Umfang 1,09 Mrd. €, Alter 7 Jahre, Ausgabeaufschlag **5,00 %**, Gebühr **1,40 %**, thesaurierend. Der Fonds investiert weltweit in dividendenstarke Standardaktien unterschiedlichster Branchen.}			
JPMorgan Investment Global Divid.	A0M 6Z1	105,90 €	114,2/103,5 €	+17/+22/+44/+49 %
	\multicolumn{4}{l}{Umfang 166 Mio. €, Alter 11 Jahre, Ausgabeaufschlag **5,0 %**, Gebühr **1,50 %**, thesaurierend, US-Währung. Der Fonds bevorzugt USA-Standardaktien wie Apple, Comcast, J&J, Microsoft.}			
JSS Thematic Equity Global	A1C 7Y2	191,85 €	204,6/185,5 €	-3/+6/+52 %
	\multicolumn{4}{l}{Umfang 39 Mio. €, Alter 7 Jahre, Ausgabeaufschlag **3,0 %**, Gebühr **1,5 %**, thesaurierend. Anlage in dividendenstarke internationale Standardwerte wie Pfizer, TOTAL, ENEL, Unilever, Altria.}			
KBC Equity High Dividende Classic	A0J KMW	1.485,0 €	1.600/1.421 €	-2/+10/+59/+119 %
	\multicolumn{4}{l}{Umfang 567 Mio. €, Alter 14 Jahre, Ausgabeaufschlag **1,50 %**, Gebühr **1,5 %**, thesaurierend. Unabhängig von Regionen, Sektoren, Börsenwert wählt der Fonds dividendenstarke Aktien aus.}			

Name, Fonds-Gesellschaft	WKN	Kurs 08.03.18	Hoch/Tief 52 Wochen	Kursentwicklung 1, 3, 5, 10 Jahre
LLB Dividenden-perlen	964 813	153 CHF	166/144 CHF	+3/+17/+48/+47 %
		Umfang 80 Mio. €, Alter 20 Jahre, Ausgabeaufschlag **1,50 %**, Gebühr **1,0 %**, thesaurierend. Bei den globalen Aktien mit hoher Ausschüttung dominieren Finanzwerte, Konsumgüter, Software.		
M&G Global Dividende	A0Q 349	23,95 €	25,90/22,70 €	-3/+6/+43/**+139 %**
		Umfang 7,79 Mrd. €, Alter 10 Jahre, Ausgabeaufschlag **4,00 %**, Gebühr **1,75 %**, thesaurierend. Weltweite branchenunabhängige Aktienauswahl mittlerer und großer Firmen mit hoher Dividende.		
Newton Mellon Global Income	A0N DX3	2,15 €	2,35/2,05 €	-1/+6/+43/+139 %
		Umfang 5,53 Mrd. €, Alter 13 Jahre, Ausgabeaufschlag **0,00 %**, Gebühr **1,50 %**, ausschüttend. Der Fonds investiert vor allem in Pharma- und Finanzaktien kleiner, mittlerer und großer Firmen.		
Schroder ISF Global Dividende Maxi	A0M WXM	9,80 €	10,25/7,90 €	+15/+18/+42/+47 %
		Umfang 4,04 Mrd. €, Alter 11 Jahre, Ausgabeaufschlag **5,00 %**, Gebühr **1,50 %**, thesaurierend. Der Fonds investiert weltweit in unterschiedlich große dividendenstarke Aktien auch aus China.		

Anmerkung: Ich empfehle bei Dividenden-Aktienfonds die thesaurierende Variante. Hier lohnt es sich bei einem langen Anlagehorizont, die Ausschüttung in neue Anteile umzuwandeln. Im Laufe der Jahre steigt die Menge der Anteile, interessant auch bei langfristigen Geschenkaktionen für Kinder und Enkel. Dividendenstarke Aktien – eingebunden in breite Fondsstreuung – sind weniger riskant.

Der Fachausdruck **Income** bedeutet im Zusammenhang mit Investments regelmäßige, verlässliche Ausschüttungen. In den Zeiten niedrigster Zinsen sind üppige Dividenden bei Einzelaktien und Aktienfonds besonders gefragt. Der Begriff **Equity** bezieht sich bei Fonds auf Kapitalbeteiligungen an Unternehmen.

> Wird die Dividende ausgeschüttet, fällt im Alt- und Neubestand die Abgeltungsteuer an. Steuerfrei bleibt nur die Ertragsgutschrift, mit der insbesondere zahlreiche Immobilienunternehmen ihre Aktionäre erfreuen.

Neues Steuerrecht für den Fonds-Altbestand seit 2018

Zum Jahresbeginn 2018 wurden die vor 2009 erworbenen Investmentfonds vom steuerfreien Alt- in den steuerpflichtigen Neubestand umgewandelt. Kursgewinne vom Altbestand bleiben nur bis Ende 2017 von der Steuer verschont. Das neue Steuerrecht ist jedoch nur für reiche Privatanleger nachteilig; denn es gilt ein Freibetrag von 100.000 €. Erst nach Überschreiten der Freigrenze greift das Finanzamt auf den vom Altbestand umgewandelten Neubestand zu.

Wenn Ex-Außenminister und Ex-Bundeswirtschaftsminister Sigmar Gabriel behauptet, dass *„jemand, der auf dem Sofa liegt und Aktien hat, weniger Steuern zahlt als einer, der jeden Tag arbeiten geht"*, ist dies blanker Unsinn. Ich besitze Aktien, aber liege nicht faul auf dem Sofa. Die Anlage in Aktien und Fonds wird im Allgemeinen vom versteuerten Einkommen bezahlt. Tun Sie selbst etwas für Vermögensaufbau und Altersvorsorge, als übriges Geld in den Konsum zu stecken. Muss eine Rente mit 63 Jahren und die häusliche Kinderbetreuung staatlich finanziert werden, anstatt Aktienkultur und unternehmerisches Denken zu fördern?

Das folgende Musterdepot wendet sich an Langzeitanleger, die Fonds den Einzelaktien wegen breiter Streuung vorziehen

Mein Aktienfonds-Musterdepot: Schwerpunkt Dividende

Name, Fonds-Gesellschaft	WKN	Kurs 08.03.18	Hoch/Tief 1 Jahr	Kursentwicklung 1, 3, 5, 10 Jahre
BlackRock Global Equity Income	A1C 8TA	13,75 €	15,00/12,50 €	+11/+20/+37 %
Umfang 2,33 Mrd. €, Alter 8 Jahre, Ausgabeaufschlag **5,00 %**, Gebühr **1,50 %**, thesaurierend. Der Fonds investiert weltweit in substanzstarke Firmen, wobei der Pharmabereich dominiert.				
DB Platinum IV CROCI € R1C	A0B 535	266,95 €	268,9/198,5 €	+25/+41/+123/+46 %
Umfang 330 Mio. €, Alter 13 Jahre, Ausgabeaufschlag **4,00 %**, Gebühr **1,00 %**, thesaurierend. Der Fonds für erfolgsorientierte Anleger investiert in große Unternehmen aus der Eurozone.				
DJE Asia High Dividende	A0Q 5KZ	212,45 €	223,9/192,0 €	+11/+31/+48/+130 %
Umfang 189 Mio. €, Alter 10 Jahre, Ausgabeaufschlag **5,00 %**, Gebühr **1,30 %**, ausschüttend. Der Fokus liegt auf fair bewerteten dividendenstarken Aktien im asiatisch-pazifischen Raum.				
DJE Dividende & Substanz	164 325	394,65 €	422,3/376,3 €	+3/+9/+46/+76 %
Umfang 1,3 Mrd. €, Alter 15 Jahre, Ausgabeaufschlag **5,00 %**, Gebühr **1,32 %**, thesaurierend. Der Fonds investiert in dividenden- und substanzstarke Aktien langfristig erfolgreicher Firmen.				
First Private Dividenden STAUFER	977 961	96,15 €	103,2/90,50 €	+6/+14/+87/+79 %
Umfang 231 Mio. €, Alter 20 Jahre, Ausgabeaufschlag **5,00 %**, Gebühr **1,5 %**, thesaurierend. Anlage in dividendenstarke Aktien. Aus Deutschland sind dabei: Dt. Post, Freenet, MTU, Siemens.				
Schroder ISF Global Dividende Maxi	A0M WXM	9,80 €	10,25/7,90 €	+15/+18/+42/+47 %
Umfang 4,04 Mrd. €, Alter 11 Jahre, Ausgabeaufschlag **5,00 %**, Gebühr **1,50 %**, thesaurierend. Der Fonds investiert weltweit in unterschiedlich große dividendenstarke Aktien auch aus China.				

❹ Blick auf große ausländische Indizes mit Fondsauswahl

Der Blick über den Zaun erweitert den Horizont. Das gilt auch für Investmentfonds. Orientieren Sie sich global. Zuerst Europa, danach Amerika, Asien, Schwellenländer und Frontiermärkte.

4.1 Euro Stoxx 50 und Stoxx 50: Mehr als nur ein kleiner Unterschied

Der Euro Stoxx 50 bildet die großen Aktien vom Euro-Raum, der Stoxx 50 von Gesamteuropa ab

Als Vergleich bietet sich die 1. Fußballbundesliga an. Die besten Teams der letzten Saison, nämlich wie gewohnt Bayern München, Borussia Dortmund, Schalke und Hoffenheim haben sich für die Gruppenphase der Champions League qualifiziert. Es ist der Traum eines jeden Spitzenspielers, international mitzuspielen, am liebsten in der Eliteliga, notfalls eine Stufe tiefer, in der Europa League. Ähnlich verhält es sich an der Börse. Die führenden Unternehmen vom Euroraum bilden mit 50 Titeln den Euro Stoxx 50, die größten Firmen Gesamteuropas den Stoxx 50 ab. Der Euro Stoxx 50 hat mit KGV 13 Aufwärtspotenzial. Gleiches gilt für den Stoxx 50, KGV 14. Zum Halbjahresende 2018 notiert der EU-Index bei 3.440 Punkten. Das Börsenbarometer Gesamteuropa zeigt 3.080 Zähler.

Generell hinken die Europa-Indizes dem DAX hinterher. Die Kursverluste sind prozentual meist höher, die Kursgewinne geringer. In Südeuropa sind Staatsüberschuldung und Arbeitslosigkeit ausgeprägt, siehe Griechenland und Italien. Dies schreckt ab. Dabei überzeugen mehrere exportstarke Großkonzerne mit gesunder Bilanzierung, ordentlichem Wachstum bei Umsatz und Ertrag sowie hohen Dividenden. Der Austritt Großbritanniens aus der EU, das gescheiterte Referendum in Italien, die Unberechenbarkeit des US-Präsidenten Donald Trump und der heftige Handelskrieg mit China bezüglich neuer und angehobener Strafzölle sowie die extremen Sanktionen gegenüber der Türkei hinterlassen tiefe negative Spuren.

Zum Euroland-Börsenbarometer gehören große Ölwerte wie Royal Dutch oder Total und etliche Finanztitel. Die Ölaktien wurden während der globalen Finanz- und Wirtschaftskrise stark gebeutelt, erholten sich danach aber spürbar.

Es locken hohe Dividenden. Doch durch das für einige Länder geltende Doppelsteuerabkommen bleibt gerademal die Hälfte übrig. Sie können bei Frankreich gleich 50 % wegstreichen, sofern Sie keinen Ausgleich beantragen. Dies lohnt sich jedoch wegen des großen Zeitaufwands nur bei höheren Beträgen.

5 Div.-Stars Euro Stoxx 50 (Eurozone) ab 5,2 % Rendite					
Aktien/Unternehmen	WKN 965 338	KGV	Kurs am 05.12.17	Hoch/Tief 1 Jahr	Div. Div.-Rendite
BBVA	875 773	10,8	7,15 €	7,90/5,80 €	0,40 €/5,6 %
ENI	897 791	19,9	13,80 €	15,75/12,25 €	0,80 €/5,8 %
Intesa Sanpao.	850 605	12,4	2,80 €	3,60/2,10 €	0,21 €/7,5 %
Societé Génér.	873 403	8,9	42,80 €	52,30/40,80 €	2,30 €/5,4 %
TOTAL	850 727	11,0	47,60 €	49,05/42,15 €	2,48 €/5,2 %

6 Div.-Stars Stoxx 50 (Gesamteuropa) ab 5,7 % Rendite					
Aktien/Unternehmen	WKN 965 816	KGV	Kurs am 05.12.17	Hoch/Tief 1 Jahr	LW 2017 Div.-Rend.
BP (GB)	850 517	16,8	5,60 €	6,15 €/4,75 €	0,40/6,0 %
GlaxoSMK. (GB)	940 561	12,2	14,80 €	19,90/14,75 €	0,80/6,2 %
Imperial (GB)	903 000	14,7	34,70 €	47,10/34,20 €	1,78/5,8 %
Royal Dut. (GB)	A0D 94M	15,2	27,05 €	28,05/23,15 €	1,88/5,9 %
Vodafone (GB)	A1X A83	23,7	2,60 €	2,90/2,30 €	0,15/5,7 %
Zurich Ins. (CH)	579 919	12,6	255,20 €	270,5/243,6 €	17,2/5,8 %

Euro Stoxx 50 Top/Flop 2016 und 2017 (WKN 965 814)			
Siegeraktien	30.12.2016	Verliereraktien	30.12.2016
❶ ASML Holding	+26,2 %	❶ NOKIA	-30,6 %
❷ CRH PLC	+21,5 %	❷ ENGIE	-26,6 %
❸ LVMH	+21,4 %	❸ INTESA	-23,0 %
Siegeraktien	30.12.2017	Verliereraktien	30.12.2017
❶ LVMH	+37,7 %	❶ NOKIA	-14,6 %
❷ ASML Holding	+37,5 %	❷ ENI	-9,8 %
❸ VINCI	+33,2 %	❸ Inditex	-9,6 %

STOXX 50 Top/Flop 2016 und 2017 (WKN 965 816)			
Siegeraktien	**30.12.2016**	**Verliereraktien**	**30.12.2016**
❶ Rio Tinto	+36,6 %	❶ Novo Nordisk	-36,0 %
❷ Royal Dutch Shell	+23,0 %	❷ BT Group	-31,7 %
❸ BP	+21,0 %	❸ Lloyds Bank	-27,3 %
Siegeraktien	**30.12.2017**	**Verliereraktien**	**30.12.2017**
❶ Unilever	+26,2 %	❶ BT Group	-22,0 %
❷ AstraZeneca	+17,6 %	❷ Barclays	-9,5 %
❸ Novo Nordisk	+13,8 %	❸ Royal Dutch Shell	-8,8 %

Drei ETFs aus dem Euro Stoxx 50 und Stoxx 50	
iShares Euro Stoxx 50 UCITS ETF	**WKN 935 927, Kurs 17.08.18: 34,15 €**
Jahres-Hoch/Tief: 37,60/33,05 €, Kursverlauf 1, 3, 5, 10 J.: **+-0/+7/+39/+42 %**, Alter: 18 Jahre, ausschüttend, Verwaltungsgebühr: 0,35 %, Umfang: 4,2 Mrd. €	
iShares Stoxx Europe 600 UCITS	**WKN 263 530, Kurs 17.08.18: 37,60 €**
Jahres-Hoch/Tief: 40,05/35,50 €, Kursverlauf: 1, 3, 5, 10 J.: **+4/+8/+45/+81 %**, Alter: 14 Jahre, ausschüttend, Verwaltungsgebühr: 0,20 %, Umfang: 6,6 Mrd. €	
LYXOR ETF Stoxx 600 Healthcare	**WKN LYX 0AS, Kurs 17.08.18: 88,45 €**
Jahres-Hoch/Tief: 90,85/75,65 €, Kursverlauf 1, 3, 5, 10 J.: **+6/-3/+50/+162 %**, Alter: 12 Jahre, thesaurierend, Verwaltungsgebühr: 0,30 %, Umfang: 322 Mio. €	
Anmerkung: Hier empfehle ich keine aktiv gemanagten Aktienfonds, weil sie zu über 80 % gegen den Index verlieren. Entweder ETF oder Einzelaktien-Auswahl.	

> **Was die Aktienfonds betrifft, tun sich die Manager von Standard- bzw. Blue Chips-Fonds schwer, den Index bzw. die Benchmark wie DAX, Dow Jones, Euro Stoxx 50 oder Stoxx 50 zu schlagen.** Hier gibt es 80 bis 90 % Verlierer und nur wenige Gewinner. Schlecht sieht es für all jene Standard-Aktienfonds von Europa aus, die bevorzugt auf große Bankentitel setzen. Als Alternative bieten sich Einzelaktien und die preiswerten ETFs an.

> **Wesentlich besser schneiden Themen-, Branchen- und Nebenwertefonds ab. Hier gibt es langfristige Sieger.** Die Kursliste bestätigt dies. Nebenwerte-Fonds aus Deutschland, Europa, China, Japan und weltweit liegen vorn: Also ein Fingerzeig für den Aufbau Ihrer eigenen gewinnbringenden Aktienfonds-Werkstatt! Die Musterdepots können bei der Auswahl behilflich sein.

Auswahl erfolgreicher Aktienfonds aus Europa 2017/18

Name, Fonds-Gesellschaft	WKN	Kurs 09.03.18	Hoch/Tief 1 Jahr €	Kursentwicklung 1, 3, 5, 10 Jahre
AGIF Allianz Global Euroland Equity Growth	A0K DND	208,15 €	221,7/190,6	+10/+16/+54/+150 %
		Umfang 3,31 Mrd. €, Alter 11 Jahre, Ausgabeaufschlag **5,0 %**, Gebühr **1,80 %**, ausschüttend. Große Positionen bilden SAP, Bayer, Infineon, ASML, Fresenius, Unilever, Legrand, Conti.		
Allianz Wachstum Europa A	848 182	114,30 €	124,0/110,3	+3/+5/+46/+140 %
		Umfang 1,02 Mrd. €, Alter 21 Jahre, Ausgabeaufschlag **5,0 %**, Gebühr **1,80 %**, ausschüttend. Der Fonds investiert in europäische Blue Chips aus etlichen Branchen und setzt Derivate ein.		
Baring Europe Select Trust EUR	764 914	46,60 €	47,85/42,50	+9/+31/+84/+217 %
		Umfang 589 €, Alter 34 Jahre, Ausgabeaufschlag **5,0 %**, Gebühr **1,50 %**, ausschüttend. Der Fonds investiert in Aktien kleinerer europäischer Unternehmen, die oft nur Profis kennen.		
BGF BlackRock Global Conti. European	A0F 42G	24,40 €	25,90/21,70	+13/+19/+67/+180 %
		Umfang 81 Mio. €, Alter 31 Jahre, Ausgabeaufschlag **5,0 %**, Gebühr **1,50 %**, thesaurierend. Dieser Aktienfonds legt über zwei Drittel in die Titel von großen europäischen Firmen an. Dazu zählen: Novo Nordisk, Kering, Richemont, ING Group.		
BGF BlackRock Global European Special	779 374	41,55 €	43,70/38,00	+10/+15/+60/+288 %
		Umfang 1,74 Mrd. €, Alter 15 Jahre, Ausgabeaufschlag **5,0 %**, Gebühr **1,50 %**, thesaurierend. Der Fonds bevorzugt den Gesundheitssektor, z. B. Novo Nordisk, AstraZeneca, BAYER.		
Comgest Growth Greater Europe Opportunities	A0Y AJD	33,30 €	34,80/28,55	+17/+35/+88/+234 %
		Umfang 418 Mio. €, Alter 9 Jahre, Ausgabeaufschlag **4,00 %**, Gebühr **1,50 %**, thesaurierend. Der europäische Mid Caps-Fonds für Risikofreudige konzentriert sich auf wachstumsstarke Werte. Sartorius und Wirecard sind deutsche Erfolgstitel.		
Comgest Growth Europe Smaller Comp.	631 027	28,55 €	29,70/23,85	+20/+36/+94/+208 %
		Umfang 194 Mio. €, Alter 18 Jahre, Ausgabeaufschlag **4,00 %**, Gebühr **1,50 %**, thesaurierend. Dieser Fonds investiert in mittelgroße Europa-Firmen mit langfristigen Wachstumschancen.		
CS (LUX) IF11 Small & Mid Cap Europe	973 136	2.918,0 €	3.134/2.633	+10/+19/+90/+125 %
		Umfang 110 Mio. €, Alter 24 Jahre, Ausgabeaufschlag **5,00 %**, Gebühr **1,92 %**, thesaurierend. Bei dem Fonds Small und Mid Caps-Aktien gehört Eurofins Scient. zu den Spitzentiteln.		

Name, Fonds-Gesellschaft	WKN	Kurs 09.03.18	Hoch/Tief 1 Jahr €	Kursentwicklung 1, 3, 5, 10 Jahre
DEKA EuroStocks CF	989 586	39,90 €	42,40/36,75	+9/+8/+49/+19 %
		Umfang 557 Mio. €, Alter 19 Jahre, Ausgabeaufschlag **3,75 %**, Verwaltungsgebühr **1,25 %**, ausschüttend. Große Anteile haben Daimler, Allianz, AB INBEV, Sanofi, Siemens, ING Groep.		
FF Fidelity European Dynamik Growth	603 474	53,30 €	55,55/48,05	+10/+19/+59/+113 %
		Umfang 1,6 Mrd. €, Alter 17 Jahre, Ausgabeaufschlag **5,25 %**, Verwaltungsgebühr **1,50 %**, ausschüttend. Der Fonds übergewichtet mit Anteilen von 4 % bis 6 % das Gesundheitswesen.		
FT Europa Dynamik P	847 818	295,85 €	315,0/278,0	+7/+7/+57/+76 %
		Umfang 253 Mio. €, Alter 26 Jahre, Ausgabeaufschlag **5,00 %**, Gebühr **1,50 %**, thesaurierend. Der Fonds investiert in mittlere und große Europa-Qualitätsaktien unterschiedlicher Branchen.		
F&C Portfolios European Small Cap A	A0D N0Y	27,70 €	29,50/26,50	+5/+2/+58/+106 %
		Umfang 126 Mio. €, Alter 13 J., Ausgabeaufschlag **5,00 %**, Gebühr **2,00 %**, ausschüttend. Im breit gestreuten Nebenwerte-Aktienfonds befindet sich der MDAX-Titel Gerresheimer.		
Henderson Horizon Euroland A2	989 226	48,75 €	52,55/46,80	+4/+12/+71/+79 %
		Umfang 1,1 Mrd. €, Alter 34 Jahre, Ausgabeaufschlag **5,00 %**, Gebühr **1,20 %**, thesaurierend. Der Fonds setzt auf langfristigen Wertzuwachs durch Anlage in europäische Blue Chips.		
Henderson Horizon European Smaller	989 229	52,60 €	55,20/45,25	+16/+39/+102/+166%
		Umfang 514 Mio. €, Alter 25 Jahre, Ausgabeaufschlag **0,00 %**, Gebühr **1,20 %**, thesaurierend. Über 75 % fließen in Aktien, deren Börsenwert zum unteren Viertel der Branche gehören.		
Invesco Europa Core	847 033	165,30 €	177,6/156,3	+7/+18/+70/+129 %
		Umfang 101 Mio. €, Alter 27 Jahre, Ausgabeaufschlag **5,00 %**, Gebühr **1,00 %**, thesaurierend. Der Fonds bevorzugt Europa-Aktien verschiedener Branchen mit hohem Kapitalwachstum.		
JPMorgan Europe Small Cap	973 679	79,45 €	83,45/69,60	+15/+33/+109/+128%
		Umfang 872 Mio. €, Alter 24 J., Ausgabeaufschlag **5,00 %**, Gebühr **1,50 %**, ausschüttend. Außer SAF Holland aus dem SDAX dürften die hier vertretenen Aktien nur Profis kennen.		
JPMorgan Euroland Equity Fund A	A0D QHZ	18,15 €	19,45/16,45	+10/+14/+67/+42 %
		Umfang 287 Mio. €, Alter 13 J., Ausgabeaufschlag **5,00 %**, Gebühr **1,50 %**, thesaurierend. Der Fonds ist auf Blue Chips ausgerichtet. Die DAX-Titel Telekom und Siemens sind dabei.		

Name, Fonds-Gesellschaft	WKN	Kurs 09.03.18	Hoch/Tief 1 Jahr	Kursentwicklung 1, 3, 5, 10 Jahre
Main First Classic Stock	722 755	162,75 €	171,6/139,6 €	+13/+13/+56/+102 %
		Umfang 68 Mio. €, Alter 15 Jahre, Ausgabeaufschlag **5,00 %**, Gebühr **1,50 %**, thesaurierend. Der Fonds investiert in Aktien großer, mittlerer und kleiner Firmen im europäischen Raum.		
Metzler International Smaller Comp.	987 735	307,65 €	318,6/270,9 €	+13/+28/+96/+166 %
	Umfang 558 Mio. €, Alter 20 Jahre, Ausgabeaufschlag **5,00 %**, Gebühr **1,50 %**, ausschüttend. Der Fonds investiert in kleinere und mittlere Qualitätstitel. Die Aareal Bank, MDAX, zählt dazu.			
PICTET Small Cap Europe P	694 216	1.221,0 €	1.289/1.081 €	+12/+23/+80/+122 %
	Umfang 246 Mio. €, Alter 26 Jahre, Ausgabeaufschlag **5,00 %**, Gebühr **1,60 %**, thesaurierend. Das Management investiert mindestens zwei Drittel in wachstumsstarke europäische Unternehmen mit einer Marktkapitalisierung von unter 3,50 Mrd. €.			
SEB European Equity Small Caps	989 941	306,00 €	325,4/273,0 €	+11/+24/+107/+149%
	Umfang 268 Mio. €, Alter 19 Jahre, Ausgabeaufschlag **1,00 %**, Gebühr **1,50 %**, ausschüttend. Das Management investiert in Aktien, deren Börsenwert geringer ist als bei 225 Topfirmen im FTSE World Europe. Aus dem SDAX ist Krones vertreten.			
Treadneedle European Select Accumulation	987 663	9,15 €	9,55 €/7,40 €	+15/+55/+105/+131%
	Umfang 76 Mio. €, Alter 31 Jahre, Ausgabeaufschlag **5,00 %**, Gebühr **1,50 %**, thesaurierend. Der Fonds investiert in unterschiedlich große Firmen mit guten Wachstumschancen. Dazu zählen so bekannte Aktien wie Unilever, L'Oréal, FMC (DAX).			
Treadneedle European Smaller Comp.	987 665	9,95 €	10,20/8,40 €	+18/+38/+89/+205 %
	Umfang 219 Mio. €, Alter 20 Jahre, Ausgabeaufschlag **5,00 %**, Gebühr **1,50 %**, thesaurierend. Der Growth-Nebenwertefonds zählt zu den Schwergewichten der Branche. Auch hier hat die französische Bioanalytik-Aktie Eurofins ihren Stammplatz.			

Anmerkung: Alle großen Sieger bei Aktienfonds waren im gesamten Jahr 2017 Nebenwerte! Das gilt für den MDAX, TecDAX, SDAX, aber auch für ausländische Nebenwerte-Aktienfonds aus China, Japan und Europa. Die große Auswahl von europäischen Aktienfonds in dieser Aufstellung bestätigt den Trend. Damit eröffnet sich für Sie die Chance, einen Aktienfonds ausfindig zu machen, bei denen Ihre Depotbank auf den Ausgabeaufschlag verzichtet. Ebenso steigt bei der großen Auswahl die Chance, dass Sie einen Sparvertrag abschließen können. Dies gilt für viele, aber nicht für alle Aktienfonds. Bei ETFs ist das Sparplanangebot, empfohlen vom Bestsellerautor Stefan Loipfinger, leider deutlich geringer.

4.2 Amerika gibt die Trends vor: Dow Jones, S&P 500, Nasdaq

Ob Börsen-, Menschen- oder Tierwelt: Überall sind ähnliche Verhaltensmuster zu beobachten: Der Mitläufer orientiert sich am Anführer, das Wolfsrudel am Alpha-Leitwolf, der DAX am Leitindex DOW JONES und der TecDAX an der US-Technologiebörse NASDAQ 100. Oft vollzieht der DAX übertrieben nach, was der DOW vorgibt. Im Crash geht es stärker abwärts, in Erholungsphasen dynamischer nach oben. Davon kündet der Ausspruch: *„Leidet der Dow unter starker Erkältung, bekommt der DAX eine Lungenentzündung."*

Steigt – bedingt durch die zeitliche Verschiebung – am frühen Abend der vor 122 Jahren gestartete Dow Jones, raffen sich DAX & Co. zum Endspurt auf. Wehe, wenn an der Wall Street die Bären die Stimmung vermiesen! Dann droht am nächsten Morgen eine düstere Eröffnung. Kommt es bei Dow Jones, S&P 500 und der Technologiebörse Nasdaq zur Kursexplosion, ist das Feuerwerk bei DAX und den Nebenwerte-Indizes meist üppig. Der US-Markt ist der große Trendsetter für die übrige Welt. Bewegt sich der Dollar gegenüber dem Euro aufwärts, sind deutsche Anleger Nutznießer. Legt der Euro zu, sinken die Kursgewinne amerikanischer Titel wegen höherer Umrechnungskurse. Der 1896 gegründete Dow Jones übersprang 1991 die Marke von 3.000, 1999 von 11.000 und 2018 von 27.000 Punkten.

1995 lag der Dow Jones bei 3.840 Punkten. 2017 überwand der Leitindex erstmals die Marke von 20.000 Punkten. Zum Jahresende schaffte er 24.800 Zähler – mehr als siebenmal so viel.

US-Konzerne dominieren in Hochtechnologie, Internet, Digitalisierung, Vernetzung und Biotechnologie. Die amerikanischen Konzerne dominieren den Markt. Der DAX notierte Ende 2017 mit 13.000 Punkten nahe dem Allzeithoch von 13.500 Zählern. Der TecDAX knackte die Marke von 2.600 Punkten. Zuvor erfreuten Dow Jones, S&P 500, Nasdaq, MDAX und SDAX mit neuen Höchstständen. Bei Umsatz und Gewinn kann der DAX-Konzern Bayer trotz Monsanto-Übernahme im Vergleich zum Pharmariesen Pfizer und Infineon gegenüber INTEL kaum punkten. Überlegen ist Deutschland mit Daimler, BMW, Audi noch in der Autobranche. Im Gesundheitswesen dominieren Amgen, Biogen, Pfizer, Johnson & Johnson. Bei Technologie und Telekommunikation zeigen Google, Amazon, Facebook, Apple, Netflix, Nvidia, Microsoft, wo es mit Industrie 4.0 und Digitalisierung lang geht.

Die 10 wertvollsten Konzerne 2017 sind amerikanisch. Die Top 3 mit Apple, Alphabet (Google) und Microsoft bringen mit 1,4 Billionen € mehr auf die Waage als der gesamte DAX. Der Unterschied beträgt 300 Mrd. €.

Dow Jones (969 420) Top/Flop 2016 bis Jahresende 2017			
Siegeraktien	30.12.2016	Verliereraktien	30.12 2016
❶ Caterpillar	+44,5 %	❶ NIKE	-15,5 %
❷ United Health	+43,0 %	❷ Walt Disney	-0,36 %
❸ Chevron	+38,3 %	❸ VISA	+3,7 %
Siegeraktien	05.12.2017	Verliereraktien	05.12.2017
❶ Boeing	+59,3 %	❶ General Electric	-50,2 %
❷ Caterpillar	+34,2 %	❷ Exxon Mobil	-17,8 %
❸ Apple	+30,6 %	❸ IBM	-16,3 %

Der Nasdaq 100 befindet sich auf Rekordjagd mit einem Allzeithoch von 7.300 Punkten 2018. Der Dow Jones baute den Höchststand bis auf 26.600 Zähler aus. Der S&P 500 schaffte ein Allzeithoch von knapp 2.900 Punkten. Institutionelle schätzen den S&P 500, vermittelt er doch ein ausgewogenes Bild von der Wirtschaft. Die US-Technologiebörse Nasdaq enthält Hightech-, Biotech-, Telekom-, Internet-, Software- und Medienwerte. Risikofreudige Anleger ordern **Alphabet**, **Amazon**, **Apple**, **Adobe**, **Facebook**, **Microsoft**, **Netflix** und **Nvidia**.

Nasdaq 100 (A0A E1X) Top/Flop 2016 bis Jahresende 2017			
Siegeraktien	30.12.2016	Verliereraktien	30.12 2016
❶ NVIDIA	+230,0 %	❶ Trip Advisor	-42,8 %
❷ Applied Materials	+80,2 %	❷ VERTEX	-37,8 %
❸ Charter Com.	+52,8 %	❸ Alexion	-36,7 %
Siegeraktien	05.12.2017	Verliereraktien	05.12.2017
❶ VERTEX	+66,4 %	❶ VIACOM	-25,7 %
❷ Micron Techno.	+65,9%	❷ AKAMAI	-24,3 %
❸ NVIDIA	+51,5 %	❸ Tractor Supply	-20,3 %

Vier Dividenden-Stars beim Dow Jones ab 3,6 % Rendite					
Aktien/Unternehmen	WKN 969420	KGV	Kurs am 05.12.17	Hoch/Tief 1 Jahr	Div. 2018 mit Rendite
Chevron	852 552	18,2	93,75 €	114,4/87,10 €	4,36 $/3,6 %
Exxon Mobil	852 549	20,2	70,40 €	87,30/63,40 €	3,08 $/3,7 %
IBM	851 399	11,2	131,70 €	172,3/118,4 €	6,00 $/3,9 %
Verizon C.	868 402	13,3	43,65 €	52,30/37,70 €	2,36 $/4,6 %

4 Dividenden-Stars beim Nasdaq 100 ab 3,0 % Rendite

Aktien/Unternehmen	WKN A0A E1X	KGV	Kurs am 05.12.17	Hoch/Tief 1 Jahr	Div. 2018 mit Rendite
AMGEN	867 900	14,0	150,90 €	171,5/130,7 €	5,20 $/3,0 %
Paychez	868 284	26,6	57,60 €	59,55/46,50 €	2,00 $/3,0 %
Qualcomm	883 121	25,7	54,70 €	65,50/41,05 €	2,28 $/3,5 %
Seagate	A1C 08F	9,6	33,60 €	47,05/26,00 €	2,66 $/6,7 %

Nasdaq-Sieger im Mehrjahresvergleich bis zu 10 Jahren

Nr.	Aktien/Unternehmen	WKN A0A E1X	Kurs am 12.06.17	52-Wochen-Hoch/Tief	Kursplus 10 Jahre
❶	Broadcom	A2A DV9	212,40 €	229,8/128,8 €	23.757 %
❷	Booking Hold.	766 054	1.619,00 €	1.760/1.047 €	3.437 %
❸	Amazon	906 866	861,00 €	907,0/590,0 €	1.515 %
❹	Baidu	A0F 5DE	160,75 €	178,0/136,0 €	1.450 %

Indexübersicht nach „Blitzcrash" 2018: Punkte & Kurse

Index/Börsen-Barometer	WKN	Kurs am 09.02.18	Kursverlauf 1, 3, 5, 10 J.	Hoch/Tief 52 Wochen
DAX Perform.	846 900	12.100 P.	+6/+13/+60/+81 %	13.597/11.548
MDAX	846 741	24.909 P.	+11/+33/+98/+192 %	27.525/22.694
TecDAX	720 327	2.438 P.	+33/+63/+178/+220 %	2.726/1.839 P.
SDAX	965 338	11.878 P.	+20/+49/+99/+159 %	12.684/9.698 P.
Euro Stoxx 50	965 814	3.315 P.	+4/+-0/+28/-9 %	3.709/3.244 P.
STOXX 50	965 816	2.976 P.	+1/-7/+15/-4 %	3.283/2.976 P.
Dow Jones	969 420	23.860 P.	+19/+34/+71/+96 %	26.617/20.062
S&P 500	A0A ET0	2.381 P.	+13/+26/+70/+94 %	2.873/2.297 P.
Nasdaq 100	A0A E1X	6.306 P.	+21/+49/+127/+256 %	7.023/5.196 P.
MSCI WORLD	969 273	6.163 P.	+13/+27/+74/+99 %	6.736/5.497 P.

Anmerkung: Die unterstrichenen Angaben zeigen in der Ein-, Drei-, Fünf-, Zehn-Jahresübersicht die siegreichen Indizes. Die Übersicht ist nützlich, wenn es darum geht, einen Index mit einem ETF oder Aktienfonds abzudecken und Charts einzusehen. Die Infos ermöglichen eine breite Streuung auch bei kleinem Vermögen.

| Die wertvollsten Firmen sind amerikanisch (Jahr 2017) ||||
Aktie, Nation, Unternehmen (Quelle: Handelsblatt vom 27.12.2017)	Marktkapi- talisierung	Rang 2016	Rang 2017
❶ USA: APPLE	758,0 Mrd. €	1	1
❷ USA: Alphabet/Google (Familienfirma)	625,4 Mrd. €	2	2
❸ USA: Microsoft (Familienfirma)	556,4 Mrd. €	3	3
❹ USA: Amazon (Familienfirma)	477,6 Mrd. €	6	4
❺ USA: Facebook (Familienfirma)	439,9 Mrd. €	7	5
❻ Berkshire Hathaway (Familienfirma)	413,9 Mrd. €	4	6
❼ China: Tencent	409,8 Mrd. €	19	7
❽ China: Alibaba (Familienfirma)	378,8 Mrd. €	16	8

Eine Einzelaktienauswahl aus diesem riesigen Index von 500 Unternehmen zu starten, dürfte jeden Privatanleger überfordern

Hier sind aktiv gemanagte Aktienfonds, die sich nicht mit kleinen Index-Abweichungen begnügen, allererste Wahl. Sie bringen gegenüber passiv gemanagten ETFs, die auch schwache Aktien einbeziehen, deutliche Vorteile. Vorausgesetzt, das Management hat bei der Auswahl ein glückliches Händchen und handelt sehr innovativ. Wünschenswert sind flexible Konzepte mit gewissem Freiraum, um Krisen zu bewältigen. Ein tüchtiger Privatanleger findet leicht exzellente DAX-Einzelaktien heraus. Beim Nasdaq 100 ist dies schon schwieriger; und beim S&P 500 klappt es gar nicht.

| Aktienfonds-Auswahl: Schwerpunkt Amerika |||||
Name, Fonds- Gesellschaft	WKN	Kurs 09.03.18	Hoch/Tief 52 Wochen	Kursentwicklung 1, 3, 5, 10 Jahre
BGF **BlackRock US** **Small**	971 044	181,80 €	194,9/175,2 €	+9/+15/+63/<u>+106</u> %
		Umfang 268 Mio. €, Alter 31 Jahre, Ausgabeaufschlag **5,00 %**, Gebühr **1,50 %**, thesaurierend. Dieser Nebenwerte-Fonds legt über zwei Drittel in substanz- und wachstumsstarke amerikanische Aktien mit niedriger und mittlerer Marktkapitalisierung an.		
BlackRock **Flexible** **Equity**	779 379	28,40 €	29,75/23,50 €	+18/+35/+82/+102 %
		Umfang 1,10 Mrd. €, Alter 15 Jahre, Ausgabeaufschlag **5,00 %**, Gebühr **1,5 %**, thesaurierend. Der Fonds legt in die großen Titel Dow Jones/Nasdaq an, wie Apple, Microsoft, Comcast, Cisco.		

Name, Fonds-Gesellschaft	WKN	Kurs 09.03.18	Hoch/Tief 52 Wochen	Kursentwicklung 1, 3, 5, 10 Jahre
Comgest Growth America USD	631 024	18,35 €	19,25/16,95 €	+15/+27/+80/+126 %
		Umfang 129 Mio. €, Alter 18 Jahre, Ausgabeaufschlag **4,00 %**, Gebühr **1,5 %**, thesaurierend. Anlageschwerpunkt sind qualitativ hochwertige Konzerne mit langfristigen Wachstumschancen.
F & C Portfolius US Smaller Comp.	786 734	159,60 €	163,0/156,0 €	+14/+26/+55/+171 %
		Umfang 22 Mio. €, Alter 29 Jahre, Ausgabeaufschlag **5,00 %**, Gebühr **1,50 %**, ausschüttend. Der Fonds setzt langfristig auf kleine und mittlere Firmen mit einem Börsenwert bis 10 Mrd. €.
GAM STAR Gamco US Equity	A1H 83N	18,10 $	19,25/15,25 $	+17/+30/+59 %
		Umfang 42 Mio. €, Alter 7 Jahre, Ausgabeaufschlag **5,00 %**, Gebühr **1,45 %**, thesaurierend. Der Fonds investiert in Firmen, deren Geschäftssitz in den USA liegt, und er mischt flexibel bei.
JPM Morgan US Smaller	971 611	190,40 €	193,5/157,5 €	+14/+36/+80/+161 %
		Umfang 1,22 Mrd. €, Alter 30 Jahre, Ausgabeaufschlag **5,00 %**, Gebühr **1,50 %**, ausschüttend. Zumindest zwei Drittel des Vermögens wandern in niedrig kapitalisierte Werte aus Amerika.
Nordea 1 Global Stable Equity	A0L GS7	17,40 €	18,35/16,60 €	+4/+15/+56/+104 %
		Umfang 1,48 Mrd. €, Alter 11 Jahre, Ausgabeaufschlag **5,00 %**, Gebühr **1,50 %**, thesaurierend. Der Fonds mit bis zu 150 Titeln investiert in ertragsstarke US-Aktien und mischt weltweit bei.
Schroder Selection US Smaller	972 370	119,90 €	125,5/110,6 €	+12/+29/+73/+134 %
		Umfang 375 Mio. €, Alter 13 Jahre, Ausgabeaufschlag **5,00 %**, Gebühr **1,50 %**, thesaurierend. Dieser Fonds investiert in US-Aktien, die bezüglich Börsenwert zu den unteren 30 % zählen.
Treadneedle American Select	987 653	3,40 €	3,55 €/2,90 €	+20/+39/+80/+137 %
		Umfang 1,6 Mrd. €, Alter 36 J., Ausgabeaufschlag **5,00 %**, Gebühr **1,50 %**, thesaurierend. Der Fonds bevorzugt US-Wachstumsaktien unterschiedlicher Größe mit Übernahmepotenzial.
T. Rowe US Large Cap Growth Eq.	A0B MAB	32,40 €	35,50/27,50 €	+36/+60/+134/+235%
		Umfang 1,7 Mrd. €, Alter 15 J., Ausgabeaufschlag **5,00 %**, Gebühr **1,50 %**, thesaurierend. Investiert wird in wachstums- und ertragsstarke US-Aktien, Schwerpunkt Technologie, Software.
Uni Nordamerika	975 007	267,60 €	277,2/240,6 €	+4/+18/+82/+161 %
		Umfang 177 Mio. €, Alter 24 J., Ausgabeaufschlag **5,00 %**, Gebühr **1,20 %**, thesaurierend. Große Anteile haben Apple, Microsoft, VISA, Home Depot, JP Morgan, Facebook, Philip Morris.

4.3 Ein Fonds-Ausflug nach Japan

Mitte 2007, als sich der japanische Nikkei auf die Hälfte seines Altzeithochs aus dem Jahre 1989 herangerobbt hatte, stellten Analysten das Kursziel bereits auf 20.000 Punkte. Doch die Subprime- und Finanzkrise erfasste auch den Nikkei mit seinen 225 Standardwerten. Er stürzte 2008/2009 ins tiefste Kellerloch und notierte gerade mal bei 9.000 Punkten. Jetzt, zu Beginn des 2. Halbjahrs 2018, notiert der Nikkei (WKN 969 244) bei rund 22.500 Punkten. Das 52-Wochen-Hoch lag bei 24.130, das Tief bei 19.240 Punkten. Bis zum Rekordhoch von fast 40.000 Punkten liegen jedoch unerreichbare Welten.

Nikkei: Vor dem Absturz Rallye im 5.000er-Takt	
Nov. 1972:	über 5.000 P.
Jan. 1984:	über 10.000 P.
März 1986:	über 15.000 P.
Jan. 1987:	über 20.000 P.
Juni 1987:	über 25.000 P.
Dez. 1988:	über 30.000 P.
Aug. 1989:	über 35.000 P.

Der Nikkei 225 ist Asiens bedeutendster Aktienindex. Er wird seit 1950 täglich berechnet, ist schwankungsfreudig; und es ist schwierig, über japanische Aktien seriöse Meldungen einzuholen. Da Informationen meist spärlich ausfallen, ist ein Fernost-Fonds wohl die beste Alternative. Der Nikkei besteht aus 225 Werten. In einem ETF sind also auch viele Schwächlinge vertreten. Ich bringe Top- und Flop-Titel als auch Dividendenstars und stelle danach einige erfolgreiche Asien-Fonds vor.

Nikkei 225 (969 244) Top/Flop 2016 und 1. Halbjahr 2017			
Siegeraktien 2016	**31.12.16**	**Verliereraktien 2016**	**31.12.16**
❶ Toshiba (853 676)	+94,4 %	❶ Chugai Pha. (857 216)	-21,8 %
❷ Nintendo (864 009)	+84,3 %	❷ Seven Hol. (A0F 7DY)	-18,9 %
❸ Advantest (868 805)	+62,5 %	❸ Takeda Pha. (853 849)	-18,5 %
❹ Komatsu (854 658)	+43,3 %	❹ Ajinomoto (853 681)	-18,5 %
Siegeraktien 2017	**1. Hj. 17**	**Verliereraktien 2017**	**1. Hj. 17**
❶ Nintendo (864 009)	+49,8 %	❶ Mitsubishi (853 314)	-19,1 %
❷ Suzuki Mo. (857 310)	+30,4 %	❷ Toyota Mot. (853 510)	-16,4 %
❸ SONY (853 687)	+30,1 %	❸ Astellas Ph. (856 273)	-15,8 %
❹ Panasonic (853 666)	+28,7 %	❹ Fast Retail. (891 638)	-11,4 %

Das Kurs-Gewinn-Verhältnis ist mit 16 höher als beim DAX mit 13 im August 2018, aber niedriger als beim TecDAX, MDAX, SDAX und vergleichbar mit den US- Indizes. Die Dividende ist mit 1,8 % niedriger als beim DAX mit 3,1 %.

Neben dem Nikkei 225 gibt es seit 1988 den von Experten meist bevorzugten TOPIX. Er umfasst die im amtlichen Handel notierten Aktien aus Japan. Die Gewichtung entspricht dem Börsenwert. Der TOPIX setzt sich aus knapp 1.400 Titeln zusammen und wird als aussagekräftiger für den Zustand der japanischen Wirtschaft beurteilt als der Nikkei. Mehrere Japan-Fonds mit Dominanz beim Nikkei mischen substanz- und wachstumsstarke Titel vom TOPIX bei. Bei Robotik/Künstlicher Intelligenz liegt Japan mit Mitsubishi, Yaskawa, Kawasaki, Fanuc, Denso und Softbank klar vorn. Wer jedoch vor 25 Jahren zum Höchstkurs einstieg, trauert noch ungefähr der Hälfte seines Einsatzes nach.

> Interessant ist, dass nach den USA die meisten Dollar-Millionäre in Japan leben und das Gesamtvermögen um 3.900 Mrd. Dollar am stärksten stieg.

8 Dividendenstars aus dem Nikkei 225 ab 3,6 % Rendite					
Aktien/Unternehmen	WKN A1R RF6	KGV	Kurs am 21.06.17	Hoch/Tief 1 Jahr	Div. 2017 Rendite
CANON	853 055	20,7	31,45 €	31,60/24,85 €	3,9 %
Daiwa Securities	857 092	10,3	5,25 €	6,20 €/4,55 €	3,9 %
ITOCHU	855 471	6,1	12,95 €	14,00/9,85 €	4,0 %
Mitzuho Financ.	200 455	9,1	1,75 €	1,80 €/1,20 €	3,7 %
Nissan Motor	853 686	6,6	8,55 €	9,90 €/8,00 €	4,9 %
NTT Docomo	916 541	13,6	22,05 €	25,65/19,00 €	3,7 %
SMFG	778 924	8,7	33,90 €	38,40/24,60 €	3,7 %
Toyota Motor	853 510	9,1	46,90 €	58,80/43,70 €	3,6 %
Anmerkung: Es gibt hier fair bewertete Dividendenstars mit einstelligem KGV.					

Aktienfonds-Auswahl 2017/18 mit Schwerpunkt Japan				
Name, Fonds-Gesellschaft	WKN	Kurs 09.03.18	Hoch/Tief 52 Wochen	Kursentwicklung 1, 3, 5, 10 Jahre
Allianz Global Japan Smaller	933 998	60,70 €	62,00/50,50 €	+20/+70/+116/+98 %
	Umfang 24 Mio. €, Alter 17 Jahre, Ausgabeaufschlag **5,00 %**, Gebühr **2,05 %,** ausschüttend. Der Fonds investiert mindestens 80 % in Aktien mittelgroßer und kleinerer japanischer Firmen.			
Allianz Fonds Japan	847 511	59,30 €	62,00/52,75 €	+10/+45/+77/+26 %
	Umfang 74 Mio. €, Alter 34 Jahre, Ausgabeaufschlag **5,00 %**, Gebühr **1,80 %,** ausschüttend. Dieser Nebenwerte-Fonds übergewichtet Firmen mit Geschäftssitz und Aktivitäten in Japan.			

Name, Fonds-Gesellschaft	WKN	Kurs 09.03.18	Hoch/Tief 52 Wochen	Kursentwicklung 1, 3, 5, 10 Jahre
Atlantis Japan Opportunities	A1T 8GU	47,95 €	53,20/39,60 €	+19/+71/+169/+248%
	Umfang 354 Mio. €, Alter 8 Jahre, Ausgabeaufschlag **5,00 %**, Gebühr **1,50 %**, ausschüttend. Der Fonds mit Aktien von in Japan ansässigen Firmen dient langfristigen Anlagerenditen.			
AXA Rosenberg Japan Small	692 194	21,65 €	23,00/18,60 €	+9/+28/+79/+127 %
	Umfang 15,8 Mrd. JPY, Alter 17 J., Ausgabeaufschlag **4,50 %**, Gebühr **1,5 %**, thesaurierend. Der Fokus orientiert sich in dem rollierenden, flexiblen System am Index S&P Japan Small Cap.			
AXA Rosenberg Japan Eq.	691 319	9,15 €	10,00/8,55 €	+13/+18/+76/+31 %
	Umfang 21,7 Mrd. JPY, Alter 18 J., Ausgabeaufschlag **4,50 %**, Gebühr **1,35 %**, thesaurierend. Der Fonds investiert in Japan-Standardwerte wie Toyota, Honda, KDDI, Takeda, Canon.			
BlackRock Global Japan Small & Mid	971 043	61,30 €	64,35/53,90 €	+32/+52/+83/+105 %
	Umfang 986 Mio. €, Alter 31 Jahre, Ausgabeaufschlag **5,00 %**, Gebühr **1,50 %**, thesaurierend. Der Fonds legt über zwei Drittel in Japan-Aktien an mit geringem und mittlerem Börsenwert.			
Deutsche Nomura Japan Growth	849 095	60,20 €	66,45/49,40 €	+16/+18/+68/+88 %
	Umfang 92 Mio. €, Alter 19 Jahre, Ausgabeaufschlag **4,00 %**, Gebühr **1,60 %**, thesaurierend. Stock Picking prägt die Aktienauswahl mit Wachstumspotenzial großer Growth-Konzerne.			
Fidelity Japan FF A	973 284	1,55 €	1,65 €/1,43 €	+12/+8/+53/+19 %
	Umfang 37 Mio. €, Alter 13 Jahre, Ausgabeaufschlag **5,25 %**, Gebühr **1,50 €**, ausschüttend. Der Fonds orientiert sich am TOPIX und legt in Aktien wie Softbank, SMC, Bridgestone an.			
Fidelity Japan Smaller Comp.	973 263	19,25 €	20,80/15,25 €	+27/+35/+114/+131%
	Umfang 27,3 Mrd. €, Alter 27 Jahre, Ausgabeaufschlag **5,25 %**, Gebühr **1,50 %**, ausschüttend. Schwerpunkt sind Aktien kleiner Japan-Firmen. 20 % dürfen in Asien/Pazifik angelegt werden.			
JPMorgan Japan Equity	971 602	32,75 €	32,90/28,50 €	+38/+49/+95/+58 %
	Umfang 370 Mrd. €, Alter 30 J., Ausgabeaufschlag **5,00 %**, Gebühr **1,50 %**, ausschüttend. Wichtige Sparten sind IT-Software, Industrie, Gesundheit, Konsumgüter, Finanzen, z. B. SoftBank.			
Metzler Japanese Equity	989 437	54,25 €	60,50/50,25 €	+4/+21/+82/+71 %
	Umfang 51 Mio. €, Alter 19 Jahre, Ausgabeaufschlag **5,00 %**, Gebühr **1,50 €**, ausschüttend. Der Fonds investiert in Aktien vom Nikkei und Topix wie Sony, Toyota, Takeda, SoftBank.			

Name, Fonds-Gesellschaft	WKN	Kurs 09.03.18	Hoch/Tief 52 Wochen	Kursentwicklung 1, 3, 5, 10 Jahre
M&G Japan Smaller	797 749	31,50 €	34,50/29,45 €	+21/+34/+129/+308%
		Umfang 354 Mio. €, Alter 16 Jahre, Ausgabeaufschlag **5,25 %**, Gebühr **1,50 %,** thesaurierend. Die Kernanlage bilden mit über 80 % Japan-Aktien kleinerer Firmen mit nachhaltigen Erträgen.		
Schroder International Select. Japan	A0H M7W	115,70 €	127,6/95,10 €	+15+16/+66/+47 %
		Umfang 309 Mio. €, Alter 13 Jahre, Ausgabeaufschlag **5,00 %**, Gebühr **1,25 %,** thesaurierend. Der Fonds investiert flexibel ohne Auflagen bezüglich Unternehmensgröße und Börsenwert.		
Schroder ISF Selection Japanese	933 396	9,30 €	9,80 €/8,30 €	+16/+20/+75/+65 %
		Umfang 309 Mio. €, Alter 18 Jahre, Ausgabeaufschlag **5,00 %**, Gebühr **1,25 %,** thesaurierend. Der Fonds investiert branchenunabhängig in langfristig chancenreiche große Japan-Firmen.		

Bei Mischfonds dominiert endlich der flexible Multi Asset-Ansatz

Selbst beste Mischfonds konnten in den letzten Jahren guten Aktienfonds nicht das Wasser reichen. Renditen wie in dieser Kursliste blieben Wunschtraum. Dennoch zählten Mischfonds wegen der Dominanz vorsichtiger Anleger zu Lieblingen. Über 18 Mrd. € neues Kapital wanderte in den Mix aus Aktien und Anleihen im Verhältnis 1:1. Seit 2018 machen flexible Multi Asset-Strukturen das Rennen. Je nach Marktlage haben Aktien oder Anleihen Anteile bis zu 90 %.

Müssen Fondsbeschreibungen so schwer verständlich sein? Die Anlageidee von AXA Rosenberg Japan Equity Alpha, JPY

„Der Teilfonds strebt langfristigen Kapitalzuwachs mit einer Gesamtrendite an, die für einen rollierenden Dreijahreszeitraum jeweils höher als beim TOPIX Index ist. Der Teilfonds investiert primär (d. h. nicht weniger als 75 % seines Nettoinventarwerts) in japanische Eigenkapitalinstrumente, die an geregelten Märkten gehandelt werden und die der Verwalter für unterbewertet hält. Es ist beabsichtigt, dass der Teilfonds durch den Einsatz quantitativer Aktienauswahlmodelle im Wesentlichen voll in derartige Eigenkapitalinstrumente investiert sein wird. Der Teilfonds kann für Zwecke einer effizienten Portfolioverwaltung von Techniken und Instrumenten Gebrauch machen, wozu auch die Wertpapierleihe und derivative Finanzinstrumente gehören. Bei den derivativen Finanzinstrumenten, in die der Teilfonds investieren darf, handelt es sich um Devisentermingeschäfte und Index-Futures. Wenn ein Teilfonds Gebrauch von derivativen Finanzinstrumenten machen darf, kann es hierdurch zu einem gewissen Hebeleffekt kommen. Es wird nicht damit gerechnet, dass die Nutzung von Techniken und Instrumenten (einschließlich derivativer Finanzinstrumente) aufseiten des Teilfonds mit einem erheblichen Hebeleffekt verbunden sein oder einen erheblichen negativen Effekt auf das Risikoprofil des Teilfonds haben wird."

4.4 China und Indien: Noch Leuchttürme für die Konjunktur?

Von den Olympischen Spielen 2008 in Peking erhoffte sich die chinesische Wirtschaft einen gewaltigen Wachstumsschub. Doch trotz gelungener Olympia-Premiere mit reicher Goldmedaillenausbeute verschärften sich in China die Umweltprobleme. Legten chinesische Aktien 2006/2007 noch eine atemberaubende Rallye hin, so fiel die anschließende Korrektur kaum weniger dramatisch aus. Richtig zur Sache ging es im Sommer 2015. Ein tagelanger Crash führte zu Kursverlusten von 30 bis 40 %. Davon haben sich die Börsenbarometer Shanghai an der Ostküste, Shenzhen im Süden und Hangseng in Hongkong erholt – den Einbruch im Oktober 2018 ausgeklammert. Am 1. Juni 2018 kam der Ritterschlag. Schrittweise wurden A-Aktien in die MSCI-Indizes aufgenommen. Die Aufnahme honoriert die Bemühungen der Regierung in Peking, den Aktienhandel transparenter zu machen. 85 % der globalen Aktienfonds im Wert von 12 Billionen Dollar messen sich an einem MSCI-Index. Die 234 A-Aktien sind Meilensteine, werden doch in Shenzhen und Schanghai über 3.000 Wertpapiere gehandelt.

China Hongkong/Hangseng (WKN 145 733) Top & Flop 2017			
Siegeraktien 2017	21.06.17	Verliereraktien 2017	21.06.17
❶ Geely Aut. (A0C ACX)	+88,8 %	❶ Petro China (936 983)	-18,7 %
❷ Shangri-La (886 778)	+47,6 %	❷ CNOOC LDT (80B 846)	-16,6 %
❸ Tencent (811 38D)	+30,3 %	❸ China Telec. (A0M 4XS)	-6,2 %

Aktienfavoriten 2017/18 aus China in Zukunftsmärkten				
Aktien/ Unternehmen	WKN 145 733	Kurs 10.08.18	Hoch/Tief 52 Wochen	Kursverlauf 1, 3, 5 Jahre
AAC Technologies	A1J 083	10,45 €	20,00/10,25 €	-12/+111/+205 %
AAC war als Modulbauer 2016 ein Spitzenreiter im Hangseng-Index und wird von Analysten mit 4 Sternen als besonders chancenreich mit mäßigem Risiko eingestuft.				
Alibaba	A11 7ME	157,55 €	182,0/125,1 €	+21/+114 %/IPO
Die chinesische Suchmaschine und Online-Handelsplattform ist weltweit führend mit Produkten Auto/Motorrad, Kleidung, Büro/Schulsachen, Haus/Garten/Körperpflege.				
Baidu	A0F 5DE	194,75 €	242,1/169,8 €	+3/+20/+91 %
Der auch an der Technologiebörse Nasdaq notierte chinesische Suchmaschinenbetreiber bietet spezielle Auffindchancen für Karten/Bilder/Videos und MP3-Dateien.				

Aktien/ Unternehmen	WKN 145 733	Kurs 10.08.18	Hoch/Tief 1 Jahr	Kursverlauf 1, 3, 5, 10 Jahre
BYD Electronic	A0M 0HG	1,05 €	2,85/0,90 €	-52/+38/+160 %
Der milliardenschwere China-Technologie-Konzern mit einem fairen KGV 15 und einer Dividendenrendite von 1 % erhält 4 Sterne und die Einstufung „geringes Risiko".			
China Construction	A0M 4XF	0,80 €	0,95/0,65 €	+10/+5/+44/+40 %
Das Kerngeschäft der großen China-Bank mit Geschäftssitz in Peking und 13.000 Filialen weltweit umfasst das Firmen- und Privatkunden-Banking sowie Wertpapiere.			
China Molybdenum	80M 4V5	0,41 €	0,75/0,36 €	-5/+88/+311/+167%
Der große China-Konzern mit einem Börsenwert von 9,84 Mrd. € zeigt eine Spitzenbewertung von 4 Sternen, gilt als unterbewertet und schüttet 1,6 % Dividende aus.			
Galaxy Entertainm.	A0H HH9	6,65 €	7,75/4,95 €	+30/+47/+55 %
Die zum Konsumgütersektor zählende Aktie aus Hongkong stieg binnen 12 Monaten um gut zwei Drittel und hat damit die deutlichen Verluste der Vorjahre weggesteckt.			
Geely Automobile	A0C ACX	1,90 €	3,25/1,75 €	-8/+392/+495 %
Der mit 4 Sternen bewertete Großkonzern mit einem Börsenwert von 20 Mrd. € hat trotz hohen Kursanstiegs ein KGV von nur 17 und erhöht alljährlich die Dividende.			
Tencent	A11 38D	41,45 €	50,0/32,0 €	+21/+145/+493 %
Das Internet- und Telekommunikationsunternehmen zählt zu den meist frequentierten Service-Portalen der Volksrepublik mit hohen Renditen im Mehrjahresvergleich.			

Wer sind Chinas Dividendenstars trotz leichten Exportrückgangs auf 3.011 Mrd. Dollar zum Jahresende 2016 gegenüber 2014?

8 Dividendenstars China Hongkong/Hangseng ab 4,0 %						
Aktien/Unternehmen	WKN 145 733	KGV	Kurs am 21.06.17	Hoch/Tief 52 Wochen	Div. 2017 Rendite
Bank of China	661 725	5,6	3,95 €	4,10/2,55 €	5,0 %
China Construc.	A0M 4XF	5,8	0,75 €	0,80/0,55 €	4,8 %
China Petroleum	A0M 4XN	11,7	0,70 €	0,80/0,60 €	4,4 %
CNOOC LDT	80B 846	10,4	1,00 €	1,30/0,95 €	4,1 %
ICBC	A0M 4YB	5,4	0,60 €	0,65/0,50 €	5,3 %
LENOVO	894 983	9,4	0,58 €	0,65/0,52 €	5,2 %
Power Assets	861 981	19,1	8,00 €	9,20/7,75 €	4,0 %
YUE YUEN	213 795	11,1	3,55 €	3,95/2,75 €	4,4 %
Anmerkung: Einstellige Kurse bei China-Aktien sind ein gewohntes Bild.					

Alibaba, Baidu, China Mobile, Hyundai, Samsung, Tencent kennt vom Namen her jeder. Mittlerweile gilt dies auch für den Elektroautobauer Geely. Aber das Detailwissen ist bescheiden. Die acht größten chinesischen Unternehmen mit einem Börsenwert zwischen 141 und 253 Mrd. € waren Ende März 2017 Tencent vor Alibaba, ICBC, China Mobile, China Construction Bank, Petrochina, Bank of China und Agricultural Bank. Die erste kleine Kursliste bezieht sich allein auf China-Aktienfonds. Die zweite große Kursliste bietet eine Fernost-Fondsauswahl mit Aktien kleiner, mittelgroßer und großer Unternehmen aus Bestenlisten 2017/18.

Beste Aktienfonds China, Auswahl 2017/18 FinanzPartner

Name, Fonds-Gesellschaft	WKN	Kurs 10.08.18	Hoch/Tief 52 Wochen	Kursentwicklung 1, 3, 5, 10 Jahre
Comgest Growth China	756 455	71,55 €	79,50/64,30 €	+8/+37/+127/+195 %
HSBC Glob. Chinese Equity	972 629	92,75 €	104,1/84,85 €	+2/+26/+58/+58 %
Invesco Greater China	973 792	57,65 €	60,00/50,30 €	+9/+43/+65/+123 %
Schroder ISF Selection Hongkong	661 612	50,95 €	72,00/56,70 €	+11/+39/+60/+114 %

Comgest Growth China: Umfang 268 Mio. €, Alter 17 Jahre, Ausgabeaufschlag **4,00 %**, Gebühr **1,50 %**, ausschüttend. Der Fonds investiert in Aktien, die an den großen Asien-Börsen gelistet sind, z. B. Tencent, Baidu.

HSBC Glob. Chinese Equity: Umfang 1,35 Mrd. €, Alter 26 Jahre, Ausgabeaufschlag **5,00 %**, Gebühr **1,50 %**, ausschüttend. Der Fonds legt in Aktien des amtlichen Handels von Firmen an, deren Geschäftssitz China ist.

Invesco Greater China: Umfang 1,20 Mrd. €, Alter 26 Jahre, Ausgabeaufschlag **5,00 %**, Gebühr **1,50 %**, thesaurierend. Starke Branchen für die Aktien von China-Großkonzernen sind IT-Software, Konsum, Industrie, Gesundheit. Dabei sind Tencent, Alibaba, China Mobile, Baidu.

Schroder ISF Selection Hongkong: Umfang 19,5 Mrd. €, Alter 16 Jahre, Ausgabeaufschlag **5,00 %**, Gebühr **0,25 %**, thesaurierend. Zwei Drittel vom Vermögen fließen in Aktien aus Hongkong. Angelegt wird in mittlere und große Unternehmen. Das Morningstar-Rating zeigt seltene 5 Sterne.

Deutscher Wirtschaftsbuchpreis 2018: Stefan Baron und Guangyan Yin-Baron: „Die Chinesen – Psychogramm einer Weltmacht"

Wie wird sich das Gewicht im Systemwettbewerb zwischen dem amerikanischen Modell Finanzkapitalismus und dem chinesischen Modell Staatskapitalismus verschieben? **Zitat:** *„Deutschland sollte mit China zusammenarbeiten, durchaus auch mit kritischem Blick. – Es ist eine historische Chance für Europa, sich in der Auseinandersetzung zwischen China und den USA von Washington zu emanzipieren."*

4 Indexfonds (ETF) China, Japan, Ostasien, 09.03.2018

Indexfonds iShares Dow Jones China Offshore 50 UCITS ETF

BlackRock	A0F 5UE	49,45 €	52,90/40,65 €	+40/+43/+69/+71 %

Verwaltungsgebühr: 0,61 %, Umfang: 62 Mio. €, ausschüttend, Alter: 12 Jahre. Der ETF bildet den Referenzindex mit den Aktien der 50 größten in Hongkong und USA gehandelten Firmen ab, wie Tencent, Alibaba, Baidu, China Mobile.

Indexfonds ComStage HIS UCITS ETF HKD

ComStage	ETF 022	37,60 €	40,35/28,00 €	+32/+37/+49 %

Verwaltungsgebühr: 0,55 %, Umfang: 216 Mio. €, thesaurierend, Alter: 8 Jahre. Der ETF bildet den Hang-Seng-Index mit den größten chinesischen Blue Chips ab, die in Hongkong gehandelt werden. Tencent ist mit hohem Anteil vertreten.

Indexfonds iShares Nikkei 225 UCITS ETF

BlackRock	A0H 08D	16,25 €	17,70/14,40 €	+12/+16/+83/+87 %

Verwaltungsgebühr: 0,50 %, Umfang: 28,7 Mrd. €, ausschüttend, Alter: 12 Jahre. Dieser ETF bildet den Nikkei 225 an der Börse Tokio möglichst genau nach. Größere Anteile haben SoftBank, Fanuc, KDDI, Kyocera und Tokyo Electron.

Indexfonds iShares Japan-B UCITS ETF

BlackRock	A0Y EDV	44,70 €	46,25/36,45 €	+20/+27/+63 %

Verwaltungsgebühr: 048 %, Umfang: 494 Mio. €, thesaurierend, Alter: 8 Jahre. Dieser ETF spiegelt den MSCI Japan Index mit den Aktien führender Unternehmen wider. Dazu zählen: Toyota, SoftBank, Sony, Nintendo, Fanuc, Honda.

Aktienfonds Asien/Pazifik, Siegerlisten 2017/2018

Name, Fonds-Gesellschaft	WKN	Kurs 10.03.18	Hoch/Tief 52 Wochen	Kursentwicklung 1, 3, 5, 10 Jahre
Baring UK Eastern GBP	972 846	12,75 €	13,35/11,05 €	+30/+63/+82/+141 %
	Umfang 59 Mio. €, Alter 33 Jahre, Ausgabeaufschlag **5,0 %**, Gebühr **1,50 %**, thesaurierend. Investiert wird in China, Singapur, Südkorea, Taiwan, Indien. Große Posten: Samsung, Tencent.			
BGF Black-Rock Global Pacific Eq.	A0B MA4	33,30 €	36,00/31,50 €	+-0/+6/+44/+88 %
	Umfang 168 Mio. €, Alter 24 Jahre, Ausgabeaufschlag **5,00 %**, Gebühr **1,50 %,** thesaurierend. Weltmarktführer BlackRock konzentriert sich auf Unternehmen im asiatischen Pazifik-Raum.			

Name, Fonds-Gesellschaft	WKN	Kurs 10.03.18	Hoch/Tief 52 Wochen	Kursentwicklung 1, 3, 5, 10 Jahre
DJE Asia High Dividend XP (EUR)	A0Q 5K1	259,45 €	272,6/231,8 €	+15/+40/+64 %
		Umfang 141 Mio. €, Alter 10 Jahre, Ausgabeaufschlag **0,00 %**, Gebühr **0,30 %**, ausschüttend. Der Fokus liegt auf fair bewerteten Aktien aus dem asiatisch-pazifischen Raum. Investiert wird in seriöse Unternehmen mit einer hohen Dividendenrendite.		
DKB Asien Fonds TNL	795 322	27,60 €	29,80/25,80 €	+5/+21/+40/+15 %
		Umfang 21 Mio. €, Alter 16 Jahre, Ausgabeaufschlag **0,00 %**, Gebühr **1,40 %**, thesaurierend. Schwerpunkt sind Aktien ertrags- und wachstumsstarker Firmen aus der Region Asien-Pazifik.		
DNB Asian Small Cap Retail A	986 071	7,50 €	8,10 €/6,75 €	+10/+15/+85/+52 %
		Umfang 230 Mio. €, Alter 23 Jahre, Ausgabeaufschlag **5,00 %**, Gebühr **1,75 %**, thesaurierend. Der in kleinere wachstums- und ertragsstarke Firmen anlegende Fonds gewichtet seine größten Posten bis zu knapp 5 %. Er investiert in Fernost ohne Japan.		
Dt. Invest I Asian Small/Mid Cap	A0H MCD	235,15 €	242,0/208,5 €	+8/+3/+37/+101 %
		Umfang 44 Mio. €, Alter 12 Jahre, Ausgabeaufschlag **5,00 %**, Gebühr **1,50 %**, thesaurierend. Der Aktienfonds für Erfolgsorientierte investiert in asiatische Firmen unterschiedlicher Größe außer Japan. Samsung aus Südkorea ist hier mit 3 % gewichtet.		
DWS TOP Asien	976 976	161,45 €	161,9/139,2 €	+16/+35/+64/+57 %
		Umfang 1,65 Mrd. €, Alter 21 Jahre, Ausgabeaufschlag **4,00 %**, Gebühr **1,45 %**, thesaurierend. Favoriten sind die Aktien großer Konzerne aus Japan und China, bevorzugte Branchen Hightech, Internet, Robotik wie Samsung, Tencent, Alibaba und Fanuc.		
Henderson Horizon Asian Growth USD	972 769	104,45 €	107,2/90,40 €	+31/+29/+48/+68 %
		Umfang 28 Mio. €, Alter 33 Jahre, Ausgabeaufschlag **5,00 %**, Gebühr **0,18 %**, thesaurierend. Über zwei Drittel der Aktien stammen aus Hongkong, Thailand, Malaysia, Singapur, China.		
JPMorgan Pacific Equity	971 609	89,65 €	93,50/74,05 €	+32/+47/+66/+74 %
		Umfang 787 Mio. €, Alter 30 Jahre, Ausgabeaufschlag **5,00 %**, Gebühr **1,50 %**, ausschüttend. Der Fonds legt über zwei Drittel in Aktien von Firmen an, die im Pazifikraum ansässig sind.		
NESTOR-Fernost B EUR ACC	972 880	104,50 €	107,4/91,55 €	+7/+5/+51/+57 %
		Umfang 21 Mio. €, Alter 24 Jahre, Ausgabeaufschlag **3,00 %**, Gebühr **1,40 %**, thesaurierend. Das Fondsmanagement investiert vor allem in Mid Caps von China, Indonesien, Indien, Australien in Infrastruktur, Bildung, Rohstoffe und Dienstleistungen.		

Name, Fonds-Gesellschaft	WKN	Kurs 10.03.18	Hoch/Tief 52 Wochen	Kursentwicklung 1, 3, 5, 10 Jahre
Raiffeisen-Pazifik-Aktien RT	631 577	176,20 €	191,1/159,1 €	+13/+20/+65/+88 %
		Umfang 127 Mio. €, Alter 18 Jahre, Ausgabeaufschlag **4,00 %**, Gebühr **1,50 %**, ausschüttend. Der Fonds investiert in Firmen mit Sitz im pazifisch/asiatischen Raum. Das Management ist an keine Benchmark gebunden und darf Anleihen beimischen.		
Robeco CG Asia-Pacific Equities	988 149	154,20 €	160,5/133,7 €	+13/+29/+67/+78 %
		Umfang 733 Mio. €, Alter 19 Jahre, Ausgabeaufschlag **5,00 %**, Gebühr **1,50 %**, thesaurierend. Dieser Fonds investiert in große Konzerne aus dem asiatisch-pazifischen Raum mit Japan.		
Treadneedle ICVC Asia Retail USD	987 669	2,60 €	2,70 €/1,25 €	+36/+35/+49/+56 %
		Umfang 719 Mio. €, Alter 28 Jahre, Ausgabeaufschlag **5,00 %**, Gebühr **1,50 %**, thesaurierend, Währung USD. Das Management investiert zwei Drittel seiner Aktien in Asien ohne Japan.		
UNI Asia EUR ACC	971 267	68,50 €	69,55/58,60 €	+17/+29/+67/+78 %
		Umfang 99 Mio. €, Alter 28 Jahre, Ausgabeaufschlag **5,00 %**, Gebühr **1,20 %**, thesaurierend. Der Fonds bevorzugt Standard-Aktien aus Japan wie Toyota, Südkorea, China und Singapur.		
Vontobel Asia Pacific Equity	987 183	387,50 €	399,2/343,8 €	+29/+22/+38/+67 %
		Umfang 372 Mio. €, Alter 20 Jahre, Ausgabeaufschlag **5,00 %**, Gebühr **1,65 %**, ausschüttend. Der Fonds bevorzugt Aktien mit Ertragskraft und Nachhaltigkeit Ferner Osten und Ozeanien.		

China bei Künstlicher Intelligenz, Hochtechnologie, Solarstrom, Elektromobilität als starker Wettbewerber auf Wachstumskurs

China holt gegenüber Amerika in der Technologie auf

Unternehmen Aktie	23.10.2018 Umsatz	Netto-Gewinn	Marktkapitalisierung	Umsatzwachstum
APPLE (USA)	229,2 Mrd. $	48,4 Mrd. $	1,966 Mrd. $	+17,3 %
Amazon (USA)	177,9 Mrd. $	3,0 Mrd. $	872,7 Mrd. $	+39,3 %
Google (USA)	110,9 Mrd. $	12,7 Mrd. $	769,3 Mrd. $	+25,6 %
Alibaba (China)	37,8 Mrd. $	9,7 Mrd. $	385,7 Mrd. $	+73,1 %
Tencent (China)	35,2 Mrd. $	10,6 Mrd. $	337,4 Mrd. $	+39,7 %
Baidu (China)	12,6 Mrd. §	2,7 Mrd. $	68,7 Mrd. $	+33,6 %

Indien: vom Wachstumsmarkt zur tickenden Zeitbombe

Indien gerät infolge der Bevölkerungsexplosion auf 1,4 Mrd. Einwohner in eine gefährliche Schieflage. Es fehlt überall an Jobs. Niedrige Industrieproduktion, Korruption, Bürokratie, Abhängigkeit von Ölpreisen und Wechselkursen sorgen für das hohe Leistungsbilanz-Defizit.

Der indische Markt zählt aktuell nicht mehr zu den großen Wachstumsmärkten wie zu den Zeiten von BRIC (Brasilien, Russland, Indien, China). Statt in Einzelaktien sollten Sie als risikofreudiger Anleger höchstens in einen wachstums- und ertragsstarken Aktienfonds oder ETF investieren. Über chancenreiche indische Unternehmen sind lesenswerte Nachrichten kaum ausfindig zu machen. Interessanter erscheint ein Aktienfonds über die gesamte Ostasien-Pazifik-Region.

Ein Zahlenstenogramm über Indiens Wirtschaftslage im Jahr 2018: Indien wird China als das bevölkerungsstärkste Land der Welt ablösen. Reformen im Bildungssystem und 8 % Wachstum sind zwingend.

Industrieproduktion 2008: +7,7 %, 2016: +3,5 %
Notleidende Kredite 2008: 7,7 Mrd. $, 2013: 33,6 Mrd., 2017: 117,8 Mrd. $
Wechselkurs je indische Rupie: 2013: 0,017 $, 2018: 0,0136 $
Bevölkerung: 2005: 1,144 Mrd., 2015: 1,309 Mrd., Prognose 2050: 1,659 Mrd.
Direktinvestitionen: 2008: 47,1 Mrd. $, 2013: 28,2 Mrd. $, 2017: 39,9 Mrd. $
Leistungsbilanzdefizit: 2018: 2,3 %; **Inflationsrate:** Prognose 2020: 4,8 %

Drei Aktienfonds indischer Markt aus Siegerlisten 2018				
Name, Fonds-Gesellschaft	WKN	Kurs 12.03.18	Hoch/Tief 52 Wochen	Kursentwicklung 1, 3, 5, 10 Jahre
Comgest Growth India	A0D 9E5	38,95 €	44,30/36,50 €	+13/+13/+75/+82 %
		Umfang 254 Mio. €, Alter 13 Jahre, Ausgabeaufschlag **4,00 %**, Gebühr **1,75 %**, thesaurierend. Der Fonds investiert zu über der Hälfte in die Aktien wachstumsstarker Unternehmen aus Indien.		
JPMorgan India Fund A	974 541	80,65 €	90,05/78,00 €	+16/+7/+39/+35 %
		Umfang 887 Mio. €, Alter 23 Jahre, Ausgabeaufschlag **5,00 %**, Gebühr **1,50 %**, ausschüttend. Angelegt wird zu über zwei Dritteln in ertragsstarke Unternehmen mit Geschäftssitz in Indien.		
Pictet Indian Equities P	935 667	447,85 €	486,0/421,4 €	+20/+20/+72/+39 %
		Umfang 328 Mio. €, Alter 22 Jahre, Ausgabeaufschlag **5,00 %**, Gebühr **1,60 %,** thesaurierend. Bei den Branchen der indischen Firmen führen Finanzen, Konsum, IT, Industrie, Gesundheit.		

4.5 Interessante Fonds für Risikofreudige: Emerging Markets und Frontiermärkte

Ein Angebot für Entdecker und Schatzsucher in Entwicklungsländern: Aktienfonds Emerging Markets für spekulative Anleger

Emerging Markets steht für aufstrebende Märkte. Dazu zählen so große Staaten wie die Volksrepublik China und Indien, aber auch kleinere Nationen im asiatisch-pazifischen Raum, in Lateinamerika und Osteuropa, wie Bulgarien und Rumänien. Aktienfonds mit Anlagen in Schwellenländern eignen sich nicht für vorsichtige Anleger. Sie sind schwankungsanfällig und mit Währungsrisiko behaftet. Oft mangelt es an Transparenz bezüglich Bilanzierung. Möglicherweise drohen Verstaatlichung und Enteignung. Demgegenüber steigt die Chance, bei schnellem Wirtschaftswachstum überdurchschnittliche Erträge zu erzielen. Selbst die heutigen großen Weltkonzerne begannen teilweise als kleine Garagenklitschen. Das Risiko bei Aktienfonds ist wegen breiter Streuung viel geringer als bei Einzelaktien.

Wertvolle Rohstoffquellen stützen den Aufwärtstrend. Der prozentuale Anteil der jungen Bevölkerung ist viel höher als in westlichen Industriestaaten, wo die Lebenserwartung stetig steigt, andererseits die Geburtenrate niedrig bleibt. So kommt es zum Missverhältnis zwischen arbeitender Bevölkerung und Ruheständlern.

Zeitweilig führte eine Anlage in den BRIC-Staaten Brasilien, Russland, Indien und China zu hohem Ertrag. Von der damaligen Beliebtheit blieb nicht viel übrig. Nach der scharfen Korrektur ist eine Trendwende möglich. Risikofreudige Anleger steigen bei chancenreichen Aktienfonds auf niedrigem Niveau ein. Als interessante Wachstumsmärkte gelten Indien, Indonesien, Südkorea und Mexiko.

Was bedeutet der häufige Fondszusatz UCITS? Es geht zum Schutz der Privatanleger um einen europäischen Rechtsrahmen

Vielleicht sind Sie bei Aktienfonds auch schon über den Namenszusatz **UCITS** gestolpert, die Abkürzung für *„Undertakings for Collective Investments in Transferable Securities"*. Möglicherweise fehlt es an Wissbegier, an die Bedeutung von UCITS zu erfahren. Bei risikobehafteten Produkten wie Hedgefonds oder Anlagen in Entwicklungsländern und Frontiermärkten ist UCITS eine Art Airbag für Investoren. In den streng beaufsichtigten UCITS-Fondsprodukten stecken aktuell 425 Mrd. €. Bei den üblichen Offshore-Fonds sind es 2,7 Billionen €. Besonders in Europa schätzen sicherheitsbewusste Anleger dieses europäische Gütesiegel, mag auch die jährliche Rendite mit durchschnittlich 4,1 % alles andere als überwältigend sein. Dennoch steigt das Interesse – auch wegen niedriger Kosten und höherer Liquidität.

Frontiermärkte als Emerging Markets der 2. Generation sind nun an einem Punkt ihrer Entwicklungsstufen angelangt, an dem die wichtigsten Schwellenländer vor 2 oder 3 Jahrzehnten standen

Die Marktkapitalisierung der Industrieländer umfasst 32.344 Mrd. US-Dollar. Bei den Emerging Markets sind es 3.507 Mrd. Dollar, bei den Fontier Markets 89 Mrd. Dollar. Bezüglich der Länderanteile im Index Frontier Markets führt Kuwait mit 20 % vor Argentinien mit 15 %, Nigeria 13 %, Pakistan 9 % und Marokko 8 %. Erfolgreiche Mitspieler sind hier sehr aktive innovative Aktienfonds in Frontier Markets. Sie sind bei einer Art Schatzsuche oder Perlenfischerei mit Nebenwerten bestückt, die hierzulande kaum jemand kennt und über die es keine Nachrichten gibt. Das Risiko ist dank breiter Streuung bei langem Anlagezeitraum begrenzt.

Aktienfonds Emerging Markets & Frontiermärkte 2017/18
Mitte März 2018 war die Schwellenländerwelt noch in Ordnung

Name, Fonds-Gesellschaft	WKN	Kurs am 16.03.18	Hoch/Tief 52 Wochen	Kursentwicklung 1, 3, 5, 10 Jahre
Baring Emerging Markets Global	933 592	36,80 €	37,90/30,40 €	+20/+30/+48/+73 %
	Umfang 355 Mio. €, Alter 26 Jahre, Ausgabeaufschlag **5,0 %**, Gebühr **1,5 %**, ausschüttend. Bezüglich Aktienanteile in einzelnen Ländern gibt es keine Einschränkungen, außer Russland 15 %.			
BlackRock BGF Global Pacific Equity	A0B MA4	33,40 €	35,70/318,50 €	+1/+4/+46/+98 %
	Umfang 168 Mio. €, Alter 24 Jahre, Ausgabeaufschlag **5,00 %**, Gebühr **1,50 %**, thesaurierend. Der Weltmarktführer BlackRock konzentriert sich auf Unternehmen im asiatischen Pazifikraum.			
Comgest Growth Emerging M.	A0J J5C	34,35 €	36,30/29,95 €	+26/+33/+44/+46 %
	Umfang 8,05 Mrd. €, Alter 12 Jahre, Ausgabeaufschlag **4,00 %**, Gebühr **1,50 %**, ausschüttend. Dieser Fonds investiert in hochwertige Aktien aus geregelten Märkten von Schwellenländern.			
Fidelity Funds Latin America A	973 662	31,65 €	32,80/26,80 €	+26/+42/-11/+4 %
	Umfang 775 Mio. €, Alter 24 Jahre, Ausgabeaufschlag **5,25 %**, Gebühr **1,50 %**, ausschüttend. Das Management investiert vor allem in Aktien von Brasilien, Mexiko, Peru, Argentinien und Chile.			
Fidelity Emerging Markets	973 267	25,95 €	26,80/219,40 €	+35/+35/+48/+40 %
	Umfang 5,58 Mrd. €, Alter 24 Jahre, Ausgabeaufschlag **5,25 %**, Gebühr **1,50 %**, ausschüttend. Der Fonds investiert mindestens 70 % in Aktien mit raschem Wirtschaftswachstum aus Lateinamerika, Südostasien, Afrika und Osteuropa einschließlich Russland.			

Name, Fonds-Gesellschaft	WKN	Kurs am 16.03.18	Hoch/Tief 52 Wochen	Kursentwicklung 1, 3, 5, 10 Jahre
FF Fidelity Emerging Asia Fund A	A0N FGP	25,00 €	26,10/21,40 €	+17/+18/+71/+204 %
	Umfang 940 Mio. €, Alter 10 Jahre, Ausgabeaufschlag **5,25 %**, Gebühr **1,50 %**, thesaurierend. Der auf langfristiges Wachstum abzielende Fonds für risikofreudige Investoren legt über zwei Drittel in Aktien von Firmen an, die in Schwellenländern aktiv sind.			
Fidelity Emerging Europe/Africa	A0M WZK	18,30 €	19,00/16,00 €	+12/+11/+32/+81 %
	Umfang 557 Mio. €, Alter 11 Jahre, Ausgabeaufschlag **5,25 %**, Gebühr **1,50 %**, ausschüttend. Der Fonds strebt langfristigen Kapitalzuwachs an mit breit gestreuten Aktien aus weniger entwickelten Ländern Mittel-, Ost- und Südeuropas, Naher Osten, Afrika.			
HSBC GIF Frontier Markets A	A1J RL8	95,60 €	98,30/79,60 €	+19/+26/+49 %
	Umfang 432 Mio. €, Alter 7 Jahre, Ausgabeaufschlag **5,54 %**, Gebühr **1,75 %**, thesaurierend, Währung USD. Anlageschwerpunkt sind amtlich notierte Aktien von Firmen im geregelten Markt an wichtigen Börsen, deren Geschäftssitz in Frontiermärkten liegt.			
Magellan C	577 954	23,40 €	24,25/20,35 €	+14/+22/+46/+66 %
	Umfang 3,55 Mrd. €, Alter 29 Jahre, Ausgabeaufschlag **3,25 %**, Gebühr **1,75 %**, thesaurierend. Langfristige Rendite durch Stock Picking mit Aktienanteil von zwei Dritteln aus Schwellenländern.			
MAGNA Umbrella New Front.	A1H 7JG	19,65 €	20,05/17,75 €	+12/+47/+115 %
	Umfang 546 Mio. €, Alter 7 Jahre, Ausgabeaufschlag **5,00 %**, Gebühr **1,25 %**, thesaurierend. Der Fonds investiert in Aktien von Firmen unterschiedlicher Größe und Branchen im Frontiermarkt.			
Morgan Stanley Emerging Europe/Africa	579 806	82,65 €	87,65/75,05 €	+10/+21/+34/+17 %
	Umfang 131 Mio. €, Alter 17 Jahre, Ausgabeaufschlag **5,75 %**, Gebühr **1,60 %**, thesaurierend. Der Fonds investiert in Aktien aus Mittel-, Ost- und Südeuropa einschließlich Russland sowie Naher Osten und Afrika. Größter Anteil: Sberbank aus Russland.			
Nordea 1 Sicav Emerging Stars	A1J HTM	118,15 €	122,8/99,55 €	+18/+19/+54 %
	Umfang 3,42 Mrd. €, Alter 7 Jahre, Ausgabeaufschlag **5,00 %**, Gebühr **1,50 %**, thesaurierend. Der Fonds konzentriert sich auf Schwellenländer und erwirbt Aktien, die von Megatrends wie Demografie, Technologie, Globalisierung, Nachhaltigkeit profitieren.			
OAKS Emerging and Frontier	A1W 55Q	15,20 €	15,65/12,30 €	+20/+70/+86 %
	Umfang 216 Mio. €, Alter 5 J., Ausgabeaufschlag **5,00 %**, Gebühr **0,30 %**, thesaurierend. Der Fonds investiert in Aktien von Firmen, die in Frontiermärkten ansässig sind bzw. dort intensiv handeln.			

Name, Fonds-Gesellschaft	WKN	Kurs am 16.03.18	Hoch/Tief 52 Wochen	Kursentwicklung 1, 3, 5, 10 Jahre
Templeton FTFI Emerging Markets Smaller	A0M R8P	15,15 €	15,75/14,25 €	+5/+12/+58/+86 %
		Umfang 118 Mio. €, Alter 10 Jahre, Ausgabeaufschlag **5,75 %**, Gebühr **1,60 %**, thesaurierend. Das Management investiert in Small Caps der in Schwellenländern beheimateten Firmen. Als Obergrenze gilt eine Marktkapitalisierung von rund 2 Mrd. USD.		
Vontobel Emerging Markets Equity A	972 721	572,80 €	606,8/495,2 €	+25/+24/+20/+63 %
		Umfang 5,02 Mrd. €, Alter 26 Jahre, Ausgabeaufschlag **5,00 %**, Gebühr **1,65 %**, thesaurierend. Der Fonds bevorzugt unterbewertete Aktien, deren Geschäftsschwerpunkt in einem Schwellenland liegt. Auf Orientierung an einem Vergleichsindex wird verzichtet.		
UNI ASIA EUR ACC	971 267	75,75 €	78,25/65,15 €	+15/+15/+55/+111 %
		Umfang 120 Mio. €, Alter 29 Jahre, Ausgabeaufschlag **5,00 %**, Gebühr **1,20 %**, thesaurierend. Der Fonds bevorzugt fair bewertete Aktien von Firmen mit Geschäftssitz in Japan, Südkorea, China, Hongkong, Singapur, Taiwan, z. B. Samsung, Tencent, Alibaba.		
UNI EM Fernost A	973 820	1.723,20 €	1.802/1.592 €	+5/+6/+37/+88 %
		Umfang 125 Mio. €, Alter 23 Jahre, Ausgabeaufschlag **5,0 %**, Gebühr **1,55 %**, ausschüttend. Der Fonds investiert in Aktien fernöstlicher Entwicklungsländer wie Indonesien und Thailand. Kriterien sind Ertragsstärke und Wettbewerbsfähigkeit in Zukunftsmärkten.		

Anmerkung: Die Frontierfonds schafften im Mehrjahresvergleich eine ordentliche Rendite. Es gelang ihnen aber nicht, mit den besten nationalen und globalen Nebenwerte-, Branchen- und Dividenden-Aktienfonds sowie Anlagen in Zukunftsmärkten gleichzuziehen. Über substanzstarke Großkonzerne wie Alibaba, Baidu, Geely, BYD, Samsung, Taiwan Semiconductor und Tencent gibt es zunehmend Informationen.

Was bedeutet das bei Aktienfonds verwendete Fachwort SICAV?

In Deutschland werden 11.600 Fonds gehandelt. Da ist es ungemein schwirig, die besten Produkte auszuwählen und fortlaufend zu überprüfen. Die SICAV ist eine besonders in Frankreich und in Luxemburg gebräuchliche Aktiengesellschaft. Sie verfügt über Gesellschaftsorgane und ein Mindestkapital. Freilich schwankt bzw. variiert das Kapital der Gesellschaft durch Zu- und Abfluss sowie die Kursentwicklungen und Trends an den weltweiten Börsen. Im Unterschied zu klassischen AGs – wie Maschinenbau, Hightech, IT-Software, Konsumgüterindustrie, Chemie, Pharma, Biotech – beruht der Zweck einer SICAV allein darin, das Vermögen in Wertpapieren anzulegen. Wichtigster Grundsatz ist im Anlegerinteresse eine breite Risikostreuung. Das Geschäftsmodell lässt erkennen, dass der wenig bekannte Fachausdruck SICAV den Fondssektor betrifft.

4.6 Ethische, umweltfreundliche und nachhaltige Geldanlagen mit Aktienfonds

Themenfonds in unterschiedlicher Ausrichtung unterstützen Ihre Geldanlage mit gutem Gewissen

Sein Geld mit gutem Gewissen anlegen! Dies ist vielen Sparern wichtig. Nachhaltige Kapitalanlagen in das Gesundheitswesen, die Softwarebranche, den Konsumgüter-, Wasser- und Immobilienbereich liegen im Trend. Gestützt auf den demografischen Wandel, auf gesellschaftliche Veränderungen, auf Industrie 4.0 sowie den Klimawandel wegen gefahrvoller Erderwärmung.

Lupenreine attraktive Nebenwerte-Fonds für Geldanlagen nach strengen ethisch-ökologisch-sozialen Kriterien gibt es kaum: Seien Sie kompromissbereit. Richten Sie Ihr Investment nach wichtigen Anlagezielen aus. Die Kursliste bietet einige Ansatzpunkte. Machen Sie bei Ihren Rendite-Erwartungen Zugeständnisse.

Nachhaltigkeit bezeichnet eine Entwicklung, die den Bedürfnissen der heutigen Generation entspricht, ohne die Entfaltungsmöglichkeiten künftiger Nachkommen zu gefährden. In Europa geht es vorrangig um Umweltschutz und ethisch-soziale Fragen, in den Entwicklungsländern eher um die Sicherung elementarer Lebensgrundlagen.

Nicht alles ist nachhaltig, was angeboten wird. Hier tummeln sich auch dubiose Firmen mit fragwürdigem Geschäftsmodell, um unerfahrene Anleger über den Tisch zu ziehen. Seien Sie hellhörig, wenn jemand unerfüllbare Renditewunschträume von 8 % +X anpreist. Solche Kapitalrenditen lassen sich mit Windkraft, Wasser, Kakaobohnen und Baumbeständen aus Pappeln und Weiden nicht erzielen. Alles leere, betrügerische Versprechen! Besonders beworben werden Anlagen in Bäume, Plantagen und Holz – hierzulande und im Ausland. Niemand erinnert daran, dass Schädlinge Pflanzen befallen, Wälder abbrennen, überflutet, ausgetrocknet oder entwurzelt werden können. Und dies in Zeiten dramatisch zunehmender Unwettergefahren und sich häufender Naturkatastrophen.

Nur jeder 6. Nachhaltigkeitsfonds erfüllt bei uns die Kriterien

Aktien von Rüstungs- und Kernkraftfirmen haben hier keinen Platz. Ebenso ist es im Interesse des Umweltschutzes fragwürdig, in Tiefseebohrungen, Ölsandförderung und neue Fracking-Verfahren bei Gewinnung von Gas aus Schiefergestein zu investieren. Laut Greenpeace verdienen eher kleinere auf Nachhaltigkeit ausgerichtete Banken Ihr Vertrauen. Klicken Sie ruhig mal an bei www.ethikbank.de, www.gls.de, www.ordensbank.de, www.triodos.de und www.umweltbank.de.

Was bedeuten ethisch-ökologisch-soziale Standards?

Beim Corporate Governance Kodex geht es um die ethischen Standards einer verantwortungsvollen Unternehmensführung. Dieser Verhaltenskodex schafft Transparenz, erhöht den Anlegerschutz und will Skandale wie geschönte Bilanzierung und Umsatzbetrug verhindern, aufdecken, bekämpfen. Eine Regierungskommission überwacht das Einhalten der Vorschriften. Gerade in Zeiten, in denen längst nicht jeder Vorstand Vorbild ist, hinterfragen Aktionäre ethische Standards und reagieren empört auf unredliches Gebaren, Raffgier, mangelnde Wertschätzung und Machtmissbrauch. Freuen Sie sich, dass breit gestreute Nachhaltigkeitsfonds ähnlich hohe Renditen erwirtschaften wie herkömmliche Produkte.

Tabu sind Kernenergie, Waffen, Rüstung, Pornografie, Kinderarbeit, Menschenhandel, Tabak, Alkohol, Glücksspiel, Tierversuche, Genmanipulation, Bilanzbetrug. Auf der „Schwarzen Liste" stehen Geschäfte, die Menschen-, Grund-, Arbeits- und Verbraucherrechte verletzen oder die Gesundheit gefährden. Ob Ausnahmezustand in der Türkei wegen des Putschversuchs oder aggressive Wahlkampfaktivitäten: Grotesk ist der Verstoß gegen Menschenrechte und das Verbreiten unwahrer Anschuldigungen in den Massenmedien.

Beurteilungskriterien für Ethik und Nachhaltigkeit	
Verantwortung der AG	**Umweltverträglichkeit**
➢ Für Umwelt und Klimaschutz wegen drohender Erderwärmung ➢ Für den Menschen (Angehörige, Mitarbeiter, Kunden usw.) ➢ Für Region und Gesellschaft	➢ Schadstoffvermeidung, Energieersparnis; weiterer Ausbau Erneuerbarer Energien (Windkraft und Solarstrom, Elektromobilität) ➢ Schutz für das Klima, die bedrohte Tier- und Pflanzenwelt, den beängstigenden Wassermangel
Ethisches und ökologisches Rating	**Sozial-/Kulturansprüche, Einbindung regionaler Gepflogenheiten**
➢ Umwelt-, Sozial- und Kulturverträglichkeit ➢ Vorbildwirkung durch im Alltag gelebte Wertschätzung ➢ Beachtung Kodex Corporate (verantwortungsbewusste Unternehmensführung)	➢ Keine Niedriglöhne, Kinderarbeit, Menschenrechtsverstöße und sonstige Ausbeutung ➢ Keine Gewinnmaximierung auf Kosten der Mitarbeiter und Kunden ➢ Keine die Gesundheit gefährdenden Verfahren und Produkte

Aktienfonds: ethische, umweltfreundliche Anlage global mit aktualisierten Siegerlisten von 2017/2018

Name, Fonds-Gesellschaft	WKN	Kurs am 16.03.18	Hoch/Tief 52 Wochen	Kursentwicklung 1, 3, 5, 10 Jahre
Allianz AGIF Global Sustainability A	**157 662**	24,80 €	26,15/23,30 €	+2/+12/+61/+95 %
	Umfang 248 Mio. €, Alter 15 Jahre, Ausgabeaufschlag **5,00 %**, Gebühr **1,80 %**, ausschüttend. Anlageziele sind nachhaltig wirtschaftende Firmen, die umweltfreundlich und sozial verantwortlich handeln, wie Microsoft, Roche, Allianz und Novo Nordisk.			
DBN Global SRI	**986 058**	4,05 €	4,25 €/3,70 €	+1/+8/+58/+107 %
	Umfang 27 Mio. €, Alter 28 Jahre, Ausgabeaufschlag **5,0 %**, Gebühr **1,25 %**, thesaurierend. Der Fonds investiert in Aktien rund um den Globus, die bestimmte ethische Kriterien erfüllen, z. B.: Johnson, Citigroup, Google, Roche, Intel, Comcast, Prudential.			
DEKA-Umwelt Invest CF	**DK0 ECS**	128,60 €	134,9/118,2 €	+7/+22/+75/+25 %
	Umfang 230 Mio. €, Alter 11 Jahre, Ausgabeaufschlag **3,75 %**, Gebühr **1,50 %**, thesaurierend. Der Fonds investiert weltweit in große und mittelgroße Firmen, die ihre Umsätze mit Klima- und Umweltschutz, Wasser und Erneuerbaren Energien erzielen.			
Erste WWF Stock Umwelt Environment	**694 114**	127,70 €	131,6/116,5 €	+10/+1/+63/+36 %
	Umfang 113 Mio. €, Alter 17 Jahre, Ausgabeaufschlag **4,00 %**, Gebühr **1,50 %**, ausschüttend. Der Umweltfonds investiert global in mittelgroße Firmen für Erneuerbare Energien und Mobilität.			
F&C Portfolio Responsible Global Equity	**A0H 0G1**	18,45 €	19,25/16,90 €	+6/+13/+72/+128 %
	Umfang 330 Mio. €, Alter 12 Jahre, Ausgabeaufschlag **5,00 %**, Gebühr **1,50 %**, ausschüttend. Der Fonds investiert global in beliebige Branchen, meidet aber Firmen, die der Umwelt schaden.			
Invesco Umwelt und Nachhaltigkeit	**847 047**	99,85 €	105,10/96,15 €	+1/+14/+53/+80 %
	Umfang 26 Mio. €, Alter 27 Jahre, Ausgabeaufschlag **5,00 %**, Gebühr **1,50 %**, thesaurierend. Der Fonds investiert in den Dow Jones Sustainability Welt-Index. Ausgenommen: Glücksspiele, Alkohol, Tabak, Rüstung, Waffen. Dabei: Allianz, BASF (DAX).			
JSS Sicav Sustainable Equity Water	**A0F 6Z0**	186,50 €	198,3/174,0 €	+2/+12/+52/+112 %
	Umfang 226 Mio. €, Alter 10 Jahre, Ausgabeaufschlag **3,00 %**, Gebühr **2,00 %**, ausschüttend. Der Fonds investiert gut zwei Drittel in den globalen Wassersektor und rund 30 % in andere Aktien mit ökologischer und sozial nachhaltiger Perspektive.			

Name, Fonds-Gesellschaft	WKN	Kurs am 16.03.18	Hoch/Tief 52 Wochen	Kursentwicklung 1, 3, 5, 10 Jahre
KBC Eco Fund Water Classic	A0F 6Z0	1.320,5 €	1.403/1.238 €	+1/+13/+61/+124 %
		Umfang 220 Mio. €, Alter 17 Jahre, Ausgabeaufschlag **3,00 %**, Gebühr **1,40 %**, thesaurierend. Der Fonds setzt auf Infrastruktur, Wasser-/Abwasserentsorgung, Überwachung, Aufbereitung usw.		
LO Lombard Odier Global Generation	A0R NUR	28,00 €	29,00/25,15 €	+29/+32/+110/+257 %
		Umfang 1,27 Mrd. €, Alter 9 Jahre, Ausgabeaufschlag **5,00 %**, Gebühr **1,00 %**, ausschüttend. Der Fonds investiert weltweit in Aktien nachhaltig wirtschaftender Firmen beliebiger Sparten mit guten Finanzkennzahlen, um Wachstum und Ertrag zu sichern.		
ÖkoWorld Öko Vision Classic	974 968	172,35 €	177,1/160,7 €	+6/+15/+61/+68 %
		Umfang 763 Mio. €, Alter 22 Jahre, Ausgabeaufschlag **5,00 %**, Gebühr **1,76 %**, thesaurierend. Anlage in ertragsstarke Firmen unterschiedlicher Größe, die Nachhaltigkeitskriterien erfüllen.		
Parvest Global Environment Classic	A0N E8U	189,15 €	201,2/179,4 €	+2/+12/+58/+92 %
		Umfang 775 Mio. €, Alter 10 Jahre, Ausgabeaufschlag **3,00 %**, Gebühr **1,75 %**, thesaurierend. Der Fonds investiert weltweit in Aktien der Märkte Umwelttechnik/-schutz, Erneuerbare Energie, Abwasserwirtschaft, Abfallentsorgung. GEA (MDAX) ist dabei.		
Pictet European Sustainable Equity	750 443	247,85 €	262,3/239,1 €	+4/+3/+48/+60 %
		Umfang 287 Mio. €, Alter 15 Jahre, Ausgabeaufschlag **5,00 %**, Gebühr **0,90 %**, thesaurierend. Der Fonds konzentriert sich auf große europäische Firmen mit nachhaltigem Geschäftsmodell. Dazu zählen Allianz, SAP, Siemens, Roche, Sanofi, LVMH.		
Pictet Water	933 349	286,05 €	305,2/274,4 €	+1/+13/+55/+111 %
		Umfang 4,55 Mrd. €, Alter 18 J., Ausgabeaufschlag **5,00 %**, Gebühr **1,60 %**, thesaurierend. Der Fonds spezialisiert sich auf Wasserkreislauf/Luftreinheit mit Wassertechnik/Umweltdiensten.		
Robeco Capital Growth RobecoSam Sustainable	A0C ATQ	52,60 €	55,95/50,85 €	+2/+4/+43/+52 %
		Umfang 606 Mio. €, Alter 27 Jahre, Ausgabeaufschlag **5,00 %**, Gebühr **1,25 %**, thesaurierend. Das Management setzt auf die Aktien großer Europa-Konzerne, die Ethik ernst nehmen; z. B.: AXA, Allianz, Alstom, BASF, Nestlé, Roche, Royal Dutch.		
RobecoSAM Multipartner Sustainable Water	763 763	296,40 €	312,3/279,8 €	+5/+17/+75/+106 %
		Umfang 908 Mio. €, Alter 16 Jahre, Ausgabeaufschlag **5,00 %**, Gebühr **1,50 %**, thesaurierend. Der Fonds legt in Firmen an, die bei Analyse, Management, Aufbereitung, Verteilung von Wasser aktiv sind, wie Thermo Fisher, Danaher, Veolia, Xylem, Engie.		

Name, Fonds-Gesellschaft	WKN	Kurs am 16.03.18	Hoch/Tief 52 Wochen	Kursentwicklung 1, 3, 5, 10 Jahre
Quest Management SICAV Cleantech	A0N C68	257,60 €	267,9/229,9 €	+12/+22/+84/+158 %
		Umfang 346 Mio. €, Alter 10 Jahre, Ausgabeaufschlag **0,00 %**, Gebühr **1,25 %**, thesaurierend. Der Fonds verzichtet auf den Aufschlag, berechnet niedrige Gebühren, investiert in Cleantech: Erneuerbare Energie, Wasseraufbereitung, Abfallentsorgung.		
Swisscanto (LU) Portfolio Green Equity	216 770	148,10 €	155,4/138,0 €	+5/+17/+75/+106 %
	Umfang 177 Mio. €, Alter 15 Jahre, Ausgabeaufschlag **3,00 %**, Gebühr **1,57 %**, ausschüttend. Der Fonds kauft Aktien nachhaltiger Firmen, die ökologisch-ethisch-soziale Standards erfüllen.			
TerrAssisi Aktien I AMI	984 734	28,80 €	29,80/26,20 €	+5/+11/+74/+89 %
	Umfang 83 Mio. €, Alter 17 Jahre, Ausgabeaufschlag **4,50 %**, Gebühr **1,35 %**, thesaurierend. Als eine Art ethischer Filter dienen die Nachhaltigkeits-Werte des Franziskaner-Ordens.			
UBS (LUX) Equity Global Sustainable	676 908	87,00 €	90,45/76,00 €	+8/+14/+69/+27 %
	Umfang 101 Mio. €, Alter 17 J., Ausgabeaufschlag **2,00 %**, Gebühr **1,6 %**, thesaurierend. Investiert wird in Nebenwerte-Aktien, deren Technologie und Produkte nachhaltige Beiträge leisten.			
Amundi Global II Ecology (Nachtrag)	A0M J48	263,50 €	278,6/240,5 €	+2/+12/+52/112 %
	Umfang 1,1 Mrd. €, Alter 11 Jahre, Ausgabeaufschlag **5,00 %**, Gebühr **1,50 %**, thesaurierend. Das Management investiert weltweit in Aktien von Firmen, die Technologien entwickeln oder Produkte herstellen für eine saubere, gesündere Umwelt.			

Anmerkung: Ethische Aktienfonds schneiden im Vergleich zu Branchenfonds wie der Durchschnitt ab. Sie werden für Ihre Kapitalanlage mit „gutem Gewissen" bezüglich Rendite nicht unbedingt belohnt, aber glücklicherweise auch keineswegs bestraft.

Weshalb nachhaltig wirtschaftende Aktienfonds bevorzugen? Warum Geldanlage nach ökologisch-ethisch-sozialen Standards?

Eine Geldanlage mit gutem Gewissen sorgt nicht nur für gesunden Schlaf. Sie schafft Wohlbefinden durch das Gefühl, Gutes zu tun, Schäden für Umwelt, Mensch, Tier und Pflanze abzuwenden und dennoch Geld zu verdienen. Ein Rendite-Einbruch ist nicht zu befürchten. Die Kursliste zeigt, dass mit solchen Themenfonds gute Renditen zu erzielen sind. Etliche Nachhaltigkeitsfonds investieren rund um den Globus in große, mittlere und kleinere Gesellschaften. Das Anforderungsprofil unterscheidet sich. Sehen Sie über kleine Schwachpunkte im Interesse einer guten Rendite hinweg. Hier sind Aktienfonds einem ETF vorzuziehen.

⑤ Wählen Sie Ihre Fonds auch nach Branchen aus

5.1 Blick auf die zukunftsfähigsten Branchen

Die Musik spielt jetzt und künftig in den weltweiten Zukunftsmärkten, geprägt von Industrie 4.0, Internet, Digitalisierung, Vernetzung, Künstlicher Intelligenz (KI) mit Robotik. Die Entwicklung wird beeinflusst durch den demografischen Wandel.

Eine erfreuliche Nachricht für alle Fondsanhänger. 2016 verwahrten die Depotbanken in Deutschland insgesamt 1,8 Billionen Euro – ein Plus von über 4 % gegenüber dem Gesamtjahr 2015. Es kann also noch einiges hinzukommen. Die Fondsmanager dürfen das Kundenvermögen nicht selbst verwalten, sondern müssen dazu die Depotbanken einschalten. Mittlerweile werden in den hart umkämpften Märkten in Deutschland 11.600 Fonds angeboten, darunter 1.900 Mischfonds.

5.2 Bestandsaufnahme mit Fondsauswahl

Nur wer seine Nische mit Alleinstellungsmerkmalen in einem Zukunftsmarkt ausbaut, hat Chancen auf Überleben, Weiterentwicklung, Marktführerschaft, Internationalisierung, organisches und anorganisches Wachstum sowie ansehnliche Erträge. Junge Unternehmen, die als Garagenklitsche beginnen, können mit einem zukunftsträchtigen Geschäftsmodell prozentual viel stärker wachsen als internationale Dickschiffe mit milliardenschwerem Börsenwert. Dies gilt vor allem dann, wenn der Gründer noch aktiv ist und das „Entdecker-Gen" mitbringt.

5.2.1 Demografischer Wandel: Gesundheitswesen mit Biotech, Medtech, Pharma rund um den Globus

Was bedeutet der demografische Wandel für Anleger mit einem geschärften Blick auf den Gesundheitsbereich?

Haben Sie gewusst, dass Sie im Schnitt pro Jahrzehnt gut zwei Jahre, in 40 Jahren ein Jahrzehnt länger leben? Haben Sie die richtigen Weichen gestellt, um im Alter finanziell frei und unabhängig leben zu können und keine Altersarmut zu erleiden?

Pharma profitiert vom Medizinfortschritt und von Digitalisierung

➢ **Zu großen Verbesserungen dürfte die Industrie 4.0 aus ärztlicher Sicht laut Umfrage führen:** elektronische Speicherung von Notfalldaten (68 %), elektronischer Arztbrief (63 %), elektronische Arzneimitteltherapie und Sicherheitsprüfung (56 %), elektronische Patientenakte (55 %).

Die längere Lebenserwartung ist ein Wachstumstreiber für das Gesundheitswesen, für Pflegeheim- und Klinikbetreiber, die Pharma-, Biotech- und Medtech-industrie. Ob es um Medikamente, neue Therapien, Geräte und Erleichterungen im Lebensalltag für Betagte und Kranke geht. Umsatz und Ertrag im Gesundheitswesen zeigen aufwärts. Die großen Pharmakonzerne haben das Geld, um sich innovative Biotechwerte einzuverleiben. Davon zeugen Übernahmen und Beteiligungen. Bedenken Sie, dass sich viele ältere Menschen zum Ersatzteillager von den Fußsohlen bis zu den Haarspitzen entwickeln. Der medizinische Fortschritt gestaltet sich spannend mit neuen Operationsmethoden und Behandlungsformen wie Gentechnologie, Immuntherapie, Antikörpereinsatz, personalisierte Medizin, Einzug der Robotik, Prothetik, bahnbrechende Erkenntnisse in Laborarbeit und Diagnostik. Aktuell startet gerade Biogen ein milliardenschweres Forschungsprojekt zur Behandlung von Alzheimer. Umgekehrt liegt bei Big Data, der medizinischen Digitalisierung, insbesondere der elektronischen Patientenakte, noch manches im Argen.

➢ **Der Zukunftsforscher Leo Nefiodow hat als VI. Kondratjew das Gesundheitswesen ausgerufen.** Der Wissenschaftler erklärt: *„Was wir Umweltschutz nennen, ist in Wirklichkeit Gesundheitsschutz."* Die langen Wellen der Konjunktur, der Kondratjew I bis VI, werden geprägt durch bahnbrechende Erfindungen und Entdeckungen wie Dampfmaschine, Eisenbahn, Stahl, Elektrotechnik, Chemie, Automobil, IT/Internet und Gesundheit.

Der gewaltige medizinische Fortschritt gründet auf verfeinerten Diagnostik- und Operationsmethoden sowie neuartigen Wirkstoffen gegen die gefährlichsten Geißeln wie Krebs, Alzheimer, Diabetes, Multiple Sklerose und Hepatitis. Da die große Welle von Patentabläufen abebbt, dafür verbesserte Produkte, Verfahren und Therapien den Markt erobern, besteht Wachstumspotenzial. Die Biotechmusik spielt in Amerika mit Notierungen an der US-Technologiebörse Nasdaq.

Ob Börsengänge, Übernahmen oder Kapitalerhöhungen: Europäische Firmen können nur neidisch zusehen, mit welch hohen Summen dort Finanzinvestoren einsteigen bzw. Pharmakonzerne sich Biotech- und Medtechschmieden einverleiben. Der Bedarf an Arzneimitteln allein im Kampf gegen Krebs wird Wachstumstreiber bleiben. Zudem regen interessante Übernahmen und Beteiligungen sowie Forschung mit Biosimilars, den biotechnisch erzeugten Nachahmerpräparaten, den Gesundheitsmarkt an. Hier haben Branchenfonds viel zu bieten.

Werfen wir einen Blick auf die Umsatz- und Ertragsentwicklung in der Pharma-Industrie mit Vergleich 2010 gegenüber 2017

Vom Umsatzwachstum zwischen 8 % und 10 % pro Jahr wie in den 1990er- und frühen 2000er-Jahren ist die Gesundheitsbranche gegenwärtig weit entfernt. So rechnet beispielsweise der amerikanische Biotechriese Gilead von der Technologiebörse Nasdaq 100, früher Maßstab für weltweite Ertragskraft, mit einem Umsatzrückgang im laufenden Jahr bis zu einem Fünftel. Diese enttäuschende Prognose hat den Aktienkurs tief nach unten gedrückt. Die Welt-Wachstumsrate im Pharmasektor gegenüber 2010 mit stolzen 11 % schmolz 2017 auf kümmerliche 2,1 %. Der Nettogewinn gegenüber 2010 mit 60 Mrd. Dollar erhöhte sich bis 2017 auf gerade einmal 67 Mrd. US-Dollar. Der Umsatz wuchs 2017 im Vergleich zu 2010 von 410 Mrd. Dollar lediglich auf 428 Mrd. Dollar. Insgesamt betrug die Wachstumsrate der weltweiten Pharmaindustrie seit 2010 knapp 13 %, wovon die Top-10-Konzerne einen Anteil von 5,5 % beanspruchen.

Künstliche Intelligenz (KI) spielt künftig auch in der Pharma- und Biotechforschung eine entscheidende Rolle

Dazu zwei Zitate vom Handelsblatt, Titel: „Künstliche Intelligenz – Chancen für die deutsche Industrie": Dr. Martin Hoffmann vom DAX-Konzern VW stellt klar: *„Es geht darum, menschliche Fähigkeiten und Kompetenzen mit Künstlicher Intelligenz zu verbinden."* Und Dietmar Dahmen, Creative Consultant, ergänzt: *„KI ist viel mehr als einfach nur ‚Künstliche Intelligenz'. Wenn alles vernetzt ist und der Körper des Internets aus allem besteht, ist KI das Hirn, das diesen Körper steuert."*

Wodurch wird die Pharmabranche jedoch derzeit gebremst?

Es sind mehrere Faktoren: Zum einen sorgen die typischen Patentabläufe für immer neue Konkurrenz und verschärfen den Preisdruck. Zum anderen verlangen die US-Versicherer innovative, hochwirksame Arzneimittel zu fairen Preisen. Ob Diabetes, Hepatitis oder Asthma-Medikamente: Hier führt der knallharte Konkurrenzkampf zu heftigem Preisdruck und erheblichen Umsatzeinbußen. Insbesondere aber fehlen der Branche die ganz großen Bestseller, Blockbuster genannt. Wann glückt es endlich, Alzheimer zu heilen statt die Leidenszeit zu verlängern? Wann gelingt es, den Krebserkrankungen ihren Schrecken zu nehmen auch im Hinblick auf Nebenwirkungen, hohem Zeit- und Kostenaufwand? Als Hoffnungsträger gilt die Immuntherapie, der ich mich selbst unterziehe. Es ermutigt, dass der Medizin-Nobelpreis 2018 an zwei Wissenschaftler für ihre Immuntherapie-Forschungen geht. Es gibt bereits 68 Krebsimmunwirkstoffe für etwa 20 Krebsarten. Sie werden vor allem nach der Operation begleitend mit Chemotherapie eingesetzt.

Eine Gesundheitsaktien-Auswahl weltweiter Indizes

Aktien/ Unternehmen	WKN	Kurs am 15.03.18	52-Wochen-Hoch/Tief	Kursverlauf 1, 3, 5 Jahre
Amgen (Nasdaq)	867 900	154,55 €	173,0/135,5 €	-9/+4/+120 %
Astra Zeneca (GB)	886 455	54,85 €	63,65/48,50 €	-3/-16/+53 %
BAYER (DAX)	BAY 001	95,85 €	123,8/91,50 €	-10/-34/+22 %
BB Biotech (CH)	A0N FN3	58,80 €	63,40/48,05 €	+11/-9/+241 %
Bristol-Myers	850 501	54,05 €	56,20/44,45 €	+2/-15/+80 %
Carl Zeiss Medit.	531 370	49,55 €	55,35/37,90 €	+21/+97/+117 %
Eurofins (FR)	910 251	482,80 €	572,9/389,9 €	+20/+90/+198 %
Evotec (TecDAX)	566 480	16,05 €	22,50/7,90 €	+86/+305/+568 %
Fielmann (MDAX)	577 220	66,80 €	77,70/65,95 €	-6/+4/+91 %
FMC (DAX)	578 580	81,70 €	93,80/75,55 €	+4/+3/+58 %
Fresenius (DAX)	578 560	65,65 €	80,00/60,15 €	-14/+14/+102 %
Genmab (DK	565 131	168,35 €	200,0/134,0 €	-12/+134/+933 %
Gilead (Nasdaq)	885 823	65,80 €	72,20/56,95 €	+3/-31/+85 %
Illumina (Nasdaq)	927 079	204,65 €	208,0/145,0 €	+30/+10/+409 %
Johnson & John.	853 260	107,80 €	123,2/101,8 €	-10/+13/+77 %
Medigene (TecD.)	A1X 3W0	17,70 €	19,45/8,55 €	+44/+212/+354 %
Medtronic (Irland)	A14 M2J	66,80 €	80,65/63,20 €	-13/-8/+121 %
MERCK (DAX)	659 990	78,50 €	115,0/76,25 €	-24/-24/+38 %
MorphoSys (TecD.)	663 200	85,30 €	88,40/44,65 €	+50/+17/+174 %
Novartis (Stoxx 50)	904 278	66,65 €	77,60/65,70 €	-5/-28/+26 %
Novo Nordisk (DK)	A1X A8R	40,90 €	47,65/31,35 €	-28/-11/+53 %
Novozymes (DK)	A1J P9Y	41,90 €	48,45/35,50 €	+19/-4/+58 %
Pfizer (Dow Jones)	852 009	29,60 €	32,45/27,15 €	-8/-9/+37 %
Roche (Stoxx 50)	851 311	192,00 €	249,2/189,5 €	-19/-21/+13 %
Sartorius (TecDAX)	716 563	120,40 €	124,6/70,65 €	+51/+283/+480 %
Siemens Health.	SHL 100	37,75 €	39,45/29,00 €	+13 %/IPO 2018
STADA (General)	725 180	85,00 €	90,25/53,40 €	+48/+179/+193 %
Stratec (Prime)	STR A55	71,20 €	75,00/49,00 €	+39/+51/+102 %
United Health	869 561	184,00 €	202,0/148,5 €	+15/+66/+333 %
Vertex (Nasdaq)	882 807	140,80 €	146,0/81,50 €	+62/+16/+248 %

Langfristig interessante Aktienfonds Gesundheitswesen

Name, Fonds-Gesellschaft	WKN	Kurs 16.03.18	Hoch/Tief 52 Wochen	Kursentwicklung 1, 3, 5, 10 Jahre
Allianz Biotechnologie A	848 186	149,50 €	161,2/138,6 €	**-8/+18/+75/+255 %**
		Umfang 238 Mio. €, Alter 20 Jahre, Ausgabeaufschlag **5,00 %**, Gebühr **2,05 %**, ausschüttend. Der Biotech-Fonds konzentriert sich auf große Nasdaq-Werte wie Alexion, Regeneron, Celgene, Amgen, Vertex, Biogen, BioMarin, SHIRE, Gilead und Incyte.		
AXA World Framlington Health A	A0M KS3	227,90 €	256,6/222,4 €	**-12/-14/+63/+197 %**
		Umfang 79 Mio. €, Alter 11 Jahre, Ausgabeaufschlag **5,00 %**, Gebühr **1,75 %**, thesaurierend. Der Fonds investiert in Biotech, Medtech, Pharma. Große Posten sind Allergan, Gilead, GlaxoSmithKline, UnitedHealth, Medtronic, Celgene, Eli Lilly, Shire, Roche.		
BlackRock BGF World Health Sc.	A0B L36	32,90 €	34,80/31,25 €	**-2/-2/+97/+296 %**
		Umfang 5,64 Mrd. €, Alter 17 Jahre, Ausgabeaufschlag **5,00 %**, Gebühr **1,50 %**, thesaurierend. Der BlackRock-Fonds investiert in Biotech, Medtech, Pharma. Dabei sind Amgen, Johnson, Roche.		
Candriam Equity Biotechnologie	939 838	477,25 €	515,5/357,7 €	**+14/+3/+122/+471 %**
		Umfang 621 Mio. €, Alter 18 Jahre, Ausgabeaufschlag **3,5 %**, Gebühr **1,5 %**, thesaurierend. Der Fonds konzentriert sich auf große Biotechaktien im Nasdaq wie Amgen, Biogen, Celgene, Gilead.		
DekaLux-BioTech CF	DK1 A3Y	408,15 €	427,7/378,0 €	**-2/-17/+118/+310 %**
		Umfang 265 Mio. €, Alter 10 Jahre, Ausgabeaufschlag **3,75 %**, Gebühr **1,25 %**, ausschüttend. Dieser Biotech-Fonds investiert in Nasdaq-Aktien wie Amgen, Biogen, Celgene, Gilead, Regeneron.		
DWS Biotech	976 997	190,90 €	203,0/173,7 €	**-4/-20/+112/+372 %**
		Umfang 392 Mio. €, Alter 19 Jahre, Ausgabeaufschlag **5,00 %**, Gebühr **1,50 %**, thesaurierend. Der Fonds konzentriert sich auf Nasdaq-Biotechaktien, mischt aber Pharma und Medtech bei.		
DWS Health Care Typ 0	976 985	216,10 €	232,5/206,7 €	**-5/-8/+78/+202 %**
		Umfang 313 Mio. €, Alter 20 Jahre, Ausgabeaufschlag **0,0 %**, Gebühr **1,70 %**, thesaurierend. Der Fonds legt weltweit in Pharma-/Biotechaktien an, wie Allergan, Bayer, Celgene, Johnson, Roche.		
ESPA STOCK Biotec T	676 338	434,60 €	447,8/389,5 €	**+1/-12/+130/+389 %**
		Umfang 214 Mio. €, Alter 18 Jahre, Ausgabeaufschlag **4,0 %**, Gebühr **1,8 %**, ausschüttend. Der Fonds setzt auf Substanz und legt über 50 % in Biotechtitel an. Dabei sind Amgen, Celgene, Gilead.		

Fonds-Gesellschaft	WKN	Kurs 16.03.18	Hoch/Tief 52 Wochen	Kursentwicklung 1, 3, 5, 10 Jahre
FCP OP MED BioHealth-TR	941 135	457,35 €	463,0/354,0 €	+14/+24/+166/+447 %
		Umfang 118 Mio. €, Alter 17 Jahre, Ausgabeaufschlag **5,00 %**, Gebühr **1,70 %**, ausschüttend. Der Fonds spezialisiert sich auf kleine, mittlere, große Biotech-/Medtech-/Pharma-Titel weltweit.		
Franklin Templeton Biotech	937 444	27,55 €	29,30/21,60 €	+7/-7/+103/+355 %
		Umfang 1,74 Mrd. €, Alter 18 Jahre, Ausgabeaufschlag **5,54 %**, Gebühr **1,00 %**, thesaurierend. Was im Biotech-Forschungssektor Rang und Namen hat, ist hier vertreten: Auswahl Nasdaq 100.		
JANUS Henderson Sciences	935 591	30,55 €	32,00/26,70 €	+12/-2/+97/+192 %
		Umfang 1,64 Mrd. €, Alter 18 Jahre, Ausgabeaufschlag **0,00 %**, Gebühr **1,50 %**, thesaurierend. Anlage in Firmen, die auf bessere Lebensqualität abzielen, z. B. Gesundheit, Arznei, Körperpflege.		
Pictet Biotech P USD ACC	988 562	612,15 €	649,0/485,2 €	+11/-4/+81/+147 %
		Umfang 433 Mio. €, Alter 22 J., Ausgabeaufschlag **5,0 %**, Gebühr **1,60 %**, thesaurierend. Der Fonds investiert über zwei Drittel in innovative Konzerne für medizinische Biotech-Anwendungen.		
Polar HC Opportunit. Healthcare	A0M 8VF	24,05 €	25,00/22,25 €	-1/-5/+124/+143 %
		Umfang 3,6 Mrd. €, Alter 10 Jahre, Ausgabeaufschlag **5,0 %**, Gebühr **1,50 %**, ausschüttend. Der Fonds investiert weltweit in den Medizinsektor, z. B.: J&J, Medtronic, Celgene, Fresenius, Merck.		
SEB Concept Biotech	542 164	92,95 €	105,2/89,10 €	-11/-28/+90/+110 %
		Umfang 184 Mio. €, Alter 17 Jahre, Ausgabeaufschlag **1,00 %**, Gebühr **1,50 %**, ausschüttend. Der Fonds legt in Nasdaq-Bio-techaktien an. Dazu zählen Amgen, Biogen, Celgene, Gilead.		
UniSector BioPharma	921 556	101,80 €	115,7/98,75 €	-11/-8/+60/+185 %
		Umfang 259 Mio. €, Alter 19 Jahre, Ausgabeaufschlag **4,00 %**, Gebühr **1,55 %**, ausschüttend. Ziele: Wachstum, Ertragskraft, Innovation. Schwergewichte sind Amgen, Merck, Novartis, Pfizer.		

Anmerkung: Seit 2016 dominieren im Aktienfondssektor weltweit die Nebenwerte und branchenbezogen Hochtechnologie, Elektronik, Robotik mit Automatisierungsprozessen und Künstlicher Intelligenz sowie Internet, Telekommunikation, Software. Der Biotechsektor macht im Ein- und Drei-Jahres-Vergleich eine Schwächeperiode durch. Viele Anleger träumen noch von den großen Erfolgen im Fünf- und Zehn-Jahres-Vergleich. Mutige Leute steigen mit begrenztem Einsatz ein. Vorsichtige Investoren warten noch etwas ab oder treffen ihre Auswahl unter jenen Fonds, die auch schwierige Phasen erfolgreich gemeistert haben.

5.2.2 Zukunftsmärkte: Erneuerbare Energie, Wasserwirtschaft, Klimawandel und Umweltschutz

Die Sonne schickt in 6 Stunden mehr Energie zur Erde, als die Menschheit pro Jahr verbraucht. Aber Treibhausgase schädigen die Umwelt und begünstigen den gefährlichen Klimawandel. Allein in Deutschland führten 2015 die Emissionen zu riesigem CO_2-Ausstoß: Energiewirtschaft (164 t), Feuerungsanlagen (129 t), Landwirtschaft (67 t), Industrie (62 t), Abfallwirtschaft (10 t).

Insgesamt kommt die Energiewende im Stromsektor voran. Der Fortschritt ist sichtbar. Der Ökoanteil an der Stromproduktion wächst planmäßig von 10 % auf 30 % in einem Jahrzehnt. Bis Mitte dieses Jahrhunderts sollen überwiegend Erneuerbare Energien eingesetzt werden, mindestens 80 %. Allerdings gibt es auch Probleme. Bei den Windrädern besteht Platzmangel. Solarstrom wird zwar immer leistungsfähiger, bleibt aber teuer und belastet den Strompreis. Zudem sind auf Hunderten von Kilometern neue Stromtrassen zu installieren.

China bestimmt die Marschrichtung in der Solarindustrie. Durch technologischen Fortschritt, Standardisierung, Serienfertigung, Massenproduktion und harten Wettbewerb dürften bei Photovoltaik die Preise kaum steigen. Nur substanz- und finanzstarke Firmen haben in Europa noch Chancen, sofern sie Industrie 4.0 und Digitalisierung schnell umsetzen. Kleinen AGs droht die Übernahme durch chinesische Anbieter zum Schnäppchenpreis, vielleicht sogar die Pleite. Chinesische Solarzellenhersteller haben viel geringere Fixkosten als westliche Konkurrenten. Bereits 2015 hat China Deutschland als größte Solarnation abgelöst.

Große Herausforderung: Windenergie im Meer. Die einst verhöhnten und bekämpften Windräder befanden sich bis vor Kurzem im Aufwind. Seit 2014 zeigt sich dies an eher stabilen Börsenkursen nach dem starken Einbruch zuvor. Den Offshore-Projekten auf dem Meer gehört die Zukunft, mögen auch Tsunamibrecher zu überwinden sein. Es geht um Netzwerke, Speicherkapazität, Kredite, knallharte Forderungen von Umweltschützern, Aufbau der Anlagen, Wartung und Reparatur – alles kostspielig und zeitraubend. Es gilt, den Problemen in der Meerestiefe an den 30 bis 60 km von der Küste entfernten Standorten zu trotzen. Windkraftanlagen dürften bis 2030 zwanzigmal mehr Windenergie erzeugen als derzeit. Der dänische Branchenprimus Vestas (WKN 913 769) wächst verhalten. Die anhaltende Hitzewelle im Juli/August 2018 setzte den Windkraftanlagen stark zu. Manche Anlagen stellten den Betrieb ein. Schon deshalb wird ein Energiemix gefordert.

Lebensbedrohlicher Trinkwassermangel in Afrika, Südamerika und Ostasien als tickende Zeitbombe mit Gewaltpotenzial. In einem Jahrzehnt dürfte der globale Wassermarkt die Marke von einer Billion Dollar erreichen.

Sauberes Trinkwasser fehlt in Afrika, Südamerika, in ostasiatischen Schwellenländern und dem Riesenreich China. Über 800 Mio. Menschen leiden unter Wassermangel. 80 % vom Süßwasserverbrauch gehen zu Lasten der Landwirtschaft. Der Klimawandel legt die Welt trocken. In den bedrohten Regionen regnet es immer seltener – auch wegen abgeholzter Regenwälder. Weltweit stieg der Wasserverbrauch in 50 Jahren doppelt so schnell wie die Weltbevölkerung. Den Hauptgrund liefert die Bewässerungslandwirtschaft. Der Anbau von Obst und Gemüse verschlingt viel Wasser; noch größer ist der Einsatz für Fleischprodukte. Jeder dritte Mensch leidet akut unter Wasserknappheit. Und Tausende von Kindern sterben.

Aktienfonds Erneuerbare Energie, Klima, Umweltschutz

Name, Fonds-Gesellschaft	WKN	Kurs am 16.03.18	Hoch/Tief 52 Wochen	Kursentwicklung 1, 3, 5, 10 Jahre
BGF Black Rock Global New Energy	A0B L87	7,80 €	8,25 €/7,50 €	+3/+6/+48/-11 %

Name, Fonds-Gesellschaft	Details
BGF Black Rock Global New Energy	**WKN** A0B L87 — **Kurs am 16.03.18** 7,80 € — **Hoch/Tief 52 Wochen** 8,25 €/7,50 € — **Kursentwicklung 1, 3, 5, 10 Jahre** +3/+6/+48/-11 %. Umfang 1,12 Mrd. €, Alter 17 Jahre, Ausgabeaufschlag **5,00 %**, Gebühr **1,75 %**, thesaurierend. Der Fonds legt global über 70 % in Aktien Erneuerbare Energien an, wie Vestas, ABB, Gamesa.
DNB Renewable Energy A	**WKN** A0M WAL — 114,50 € — 124,0/104,9 € — +5/+11/+62/+25 %. Umfang 35 Mio. €, Alter 11 Jahre, Ausgabeaufschlag **5,00 %**, Gebühr **1,50 %**, thesaurierend. Der Fonds investiert weltweit auch in Aktien von kleineren Firmen im Bereich Erneuerbare Energien.
DWS Zukunfts-Ressourcen	**WKN** 515 246 — 72,10 € — 76,00/66,35 € — +4/+5/+37/+21 %. Umfang 253 Mio. €, Alter 12 J., Ausgabeaufschlag **5,0 %**, Gebühr **1,45 %**, ausschüttend. Der auf neue Energie ausgerichtete Fonds schlug 2017 den MSCI World und den DAX-global-Agri-Index.
KBC Eco Climate Change	**WKN** A0M KZM — 546,50 € — 588,1/519,5 € — +1/+3/+33/+20 %. Umfang 25 Mio. €, Alter 11 Jahre, Ausgabeaufschlag **0,00 %**, Gebühr **1,40 %**, thesaurierend. Der Fonds investiert in nachhaltige Firmen bei Klimawandel und Verringerung von Treibhausgasen.
LBBW Global Warming	**WKN** A0K EYM — 46,70 € — 48,65/40,65 € — +15/+24/+64/+75 %. Umfang 44 Mio. €, Alter 11 J., Aufschlag **5,00 %**, Gebühr **1,50 %**, ausschüttend. Der Fonds ist beim Klimawandel aktiv. Er investiert in Erneuerbare Energien, Wasser, Versorger und Anlagenbau.
Nordea 1 Sicav Global Climate & Environment	**WKN** A0N EG2 — 17,10 € — 17,90/15,75 € — +7/+26/+82/+71 %. Umfang 872 Mio. €, Alter 10 Jahre, Ausgabeaufschlag **5,00 %**, Gebühr **1,50 %**, thesaurierend. Das Management investiert weltweit in Aktien kleiner und großer Firmen, die sich mit Erderwärmung, Umweltproblemen und künftigen Entwicklungen befassen.

Name, Fonds-Gesellschaft	WKN	Kurs am 16.03.18	Hoch/Tief 52 Wochen	Kursentwicklung 1, 3, 5, 10 Jahre
ÖkoWorld Klima	A0M X8G	69,25 €	69,70/58,20 €	+12/+24/+85/+63 %
		Umfang 28 Mio. €, Alter 11 Jahre, Ausgabeaufschlag **5,00 %**, Gebühr **1,76 %**, thesaurierend. Schwerpunkt sind Erneuerbare Energie, neue Werkstoffe, nachhaltige Land-/Forst-/Wasserwirtschaft.		
Parvest Glo. Environment Class.	A0N E8U	189,35 €	201,1/179,4 €	+2/+12/+58/+92 %
		Umfang 3,2 Mrd. €, Alter 10 Jahre, Ausgabeaufschlag **5,0 %**, Gebühr **1,75 %**, thesaurierend. Der Fonds investiert global in Aktien von Unternehmen im Bereich sozialverträglicher Umwelttechnik.		
Quest Cleantech Managem.	A0N C68	257,60 €	267,9/229,9 €	+12/+22/+84/+158 %
		Umfang 18 Mio. €, Alter 10 Jahre, Ausgabeaufschlag **0,00 %**, Gebühr **1,25 %**, thesaurierend. Anlage in Aktien von Firmen in Industrienationen, die im Bereich sauberer Technologien tätig sind.		
RobecoSAM Multipartner Water F +B	763 763	296,50 €	312,2/279,8 €	+5/+17/+75/+106 %
		Umfang 898 Mio. €, Alter 16 Jahre, Ausgabeaufschlag **5,00 %**, Gebühr **1,50 %**, thesaurierend. Anlage in Aktien von Firmen, die bei Analyse, Aufbereitung und Verteilung von Wasser aktiv sind.		
RobecoSAM Multipartner Smart En.	913 257	26,45 €	26,65/22,30 €	+16/+18/+60/+58 %
		Umfang 555 Mio. €, Alter 14 Jahre, Ausgabeaufschlag **5,00 %**, Gebühr **1,50 %**, thesaurierend. Der Fonds konzentriert sich auf zukunftsfähige Produkte, wie Energie-Versorgung und -Effizienz.		
Schroder Selection Global Clim.	A0M SUS	16,70 €	17,40/14,70 €	+9/+14/+69/+95 %
		Umfang 59 Mio. €, Alter 11 Jahre, Ausgabeaufschlag **5,00 %**, Gebühr **1,5 €**, thesaurierend. Globale Aktienanlage im Sektor Erneuerbare Energien, Agrarwirtschaft, Industrie mit Energie-Effizienz.		
Swisscanto (LU) Equity Glob.l Water	A0M SPX	175,65 €	187,8/167,0 €	+2/+5/+54/+135 %
		Umfang 156 Mio. €, Alter 10 Jahre, Ausgabeaufschlag **5,0 %**, Gebühr **0,78 %**, thesaurierend. Der Fonds investiert in Firmen, die im Wassersektor arbeiten, wie Ecolab, Xylem, Eurofins, Veolia, Suez.		
Variopartner Tareno Water R1	A0M 06B	182,15 €	190,6/171,2 €	+2/+2/+47/+131 %
		Umfang 97 Mio. €, Alter 11 Jahre, Ausgabeaufschlag **3,00 %**, Gebühr **1,80 %**, thesaurierend. Der Fonds setzt auf Wachstum in der Wertschöpfungskette Wasser bei Produkten/Dienstleistungen.		
Vontobel Fund New Power B	794 740	140,15 €	152,1/134,1 €	+1/+4/+39/+2 %
		Umfang 247 Mio. €, Alter 16 Jahre, Ausgabeaufschlag **5,0 %**, Gebühr **1,65 %**, thesaurierend. Der Fonds investiert in neue Technologien und innovative Lösungen zur effizienten Energienutzung.		

Die größten Windkraftkonzerne der Welt nach Marktanteilen von 2015 sind: Siemens/Gamesa, Deutschland/Spanien (14 %), Goldwind, China (13 %), Vestas, Dänemark (12 %), General Electric, USA (10 %). Die Marktanteile in Deutschland verteilen sich auf Vestas (21 %), den deutschen Konzern Senvion (18 %), den im TecDAX notierten Windturbinenbauer Nordex (12 %) und General Electric (7 %).

Entscheidend für Ihre Kaufentscheidung: Anlage in chancenreiche Zukunftsmärkte, niedrige Jahresgebühr sowie gute Ein- und Drei-Jahres-Ergebnisse sind wichtiger als der Verzicht auf den Ausgabeaufschlag.

Photovoltaik 2010 – 2018: Asien gewinnt, Europa verliert. Jährlicher Zubau von Solaranlagen, Leistung in Gigawatt

Kontinent	2010	2012	2014	2016(e)	2018(e)
Asien	2,1 GW	9,5 GW	26,4 GW	34,6 GW	39,5 GW
Amerika	1,3 GW	4,1 GW	8,4 GW	17,2 GW	12,7 GW
Afrika/Naher Osten	0,1 GW	0,2 GW	1,5 GW	2,5 GW	4,8 GW
Europa	16,5 GW	17,7 GW	7,8 GW	8,7 GW	11,4 GW

Zahlenquelle: HANDELSBLATT Nr. 162, 25. August 2015, Seite 20

5.2.3 Für Edelmetall Erholung in Sicht? Energie- und Rohstoffsektor auf Stabilisierungskurs

Das Riesenreich China importiert viele Rohstoffe. Neue Fundorte und Fördermethoden bei der Erdöl- und Erdgasgewinnung, Energieersparnis durch Dämmung, Isolierung und Gewichtsreduzierung, der Siegeszug bei Elektromobilität in der Autoindustrie sorgen für Preisschwankungen. Die Edelmetalle Gold, Silber, Platin haben sich 2015 deutlich erholt. 2016 ging es abwärts. 2017 war physisches Gold begehrt. 2018 befinden sich Gold- und Silberpreis nahe am 52-Wochen-Tief. Die Minenbetreiber hoffen, zu alter Stärke zurückzufinden. Im Gegensatz zu Kaffee sprintet der Kakaopreis wegen der Nachfrage nach Schokolade aufwärts. Seitdem Donald Trump die US-Präsidentenwahl gewann, schwanken die Kurse bei fossilen Energien. Industrie-Rohstoffe wie Kupfer, Nickel und Stahl notieren insgesamt aufwärts. Die Drosselung der Ölförderquote durch die OPEC-Förderländer, Währungsturbulenzen, verhängte Strafzölle, Naturkatastrophen und Kriegsgefahr trieben den Ölpreis bis auf 80 Dollar je Barrel Brent, +41 % in 1 Jahr, 63 % in 3 Jahren.

Die milliardenschweren Bergbaukonzerne wie BHP Billiton, Rio Tinto, China Shenhua, Vale und Angló American zeigen steigende Börsenkurse. Sie starten Kostensenkungsprogramme und rüsten sich für Übernahmen.

Der Rohstoffhändler **Glencore** hat die Durststrecke verlassen. Der Kurs verdoppelte sich binnen eines Jahres auf 4 €. Langfristig dürften sich die meisten Rohstoffpreise erholen. Die Weltbevölkerung wächst bedrohlich. Rohstoffe sind in jedem Lebensbereich unverzichtbar. Hier spielen Industrie 4.0, Internet der Dinge und Digitalisierung eine wichtige Rolle. Mit Aktienfonds verringern Sie Ihr Risiko.

Ein Fallbeispiel: Rohstoffe begleiten Ihr Leben jeden Tag

Es vergeht kein Tag ohne Rohstoffkontakt. Sie stehen morgens auf, verlassen Ihr Bett, dessen Gestell aus Holz, Kunststoff oder Metall besteht, schlagen Ihre Bettdecke zurück, vielleicht mit Gänsedaunen gefüllt. Sie duschen, trocknen sich mit einem baumwollenen Badetuch ab, ziehen Ihren Bademantel aus Naturfasern an und bereiten das Frühstück. Es gibt Kaffee, Kakao oder Tee mit Zucker, Milch oder Kaffeesahne, Orangensaft, Getreidemüsli oder Joghurt, Brötchen oder Brot mit Butter, Konfitüre, Honig, wahlweise Schinken, Wurst, Käse und Bio-Ei. Sie frühstücken an einem hölzernen Tisch; auf dem Boden liegt ein wollener Teppich. Sie fahren mit dem Rad, öffentlichen Verkehrsmitteln oder Ihrem Auto zur Arbeit, freuen sich über den noch niedrigen Spritpreis. Sie kommen am Arbeitsplatz an. Überall begegnen Sie Rohstoffen, z. B. den Industriemetallen im Fahrstuhltrakt! Im Büro besteht der Fußboden aus Naturholz oder Holzwerkstoffen. Computeranlage, Bildschirm, Tastatur, Drucker, Kopierer und sonstige Geräte enthalten unterschiedlichen Materialien. Nach der Arbeit sind Sie auf der Suche nach einem passenden Schmuckstück aus Gold oder Silber mit einem Edelstein besetzt.

Rohstoffe werden in drei bis vier große Gruppen aufgeteilt

Energie: Fossile Energieträger wie Erdöl, Erdgas, Kohle und nachwachsende Agrargüter und Erneuerbare Energien, insbesondere Wind- und Sonnenenergie, Wasserkraft, Biomasse und Erdwärme. **Industriemetalle:** Aluminium, Chrom, Gallium, Indium, Kobalt, Kupfer, Lithium, Nickel, Palladium, Stahl, Zinn. **Edelmetalle:** Gold, Silber, Platin, Palladium. **Land- und viehwirtschaftliche Produkte:** Baum- und Schurwolle, Getreide, Zucker, Kaffee, Kakao, Mais, Raps, Rind- und Schweinefleisch, wobei Mais, Zucker, Weizen, Raps auch zu Ethanol und Biodiesel verarbeitet werden. *„In den Tank statt auf den Teller"* verschärfte wegen der höheren Verdienstmöglichkeiten die Ernährungssorgen in den Armenhäusern der Welt.

2017 führten die Abschottungspolitik des US-Präsidenten Donald Trump, die sich verschärfende Krise mit Nordkorea und Russland zu Währungsturbulenzen: ein schwacher Dollar, ein starker Euro. Die größte Naturkatastrophe in den USA mit dem Orkan Harvey und Wolkenbrüchen überfluteten Texas und Florida. Die Mineralöl- und Benzinpreise stiegen. Die hohen Strafzölle der USA für Stahl, Aluminium und Autos können einen Handelskrieg auslösen.

Entwicklung der Rohstoffpreise (18. März 2018)				
Rohstoffklasse	**Rohstoff**	**Einheit**	**1 Jahr**	**3 Jahre**
Energierohstoffe	Erdöl Brent	Barrel	+27,9 %	+22,2 %
	Erdgas	BTU	-23,8 %	-59,5 %
	Heizöl	Gallone	+21,4 %	-6,49 %
	Benzin	Gallone	+16,0 %	-25,1 %
Edelmetalle und Industriemetalle	Gold	Feinunze	-6,11 %	-2,11 %
	Silber	Feinunze	-17,3 %	-10,0 %
	Platin	Feinunze	-13,2 %	-26,3 %
	Palladium	Feinunze	+14,1 %	+9,70 %
	Kupfer	Tonne	+18,1 %	+17,3 %
Agrarrohstoffe	Weizen	Scheffel	-16,4 %	-40,8 %
	Mais	Scheffel	-7,45 %	-24,8 %
	Soja	Scheffel	-6,70 %	+7,25 %
	Reis	Zentner	+8,90 %	-17,11 %
Quellennachweis: boerse.ard.de: Rohstoffkurse, Stand: 18. März 2018				
Anmerkung: Der Goldpreis sank am 18. August 2018 auf schwache 1.036 €/ 1.185 $. Er stieg bis zum 09. November 2018 auf 1.075 €/1.219 $ je Feinunze.				

Beispiel Glencore (WKN A1J AGV): Der weltgrößte Rohstoffhändler erzielt wieder Gewinn. Am 28. Sept. 2015 brach die Aktie um ein Drittel ein; denn die Rohstoffpreise stürzten im Tagesverlauf in den Keller. Drei Jahre später sieht dies ganz anders aus. Seit dem Allzeittief von 90 Cent hat sich der Kurs verfünffacht – bis zum 16. März 2018 auf 4,40 €. Plötzlich erscheint das Schweizer Unternehmen auch für zahlreiche Rohstoff-Aktienfonds wieder interessant.

Gold war in Krisen als sicherer Hafen gefragt. Silber als Industriemetall ist bei weltwirtschaftlichem Aufschwung begehrt

Der bekannte Vermögensverwalter Flossbach von Storch erklärt. *„Unseres Erachtens sollte Gold in keinem breit aufgestellten Portfolio fehlen. Gold ist eine Versicherung gegen die uns bekannten und unbekannten Risiken des Finanzsystems, insbesondere die Folgen der ultralockeren Geldpolitik."*

Frage: Wie können Sie auf einen möglichen Goldtrend reagieren? Falsch ist es, Schmuck als Geldanlage einzustufen und nur in Gold zu investieren. Je nach Mentalität, Risikoprofil, Geldbeutel und Vorlieben gibt es einige Möglichkeiten.

Physisches Gold in Form von Barren und von Gold-Anlagemünzen als Sammler.

Einzelaktien von Goldminenunternehmen bei ausgeprägter Risikofreude, Zeit, Lust, Interesse, guter Vermögensdecke und fundiertem Fachwissen.

Gold-Indexfonds. Seit Jahresanfang 2016 flossen knapp 23 Mrd. Dollar in diese Produkte. Da es sich um kein geschütztes Sondervermögen, keinen Sachwert, sondern um eine Schuldverschreibung handelt, ist es besser, von ETC statt ETF zu sprechen, nachdem beide Namen im Umlauf sind. Indexfonds mit physisch hinterlegtem Edelmetall sind sicherer, als wenn das Management darauf verzichtet.

Anlage in Gold- bzw. Edelmetallfonds, erweitert als Bergbau-, Edelmetallminen- und Rohstofffonds, aktiv von Profis gemanagt. Als Sondervermögen für Sachwerte droht bei Aktienfonds kein Totalverlust, wenn der Anbieter pleitegeht. Die breite Streuung begrenzt das Verlustrisiko, selbst wenn der eine oder andere Minenbetreiber bzw. Bergbaukonzern zahlungsunfähig wird.

Das Mysterium Gold, an dem sich die Geister scheiden, gilt als Krisenbarometer, was an der oft eigenartig anmutenden Preisentwicklung in Dollar pro Feinunze (31,1 Gramm) deutlich wird:

➢ 1960: 36 $, 1970: 44 $, 1980: 597 $, 1987: 487 $, **2001: 276 $, 2012: 1.687 $,** 2013: 1.222 $, **2018: 1.190 $.**

Allein im ersten Halbjahr 2016 stieg die Goldnachfrage auf 2.335 Tonnen. Gold war annähernd so stark gefragt wie beim Rekord auf dem Gipfel der Finanzkrise 2008/09. Seit Jahresbeginn 2016 ist der Preis um über 30 % auf zeitweise 1.370 Dollar je Feinunze von 31,1 Gramm gestiegen, seit 2018 im Abwärtstrend. Gold ist Vorreiter unter den Edelmetallen. In seinem Schatten zogen auch die Preise anderer Rohstoffe an, zeitweilig Silber, aber insbesondere Palladium. Nicht nur Gold, sondern auch Silberfonds kommen voran, wenn Silber neben Schmuck als Industriemetall gefragt ist. Allein im 3. Quartal 2016 kauften deutsche Verbraucher 19 Tonnen Goldbarren und Goldmünzen. Bei viel Lust, Zeit, Geld, gutem Börsenwissen und Risikofreude können Sie all diese Bereiche mit Einzelaktien abdecken. Ansonsten ist es besser, das Wissen der Profis zu nutzen und sich einen Aktienfonds auszusuchen. Treffen Sie nach Vergleich Ihre Entscheidung, gegründet auf Risikobewusstsein, Vorlieben und Ergebnissen im Mehrjahresvergleich.

Minenaktien erlebten 2015 ein Comeback mit Kursgewinn von 100 % und mehr. Jetzt sind viele Titel weit vom Höchststand entfernt, erholen sich aber etwas. Einerseits eröffnet sich weiteres Potenzial. Andererseits droht konjunkturell bedingter Rückschlag. Gold ist unzerstörbar und wieder verwendbar. Der weltweite Goldbestand von 190.000 Tonnen teilt sich auf in Schmuck: 91.000 Tonnen, Barren/Münzen Privatbesitz: 40.000 Tonnen und Goldreserven der Zentralbanken: 33.000 Tonnen.

Es ist ungemein schwierig, eine Aktienfonds-Kursliste von Edelmetall- und Rohstofftiteln zu präsentieren. Setze ich nur auf die Sieger, bleiben wichtige Industriemetalle wie Stahl, Nickel, Zinn, Palladium, Lithium, Kobalt und seltene Erden unter sich. Aktuelle Kursexplosionen können von größeren Rückschlägen abgelöst werden. Verzichte ich auf alle Verlierer in diesem Segment, bleibt ein mögliches Aufwärtspotenzial ungenutzt. Immerhin kündet sich eine Trendwende an, wenn nach deutlichem Verlust im Drei-, Fünf- und Zehn-Jahresbereich die Kursentwicklung in 52 Wochen ein deutlich zweistelliges Plus anzeigt. Eine einseitige Ausrichtung mit höherem Einsatz nur auf Sieger oder Verlierer ist mangels Streuung riskanter, als in zwei bis drei Rohstofffonds mit unterschiedlicher Ausrichtung zu investieren. Für Könner bieten sich Einzelaktien großer Bergbaukonzerne an.

➢ **Es ist interessant, sich am Verhalten der Großinvestoren zu orientieren.** Von 500 institutionellen Anlegern wollen 17 % ihre Rohstoffgewichtung erhöhen und 20 % den Anteil absenken. Bezüglich Infrastruktur will die Hälfte mehr investieren. Nur 8 % der Großinvestoren wollen hier weniger einsetzen.

Aktienfonds Edelmetalle, Minen, Bergwerke, Rohstoffe

Name, Fonds-Gesellschaft	WKN	Kurs am 16.03.18	Hoch/Tief 52 Wochen	Kursentwicklung 1, 3, 5, 10 Jahre
Aberdeen Global World Resources Equity	A1C Y77	10,80 €	11,90/10,00 €	+1/+4/+5/+19 %
		Umfang 118 Mio. €, Alter 18 Jahre, Ausgabeaufschlag **5,00 %**, Gebühr **1,50 %**, thesaurierend. Der Fonds konzentriert sich auf Verfahren und Produkte vom Energie-Ressourcen-Sektor. Dazu zählen Rio Tinto, BHP Billiton, Praxair, Royal Dutch, Randgold.		
ALTIS Fund Global Resources	A0B 9MS	119,45 €	127,3/105,5 €	+5/+7/+4/-5 %
		Umfang 10 Mio. €, Alter 14 Jahre, Ausgabeaufschlag **5,00 %**, Gebühr **1,50 %**, thesaurierend. Der Fonds legt im Edelmetall- und Energiesektor an, und zwar in Exploration und Produktion.		
LONG Term (SIA) Natural Resources €	A0M L6C	105,30 €	116,60/92,25 €	-4/+26/+7/-30 %
		Umfang 17 Mio. €, Alter 13 J., Ausgabeaufschlag **0,00 %**, Gebühr **1,50 %**, thesaurierend. Den Schwerpunkt bilden natürliche Ressourcen wie Energie, Bergbau, Agrar, Lebensmittel. Die Aktien sollen niedrig bewertet, wachstumsstark, ertragreich sein.		
M&M Global Themes Basics	797 735	30,75 €	33,70/29,80 €	+1/+6/+23/+40 %
		Umfang 2,21 Mrd. €, Alter 18 Jahre Ausgabeaufschlag **5,25 €**, Gebühr **0,15 %**, thesaurierend. Der Fonds orientiert sich am MSCI All Country World Index. Die Auswahl erfolgt nach Qualität, Wachstum und Bewertung, Schwellenländer eingebunden.		

Name, Fonds-Gesellschaft	WKN	Kurs am 16.03.18	Hoch/Tief 52 Wochen	Kursentwicklung 1, 3, 5, 10 Jahre
Parvest Eq. World Materials Classic	A1T 8X0	104,50 €	113,8/98,30 €	**+1/+30/+39 %**
		Umfang 75 Mio. €, Alter 5 Jahre, Ausgabeaufschlag **5,00 %**, Gebühr **1,50 %**, thesaurierend. Der interessante Fonds investiert in die Aktien von Bergbau-, Minen-, Saatgut-, Chemiekonzernen wie BASF, Monsanto, BHP Billiton, Rio Tinto, Dow Chemical.			
Pioneer Amundi Aktien Rohstoffe A	977 988	88,35 €	100,0/79,35 €	**-4/-2/+7/+11 %**
		Umfang 510 Mio. €, Alter 18 Jahre, Ausgabeaufschlag **4,00 %**, Gebühr **0,50 %**, thesaurierend. Der Fonds investiert in Aktien von Bergbau-, Goldminen-, Stahlkonzernen, die Rohstoffe, Energieträger und Agrarprodukte herstellen, verarbeiten, vermarkten.			
Pictet Timber P EUR	A0Q Z7T	158,50 €	160,9/137,9 €	**+9/+12/+42/+180 %**
		Umfang 512 Mio. €, Alter 10 Jahre, Ausgabeaufschlag **5,00 %**, Gebühr **1,60 %**, thesaurierend. Der Fonds investiert in Firmen, die bei Finanzierung, Bepflanzung, Verwaltung der Wälder und Herstellung von Bauholz und anderen Holzprodukten tätig sind.			
SafePort Gold & Silver Mining	A0J D2N	82,65 €	101,5/79,10 €	**-8/+50/-30/-60 %**
		Umfang 8 Mio. €, Alter 13 Jahre, Ausgabeaufschlag **6,50 %**, Gebühr **1,50 %**, thesaurierend. Der Fonds erwirbt Aktien von Unternehmen, die Edelmetall fördern, bearbeiten, vermarkten. Nach starkem Einbruch winkt möglicherweise ein Aufschwung.			
StrucSol Lithium Index Strat F	HAF X4V	121,75 €	152,3/95,15 €	**+19/+197/+106 %**
		Umfang 334 Mio. €, Alter 8 Jahre, Ausgabeaufschlag **5,00 %**, Gebühr **1,00 %**, thesaurierend. Der Fonds mit niedriger Jahresgebühr und hohem Kursgewinn orientiert sich am Index Solactive Lithium und engagiert sich in Rohstoff- und Edelmetallminen.			
Triodos Sicav Sustainable Pioneer	A0R J3B	38,30 €	39,55/35,25 €	**+6/+2/+78/+66 %**
		Umfang 134 Mio. €, Alter 10 Jahre, Ausgabeaufschlag **5,00 %**, Gebühr **1,70 %**, thesaurierend. Der Fonds bevorzugt kleine und mittelgroße Gesellschaften, Erneuerbare Energie (Klimaschutz), Umwelttechnik (sauberer Planet) und Medtech (Gesundheit).			

Anmerkung: Die negative Kursentwicklung bei Gold-, Silber- und Platinaktien zeigt, dass es besser ist, auf attraktive Zukunftsmärkte wie Technologie, Telekommunikation, Robotik oder Gesundheitswesen umzusteigen. Niemand weiß, wann, wie viel, wie lange es bei Edelmetallen wieder aufwärts geht. Bei Bergbauaktien wie BHP Billiton oder Rio Tinto sind die Chancen größer. Alternativ bietet sich physisches Gold in Barren oder für Sammler in Anlagemünzen an. Wer über ein fundiertes Aktienwissen verfügt, sollte sich auf gute Einzelaktien konzentrieren und Kursschwankungen für einen günstigen Ein- und Ausstieg nutzen.

Vier Gold-Aktienfonds: Eine Einstiegs- und Zukaufchance nur für mutige, nervenstarke Anleger mit Langzeithorizont geeignet

Es stellt sich die Frage, warum Goldeinzelaktien und Fonds bei ansonsten stabilen bzw. leicht steigenden Preisen in einer Korrekturphase verweilen. Der Ein- und Mehr-Jahresvergleich ist größteils negativ. Hier die Antworten:

➢ Je tiefer und schwieriger die Förderung, um so prozentual geringer ist die Ausbeute und umso höher sind umgekehrt die Kosten.

➢ Nicht zuletzt der gewerkschaftliche Einfluss und auch Kämpfe der Arbeitnehmervertretungen sorgen für mehr Lohn und bessere Arbeitsbedingungen.

➢ Die zunehmenden heftigen Auseinandersetzungen mit Naturschützern vergiften das Klima, führen zu Protesten, Vandalismus, Gewalthandlungen.

➢ Gold ist unzerstörbar, wieder verwendbar und lässt sich problemlos einschmelzen. Ein Teil der Nachfrage wird durch Wiederverwertung abgedeckt.

➢ Privatanleger mögen lieber physisches Gold in Form von Barren oder Anlagemünzen. Insbesondere bei Gold gibt es viele Aktienmuffel.

Name, Fonds-Gesellschaft	WKN	Kurs am 19.03.18	Hoch/Tief 52 Wochen	Kursentwicklung 1, 3, 5, 10 Jahre
EARTH Gold Fund UI (EUR R)	A0Q 2SD	52,60 €	64,10/51,15 €	-12/+28/+39/+5 %
	Umfang 71 Mio. €, Alter 10 Jahre, Ausgabeaufschlag **5,0 %**, Gebühr **1,50 %**, thesaurierend. Das Management investiert zu zwei Dritteln in Goldminenaktien oder andere Investmentfonds mit Gold-Wertpapieranteil von über 50 %. Derivate sind zulässig.			
Investec Global Strategy Gold A	A0Q YGQ	37,75 €	47,70/35,20 €	-1/+24/-28 %
	Umfang 276 Mio. €, Alter 28 Jahre, Ausgabeaufschlag **5,00 %**, Gebühr **1,50 %**, ausschüttend. Das Management investiert konsequent weltweit in Goldminenaktien. Große Anteile: Randgold, Newmont Mining, Goldcorp, Agnico Eagle und Kinross Gold.			
NESTOR Gold Fonds B	570 771	107,50 €	131,8/103,9 €	-12/+31/-29/-42 %
	Umfang 17 Mio. €, Alter 16 Jahre, Ausgabeaufschlag **3,00 %**, Gebühr **1,40 %**, thesaurierend. Der Fonds hat sich spezialisiert auf Goldindustrie-Aktien unterschiedlich großer Firmen in den Sektoren Exploration, Produktion, Weiterverarbeitung, Handel.			
SafePort Gold & Silver Mining	A0J D2N	82,65 €	101,5/79,10 €	-8/+50/-30/-60 %
	Umfang 8 Mio. €, Alter 13 Jahre, Ausgabeaufschlag **6,50 %**, Gebühr **1,50 %**, thesaurierend. Der Fonds erwirbt Aktien von Gesellschaften, die Edelmetall fördern, verarbeiten, vermarkten. Nach starkem Einbruch winkt möglicherweise ein Aufschwung.			

5.2.4 Bauindustrie und Immobiliensektor durch demografischen Wandel und Einwanderer im Aufwind

Bauindustrie als Wachstumstreiber: Es geht um Infrastruktur mit Investitionen in Schienennetze, Brücken, Autobahnen, Straßenbau. Der Brückeneinsturz in Genua gilt als Warnsignal auch für Deutschland. Hinzu kommt der akute Mangel an bezahlbarem Wohnraum in Großstädten. Auf dem Land bestehen Leerstände.

Die Bevölkerungsentwicklung – noch niedrige Geburtenrate gepaart mit steigender Lebenserwartung – lässt bei oberflächlicher Betrachtung eher auf zurückgehende Bautätigkeit schließen. Doch es gibt einen riesigen Sanierungsbedarf durch Verschleiß, Umstellung auf umweltfreundliche Materialien und Erneuerbare Energien beim Heizen und der Stromversorgung. Die Ansprüche an das eigene Zuhause, die Eigentums- oder Mietwohnung steigen. Die Zahl der Singlehaushalte nimmt zu. Wer heute allein lebt, wünscht 50 qm, besser 60 bis 80 qm Wohnfläche. Der Bedarf an altersgerechten Wohnungen wächst, in denen Senioren noch mit 70, 80, 90 Jahren leben können – oft nur ambulant betreut.

Das „Hotel Mama" ist kaum mehr gefragt. Ab Volljährigkeit will der Nachwuchs unabhängig sein. Vor allem sorgt der Flüchtlingszustrom – über eine Million Asylsuchende im Jahr 2015 – für hohen Bedarf an preiswertem Wohnraum. Erschwerend wirken Landflucht und Konzentration auf westdeutsche Metropolen. Hier wird Wohnraum kaum mehr bezahlbar. Fonds, die auf Immobilienaktien setzen, sind Nutznießer des noch ungebremsten Booms in den Wachstumsstädten.

Experten betrachten den deutschen Immobiliensektor als stabil und zukunftsträchtig. Das A und O ist eine gute Lage in westdeutschen Großstädten und im „Speckgürtel" von Berlin. Übernahmen treiben Aktienkurse aufwärts. Beim Bauen und Sanieren von Mietshäusern ist barrierefreies Wohnen mit Aufzügen ein Schwerpunkt, damit betagte Mieter zuhause bleiben können.

Die städtischen Ballungsräume Berlin, Dresden, Düsseldorf, Frankfurt, Freiburg, Hamburg, Heidelberg, Ingolstadt, Köln, Leipzig, München, Nürnberg, Stuttgart, Ulm wachsen. Die ostdeutschen Länder Sachsen-Anhalt, Mecklenburg-Vorpommern, Thüringen und viele ländliche Regionen verlieren an Einwohnern. Da ist es schwierig, Immobilien zum fairen Preis zu handeln. Auch Ausländer lassen sich lieber in Ballungsräumen als auf dem Lande nieder. Nachdem 2030 die Hälfte der Bundesbürger älter als 48 Jahre sein wird, steigt der Bedarf an Pflegeeinrichtungen und ambulanten Diensten. Und auch die über eine Million Flüchtlinge von 2015 sind mit Wohnraum zu versorgen. Nur dann kann Integration gelingen.

Es gibt hierzulande rund 42 Mio. Wohnungen. Lag die Wohnfläche pro Kopf 1990 lediglich bei 35 Quadratmetern, waren es 2017 schon 46,5 qm, 29 % mehr als 1994. In Deutschland lebt weniger als die Hälfte der Menschen in eigenen Wohnungen oder Häusern. 2017 waren es 41,3 Mio. Haushalte. Im ersten Halbjahr 2018 lagen die Umsätze im Vergleich zum Vorjahr um 13 % höher. 2017 wurden 284.800 Wohnungen fertig gestellt – der höchste Stand seit 15 Jahren. Aber die Erwartungen lagen mit 325.000 Wohnungen deutlich darüber.

Ein Blick auf die Teuerungsrate bei Ein- und Zweifamilienhäusern in den sieben attraktivsten westdeutschen Metropolen zeigt, dass der Immobilienboom noch nicht an seine Grenzen stößt. Die Sieger in Wachstumsstädten sind börsennotierte Immobilienfirmen aus dem DAX, MDAX, SDAX und kleinere AGs am besten vom Prime Standard. Tüchtige Fondsmanager nutzen ihre Chancen. Sicherer als Offene Immobilienfonds sind wegen breiter Streuung gute Aktienfonds. Was spricht für bleibenden Boom der Bauwirtschaft? Die Kapitalmarktzinsen dürften langsam steigen. Mit den beliebten Mischfonds ist nur bei einer flexiblen Aufteilung von Aktien und Anleihen je nach Marktlage und Börsentrend Geld zu verdienen.

Aktienfonds im stabilen Trend: Bauwirtschaft/Immobilien

Name, Fonds-Gesellschaft	WKN	Kurs 23.03.18	Hoch/Tief 52 Wochen	Kursentwicklung 1, 3, 5, 10 Jahre
AXA World-Framlington Global Real E.	A0L F6L	119,60 €	140,8/119,4 €	-8/-12/+23/+56 %
		Umfang 210 Mio. €, Alter 11 Jahre, Ausgabeaufschlag **5,50 %**, Gebühr **1,75 %**, thesaurierend. Angelegt wird global in Aktien mittlerer Immobilienfirmen mit Wachstums- und Ertragschance.		
Bouwfonds European Residential	A0M 98N	12,70 €	12,70/12,10 €	+9/+24/+35/+68 %
		Umfang 69 Mio. €, Alter 11 Jahre, Ausgabeaufschlag **5,00 %**, Gebühr **1,60 %**, ausschüttend. Der Fonds für Mehrfamilienhäuser ist beliebt bei Versicherungen sowie Pensionskassen.		
FF Fidelity Global Property A	A0H 0WB	12,85 €	15,15/12,65 €	-4/-13/+26/+66 %
		Umfang 164 Mio. €, Alter 12 Jahre, Ausgabeaufschlag **5,25 %**, Gebühr **1,50 %**, ausschüttend. Der Fonds investiert weltweit in Aktien von Unternehmen, die in unterschiedlichen Segmenten der Immobilienbranche aktiv sind. Ein Großteil sind REITs.		
Franklin Templeton Global Real Estate A EUR	A1C 20B	12,90 €	13,90/12,60 €	-1/-8/+9/+48 %
		Umfang 209 Mio. €, Alter 8 Jahre, Ausgabeaufschlag **5,75 %**, Gebühr **1,00 %**, ausschüttend. Dieser Fonds legt breit gestreut nach Ländern und Sektoren weltweit in Aktien von Firmen an – bevorzugt REITs – deren Hauptgeschäft Immobilien betrifft.		

Name, Fonds-Gesellschaft	WKN	Kurs 23.03.18	Hoch/Tief 52 Wochen	Kursentwicklung 1, 3, 5, 10 Jahre
Grundbesitz Europa RC	980 700	39,80 €	39,80/38,45 €	+3/+8/+14/+36 %
HausInvest	980 701	41,30 €	41,95/41,10 €	+2/+7/+14/+36 %
HHF Henderson Horizon Pan European Property	989 232	44,60 €	46,75/38,15 €	+16/+12/+99/+72 %
HHF Henderson Horizon Global Prop.	A0D PM3	16,25 €	18,25/16,05 €	+8/+7/+20/+46 %
Leading Cities Invest	679 182	104,35 €	106,6/104,1 €	+3/+10/+14 %
Meinl Global Property	A0J D82	20,25 €	21,60/18,60 €	+10/+4/+36/+76 %
MS Morgan Stanley Glob. Property A	A0L AY3	29,75 $	31,80/27,85 $	+6/+-0/+20/+35 %
Wertgrund WohnSelect D	A1C UAY	90,45 €	137,0/87,05 €	+23/+33/+53/+87 %

Grundbesitz Europa RC: Umfang 5,56 Mrd. €, Alter 47 Jahre, Ausgabeaufschlag **5,00 %**, Gebühr **1,00 %**, ausschüttend. Der Fonds investiert vorrangig in die Mitgliedsländer der EU und bevorzugt Gewerbe-Immobilien der Nutzungsarten Büro, Einzelhandel, Logistik und Hotels.

HausInvest: Umfang 13,2 Mrd. €, Alter 46 Jahre, Ausgabeaufschlag **5,00 %**, Gebühr **1,00 %**, ausschüttend. Schwerpunkte des Gewerbe-Immobilienfonds sind Deutschland, Frankreich, Großbritannien.

HHF Henderson Horizon Pan European Property: Umfang 262 Mio. €, Alter 20 Jahre, Ausgabeaufschlag **5,00 %**, Gebühr **0,18 %**, thesaurierend. Der Fonds investiert mit Anteilen bis zu 10 % in Aktien europäischer Immobilienfirmen. Dt. Wohnen und LEG Immobilien (MDAX) sind aus Deutschland dabei.

HHF Henderson Horizon Global Prop.: Umfang 363 Mio. €, Alter 13 Jahre, Ausgabeaufschlag **5,00 %**, Gebühr **0,18 %**, thesaurierend. Anlageschwerpunkt ist Amerika. Danach folgen Japan, Hongkong, Australien, Großbritannien.

Leading Cities Invest: Umfang: Angabe fehlt, Alter 5 Jahre, Ausgabeaufschlag **5,50 %**, Gebühr **0,80 %**, ausschüttend. Der Fonds erwirbt weltweit Immobilien und Beteiligungen an Immobiliengesellschaften der EU.

Meinl Global Property: Umfang 7,0 Mrd. €, Alter 12 Jahre, Ausgabeaufschlag **5,00 %**, Gebühr **1,50 %**, thesaurierend. Dieser Fonds investiert bis zu 100 % in Immobilien-Aktien und Aktienfonds. Die größten deutschen Positionen sind Dt. Wohnen, Vonovia, LEG Immobilien.

MS Morgan Stanley Glob. Property A: Umfang 839 Mio. €, Alter 12 Jahre, Ausgabeaufschlag **5,75 %**, Gebühr **1,50 %**, thesaurierend. Der Fonds investiert weltweit in Aktien wachstumsstarker Immobilienfirmen, um langfristigen Kapitalzuwachs zu erzielen. Vonovia aus dem DAX ist dabei.

Wertgrund WohnSelect D: Umfang 244 Mio. €, Alter 8 Jahre, Ausgabeaufschlag **5,00 %**, Gebühr **1,10 %**, ausschüttend. Bei der Immobilienauswahl für das Sondervermögen entscheiden nachhaltige Ertragskraft, Mietstruktur und breite Streuung nach Größe, Lage, Nutzung.

Name, Fonds-Gesellschaft	WKN	Kurs 23.03.18	Hoch/Tief 52 Wochen	Kursentwicklung 1, 3, 5, 10 Jahre
Wiener Privatbank European Property	A0J 4NF	13,35 €	13,75/11,35 €	+19/+16/+88/+60 %
	Umfang 7 Mio. €, Alter 12 Jahre, Ausgabeaufschlag **5,00 %,** Gebühr **1,50 %,** ausschüttend. Die Wiener Privatbank investiert in in- und ausländische Immobilienaktien. Schwerpunkte sind Handel, Verwaltung, Veranlagung mit besicherten Forderungen.			

Anmerkung: Bei der Suche nach **Immobilien-Aktienfonds** treffe ich immer wieder auf **Offene** und gelegentlich auch auf **Geschlossene Immobilienfonds**. Alles wird munter durcheinander gemischt. Diese Kursliste präsentiert Immobilien-Aktienfonds. Sie sind bei Anlagen in Deutschland insbesondere daran erkennbar, dass zahlreiche Titel im MDAX und SDAX, oft auch Vonovia aus dem DAX, vertreten sind. Die Rendite guter Immobilien-Aktienfonds ist im Allgemeinen deutlich höher als die Kursentwicklung Offener Immobilienfonds.

Alternativ für Könner empfehlen sich **Einzelaktien** mit dem Vorteil, bei Kursschwankungen flexibel einzusteigen bzw. aufzustocken, umgekehrt von diesem Titel einen Teil oder alles zu verkaufen. Im MDAX und SDAX gibt es viele chancenreiche Werte. Hier wäre auch ein preiswerter **Nebenwerte-Immobilien-ETF** schon wegen der breiten Streuung interessant.

Einige Fachausdrücke in Verbindung mit Immobilien-Fonds

Thesaurierend/Ausschüttend: Etliche Immobilienunternehmen zahlen großzügige Dividenden aus, teilweise über 3 % oder 4 %. Thesaurierend bedeutet, dass nicht ausgeschüttet, sondern die Dividende in weitere Anteile angelegt wird. Im Laufe der Jahre vermehren sich die Fondsanteile, besonders günstig im steuerfreien Altbestand. Wird ausgeschüttet, so geschieht dies meist ein- oder zweimal im Jahr.

REIT: Dies ist die Abkürzung für **R**eal **E**state **I**nvestment **T**rust, was so viel bedeutet wie Immobilien-AG mit börsennotierten Anteilen. REITs sind von der Körperschafts- und Gewerbesteuer befreit und können mehr Rendite erwirtschaften. 90 % vom Gewinn sind an die Investoren auszuzahlen. Dies führt zu hohen Ausschüttungen, oft 3 bis 5 %. REITs sind in etlichen Aktien-Immobilienfonds gehäuft vertreten.

Offene Immobilienfonds: Sie bieten Anlegern die Chance, sich mit wenig Geld an den vom Fondsmanagement ausgewählten Immobilien zu beteiligen. Diese Fonds gelten als „offen", weil ein Ausstieg bei einjähriger Kündigung möglich ist. Offene Immobilienfonds sammeln das Geld vieler Anleger ein und kaufen dafür Gebäude und Grundstücke. Investoren sind Miteigentümer des Projekts. Trotz oft nur mittelmäßiger Rendite schwimmen zahlreiche Offene Immobilienfonds in Geld, sodass die Mittel nicht mehr sinnvoll anzulegen sind und Anleger abgewiesen werden.

Bei diesem Boom mangelt es an hochwertigen und preiswerten Objekten. Es können Spekulationsblasen entstehen wie 2008/09 als auslösender Faktor für die weltweite Wirtschaftskrise. Wer mutig war, kaufte erstklassige Immobilien-Aktien.

Mögliches Totalverlust- und Haftungsrisiko bei Geschlossenen Immobilienfonds, auch wenn sich der Anlegerschutz verbessert

„Wenn Sie 100.000 € investieren, überweisen wir Ihnen sofort 5.000 €." Fallen Sie nicht auf eine solche Werbung herein. Geschlossene Immobilienfonds investieren meist nur in eine teure Immobilie. Der Hauptnachteil ist neben dem langen Anlagezeitraum zwischen 10 bis 30 Jahren das Totalverlustrisiko. Zwar ist die Immobilie, z. B. ein aufwändiges Großstadt-Hochhaus, als Sachwert vorhanden. Doch kann der Wertverlust auch währungsbedingt so stark zunehmen, dass Insolvenzgefahr besteht, Nachschuss eingefordert wird, die Ausschüttung verloren geht oder sogar zurückgezahlt werden soll. Raus kommt nur, wer eine Ersatzperson findet, was wohl so gut wie nie vorkommt. Der Gesetzgeber hat den Anlegerschutz etwas verbessert. Dennoch ist das kein Freibrief, diese riskante Anlageform zu wählen.

Wie die Zeitmaschine von 1870 bis 2015 zeigt, erzielten Sachwerte die höchste Rendite in Industriestaaten. Wohnhäuser brachten pro Jahr 8,7 % Ertrag, Aktien 7,8 %, Anleihen 1,5 %, Geldmarkt dürftige 0,3 %. Für das nächste Jahrzehnt dürften Aktien der Eurozone über 5 % abwerfen. Das Wirtschaftswachstum hängt am privaten Konsum. Statt ertragreich Geld anzulegen, wird gedankenlos konsumiert – oft nicht sinnvoll. Die Schuldenspirale wächst besorgniserregend.

Das Ergebnis einer Umfrage vom deutschen Bankenverband

Die Umfrage auf der Internetplattform von „FINANZEN 100" im August 2017 zeigt, dass die meisten Anleger am liebsten in Immobilien investieren würden. Dabei lohnen sich vermietete Immobilien – die Eigentumswohnung oder das Einzel- oder Reihenhaus zum Selbstbewohnen ausgeklammert – nicht unbedingt gegenüber breit gestreuten Aktienportfolios. Der Erwerb neuer Wohnungen und Häuser wird wegen hoher Preise und dem Ausverkauf in Ballungszentren und anderen begehrten Lagen immer schwieriger. Sobald die EZB die Zinsen anhebt, nimmt die Unsicherheit zu. Die bislang günstigen Baukredite belasten bei höheren Zinsen die Finanzierung und bremsen einen weiteren Aufschwung.

Nun zum Wortlaut und genauem Ergebnis dieser Umfrage des Bankenverbandes: *„Welche Anlagemöglichkeiten würden Sie im nächsten Jahr bevorzugen, wenn Sie über einen größeren Geldbetrag verfügen könnten?"* Es siegte die Immobilie (37 %) mit weitem Abstand vor Investmentfonds (26 %), Aktien, Sparkonto und Tagesgeld (je 23 %). Die vermieteten Wohnungen oder Häuser werfen langfristig nur selten eine höhere Rendite ab als ein klug ausgewählter Aktienkorb.

5.2.5 Stabiler Konsumgütersektor: Wir essen, trinken, heizen, waschen und pflegen uns auch in Krisen

Demografischer Wandel und Flüchtlingszustrom führen zu Licht und Schatten, verändern Gewohnheiten, lösen neue Trends aus

Die Konsumindustrie profitiert vom längeren Leben und der Eingliederung von Migranten. Bei Konsumgütern spielen Haushalts-, Freizeit-, Sportgeräte sowie Hund, Katze und andere Haustiere eine große Rolle. Der demografische Wandel lässt den privaten Konsum ansteigen. Im Modesektor ist bezahlbarer Luxus bei leicht zulegenden Wachstumsraten gefragt.

Digitale Revolution: Giganten nach Börsenwert Jan. 2018

#	Unternehmen	Land	Börsenwert
❶	Apple	USA	743 Mrd. €
❷	Alphabet	USA	647 Mrd. €
❸	Microsoft	USA	571 Mrd. €
❹	Amazon	USA	504 Mrd. €
❺	Facebook	USA	461 Mrd. €
❻	Tencent	China	446 Mrd. €
❼	Berkshire	USA	419 Mrd. €
❽	Alibaba	China	409 Mrd. €
❾	Johnson	USA	319 Mrd. €
❿	JP Morgen	USA	247 Mrd. €

Mit der Firmengröße wachsen im Allgemeinen auch die digitale Kompetenz und die Bereitschaft, sie einzusetzen.

Die Digitalisierung kommt voran. Der Online-Umsatz stieg im Jahr 2015 um 12 % auf 47 Mrd. €. 2016 wurde die 50-Mrd.-€-Grenze geknackt. Wer sich allein auf sein Ladengeschäft verlässt, erleidet meist hohe Verluste und wird möglicherweise wirtschaftlich und gesellschaftlich abgehängt. Ein eigener Onlineshop schafft Wachstum. Immer mehr Unternehmen erkennen, dass sie sich digitalisieren müssen – auch weil der Einfluss der globalen Marktplätze steigt.

Nicht jeder Privathaushalt, der es sich leisten kann, nutzt die neuen Möglichkeiten der Vernetzung von Haus und Wohnung. Es ist zwar angenehm, vom Sofa aus alles zu dirigieren, wie das Bedienen der Rollläden, Ein- und Ausschalten von Heizung, Wasch- und Spülmaschine, Kühlschrankkontrolle mit Online-Einkauf. Wer selbst nicht im Laden einkauft und sich Waren ins Haus liefern lässt, muss dafür mehr bezahlen. Wer kaum noch zu Fuß geht, bewegt sich zu wenig, wird vielleicht dick und erhöht seine Abhängigkeit von der Technik. Wehe, wenn diese nicht funktioniert!

Es fällt schwer, verlässlich vorauszusagen, welche neuen Trends nur ein Modeschrei sind oder einen nachhaltigen Wandel der Verbrauchergewohnheiten und -vorlieben auslösen. Welche Produkte, Materialien, Werkstoffe, Formen und Farben, welche Dienstleistungen und welches Design erscheinen ausbau- und zukunftsfähig? Wo wird zunehmend Künstliche Intelligenz eingesetzt?

Niemals darf schönes Aussehen die Funktionalität schmälern, wie dies leider öfters bei Möbeln und Hotelausstattungen zu beobachten ist. Auch bei Büroeinrichtungen sollte das Design nicht zu Lasten moderner Erkenntnisse der Arbeitswissenschaft (Ergonomie) gehen. Je nachdem, wie innovativ die sich ändernden Bedürfnisse und Ansprüche erfüllt werden, wächst oder sinkt das Wohlergehen der Unternehmen und bei börsennotierten AGs die Kursentwicklung der Aktien.

Die einzelnen Branchen entwickeln sich unterschiedlich. Im Möbelbereich wollen drei von vier Kunden die Möbel anschauen und ausprobieren, ob alles so ist wie gewünscht. Bei Kleinmöbeln wird gern direkt online bestellt, bei Kompletteinrichtungen oft nach Besuch im Geschäft. Für Firmen stellt sich längst nicht mehr die Frage, ob Digitalisierung, sondern wie schnell, perfekt, produkt-, markt- und kundenbezogen dies geschieht. Wer nicht besser sein will, hat verloren.

Die Cyberkriminalität schlägt auch im Konsumgütersektor zu

Umsatz- und Ertragseinbußen: Sie drohen durch Plagiate (23,0 %), Patentverletzungen (18,8 %), Verlust von Wettbewerbsvorteilen (14,3 %), Schädigung von IT, Produktions- oder Betriebsabläufen (13,0 %), Imageschäden (12,8 %), Kosten für Rechtsstreit (11,8 %), datenschutzrechtliche Maßnahmen (3,9 %), Erpressung mit gestohlenen Daten (2,9 %), Abwerben von Mitarbeitern (1,7 %).

Decken Sie den Konsumgütermarkt mit guten Themenfonds ab!

Aktienfonds-Auswahl aus der Konsumgüter-Branche				
Name, Fonds-Gesellschaft	WKN	Kurs 23.03.18	Hoch/Tief 52 Wochen	Kursentwicklung 1, 3, 5, 10 Jahre
BlackRock Global European Income	A1H 6J5	19,25 €	20,85/19,10 €	+1/-3/+50/+88 %
	Umfang 3,10 Mrd. €, Alter 8 Jahre, Ausgabeaufschlag **5,00 %**, Gebühr **0,75 %**, thesaurierend. Der Fonds legt langfristig in Aktien substanzstarker Unternehmen an, die in Europa sesshaft sind.			
Candriam Belfius Eq. B Leading	921 045	1.164,50 €	1.216/1.110 €	+-0/+4/+62/+153 %
	Umfang 100 Mio. €, Alter 19 Jahre, Ausgabeaufschlag **2,50 %**, Gebühr **1,50 %**, thesaurierend. Begehrt sind Aktien nachhaltiger Großkonzerne wie Amazon, PepsiCo, Nestlé, Procter & Gamble.			
Comgest Growth Europe Opp.	A0Y AJD	33,30 €	34,80/29,25 €	+15/+32/+86/+234 %
	Umfang 429 Mio. €, Alter 9 Jahre, Ausgabeaufschlag **4,00 %**, Gebühr **1,50 %**, thesaurierend. Der erfolgreiche Fonds konzentriert sich auf wachstumsstarke Aktien von Firmen mit Sitz in Europa. Aus Deutschland sind vertreten: Fresenius, Sartorius, Wirecard.			

Name, Fonds-Gesellschaft	WKN	Kurs 23.03.18	Hoch/Tief 52 Wochen	Kursentwicklung 1, 3, 5, 10 Jahre
DEKA-Industrie 4.0 CF EUR	DK2 J9F	129,00 €	135,1/107,1 €	+19 %, Fondsneuling
		Umfang 318 Mio. €, Alter 2 Jahre, Ausgabeaufschlag **3,75 %**, Gebühr **1,25 %**, ausschüttend. Der Fonds spiegelt die industrielle Revolution wider mit zukunftsfähigen Aktien auch aus den Sektoren Künstliche Intelligenz, Automatisierungsprozesse und Robotik.		
Fidelity Consumer Industries	A0N GWX	30,75 €	32,65/29,20 €	+7/+15/+78/+212 %
		Umfang 726 Mio. €, Alter 10 Jahre, Ausgabeaufschlag **0,00 %**, Gebühr **0,75 %**, thesaurierend. Der Fonds bevorzugt Konsumgüter-Riesen wie Amazon, Philip Morris, Coca-Cola, Colgate, LVMH.		
GAMAX FXP Junior I	A1J U6B	18,80 €	19,75/17,65 €	+5/+13/+65 %
		Umfang 160 Mio. €, Alter 5 Jahre, Ausgabeaufschlag **0,00 %**, Gebühr **0,90 %**, thesaurierend. Der Fonds konzentriert sich auf Aktien von Konsumgüterfirmen, die jüngere Leute gut kennen.		
KBC Equity Food & Personal Prod.	723 109	1.798,70 €	2.000/1.786 €	-8/+3/+51/+158 %
		Umfang 58 Mio. €, Alter 19 Jahre, Ausgabeaufschlag **3,00 %**, Gebühr **1,50 %**, thesaurierend. 85 % vom Kapital stecken in Aktien der Sektoren Essen, Trinken, Tabak, Haushaltswaren, Kosmetik.		
Morgan Stanley Inv. Global USD	579 994	105,20 $	113,4/95,60 $	+10/+26/+47/+106 %
		Umfang 6,9 Mrd. €, Alter 17 Jahre, Ausgabeaufschlag **0,00 %**, Gebühr **1,40 %**, thesaurierend, Währung USD. Der Fonds konzentriert sich auf Aktien von Großkonzernen aus Industrieländern.		
OP Food EUR DIS	848 665	322,60 €	343,5/305,0 €	-10/+8/+45/+151 %
		Umfang 208 Mio. €, Alter 23 Jahre, Ausgabeaufschlag **5,00 %**, Gebühr **1,50 %**, ausschüttend. Der Fonds investiert global in Nahrungsmittelwerte wie Nestlé, Unilever, Coca-Cola, Altria, Danone.		
Parvest Consumer Innovators	A1T 8WM	232,75 €	248,7/208,3 €	+6/+11/+72 %
		Umfang 140 Mio. €, Alter 6 Jahre, Ausgabeaufschlag **3,00 %**, Gebühr **0,75 %**, thesaurierend. Konzentration auf die Gebrauchsgüter-/Freizeit-/Medienbranche wie Amazon, Walt Disney, Comcast.		
Robeco Global Consumer	A0C A0W	189,95 €	201,8/168,2 €	+15/+20/+100/+302 %
		Umfang 1,59 Mrd. €, Alter 20 Jahre, Ausgabeaufschlag **5,00 %**, Gebühr **1,50 %**, thesaurierend. Der Fonds orientiert sich an Zukunftstrends. Es geht um „Internet der Dinge" und starke Marken.		
Value-Holdings Deutschland	A0B 63E	4.069,00 €	4.355/3.663 €	+13/+32/+52/+98 %
		Umfang 127 Mio. €, Alter 16 Jahre, Ausgabeaufschlag **0,00 %**, Gebühr **1,25 %**, ausschüttend. Konzentration auf unterbewertete deutsche Aktien groß und klein, von BMW bis Einhell und Eurokai.		

Mit Luxusaktien und Luxusgüterfonds zurück in die Erfolgsspur

Viele Luxuskonzerne und Luxusgüterfonds befinden sich auf Erholungskurs. Die Rückkehr in die Erfolgsspur wird durch folgende Angaben unterfüttert:

- **Anteil am weltweiten Umsatz mit Luxusgütern:** USA 31 %, Japan: 7,9 %, China: 7,1 %, Italien: 6,8 %, Frankreich: 6,7 %, Deutschland: nur 4,7 %.
- **Die teuersten europäischen Luxusautomobile:** Bugatti, Rolls-Royce, Lamborghini, Ferrari, Bentley, Aston Martin, Maserati, Porsche, Jaguar.
- **Im Diamantenhandel** haben Indien und Belgien bei den Marktanteilen die Nase vorn: Indien: 40 %, Belgien: 25 %, China & Hongkong: 15 %, USA: 8 %, Israel: 5 %, Arabische Emirate: 5 %.
- **Der Modesektor** wird ganz eindeutig von Frankreich angeführt. Die wertvollsten Luxus-Modemarken sind: Louis Vuitton, Hermés und Chanel aus Frankreich, Gucci und Prada aus Italien sowie Coach aus den USA.
- **Der Uhrenbereich** befindet sich fest in der Hand der Eidgenossen. Hier dominieren: Swatch Group, Richemont und Rolex aus der Schweiz, Fossil aus Amerika, LVMH/Bulgari aus Frankreich, Citizen aus Japan.
- **Die meisten Luxus-Yachten** stammen aus Italien. Hier verteilen sich die Aufträge für neue Edelyachten: Italien, Taiwan, Türkei, USA, Deutschland.

Das Sportausrüstungs-Geschäft ist auch online im Aufwind

Ein Drittel der 18- bis 70-Jährigen gibt jährlich 200 bis 500 € für Sportartikel aus. Der Kauf in Sportgeschäften führt knapp vor Online-Fachhändlern.

Zwei Luxusgüter-Aktienfonds international				
Name, Fonds-Gesellschaft	**WKN**	**Kurs 23.03.18**	**Hoch/Tief 52 Wochen**	**Kursentwicklung 1, 3, 5, 10 Jahre**
GAM Multistock Luxury Brands Equity	A0N CNT	257,75 €	264,9/232,7 €	+14/+8/+39/+179 %
		Umfang 243 Mio. €, Alter 10 Jahre, Ausgabeaufschlag **5,00 %**, Gebühr **1,60 %**, thesaurierend. Das Management konzentriert sich auf Luxushersteller mit starken Marken und hochwertiger Qualität. Dazu zählen: Hermés, L'Oréal, Estee Lauder, Diageo.		
NN (L) Prestige & Luxe P	664 641	793,10 €	797,9/620,3 €	+14/+9/+38/+141 %
		Umfang 86 Mio. €, Alter 17 Jahre, Ausgabeaufschlag **3,00 %**, Gebühr **1,50 %**, thesaurierend. Der Fonds investiert weltweit in Luxusgüteraktien. Bekannte Marken: Estee Lauder, Richemont, Christian Dior, LVMH, Vuitton, L'Oréal, Diageo, Daimler, BMW.		

5.2.6 Industrie 4.0: Hightech, IT-Software, Elektronik, Elektrotechnik Nutznießer des globalen Wandels

Zahlenspiegel über herausragende Leistungen der deutschen Industrie; Aktienfonds mit guter Perspektive (Quelle: BMWi)

- 65 Mio. Menschen in Deutschland benutzen ein Handy.
- 19,6 Mio. Personen besitzen hierzulande ein Navigationssystem im Auto. Neuartige Werkstoffe machen Autos um 50 % leichter und Sprit sparend.
- Über 8 Mrd. € jährliche Ersparnis bietet ein intelligentes Verkehrsnetz.
- 370.000 Menschen haben sich ein künstliches Hüft- oder Kniegelenk einsetzen lassen, um neue Bewegungsfreiheit zu erlangen.
- 260.000 Menschen erlernen derzeit einen industrietechnischen Ausbildungsberuf. Rund 15 Mio. Arbeitsplätze hängen von der Industrie ab.
- 8 Mio. sozialversicherungspflichtige Beschäftigte in der Industrie sorgen für ein funktionierendes Sozialsystem.
- Allein im Jahr 2015 schuf die deutsche Industrie 56.000 neue Jobs. Der Flüchtlingszustrom erfordert weitere Anstrengungen und Aktivitäten.
- 581 Mrd. € erwirtschaftet die deutsche Industrie für unseren Wohlstand.
- Bis 2020 will die deutsche Industrie jährlich 40 Mrd. Euro für Anwendungen in der innovativen, digitalisierten und vernetzten Industrie 4.0 investieren.

Die 4. industrielle Evolution mit dem Digitalisierungsmegatrend mischt bei Mittelständlern und Großkonzernen die Karten neu

Die Elektroindustrie mit Elektronik und Elektrotechnik ist nach dem Maschinen- und Anlagenbau Deutschlands zweitgrößte Industriebranche auf die Mitarbeiterzahl bezogen. Sie zählt zu den wichtigsten Exportbranchen und leidet unter akutem Fachkräftemangel. Vier von fünf Unternehmen suchen händeringend qualifizierte Mitarbeiter. Nie hätte es bei der steigenden Lebenserwartung – pro Jahrzehnt zweieinhalb weitere Jahre – die Rente mit 63 Jahren für die besser verdienenden Fachkräfte aus unterschiedlichsten Bereichen geben dürfen.

Die Elektronik umfasst alle Vorgänge der Steuer-, Regel- und Verstärker-Schaltungen nebst den benötigten Bauelementen. Seit dem Siegeszug des Computers wächst die Bedeutung der Elektronik durch immer neue Anwendungsbereiche: von der Halbleiter- und Mikro- bis zur Nano-Elektronik einschließlich Informationstechnologie und Automatisierungsprozessen. Elektronik ist ohne Digitalisierung und Vernetzung nicht mehr denkbar. Gerade hier entwickelt die Industrie 4.0 als großer Zukunftsmarkt rund um den Globus seine ganze Stärke.

Elektrotechnik und Elektronik ist ohne DIN-Normen undenkbar

Normen steigern die Qualität und Effizienz. Sie machen Produkte sicherer und umweltfreundlicher. Außerdem vereinfachen sie den Handel. 33.500 Experten arbeiten in 3.585 Arbeitsausschüssen an DIN-Normen. Das deutsche Normenwerk umfasst 34.102 Normen. 85 % aller Norm-Projekte haben einen globalen Hintergrund. Und spätestens alle fünf Jahre überprüft DIN jede Norm.

Elektrotechnik und Elektronik als Wachstumstreiber

Untersuchen wir den Reingewinn der weltweit besten Firmen, so führt die Sparte Elektro/Elektronik mit Vernetzung, Digitalisierung, Internet der Dinge klar die Rangliste an. Es sind die amerikanischen Giganten Amazon, Google, Apple, Microsoft und Micron Electronic. Das Exportgeschäft in der deutschen Elektroindustrie läuft auf Hochtouren, angeführt vom DAX-Konzern Siemens. Technologie mit Big Data, Künstlicher Intelligenz, Robotik und Internet der Dinge darf nicht nur wissenschaftlichen Ehrgeiz und Forscherdrang befriedigen, sondern muss dem Menschen dienen. Nicht alles, was möglich erscheint, wird gebraucht, ist sicher und löst Wohlgefühl aus. Die Gefahr liegt im Datenmissbrauch, kriminellem Abgreifen und Ängsten, wenn das Ergebnis bei Messgeräten enttäuscht. Gute Aktienfonds, wozu Technologie/Industrie zählen, ermöglichen es, Vermögen aufzubauen, statt zu verzehren. Die Aktien- und Fondsauswahl in der Elektroindustrie wird erschwert durch Überschneidungen. Wie sieht es mit Alphabet aus? Hightech pur oder Netzwerk? Suchmaschine, Autoentwickler oder Biotechkonzern?

Berücksichtigen Sie bei der Fondsauswahl Ihre Vorlieben und Fachkenntnisse. Sorgen Sie auch hier für breite Streuung.

Globale Aktienfonds-Auswahl aus dem Industriebereich mit Hightech, Software, Elektronik, Elektrotechnik				
Name, Fonds-Gesellschaft	**WKN**	**Kurs 23.03.18**	**Hoch/Tief 52 Wochen**	**Kursentwicklung 1, 3, 5, 10 Jahre**
AB SICAV I International Technology	986 514	249,60 €	270,3/201,5 €	**+35/+56/+114/+172 %**
	Umfang 387 Mio. €, Alter 23 Jahre, Ausgabeaufschlag **5,0 %**, Gebühr **2,0 %**, thesaurierend. Hauptanteile beim globalen Hightechfonds: Alphabet, Apple, Microsoft, Facebook, Visa, Tencent, SAP.			
Capital Group Equity Global	940 667	30,60 €	31,90/28,00 €	**+5/+14/+76/+129 %**
	Umfang 555 Mio. €, Alter 49 Jahre, Ausgabeaufschlag **5,25 %**, Gebühr keine Angabe, thesaurierend. Der Fonds investiert global in substanzstarke Technologieaktien mit langfristigem Wachstum.			

Name, Fonds-Gesellschaft	WKN	Kurs 23.03.18	Hoch/Tief 52 Wochen	Kursentwicklung 1, 3, 5, 10 Jahre
Deka-Technologie CF EUR ACC	515 262	32,45 €	35,70/28,55 €	+15/+43/+134/+239 %
		Umfang 430 Mio. €, Alter 18 Jahre, Ausgabeaufschlag **3,75 %**, Gebühr **1,25 %**, thesaurierend. Der Fonds mit fairen Gebühren investiert weltweit in Aktien von Technologie-Firmen wie Alphabet, Amazon, Facebook, Microsoft, APPLE, INTEL und Samsung.		
FF Fidelity Global Technology	921 800	20,10 €	21,70/17,90 €	+13/+52/+168/+319 %
		Umfang 2,71 Mrd. €, Alter 19 Jahre, Ausgabeaufschlag **5,25 %**, Gebühr **1,50 %**, ausschüttend. Der Fonds investiert in Firmen, deren Produkte und Verfahren in Zukunftsmärkten unterwegs sind.		
FF Fidelity World E EUR ACC	787 302	26,90 €	28,55/25,15 €	+3/+10/+79/+103 %
		Umfang 2,18 Mrd. €, Alter 18 Jahre, Ausgabeaufschlag **0,00 %**, Gebühr **1,50 %**, thesaurierend. Der Fonds legt in Aktien mittlerer und großer Firmen an, die langfristigen Kapitalzuwachs anstreben.		
Franklin Templ. Mutual Value	A0K EDF	18,25 €	21,10/17,70 €	-11/-2/+55/+117 %
		Umfang 587 Mio. €, Alter 12 Jahre, Ausgabeaufschlag **0,00 %**, Gebühr **0,70 %**, thesaurierend. Der Fonds bevorzugt unterbewertete Aktien von Firmen mit zukunftsfähiger Entwicklung weltweit.		
Henderson Horizon Global Tech.	989 234	67,60 €	73,65/52,80 €	+34/+63/+124/+225 %
		Umfang 3,06 Mrd. €, Alter 22 Jahre, Ausgabeaufschlag **5,00 %**, Gebühr **0,18 %**, thesaurierend. Wichtige Sparten: Internetservice, Software, Computer, Halbleiterelektronik, Elektronikspiele. Große Posten: Apple, Microsoft, Facebook, Samsung, Alphabet, VISA.		
Henderson Gartmore Global	A0D NEW	15,25 €	16,15/14,40 €	+5/+18/+104/+142 %
		Umfang 290 Mio. €, Alter 13 Jahre, Ausgabeaufschlag **5,00 %**, Gebühr **1,50 %**, ausschüttend. Der interessante Fonds setzt auf langfristiges Wachstum innovativer Growth-Technologie-Gesellschaften, von denen die meisten Aktien im Nasdaq gelistet sind.		
Janus Henderson Global Tech.	935 619	11,65 €	12,25/8,70 €	+24/+58/+120/+205 %
		Umfang 164 Mio. €, Alter 18 Jahre, Ausgabeaufschlag **5,00 %**, Gebühr **1,50 %**, thesaurierend. Der Fonds bevorzugt große Technikfirmen mit starker Marke und Ertragskraft wie Microsoft, Google, Apple, Samsung, Facebook, Salesforce, Tencent und Alibaba.		
KBC Equity Strategic Telecom & Technology	A0J KMA	176,80 €	185,5/157,4 €	+13/+23/+107/+108 %
		Umfang 926 Mio. €, Alter 18 Jahre, Ausgabeaufschlag **0,00 %**, Gebühr **1,50 %**, ausschüttend. Der Fonds setzt auf innovative Wachstumsfirmen mit zukunftsfähiger Forschung/Entwicklung, darunter Hightech- und Gesundheitsaktien aus dem Dow Jones.		

Name, Fonds-Gesellschaft	WKN	Kurs 23.03.18	Hoch/Tief 52 Wochen	Kursentwicklung 1, 3, 5, 10 Jahre
Monega Innovation	532 102	64,55 €	68,40/62,20 €	+3/+19/+89/+139 %
	Umfang 32 Mio. €, Alter 17 Jahre, Ausgabeaufschlag **5,00 %**, Gebühr **0,08 %**, ausschüttend. Der Fonds investiert weltweit in Aktien kleiner und mittelgroßer Firmen mit zukunftsfähigen Patenten.			
Pictet Global Megatrend Selection	A0R LJD	221,65 €	233,9/208,0 €	+5/+6/+67/+252 %
	Umfang 5,33 Mrd. €, Alter 10 Jahre, Ausgabeaufschlag **5,00 %**, Gebühr **1,60 %**, thesaurierend. Der Fonds investiert weltweit in Aktien, die von globalen, nachhaltigen Megatrends profitieren. Dazu zählen Technologie, Internet, Tourismus, Konsumgüterindustrie.			
Postbank Megatrend	531 737	108,75 €	117,0/90,10 €	+21/+33/+143/+177 %
	Umfang 32 Mio. €, Alter 17 J., Ausgabeaufschlag **5,00 %**, Gebühr **1,50 %**, thesaurierend. Der Fonds setzt auf Hightech-Zukunfts-Trends mit großem Anteil von TecDAX-Aktien trotz globaler Anlage: United Internet, Carl Zeiss Med., RIB Software, MorphoSys.			
Robeco Cap. Growth Global Prem.	A0D LK6	255,35 €	277,0/244,8 €	-1/+7/+71/+143 %
	Umfang 2,77 Mrd. €, Alter 13 Jahre, Ausgabeaufschlag **5,00 %**, Gebühr **1,25 %**, thesaurierend. Der Fonds setzt weltweit auf Technologiewerte mittlerer und großer Konzerne, Übergewicht USA.			
Siemens Global Growth EUR ACC	977 265	9,10 €	0,75 €/8,25 €	+10/+36/+120/+272 %
	Umfang 94 Mio. €, Alter 18 Jahre, Ausgabeaufschlag **0,00 %**, Gebühr **1,50 %**, thesaurierend. Dieser Aktienfonds investiert weltweit in innovative Zukunftsfirmen. Aus Deutschland sind United Internet, Sartorius, Telefonica und Wirecard (alle TecDAX) vertreten.			
UniFavorit: Aktien €	847 707	128,05 €	140,3/124,8 €	+3/+12/+73/+139 %
	Umfang 2,28 Mrd. €, Alter 13 Jahre, Ausgabeaufschlag **5,00 %**, Gebühr **1,20 %**, ausschüttend. Der Fonds investiert global vor allem in Aktien großer Unternehmen, die hohe Ertragschancen haben. Neben Technologiewerten sind Konsumgütertitel vertreten.			
UniSector HighTech A	921 559	87,80 €	93,90/80,40 €	+11/+27/+109/+222 %
	Umfang 119 Mio. €, Alter 19 Jahre, Ausgabeaufschlag **4,00 %**, Gebühr **1,55 %**, ausschüttend. Der Fonds investiert in Aktien von Firmen im Computer-/Software-/Technologiebereich wie Apple, Alphabet, Microsoft, Facebook, Oracle, VISA, Broadcom, Cisco.			

Anmerkung: Überschneidungen bei Aktienfonds in Kapitel 5.2.6, 5.2.7, 5.2.8 sind unvermeidbar. Suchen Sie bei Hightech, Informationstechnologie, Telekommunikation, Internet der Dinge, Industrie 4.0 und Vernetzung einen bestimmten Fonds vergeblich, schauen Sie auch in den beiden folgenden Kurslisten nach.

5.2.7 Aktienfonds im Zukunftsmarkt Internet der Dinge und Informationstechnologie mit Digitalisierung

Was erhoffen sich Firmen von der Umsetzung der Industrie 4.0?

Vorrangig werden bei einer Umfrage 2016 von den Unternehmenslenkern genannt: verbesserte Prozesse, höhere Kapazitätsauslastung, schnelleres Erfüllen von Kundenwünschen, geringere Produktions- und Personalkosten, bessere Planung von Wartungsfenstern, Veränderung des Geschäftsmodells, flexiblere Arbeitsorganisation, Erweiterung der Produktpalette. Der DAX-Konzern Infineon ist mittlerweile das weltweit zwölftgrößte Halbleiter-/Chip-Unternehmen.

Zahlenspiegel über den Digitalisierungs-Megatrend, der unser Leben verändert und Aktienfonds aufwärts treibt (Quelle: BMWi)

- 51 Mio. Menschen in Deutschland besitzen ein Smartphone.
- 54 Mio. Menschen shoppen hierzulande online.
- 73 % aller Internetnutzer wenden das praktische Online-Banking an.
- 43 % der deutschen Onliner bewegen sich in sozialen Netzwerken.
- 73 % unserer Lehrer befürworten eine Strategie „Digitales Lernen".
- 3,5 Mio. IT-Experten werden von Europa bis zum Jahr 2020 gesucht.
- 97 % aller Unternehmen melden Bedarf bei digitaler Weiterbildung.
- 20 Mrd. Geräte und Maschinen waren 2015 über das Internet vernetzt. 2030 dürfte es eine halbe Billion sein.
- 56 Mrd. € pro Jahr Gesamtnutzen entsteht durch intelligente Vernetzung.
- 9 Mrd. € Ersparnis bringt jährlich ein digitalisiertes Verkehrsnetz.
- Die bittere Kehrseite: Über zwei Drittel der Unternehmen in der Bundesrepublik waren schon Opfer von Cyberkriminalität: Tendenz steigend.

Digitalisierung verändert Branchenstruktur und Arbeitswelt

Längst reagieren nicht nur Softwarekonzerne auf den Digitalisierungstrend. Innovative Firmen bauen ihre Marktnische aus. Die Arbeit im Ökosystem Digitalisierung muss an einer wertschätzenden Ergebniskultur feilen mit Mitarbeitern, die sich digital qualifizieren und Anforderungsprofile verinnerlichen. Für Siemens-Chef Joe Kaeser ist *„die Digitalisierung die Schicksalsfrage der deutschen Industrie"*. Christian Illek, Personalvorstand Dt. Telekom, bestätigt, dass sich die Arbeit dramatisch verändert: *„Arbeit muss im Ökosystem Digitalisierung neu organisiert werden. Die Personalressorts müssen handeln."* Jochen Kienbaum, Chef Kienbaum Consultants, erklärt: *„Junge Leute wollen an Zukunftsthemen arbeiten, und die sind heute digital. Wenn eine Firma das nicht bietet, fällt sie schnell zurück."*

Decken Sie die Zukunftsmärkte Industrie 4.0, Digitalisierung, Internet der Dinge mit guten Aktienfonds ab. Immerhin stieg die Zahl der Aktionäre in Deutschland bis Ende 2017 auf 10 Mio. Jeder 6. Deutsche besitzt Aktien oder Fonds. Bei den Aktienfonds liegen Nebenwerte und Hightech-Branchenfonds vorn. Die Kursliste soll Ihnen Ihre Entscheidung in dem anspruchsvollen Sektor erleichtern. Überschneidungen mit der vorgehenden Liste sind unvermeidbar.

Aktienfonds Internet & Informationstechnologie 2017/18

Name, Fonds-Gesellschaft	WKN	Kurs 26.03.18	Hoch/Tief 52 Wochen	Kursentwicklung 1, 3, 5, 10 Jahre
AB I SICAV International Technology	986 514	248,15 €	270,1/230,5 €	+35/+56/+114/+172 %
		Umfang 386 Mio. €, Alter 23 Jahre, Ausgabeaufschlag **5,00 %**, Gebühr **2,00 %**, thesaurierend. Im Focus stehen Aktien aus Wissenschaft und Technologie, z. B.: Apple, Microsoft, VISA, Google.		
Allianz Informationstechnik	847 512	231,90 €	251,9/201,3 €	+17/+28/+129/+249 %
		Umfang 149 Mio. €, Alter 35 Jahre, Ausgabeaufschlag **5,00 %**, Gebühr **1,80 %**, ausschüttend. Das Management investiert mindestens zwei Drittel in Aktien aus der Informationstechnologie.		
Allianz Global Investors V	926 091	90,95 €	98,55/83,30 €	+2/+11/+109/+242 %
		Umfang 135 Mio. €, Alter 19 Jahre, Ausgabeaufschlag **5,00 %**, Gebühr **2,05 %**, ausschüttend. Dieser Fonds bevorzugt Aktien von Firmen, die bei der Digitalisierung vorangehen, z. B.: Mobileye.		
BGF Black-Rock Global World Tech.	A0B MAN	26,40 €	27,60/20,20 €	+29/+55/+159/+288 %
		Umfang 733 Mio. €, Alter 23 J., Ausgabeaufschlag **5,0 %**, Gebühr **1,50 %**, thesaurierend. Anlage in Firmen, die zukunftsträchtige Informationstechnologie anbieten, z. B.: Apple, Tencent, Alphabet.		
Challenge Technology FUN LCA	801 817	4,20 €	4,35 €/3,55 €	+16/+44/+85/+81 %
		Umfang 501 Mio. €, Alter 18 Jahre, Ausgabeaufschlag **5,0 %**, Gebühr **1,65 %**, thesaurierend. Vorrang haben Aktien der Sektoren Datenverarbeitung, Informations- & Kommunikationstechnologie.		
DEKA-Technologie TF EUR ACC	515 263	26,90 €	29,20/23,75 €	+15/+40/+127/+216 %
		Umfang 430 Mio. €, Alter 18 Jahre, Ausgabeaufschlag **0,00 %**, Gebühr **1,25 %**, thesaurierend. Das Management investiert in Aktien von Firmen, die im Hightechsektor arbeiten, wie Alphabet.		
DKB TeleTech Fonds AL	921 868	10,00 €	10,85/9,40 €	+6/+20/+92/+146 %
		Umfang 22 Mio. €, Alter 18 Jahre, Ausgabeaufschlag **5,0 %**, Gebühr **1,40 %**, ausschüttend. Der Fonds investiert in Aktien aufstrebender Firmen mit zukunftsträchtigen Technologie-Leistungen.		

Name, Fonds-Gesellschaft	WKN	Kurs 27.03.18	Hoch/Tief 52 Wochen	Kursentwicklung 1, 3, 5, 10 Jahre
DNB Fund Technology A EUR ACC	A0M WAN	414,70 €	443,0/375,5 €	+10/+42/+160/+430 %
		Umfang 447 Mio. €, Alter 11 Jahre, Ausgabeaufschlag **5,00 %**, Gebühr **1,50 %**, thesaurierend. Der Fonds investiert in Technologie-, Kommunikations- und Medienfirmen mit guten Aussichten in Zukunftsmärkten wie Alphabet, Playtech, Samsung und SAP.		
DWS Technology Typ 0	847 414	160,00 €	175,7/148,9 €	+6/+36/+116/+204 %
		Umfang 220 Mio. €, Alter 35 Jahre, Ausgabeaufschlag **0,00 %**, Gebühr **1,70 %**, ausschüttend. Dieser Fonds ohne Ausgabeaufschlag konzentriert sich auf Aktien von Firmen für Informations-, Kommunikations- und Biotechnologie wie Apple und Alphabet.		
ESPA Stock Techno VT	A0L BLB	67,55 €	72,05/60,45 €	+12/+37/+138/+230 %
		Umfang 63 Mio. €, Alter 15 Jahre, Ausgabeaufschlag **4,00 %**, Gebühr **1,80 %**, thesaurierend. Investiert wird in Aktien von Firmen der Hightechsparte mit geringem, mittlerem, hohem Börsenwert.		
FF Fidelity Global Technology	787 208	19,25 €	20,75/17,35 €	+9/+46/+153/+281 %
		Umfang 2,71 Mrd. €, Alter 18 Jahre, Ausgabeaufschlag **0,00 %**, Gebühr **1,50 %**, thesaurierend. Der Fonds bevorzugt Aktien von Konzernen unterschiedlicher Größe, deren Produkte, Verfahren, Dienste zum Technologiefortschritt in Zukunftsmärkten führen.		
Janus Henderson Horizon Global Technology	989 234	69,80 €	73,05/54,50 €	+33/+67/+122/+213 %
		Umfang 3,06 Mrd. €, Alter 12 Jahre, Ausgabeaufschlag **5,00 %**, Gebühr **1,20 %**, thesaurierend. Der Fonds investiert weltweit in wachstumsstarke Technologie-Aktien. Neben Samsung und Alibaba dominieren große US-Titel wie Alphabet, Microsoft, Apple.		
KBC Equity Strategic Telecom & Technology	779 078	209,10 €	222,1/187,4 €	+13/+23/+107/+109 %
		Umfang 660 Mio. €, Alter 18 Jahre, Ausgabeaufschlag **0,00 %**, Gebühr **1,50 %**, thesaurierend. Der Fonds konzentriert sich auf den Hightech- und Telekomsektor. Er investiert in Großkonzerne wie Apple, Dt. Telekom, AT&T, Facebook, Microsoft und SAP.		
NN (L) Information Technology	A0Q 88T	1.063,80 €	1.132/973,4 €	+3/+30/+110/+320 %
		Umfang 192 Mio. €, Alter 19 Jahre, Ausgabeaufschlag **3,00 %**, Gebühr **1,50 %**, thesaurierend. Der Fonds investiert in Softwarefirmen, IT-Dienste, Hardwareausrüster, z. B.: Apple, Microsoft.		
Nordasia.com	979 217	73,75 €	77,50/66,50 €	+14/+27/+82/+160 %
		Umfang 178 Mio. €, Alter 18 Jahre, Ausgabeaufschlag **5,00 %**, Gebühr **1,00 %**, thesaurierend. Zu den bekanntesten Titeln gehören Tencent und Baidu (China), SoftBank und Nintendo (Japan).		

Name, Fonds-Gesellschaft	WKN	Kurs 27.03.18	Hoch/Tief 52 Wochen	Kursentwicklung 1, 3, 5, 10 Jahre
Nordinternet	978 530	101,30 €	107,0/81,55 €	+28/+62/+166/+392 %
		Umfang 52 Mio. €, Alter 20 Jahre, Ausgabeaufschlag **5,00 %**, Gebühr **1,00 %**, thesaurierend. Hier geht es um Internet, Infrastruktur, Online-Plattformen wie Amazon, Facebook, Alphabet, Netflix.		
Raiffeisen-Technologie-Aktien T	A0B KN0	194,30 €	211,8/175,2 €	+12/+41/+144/+227 %
		Umfang 49 Mio. €, Alter 16 Jahre, Ausgabeaufschlag **5,00 %**, Gebühr **2,00 %**, thesaurierend. Die Konzerne entwickeln, produzieren, vertreiben Soft- und Hardware, IT-Zubehör und Halbleiter.		
UniSector HighTech A	921 559	89,30 €	94,50/80,40 €	+11/+27/+109/+222 %
		Umfang 119 Mio. €, Alter 18 Jahre, Ausgabeaufschlag **4,00 %**, Gebühr **1,55 %**, thesaurierend. Der Fonds investiert in Aktien von Firmen der Computer-, Software- und Technologiebranche: Apple, Alphabet, Microsoft, Facebook. Aus dem DAX ist SAP dabei.		

Gute Aktienfonds 2017 schlagen häufiger als früher den Index

Eine aktuelle Studie von Standard & Poor's zeigt, dass Aktienfonds bestimmter Kategorien 2017 besser als Börsenindizes sind. So haben knapp zwei Drittel der deutschen Aktienfonds den Index S&P Germany klar abgehängt. Vor einem Jahr verlor hier noch eine deutliche Mehrheit. Auch die Manager europäischer Aktienfonds schlugen sich 2017 wacker. Die Hälfte schnitt besser ab als der S&P Europe 350. Ende 2016 standen vier Fünftel solcher Fonds auf der Verliererseite.

Im Hightechbereich sind es weltbekannte Multiplayer wie Google (Alphabet), Adobe, Amazon, Apple, Samsung, Microsoft, SAP, Netflix, Nvidia, in die gern angelegt wird. Schauen Sie auf das Mehrjahresergebnis. Wählen Sie Aktienfonds mit fairen Gebühren aus. Interessant kann für Sie sein, ob Sparpläne angeboten werden und wie hoch das Volumen ist, gut einzusehen bei boerse.ard.de.

Chancen nutzen und sich gegen Cyberkriminalität schützen

Constanze Kurz/Frank Rieger schreiben in ihrem 2018 erschienenen Bestseller CYBERWAR – Die Gefahr aus dem Netz: *„Unsere hoch vernetzte, immer stärker digitalisierte Welt ist inzwischen so verletzlich geworden, dass Angreifer leichtes Spiel haben. Sie können unsere Daten ausspionieren, unsere Meinung manipulieren, unsere Computer in Geiselhaft nehmen. Und sie können überlebenswichtige Infrastrukturen angreifen, auch in der realen Welt."* Unternehmen fürchten sich vor Betriebsunterbrechungen (79 %), Softwareschaden (48 %), Verlust von Kundendaten (48 %), Schaden durch Betrug (29 %), Verlust geistigen Eigentums (19 %).

5.2.8 Aktienfonds: Medien und Telekommunikation; Produktvielfalt durch die industrielle Evolution

Der Gesamtnutzen durch intelligente Vernetzung beträgt pro Jahr 56 Mrd. €. Durch den Internetsiegeszug verstärkt sich der Wettbewerb bei Telekom- und Netzwerkanbietern, Online-Portalen und Sozialplattformen. Nur wer ein innovatives Geschäftsmodell pflegt, nachhaltig und ertragreich wirtschaftet, macht dauerhaft das Rennen. Im Telekommunikationsbereich dominieren die rasant fortschreitende Digitalisierung und Vernetzung. Die Medienwelt beeinflusst unser Denken und Handeln in vielen Bereichen. Bei den Aktienfonds musste ich kräftig aussieben. Mal war die Verwaltungsgebühr zu hoch, mal der Handel und die Performance kümmerlich. Dazu ein Zitat des Finanzexperten Klaus Rainer Kirchhoff: *„Die Unternehmen verkaufen Kommunikation oft wie Produkte und übersehen dabei das veränderte Verhalten der Empfänger. – Zu viele Firmen versuchen PR-Tricks."*

Aktienfonds in der Medien- und Telekommunikationswelt

Name, Fonds-Gesellschaft	WKN	Kurs 28.03.18	Hoch/Tief 52 Wochen	Kursentwicklung 1, 3, 5, 10 Jahre
Allianz Telemedia A	848 182	113,30 €	123,9/111,9 €	+1/+4/+45/+141 %
		Umfang 1,01 Mrd. €, Alter 21 Jahre, Ausgabeaufschlag **5,00 %**, Gebühr **1,80 %**, ausschüttend. Der Fonds investiert in Europas Wachstumsmärkte, Sparten Telekommunikation und Software.		
Deka-Tele Medien TF EUR DIS	977 192	67,70 €	77,20/67,15 €	-9/-1/+60/+142 %
		Umfang 378 Mio. €, Alter 21 J., Ausgabeaufschlag **0,0 %**, Gebühr **1,25 %**, ausschüttend. Der Fonds investiert in die Sektoren Telekomdienst (47 %), Medien (32 %), Internetservice (10 %).		
DWS Telemedia Typ 0 ND	847 421	141,90 €	159,5/140,6 €	-9/-2/+47/+120 %
		Umfang 257 Mio. €, Alter 24 Jahre, Ausgabeaufschlag **0,00 %**, Gebühr **1,70 %**, ausschüttend. Schwerpunkte sind Telekommunikation, Medien, Technologie, vorwiegend USA, Europa, Asien.		
FF Fidelity Global Telecommunikat.	787 212	14,15 €	16,75/13,85 €	-15/-17/+15/+40 %
		Umfang 114 Mio. €, Alter 18 Jahre, Ausgabeaufschlag **0,00 %**, Gebühr **1,50 %**, thesaurierend. Anlage in die Sparten Entwicklung, Produktion, Vertrieb von Telekomdiensten und Ausrüstung.		
KBC Equity Telecom Classic	658 191	361,50 €	423,3/361,0 €	-12/-11/+25/+49 %
		Umfang 11 Mio. €, Alter 20 J., Ausgabeaufschlag **3,00 %**, Gebühr **1,50 %**, thesaurierend. Der Fonds investiert in Telekomaktien wie AT&T, Verizon, China Mo., Vodafone, KDDI, SoftBank.		

Name, Fonds-Gesellschaft	WKN	Kurs 28.03.18	Hoch/Tief 52 Wochen	Kursentwicklung 1, 3, 5, 10 Jahre
Pictet Digital P USD	926 085	279,55 €	303,8/249,4 €	+30/+61/+128/+208 %
		Umfang 2,49 Mrd. €, Alter 20 J., Ausgabeaufschlag **5,00 %**, Gebühr **1,60 %**, thesaurierend. Der Fonds konzentriert sich auf Firmen, deren Produkte und Dienste von der Digitalisierung profitieren. Bevorzugte Sektoren: Telekommunikation und Medien.		

Die vierte industrielle Revolution mit ihrer unglaublichen Produktvielfalt als Ausdruck des Wandels in vielen Bereichen

Seit der Jahrtausendwende befindet sich die Industrie in einer extrem spannenden Entwicklungsphase, geprägt durch den strategischen, technologischen und gesellschaftlichen Umbruch. Sichtbar an immer neuen Produkten, Verfahren, Transformations- und Automatisierungsprozessen. Als Wachstumstreiber der Industrie 4.0 gelten die Künstliche Intelligenz mit Robotik, die immer weiter um sich greifende Digitalisierung und Vernetzung, das Internet der Dinge, die sich ändernden Produktions- und Handelsformen.

Wagen Sie einen Blick zurück auf die ersten Telefone, Computer und Fernsehgeräte. Vergleichen Sie die Medienlandschaft früher und heute. Denken Sie an all die Zeit und Kraft sparenden Geräte im Haushalt und Wohnsektor, z. B. Wäsche waschen vor 100 Jahren und jetzt. Als Kind musste ich mehrmals am Tag die sechs Stockwerke als Folge der Flucht von Rostock nach Berlin zu Fuß gehen. Heute meistern Fahrstühle ganz andere Höhen. Sie sind Zeuge vom Siegeszug der Erneuerbaren Energien, überall erkennbar an Solarstrom- und Windkraftanlagen. Vergegenwärtigen Sie sich das frühere und heutige Verkehrswesen. Dampflok ade. Im Trend liegen Elektromobilität, selbst fahrende Autos, die möglicherweise bald auch fliegen können. Nicht zu vergessen sind die Fortschritte in der Medizin, Medizintechnik und Nanotechnologie. Aufmerksamkeit verdient auch der blitzschnelle Datenfluss mit immer neuen Errungenschaften bei Software und Cloud Computing. Da will ich mir den Blick auf die modernen Waffensysteme gern ersparen. Auch der Mensch ändert sich – nicht nur zum Guten. Kinder lernen, spielen und kommunizieren heute anders als früher. Das längere Leben hinterlässt seine Spuren. Ungeklärt bleibt die Frage, ob der gewaltige Fortschritt in so vielen Bereichen die meisten Menschen glücklicher und zufriedener macht. Ich wage dies zu bezweifeln.

Der Siegeszug des Smartphons führt zum App-Milliardenmarkt

Harter Wettbewerb zwischen Google und Apple. Im Schnitt fressen Apps pro Nutzer aufs Jahr umgerechnet 43 Tage – ein Anstieg um ein Drittel binnen zwei Jahren. Dabei werden monatlich rund 40 verschiedene Apps eingesetzt.

5.2.9 Raus aus der Autokrise mit schwerem Abgas- und Dieselbetrug. Auf zu neuen Technologien!

Die Aktien der deutschen Autobauer und ihrer Zulieferer befinden sich im Keller. Der jahrelange Betrug mit manipulierten Abgaswerten vergiftet das Klima und die Luft zum Atmen. Hinzu kommen sehr hohe Strafzölle durch den von Donald Trump verursachten gefährlichen Handelskrieg gegen China. Das Weltwirtschaftswachstum lässt nach. Und Deutschland als Exportnation hat besonders unter diesen Verwerfungen zu leiden.

➢ **Die Autoaktien sind so niedrig bewertet wie schon lange nicht mehr.** Ein einstelliges Kurs-Gewinn-Verhältnis zwischen 5 und 9 und eine üppige Dividendenrendite ab 3 % bis über 6,5 %. Da fragt sich schon mancher Aktionär und Autofreund: Soll ich jetzt zugreifen? Oder kommt es im ohnehin gefährlichen Monat Oktober knüppeldick zu einem befürchteten Crash?

➢ **Wer hier nicht alles auf eine Karte setzt** und in dieser lang gezogenen Bodenbildungsphase besonders günstige Kaufkurse nutzt, kann bei einem langen Anlagezeitraum kaum etwas falsch machen. Dies gilt vor allem dann, wenn er auf eine hohe, bisher immer verlässlich angehobene Dividende setzt und Geduld übt. Das gilt für Aktien, ETFs und Aktienfonds.

Den großen deutschen Autoherstellern wird nun die Rechnung für jahrelanges Versteckspiel, für Manipulation, Falschaussagen und Betrug bei den Abgaswerten präsentiert.

Die ersten Fahrverbote wegen der hohen Stickoxide-Belastung treten nun in Kraft. Sie gelten für Pkws der Baureihen Euro-4 und Euro-5 in Hamburg (seit Juni 2018), danach Stuttgart und Aachen (ab Januar 2019), Frankfurt (ab Februar 2019) und ab April 2019 auch auf mehreren Hauptstraßen im Stadtzentrum der Bundeshauptstadt Berlin. Das Ziel, die Erderwärmung unter 2 Grad zu halten, wird immer schwieriger. Die Folgen sind unübersehbar, Naturkatastrophen ohne Ende.

Der Streit um die Nachrüstung der älteren Diesel-Baureihen Euro-4, Euro-5 und vielleicht etwas später sogar Euro-6 ist noch längst nicht beendet. Anwälte buhlen um Mandate. Die Autobesitzer sollen und wollen bei der Umrüstung nicht belastet werden, wogegen sich die Autoindustrie aber noch großteils wehrt. Dagegen herrscht Einvernehmen bezüglich üppiger Rabatte bei den Umtauschaktionen „neu für alt". Vier- bis fünfstellige Ausgleichszahlungen sind aber begrenzt auf die Fahrverbot-Großstädte mit Umfeld und gelten nur bis zum Jahresende 2018.

Bei all diesen Streitigkeiten und Schuldzuweisungen gerät das Wichtigste ins Abseits. Es geht um gewichtsreduzierte Benzinmotoren, niedrigere Preise und größere Reichweiten bei Elektromobilität, selbst fahrende Autos, Navigationssysteme, Einparkhilfen, Unfallwarnsysteme. Die deutsche Autoindustrie darf ihre Vormachtstellung nicht durch Abgasskandale gefährden. Der Elektromobilität gehört die Zukunft mit flächendeckender Batterie-Infrastruktur, aber auch Brennstoffzellen.

2008 gab es weltweit 12.900 Elektroautos, 2010 waren es 23.200 Fahrzeuge, 2012 schon 207.000 Autos, 2014 bereits 754.000 Fahrzeuge, 2015 erstmals 1,30 Mio., 2016 sogar 2,05 Mio., 2017 über 3,2 Mio. Elektroautos. In Deutschland stieg die Zahl 2018 auf 53.900 gegenüber 34.500 im Vorjahr. Daimler und BMW wollen führend mitspielen und Rückstände aufholen. Die mächtige Google-Mutter Alphabet greift massiv ins Cockpit ein und träumt vom großen Geschäft mit autonomen Fahrzeugen. Forschungsmanager John Krafcik bringt es auf den Punkt: *„Wir wollen keine besseren Autos bauen, sondern einen besseren Fahrer."* Die deutschen Autohersteller steckten schon 4,7 Mrd. € in den Aufbau der Elektrofertigung. 2019 rollen die ersten Modelle vom Band – Künstliche Intelligenz eingebaut. Ziel ist, es besser zu machen als der abgestrafte US-Rivale TESLA.

Je zwei Aktienfonds und ETFs aus dem Automobilsektor				
Name, Fonds-Gesellschaft	WKN	Kurs 09.10.18	Hoch/Tief 1 Jahr	Kutsverlauf 1, 3, 5, 10 Jahre
Janus Henderson Continental European	A0D LKB	10,20 €	10,75/9,85 €	**-2/+10/+43/+118 %**
		Umfang 2,49 Mrd. €, Alter 183 Jahre, Ausgabeaufschlag **5,00 %**, Gebühr **1,50 %**, thesaurierend. Der Fonds investiert im europäischen Festland, ohne sich auf den Autosektor zu beschränken.		
Janus Henderson Global Growth R	A0DNEW	16,55 €	17,20/14,75 €	**+11/+39/+99/+181 %**
		Umfang 441 Mio. €, Alter 14 Jahre, Ausgabeaufschlag **5,00 %**, Gebühr **1,50 %**, thesaurierend. Der Fonds investiert in innovative Firmen mit guten Zukunftschancen, wozu Automotive zählen.		
LYXOR Stoxx EU 600 Auto & Parts	LYX 0AN	61,90 €	79,75/61,60 €	**-10/+19/+35/+176 %**
		Umfang 39 Mio. €, Alter 12 Jahre, Verwaltungsgebühr **0,30 %**, thesaurierend. Der ETF spiegelt Europas Autobörsenbarometer wider. Stark gewichtet: Daimler, BMW, VW, Conti, Michelin.		
iShares ETF Stoxx Europe 600 Auto & P.	A0Q 4R2	49,05 €	64,90/48,75 €	**-10/+20/+34 %**
		Umfang 230 Mio. €, Alter 16 Jahre, Verwaltungsgebühr **0,45 %**, ausschüttend. Der ETF bezieht sich auf den Europa-Auto-Index und spiegelt die Zusammensetzung vom Referenzindex wider.		

5.2.10 Banken, Versicherer und Finanz-Aktienfonds durch Null-Zins-Politik und Strafzins gebeutelt

Selbst bei Nullzinspolitik erzielen innovative Finanzdienstleister Gewinne, wenn sie Industrie 4.0, Internet der Dinge, Vernetzung und Digitalisierung gekonnt umsetzen und mit neuartigen Geschäftsmodellen Alleinstellungsmerkmale aufbauen. Da das Lebensversicherungsgeschäft wegbricht, sorgen Policen gegen Cyberkriminalität und Umweltschäden bei Höherer Gewalt für Ausgleich. Aktionen gegen Hackerangriffe verursachen Investitionskosten. Die Anforderungen an Datenschutz und Datensicherheit steigen. Exzesse wie Nummern statt Namen auf den Klingelschildern von Miethäusern sorgen für Verdruss.

Das frühere Zugpferd Kapitallebensversicherung ist nicht mehr attraktiv. Der Zukunftsmarkt heißt Versicherungen gegen Daten-Kriminalität. Nur wer mit zukunftsfähigen Geschäftsmodellen Kunden bei Laune hält, kann überleben. Ein warnendes Beispiel, wie schnell man im Abwärtssog versinken kann, war die Pleite der US-Großbank Lehman Brothers, Hauptauslöser der Weltwirtschaftskrise 2008/09. Die Rückversicherer sehen Silberstreifen an der Preisfront. Im Zeitalter digitaler und vernetzter Industrie wittern die Versicherer Einnahmen in Milliardenhöhe durch teure Policen gegen Cyberattacken. Die US-Notenbank FED und die Europäische Zentralbank EZB bestimmen den geldpolitischen Kurs. Mit dem Sparkonto schrumpft das Vermögen. Mit den besten Aktienfonds steigt es langfristig – auch über den oft nicht beachteten oder verstandenen Zinseszins-Effekt.

Viele Firmen sind gegen folgende Risiken zu wenig vorbereitet: Cyberangriff 29 %, Störung im Betriebsablauf 18 %, Naturkatastrophen 16 %, politische Unruhen 7 %, Terrorismus 6 %. Groß ist die Angst vor Stillstand infolge Cyberangriff. Befürchtet werden: Betriebsstilllegung, Softwareschäden, Verlust von Kundendaten und geistigem Eigentum, finanzieller Schaden durch Betrug, Haftung, Erpressung.

Die deutschen Indizes enthalten etliche Finanztitel, sodass sich alternativ ein ETF anbietet. Die Geldinstitute leiden noch unter früheren Verwerfungen mit toxischen Kreditderivaten und weggefallenen Guthabenzinsen. Die Assekuranz kann Kapitallebensversicherungen kaum mehr schmackhaft machen. Sich häufende Naturkatastrophen durch Klimawandel schmälern Gewinne. Ob nach dem Banken-Kurseinbruch schon der beste Einstiegszeitpunkt hinter uns liegt, weiß niemand.

Die digitale Transformation im Bankenwesen als Chance nutzen

Ein Zitat von Axel A. Weber, Verwaltungsratspräsident der UBS Group AG:
„Vermögensverwaltungskunden erwarten insbesondere in einer digitalen Welt einen einfachen und raschen Zugang zu Informationen und eine personalisierte Unterstützung beim Navigieren von Komplexität."

Aktienfonds Finanzdienste: Banken und Versicherungen

Name, Fonds-Gesellschaft	WKN	Kurs 29.03.18	Hoch/Tief 52 Wochen	Kursentwicklung 1, 3, 5, 10 Jahre
Allianz Adiverba A	847 106	150,25 €	164,0/140,9 €	+2/+13/+57/+35 %
		Umfang 324 Mio. €, Alter 55 Jahre, Ausgabeaufschlag **5,00 %**, Gebühr **1,80 %**, ausschüttend. Anlageschwerpunkt sind Versicherungen, Geldinstitute und sonstige Finanzdienstleister.		
BG BlackRock Global World Financials	A1J 4QB	25,50 €	27,60/22,70 €	+11/+19/+74 %
		Umfang 1,74 Mrd. €, Alter 6 Jahre, Ausgabeaufschlag **5,00 %**, Gebühr **0,75 %**, thesaurierend. Der Fond investiert weltweit über 70 % in Finanzdienstleistungs-Aktien, vor allem Großbanken.		
Belfius Candriam Glob. Finance	541 439	541,75 €	594,8/534,8 €	-4/+8/+82/+22 %
		Umfang 62 Mio. €, Alter 18 Jahre, Ausgabeaufschlag **2,50 %**, Gebühr **1,50 %**, thesaurierend. Globale Anlage. Mit dabei: Wells Fargo, Berkshire, JP Morgan, Mitsubishi, Hang Seng Bank.		
DWS Financials Typ 0	976 991	65,15 €	72,10/60,80 €	+3/+1/+65/+52 %
		Umfang 34 Mio. €, Alter 19 Jahre, Ausgabeaufschlag **0,00 %**, Gebühr **1,70 %**, ausschüttend. Es sind oft dieselben Banken und Versicherungen, in die globale Finanzaktienfonds anlegen.		
FF Fidelity Global Financials	941 116	34,35 €	37,35/31,80 €	+3/+15/+61/+90 %
		Umfang 1,56 Mrd. €, Alter 18 Jahre, Ausgabeaufschlag **5,00 %**, Gebühr **1,50 %**, ausschüttend. Der Fonds legt ca. 70 % in Firmen an, die Finanzdienste leisten, wie JPMorgan und Allianz.		
Jupiter Global Financials L GBP DIS	A0K EM5	19,85 €	21,45/18,65 €	+9/+34/+64/+123 %
		Umfang 89 Mio. €, Alter 12 Jahre, Ausgabeaufschlag **5,00 %**, Gebühr **1,50 %**, ausschüttend. Der Fonds hat sich auf den globalen Finanzsektor spezialisiert und mischt Immobilientitel bei.		
The Jupiter Global Financ. L EUR ACC	A0K EM3	15,50 €	15,90/12,75 €	+8/+11/+59/+102 %
		Umfang 89 Mio. €, Alter 12 Jahre, Ausgabeaufschlag **5,00 %**, Gebühr **1,50 %**, thesaurierend. Der Fonds investiert in Finanzaktien wie Citigroup, Dt. Börse, Prudential, MasterCard und VISA.		
KBC Equity Finance Classic	633 871	664,60 €	731,2/619,4 €	+3/+15/+59/+61 %
		Umfang 62 Mio. €, Alter 20 Jahre, Ausgabeaufschlag **3,00 %**, Gebühr **1,50 %**, thesaurierend. Anlage in Finanzfirmen. Große Anteile: JP Morgan, Citigroup, Berkshire, Bank of America.		
NN Banking & Insurance X	A0Q Z3A	1.114,70 €	1.221/1.077 €	-1/+12/+52/+10 %
		Umfang 195 Mio. €, Alter 21 J., Ausgabeaufschlag **5,00 %**, Gebühr **2,00 %**, thesaurierend. Der Fonds investiert in Versicherungen, Banken, Vermögensverwalter, Verbraucher-Kreditinstitute.		

Aktienfonds Finanzen: Banken/Versicherungen (Forts.)

Name, Fonds-Gesellschaft	WKN	Kurs 29.03.18	Hoch/Tief 52 Wochen	Kursentwicklung 1, 3, 5, 10 Jahre
NN (L) Banking & Insurance P	657 644	637,55 €	699,7/570,0 €	+13/+29/+50/+5 %
		Umfang 196 Mio. €, Alter 21 J., Ausgabeaufschlag **3,00 %**, Gebühr **1,50 %**, thesaurierend. Ziel ist, den MSCI World Financial zu schlagen durch Anlage in Versicherungen und Banken.		
Robeco Capit. Growth New World Financ.	A0C A0S	65,45 €	70,60/58,65 €	+13/+15/+68/+73 %
		Umfang 888 Mio. €, Alter 20 Jahre, Ausgabeaufschlag **5,00 %**, Gebühr **1,50 %**, thesaurierend. Der Fonds investiert weltweit in Aktien gut aufgestellter Finanzfirmen unterschiedlicher Größe.		
RT VIF Versicherung International	603 225	115,55 €	124,4/112,2 €	+1/+7/+67/+91 %
		Umfang 53 Mio. €, Alter 20 Jahre, Ausgabeaufschlag **4,00 %**, Gebühr **1,50 %**, ausschüttend. Um überdurchschnittlichen Kapitalzuwachs zu erzielen, investiert der Fonds mit höherem Risiko.		

Zwei ETFs aus dem internationalen Finanzdienste-Sektor

Name, Fonds-Gesellschaft	WKN	Kurs 29.03.18	Hoch/Tief 52 Wochen	Kursentwicklung 1, 3, 5, 10 Jahre
ComStage Stoxx Europe 600 Financial	ETF 066	105,60 €	113,0/90,50 €	+13/+17/+96 %
		Umfang 11 Mio. €, Alter 10 Jahre, Verwaltungsgebühr **0,25 %**, ausschüttend. Dieser ETF spiegelt die Wertentwicklung vom Referenz-Index Stoxx Europe 600 Financial Services wider.		
iShares S&P 500 Financials Sector UCITS	A14 2NY	5,80 €	6,35 €/5,00 €	+16 %/erst 3 Jahre alt
		Umfang 2,22 Mrd. €, Alter 3 Jahre, Verwaltungsgebühr **0,15 %**, thesaurierend. Der ETF bildet die Wertentwicklung im Finanzdienstleistungssektor vom Index S&P 500 Financial Services ab.		

Einige Eckdaten: Die Deutsche Bank weist 2016 eine Verschuldungsquote von 3,5 % auf. Bei der Commerzbank sind es 4,5 %. Junge Finanztechnologiefirmen dürften ihr Geschäft schnell ausbauen. Fintechs sind bei Finanzierung und Vermögensmanagement erfolgreich. Zwei Drittel der Deutschen wissen nicht, wie sie bei Niedrigzinsen ihr Geld sinnvoll anlegen können. Gute Fonds gewinnen langfristig.

Sobald die Bankzinsen im Schnitt auf 2 % bis 4 % steigen, geht es den Geldinstituten wegen höherer Erträge deutlich besser. Die US-Notenbank FED hat den Leitzinssatz schon mehrfach angehoben. Ein frühzeitiger Einstieg könnte sich bei guten Aktienfonds und ETFs zumindest langfristig lohnen.

5.2.11 Interessante Aktienfonds im Zukunftsmarkt Infrastruktur/Logistik

Decken Sie den unüberschaubaren, weit verzweigten Markt am besten mit zukunftsfähigen Logistik-Aktienfonds und ETFs ab

Ein Leben ohne eine zukunftsfähige, verlässlich funktionierende Infrastruktur ist nur schwer vorstellbar. Ein einstündiger Stromausfall löst bereits Krisen- und Panikstimmung aus. Wie würden Sie reagieren, müssten Sie eine Woche lang auf die tägliche Dusche, die bequeme Fahrt zum Arbeitsplatz, auf Telefon, Fernsehempfang und Internet verzichten? Wasser, Strom, öffentliche Verkehrsmittel, Flughäfen, Autobahnen, Mobilfunkmasten: Solange alles funktioniert, erscheint dies selbstverständlich. Der Ausbau und die Instandhaltung verschlingen Milliardensummen. Grenzen werden sichtbar im Wohn- und Gewerbe-Immobilienbereich sowie im Verkehrswesen. Nehmen Sie teil am Zukunftsmarkt Infrastruktur mit einem guten Aktienfonds oder ETF. Einzelaktien sind eher für Profis interessant.

Globalisierung bedeutet Überwinden geografischer Grenzen – gestützt durch intakte Infrastruktur. Rohstoffe, halbfertige und fertige Konsumgüter, Maschinen, Fabrikteile müssen bei kluger Arbeitsteilung oft Tausende von Kilometern zurücklegen. Der Weltmarkt funktioniert nur bei innovativer, leistungsfähiger, flexibler, schneller und umweltfreundlicher Infrastruktur mit Logistik. Dies schließt Transport, Lagerung, Vertrieb ein. Im Zuge der Internationalisierung erschließen sich Zukunftsmärkte. Sie umfassen den Straßen-, Schienen-, See- und Luftfahrtverkehr. Die Standardisierung der Container ermöglicht kostengünstige Warentransporte im Schienennetz und auf dem Seeweg. Im Logistiksektor entscheiden Automatisierungsprozesse mit Robotik über Erfolg oder Scheitern. Selbst fahrende Autos und Drohnen – z. B. für die Paketzustellung – gewinnen zusehends an Bedeutung, beschwören aber bei unkontrolliertem Einsatz ungewohnte Unfallgefahren herauf.

Gute Wege zur nachhaltigen Versorgung sind an umweltfreundliche, wenig Müll verursachende Verpackungen geknüpft. Ein Ziel ist: „Aus alt wird neu!" Eine Grundforderung lautet: Verpackung muss mehr sein als Produktschutz. Sie individuell und flexibel zu gestalten, erhöht die Wirksamkeit der Werbung. Ganz klar, dass hier die Digitalisierung einzieht. Biokunststoffe und neue Tütenformen sind gefragt. Brauchen Äpfel und Birnen Kunststoff-Verpackungen?

Logistikbranche durch Cyberkriminalität besonders gefährdet

Der Logistiksektor zählt zu den bevorzugten Opfern der Internetkriminalität. Wer sich nicht schützt, dem droht Schaden durch Patentverletzung, gestörte Betriebsabläufe, Negativ-Image, Erpressung mit gestohlenen Daten.

Aktienfonds Infrastruktur/Logistik/Transport/Verpackung

Name, Fonds-Gesellschaft	WKN	Kurs 29.03.18	Hoch/Tief 52 Wochen	Kursentwicklung 1, 3, 5, 10 Jahre
Deutsche Invest I Global Infrastructure	DWS 0TN	124,55 €	147,9/122,7 €	-12/-14/+29/+44 %
		Umfang 17 Mio. €, Alter 10 Jahre, Ausgabeaufschlag **5,00 %**, Gebühr **1,50 %**, ausschüttend. Dieser Fonds investiert in die Aktien von Unternehmen der globalen Infrastruktur. Hier geht es um Transport, Mobilfunkmasten, Satelliten und Glaserfasern.		
Deutsche AM Smart Industrial Technologie	515 248	109,25 €	120,0/104,2 €	+2/+13/+67/+130 %
		Umfang 529 Mio. €, Alter 12 Jahre, Ausgabeaufschlag **5,00 %**, Gebühr **1,45 %**, ausschüttend. Der Fonds investiert in Infrastruktur- und Industrie-Konzerne wie Honeywell, United Tech, UPS, Fedex, 3M. Aus Deutschland sind dabei: Siemens und Airbus.		
Franklin Templ. Global Infrastruktur	A1T 7WH	14,75 €	16,30/14,50 €	-5/+2 %, erst 4 J. alt
		Umfang 72 Mio. €, Alter 4 Jahre, Ausgabeaufschlag **0,00 %**, Gebühr **0,70 %**, thesaurierend. Der Fonds investiert breit gestreut in dividendenstarke infrastrukturbezogene Firmen. Zum Kerngeschäft zählen Verwaltung, Bau, Betrieb, Nutzung und Finanzierung weltweiter Infrastruktur einschließlich Schwellenländer.		
First State Global Listed Infrastructure	A0Q YLD	1,45 €	1,70 €/1,40 €	-12/-2/+49/+90 %
		Umfang 2,56 Mrd. €, Alter 10 Jahre, Ausgabeaufschlag **4,00 %**, Gebühr **1,50 %**, ausschüttend. Dieser Fonds investiert in Aktien von Unternehmen, die in globalen Infrastrukturprojekten aktiv sind. Es geht um Wasser, Strom, Auto- und Eisenbahnen, Flughäfen, Seehäfen sowie Energie-Speicherung und Transport.		
Morgan Stanley Global Infrastructure	A1H 586	45,00 €	48,65/44,30 €	+2/+1/+28 %
		Umfang 987 Mio. €, Alter 7 Jahre, Ausgabeaufschlag **1,00 %**, Gebühr **0,85 %**, thesaurierend. Schwerpunkte der Anlage sind Aktien von Firmen mit Aktivitäten in Infrastrukturprojekten. Beigemischt werden Aktien von Immobilienfonds, vor allem REIT.		
PGLI Partners Group Listed Infrastruktur	A0K ET2	139,85 €	164,9/138,6 €	-7/+1/+36/+144 %
		Umfang 619 Mio. €, Alter 12 Jahre, Ausgabeaufschlag **5,00 %**, Gebühr **1,15 %**, ausschüttend. Schwerpunkte der Anlage des Fondsmanagements in Infrastrukturprojekte sind Stromnetze, Pipelines, Flughäfen, Antennen, Straßenbau und Eisenbahnen.		

Anmerkung: Infrastrukturfonds dienen einem breit gestreuten Depot. Sofern die beiden ETFs ebenso gut oder besser abschneiden, greifen Sie hier zu; denn Sie sparen Kosten und können notfalls bei Kapitalbedarf eher wieder aussteigen.

Zwei ETFs aus dem internationalen Infrastruktur-Sektor				
Name, Fonds-Gesellschaft	WKN	Kurs 29.03.18	Hoch/Tief 52 Wochen	Kursentwicklung 1, 3, 5, 10 Jahre
iShares Global Infrastructure UCITS ETF	A0L EW9	20,50 €	23,65/19,85 €	+3/+11/+27/+15 %
	Umfang 926 Mio. €, Alter 12 Jahre, Verwaltungsgebühr **0,65 %**, ausschüttend. Der ETF spiegelt die Wertentwicklung vom Referenz-Index Macquarie Global Infrastructure 100 wider. Der Index umfasst Aktien von etablierten Nationen und Schwellenländern.			
iShares Public Emerging Market Infrastruc.	A0N ECV	18,55 €	21,30/18,15 €	+3/+6/+3/+17 %
	Umfang 81 Mio. €, Alter 10 Jahre, Verwaltungsgebühr **0,75 %**, ausschüttend. Der ETF bildet möglichst genau den Vergleichs-Index Emerging Market Infrastructure nach und misst die Wertentwicklung der 30 größten Unternehmen aus Schwellenländern.			

5.2.12 Schwere Zeit für Versorger: Kernkraftausstieg, noch Windkraftflaute, aber Erholung bei Öl

Ist nun der Zeitpunkt für den vorsichtigen Einstieg gekommen?

Vergleichen wir die Kursentwicklung einiger Branchenfonds über einen längeren Zeitraum, so erkennen wir, dass *„breit gestreut – nie bereut!"* **nicht nur für Einzelaktien gilt, sondern ebenso für Branchenfonds.** Ob die begrenzte OPEC-Förderquote zum bleibenden Preisanstieg führt, ist nicht sicher. Mitte August 2018 notierte der Preis für ein Barrel Brentöl wieder bei 72,5 US-Dollar.

Die hier besprochenen Aktienfonds kosteten Anfang 2008 rund 50 % mehr, manche sogar doppelt so viel. In viel schlimmerem Ausmaß gilt dies für die DAX-Versorgeraktien E.ON und RWE. Vor dem schnellen Kernkraftausstieg wegen der Tsunami-Nuklear-Katastrophe in Japan eilten die dividendenstarken Versorger von einem zum nächsten Allzeithoch und galten als substanzstarke Value-Werte. So kosteten die Vorzüge von RWE Anfang 2008 fünfmal soviel, nämlich 85 € gegenüber 16,50 € Mitte Dezember 2016. Bis zum August 2018 erholte sich die RWE-Aktie auf über 21 €. Nicht besser sah es damals bei E.ON aus. Sie, liebe Leser, ständen schlecht da, als einzigen Aktienfonds mit hohem Einsatz nur auf europäische Versorger gesetzt zu haben! Selbst bei einem Einstieg vor einem Jahrzehnt lägen Sie noch deutlich im Minus. Erfreulich ist, dass beide DAX-Konzerne nun wieder zu den dividendenstarken Titeln zählen. RWE schüttete zur Hauptversammlung 2018 nach einigen Null-Runden diesmal 1,50 € aus, eine Dividendenrendite von über 8 %. E.ON bot eine Dividendenrendite von knapp 5 % an.

Die in Amerika boomende Fördermethode Fracking löst bei Umweltschützern durch Grundwasser-Gefährdung viel Kritik aus

Die Schiefergestein-Förderung von Öl und Erdgas wurde bereits 1947 von zwei Ingenieuren erfunden. Allerdings nahm das massenhafte Fracking erst 2007 an Fahrt auf. Der Hauptgrund war, dass der Ölpreis auf über 100 Dollar pro Fass nach oben kletterte. Mit hohem Druck werden Wasser, Sand und Chemikalien in Schiefergestein gepresst und dieses aufgebrochen. Öl und Erdgas können nun ausströmen. Seitdem die horizontale Anwendung funktioniert, steigt der Ertrag bei sinkenden Kosten. Statt 4.000 Meter abwärts reicht eine Tiefe von mehreren Hundert Metern. Die scharfe Kritik der Umweltschützer, das Grundwasser würde dadurch verseucht, versieht die neue Fördermethode mit einem Makel.

Anfangs zeichnete sich ein Aufwärtstrend bei physischem Gold ab. Abgeschaffte Guthaben- und eingeführte Strafzinsen machten Gold begehrenswert. Allein im 3. Quartal 2016 kauften Bundesbürger 19 Tonnen Goldbarren und Anlagemünzen. Die Aktie des Marktführers Barrick Gold kostete 2011/12 zeitweilig fast 40 €, im Jahr 2015 nur noch 5 €, Ende März 2018 rund 10 €. Seit 2017/18 ist es mit dem Aufwärtstrend vorbei. Trotz Strafzoll, massiver Finanzkrise in der Türkei und dem von Donald Trump ausgelösten Handelskrieg mit China befindet sich der Goldpreis im Fall. Eine Feinunze kostete am 17. August 2018 nur 1.040 €.

Aktienfonds Gold/Edelmetalle, FinanzPartner 2017/2018

Name, Fonds-Gesellschaft	WKN	Kurs 29.03.18	Hoch/Tief 52 Wochen	Kursentwicklung 1, 3, 5, 10 Jahre
Earth Gold Gold Fund UI (EUR R)	A0Q 2SD	52,35 €	64,15/51,10 €	**-11/+25/-30/+7 %**
		Umfang 71 Mio. €, Alter 10 Jahre, Ausgabeaufschlag **5,00 %**, Gebühr **1,50 %**, thesaurierend. Das Management legt über zwei Drittel in den Goldsektor, dabei auch in andere Goldfonds an. Es geht um die Suche, Gewinnung und Aufbereitung von Gold.		
Investec GSF Strategie Global Gold A	A0Q YGQ	38,45 €	47,70/36,20 €	**+1/+22/-27 %**
		Umfang 348 Mio. €, Alter 28 Jahre, Ausgabeaufschlag **5,00 %**, Gebühr **1,50 %**, thesaurierend. Der Fonds investiert in Aktien von Unternehmen im Goldabbau. Bekannte Titel sind Randgold, Newmont Mining, Goldcorp, Agnico Eagle, Kinross, Kirkland.			
Nestor Gold Fonds B	570 771	107,65 €	131,8/103,9 €	**-11/+26/-30/-36 %**
		Umfang 18 Mio. €, Alter 16 Jahre, Ausgabeaufschlag **3,00 %**, Gebühr **1,40 %**, thesaurierend. Der Fonds konzentriert sich bei den Aktien auf Produktion und Handel von Gold und anderem Edelmetall. Größere Posten: Yamana Gold, Kinross, Eldorado.			

> **Anmerkung:** Aktienfonds für Gold, Silber und andere Edelmetalle entwickeln sich im Bärenmarkt bzw. bei einem Börsencrash als Ausgleichs-Investment positiv. Geht es, abgesehen von einigen Störfeuern, seit 2009 großteils aufwärts, ist mit Edelmetall-Aktienfonds kaum Geld zu verdienen. Das gilt auch für Gold- und Silberminen. Förderkosten steigen, Erträge sinken bei tiefem Abbau. Die als Börsenmuffel geltenden Bundesbürger bevorzugen physisches Gold in Barrenform.

Diese Beispiele beweisen: Breit gestreut gilt auch für Branchen-Aktienfonds, um das Chance-Risiko deutlich zu verbessern! Bei Öl besteht Hoffnung auf Stabilisierung um 80 $ pro Barrel Brent.

➢ **Die Kursliste mit einigen Aktienfonds aus dem Energie-/Versorger-Sektor zeigt unterschiedliche Ansätze.** Treffen Sie Ihre Wahl nach eigenen Einschätzungen, mit Blick auf die bisherige Kursentwicklung und die jährlichen Gebühren, aber auch nach geografischen Gesichtspunkten. Wird nur in Großkonzerne oder beigemischt in Nebenwerte investiert? Interessant ist auch für Sie: Reinrassige Versorger oder Einbindung von Infrastruktur/Logistik?

➢ **Der Einstieg erscheint jetzt günstig – jedoch nur bei langfristiger Planung, möglichst ein Jahrzehnt und länger.** Bei Qual der Wahl suchen Sie am besten zwei unterschiedlich ausgerichtete Energie-/Versorger-Aktienfonds aus. Zum Beispiel: je Fonds ein Einsatz von 1.500 bis 2.500 €, statt ein Produkt mit 4.000 €, dem Durchschnittsvolumen des Privatanlegers. Sie sollten keineswegs zu den Bundesbürgern gehören, die binnen vier Jahren 200 Mrd. € verschenkten durch Sparbucheinzahlung statt Aktien-Anlage! Nutzen Sie auch günstige Einstiegspreise für dividendenstarke Energie-Einzeltitel weltweit.

Aktienfonds Energiebereich und Versorgerbranche				
Name, Fonds-Gesellschaft	WKN	Kurs 29.03.18	Hoch/Tief 52 Wochen	Kursentwicklung 1, 3, 5, 10 Jahre
4Q-Smart Power	A0R HHC	54,50 €	55,45/45,40 €	+16/-4/+20 %
	Umfang 49 Mio. €, Alter 8 Jahre, Ausgabeaufschlag **5,00 %**, Gebühr **1,60 %**, ausschüttend. Der Fonds investiert vor allem in internationale Aktien von Firmen, die im Sektor intelligente Stromnetze (Smart Grid), Energieverwaltung und -effizienz tätig sind.			
Belfius Equities Global Energy	541 438	842,65 €	1.009/821,5 €	+1/-19/-3/-21 %
	Umfang 40 Mio. €, Alter 18 Jahre, Ausgabeaufschlag **2,5 %**, Gebühr **1,50 %**, thesaurierend. Der Fonds investiert bevorzugt in die Aktien weltweit führender Energiekonzerne wie Exxon Mobil, Chevron, Royal Dutch, Valero, BP, Occudental, ENI, TOTAL.			

Name, Fonds-Gesellschaft	WKN	Kurs 29.03.18	Hoch/Tief 52 Wochen	Kursentwicklung 1, 3, 5, 10 Jahre
Challenge Energy Equity Fund LCA	803 782	6,50 €	7,50 €/6,30 €	-7/-15/-4/+7 %
		Umfang 313 Mio. €, Alter 18 Jahre, Ausgabeaufschlag **4,50 %**, Gebühr **1,65 %**, thesaurierend. Der Fonds konzentriert sich breit gestreut auf Aktien unterschiedlich großer Firmen im Energiebereich und verwandter Branchen wie Öl, Gas und Elektrizität.		
BlackRock Global Funds New Energy	630 940	7,70 €	8,35 €/6,50 €	+15/+19/+39/-32 %
		Umfang 1,12 Mrd. €, Alter 17 Jahre, Ausgabeaufschlag **5,00 %**, Gebühr **1,75 %**, ausschüttend. Das Fondsmanagement spezialisiert sich auf Aktien weltweiter Unternehmen, die im Bereich alternativer Energien und dazugehöriger Technologien tätig sind.		
DWS Zukunfts Ressourcen EUR DIS	515 246	70,30 €	76,35/66,35 €	+1/+3/+33/+23 %
		Umfang 229 Mio. €, Alter 12 Jahre, Ausgabeaufschlag **5,00 %**, Gebühr **1,45 %**, ausschüttend. Der Fonds investiert in Wasser, Agrochemie und Erneuerbare Energie. Große Positionen: Geberit, Xylem, Ecolab, Broadcom, Suez, Danaher, Vestas, Masco.		
JSS Multi Label SICAV New Energy	581 365	5,30 €	5,90 €/5,25 €	-2/-11/+16/-44 %
		Umfang 61 Mio. €, Alter 18 Jahre, Ausgabeaufschlag **3,00 %**, Gebühr **1,75 %**, thesaurierend. Das Fondsmanagement legt zumindest zwei Drittel in die Aktien von Firmen an, die zukunftsgerichtet, innovativ und nachhaltig im Energiesektor aktiv sind.		
Swisscanto Equity Selection Energy	930 918	731,75 €	798,4/565,4 €	-6/-28/-10/-5 %
		Umfang 26 Mio. €, Alter 18 Jahre, Ausgabeaufschlag **5,00 %**, Gebühr **1,80 %**, thesaurierend. Der Fonds investiert mindestens 80 % weltweit in Aktien von Firmen, die im Energie- und Versorgersektor tätig sind, wie Royal Dutch, Chevron, TOTAL, BP, ENI.		

Die wegen des Klimawandels notwendige Energiewende wird teuer und verschärft die Risiken für deutsche Industriebetriebe

Betrachten wir die Vorausschau bis 2025, so lautet das Fazit: Bis dahin wird die Energiewende allein in Deutschland 521 Mrd. € kosten. Ein Treibsatz für Energie-Einzelaktien und Aktienfonds ist das nicht.

Die Kostenrechnung Energiewende bis 2025: rund 520,6 Mrd. €

- EEG-Umlage: 407,5 Mrd. €
- Übertragungsnetzausbau: 32,3 Mrd. €
- Verteilungsnetzausbau: 23,0 Mrd. €
- KWK-Gesamtumlage: 18,0 Mrd. €
- Forschungsausgaben Bund und Länder: 12,2 Mrd. €

⑥ Aktienfonds-Werkstatt: vier Musterdepots und ein Baukasten-Aufbaumodell auch zum Basteln

6.1 Vier Musterdepots für sicherheitsbewusste, erfolgsorientierte und risikofreudige Typen

Mit den Aktienfonds-Musterdepots nutzen Sie das Wissen und Können der Profis, sparen Zeit und vermeiden grobe Fehler

Ordnen Sie sich als sicherheitsbewusster Anleger ein, so wünschen Sie ein möglichst geringes Risiko und sind dafür mit einer niedrigeren Rendite zufrieden. Aktienfondsanlagen sind nicht geeignet für Kurzzeittrader, sondern setzen einen längeren Zeithorizont von möglichst einem Jahrzehnt und mehr voraus. Bei dieser Voraussetzung sollten Sie Kursschwankungen wenig stören. Auch ein Ausgabeaufschlag von 5 % ist hinnehmbar, da er nur einmal anfällt. Dagegen sollten die jährlichen Verwaltungskosten günstig sein. Bei der Fondsauswahl war ich auch auf der Suche nach fairen Jahresgebühren. Vorrangig ging es mir jedoch um erfreuliche Kursentwicklungen in einem Jahr und drei Jahren, noch besser einem halben und ganzen Jahrzehnt. Gut für mehr Sicherheit ist ein hoher Börsenwert.

Aktienfonds-Musterdepot 1: sicherheitsbewusste Anleger				
Name, Fonds-Gesellschaft	**WKN**	**Kurs 29.03.18**	**Hoch/Tief 1 Jahr**	**Kursentwicklung 1, 3, 5, 10 Jahre**
Belfius Equities Glob. Finance	541 439	543,45 €	596,5/534,9 €	**-1/+9/+83/+22 %**
	Umfang 62 Mio. €, Alter 18 Jahre, Ausgabeaufschlag **2,50 %**, Gebühr **1,50 %**, thesaurierend. Der Fonds investiert strategisch. Er beteiligt sich an den globalen Versicherungs- und Banktiteln.			
DJE Dividende & Substanz P (EUR)-	164 325	389,25 €	422,5/376,3 €	**+2/+7/+43/+78 %**
	Umfang 1,21 Mrd. €, Alter 15 Jahre, Ausgabeaufschlag **5,00 %**, Gebühr **1,32 %**, thesaurierend. Dieser große Fonds investiert in substanz- und dividendenstarke Aktien weltweit. Aus Deutschland sind **Dt. Telekom** (DAX) und **Aurubis** (MDAX) vertreten.			

Name, Fonds-Gesellschaft	WKN	Kurs 29.3.18	Hoch/Tief 1 Jahr	Kursentwicklung 1, 3, 5, 10 Jahre
DWS Aktien Strategie Deutschland	976 986	404,90 €	453,6/377,9 €	**+9/+19/+104/+168 %**
DWS Vermögensbildungsfonds	847 652	146,25 €	157,7/139,3 €	**-1/+6/+61/+81 %**
First Private EURO Dividenden	977 961	95,15 €	104,3/90,95 €	**+4/+11/+83/+81 %**
FT Unternehmer Werte PT	A0K FFW	84,35 €	90,80/80,30 €	**+3/+16/+59/+104 %**
Hellerich WM Sachwertaktien B	HAF X0R	228,00 €	242,4/223,2 €	**-3/+3/+52/+126 %**
HGF Henderson Gartmore Global Growth	A0D NEW	15,00 €	16,05/14,35 €	**+5/+18/+104/+142 %**
Invesco Global Leisure A Konsum	974 035	44,80 €	47,60/40,25 €	**+22/+47/+116/+170%**
KBC ECO Fund World	A0J J55	934,50 €	1.019/894,8 €	**+2/+6/+63/+105 %**

DWS Aktien Strategie Deutschland: Umfang 3,81 Mrd. €, Alter 19 Jahre, Ausgabeaufschlag **5,00 %**, Gebühr **1,45 %**, thesaurierend. Der Fonds orientiert sich am HDAX, übergewichtet Blue Chips, berücksichtigt aber auch den MDAX, TecDAX und SDAX. Große Posten: Allianz, SAP, BASF.

DWS Vermögensbildungsfonds: Umfang 7,54 Mrd. €, Alter 48 Jahre, Ausgabeaufschlag **5,00 %**, Gebühr **1,45 %**, ausschüttend. Der Fondsriese investiert ohne starre Indexorientierung in Spitzenfirmen unterschiedlicher Sektoren. Hier dominieren Dow Jones- und Nasdaq 100-Aktien.

First Private EURO Dividenden: Umfang 232 Mio. €, Alter 21 Jahre, Ausgabeaufschlag **5,00 %**, Gebühr **1,50 %**, thesaurierend. Der Pionier unter Europas Dividendenfonds investiert in ausschüttungsstarke stabile Aktien. Aus Deutschland sind dabei: Dt. Post, Freenet, MTU, Siemens.

FT Unternehmer Werte PT: Umfang 67 Mio. €, Alter 11 Jahre, Ausgabeaufschlag **0,00 %**, Gebühr **1,25 %**, thesaurierend. Aus Deutschland ist Fresenius dabei. Es gefällt: kein Ausgabeaufschlag und eine faire Gebühr.

Hellerich WM Sachwertaktien B: Umfang 51 Mio. €, Alter 10 Jahre, Ausgabeaufschlag **5,00 %**, Gebühr **1,10 %**, thesaurierend. Der Sachwertefonds legt weltweit breit gestreut in Aktien großer Konzerne und Mittelständler an. Er wurde 2016 von €uro am Sonntag sehr gut beurteilt.

HGF Henderson Gartmore Global Growth: Umfang 288 Mio. €, Alter 13 J., Ausgabeaufschlag **0,00 %**, Gebühr **1,50 %**, thesaurierend. Der Fonds strebt Wachstums- und Ertragschancen an, wozu auch der Automotive-Bereich zählt.

Invesco Global Leisure A Konsum: Umfang 1,06 Mrd. €, Alter 24 Jahre, Ausgabeaufschlag **5,00 %**, Gebühr **1,50 %**, thesaurierend. In diesem Branchen- und Themenfonds überwiegen die Bereiche Software, Internet, Hotel.

KBC ECO Fund World: Umfang 139 Mio. €, Alter 25 J., Ausgabeaufschlag **3,00 %**, Gebühr **1,40 %**, thesaurierend. Ziel sind langfristig hohe Renditen. Die Firmen müssen nachhaltig und sozialverträglich wirtschaften und Umweltbelastungen geringer halten als die Konkurrenz.

Das Aktienfonds-Musterdepot 2 ist für erfolgsorientierte Privatanleger mit einem langfristigen Anlagehorizont gedacht

Ordnen Sie sich als erfolgsorientierter Anleger ein, so erwartet Sie eine überdurchschnittlich hohe Rendite bei vertretbarem Risiko. Die Abgrenzung zu sicherheitsbewussten Anlegertypen nach unten und risikofreudigen Investoren nach oben lässt sich nicht eindeutig vornehmen, sondern bleibt subjektiv und eröffnet Spielraum für zweifache Zuordnung. Für Sie bedeutet dies, die vorstehende Auswahl für Sicherheitsbewusste und den folgenden Vorschlag für Risikofreudige zu studieren. Nehmen Sie ruhig den einen oder anderen Austausch vor. Treffen Sie Ihre Wahl nach eigener Überzeugung.

Entscheidend für meine Auswahl sind folgende Kriterien: a) faire Verwaltungsgebühren, b) gute Kursentwicklung im Mehrjahresvergleich, c) Blick auf Bestsellerfonds in Börsenzeitungen und Magazinen, d) Orientierung an Indizes im In- und Ausland mit Aktien von Großkonzernen und Mittelständlern, e) Vielfalt durch Erfassung unterschiedlicher Sektoren.

Die drei Musterdepots sind keineswegs darauf ausgerichtet, in alle angebotenen Aktienfonds zu investieren. Im Laufe der Zeit können sich die Kursentwicklung und die Gebühren ändern. Es hängt auch von Ihrer Depotbank ab, ob der verhandelbare Ausgabeaufschlag anfällt. Mitunter ändern sich die Namen. Mancher Fonds wird bei geringem Volumen aufgelöst oder fusioniert.

Aktienfonds-Musterdepot 2: erfolgsorientierte Anleger

Fonds-Gesellschaft	WKN	Kurs 03.04.18	Hoch/Tief 1 Jahr	Kursentwicklung 1, 3, 5, 10 Jahre
BGF BlackRock Global European	779 374	40,90 €	43,70/38,65 €	+6/+11/+58/+132 %
	Umfang 1,64 Mrd. €, Alter 15 Jahre, Ausgabeaufschlag **5,00 %**, Gebühr **1,50 %**, thesaurierend. Dieser Fonds konzentriert sich auf substanzstarke Europa-Aktien, Übergewichtung Pharmabereich.			
Deka-Technologie CF	515 262	32,25 €	35,30/28,40 €	+12/+43/+123/+225 %
	Umfang 437 Mio. €, Alter 18 Jahre, Ausgabeaufschlag **3,75 %**, Gebühr **1,25 %**, thesaurierend. Der Fonds legt in Hightechaktien an, wie Alphabet, Amazon, Facebook, Microsoft und Apple.			
DJE ASIA High Dividende	A0Q 5K0	243,15 €	265,3/224,3 €	+8/+31/+55 %
	Umfang keine Angabe, Alter 10 Jahre, Ausgabeaufschlag **0,00 %**, Gebühr **1,00 %**, thesaurierend. Die wichtigsten Branchen sind Finanzdienstleistungen, Konsumgüter, IT-Software, Telekommunikation, Industrie, Rohstoffe, Versorger und Energiesektor.			

Fonds-Gesellschaft	WKN	Kurs 03.04.18	Hoch/Tief 1 Jahr	Kursentwicklung 1, 3, 5, 10 Jahre
Frankfurter Aktienfonds Stiftungen	A0M 8HD	137,65 €	141,3/127,2 €	+10/+28/+56/+174 %
	Umfang 2,63 Mrd. €, Alter 10 J., Ausgabeaufschlag **5,00 %**, Gebühr **0,35 %**, thesaurierend. Es geht nicht um Indexorientierung, sondern Wertzuwachs mit dividendenstarken Nebenwerten.			
Invesco 4 Global Small Cap Equity	987 084	131,40 €	141,4/123,8 €	+18/+30/+58/+104 %
	Umfang 461 Mio. €, Alter 22 Jahre, Ausgabeaufschlag **5,00 %**, Gebühr **1,50 %**, ausschüttend. Der Fonds ist Spezialist für Aktien kleinerer Firmen weltweit aus unterschiedlichen Bereichen.			
KBC Eco Water Classic	A0F 6Z0	1.280,0 €	1.403/1.238 €	+1/+11/+58/+120 %
	Umfang 222 Mio. €, Alter 17 Jahre, Ausgabeaufschlag **3,00 %**, Gebühr **1,40 %**, thesaurierend. Der Fonds setzt auf Wasser- und Abwasserentsorgung, Überwachung, Aufbereitung, Infrastruktur.			
Monega Innovation	532 102	64,20 €	68,50/62,60 €	+2/+19/+85/+123 %
	Umfang 27 Mio. €, Alter 17 Jahre, Ausgabeaufschlag **3,50 %**, Gebühr **1,30 %**, ausschüttend. Es geht vor allem um Aktien von Firmen mit zukunftsfähigen Patenten weltweit, z. B. Biotech.			
Nordinternet EUR ACC	978 530	95,75 €	108,6/82,55 €	+18/+56/+145/+352 %
	Umfang 49 Mio. €, Alter 20 Jahre, Ausgabeaufschlag **5,00 %**, Gebühr **1,00 %**, thesaurierend. Bevorzugt werden Internet, Infrastruktur, Online-Plattformen wie Amazon, Facebook, Alphabet.			
Quest Cleantec B	A0N C68	252,80 €	267,8/232,5 €	+9/+21/+81/+154 %
	Umfang 346 Mio. €, Alter 10 Jahre, Ausgabeaufschlag **2,00 %**, Gebühr **1,25 %**, thesaurierend. Der Fonds investiert in Aktien von Firmen aus Industrieländern, die an sauberer Energie arbeiten.			
TIF Threadneedle American R	A0J D21	3,05 €	3,35 €/2,90 €	+1/+15/+83/+188 %
	Umfang 3,13 Mrd. €, Alter 15 Jahre, Ausgabeaufschlag **3,75 %**, Gebühr **1,50 %**, thesaurierend. Der Fonds legt über zwei Drittel in US-Aktien an mit Schwerpunkt S&P 500 wie Alphabet, Apple.			
UniDeutschland XS	975 049	173,55 €	195,0/138,3 €	+23/+41/+133/+338 %
	Umfang 1,16 Mrd. €, Alter 12 Jahre, Ausgabeaufschlag **4,00 %**, Gebühr **1,55 %**, thesaurierend. Der Nebenwertefonds übergewichtet SDAX-Aktien wie Patrizia, ADO Propert., König & Bauer.			
Uni Favorit: Aktien Europa	847 707	130,70 €	140,3/124,9 €	+1/+13/+66/+132 %
	Umfang 2,25 Mrd. €, Alter 13 Jahre, Ausgabeaufschlag **5,00 %**, Gebühr **1,20 %**, ausschüttend. Uni Favorit legt in renditestarke Blue Chips an, wie VISA, Facebook, Alphabet, Alibaba, Nestlé.			

Das Musterdepot 3 ist für risikofreudige Anleger gedacht. Breite Streuung und ein langer Anlagehorizont sind eine Erfolgsformel.

Einige Aktien dieser Aktienfonds-Auswahlliste für risikobewusste Anleger lassen sich ebenso gut im Vorschlag für erfolgsorientierte Investoren einordnen und umgekehrt. Treffen Sie deshalb Ihre Wahl mit Blick auch auf die vorstehende Auswahl. Sofern Sie nur in Fonds investieren und keine Einzelaktien kaufen, ist der Musterdepotumfang angemessen, lässt sich aber auch um die Hälfte verringern. Mögen Sie auch Einzeltitel und ETFs, suchen Sie sich die besten Werte aus. Achten Sie darauf, dass Sie unterschiedliche Indizes, Regionen, Sektoren und Märkte erfassen. Breite Streuung gilt auch hier. Verfolgen Sie Zukunftstrends bei Industrie 4.0, Künstlicher Intelligenz mit Transformationsprozessen und Robotik.

➢ Risikofreudige Anleger verkraften Kursschwankungen in so wichtigen Zukunftsmärkten wie Hightech, Internet, Software, KI, Robotik, Biotech.

Aktienfonds-Musterdepot 3: risikofreudige Anleger

Name, Fonds-Gesellschaft	WKN	Kurs 03.04.18	Hoch/Tief 1 Jahr	Kursentwicklung 1, 3, 5, 10 Jahre
Comgest Growth China EUR ACC	756 455	71,15 €	76,65/62,10 €	+13/+33/+125/+178 %
		Umfang 265 Mio. €, Alter 17 Jahre, Ausgabeaufschlag **4,00 %**, Gebühr **1,50 %**, thesaurierend. Das Fondsmanagement investiert in die Aktien qualitativ hochwertiger Unternehmen mit langfristigen Wachstums- und Ertragschancen im Großraum China.		
Deutsche AM Smart Industrial Technologie	515 248	108,20 €	121,1/104,2 €	+1/+16/+66/+125 %
		Umfang 530 Mio. €, Alter 12 Jahre, Ausgabeaufschlag **5,00 %**, Gebühr **1,45 %**, ausschüttend. Der Fonds investiert in ertragsstarke Aktien unterschiedlich großer Firmen aus Infrastruktur, Logistik, Industrie: Honeywell, United Tech., UPS, 3M, Fedex.		
DNB Fund Technology A	A0M WAN	413,65 €	443,5/375,3 €	+10/+42/+160/+431 %
		Umfang 449 Mio. €, Alter 11 Jahre, Ausgabeaufschlag **5,00 %**, Gebühr **1,50 %**, thesaurierend. Der Fonds investiert in Technologie-, Kommunikations- und Medientitel in Zukunftsmärkten. Mit dabei sind: Google, Microsoft, Oracle, Facebook und Apple.		
DEKA Technologie CF	515 262	31,85 €	35,65/28,65 €	+15/+43/+134/+239 %
		Umfang 470 Mio. €, Alter 18 Jahre, Ausgabeaufschlag **3,75 %**, Gebühr **1,25 %**, thesaurierend. Es geht um ertragsstarke Aktien von Firmen aus dem Technologiesektor. Große Asientitel wie Samsung, Tencent und Taiwan Semiconductor gehören dazu.		

Name, Fonds-Gesellschaft	WKN	Kurs 03.04.18	Hoch/Tief 1 Jahr	Kursentwicklung 1, 3, 5, 10 Jahre
FTIF Franklin Templeton Mutual Value	A0K EDF	17,85 €	21,15/17,65 €	-12/-1/+52/+119 %
		Umfang 587 Mio. €, Alter 12 Jahre, Ausgabeaufschlag **0,00 %**, Gebühr **0,70 %**, thesaurierend. Der Fonds spezialisiert sich auf unterbewertete Aktien weltweit in wichtigen Zukunftsmärkten.		
KBC Equity Telecom & Tech. Classic	779 078	206,85 €	222,2/188,5 €	+12/+22/+107/+109 %
		Umfang 659 Mio. €, Alter 18 Jahre, Ausgabeaufschlag **0,00 %**, Gebühr **1,50 %**, thesaurierend. Der Fonds konzentriert sich auf Telekom/Hightech/Medien wie SAP, Samsung, Apple, ASML.		
MainFirst Germany A	A0R AJN	231,25 €	246,2/192,1 €	**+22/+48/+166/+369 %**
		Umfang 614 Mio. €, Alter 9 Jahre, Ausgabeaufschlag **5,00 %**, Gebühr **1,50 %**, thesaurierend. Schwerpunkte sind deutsche Nebenwerte wie SIXT, ATOSS, CENIT, König & Bauer, DÜRR.		
MAGNA Umbrella New Frontiers R	A1H 7JG	19,75 €	20,00/17,85 €	+11/+52/+114 %
		Umfang 546 Mio. €, Alter 7 Jahre, Ausgabeaufschlag **5,00 %**, Gebühr **1,25 %**, thesaurierend. Der Fonds bevorzugt Aktien aller Branchen in Frontiermärkten unterhalb von Schwellenländern.		
Struktured Solutions Next Generat.	HAF X4V	113,00 €	152,3/95,15 €	+17/**+212**/+107 %
		Umfang 33 Mio. €, Alter 8 Jahre, Ausgabeaufschlag **5,00 %**, Gebühr **1,00 %**, ausschüttend. Dieser innovative Aktienfonds bildet den Solactive Lithium Performance-Index weitgehend nach.		
UniSector BioPharma A	921 556	98,25 €	116,4/95,75 €	-12/-12/+50/+180 %
		Umfang 249 Mio. €, Alter 18 Jahre, Ausgabeaufschlag **4,00 %**, Gebühr **1,55 %**, ausschüttend. Der Fonds legt weltweit in Pharma und Biotech an, wie Roche, Amgen, Pfizer, Biogen, Johnson.		
UniSector HighTech A	921 559	86,90 €	94,60/81,00 €	+11/+27/+109/+222 %
		Umfang 116 Mio. €, Alter 19 J., Ausgabeaufschlag **4,00 %**, Gebühr **1,55 %**, ausschüttend. Der Fonds bevorzugt USA-Aktien, wie Apple, Alphabet, Microsoft, Facebook, VISA, Oracle, INTEL.		

Die Erfolgsformel bei der Geldanlage in Einzelaktien, Aktienfonds und ETFs gründet auf mehreren Faktoren. Dies sind: 1. üppige, verlässliche Dividende, 2. breite Streuung, 3. langfristiger Anlagezeitraum, 4. ein nachhaltiges, substanzstarkes, zukunftsfähiges Geschäftsmodell. Bei dividendenstarken thesaurierenden Aktienfonds erfolgt eine Kapitalvermehrung auch durch den so wichtigen Zinseszinseffekt. Die Dividende wird nicht ausgeschüttet, sondern wandert in weitere Anteile. Im Laufe der Jahrzehnte erhöht sich das Kapital erheblich; denn auch die neuen Anteile erwirtschaften Dividenden und Kursgewinne.

Aktienfonds-Musterdepot 4: USA Schwerpunkt Nasdaq

Name, Fonds-Gesellschaft	WKN	Kurs 04.04.18	Hoch/Tief 52 Wochen	Kursentwicklung 1, 3, 5, 10 Jahre
BlackRock Global Flexible Equity	779 379	25,90 €	28,30/22,50 €	+18/+24/+81/+62 %
	Umfang 1,16 Mrd. €, Alter 15 Jahre, Ausgabeaufschlag **5,00 %**, Gebühr **1,50 %**, thesaurierend. Der Fonds legt in große Werte Dow Jones/Nasdaq an, wie Apple, Microsoft, Comcast, Cisco.			
Comgest Growth America USD	631 024	17,75 €	19,25/16,55 €	+12/+25/+72/+113 %
	Umfang 127 Mio. €, Alter 18 Jahre, Ausgabeaufschlag **4,00 %**, Gebühr **1,50 %**, thesaurierend. Anlageschwerpunkt sind qualitativ hochwertige Konzerne mit langfristigen Wachstumschancen.			
DWS Vermögensbildungsfonds	847 652	144,70 €	157,1/139,9 €	-3/+7/+58/+72 %
	Umfang 7,53 Mrd. €, Alter 47 Jahre, Ausgabeaufschlag **5,00 %**, Gebühr **1,45 %**, ausschüttend. Der Fonds investiert in verschiedene Branchen. Es dominieren Dow Jones- und Nasdaq-Werte.			
JPM Morgan US Smaller Companies	971 611	178,10 €	193,1/167,5	+12/+32/+72/+147 %
	Umfang 963 Mio. €, Alter 30 Jahre, Ausgabeaufschlag **5,00 %**, Gebühr **1,50 %**, ausschüttend. Zumindest zwei Drittel des Vermögens wandern in niedrig kapitalisierte Werte aus Amerika.			
Threadneedle Investment American R	A0J D21	3,05 €	3,35 €/2,90 €	-1/+14/+83/+181 %
	Umfang 3,1 Mrd. €, Alter 15 J., Ausgabeaufschlag **5,00 %**, Gebühr **1,50 %**, thesaurierend. Der Fonds legt 70 % in Aktien mittlerer und großer Konzerne an, wie Alphabet, Microsoft, Apple.			
Treadneedle American Select	987 653	3,15 €	3,35 €/2,80 €	+12/+31/+69/+116 %
	Umfang 1,6 Mrd. €, Alter 36 J., Ausgabeaufschlag **5,00 %**, Gebühr **1,50 %**, thesaurierend. Der Fonds bevorzugt US-Wachstumsaktien unterschiedlicher Größe mit Übernahmepotenzial.			
Uni Nordamerika	975 007	257,80 €	277,1/240,6 €	+3/+15/+73/+153 %
	Umfang 152 Mio. €, Alter 25 J., Ausgabeaufschlag **5,00 %**, Gebühr **1,20 %**, thesaurierend. Große Anteile haben Apple, Microsoft, VISA, Home Depot, JPMorgan, Facebook, Philip Morris.			

Mutige und Tüchtige verdienen das Glück. Wer das Risiko scheut und übertrieben ängstlich an der Börse agiert, bleibt zwar vom größten Pech verschont. Er wird aber auch nicht von extrem hohen Kursgewinnen profitieren, wie es sie in den Zukunftsmärkten Industrie 4.0, Internet der Dinge, Künstliche Intelligenz, Digitalisierung und Vernetzung gibt. Hier bestimmen die Multiplayer aus Amerika und China den Trend. Wichtige Aktien aus dem Nasdaq 100 stelle ich Ihnen kurz vor.

Zum Musterdepot 5 Risikofreude: Aktien vom Nasdaq 100				
Aktien/ Unternehmen	WKN	Kurs 04.04.18	52 Wochen- Hoch/Tief €	Kursverlauf % 1, 3, 5 Jahre
Adobe Systems	871 981	175,85 €	188,8/116,9 €	+44/+148/+409 %
Grafik-/Bildbearbeitungsprogramme, Audio- u. Videosysteme, Webanalysetools				
Alphabet Aktie A	A14 Y6F	820,80 €	966,0/758,0 €	+4/+64/+132 %
Internet-Suchmaschine in 130 Sprachen, zahlreiche Online-Informationsprodukte				
Amazon.com	906 866	1.135,0 €	1.307/770,6 €	+36/+225/+455 %
Weltmarktführer Online-Händler: Bücher/Musik/Elektronik/DVD/Freizeit/Nahrung				
Amgen	867 900	135,90 €	162,0/134,0 3	-11/-6/+65 %
Forschungsschwerpunkt sind Hämatologie, Onkologie, Rheumatologie, Diabetes				
Apple (auch Dow)	865 985	138,05 €	152,6/121,3 €	+1/+16/+180 %
Elektronik und Software: Mobilgeräte, Musikplayer, Peripherie-/Netzwerkprodukte				
ASML Holding	A1J 4U4	156,50 €	189,0/141,0 €	+12/+115/+164 %
Hersteller komplexer integrierter Schaltkreise für die internationale Chipindustrie				
Broadcom	A2A DV9	188,00 €	241,8/178,0 €	-6/+64/+619 %
Globaler Anbieter integrierter Schaltkreise und Chips für Netzwerkanwendungen				
Electronic Arts EA	878 372	95,75 €	105,8/82,45 €	+16/+83/+618 %
US-Hersteller Unterhaltungssoftware, Video-/Computerspiele, Computergrafiken				
Facebook	A1J WVX	125,25 €	158,4/119,6 €	-4/+66/+526 %
Weltweit größtes Sozialnetzwerk, um sich mit „Freunden" zusammenzuschließen				
Micron Techno.	869 020	42,30 €	50,40/22,35 €	+57/+67/+474 %
Produzent Halbleiter-Bauelemente, Speichertechnologie, Verpackungslösungen				
Microsoft (Dow J.)	870 747	73,25 €	78,90/59,55 €	+19/+89/+225 %
Windows-Betriebssystem, Desktopapplikationen, Multimedia, Online-Plattformen				
Netflix	552 484	231,90 €	273,5/126,3 €	+69/+317/+1009 %
Weltweit führender Video-Anbieter mit großem Portfolio an TV-Serien und Filmen				
Nvidia Corp.	918 422	181,00 €	205,4/89,80 €	+82/+977/+1800 %
Führender Hersteller IT-Hardware, Grafik-/Medienkommunikations-Prozessoren				
TESLA Motors	A1C X3T	275,15 €	346,7/215,2 €	-11/+401/+550 %
Produktion Elektrosportwagen/Antriebskomponenten, Ladestations-Installation				
Vertex Pharma.	882 807	128,00 €	146,0/99,90 €	+25/+17/+211 %
Biotechfirma: Entwicklung kleinmolekularer Arzneimittel gegen Infektionen usw.				

6.2 Das Branchen-Musterdepot als die neue Fonds-Alternative

Blick auf Zukunftsmärkte: Anregungen und breit gestreute Auswahlhilfen für branchenorientierte Aktienfonds-Liebhaber

➢ **Je nachdem, wie Sie sich einordnen und wie Ihr Selbstbild bei ehrlicher Einschätzung aussieht, unterstützt Sie die sektorbezogene Aktienfondsliste bei Ihrer eigenen Auswahl.**

Wer betont sicherheitsbewusst ist, handelt anders, als wer im Interesse besserer Renditechancen gern ein höheres Risiko eingeht. Der eine Anleger favorisiert vielleicht Fonds, die eine große Durststrecke hinter und möglicherweise noch einige Zeit vor sich haben wie der Finanzsektor. Andere hoffen auf Erholung bei Edelmetallen und Erdöl oder nutzen das Comeback bei Kupfer, Stahl, Nickel. Sie vertrauen auf ein Ende der Korrekturphase im Biotechsektor. Favorisiert werden Zukunftsmärkte mit den Schwerpunkten Industrie 4.0, Hochtechnologie, Künstliche Intelligenz mit Robotik, Infrastruktur, Software, Elektromobilität, Gesundheitswesen.

Das Branchenfonds-Musterdepot für kreative Auswahl

Name, Fonds-Gesellschaft	WKN	Kurs 05.04.18	Hoch/Tief 1 Jahr	Kursentwicklung 1, 3, 5, 10 Jahre
Autoindustrie	A0D NEW	15,10 €	16,10/14,30 €	+3/+18/+98/+125 %
Janus Hend. Glob. Growth		Umfang 359 Mio. €, Alter 13 J., Ausgabeaufschlag **5,00 %**, Gebühr **1,50 %**, thesaurierend. Der Fonds investiert in Firmen mit Wachstums- und Ertragschancen, wozu Automotive-Titel zählen.		
Banken	633 871	667,35 €	731,1/619,4 €	+2/+14/+61/+52 %
KBC Equity Finance Classic		Umfang 61,5 Mio. €, Alter 20 Jahre, Ausgabeaufschlag **3,00 %**, Gebühr **1,50 %**, thesaurierend. Der Fonds investiert 75 % in Aktien von Finanzfirmen weltweit mit Dominanz Nordamerika.		
Bergbau	A0M L6C	105,30 €	116,6/92,25 €	-1/+27/+10/-32 %
LTIF Natural Term Resourc.		Umfang 16 Mio. €, Alter 13 J., Ausgabeaufschlag **0,00 %**, Gebühr **1,50 %**, thesaurierend. Schwerpunkte bilden natürliche Ressourcen. Die Aktien sollen fair bewertet und ertragreich sein.		
Biotech Nasdaq 100	DK1 A3Y	381,85 €	424,7/367,5 €	-8/-23/+91/+272 %
DekaLux-Bio.		Umfang 253 Mio. €, Alter 10 Jahre, Ausgabeaufschlag **3,75 %**, Gebühr **1,25 %**, ausschüttend. Der Fonds für risikofreudige Biotechfans investiert in Nasdaq-Titel wie Celgene, Amgen, Gilead.		

Name, Fonds-Gesellschaft	WKN	Kurs 05.04.18	Hoch/Tief 1 Jahr	Kursentwicklung 1, 3, 5, 10 Jahre
Energie/	A0R EBJ	14,75 €	17,45/13,75 €	-14/-17/-8/+46 %
Versorger MFS Meridian		Umfang 18 Mio. €, Alter 10 Jahre, Ausgabeaufschlag **6,00 %**, Gebühr **1,05 %**, thesaurierend. Der Fonds bevorzugt Aktien vom Energiesektor aus Industrienationen und Schwellenländern.		
Erneuerbare	A0N C68	250,55 €	267,6/235,2 €	+8/+19/+82/+149 %
Energie Quest Cleant.		Umfang 189 Mio. €, Alter 10 Jahre, Ausgabeaufschlag **2,00 %**, Gebühr **1,25 %**, thesaurierend. Anlage in Aktien von Firmen aus Industrieländern, die im Bereich sauberer Technologien arbeiten.		
Ernährung	723 109	1.821,3 €	1.998/1.773 €	-7/+5/+49/+158 %
KBC Equity Food F&P Cl.		Umfang 81 Mio. €, Alter 19 Jahre, Ausgabeaufschlag **3,00 %**, Gebühr **1,50 %**, thesaurierend. Das meiste Kapital steckt in Aktien der Sparten Essen, Trinken, Tabak, Pflegemittel, Haushalt.		
Finanzen	541 439	545,95 €	596,2/534,9 €	-4/+9/+83/+17 %
Belfius Equit. Global Finance		Umfang 62 Mio. €, Alter 18 Jahre, Ausgabeaufschlag **2,50 %**, Gebühr **1,50 %**, thesaurierend. Dieser Fonds investiert weltweit. Große Posten: Wells Fargo, Berkshire, J. P. Morgan, Mitsubisi.		
Gesundheit	976 985	211,10 €	233,0/204,7 €	-7/-11/+65/+184 %
DWS Health Care Typ 0 NC		Umfang 291 Mio. €, Alter 21 Jahre, Ausgabeaufschlag **0,00 %**, Gebühr **1,70 %**, thesaurierend. Der Fonds legt in Pharma- & Biotech-Aktien an, wie Abbott, Amgen, Celgene, Eli Lilly, Johnson & Johnson, Merck & Co., Pfizer, Roche, Sanofi, United Health.		
Hightech	A0K EDF	18,30 €	21,15/17,85 €	-13/-1/+53/+112 %
FTIF Franklin Temp. Mutual		Umfang 587 Mio. €, Alter 12 Jahre, Ausgabeaufschlag **0,00 %**, Gebühr **0,70 %**, thesaurierend. Der Fonds spezialisiert sich auf unterbewertete Aktien weltweit in wichtigen Zukunftsmärkten.		
Immobilien	989 232	45,25 €	46,55/39,10 €	+16/+14/+99/+67 %
Janus Henderson Horizon		Umfang 262 Mio. €, Alter 20 J., Ausgabeaufschlag **5,00 %**, Gebühr **0,18 %**, thesaurierend. Dieser Fonds investiert mit Anteilen bis zu 9,6 % in Aktien europäischer Immobilien-Unternehmen.		
Industrie/	847 707	132,15 €	140,3/124,9 €	+1/+13/+68/+125 %
Substanz UniFav. Aktien		Umfang 2,28 Mrd. €, Alter 13 Jahre, Ausgabeaufschlag **5,00 %**, Gebühr **1,20 %**, ausschüttend. Der Fonds investiert weltweit in Aktien großer Unternehmen, die hohe Ertragschancen haben.		
Industrie 4.0/	532 102	66,15 €	66,15/52,95 €	+-0/+18/+82/+109 %
Innovation Monega Innov.		Umfang 28 Mio. €, Alter 17 Jahre, Ausgabeaufschlag **3,50 %**, Gebühr **1,30 %**, ausschüttend. Der Fonds investiert in Aktien kleiner und mittelgroßer Firmen mit zukunftsfähigen Patenten.		

Name, Fonds-Gesellschaft	WKN	Kurs 05.04.18	Hoch/Tief 1 Jahr	Kursentwicklung 1, 3, 5, 10 Jahre
Infrastruktur	A1T 7WH	15,90 €	16,35/14,50 €	+3/+17/+69 %
FTIF Franklin Templ. Global		Umfang 82 Mio. €, Alter 5 J., Ausgabeaufschlag **0,00 %**, Gebühr **0,70 %**, thesaurierend. Der Fonds bevorzugt Firmen mit Kerngeschäft Verwaltung, Bau, Nutzung, Handel, Infrastruktur/Logistik.			
Internet/ Information	978 530	98,75 €	107,0/82,55 €	+16/+57/+149/+337 %
Nordinternet	Umfang 48 Mio. €, Alter 20 Jahre, Ausgabeaufschlag **5,00 %**, Gebühr **1,00 %**, thesaurierend. Aktien-Anlage in Internet, Infrastruktur, Online-Plattformen wie Amazon, Facebook, Alphabet.			
Klima/Umwelt	A0M KZM	528,55 €	588,3/519,5 €	−4/−1/+32/+10 %
KBC Eco Clima Change Classic	Umfang 23 Mio. €, Alter 10 Jahre, Ausgabeaufschlag **0,00 %**, Gebühr **1,40 %**, thesaurierend. Der Fonds strebt gute Renditen an durch Anlage in Klimawandel und Abbau von Treibhausgas.			
Kommunikat.-Technik/Medien	A0M WAN	408,80 €	443,3/375,5 €	+5/+41/+153/+368 %
DNB Fund A	Umfang 450 Mio. €, Alter 11 Jahre, Ausgabeaufschlag **5,00 %**, Gebühr **1,50 %**, thesaurierend. Der Fonds investiert in Technologie-, Kommunikations- und Medientitel in Zukunftsmärkten.			
Konsumgüter	A0N GWX	31,75 €	32,60/29,15 €	+6/+21/+82/+217 %
FF Fidelity Glob. Consum.	Umfang 731 Mio. €, Alter 10 Jahre, Ausgabeaufschlag **0,00 %**, Gebühr **0,80 %**, thesaurierend. Der Fonds bevorzugt globale Konsumaktien wie Amazon, Philip Morris, Coca-Cola, Colgate.			
Logistik	A0K ET2	140,20 €	164,9/138,1 €	−8/−2/+36/+110 %
PGLI Partners Group Listed	Umfang 620 Mio. €, Alter 12 Jahre, Ausgabeaufschlag **5,00 %**, Gebühr **1,15 %**, ausschüttend. Der Fonds legt zwei Drittel in Aktien von Firmen an, die in Infrastruktur und Logistik aktiv sind.			
Medien/Telek.	580 825	201,65 €	240,1/196,6 €	−15/−12/+30/+61 %
Belfius Eq. Global Telec.	Umfang 25 Mio. €, Alter 18 J., Ausgabeaufschlag **2,50 %**, Gebühr **1,50 %**, thesaurierend. Der Fonds investiert global. Große Posten sind: AT&T, Verizon, Vodafone und Dt. Telekom (DAX).			
Minen/Metall	HAF X4V	110,00 €	158,3/95,15 €	+6/+191/+96 %
Structured Sol. Next Generat.	Umfang 30 Mio. €, Alter 8 Jahre, Ausgabeaufschlag **5,00 %**, Gebühr **1,00 %**, ausschüttend. Der Fonds orientiert sich am Solactive Lithium-Index und investiert in Rohstoff-/Edelmetallminen.			
Öl/Gas/Energie	A0N CZQ	61,25 €	63,40/48,90 €	+18/+59/+32/+3 %
Parvest Equity Russia Opport.	Umfang 183 Mio. €, Alter 10 Jahre, Ausgabeaufschlag **3,00 %**, Gebühr **1,75 %**, ausschüttend. Es dominieren russische Ölaktien. Größere Anteile: Lukoil, Rosneft, Tatneft, Surgutneftegas.			

Name, Fonds-Gesellschaft	WKN	Kurs 05.04.18	Hoch/Tief 1 Jahr	Kursentwicklung 1, 3, 5, 10 Jahre
Pharma/Med.	A0J KM4	3.080,0 €	3.280/3.019 €	+17/+23/+85/+128 %
KBC Equity Growth Medical				
Rohstoffe/ Bergbau	977 988	95,10 €	99,95/79,40 €	+16/+24/+20/+25 %
Pioneer Invest				
Silber/ Industriemetall	A0K FA1	26,25 €	36,50/24,85 €	-26/+25/-31/-73 %
Stabilitas Silber				
Resourcen/Gold	A1C 4YR	24,10 €	30,10/21,90 €	-19/+47/-28-/69 %
Stabilitas Special Situations				
Software/ Technologie	921 559	89,35 €	94,55/81,00 €	+7/+30/+105/+210 %
UniSector H.				
Technologie global	515 262	32,85 €	35,20/28,40 €	+11/+44/+130/+217 %
Deka-Techno.				
Technologie Nebenwerte	A0M 8HD	139,30 €	142,9/128,0 €	+8/+26/+57/+160 %
Frankfurter F.				
Telekom	779 078	208,00 €	222,0/188,5 €	+7/+22/+103/+80 %
KBC Equity Strategie Tel.				
Versicherung	603 225	116,90 €	124,4/112,3 €	-1/+8/+66/+76 %
RT VIF Vers. International				

Beschreibungen:

KBC Equity Growth Medical: Umfang 64 Mio. €, Alter 17 Jahre, Ausgabeaufschlag **3,00 %**, Gebühr **1,50 %**, thesaurierend. Anlage in den Medizinsektor. Große Positionen: UnitedHealth, Medtronic, Fresenius, Abbott.

Pioneer Invest: Umfang 90 Mio. €, Alter 18 J., Ausgabeaufschlag **4,00 %**, Gebühr **0,50 %**, thesaurierend. Der Fonds investiert in Bergbau-, Goldminen-, Stahlfirmen, die Energie erzeugen und verarbeiten.

Stabilitas Silber: Umfang 62 Mio. €, Alter 12 Jahre, Ausgabeaufschlag **5,00 %**, Gebühr **2,50 %**, thesaurierend. Der Fonds erstrebt Wertzuwachs durch weltweite Anlagen in kleinere und mittlere Edelmetalltitel.

Stabilitas Special Situations: Umfang 13 Mio. €, Alter 11 J., Ausgabeaufschlag **5,00 %**, Gebühr **1,85 %**, thesaurierend. Der Fokus liegt auf kleineren australischen Explorationsfirmen: Bergbau Gold, Metalle, Mineralien.

UniSector H.: Umfang 117 Mio. €, Alter 19 Jahre, Ausgabeaufschlag **4,00 %**, Gebühr **1,55 %**, thesaurierend. Der Fonds investiert in Aktien von Firmen der Computer-, Software- und Technologiebranche.

Deka-Techno.: Umfang 437 Mio. €, Alter 18 J., Ausgabeaufschlag **3,75 %**, Gebühr **1,25 %**, thesaurierend. Der Fonds bevorzugt Technologietitel wie Google, Amazon, Facebook, Microsoft, Apple, Samsung.

Frankfurter F.: Umfang 2,65 Mrd. €, Alter 10 Jahre, Ausgabeaufschlag **5,00 %**, Gebühr **0,35 %**, thesaurierend. Der Fonds erstrebt Wertzuwachs durch Nebenwerte. Software AG und WashTec gehören dazu.

KBC Equity Strategie Tel.: Umfang 659 Mio. €, Alter 18 Jahre, Ausgabeaufschlag **0,00 %**, Geb. **1,50 %**, thesaurierend. Investiert wird in große Konzerne, wie Apple, Dt. Telekom, AT&T, Facebook, Microsoft, SAP.

RT VIF Vers. International: Umfang 54 Mio. €, Alter 20 J., Ausgabeaufschlag **4,00 %**, Gebühr **1,50 %**, ausschüttend. Dieser Fonds mit höherer Risikoschwelle investiert in Finanzaktien unterschiedlicher Größe.

Name, Fonds-Gesellschaft	WKN	Kurs 05.04.18	Hoch/Tief 1 Jahr	Kursentwicklung 1, 3, 5, 10 Jahre
Wasser	A0M SPX	176,50 €	177,6/152,8 €	-1/+4/+49/+101 %
Swisscanto (LU) Equity B		Umfang 148 Mio. €, Alter 11 J., Ausgabeaufschlag **5,00 %**, Gebühr **1,45 %**, thesaurierend. Der Fonds investiert in Aktien des Wasserbereichs wie Ecolab, Xylem, Eurofins, Veolia, Suez.		
Wohnungsbau Immo/Nebenw.	A0J D82	20,55 €	21,50/18,90 €	+10/+5/+33/+66 %
Meinl Gl. Prop.		Umfang 148 Mio. €, Alter 12 Jahre, Ausgabeaufschlag **5,00 %**, Gebühr **1,50 %**, thesaurierend. Der Fonds investiert in DAX und MDAX: Vonovia, Dt. Wohnen, LEG Immobilien, Dt. Euroshop.		
Zukunftsmarkt	515 248	110,50 €	120,0/104,2 €	+2/+16/+72/+116 %
DWS AM Smart Industrial Tec.		Umfang 530 Mio. €, Alter 12 Jahre, Ausgabeaufschlag **5,00 %**, Gebühr **1,45 %**, ausschüttend. Der Fonds investiert in Infrastruktur/Logistik/Industrie: Honeywell, United Tech., UPS, 3M, Fedex.		

„Eine Investition in Wissen bringt immer noch die besten Zinsen!" (Zitat Benjamin Franklin, amerikanischer Staatsmann, 1706 bis 1790)

Um nachzudenken, schreibt FBV-Autor Stefan Loipfinger in „Achtung, Anlegerfallen": „Niemand weiß, was in Zukunft passiert ... Entscheidend ist das Denken in Wahrscheinlichkeiten. Stehen den Risiken wirklich ausreichend große Chancen gegenüber? Welche Anlegerfallen verstecken sich in einzelnen Produkten?"

Dieses Branchenfonds-Musterdepot wurde nicht für eine komplette Nachbildung, sondern eine strategische Auswahl entwickelt. So können Sie flexibel auf sich abzeichnende Trends reagieren, Ihre Vorlieben und Ihr Fachwissen in bestimmten Sektoren bestmöglich nutzen. Damit schaffen Sie eine breite Streuung und stellen die Weichen für Vermögensaufbau und Altersvorsorge. Sie investieren zwar langfristig, können aber einzelne Bereiche bei Bedarf zügig austauschen. Ich habe dieses Musterdepot konzipiert, weil es mühselig ist, sich selbst seine Aktienfonds nach Branchen zusammenzustellen. Entscheiden Sie abhängig von Anlegertyp und Vorlieben. Es kommt darauf an, ob Sie sich strategisch am aktuellen Trend orientieren, nach einem Absturz günstige Einstiegskurse nutzen und bei einer sich andeutenden Kurserholung dabei sein wollen. Wichtig erscheint, ob Sie sich mehr an Value (defensiv) oder Growth (offensiv) orientieren.

Aktienfonds-Musterdepots erleichtern die Auswahl. Hier finden Sie keine Hebelprodukte, wie es sie seit 2017 bei einigen ETFs gibt. Aktienfonds setzen einen Zeithorizont ab einem Jahrzehnt voraus. Also dürften Sie Kursschwankungen kaum stören. Selbst ein Ausgabeaufschlag von 5 % ist hinnehmbar; denn er fällt nur einmal an. Dagegen sollte die jährliche Verwaltungsgebühr fair sein.

6.3 Das Baukastensystem mit dem Aufbaumodell für Ihre komplette Wertpapieranlage

Kreative Börsenwerkstatt: Das Baukastensystem mit dem Aufbaumodell aus Aktienfonds, ETFs und Einzelaktien

Als ein Orkan mein Eigenheimdach abdeckte, bot mir die Baufirma eine Sanierung nach dem Baukastensystem an: Dachziegel unverzichtbar, Dämmung später möglich. So kam mir die Idee von einer Anlage als Stufenmodell, das ich Ihnen nun vorstelle und eine ausgewogene Auswahl erleichtert.

Es geht um die Kombination Aktien – ETF – Aktienfonds. Mit dem Start für sicherheitsbewusste Anleger soll ein Aufbaumodell entstehen. Das Baukastensystem hat Auswahlcharakter und will Ihnen helfen, Ihr Depot wunschgemäß aufzubauen. Mit Wissen und Erfahrung basteln Sie sich Ihr eigenes Modell. Mein Muster gilt zur Orientierung. Der kopierbare Vordruck fordert zum Ausprobieren auf. Nutzen Sie die Digitalisierung und arbeiten Sie elektronisch.

➢ **In der ersten Stufe „Sicherheitsbewusstsein"** biete ich drei Aktienfonds, drei ETFs und je vier DAX-, MDAX- und SDAX-Aktien mit mittlerem Risiko an.

➢ **In der zweiten Stufe „Erfolgsorientierung"** gibt es bei Fonds, ETFs und Aktien neue Titel. Außerdem kommen als Ergänzung DAXplusFamily, Euro Stoxx 50, Dow Jones mit ebenfalls einigen Aktienvorschlägen hinzu.

➢ **Die dritte Stufe „Risikofreude"** erhöht bei Fonds, ETFs und Aktien Chance und Risiko. Das betrifft auch die Auswahl Nasdaq, China, Japan, sonstige Titel. Bei ausländischen Titeln ist Hochtechnologie in Zukunftsmärkten gefragt.

Baukastensystem und Aufbaumodell für Geldanlage		
Ein Anlagekonzept für sicherheitsbewusste Privatanleger: Bei den Einzelaktien wurden mehrere Familienfirmen ausgewählt.		
Investmentfonds	**ETFs**	**Edelmetall: Barren/Münzen**
DJE Dividende & Substanz (164 325)	iShares MDAX UCITS (593 392)	
DWS Aktien Strategie Deutschland (976 986)	LYXOR World Water (LYX 0CA)	**Gold physisch oder als ETC**
FT UnternehmerWerte (A0K FFW)	db x-trackers Immobilien (DBX 0F1)	**Gold/Silber/Platin physisch oder ETC**

DAX Aktien	MDAX-Aktien	SDAX-Aktien
VW Vz [Automobilbauer] (766 403)	DÜRR [Lackier-Maschinenbau] (KGX 888)	SIXT St [Autovermietung] (723 132)
Fresenius [Gesundheit, Pharma] (578 560)	Krones [Abfüllanlagen] (633 500)	Grenke [Büro-Leasing] (A16 1N3)
BASF [Großchemie] (BAS F11)	Fuchs Petrolub [Schmierstoff] (579 043)	INDUS [Beteiligungen] (620 010)
Siemens [Elektrotechnik] (723 610)	KION [Gabelstapler, Logistik] (KGX 888)	Bertrandt [Ingenieur-Dienstleister] (523 280)
Anlage-Aufbaumodell für erfolgsorientierte Privatanleger		
Investmentfonds	ETFs	DAX-Aktien
UniSector HighTech A (921 559)	Comstage SDAX TR (ETF 005)	BMW [Autobauer] (519 000)
Quest Cleantec B SICAV (A0N C68)	iShares MSCI USA Small Cap (A0X 8SB)	Allianz [Versicherung] (840 400)
Uni Deutschland XS (975 049)	iShares ST.EU.600 Konsum (A0H 08N)	Adidas [Sportartikel] (A1E WWW)
MDAX-Einzelaktien	SDAX-Einzelaktien	DAXplus Family 30
HELLA [Autozulieferer, Lichtsysteme] [A13 SX2]	Wacker Neuson [Baumaschinen] (WAC K01)	Rational [Großküchengeräte] (701 080)
Hannover Rück [Rück-Versicherung (840 221)]	WashTec [Autowäsche] (750 750)	Software AG [IT-Software] (330 400)
Deutsche Pfandbrief [Spezialbank] (801 900)	Hypoport [Immobilien-Finanzierer] (549 336)	Symrise [Duftstoffe] (SYM 999)
MTU Aero [Industrie] (A0D 9PT)	Dt. Beteiligung [Übernahmen] (A1T NUT)	United Internet [Software] (508 903)
Euro Stoxx 50-Aktien	TecDAX-Aktien	Dow Jones Aktien
Anheuser Busch [Bier] (A2A SUV)	Bechtle [Systemhaus Software] (515 870)	Verizon [Telekommunikation] (868 402)
VINCI [Bauindustrie] (867 475)	Nemetschek [Bau-Software] (645 290)	Johnson & Johnson [Gesundheit] (853 260)
LVMH [Luxuskonsum] (853 292)	Sartorius [Biopharma-Industrie] (716 563)	APPLE [Smartphons] (865 985)

Anlage-Aufbaumodell für risikofreudige Privatanleger		
Investmentfonds	**ETFs**	**Nasdaq-Aktien**
DJE Asia High Dividende (A0Q 5KZ)	iShares Nasdaq-100 (A0F 5UF)	Alphabet [Suchmaschine] (A14 Y6F)
Nordinternet Online-Infrastruktur (978 530)	iShares TecDAX (DE) (593 397)	Amazon.com [Online-Handel] (906 866)
Magna Frontiers Umbrella (A1H 7JG)	ISHSTR-Nasdaq Biotech (657 791)	Nvidia Corp. [IT-Hardware] (918 422)
Structured Solutions Next Gener. (HAF X4V)	Powershares Global Dynamic US (A0M 2EH)	Netflix [Videos, Filme, TV] (552 484)
Anlage-Aufbaumodell für risikofreudige Privatanleger (Forts.)		
DAX-Aktien	**TecDAX-Aktien**	**GEX und Sonstige**
SAP [Betriebssoftware] (716 460)	XING [Berufsnetzwerk] (XNG 888)	Hermle [Maschinenbau] (605 283)
Infineon [Halbleiter] (623 100)	CompuGroup [Ärzte-Software] (543 730)	ISRA Vision [Software] (548 810)
Continental [Auto-Technologie] (543 900)	Drillisch [Internet] (554 550)	Basler [Technologie] (510 200)
Wirecard [Online-Bezahldienst] (747 206)	Freenet [Telekommunikation] (A0Z 2ZZ)	TUI [Reisekonzern] (TUA G30)
China-Einzelaktien	**Japan-Einzelaktien**	**Sonstige Aktien**
Geely [Elektro-Autos] (A0C ACX)	Fanuc [Robotik] (863 731)	Samsung [Elektronik, Südkorea] (881 823)
Alibaba [Internet] (A11 7ME)	SoftBank [Technologie] (891 624)	Lukoil [Mineralöl, Russland] (A14 20E)
Tencent [Internet] (A11 38D)	Sony [Elektronik/Konsum] (853 687)	Norilsk Nickel [Rohstoff, Russl.] (A14 0M9)
Baidu [Internet] (A0F 5DE)	Toyota Motor [Autos] (A53 510)	UPM Kymmene, FI [Papier] (881 026)
China Molybdenum [Rohstoffe] (A0M 4V5)	Nintendo [Technologie] (A64 009)	RIO Tinto, GB [Rohstoffe] (852 147)

Treffen Sie selbstbewusst Ihre Auswahl. Zitat, Philosoph Immanuel Kant: *„Wer sich zum Wurm macht, soll nicht klagen, wenn er getreten wird."*

10 erfolgreiche Aktienfonds für die drei Anlegertypen				
Fondsname bzw. Bezeichnung	WKN	Kurs 06.04.18	52 Wochen Hoch/Tief €	Kursverlauf % 1, 3, 5 Jahre
Drei Aktienfonds für sicherheitsbewusste Privatanleger				
DJE Div & Substanz	164 325	393,00 €	422,3/376,3	+10/+33/+58 %
Aktien dividendenstarker, nachhaltig wirtschaftender Firmen: Umfang 1,30 Mrd. €, Ausgabeaufschlag **5,00 %**, Gebühr **1,32 %**, thesaurierend, Alter 15 Jahre				
DWS Akt. Strategie	976 986	410,60 €	457,6/377,8	+8/+21/+115 %
Aktien-Strategie Deutschland, bevorzugt Großkonzerne DAX: Umfang 3,81 Mrd. €, Ausgabeaufschlag **5,00 %**, Gebühr **1,45 %**, thesaurierend, Alter 19 Jahre				
FT Unternehmerwert	A0K FFW	84,80 €	90,80/80,30	+2/+17/+61 %
Eine weltumspannende Familienfirmen-Aktienauswahl: Umfang 67 Mio. €, Ausgabeaufschlag **5,00 %**, Jahresgebühr **1,25 %**, thesaurierend, Alter 12 Jahre				
Drei Aktienfonds für erfolgsorientierte Privatanleger				
UniSector High	921 559	88,60 €	94,65/81,00	+9/+31/+112 %
Technologieaktien vor allem aus Dow Jones und Nasdaq 100: Umfang 118 Mio. €, Ausgabeaufschlag **4,00 %**, Gebühr **1,55 %**, ausschüttend, Alter 19 Jahre				
Quest Cleantec	A0N C68	254,35 €	267,9/235,6	+8/+20/+87 %
Quest Management: globale, „saubere" Aktien Industrienationen; Umfang 190 Mio. €, Ausgabeaufschlag **2,00 %**, Gebühr **1,25 %**, thesaurierend, Alter 10 Jahre				
Uni Deutschland	975 049	172,80 €	181,0/139,7	+24/+40/+143 %
Deutsche Nebenwerteauswahl vom MDAX, TecDAX und SDAX: Umfang 1,18 Mrd. €, Ausgabeaufschlag **4,00 %**, Gebühr **1,55 %**, thesaurierend, Alter 12 Jahre				
Vier Aktienfonds für risikofreudige Privatanleger				
DJE Asia High	A0Q 5KZ	206,55 €	223,8/195,3	+6/+240/+49 %
Substanz- und dividendenstarke Aktien asiatischer Regionen: Umfang 189 Mio. €, Ausgabeaufschlag **5,00 %**, Gebühr **1,30 %**, ausschüttend, Alter 10 Jahre				
China First State	A0Q YLQ	2,70 €	2,85 €/2,30 €	+19/+78/+167 %
Globale Auswahl großer/mittelgroßer Aktien Pharma/Biotech: Umfang 254 Mio. €, Ausgabeaufschlag **4,00 %**, Gebühr **1,55 %**, ausschüttend, Alter 19 Jahre				
Magna New Front.	A1H 7JG	20,50 €	21,10/17,85	+10/+56/+117 %
Frontiermärkte sind Regionen unterhalb Schwellenländern: Umfang 1,23 Mrd. €, Ausgabeaufschlag **5,00 %**, Gebühr **1,25 %**, thesaurierend, Alter 7 Jahre				
StrucSol Next	HAF X4V	110,25 €	156,3/95,10	+7/+195/+65 %
Überwiegend weniger bekannte Rohstoff- sowie Minenaktien: Umfang 32 Mio. €, Ausgabeaufschlag **5,00 %**, Gebühr **0,15 %**, ausschüttend, Alter 8 Jahre				

10 erfolgreiche ETFs für die drei großen Anlegergruppen

ETF-Name bzw. Bezeichnung	WKN	Kurs 06.04.18	52 Wochen Hoch/Tief	Kursverlauf 1, 3, 5 Jahre
Drei ETFs für sicherheitsbewusste Privatanleger				
iShares MDAX	593 392	220,25 €	236,6/208,6 €	+4/+17/+86 %
MDAX mittelgroß: Umfang 2,23 Mrd. €, Gebühr: 0,50 %, thesaurier., Alter: 17 J.				
LYXOR Wasser	LYX 0CA	37,80 €	37,80/33,60 €	-5/+7/+67 %
Wasser global: Umfang 555 Mio. €, Gebühr: 0,60 %, ausschüttend, Alter: 10 J.				
db x-trackers Immo	DBX 0F1	25,35 €	26,30/23,60 €	+7/+2/+70 %
Immobilien In-/Ausland: Umfang 392 Mio. €, Gebühr: 0,33 %, thesaurier., 8 J.				
Drei ETFs für erfolgsorientierte Privatanleger				
Comstage SDAX	ETF 005	111,30 €	118,0/96,40 €	+15/+33/+97 %
SDAX Small Cap: Umfang 138 Mio. €, Gebühr: 0,70 %, ausschüttend, Alter: 7 J.				
iShares Small Cap	A0X 8SB	256,50 €	271,1/222,7 €	+15/+27/+83 %
MSCI USA Small: Umfang 540 Mio. €, Gebühr: 0,43 %, thesaurierend, Alter: 9 J.				
iShares Konsum	A0H 08N	79,05 €	93,75/72,00 €	-3/+18/+68 %
Stoxx Europe 600: Umfang 794 Mio. €, Gebühr: 0,45 %, ausschütt., Alter: 16 J.				
Vier ETFs für risikofreudige Privatanleger				
iShares Nasdaq	A0F 5UF	51,00 €	56,60/47,00 €	+22/+55/+15 %
USA Technologie: Umfang 436 Mio. €, Gebühr: 0,60 %, ausschütt., Alter: 10 J.				
iShares TecDAX	593 397	20,90 €	21,55/15,50 €	+23/+54/+172%
30 Hightechwerte: Umfang 480 Mio. €, Gebühr: 0,50 %, thesaurier., Alter: 16 J.				
Comstage MSCI W.	ETF 110	46,65 €	51,00/38,50 €	+15/+26/+61 %
Nasdaq Biotech: Umfang 6,4 Mrd. €, Gebühr: 0,20 %, ausschüttend, Alter: 10 J.				
PS Dynamic USA	A0M 2EH	14,70 €	16,00/12,65 €	+1/+12/+84 %
Software global: Umfang 16 Mio. €, Gebühr: 0,75 %, ausschüttend, Alter: 11 J.				

Basteln Sie sich Ihr Aufbaumodell nach eigenen Vorstellungen!

Kopieren Sie den umseitigen Vordruck mehrmals. Tragen Sie Ihren eigenen Entwurf für ein Aufbaumodell ein, das Ihren Vorlieben und Erwartungen, Ihrem Naturell und Ihrer Kapitaldecke entspricht. Seien Sie offen für Neuentwicklungen, konjunkturelle Trends und sich ändernde Einschätzungen bei der Rückkehr zu einer Finanzpolitik mit steigendem Zinssatz. Da würden sich die Chancen von flexiblen Misch- und Rentenfonds deutlich erhöhen.

Baukastensystem und Aufbaumodell für Geldanlage		
Ein Anlagekonzept für sicherheitsbewusste Privatanleger		
Investmentfonds	**ETFs**	**Edelmetall: Barren/Münzen**
DAX Einzelaktien	**MDAX-Einzelaktien**	**SDAX-Einzelaktien**
Anlage-Aufbaumodell für erfolgsorientierte Privatanleger		
Investmentfonds	**ETFs**	**DAX-Aktien**
MDAX-Einzelaktien	**SDAX-Einzelaktien**	**DAXplusFamily**
Euro Stoxx 50-Aktien	**TecDAX-Einzelaktien**	**Dow Jones Aktien**
Anlage-Aufbaumodell für risikofreudige Privatanleger		
Investmentfonds	**ETFs**	**Nasdaq-Aktien**
DAX-Einzelaktien	**TecDAX-Einzelaktien**	**Stoxx 50-Aktien**

6.4 Anlegerfallen – nicht nur am Grauen Kapitalmarkt

Wer als Unternehmer die Industrie 4.0 verschläft, dem droht Absturz und Insolvenz. Wer als Anleger nicht wachsam ist, wird durch den Megatrend Digitalisierung wohl noch leichter das Opfer gieriger Finanzbetrüger am Grauen Kapitalmarkt sein.

Die Maschen verändern sich durch Trends und technologischen Fortschritt. Der Kern bleibt gleich: Anfangs das Vertrauen der Opfer gewinnen; sie danach trickreich um ihr Geld bringen. Zielgruppe sind ältere Damen, bei denen kriminelle Märchenerzähler auf Tränendrüsen drücken, aber auch betuchte Freiberufler.

Ich hoffe, Sie zählen nicht zu den geprellten Anlegern, die durch windige Geschäfte der Kriminellen Vermögensverluste erlitten. Sie sollten nicht zu den Leuten gehören, die alljährlich 20 bis 40 Mrd. € in die aufgerissenen Mäuler gieriger Finanzhaie stopfen. Die Dunkelziffer ist hoch, genährt von Verdrängung und Scham, die üblen Tricks nicht durchschaut zu haben. Im Schnitt liegt der Schaden bei 35.000 €. Die Anlage in Geschlossene Schifffonds war ein Milliardengrab. Sie sparen sich mühsame Analysen, wenn Sie erste Kontaktversuche gleich abbrechen: Hörer auflegen, jede E-Mail mit Pauschalbetreff und unbekanntem Absender sofort löschen.

Vorsicht Anlagebetrug! Wie Sie sich schützen können!

❶ **Ruft Sie jemand unangemeldet an?** Legen Sie sofort auf, wenn man Ihnen telefonisch Kapitalanlagen anpreist. Im Übrigen sind „Cold Calls" verboten.

❷ **Verspricht der Finanzberater Traumrenditen?** 5 % Rendite im Monat oder Vierteljahr gibt es nicht – auch nicht in Hochzinsperioden. Lassen Sie sich durch Gier nicht zu wahnwitzigen Finanzspekulationen hinreißen!

❸ **Setzt Sie der Anbieter unter Zeitdruck?** Will er Sie zum raschen Exklusivgeschäft und Vertragsabschluss überreden? Betrüger haben es immer eilig.

❹ **Verzichtet der Anbieter auf Vermögensanalysen?** Vorsicht, wenn er keine individuelle Analyse erstellt und kein schlüssiges Abschlussprotokoll vorlegt!

❺ **Weicht der Berater aus,** wenn er das dubiose Produkt genau erklären oder Referenzen nennen soll? Seriöse Empfehlungen liefern namhafte Banken.

❻ **Will er Sie mit einem Testgeschäft ködern?** Minigewinne sollen Vertrauen aufbauen, um Sie danach mit hohen Summen über den Tisch zu ziehen.

❼ **Liegt der Firmensitz in einem exotischen Land?** Werden Überweisungen ins Ausland verlangt? Es ist schwierig, sein Recht im Ausland einzuklagen.

Anlegerfallen gibt es nicht nur am Grauen Kapitalmarkt. Der Finanzexperte Stefan Loipfinger stellt in der FBV-Neuerscheinung *„Achtung, Anlegerfallen!"* die Fondsbranche auf den Prüfstand.

Der Finanzjournalist Loipfinger bringt eine Anzahl negativer Beispiele, von denen ich hier einige als Zitate und andere gekürzt wiedergebe. Keineswegs soll dadurch der Eindruck entstehen, in der Fondsbranche gäbe es nur Halunken, Gauner und schwarze Schafe, die es allein auf Ihr Geld abgesehen haben.

Wir begegnen seriösen, innovativen Fondsmanagern, die selbstverständlich auch Geld verdienen wollen und müssen, aber für die das Anlegerwohl, sprich eine ordentliche Rendite, durchaus Triebfeder ihres Handelns ist. Sie arbeiten mit Elan und flexibel daran, zu den besten Publikumfonds zu zählen. Es ist ihnen keineswegs gleichgültig, ob nur sie selbst oder auch die Anleger Geld verdienen und für das gezeigte Vertrauen belohnt werden.

Unter diesem Vorbehalt, nicht nur die Schatten-, sondern auch die vorhandenen Lichtseiten zu sehen und mit einzubeziehen, bringe ich einige Negativbeispiele. Dies geschieht in der Absicht, selbst besonders wachsam und aufmerksam zu sein und nicht auf wahnwitzige Versprechen und Ankündigungen hereinzufallen.

„Betonierte Scheinsicherheit: Immobilien"

Stefan Loipfinger warnt davor, dass die Preise in Deutschlands Top-Metropolen den Mieten davoneilen. Die Preisübertreibung liegt zwischen 36 % in Düsseldorf und gut 40 % in Frankfurt und Hamburg, um die 50 % in Köln, Berlin und Stuttgart sowie 75 % in München, dem größten Preistreiber. Deshalb empfehle ich, in gute Aktien-Immobilienfonds oder Einzelaktien aus DAX, MDAX und SDAX statt in Offene oder erst recht in Geschlossene Immobilienfonds zu investieren.

Deutsche und europäische Aktienfonds bringen bevorzugt folgende Titel: Vonovia, DAX, (A1ML7J); Alstria Office Reit, MDAX, (A0LD2U); Aroundtown, MDAX, (A2DW8Z); Deutsche Wohnen, MDAX, (A0HN5C); Grand City, MDAX, (A1JXCV); LEG Immo., MDAX, (LEG111); TAG Immobilien, MDAX, (830350); Adler Real Estate, SDAX, (500800); DIC Asset, SDAX, (A1X 3XX); Hamborner Reit, SDAX, (601300); Patrizia, SDAX, (PAT1AG); TLG Immo., SDAX, (A12 B8Z). Hinzu kommen weitere Prime-Standard-Titel. Hier passt das Zitat von Anton Neuhäusler: *„Es gibt keine Sicherheit, sondern nur verschiedene Grade der Unsicherheit."* Meine Antwort: *„Das größte Risiko ist, keinerlei Risiko eingehen zu wollen!"*

„Milliarden-Industrie Investmentfonds"

Zitat Stefan Loipfinger: *„Anleihen sind wie ein Bumerang: Die Gewinne von heute kommen als Verlust von morgen zurück."*

Diese Aussage hat sich seit Einführung der Null- bzw. Niedrig-Zins-Politik bewahrheitet. Mischfonds liefern derzeit nur dann Erträge, wenn die Anleihequote auf ein Minimum zurückgefahren und der Aktienanteil bis zu über 90 % aufgestockt wird. Dies verlangt eine flexible, mutige Ausrichtung. Von 2007 bis 2016 schnitten bei europäischen Aktien nur 11 % der Manager besser als der Vergleichsindex ab. Wer dagegen auf Nebenwerte setzte und auch auf China und Japan zugriff, erzielte eine deutlich bessere Rendite als die Benchmark und zahlreiche Mitläufer.

„ETF: Drei Buchstaben revolutionieren eine Branche"

Verbraucherzentralen und Warentester sprechen sich klar für börsennotierte Indexfonds aus, statt fadenscheinige Gegenargumente zu liefern oder sie gar zu verteufeln. Auf die Frage, ob ein passiv gemanagter ETF nicht riskanter sei als ein aktiver Aktienfonds, lautet die Aussage: *„Nein, das stimmt nicht. Berater verkaufen ungern ETFs, weil sie an aktiv gemanagten Fonds mehr verdienen. Mit einem ETF bestehen in etwa dieselben Kursrisiken wie mit einem aktiv gemanagten Fonds aus dieser Gruppe. Oft sind ETFs sogar weniger riskant, wenn sie in mehr Titel investieren und die Risiken somit breiter streuen. Bei beiden Fondsarten handelt es sich um Sondervermögen. Sollte die Fondsgesellschaft pleitegehen, ist der Fonds vor dem Zugriff des Insolvenzverwalters geschützt."*

Stefan Loipfinger liefert dazu folgenden Tipp: *„Es ist kein Hexenwerk, Geld vernünftig anzulegen. Wer passive Indexfonds (ETFs) kauft, hat schon ganz viel richtig gemacht. Sie sind einfach zu verstehen und geben keine leeren Versprechen ab. Aktiv verwaltete Investmentfonds wollen besonders vielversprechende Wertpapiere auswählen und besser als der Markt sein. Am Ende sind sie aufgrund der hohen Gebühren meist schlechter. Die Zukunft kann eben niemand verlässlich vorhersagen. Einzig sicher prognostizierbar sind die Gebühren."*

„Wahnwitzige Versprechen: Alternative Investmentfonds"

Finanzjournalist Loipfinger leitet seine Negativdarstellung mit folgendem Zitat von Francois de La Rochefoucault ein: *„Kleine Fehler geben wir gern zu, um den Eindruck zu erwecken, wir hätten keine großen."* Dorothea Mohn vom Bundesverband Verbraucherzentrale äußert sich zu Geschlossenen Fonds:

„Geschlossene Fonds sind hochriskante Produkte und für Privatanleger völlig ungeeignet. Nahezu alle EU-Länder haben das erkannt. Doch Deutschland sieht zu, wie Verbraucher über die Jahre mehrere Milliarden Euro verbrennen, die dringend für die Altersvorsorge gebraucht werden. Das muss ein Ende haben. Geschlossene Fonds dürfen nicht länger aktiv an Privatkunden vertrieben werden."

> ➢ **Von 600 Beteiligungen erzielten 19 % Überschüsse von insgesamt 871 Mio. €. Dem standen 81 % mit 6,6 Mrd. € Verlust gegenüber.**

„Vermeintliche Schwarmintelligenz"

Dazu ein Zitat vom früheren russischen Schachweltmeister Garri Kasparow
„Intelligenz lässt sich nicht am Weg, sondern nur am Ergebnis feststellen."

Stefan Loipfinger berichtet: *„Die Erfolgsgeschichten, die sich mit den Konzernnamen Microsoft, Apple, Alphabet (Google), Facebook & Co. verbinden, kennt jeder. Doch was ist mit denjenigen, die scheiterten, die den Durchbruch nicht schafften, die zu den Verlierern gehörten, ob mit oder ohne Garage? Sie sind vergessen."*

Ich empfehle selbst superreichen Privatanlegern keine Direktbeteiligungen an Firmen. Solche Anlagen sollten Profis vorbehalten bleiben. Dagegen gibt es Aktien von erstklassigen Unternehmen mit dem Hauptgeschäftsmodell Beteiligungen. Dazu zählen vom SDAX Deutsche Beteiligung (A1TNUT), DIC Asset (A1X3XX) und INDUS (620010). Ein SDAX-Aktienfonds oder SDAX-ETF bringt diese drei dividendenstarken und fair bewerteten Titel. Interessant sind auch die folgenden drei kleineren Beteiligungsgesellschaften Aurelius, GESCO und BLUE CAP.

Sinngemäß einige Anlagetipps von Stefan Loipfinger auf den Punkt gebracht

1. **Egal, welche Anlagestrategie Sie verfolgen. Bleiben Sie konsequent.** Jede Methode durchläuft gute und schlechte Phasen.
2. **Kaufen Sie in Anlehnung an Warren Buffett nur, was Sie verstehen.**
3. **Hören Sie nicht auf sogenannte „todsichere Tipps",** auf Stammtischgeschwätz und dubiose Börsenbriefe.
4. **Lassen Sie sich nicht zu Anlageentscheidungen drängen.** Zeitdruck ist ein schlechter Ratgeber und meist ein Zeichen für einen unseriösen Berater.
5. **Beginnen Sie frühzeitig mit regelmäßigem Sparen.** Gestalten Sie dies aber flexibel, sodass Sie Ihre Raten beliebig anpassen können, z. B. Sparpläne.
6. **5 bis 10 % Ihres Vermögens sollten in physischem Gold und Silber liegen.** Das ist wie eine Versicherung, die Sie hoffentlich nie brauchen. Falls Sie die Edelmetalle irgendwann benötigen, haben Sie stets Zugriff darauf.
7. **Nachhaltigkeit sollte kein Luxus sein.** Langfristige Investments erfordern langfristiges Denken.
8. **Vermeiden Sie Fremdkapital als Renditeturbo.** Investieren Sie nur mit übrigem, nicht benötigtem Geld.

Hilfreich ist vielleicht die Lebensweisheit des Schriftstellers Jack London: *„Wir leben zu sehr in der Vergangenheit, haben Angst vor der Zukunft und vergessen dabei völlig, die Gegenwart zu genießen."*

6.5 Ist der Russland-Crash ein düsterer Vorbote für weitere Kurseinbrüche?

Wie reagierten Sie, als beste russische Aktien in 2 Tagen durchschnittlich um 15 % absackten? Galt für Sie: *„Früher Vogel fängt den Wurm"* **oder Flucht infolge Angst aus russischen Aktien?**

Die dramatische Talfahrt an der Börse in Moskau begann überraschend am Montag, 09. April 2018, und setzte sich am Dienstag, teilweise auch noch am Mittwoch, fort. Welche Gründe gab es für diesen starken Kurseinbruch?

1. Es wurden von dem unberechenbaren US-Präsidenten Donald Trump ausgehend Strafmaßnahmen gegen sieben Russen und zwölf ihrer Firmen verhängt.

2. Durch verschärfte US-Sanktionen stürzte der in Dollar notierte russische Leitindex RTX in Kürze um 10 % bis 15 % ab. Es kam zur Panik. Der RTS an der Börse Moskau rutschte auf ein Acht-Monats-Tief von rund 1.000 Punkten.

3. Nachdem viele Anleger alle russischen Aktien auf den Markt warfen, sorgten die Stoppkurse für Kettenreaktionen und ließen die Kurse weiter abstürzen.

4. Die bislang positive Haltung gegenüber russischen Aktien erfuhr einen gewaltigen Dämpfer. Teilweise war der Kursrutsch auch emotional getrieben, wurde also gefühlsmäßig ausgelöst, zumindest aber verstärkt.

Der Crash war eine gute Gelegenheit, das eigene Börsenverhalten zu überprüfen und nachzudenken, ob falsch oder richtig gehandelt wurde und wie man künftig auf einen Crash reagiert. Ein solcher bleibt nicht aus, zumal aus dem „Kalten Krieg" zwischen USA und Russland akute Kriegsgefahr entstehen kann.

Der größte Fehler war, alle Aktien zu tiefen Kursen aus dem Depot zu schleudern. So ergab sich für Mutige die Chance, den Bestand an russischen Aktien preisgünstig aufzustocken. Es scheint sich einmal mehr zu bewahrheiten: Der Tüchtige und der Mutige verdienen das Glück, dagegen wohl kaum der winselnde, sich duckende Wurm, der gefährdet ist, zertreten zu werden.

Ich stockte den russischen Aktienbestand weiter auf. Und was ergab sich in der Folgezeit? Ich kaufte Norilsk Nickel für knapp 12 € (jetzt kostet der Titel 2,50 € mehr), Lukoil für unter 49 € (derzeit um 13 € teurer) und Tatneft für 48 € (Anstieg auf rund 60 €). Aber noch interessanter war damals die damit verbundene hohe Dividendenrendite von über 6 bis zu 9 % (Stand: August 2018).

Die Kursliste zeigt als Orientierungsmuster die Entwicklung von sechs wichtigen russischen Aktien kurz nach dem Crash. Ich habe für Sie auch einen Aktienfonds und ETF ausgewählt. Sie sind gut für Langzeitanleger, die ihr Depot nicht ständig überprüfen, aber dennoch breit streuen wollen.

Aktien vom Leitindex Russland RTX nach dem Crash 2018. Merkmale: sehr niedrige Bewertung, sehr hohe Dividende				
Aktien/ Unternehmen	WKN	Kurs 21.08.18	52 Wochen- Hoch/Tief €	Kursverlauf % 1, 3, 5 Jahre
Gazprom	903 276	3,75 €	4,40/3,25 €	+10/-1/-38 %
Globaler Erdgaskonzern, Kurs-Gewinn-Verhältnis: 3,1, Dividendenrendite: **6,0 %**				
LUKOIL	A14 20E	57,30 €	61,50/40,50 €	+40/+71/+52 %
Führender Öl-/Gaskonzern, Kurs-Gewinn-Verhältnis: 5,7, Dividendenrendite: **5,3 %**				
Norilsk Nickel	A14 0M9	14,20 €	17,65/11,90 €	+10/+9/+25 %
Bergbau Nickel/Platin/Kupfer, Kurs-Gewinn-Verhältnis: 7,3, Divid.-Rendite: **8,5 %**				
Rosneft	A0J 3N5	5,45 €	5,85/3,85 €	+29/+74/+7 %
Globaler Energiekonzern, Kurs-Gewinn-Verhältnis: 6,6, Dividendenrendite: **3,6 %**				
Sberbank	A1J B8N	10,20 €	17,30/9,50 €	-2/+153/+22 %
Eines der größten Geldhäuser, Kurs-Gewinn-Verhältnis: 4,8, Divid.-Rendite: **8,9 %**				
Tatneft	A2A BS0	57,70 €	59,95/31,95 €	+81/+136/+108 %
Führender Ölförderkonzern, Kurs-Gewinn-Verhältnis: 8,7, Divid.-Rendite: **6,0 %**				

Ein Aktienfonds und ein ETF aus Russland, August 2018				
Name Aktienfonds/ETF	WKN	Kurs 21.08.18	Hoch/Tief 52 Wochen	Kursentwicklung 1, 3, 5, 10 Jahre
Aktienfonds DWS Russia EUR ACC	939 855	209,55 €	232,5/191,5 €	+7/+45/+15/-41 %
	Umfang 151 Mio. €, Alter 16 Jahre, Ausgabeaufschlag **5,00 %**, Gebühr **2,00 %**, thesaurierend. Investiert wird in große, mittlere und kleinere Firmen mit guter Marktstellung und Zukunftswachstum. Mit dabei: Lukoil, Norilsk Nickel, Novatek und Sberbank.			
ETF ComStage Dow Jones Russia	ETF 118	129,10 €	151,9/113,3 €	+18/+55/+16 %
	Umfang 17 Mio. €, Alter 10 Jahre, Ausgabeaufschlag **0,00 %**, Gebühr **0,60 %**, ausschüttend. Der ETF bezieht sich auf den Index Dow Jones Russia bzw. bildet die Wertentwicklung vom Index MSCI TRN Russia ab. Alle Aktien sind weltweit handelbar.			

❼ 2018 In- und Ausland: Nebenwerte- und Technologiefonds liegen vorn

7.1 Aktienfonds-Sieger: Kontinente, Nationen und Regionen

Aktienfonds Asien/Pazifik, aus Ranglisten 2017/2018				
Name, Fonds-Gesellschaft	WKN	Kurs 10.03.18	Hoch/Tief 52 Wochen	Kursentwicklung 1, 3, 5, 10 Jahre
Baring UK Eastern GBP	972 846	12,75 €	13,35/11,05 €	**+30/+63/+82/+141 %**
DJE Asia High Dividend XP (EUR)	A0Q 5K1	259,45 €	272,6/231,8 €	**+15/+40/+64 %**
DKB Asien Fonds TNL	795 322	27,60 €	29,80/25,80 €	**+5/+21/+40/+15 %**
DWS Top Asien	976 976	161,45 €	161,9/139,2 €	**+16/+35/+64/+57 %**
Fidelity Asia Focus A	A0L F07	27,25 €	28,00/22,80 €	**+19/+24/+51/+115 %**
Fidelity Pacific USD Fund A	974 005	32,65 €	34,15/28,65 €	**+28/+38/+75/+92 %**

Baring UK Eastern GBP: Umfang 59 Mio. €, Alter 33 Jahre, Ausgabeaufschlag **5,0 %**, Gebühr **1,50 %**, thesaurierend. Investiert wird in China, Singapur, Südkorea, Taiwan, Indien. Große Posten: Samsung, Tencent.

DJE Asia High Dividend XP (EUR): Umfang 141 Mio. €, Alter 10 Jahre, Ausgabeaufschlag **0,00 %**, Gebühr **0,30 %**, ausschüttend. Der Fokus liegt auf fair bewerteten dividendenstarken Aktien des asiatisch-pazifischen Raums.

DKB Asien Fonds TNL: Umfang 21 Mio. €, Alter 16 Jahre, Ausgabeaufschlag **0,00 %**, Gebühr **1,40 %**, thesaurierend. Schwerpunkt sind Aktien ertrags- und wachstumsstarker Firmen aus der Region Asien-Pazifik.

DWS Top Asien: Umfang 1,65 Mrd. €, Alter 21 Jahre, Ausgabeaufschlag **4,00 %**, Gebühr **1,45 %**, thesaurierend. Favoriten sind die Aktien großer Konzerne aus Ostasien, vor allem Hightech, Internet, Robotik.

Fidelity Asia Focus A: Umfang 1,95 Mrd. €, Alter 11 Jahre, Ausgabeaufschlag **5,25 %**, Gebühr **1,50 %**, thesaurierend. Anlage in Aktien von Firmen, die mit Ausnahme von Japan in der pazifischen Region aktiv sind.

Fidelity Pacific USD Fund A: Umfang 3,00 Mrd. €, Alter 24 Jahre, Ausgabeaufschlag **5,25 %**, Gebühr **1,50 %**, ausschüttend. Währung USD. Der aktive Fonds investiert vor allem in Aktien aus Japan, Australien, Hongkong.

Name, Fonds-Gesellschaft	WKN	Kurs 10.03.18	Hoch/Tief 52 Wochen	Kursentwicklung 1, 3, 5, 10 Jahre
Henderson Horizon Asian Growth USD	972 769	104,45 €	107,2/90,40 €	+31/+29/+48/+68 %
JPMorgan Pacific Equity	971 609	89,65 €	93,50/74,05 €	+32/+47/+66/+74 %
Lemanik SICAV Asian Opportunity	626 644	20,30 €	22,45/17,80 €	+11/+36/+95/+169 %
Nordea 1 Asian Equity	973 349	22,45 €	24,45/20,40 €	+27/+27/+47/+40 %
Raiffeisen-Pazifik-Aktien RT	631 577	176,20 €	191,1/159,1 €	+13/+20/+65/+88 %
Robeco CG Asia-Pacific Equities	988 149	154,20 €	160,5/133,7 €	+13+29/+67/+78 %
Treadneedle ICVC Asia Retail USD	987 669	2,60 €	2,70 €/1,25 €	+36/+35/+49/+56 %
UNI Asia EUR ACC	971 267	68,50 €	69,55/58,60 €	+17/+29/+67/+78 %
Vontobel Asia Pacific Equity	987 183	387,50 €	399,2/343,8 €	+29/+22/+38/+67 %

Henderson Horizon Asian Growth USD: Umfang 28 Mio. €, Alter 33 Jahre, Ausgabeaufschlag **5,00 %**, Gebühr **0,18 %**, thesaurierend. Über zwei Drittel der Aktien stammen aus Hongkong, Thailand, Malaysia, Singapur, China.

JPMorgan Pacific Equity: Umfang 787 Mio. €, Alter 30 Jahre, Ausgabeaufschlag **5,00 %**, Gebühr **1,50 %**, ausschüttend. Der Fonds legt über zwei Drittel in Aktien von Firmen an, die im Pazifikraum ansässig sind.

Lemanik SICAV Asian Opportunity: Umfang 71 Mio. €, Alter 24 Jahre, Ausgabeaufschlag **3,00 %**, Gebühr **2,00 %**, thesaurierend. Dieser Fonds investiert in asiatische Nebenwerte, darf aber auch Rentenpapiere beimischen.

Nordea 1 Asian Equity: Umfang 179 Mio. €, Alter 24 Jahre, Ausgabeaufschlag **5,00 %**, Gebühr **0,18 %**, thesaurierend. Fundamentaldaten entscheiden. Hauptanteile: Tencent, Samsung, Taiwan Semicond., Alibaba.

Raiffeisen-Pazifik-Aktien RT: Umfang 127 Mio. €, Alter 18 Jahre, Ausgabeaufschlag **4,00 %**, Gebühr **1,50 %**, ausschüttend. Der Fonds investiert im pazifisch/asiatischen Raum und ist an keine Benchmark gebunden.

Robeco CG Asia-Pacific Equities: Umfang 733 Mio. €, Alter 19 Jahre, Ausgabeaufschlag **5,00 %**, Gebühr **1,50 %**, thesaurierend. Dieser Fonds investiert in große Konzerne aus dem asiatisch-pazifischen Raum mit Japan.

Treadneedle ICVC Asia Retail USD: Umfang 719 Mio. €, Alter 28 Jahre, Ausgabeaufschlag **5,00 %**, Gebühr **1,50 %**, thesaurierend, Währung USD. Das Management investiert in Asien und konzipiert aktiv und sehr flexibel.

UNI Asia EUR ACC: Umfang 99 Mio. €, Alter 28 Jahre, Ausgabeaufschlag **5,00 %**, Gebühr **1,20 %**, thesaurierend. Der Fonds bevorzugt Standard-Aktien aus Japan, wie Toyota, Südkorea, China und Singapur.

Vontobel Asia Pacific Equity: Umfang 372 Mio. €, Alter 20 Jahre, Ausgabeaufschlag **5,00 %**, Gebühr **1,65 %**, ausschüttend. Der Fonds bevorzugt Aktien mit Ertragskraft und Nachhaltigkeit, Ferner Osten und Ozeanien.

Siegreiche Aktienfonds China, Auswahl 2017/2018

Name, Fonds-Gesellschaft	WKN	Kurs 11.04.18	Hoch/Tief 52 Wochen	Kursentwicklung 1, 3, 5, 10 Jahre
Comgest Growth China	756 455	71,75 €	76,60/62,30 €	+14/+25/+126/+172 %
		Umfang 134 Mio. €, Alter 17 Jahre, Ausgabeaufschlag **5,00 %**, Gebühr **1,50 %**, ausschüttend. Der Fonds investiert in wachstumsstarke Qualitätsaktien im Großraum China mit Hongkong.		
Fidelity Greater China	973 265	214,35 €	231,5/177,0 €	+34/+33/+94/+126 %
		Umfang 621 Mio. €, Alter 28 Jahre, Ausgabeaufschlag **5,25 %**, Gebühr **1,50 %**, ausschüttend. Der Fonds investiert in Aktien, die an großen Asien-Börsen gelistet sind, wie Tencent, Baidu.		
HSBC Global Inv. Chinese Equity	972 629	94,40 €	104,2/78,15 €	+33/+16/+73/+48 %
		Umfang 1,47 Mrd. €, Alter 26 Jahre, Ausgabeaufschlag **5,25 %**, Gebühr **1,50 %**, ausschüttend. Der Fonds legt in Aktien des amtlichen Handels von Firmen an, deren Geschäftssitz China ist.		
Invesco Greater China	973 792	53,70 €	57,35/47,30 €	+29/+32/+77/+96 %
		Umfang 1,25 Mrd. €, Alter 26 Jahre, Ausgabeaufschlag **5,00 %**, Gebühr **1,50 %**, thesaurierend. Starke Branchen für Aktien von China-Großkonzernen sind IT-Software, Konsum, Industrie, Gesundheit. Dabei sind Tencent, Alibaba, China Mobile, Baidu.		
Invesco PRC Equity A USD	974 759	65,45 €	71,85/52,50 €	+41/+31/+76/+69 %
		Umfang 856 Mio. €, Alter 23 Jahre, Ausgabeaufschlag **5,00 %**, Gebühr **1,75 %**, ausschüttend. Der Fonds strebt langfristige Erträge an durch starkes Engagement in der Volksrepublik China.		
Schroder ISF Selection Hong Kong	661 612	49,65 €	52,35/41,15 €	+35/+34/+66/+100 %
		Umfang 18,6 Mrd. €, Alter 16 Jahre, Ausgabeaufschlag **5,00 %**, Gebühr **1,50 %**, thesaurierend. Zwei Drittel fließen in Aktien aus Hongkong. Investiert wird in mittlere und große Unternehmen.		

Eine Aktienfonds-Auswahl 2017/18 Schwerpunkt Japan

Name, Fonds-Gesellschaft	WKN	Kurs 09.03.18	Hoch/Tief 52 Wochen	Kursentwicklung 1, 3, 5, 10 Jahre
Allianz Global Japan Smaller	933 998	60,70 €	62,00/50,50 €	+20/+70/+116/+98 %
		Umfang 24 Mio. €, Alter 17 Jahre, Ausgabeaufschlag **5,00 %**, Gebühr **2,05 %**, ausschüttend. Der Fonds investiert mindestens 80 % in Aktien mittelgroßer und kleinerer japanischer Firmen.		

Name, Fonds-Gesellschaft	WKN	Kurs 09.03.18	Hoch/Tief 52 Wochen	Kursentwicklung 1, 3, 5, 10 Jahre
Allianz Fonds Japan	847 511	59,30 €	62,00/52,75 €	+10/+45/+77/+26 %
		Umfang 74 Mio. €, Alter 34 Jahre, Ausgabeaufschlag **5,00 %**, Gebühr **1,80 %**, ausschüttend. Dieser Nebenwerte-Fonds übergewichtet Firmen mit Geschäftssitz und Aktivitäten in Japan.		
Atlantis International Japan Oppor.	A1T 8GU	46,35 €	53,20/39,60 €	+19/+71/+169 %
		Umfang 355 Mio. €, Alter 7 Jahre, Ausgabeaufschlag **5,00 %**, Gebühr **1,50 %**, ausschüttend. Der Fonds investiert zwecks langfristiger Wertsteigerung in Aktien von japanischen Firmen.		
AXA Rosenberg Japan Small	692 194	21,65 €	23,00/18,60 €	+9/+28/+79/+127 %
		Umfang 15,8 Mrd. €, Alter 17 Jahre, Ausgabeaufschlag **4,50 %**, Gebühr **1,5 %**, thesaurierend. Der Fokus orientiert sich in einem rollierenden, flexiblen System am Index S&P Japan Small Cap.		
AXA Rosenberg Japan Equity	691 319	9,15 €	10,00/8,55 €	+13/+18/+76/+31 %
		Umfang 21,7 Mrd. €, Alter 18 Jahre, Ausgabeaufschlag **4,50 %**, Gebühr **1,35 %**, thesaurierend. Der Fonds investiert in Japan-Standardwerte wie Toyota, Honda, KDDI, Takeda, Canon.		
BlackRock Global Japan Small & Mid	971 043	61,30 €	64,35/53,90 €	+32/+52/+83/+105 %
		Umfang 986 Mio. €, Alter 31 Jahre, Ausgabeaufschlag **5,00 %**, Gebühr **1,50 %**, thesaurierend. Der Fonds legt über zwei Drittel in Japan-Aktien an mit geringem und mittlerem Börsenwert.		
Deutsche Nomura Japan Growth	849 095	60,20 €	66.45/49,40 €	+16/+18/+68/+88 %
		Umfang 92 Mio. €, Alter 19 Jahre, Ausgabeaufschlag **4,00 %**, Gebühr **1,60 %**, thesaurierend. Stock Picking prägt die Aktienauswahl mit Wachstumspotenzial großer Growth-Konzerne.		
Fidelity Japan Smaller Comp.	973 263	19,25 €	20,80/15,25 €	+27/+35/+114/+131%
		Umfang 27,3 Mrd. €, Alter 27 Jahre, Ausgabeaufschlag **5,25 %**, Gebühr **1,50 %**, ausschüttend. Schwerpunkt sind Aktien kleiner Japan-Firmen. 20 % dürfen in Asien/Pazifik angelegt werden.		
JPMorgan Japan Equity	971 602	32,75 €	32,90/28,50 €	+38/+49/+95/+58 %
		Umfang 370 Mrd. €, Alter 30 J., Ausgabeaufschlag **5,00 %**, Gebühr **1,50 %**, ausschüttend. Wichtige Sparten sind IT-Software, Industrie, Konsumgüter, Finanzen, Gesundheit, z. B. SoftBank.		
Metzler Japanese Equity	989 437	54,25 €	60,50/50,25 €	+4/+21/+82/+71 %
		Umfang 51 Mio. €, Alter 19 Jahre, Ausgabeaufschlag **5,00 %**, Gebühr **1,50 €**, ausschüttend. Der Fonds investiert in Aktien vom Nikkei und Topix, wie Sony, Toyota, Takeda, SoftBank.		

Name, Fonds-Gesellschaft	WKN	Kurs 09.03.18	Hoch/Tief 52 Wochen	Kursentwicklung 1, 3, 5, 10 Jahre
M&G Japan Smaller	797 749	31,50 €	34,50/29,45 €	+21/+34/+129/+308%
Polar Capital PLC Japan	A1C WSB	18,20 €	20,60/14,65 €	+23/+18/+56 %
Schroder ISF Selection Japanese	933 396	9,30 €	9,80 €/8,30 €	+16/+20/+75/+65 %

M&G Japan Smaller: Umfang 354 Mio. €, Alter 16 Jahre, Ausgabeaufschlag **5,25 %**, Gebühr **1,50 %**, thesaurierend. Die Kernanlage bilden mit über 80 % Japan-Aktien kleinerer Firmen mit nachhaltigen Erträgen.

Polar Capital PLC Japan: Umfang 51 Mio. €, Alter 8 Jahre, Ausgabeaufschlag **5,00 %**, Gebühr **1,50 %**, thesaurierend. Anlage in Aktien unterschiedlich großer Unternehmen, die den Hauptumsatz in Japan erzielen.

Schroder ISF Selection Japanese: Umfang 309 Mio. €, Alter 18 Jahre, Ausgabeaufschlag **5,00 %**, Gebühr **1,25 %**, thesaurierend. Der Fonds investiert branchenunabhängig in langfristig chancenreiche große Japan-Firmen.

Der Zinseszinseffekt als Ihre langfristige Geldmaschine

➢ **Statt Ihrem schrumpfenden Vermögen beim Sparbuch nachzutrauern, denken Sie daran, dass nicht nur Kursgewinne für eine Langzeitanlage sprechen.** Insbesondere bei dividendenstarken Aktienfonds und ETFs erfolgt eine Kapitalvermehrung durch den so wichtigen Zinseszinseffekt.

➢ **Sie müssen nur „thesaurierend" statt „ausschüttend" wählen.** Die Dividende wird dann nicht gebündelt ausgezahlt, sondern wandert in weitere Fondsanteile. Im Laufe der Jahrzehnte kann sich das Kapital gewaltig erhöhen. Schließlich erwirtschaften auch die neuen Anteile Dividenden und bei guten Produkten Kursgewinne. Alljährlich wird die Dividende in neue Fondsanteile umgerechnet. So können Sie richtig reich werden.

Bei einer langfristigen Kapitalanlage ist dies eine ganz tolle Möglichkeit auch für den Nachwuchs, also Kinder und Enkel. Im Laufe der Jahrzehnte wachsen die Anteile. Sobald die Dividende angehoben wird – möglicherweise jedes Jahr – erhöht sich die Gesamtstückzahl noch schneller. Das merken Sie sehr schnell, wenn ein Fondsanteil nur ein paar Euro kostet. Sind es dagegen z. B. 200 €, wird entsprechend aufgeteilt. Hier müssen Sie keinen Betrug befürchten. Nur wer sich für ein schnelles Rein/Raus entscheidet, geht beim Zinseszinseffekt leer aus.

Schalten Sie diese Geldmaschine auch bei Einzelaktien ein, indem Sie alle Dividenden wieder anlegen – bei unter 1.000 € reihum. Einige AGs wie Mensch & Maschine bieten vor der HV an, die Dividende in neue Aktien umzuwandeln. Berechnet Ihre Depotbank keine Transaktionskosten, ist dies eine feine Sache.

Aktienfonds Emerging Markets & Frontiermärkte 2017/18

Name, Fonds-Gesellschaft	WKN	Kurs am 16.03.18	Hoch/Tief 52 Wochen	Kursentwicklung 1, 3, 5, 10 Jahre
Baring Emerging Mark. Global	933 592	36,80 €	37,90/30,40 €	+20/+30/+48/+73 %
		Umfang 355 Mio. €, Alter 26 Jahre, Ausgabeaufschlag **5,0 %**, Gebühr **1,5 %**, ausschüttend. Bezüglich Aktienanteilen in einzelnen Ländern gibt es keine Einschränkungen, außer Russland 15 %.		
Comgest Growth Emerging Markets	A0J J5C	34,35 €	36,30/29,95 €	+26/+33/+44/+46 %
		Umfang 8,05 Mrd. €, Alter 12 Jahre, Ausgabeaufschlag **4,00 %**, Gebühr **1,50 %**, ausschüttend. Das Management investiert in qualitativ hochwertige Aktien mit Wachstumschancen in geregelten Märkten von Schwellenländern. Morningstar-Rating: 5 Sterne.		
Fidelity Funds Latin America A	973 662	31,65 €	32,80/26,80 €	+26/+42/-11/+4 %
		Umfang 775 Mio. €, Alter 24 Jahre, Ausgabeaufschlag **5,25 %**, Gebühr **1,50 %**, ausschüttend. Das Management investiert vor allem in Aktien von Brasilien, Mexiko, Peru, Argentinien und Chile.		
Fidelity Emerging Markets	973 267	25,95 €	26,80/21,40 €	+35/+35/+48/+40 %
		Umfang 5,58 Mrd. €, Alter 24 Jahre, Ausgabeaufschlag **5,25 %**, Gebühr **1,50 %**, ausschüttend. Der Fonds investiert in Lateinamerika, Südostasien, Afrika und Osteuropa einschließlich Russland.		
FF Fidelity Emerging Asia Fund A	A0N FGP	25,00 €	26,10/21,40 €	+17/+18/+71/+204 %
		Umfang 940 Mio. €, Alter 10 Jahre, Ausgabeaufschlag **5,25 %**, Gebühr **1,50 %**, thesaurierend. Der Fonds für Risikofreudige bevorzugt Aktien von Firmen, die in Schwellenländern aktiv sind.		
Fidelity Emerging Europe/Africa	A0M WZK	18,30 €	19,00/16,00 €	+12/+11/+32/+81 %
		Umfang 557 Mio. €, Alter 11 Jahre, Ausgabeaufschlag **5,25 %**, Gebühr **1,50 %**, ausschüttend. Der Fonds erstrebt langfristigen Kapitalzuwachs mit breit gestreuten Aktien aus weniger entwickelten Ländern Mittel-, Ost- und Südeuropas, Naher Osten, Afrika.		
Magellan C	577 954	23,40 €	24,25/20,35 €	+14/+22/+46/+66 %
		Umfang 3,55 Mrd. €, Alter 29 Jahre, Ausgabeaufschlag **3,25 %**, Gebühr **1,75 %**, thesaurierend. Langfristige Rendite durch Stock Picking mit Aktienanteilen von zwei Dritteln in Schwellenländern.		
MAGNA Umbrella New Front.	A1H 7JG	19,65 €	20,05/17,75 €	+12/+47/+115 %
		Umfang 546 Mio. €, Alter 7 Jahre, Ausgabeaufschlag **5,00 %**, Gebühr **1,25 %**, thesaurierend. Der Fonds investiert in Aktien von Firmen unterschiedlicher Größe und Branchen im Frontiermarkt.		

Name, Fonds-Gesellschaft	WKN	Kurs am 16.03.18	Hoch/Tief 52 Wochen	Kursentwicklung 1, 3, 5, 10 Jahre
Nordea 1 Sicav Emerg. Stars	A1J HTM	118,15 €	122,8/99,55 €	+18/+19/+54 %
		Umfang 3,42 Mrd. €, Alter 7 Jahre, Ausgabeaufschlag **5,00 %**, Gebühr **1,50 %**, thesaurierend. Der Fonds konzentriert sich auf Megatrends wie Demografie, Technologie und Nachhaltigkeit.		
OAKS Emerging and Frontier	A1W 55Q	15,20 €	15,65/12,30 €	+20/+70/+86 %
		Umfang 216 Mio. €, Alter 5 J., Ausgabeaufschlag **5,00 %**, Gebühr **0,30 %**, thesaurierend. Der Fonds investiert in Aktien von Firmen, die in Frontiermärkten ansässig sind bzw. dort intensiv handeln.		
Templeton FTFI Emerging M. Smaller	A0M R8P	15,15 €	15,75/14,25 €	+5/+12/+58/+86 %
		Umfang 118 Mio. €, Alter 10 Jahre, Ausgabeaufschlag **5,75 %**, Gebühr **1,60 %**, thesaurierend. Das Management investiert in Small Caps von in Schwellenländern beheimateten Firmen.		
Vontobel Emerging Markets E. A	972 721	572,80 €	606,8/495,2 €	+25/+24/+20/+63 %
		Umfang 5,02 Mrd. €, Alter 26 Jahre, Ausgabeaufschlag **5,00 %**, Gebühr **1,65 %**, thesaurierend. Der Fonds bevorzugt unterbewertete Aktien mit Geschäftsschwerpunkt in einem Schwellenland.		
UNI ASIA EUR ACC	971 267	75,75 €	78,25/65,15 €	+15/+15/+55/+111 %
		Umfang 120 Mio. €, Alter 29 Jahre, Ausgabeaufschlag **5,00 %**, Gebühr **1,20 %**, thesaurierend. Der Fonds bevorzugt fair bewertete Aktien aus Japan, Korea, China, Hongkong, Singapur, Taiwan.		

Frontiermärkte, die Emerging Markets der 2. Generation, haben einen Punkt ihrer Entwicklung erreicht, an dem die wichtigsten Schwellenländer vor etwa zwei oder drei Jahrzehnten standen

Die Marktkapitalisierung der Industrieländer umfasst 32.344 Mrd. US-Dollar. Bei den Emerging Markets sind es 3.507 Mrd. Dollar, bei den Fontier Markets 89 Mrd. Dollar. Im Hinblick auf die Länderanteile im Index Frontier Markets führt Kuwait mit 20 % vor Argentinien mit 15 %, Nigeria 13 %, Pakistan 9 % und Marokko 8 %.

Erfolgreiche Mitspieler sind innovative Aktienfonds in Frontier Markets. Sie sind bei einer Art Schatzsuche oder Perlenfischerei großteils mit Nebenwerten bestückt, die hierzulande kaum jemand kennt und über die es so gut wie gar keine Nachrichten gibt. Das Risiko ist dank breiter Streuung begrenzt, hängt aber vom allgemeinen Börsenklima ab. Dennoch empfehle ich nur erfahrenen, risikofreudigen und geduldigen Langzeit-Anlegern mit einem sechsstelligen Aktiendepot, überhaupt in dieses Segment einzusteigen. Seit 2018, einem bislang ausgesprochen schlechten Börsenmarkt, gibt es hier besonders starke Einbrüche, die nicht jeder verkraftet.

7.2 Beste Aktienfonds Indizes und Länder: www.finanzpartner.de

Diese Plattform veröffentlicht fortlaufend beste Aktienfonds aus zahlreichen Nationen. Oft werden Standard- und Nebenwerte getrennt dargestellt. Das erhöht den Informationswert. Hilfreich ist die Angabe der sechsstelligen WKN in gut lesbarer Schriftgröße. Ich behalte mir vor, die Auswahl gelegentlich anzupassen.

Die besten deutschen Standard-Aktienfonds 2018

Name, Fonds-Gesellschaft	WKN	Kurs 02.03.18	Hoch/Tief 52 Wochen	Entwicklung 1, 3, 5, 10 Jahre
Allianz Vermögensbildg. Deutschland A	847 506	188,05 €	207,0/175,3 €	+5/+6/+69/+91 %
		Umfang 775 Mio. €, Alter 485 Jahre, Ausgabeaufschlag **5,00 %**, Verwaltungsgebühr **1,80 %**, ausschüttend. Der Fonds mit vergleichsweise hohen Gebühren investiert in den DAX und mischt auch MDAX-Titel bei. Große Posten: Allianz, BASF, Dt. Post.		
Allianz Adifonds A	847 103	127,00 €	140,5/117,1 €	+7/+15/+66/+76 %
		Umfang 227 Mio. €, Alter 59 Jahre, Ausgabeaufschlag **5,00 %**, Gebühr **1,80 %**, ausschüttend. Der DAX-Fonds übergewichtet SAP, Bayer, Infineon, Continental, Fresenius, Allianz, Merck.		
Concentra A EUR	847 500	120,50 €	134,2/111,4 €	+5/+13/+59/+130 %
		Umfang 2,34 Mrd. €, Alter 62 Jahre, Ausgabeaufschlag **5,00 %**, Jahresgebühr **1,80 %**, ausschüttend. Investiert wird in Technologie- und Pharmatitel wie SAP, Infineon, Conti, Bayer, Fresenius.		
DWS German Equities Typ 0	847 428	429,50 €	494,6/409,8 €	+4/+15/+81/+100 %
		Umfang 408 Mio. €, Alter 23 Jahre, Ausgabeaufschlag **0,00 %**, Jahresgebühr **1,45 %**, thesaurierend. Bevorzugt werden substanz- und dividendenstarke DAX-Titel wie BASF, BMW, SAP.		
DWS Deutschland	849 096	226,20 €	263,5/216,4 €	+3/+15/+77/+153 %
		Umfang 7,80 Mrd. €, Alter 25 Jahre, Ausgabeaufschlag **5,00 %**, Verwaltungsgebühr **1,45 %**, ausschüttend. Der DAX-Fonds mit Nebenwerte-Ergänzung ist auf dividendenstarke Titel fokussiert.		
DWS Aktien Strategie Deutschland	976 986	400,10 €	453,6/368,9 €	+8/+24/+107/+155 %
		Umfang 3,91 Mrd. €, Alter 19 Jahre, Ausgabeaufschlag **5,00 %**, Gebühr **1,45 %**, thesaurierend. Anlage in wachstumsstarke Titel aus DAX, MDAX, TecDAX, SDAX, Schwerpunkt Familienfirmen.		

Name, Fonds-Gesellschaft	WKN	Kurs 02.03.18	Hoch/Tief 52 Wochen	Entwicklung 1, 3, 5, 10 Jahre
DWS Investa	847 400	171,35 €	198,5/168,3 €	+1/+17/+71/+95 %
	Umfang 4,13 Mrd. €, Alter 61 Jahre, Ausgabeaufschlag **5,00 %**, Verwaltungsgebühr **1,4 %**, ausschüttend. Hauptanteile am DAX-Fonds sind Siemens, BASF, Dt. Telekom, Dt. Post, SAP, BMW.			
Fondak	847 101	185,05 €	205,1/165,8 €	+11/+19/+71/+78 %
	Umfang 2,14 Mrd. €, Alter 67 Jahre, Ausgabeaufschlag **5,00 %**, Gebühr **1,70 %**, ausschüttend. Der Fonds zeigt Mischfondscharakter durch Anlage auch in Firmenanleihen und Zertifikate.			
FPM Stockpicker Germany All	603 328	399,60 €	444,6/344,4 €	+16/+20/+72/+108 %
	Umfang 101 Mio. €, Alter 17 Jahre, Ausgabeaufschlag **3,00 %**, Gebühr **0,00 %**, ausschüttend. Der Fonds investiert in den DAX und die Nebenwerteindizes, z. B. SIXT, Freenet und Talanx.			
Metzler Aktien Deutschland	975 223	202,20 €	218,1/182,9 €	+10/+10/+57/+95 %
	Umfang 157 Mio. €, Alter 26 Jahre, Ausgabeaufschlag **5,00 %**, Gebühr **1,25 %**, ausschüttend. Angelegt wird in DAX, MDAX, TecDAX. Große Anteile: FMC, Bayer, SAP, United Int., Ströer.			

Die besten deutschen Nebenwerte-Aktienfonds 2018

Name, Fonds-Gesellschaft	WKN	Kurs 05.03.18	Hoch/Tief 52 Wochen	Entwicklung 1, 3, 5, 10 Jahre
Baring UK-German Growth Trust	940 132	9,85 €	10,15/7,90 €	+21/+41/+98/+98 %
	Umfang 291 Mio. €, Alter 27 Jahre, Ausgabeaufschlag **5,00 %**, Gebühr **1,50 %**, ausschüttend. Der Fonds investiert nicht nur in die deutschen Nebenwerte-Indizes, sondern ebenso in den DAX. Wichtigste Sektoren: Industrie, Software, Rohstoffe, Gesundheit.			
CS Small & Mid Cap Germany	973 882	2.523,75 €	2.590/2.004 €	+20/+46/+115/+108 %
	Umfang 356 Mio. €, Alter 23 Jahre, Ausgabeaufschlag **5,00 %**, Gebühr **1,92 %**, thesaurierend. Größte Anteile in diesem „naturreinen" Nebenwertefonds: Airbus, Wirecard, MorphoSys, RIB Software, Deutsche Wohnen, Qiagen, Brenntag und Symrise.			
DB PI IV Platinum Platow	DWS 030	288,85 €	314,8/245,3 €	+20/+43/+124/+261 %
	Umfang 189 Mio. €, Alter 11 Jahre, Ausgabeaufschlag **4,00 %**, Gebühr **1,00 %**, thesaurierend. Investiert wird in den MDAX, SDAX, TecDAX und noch kleinere Titel. Hauptanteile: Cancom, Bechtle, Deutz, SIXT, MTU, Deutsche Post, Datagroup, HELLA.			

Name des Aktienfonds	WKN	Kurs 02.03.18	Hoch/Tief 52 Wochen	Entwicklung 1, 3, 5, 10 Jahre
FPM Stockpicker Germany Small/Mid	A0D N1Q	438,50 €	483,6/333,9 €	+34/+71/+136/+254 %
Lupus Alpha Smaller German Champ.	974 564	413,15 €	358,3/312,5 €	+22/+52/+137/+267 %
MainFirst Germany A	A0R AJN	227,30 €	246,2/189,0 €	+23/+58/+71/+375 %
UBS Equity-Small C. Germany	975 165	599,30 €	632,5/452,7 €	+32/+37/+93/+186 %
UNI Deutschland XS	975 049	176,00 €	195,0/137,0 €	+22/+45/+130/+330 %

Details:

- **FPM Stockpicker Germany Small/Mid**: Umfang 207 Mio. €, Alter 14 Jahre, Ausgabeaufschlag **3,00 %**, Gebühr **1,40 %**, ausschüttend. Der Fonds investiert in den DAX, MDAX, SDAX und kleinere Titel. Große Anteile: Conti, Lufthansa, HeidelbergCement, Wacker Chemie, Aurubis, SAF Holland.
- **Lupus Alpha Smaller German Champ.**: Umfang 603 Mio. €, Alter 17 Jahre, Ausgabeaufschlag **5,00 %**, Gebühr **1,50 %**, thesaurierend. Die größten Posten im „naturreinen" Nebenwertefonds: United Internet, Airbus, Symrise, Lanxess, MTU, Zalando, SIXT, Rheinmetall, WashTec, Grenke.
- **MainFirst Germany A**: Umfang 617 Mio. €, Alter 9 Jahre, Ausgabeaufschlag **5,00 %**, Verwaltungsgebühr **1,50 €**, thesaurierend. Neben Aktien vom MDAX und SDAX werden noch kleinere Werte berücksichtigt.
- **UBS Equity-Small C. Germany**: Umfang 192 Mio. €, Alter 25 Jahre, Ausgabeaufschlag **2,00 %**, Gebühr **1,80 %**, thesaurierend. Investiert wird in MDAX, TecDAX, SDAX, z. B.: MTU, LEG Immobilien, Sartorius, Nemetschek.
- **UNI Deutschland XS**: Umfang 1,13 Mrd. €, Alter 12 Jahre, Ausgabeaufschlag **4,00 %**, Gebühr **1,55 %**, thesaurierend. In diesem Fonds dominiert der SDAX mit ADO Prop., König & Bauer, Hypoport, Patrizia, VTG.

Die besten europäischen Standard-Aktienfonds 2018

Name, Fonds-Gesellschaft	WKN	Kurs 09.03.18	Hoch/Tief 1 Jahr €	Kursentwicklung 1, 3, 5, 10 Jahre
AGIF Allianz Global Euroland Equity Growth	A0K DND	208,15 €	221,7/190,6	+10/+16/+54/+150 %
Allianz Wachstum Europa A	848 182	114,30 €	124,0/110,3	+3/+5/+46/+140 %

- **AGIF Allianz Global Euroland Equity Growth**: Umfang 3,31 Mrd. €, Alter 11 Jahre, Ausgabeaufschlag **5,0 %**, Gebühr **1,80 %**, ausschüttend. Große Positionen bilden SAP, Bayer, Infineon, ASML, Fresenius, Unilever, Legrand, Conti.
- **Allianz Wachstum Europa A**: Umfang 1,02 Mrd. €, Alter 21 Jahre, Ausgabeaufschlag **5,0 %**, Gebühr **1,80 %**, ausschüttend. Der Fonds investiert in europäische Blue Chips aus etlichen Branchen und setzt Derivate ein.

Name, Fonds-Gesellschaft	WKN	Kurs 9.3.18	Hoch/Tief 1 Jahr	Kursentwicklung 1, 3, 5, 10 Jahre
BGF BlackRock Global European Special	779 374	41,55 €	43,70/38,00 €	+10/+15/+60/<u>+288 %</u>
		Umfang 1,74 Mrd. €, Alter 15 Jahre, Ausgabeaufschlag **5,0 %**, Gebühr **1,50 %**, thesaurierend. Der Fonds bevorzugt den Gesundheitssektor, z. B. Novo Nordisk, AstraZeneca, BAYER.		
Comgest Growth Europe Europe DIS	A0J C8V	22,35 €	23,70/21,65 €	+2/+4/+46/+128 %
	Umfang 2,2 Mrd. €, Alter 12 Jahre, Ausgabeaufschlag **4,00 %**, Gebühr **1,50 %**, thesaurierend. Der Fonds investiert in Europa-Blue Chips wie Amadeus IT, Essilor, Inditex, L'Oréal, SAP.			
DEKA EuroStocks CF	989 586	39,90 €	42,40/36,75 €	+9/+8/+49/+19 %
	Umfang 557 Mio. €, Alter 19 Jahre, Ausgabeaufschlag **3,75 %**, Verwaltungsgebühr **1,25 %**, ausschüttend. Große Anteile haben Daimler, Allianz, AB INBEV, Sanofi, Siemens, ING Groep.			
FT Europa Dynamik P	847 818	295,85 €	315,0/278,0 €	+7/+7/+57/+76 %
	Umfang 253 Mio. €, Alter 26 Jahre, Ausgabeaufschlag **5,00 %**, Gebühr **1,50 %**, thesaurierend. Der Fonds investiert in mittlere und große Europa-Qualitätsaktien unterschiedlicher Branchen.			
Henderson Horizon Euroland A2	989 226	48,75 €	52,55/46,80 €	+4/+12/+71/+79 %
	Umfang 1,1 Mrd. €, Alter 34 Jahre, Ausgabeaufschlag **5,00 %**, Gebühr **1,20 %**, thesaurierend. Der Fonds setzt auf langfristigen Wertzuwachs durch Anlage in europäische Blue Chips.			
Invesco Europa Core	847 033	165,30 €	177,6/156,3 €	+7/+18/+70/+129 %
	Umfang 101 Mio. €, Alter 27 Jahre, Ausgabeaufschlag **5,00 %**, Gebühr **1,00 %**, thesaurierend. Der Fonds bevorzugt Aktien unterschiedlicher Branchen mit hohem Kapitalwachstum.			
JPMorgan Euroland Equity Fund A	A0D QHZ	18,15 €	19,45/16,45 €	+10/+14/+67/+42 %
	Umfang 287 Mio. €, Alter 13 Jahre, Ausgabeaufschlag **5,0 %**, Gebühr **1,50 %**, thesaurierend. Der Fonds ist auf Blue Chips ausgerichtet. Die DAX-Titel Telekom und Siemens sind dabei.			
Nordea 1 European Value	973 347	61,75 €	65,45/58,15 €	+2/+2/+48/+94 %
	Umfang 1,3 Mrd. €, Alter 29 Jahre, Ausgabeaufschlag **5,00 %**, Gebühr **1,50 %**, thesaurierend. Der Fonds investiert in große und mittelgroße substanzstarke europäische Value-Aktien.			
Treadneedle European Select Accum.	987 663	9,15 €	9,55 €/7,40 €	+15/+55/+105/+131%
	Umfang 76 Mio. €, Alter 31 Jahre, Ausgabeaufschlag **5,00 %**, Gebühr **1,50 %**, thesaurierend. Der Fonds investiert in wachstumsstarke Aktien. Dazu zählen Unilever, L'Oréal, FMC (DAX).			

Die besten europäischen Nebenwerte-Aktienfonds 2018

Name, Fonds-Gesellschaft	WKN	Kurs 9.3.18	Hoch/Tief 1 Jahr	Kursentwicklung 1, 3, 5, 10 Jahre
Baring Europe Select Trust	779 374	45,35 €	47,65/35,50 €	+15/+61/+97/+222 %

Baring Europe Select Trust — Umfang 2,03 Mrd. €, Alter 34 Jahre, Ausgabeaufschlag **5,0 %**, Gebühr **1,50 %**, ausschüttend. Der Fonds investiert in Aktien kleiner europäischer Unternehmen, die oft nur Profis kennen.

Comgest Growth Greater Europe Opportunities	A0Y AJD	33,30 €	34,80/28,55 €	+17/+35/+88/+234 %

Comgest Growth Greater Europe Opportunities — Umfang 418 Mio. €, Alter 9 Jahre, Ausgabeaufschlag **4,00 %**, Gebühr **1,50 %**, thesaurierend. Der europäische Mid Caps-Fonds für Risikofreudige konzentriert sich auf wachstumsstarke Aktien. **Sartorius** und **Wirecard** sind hier berücksichtigt.

Comgest Growth Europe Smaller Comp.	631 027	28,55 €	29,70/23,85 €	+20/+36/+94/+208 %

Comgest Growth Europe Smaller Comp. — Umfang 194 Mio. €, Alter 18 Jahre, Ausgabeaufschlag **4,00 %**, Gebühr **1,50 %**, thesaurierend. Dieser Fonds investiert in mittelgroße Europa-Firmen mit langfristigen Wachstumschancen.

CS (LUX) IF11 Small & Mid Cap Europe	973 136	2.918,0 €	3.134/2.633 €	+10/+19/+90/+125 %

CS (LUX) IF11 Small & Mid Cap Europe — Umfang 110 Mio. €, Alter 24 Jahre, Ausgabeaufschlag **5,00 %**, Gebühr **1,92 %**, thesaurierend. Bei dem Fonds Small und Mid Caps-Aktien gehört **Eurofins Scientific** zu den Spitzentiteln.

FT Europa Dynamik P	847 818	295,85 €	315,0/278,0 €	+7/+7/+57/+76 %

FT Europa Dynamik P — Umfang 253 Mio. €, Alter 26 Jahre, Ausgabeaufschlag **5,00 %**, Gebühr **1,50 %**, thesaurierend. Der Fonds investiert in mittlere und große Europa-Qualitätsaktien unterschiedlicher Branchen.

F&C Portfolios European Small Cap A	A0D N0Y	27,70 €	29,50/26,50 €	+5/+2/+58/+106 %

F&C Portfolios European Small Cap A — Umfang 126 Mio. €, Alter 13 Jahre, Ausgabeaufschlag **5,0 %**, Gebühr **2,00 %**, ausschüttend. Im breit gestreuten Nebenwerte-Aktienfonds befindet sich der MDAX-Titel **Gerresheimer**.

Henderson Horizon European Smaller	989 229	52,60 €	55,20/45,25 €	+16/+39/+102/+166%

Henderson Horizon European Smaller — Umfang 514 Mio. €, Alter 25 Jahre, Ausgabeaufschlag **0,00 %**, Gebühr **1,20 %**, thesaurierend. Über 75 % fließen in Aktien, deren Börsenwert zum unteren Viertel der Branche gehört.

Invesco Europa Core	847 033	165,30 €	177,6/156,3 €	+7/+18/+70/+129 %

Invesco Europa Core — Umfang 101 Mio. €, Alter 27 Jahre, Ausgabeaufschlag **5,00 %**, Gebühr **1,00 %**, thesaurierend. Der Fonds bevorzugt Europa-Aktien verschiedener Branchen mit hohem Kapitalwachstum. Aus Deutschland sind vertreten: Covestro, ATOSS und TUI.

Name, Fonds-Gesellschaft	WKN	Kurs 9.3.18	Hoch/Tief 1 Jahr	Kursentwicklung 1, 3, 5, 10 Jahre
JPMorgan Europe Small Cap	973 679	79,45 €	83,45/69,60 €	+15/+33/+109/+128%
		Umfang 872 Mio. €, Alter 24 Jahre, Ausgabeaufschlag **5,0 %**, Gebühr **1,50 %**, ausschüttend. Außer SAF Holland aus dem SDAX dürften die hier vertretenen Aktien nur Profis kennen.		
JPMorgan Euroland Equity Fund A	A0D QHZ	18,15 €	19,45/16,45 €	+10/+14/+67/+42 %
	Umfang 287 Mio. €, Alter 13 Jahre, Ausgabeaufschlag **5,0 %**, Gebühr **1,50 %**, thesaurierend. Der Fonds ist auf Blue Chips ausgerichtet. Die DAX-Titel Telekom und Siemens sind dabei.			
Main First Classic Stock	722 755	162,75 €	171,6/139,6 €	+13/+13/+56/+102 %
	Umfang 68 Mio. €, Alter 15 Jahre, Ausgabeaufschlag **5,00 %**, Gebühr **1,50 %**, thesaurierend. Der Fonds investiert in Aktien großer, mittlerer und kleiner Firmen im europäischen Raum.			
Metzler International Smaller Comp.	987 735	307,65 €	318,6/270,9 €	+13/+28/+96/+166 %
	Umfang 558 Mio. €, Alter 20 Jahre, Ausgabeaufschlag **5,0 %**, Gebühr **1,50 %**, ausschüttend. Der Fonds investiert in kleine und mittlere Qualitätstitel. Aarealbank, MDAX, zählt dazu.			
PICTET Small Cap Europe P	694 216	1.221 €	1.289/1.081 €	+12/+23/+80/+122 %
	Umfang 246 Mio. €, Alter 26 Jahre, Ausgabeaufschlag **5,00 %**, Gebühr **1,60 %**, thesaurierend. Das Management investiert in europäische Aktien mit einem Börsenwert unter 3,5 Mrd. €.			
SEB European Equity Small Caps	989 941	306,00 €	325,4/273,0 €	+11/+24/+107/+149%
	Umfang 268 Mio. €, Alter 19 Jahre, Ausgabeaufschlag **1,0 %**, Gebühr **1,50 %**, ausschüttend. Anlage in Titel mit geringerem Börsenwert als bei 225 Topfirmen im FTSE World Europe.			
Treadneedle European Smaller Comp.	987 665	9,95 €	10,20/8,40 €	+18/+38/+89/+205 %
	Umfang 219 Mio. €, Alter 20 Jahre, Ausgabeaufschlag **5,0 %**, Gebühr **1,50 %**, thesaurierend. Der Growth-Nebenwertefonds zählt zu den bekannten Schwergewichten dieses Sektors.			

Anmerkung: Alle Sieger bei Aktienfonds waren 2017 Nebenwerte, nämlich MDAX, TecDAX, SDAX, aber auch ausländische Produkte aus China, Japan und Europa. Die große Auswahl europäischer Aktienfonds in dieser Aufstellung bestätigt den Trend. So steigt für Sie die Chance, einen Aktienfonds zu entdecken, bei denen Ihre Depotbank auf den Ausgabeaufschlag verzichtet. Ebenso ist es bei der großen Auswahl möglich, dass Sie einen monatlichen oder vierteljährlichen Sparvertrag abschließen können. Dies gilt für viele, aber nicht für alle Aktienfonds. Bei ETFs ist das Sparplanangebot im Allgemeinen geringer.

Die besten amerikanischen Standard-Aktienfonds 2018

Name, Fonds-Gesellschaft	WKN	Kurs 09.03.18	Hoch/Tief 52 Wochen	Kursentwicklung 1, 3, 5, 10 Jahre
BlackRock Flexible Equity	779 379	28,40 €	29,75/23,50 €	+18/+35/+82/+102 %
	Umfang 1,10 Mrd. €, Alter 15 Jahre, Ausgabeaufschlag **5,00 %**, Gebühr **1,50 %,** thesaurierend. Der Fonds legt in große Aktien Dow Jones/Nasdaq an, wie Apple, Microsoft, Comcast, Cisco.			
Comgest Growth America USD	631 024	18,35 €	19,25/16,95 €	+15/+27/+80/+126 %
	Umfang 129 Mio. €, Alter 18 Jahre, Ausgabeaufschlag **4,00 %,** Gebühr **1,50 %,** thesaurierend. Anlageschwerpunkt sind qualitativ hochwertige Konzerne mit langfristigen Wachstumschancen.			
Fidelity America A USD	973 280	8,45 €	9,55 €/8,10 €	+4/+15/+64/+112 %
	Umfang 6,14 Mrd. €, Alter 28 Jahre, Ausgabeaufschlag **5,25 %,** Gebühr **1,50 %,** ausschüttend. Der Fonds legt mindestens 70 % in große US-Titel an und fügt unterbewertete Aktien beliebiger Nationen und Branchen bei. Aus dem DAX ist Linde vertreten.			
Nordea 1 North American Value BP	973 348	44,35 €	48,80/41,30 €	+13/+16/+53/+65 %
	Umfang 314 Mio. €, Alter 21 Jahre, Ausgabeaufschlag **5,00 %,** Gebühr **1,50 %,** thesaurierend. Dieser Fonds bevorzugt substanzstarke, defensive US-Aktien. Dazu gehören Alphabet, Apple, BlackRock, Berkshire, Dollar Tree, Carnival und VISA.			
Treadneedle American Select	987 653	3,40 €	3,55 €/2,90 €	+20/+39/+80/+137 %
	Umfang 1,6 Mrd. €, Alter 36 J., Ausgabeaufschlag **5,00 %,** Gebühr **1,50 %,** thesaurierend. Der Fonds bevorzugt US-Wachstumsaktien unterschiedlicher Größe mit Übernahmepotenzial.			
Treadneedle American ICVC Retail	987 651	3,10 €	3,35 €/2,85 €	+16/+30/+77/+134 %
	Umfang 3,16 Mrd. €, Alter 15 J., Ausgabeaufschlag **3,75 %,** Gebühr **1,50 %,** thesaurierend. Anlage in US-Blue Chips. Große Positionen: Apple, Microsoft, Alphabet, Amazon, Facebook.			
T. Rowe US Large Cap Growth Eq.	A0B MAB	32,40 €	35,50/27,50 €	+36/+60/+134/+235%
	Umfang 1,7 Mrd. €, Alter 15 J., Ausgabeaufschlag **5,00 %,** Gebühr **1,50 %,** thesaurierend. Investiert wird in wachstums- und ertragsstarke US-Aktien, Schwerpunkt Technologie, Software.			
Uni Nordamerika	975 007	267,60 €	277,2/240,6 €	+4/+18/+82/+161 %
	Umfang 177 Mio. €, Alter 24 J., Ausgabeaufschlag **5,00 %,** Gebühr **1,20 %,** thesaurierend. Große Anteile haben Apple, Microsoft, VISA, Home Depot, JPMorgan, Facebook, Philip Morris.			

Beste amerikanische Nebenwerte-Aktienfonds 2018

Name, Fonds-Gesellschaft	WKN	Kurs 09.03.18	Hoch/Tief 52 Wochen	Kursentwicklung 1, 3, 5, 10 Jahre
BGF BlackRock US Small	971 044	181,80 €	194,9/175,2 €	**+9/+15/+63/+106 %**
		Umfang 268 Mio. €, Alter 31 Jahre, Ausgabeaufschlag **5,00 %**, Gebühr **1,50 %**, thesaurierend. Dieser Nebenwerte-Fonds legt zwei Drittel in substanz- und wachstumsstarke US-Aktien an.		
F & C Portfolius US Smaller	786 734	159,60 €	163,0/156,0 €	**+14/+26/+55/+171 %**
		Umfang 22 Mio. €, Alter 29 Jahre, Ausgabeaufschlag **5,00 %**, Gebühr **1,50 %**, ausschüttend. Der Fonds setzt langfristig auf kleine und mittlere Firmen mit einem Börsenwert bis 10 Mrd. €.		
GAM STAR Gamco US Equity	A1H 83N	18,10 $	19,25/15,25 $	**+17/+30/+59 %**
		Umfang 42 Mio. €, Alter 7 Jahre, Ausgabeaufschlag **5,00 %**, Gebühr **1,45 %**, thesaurierend. Der Fonds investiert in Firmen, deren Hauptgeschäftssitz in den USA liegt und mischt flexibel bei.		
JPM Morgan US Smaller	971 611	190,40 €	193,5/157,5 €	**+14/+36/+80/+161 %**
		Umfang 1,22 Mrd. €, Alter 30 Jahre, Ausgabeaufschlag **5,00 %**, Gebühr **1,50 %**, ausschüttend. Zumindest zwei Drittel des Vermögens wandern in niedrig kapitalisierte Werte aus Amerika.		
LEGG Mason Rouce Global Smaller	A0M UX8	136,70 €	144,4/121,4 €	**+10/+17/+42/+75 %**
		Umfang 128 Mio. €, Alter 11 Jahre, Ausgabeaufschlag **5,00 %**, Gebühr **1,50 %**, thesaurierend. Der Fonds investiert über zwei Drittel in Aktien von 100 mittleren und kleinen Firmen. Bevorzugte Branchen: Industrie, Konsum, Software, Finanzdienste.		
Nordea 1 Global Stable Equity	A0L GS7	17,40 €	18,35/16,60 €	**+4/+15/+56/+104 %**
		Umfang 1,48 Mrd. €, Alter 11 J., Ausgabeaufschlag **5,00 %**, Gebühr **1,50 %**, thesaurierend. Der Fonds mit bis zu 150 Titeln investiert in ertragsstarke US-Aktien, mischt aber weltweit bei.		
Schroder Selection US Smaller	972 370	119,90 €	125,5/110,6 €	**+12/+29/+73/+134 %**
		Umfang 375 Mio. €, Alter 13 Jahre, Ausgabeaufschlag **5,00 %**, Gebühr **1,50 %**, thesaurierend. Dieser Fonds investiert in US-Aktien, die bezüglich Börsenwert zum unteren Drittel zählen.		
Treadneedle American Select Smaller	987 653	3,25 €	3,55 €/3,00 €	**+16/+33/+72/+122 %**
		Umfang 1,6 Mrd. €, Alter 21 J., Ausgabeaufschlag **5,00 %**, Gebühr **1,50 %**, thesaurierend. Der Fonds konzentriert sich auf große, mittlere, kleinere aufstrebende Firmen, auch Fusions- und Übernahmekandidaten, Forschungsgesellschaften usw.		

Bestenliste Finanzpartner Aktienfonds Schweiz 2018

Name, Fonds-Gesellschaft	WKN	Kurs 13.04.18	Hoch/Tief 52 Wochen	Kursentwicklung 1, 3, 5, 10 Jahre
Allianz Schweiz A EUR	847 601	395,40 €	441,3/394,7 €	-5/+1/+58/+123 %
		Umfang 118 Mio. €, Alter 30 Jahre, Ausgabeaufschlag **5,00 %**, Gebühr **1,80 %**, ausschüttend. Schwerpunkte bilden Blue Chips wie Nestlé, Novartis, Roche, Swiss Re, Zurich Insur., Sonova.		
DWS Aktien Schweiz CHF	DWS 0D2	54,00 €	58,85/52,65 €	+8/+17/+45/+49 %
		Umfang 91,2 Mrd. €, Alter 11 Jahre, Ausgabeaufschlag **5,00 %**, Gebühr **1,50 %**, thesaurierend. Im Vordergrund stehen internationale Blue Chips, daneben kleinere und mittlere Unternehmen.		
DWS Zürich Invest Aktien Schweiz	849 014	264,55 €	288,1/260,1 €	+2/+4/+51/+105 %
		Umfang 169 Mio. €, Alter 24 Jahre, Ausgabeaufschlag **5,00 %**, Gebühr **1,30 %**, ausschüttend. Neben Standardaktien werden mittlere und kleine Titel ausgewählt. Dabei: Nestlé, ABB, UBS.		
Fidelity Switzerland A	974 066	50,50 €	55,45/49,00 €	+9/+4/+41/+43 %
		Umfang 283 Mio. €, Alter 23 Jahre, Ausgabeaufschlag **5,25 %**, Gebühr **1,50 %**, ausschüttend. Anlage nach Stock-Picking-Strategie breit gestreut in große, mittlere und kleine Firmen.		

Bestenliste Finanzpartner Aktienfonds Osteuropa 2018

Name, Fonds-Gesellschaft	WKN	Kurs 22.08.18	Hoch/Tief 52 Wochen	Kursentwicklung 1, 3, 5, 10 Jahre
Allianz Global III Emerging Europe A-EUR	987 339	276,10 €	327,7/275,1 €	-2/+15/-12/-7 %
		Umfang 118 Mio. €, Alter 20 Jahre, Ausgabeaufschlag **5,00 %**, Gebühr **2,25 %**, ausschüttend. Wichtige Branchen: Energie und Finanzdienste, große Posten: Sberbank, Lukoil, Novatek, OTP.		
DWS Russia EUR ACC	939 855	206,75 €	232,5/191,5 €	+6/+45/+15/-40 %
		Umfang 171 Mio. €, Alter 16 Jahre, Ausgabeaufschlag **5,00 %**, Gebühr **2,00 %**, ausschüttend. Investiert wird in große, mittlere, kleinere Firmen mit guter Marktstellung und Zukunftswachstum. Führend dabei: Lukoil, Norilsk Nickel, Novatek und Sberbank.		
JPMorgan Emerging Europe Equity	973 802	34,35 €	41,35/34,10 €	-5/+17/-9/-22 %
		Umfang 358 Mio. €, Alter 24 Jahre, Ausgabeaufschlag **5,00 %**, Gebühr **1,50 %**, ausschüttend. Der Fonds investiert neben russischen Standardtiteln stark in europäische Schwellenländer.		

Name, Fonds-Gesellschaft	WKN	Kurs 22.08.18	Hoch/Tief 52 Wochen	Kursentwicklung 1, 3, 5, 10 Jahre
Metzler International Eastern Europe	577 999	83,45 €	113,0/82,20 €	-19/+1/-13/-27 %
		Umfang 59 Mio. €, Alter 18 Jahre, Ausgabeaufschlag **5,00 %**, Gebühr **1,75 %**, ausschüttend. Anlage über die Hälfte in osteuropäische Aktien. Ein Drittel darf in russische Titel wandern.		
Mori Eastern European B	A0Y FBX	89,65 €	109,5/88,70 €	-8/+9/-13/-11 %
		Umfang 76 Mio. €, Alter 9 Jahre, Ausgabeaufschlag **5,00 %**, Gebühr **1,75 %**, thesaurierend. Wichtige Branchen: Finanzen, Energie, Industrie. Große Anteile: Sberbank, Lukoil, Magnit, Tatneft.		

Anmerkungen: Ich arbeitete an dieser Fondskursliste mit Schwerpunkt Russland/Osteuropa nach dem plötzlichen Aktiencrash in Russland. Der Leitindex RTX büßte binnen 2 Tagen im Schnitt um 15 % ein. Da blieben auch die Aktienfonds aus Bestenlisten von Minuszeichen nicht verschont. Irgendwann kommt es weltweit zum Börsencrash. Da bietet es sich an, sein eigenes Verhalten zu überprüfen. Waren Sie mutig oder ängstlich? Was wollen Sie künftig besser machen?

Bestenliste Aktienfonds Afrika und Naher Osten 2018

Name, Fonds-Gesellschaft	WKN	Kurs 13.04.18	Hoch/Tief 52 Wochen	Kursentwicklung 1, 3, 5, 10 Jahre
Fideliy Emerging Europe Middle Africa	A0M WZL	16,95 €	19,00/16,00 €	+3/-6/+24/+67 %
		Umfang 585 Mio. €, Alter 11 Jahre, Ausgabeaufschlag **5,25 %**, Gebühr **1,50 %**, ausschüttend. Bevorzugt werden die Aktien von Firmen, die in Osteuropa mit Russland und Afrika ansässig sind.		
JPMorgan Emerg. Europe Middle Africa	A0D QHX	20,40 $	22,95/18,30 $	+12/+7/-2/-16 %
		Umfang 276 Mio. €, Alter 13 Jahre, Ausgabeaufschlag **5,00 %**, Gebühr **1,50 %**, thesaurierend. In diesem Fonds überwiegen die großen russischen Aktien. Fondswährung ist der US-Dollar.		
Morgan Stanley Emerg. Europe East Africa	579 806	77,40 €	87,30/75,65 €	+4/+5/+28/+18 %
		Umfang 887 Mio. €, Alter 23 Jahre, Ausgabeaufschlag **5,00 %**, Gebühr **1,50 %**, ausschüttend. Der Fonds investiert in unterschiedlich große Aktien von Firmen, die in Mittel-, Ost- und Südeuropa mit Russland, Naher Osten und Afrika ansässig sind.		
Nordea 1 SICAV African Equity	A0R ASM	13,15 €	13,50/11,20 €	+11/-20/-6/+32 %
		Umfang 51 Mio. €, Alter 10 Jahre, Ausgabeaufschlag **5,00 %**, Gebühr **1,95 %**, thesaurierend. Der Fonds berücksichtigt auch kleinere Titel, die in Zukunfts-Wachstumsmärkten aktiv sind.		

Beste Aktienfonds Finanzpartner Lateinamerika 2018

Name, Fonds-Gesellschaft	WKN	Kurs 13.04.18	Hoch/Tief 52 Wochen	Kursentwicklung 1, 3, 5, 10 Jahre
BlackRock Global Latin America EUR	A0B MA3	61,45 €	63,25/52,70 €	+5/+6/-3/-9 %
	Umfang 1,55 Mrd. €, Alter 16 Jahre, Ausgabeaufschlag **5,00 %**, Gebühr **1,75 %**, thesaurierend. Mindestens 70 % Anlage in Aktien von Unternehmen, deren Firmensitz in Lateinamerika liegt.			
Comgest Growth Latin America	A0R PNF	10,65 €	11,95/10,45 €	-6/-11/-15 %
	Umfang 39 Mio. €, Alter 8 Jahre, Ausgabeaufschlag **4,00 %**, Gebühr **1,75 %**, thesaurierend. Angelegt wird über die Hälfte in Aktien von Unternehmen mit Geschäftssitz in Lateinamerika.			
Fidelity Latin America Fund A	973 662	31,00 €	33,00/26,80 €	+21/+25/-13/-2 %
	Umfang 788 Mio. €, Alter 24 Jahre, Ausgabeaufschlag **5,00 %**, Gebühr **1,50 %**, ausschüttend. Die bevorzugten Branchen des innovativen und flexiblen Aktienfonds sind Finanzdienstleistungen, Konsumgüter, Rohstoffe, Energie, Software, Industrie.			
JPMorgan Latin America Equity A	972 079	39,70 €	43,10/36,65 €	+16/+16/-16/-14 %
	Umfang 758 Mio. €, Alter 26 Jahre, Ausgabeaufschlag **5,00 %**, Gebühr **1,50 %**, ausschüttend. Der Fonds investiert zwei Drittel in Aktien von Unternehmen mit Hauptsitz in Lateinamerika.			
Schroder International Latin America	973 117	26,90 €	28,45/23,40 €	+21/+22/-19/-24 %
	Umfang 246 Mio. €, Alter 20 Jahre, Ausgabeaufschlag **5,00 %**, Gebühr **1,50 %**, ausschüttend. Das Management agiert flexibel, ohne sich auf Branchen und Unternehmensgrößen festzulegen.			
Templeton Latin America A USD	971 660	49,15 €	51,90/43,35 €	+19/+23/-15/-20 %
	Umfang 1,3 Mrd. €, Alter 22 Jahre, Ausgabeaufschlag **5,25 %**, Gebühr **1,40 %**, ausschüttend. Bei den Sektoren der lateinamerikanischen AGs führen Finanzen, Konsum, Rohstoffe, Industrie.			

Aktienfonds vom indischen Markt aus Siegerlisten 2018

Name, Fonds-Gesellschaft	WKN	Kurs 13.04.18	Hoch/Tief 52 Wochen	Kursentwicklung 1, 3, 5, 10 Jahre
Aberdeen Global Indian A2 USD	A0H MTV	136,50 €	138,7/130,2 €	+12/+14/+72/+108 %
	Umfang 3,4 Mrd. €, Alter 22 Jahre, Ausgabeaufschlag **4,25 %**, Gebühr **1,75 %**, thesaurierend. Der Fonds setzt auf Wachstum und Ertrag durch bevorzugte Anlage in Aktien indischer Firmen.			

Name, Fonds-Gesellschaft	WKN	Kurs 13.04.18	Hoch/Tief 52 Wochen	Kursentwicklung 1, 3, 5, 10 Jahre
Comgest Growth India	A0D 9E5	38,95 €	44,30/36,50 €	+13/+13/+75/+82 %
	Umfang 254 Mio. €, Alter 13 Jahre, Ausgabeaufschlag **4,00 %**, Gebühr **1,75 %**, thesaurierend. Der Fonds investiert zu über der Hälfte in die Aktien wachstumsstarker Unternehmen aus Indien.			
Invesco India Equity E EUR ACC	A0M 1V5	56,10 €	59,10/52,20 €	+-0/+9/+114 %
	Umfang 497 Mio. €, Alter 12 Jahre, Ausgabeaufschlag **3,00 %**, Gebühr **2,25 %**, thesaurierend. Bei den Branchen indischer Firmen führen Finanzen, Materialien, Konsum, Rohstoffe, Software.			
JPMorgan India Funds A USD DIS	974 541	83,05 €	90,45/77,10 €	+14/+10/+57/+43 %
	Umfang 1,12 Mrd. €, Alter 23 Jahre, Ausgabeaufschlag **5,00 %**, Gebühr **1,50 %**, ausschüttend. Ziel ist langfristiges Kapitalwachstum durch Anlage in indische Firmen unterschiedlicher Größe.			
Pictet Indian Equities P USD ACC	935 667	453,85 €	486,0/427,4 €	+14/+21/+90/+45 %
	Umfang 345 Mio. €, Alter 22 Jahre, Ausgabeaufschlag **5,00 %**, Gebühr **1,60 %**, thesaurierend. Bei den Branchen der indischen Firmen führen Finanzen, Konsum, IT, Industrie, Gesundheit.			
Pictet Indian Equities P EUR ACC	A0J 4DE	448,00 €	482,0/428,0 €	-1/+3/+101/+86 %
	Umfang 346 Mio. €, Alter 12 Jahre, Ausgabeaufschlag **5,00 %**, Gebühr **1,60 %**, thesaurierend. Der Fonds legt mindestens zwei Drittel in Aktien von Unternehmen an, deren Sitz in Indien liegt.			
Stewart Indian First State ICVC	A0M YSY	5,40 €	5,65 €/4,90 €	+2/+22/+116/+287 %
	Umfang 317 Mio. €, Alter 11 Jahre, Ausgabeaufschlag **4,00 %**, Gebühr **1,75 %**, thesaurierend. Die führenden Branchen bei breiter Streuung sind Finanzen, Konsum, IT-Software, Industrie.			

Anmerkung: Indische Aktienfonds sind mit oft dreistelligem Wertzuwachs in drei Jahren profitable Fondsanlagen. Indien gilt wegen der starken Binnennachfrage als ein von den globalen Konjunkturzyklen weitgehend unabhängiger Markt.

Bestenliste Aktienfonds Standardwerte weltweit

Name, Fonds-Gesellschaft	WKN	Kurs 06.03.18	Hoch/Tief 52 Wochen	Kursentwicklung 1, 3, 5, 10 Jahre
Allianz Interglobal A	847 507	286,55 €	301,0/257,5 €	+8/+13/+74/+103 %
	Umfang 346 Mio. €, Alter 16 Jahre, Ausgabeaufschlag **5,00 %**, Gebühr **2,05 %**, thesaurierend. Der global anlegende Aktienfonds entwickelt sich gut. Aber es stören die hohen Gebühren.			

Name, Fonds-Gesellschaft	WKN	Kurs 07.03.18	Hoch/Tief 52 Wochen	Kursentwicklung 1, 3, 5, 10 Jahre
Carmignac Investissement A	A0D P5W	1.237,0 €	1.280/1.166 €	+3/-2/+35/+63 %
		Umfang 4,02 Mrd. €, Alter 29 Jahre, Ausgabeaufschlag **4,00 %**, Gebühr **1,50 %**, thesaurierend. Der Fonds investiert zwei Drittel in globale Aktien ohne Branchen- und Region-Einschränkung.
CS LUX Investment Global Value	796 586	12,40 €	13,00/12,00 €	+1/+24/+51/+114 %
		Umfang 221 Mio. €, Alter 17 J., Ausgabeaufschlag **5,00 %**, Gebühr **1,60 %**, thesaurierend. Angelegt wird in Aktien substanzstarker Firmen, ohne an Länder/Sektoren gebunden zu sein.
Deka-Technologie	515 262	33,80 €	34,30/28,55 €	**+18/+48/+136/+231 %**
		Umfang 198 Mio. €, Alter 18 J., Ausgabeaufschlag **3,75 %**, Gebühr **1,25 %**, thesaurierend. Globale Anlage in Hightech-Aktien, wie Google, Amazon, Facebook, Microsoft, Apple, Samsung.
DWS Akkumula	847 402	1.005,5 €	1.064/952,4 €	+-0/+10/+70/+82 %
		Umfang 4,1 Mrd. €, Alter 57 J., Ausgabeaufschlag **5,00 %**, Gebühr **1,45 %**, thesaurierend. Der Fonds setzt auf Fundamentaldaten und investiert global in substanzstarke Blue Chips.
LOYS SICAV Global P	926 229	28,90 €	31,05/27,00 €	+7/+17/+57/+115 %
		Umfang 405 Mio. €, Alter 18 Jahre, Ausgabeaufschlag **5,00 %**, Gebühr **0,80 %**, ausschüttend. Der Fonds konzentriert sich auf unterbewertete Qualitätsaktien in chancenreichen Branchen.
LOYS SICAV Global MHB	A0H 08U	229,25 €	247,8/212,5 €	+7/+39/+68/+127 %
		Umfang keine Angabe, Alter 12 J., Ausgabeaufschlag **5,00 %**, Gebühr **1,50 %**, thesaurierend. Die flexible Strategie macht diesen Mischfonds zum Aktienfonds mit sehr hohem Aktienanteil.
Nordea 1 Global Stable	A0L GS7	17,20 €	18,35/16,40 €	+2/+14/+55/+99 %
		Umfang 1,47 Mrd. €, Alter 11 Jahre, Ausgabeaufschlag **5,00 %**, Gebühr **1,50 %**, thesaurierend. Das computergestützte Selektionsmodell setzt auf defensive Aktien mit stabilen Erträgen.
UBS D Equity global	848 821	207,15 €	208,4/173,5 €	**+18/+17/+77/+161 %**
		Umfang 143 Mio. €, Alter 45 Jahre, Ausgabeaufschlag **4,00 %**, Gebühr **2,05 %**, ausschüttend. Investiert wird nach Fundamentalanalyse weltweit in die Marktführer aus etablierten Märkten.
Warburg Value A EUR Value ACC	A0D N29	316,40 €	343,3/308,2 €	-2/+14/+54/+113 %
		Umfang 482 Mio. €, Alter 14 Jahre, Ausgabeaufschlag **5,00 %**, Gebühr **1,75 %**, thesaurierend. Der Fonds investiert global nach Fundamentaldaten in niedrig bewertete defensive Value-Aktien.

Bestenliste Aktienfonds Nebenwerte international

Name, Fonds-Gesellschaft	WKN	Kurs 06.03.18	Hoch/Tief 52 Wochen	Kursentwicklung 1, 3, 5, 10 Jahre
AXA Rosenberg Alpha Global Small	692 188	31,95 €	34,55/31,05 €	-5/+9/+70/+110 %
		Umfang 346 Mio. €, Alter 16 Jahre, Ausgabeaufschlag **4,50 %**, Gebühr **1,50 %**, thesaurierend. Dieser Fonds orientiert sich am Index S&P Small Cap und investiert mindestens 75 % in Aktien von Firmen mit niedrigem Börsenwert aus Industrieländern.		
BlackRock Global Opportunities A2	A0B MA0	43,10 €	46,15/40,35 €	+1/+7/+54/+86 %
		Umfang 211 Mio. €, Alter 22 Jahre, Ausgabeaufschlag **5,00 %**, Gebühr **1,50 %**, thesaurierend. Der Fonds erstrebt Kapitalwachstum und Erträge. Er legt weltweit mindestens 70 % in substanzstarke Aktien unabhängig von der Marktkapitalisierung an.		
Comgest Monde C EUR ACC	939 942	1.763,0 €	1.891/1.580 €	+10/+11/+79/+138 %
		Umfang 673 Mio. €, Alter 27 Jahre, Ausgabeaufschlag **2,50 %**, Gebühr **2,00 %**, thesaurierend. Der Fonds strebt breit gestreut nach Kapitalwachstum und Ertrag. Er legt weltweit über 60 % in Aktien an. Wichtige Branchen: Software, Robotik, Industrie.		
DWS Vermögensbildung I LD internat.	847 652	148,70 €	157,5/140,0 €	-2/+10/+35/+63 %
		Umfang 7,53 Mrd. €, Alter 47 Jahre, Ausgabeaufschlag **5,00 %**, Gebühr **1,45 %**, ausschüttend. Der Fonds investiert in unterschiedlich große Titel weltweit mit nachhaltigem Wertzuwachs.		
Invesco Global Small Cap Equity	987 084	132,80 €	141,4/116,7 €	+23/+33/+64/+110 %
		Umfang 461 Mio. €, Alter 22 J., Ausgabeaufschlag **5,00 %**, Gebühr **1,50 %**, ausschüttend. Weltweite Anlage in kleinere Werte von Industrie, Konsumgütern, IT-Software, Finanzdiensten.		
Kepler Small Cap A	675 304	345,80 €	353,6/321,7 €	+7/+20/+86/+154 %
		Umfang 81 Mio. €, Alter 15 Jahre, Ausgabeaufschlag **4,50 %**, Gebühr **1,70 %**, ausschüttend. Bevorzugt werden Aktien internationaler Unternehmen, deren Börsenwert unter 10 Mrd. € liegt.		
Schroder ISF Global Smaller	A0H 06H	203,55 €	203,7/173,4 €	+11/+27/+57/+115 %
		Umfang 269 Mio. €, Alter 12 Jahre, Ausgabeaufschlag **5,00 %**, Gebühr **0,25 %**, thesaurierend. Der Fonds investiert weltweit ca. zwei Drittel in Aktien kleinerer Firmen ohne Branchenfestlegung.		
Strukturiert Solutions Lithium	HAF X4V	120,00 €	152,3/95,15 €	+13/+194/+109 %
		Umfang 16 Mio. €, Alter 8 Jahre, Ausgabeaufschlag **5,00 %**, Gebühr **1,00 %**, thesaurierend. Schwerpunkte sind Exploration, Abbau, Investition in den Rohstoff Lithium mit Anteil von 83 %.		

7.3 Aktienfonds-Auswahl nach Branchen und Zukunftsmärkten (alphabetisch geordnet)

Aktienfonds-Auswahl, Branchen-Bestenlisten 2018

Name, Fonds-Gesellschaft	WKN	Kurs 16.04.18	Hoch/Tief 1 Jahr	Kursentwicklung 1, 3, 5, 10 Jahre
Volatile Branche Biotech/Pharma-: geeignet für Risikofreudige				
Candriam Equities Biotechnology	939 838	457,35 €	515,5/429,5 €	+15/-3/+94/+388 %
	Umfang 726 Mio. €, Alter 18 Jahre, Ausgabeaufschlag **2,50 %**, Gebühr **1,50 %**, thesaurierend. Große Anteile haben die Marktführer Amgen, Biogen, Celgene, Gilead, Regeneron, Vertex.			
DWS Biotech EUR LC	976 997	181,05 €	203,6/167,53 €	-4/-25/+90/+329 %
	Umfang 389 Mio. €, Alter 19 Jahre, Ausgabeaufschlag **5,00 %**, Gebühr **1,50 %**, thesaurierend. Der Fonds bevorzugt große und mittlere Biotechtitel und mischt andere Gesundheits-Aktien bei.			
DWS Health Care Typ 0 NC	976 985	210,20 €	233,1/204,7 €	-6/-14/+66/+191 %
	Umfang 291 Mio. €, Alter 21 Jahre, Ausgabeaufschlag **0,00 %**, Gebühr **1,70 %**, thesaurierend. Wichtige Sektoren: Pharma, Biotech, Medizin-Ausrüstung, Materialien, Gesundheitsdienste.			
ESPA Stock Biotec T EUR ACC	676 338	410,95 €	447,5/387,2 €	-1/-18/+106/+338 %
	Umfang 203 Mio. €, Alter 18 Jahre, Ausgabeaufschlag **4,00 %**, Gebühr **1,80 %**, ausschüttend. Über die Vermögenshälfte wandert in Biotechaktien großer, mittlerer und kleiner Unternehmen.			
Franklin Biotech Discovery	937 444	25,60 €	29,00/24,10 €	+7/-13/+82/+296 %
	Umfang 2,18 Mrd. €, Alter 18 Jahre, Ausgabeaufschlag **5,25 %**, Gebühr **1,00 %**, thesaurierend. Dieser Fonds investiert vor allem in Biotech-Forschungsunternehmen unterschiedlicher Größe.			
UBS (LUX) Equity Fund Biotech P	986 327	456,50 €	539,6/432,8 €	+6/-9/+80/+279 %
	Umfang 878 Mio. €, Alter 22 Jahre, Ausgabeaufschlag **3,00 %**, Gebühr **1,63 %**, thesaurierend. Anlage in den Pharmazeutika-Sektor: Große Posten: AbbVie, Gilead, Vertex, Amgen, Alexion.			
UniSector Biopharma EUR DIS	921 556	99,00 €	116,4/95,75 €	-12/-13/+47/+183 %
	Umfang 253 Mio. €, Alter 19 Jahre, Ausgabeaufschlag **4,00 %**, Gebühr **1,55 %**, ausschüttend. Neben Biotech sind Pharmatitel dabei wie: Merck & Co., Pfizer, Novartis und GlaxoSmithKline.			
Für Mutige bietet dieser Zukunftsmarkt langfristig Aufholpotenzial.				

Aktienfonds-Auswahl, Branchen-Bestenlisten 2018

Name, Fonds-Gesellschaft	WKN	Kurs 17.04.18	Hoch/Tief 1 Jahr	Kursentwicklung 1, 3, 5, 10 Jahre
Bauwirtschaft boomt, Schwerpunkt Immobilien-Aktienfonds				
AXA WF Framlington Europe Real Estate	A0F 68P	176,20 €	181,5/164,6 €	+7/+1/+73/+83 %
	\multicolumn{4}{l|}{Umfang 749 Mio. €, Alter 13 Jahre, Ausgabeaufschlag **5,50 %**, Gebühr **1,50 %**, ausschüttend. Investiert wird in unterschiedlich große Titel. Dabei sind Vonovia, Dt. Wohnen, LEG Immobilien.}			
Bouwfonds European Residential	A0M 98N	12,75 €	12,75/12,10 €	+9/+24/+35/+68 %
	\multicolumn{4}{l|}{Umfang 70 Mio. €, Alter 11 Jahre, Ausgabeaufschlag **5,00 %**, Gebühr **0,60 %**, ausschüttend. Der Fonds für Mehrfamilienhäuser in Städten ist beliebt bei Versicherungen, Pensionskassen.}			
Grundbesitz Europa RC	980 700	39,35 €	40,80/38,45 €	+3/+8/+14/+35 %
	\multicolumn{4}{l|}{Umfang 5,61 Mrd. €, Alter 48 Jahre, Ausgabeaufschlag **5,00 %**, Gebühr **1,00 %**, ausschüttend. Der Fonds investiert vorrangig in die Mitgliedsländer der EU und bevorzugt Gewerbe-Immobilien.}			
Janus JHHF Pan Europe Property	989 232	45,60 €	46,75/40,15 €	+14/+13/+100/+75 %
	\multicolumn{4}{l|}{Umfang 262 Mio. €, Alter 20 Jahre, Ausgabeaufschlag **5,00 %**, Gebühr **0,18 %**, thesaurierend. Der Fonds investiert zumindest zu 75 % in die Aktien europäischer Immobilienunternehmen.}			
Janus JHHF Global Prop. Equities	A0D PM2	13,75 €	15,60/11,90 €	+6/+11/+15/+38 %
	\multicolumn{4}{l|}{Umfang 362 Mio. €, Alter 13 Jahre, Ausgabeaufschlag **5,00 %**, Gebühr **0,18 %**, ausschüttend. Größte Nationen-Anteile: USA, Japan, Hongkong, Großbritannien, Deutschland, Australien.}			
Morgan Stanley WVF Asien Property	987 349	16,60 €	18,25/15,85 €	+7/+3/-2/+20 %
	\multicolumn{4}{l|}{Umfang 123 Mio. €, Alter 21 Jahre, Ausgabeaufschlag **5,75 %**, Gebühr **1,40 %**, thesaurierend, Währung US-Dollar. Der Fonds investiert in Immobilienaktien von Firmen mit Sitz in Asien.}			
Wertgrund WohnSelect D	A1C UAY	101,80 €	145,2/90,00 €	+24/+34/+54/+71 %
	\multicolumn{4}{l|}{Umfang 244 Mio. €, Alter 9 Jahre, Ausgabeaufschlag **5,00 %**, Gebühr **1,10 %**, ausschüttend. Es entscheiden Ertragskraft, Mietstruktur und breite Streuung nach Größe, Lage, Nutzung.}			
Wiener Privatbank European Property	A0J 4NF	13,55 €	13,75/11,75 €	+17/+15/+97/+64 %
	\multicolumn{4}{l|}{Umfang 7 Mio. €, Alter 12 Jahre, Ausgabeaufschlag **5,00 %**, Gebühr **1,50 %**, ausschüttend. Die Wiener Privatbank investiert in in- und ausländische Immobilienaktien. Schwerpunkte sind Handel, Verwaltung, Veranlagung mit besicherten Forderungen.}			

Aktienfonds-Auswahl, Branchen-Bestenlisten 2018

Name, Fonds-Gesellschaft	WKN	Kurs 17.04.18	Hoch/Tief 1 Jahr	Kursentwicklung 1, 3, 5, 10 Jahre
Edelmetalle: Im Minensektor läuft die Korrekturphase weiter. Physisches Gold als Barren/Münzen ist in Deutschland beliebt.				
Bakersteel Glob. Precious Metals A2	A1C XBS	258,85 €	324,9/245,1 €	-19/+62/+77/+169 %
		Umfang 141 Mio. €, Alter 10 Jahre, Ausgabeaufschlag **5,00 %**, Gebühr **2,40 %**, thesaurierend. Der Fonds investiert großteils in Aktien von Unternehmen, die im Edelmetallbereich arbeiten.		
Commodity Capital Global Mining P	A0Y DDD	77,25 €	88,75/40,95 €	+63/+203/+48 %
		Umfang 6 Mio. €, Alter 8 Jahre, Ausgabeaufschlag **5,00 %**, Gebühr **1,50 %**, thesaurierend. Der erfolgreiche Fonds kauft vor allem Goldaktien von weitgehend unbekannten „Junior"-Minen.		
DJE Gold & Ressourcen I EUR ACC	164 324	142,85 €	158,2/136,4 €	-5/+2/+3/-25 %
		Umfang 97 Mio. €, Alter 15 Jahre, Ausgabeaufschlag **0,00 %**, Gebühr **1,07 %**, thesaurierend. DJE investiert in bekannte Titel wie Randgold, Newmont Mining, Goldcorp, Yamana. Zum Portfolio gehören auch Wacker Chemie, K+S, Evonik vom MDAX.		
Earth Gold Fund UI (EUR R)	A0Q YGQ	56,60 €	62,60/51,15 €	-12/+32/-11/+13 %
		Umfang 7,5 Mio. €, Alter 10 Jahre, Ausgabeaufschlag **5,00 %**, Gebühr **1,50 %**, thesaurierend. Der Fonds investiert in Wertpapiere, die an die Goldpreis-Entwicklung gekoppelt bzw. bei der Suche, Gewinnung und Aufbereitung von Gold aktiv sind.		
Nestor Gold Fonds B	570 771	112,00 €	130,6/103,9 €	-14/+23/+1/-32 %
		Umfang 18 Mio. €, Alter 16 Jahre, Ausgabeaufschlag **3,00 %**, Gebühr **1,40 %**, thesaurierend. Der Fonds legt schwerpunktmäßig in Aktien der Goldindustrie an, die im Sektor Exploration, Produktion, Verarbeitung und Handel tätig sind, z. B. Yamana.		
Safe Port Gold & Silver Mining	A0J D2N	85,65 €	101,5/79,10 €	-12/+47/-18/-55 %
		Umfang 8 Mio. €, Alter 13 Jahre, Ausgabeaufschlag **6,50 %**, Gebühr **1,50 %**, thesaurierend. Der Fonds investiert weltweit breit gestreut in Aktien von Minengesellschaften unterschiedlicher Größe, die Gold und Silber suchen, fördern und verarbeiten.		
Stabilitas Pacific Gold & Metals P	A0M L6U	109,75 €	119,6/97,10 €	-9/+70/+42/+18 %
		Umfang 33 Mio. €, Alter 11 Jahre, Ausgabeaufschlag **5,00 %**, Gebühr **1,85 %**, thesaurierend. Der erfolgreiche Aktienfonds konzentriert sich auf die Goldförderregion Australien und bevorzugt kleinere und mittelgroße Edelmetall-Gesellschaften.		

Aktienfonds-Auswahl, Branchen-Bestenlisten 2018

Name, Fonds-Gesellschaft	WKN	Kurs 19.04.18	Hoch/Tief 1 Jahr	Kursentwicklung 1, 3, 5, 10 Jahre
Elektrotechnik, Elektronik, Hightech, Künstliche Intelligenz, Informationstechnologie, Software, Telekommunikation				
AB SICAV I International Technology	986 514	259,60 €	270,3/211,5 €	<u>+38</u>/+63/+126/+169 %
		Umfang 400 Mio. €, Alter 23 Jahre, Ausgabeaufschlag **5,00 %**, Gebühr **2,00 %**, thesaurierend. Wichtigste Branchen: Software, Telekommunikation, Internet, KI, Hightech: Dabei sind Alphabet, Adobe, Apple, Facebook, Microsoft, Nvidia, SAP, Tencent, VISA.		
Allianz Global Artificial Intelligence	A2D KAV	126,85 €	136,1/97,65 €	**+30 %,** erst 1 Jahr alt
		Umfang 537 Mio. €, Alter 1 Jahr, Ausgabeaufschlag **5,00 %**, Gebühr **2,05 %**, thesaurierend. Wichtigste Branchen: Halbleiter-Elektronik, Software, Internet, Elektrokomponenten. Große Anteile: Baidu, Broadcom, Micron Technology, Nvidia, TESLA.			
DEKA-Technologie CF EUR ACC	515 262	33,55 €	35,10/28,55 €	+16/+45/<u>+141</u>/+232 %
		Umfang 14 Mio. €, Alter 18 Jahre, Ausgabeaufschlag **3,75 %**, Gebühr **1,25 %**, thesaurierend. Der Fonds mit fairen Gebühren investiert weltweit in Aktien von Technologie-Firmen wie Alphabet, Amazon, Facebook, Microsoft, Apple, INTEL, Samsung.			
Henderson Horizon Global Tech.	989 234	69,20 €	73,65/52,80 €	+35/<u>+69</u>/+131/+212 %
		Umfang 3,05 Mrd. €, Alter 22 Jahre, Ausgabeaufschlag **5,00 %**, Gebühr **0,18 %**, thesaurierend. Wichtige Sparten: Internetservice, Software, Computer, Halbleiterelektronik, Elektronikspiele. Dabei: Apple, Microsoft, Facebook, Samsung, Alphabet, VISA.			
Janus Henderson Global Technology	A0N CDQ	32,05 €	33,35/23,75 €	+35/+66/+138/+219 %
		Umfang 169 Mio. €, Alter 10 Jahre, Ausgabeaufschlag **2,00 %**, Gebühr **1,50 %**, thesaurierend. Wichtigste Branche: Software. Hauptanteile: Microsoft, Tencent, Salesforce, Alphabet, Apple.			
Janus Capital Global Technology	A0D NEW	11,75 €	12,25/8,80 €	+34/+61/+126/+183 %
		Umfang 136 Mio. €, Alter 18 Jahre, Ausgabeaufschlag **0,00 %**, Gebühr **1,50 %**, thesaurierend. Große Posten: Microsoft, Apple, Alphabet, Tencent, Salesforce, Alibaba, Adobe, Facebook.			
KBC Equity Strategie Telecom & Technology	A0J KMA	176,20 €	185,5/157,4 €	+13/+25/+115/+100 %
		Umfang 659 Mio. €, Alter 18 Jahre, Ausgabeaufschlag **0,00 %**, Gebühr **1,50 %**, ausschüttend. Führende Sektoren: Telekommunikation, Technologie, Software, Medien. Hauptanteile: Apple, ASML, Google, SAP, Microsoft, VISA, Samsung, Qualcomm.			

Name, Fonds-Gesellschaft	WKN	Kurs 19.04.18	Hoch/Tief 52 Wochen	Kursentwicklung 1, 3, 5, 10 Jahre
Elektrotechnik, Elektronik, Hightech, KI, Informationstechnologie, Software, Telekommunikation (Fortsetzung)					
Allein beim deutschen Leitindex DAX fehlen aktuell 5.000 Mitarbeiter im Bereich Künstliche Intelligenz (KI)					
Postbank Megatrend	531 737	109,75 €	117,0/91,40 €	+20/+34/+146/+163 %
		Umfang 32 Mio. €, Alter 17 J., Ausgabeaufschlag **5,00 %**, Gebühr **1,50 %**, thesaurierend. Der Fonds setzt auf Hightech-Zukunfts-Trends mit großem Anteil an TecDAX-Aktien. Dazu gehören United Internet, Wirecard, Carl-Zeiss Med., RIB Software, Jenoptik.			
Siemens Global Growth	977 265	9,10 €	9,75 €/8,35 €	+10/+38/+116/+241 %
		Umfang 94 Mio. €, Alter 18 Jahre, Ausgabeaufschlag **0,00 %**, Gebühr **1,50 %**, thesaurierend. Investiert wird zu gut 60 % in innovative Zukunftsfirmen. Da dürfen weder Apple, Alphabet, Amazon, Facebook noch United Internet, Sartorius und Wirecard fehlen.			
UniSector HighTech A	921 559	90,95 €	94,50/81,40 €	+12/+32/+116/+225 %
		Umfang 119 Mio. €, Alter 19 Jahre, Ausgabeaufschlag **4,00 %**, Gebühr **1,55 %**, ausschüttend. Der Fonds investiert in Aktien von Firmen im Computer-/Software-/Technologiebereich wie Apple, Alphabet, Microsoft, Facebook, Oracle, VISA, Broadcom, CISCO.			

Zitate zum Internet der Dinge und Megatrend Digitalisierung

Heinrich Deichmann, Chef der Schuhhandelskette Deichmann: *„In unserer Branche ist es wichtig, die Kanäle zu verknüpfen. Gut die Hälfte unserer Kunden informiert sich vorab online – und geht dann zum Anprobieren in die Filialen ... Online gekaufte Schuhe lassen sich zudem im Laden umtauschen."*

Jürgen Holeksa, Personalvorstand vom Automobilzulieferer ZF Friedrichshafen: *„Wir werden in unseren Fabriken mehr kollaboratives (wechselseitiges, aufeinander bezogenes) Arbeiten sehen: Der Roboter übernimmt manuelle Arbeiten. Der Mensch dagegen überwacht, repariert, programmiert. Wir bereiten unsere Azubis schon heute darauf vor."*

Klaus Dittrich, Vorsitzender der Geschäftsführung, Messe München: *„Vor zehn Jahren haben viele prophezeit, dass Messen ein Auslaufmodell sind, weil man alle Informationen auch im Internet bekommen kann. Doch das Gegenteil ist der Fall: Amazon eröffnet Buchläden und Supermärkte. XING macht Stammtische. Auch in der digitalen Welt geht es nicht ohne persönliche Begegnung."*

Aktienfonds-Auswahl, Branchen-Bestenlisten 2018				
Name, Fonds-Gesellschaft	WKN	Kurs 19.04.18	Hoch/Tief 1 Jahr	Kursentwicklung 1, 3, 5, 10 Jahre
Fahrzeug-/Automobilindustrie: Auf dem Weg zur Elektromobilität mit dem Trend zum autonomen Fahren				
GAM Star China Equity Ordinary.	A0M W0K	24,60 €	27,00/21,20 €	**+25/+5/+67/+178 %**
	Umfang 744 Mio. €, Alter 11 Jahre, Ausgabeaufschlag **5,00 %**, Gebühr **1,35 %**, thesaurierend. Der Fonds investiert insbesondere in Informationstechnologie, Konsumgüter und Materialien. Zu den größeren Positionen zählt der Elektroautobauer Geely.			
Janus Henderson Continental Europ.	A0D LKB	10,00 €	10,75/9,65 €	**+2/+-0/+56/+80 %**
	Umfang 3,48 Mrd. €, Alter 13 Jahre, Ausgabeaufschlag **5,00 %**, Gebühr **1,50 %**, thesaurierend. Der Fonds investiert im europäischen Festland, ohne sich auf den Autosektor zu beschränken. Eher werden europäische Fahrzeugtitel hier nur beigemischt.			
Janus Henderson Global Growth R	A0D NEW	15,50 €	16,05/14,40 €	**+6/+20/+108/+128 %**
	Umfang 295 Mio. €, Alter 13 Jahre, Ausgabeaufschlag **5,00 %**, Gebühr **1,50 %**, thesaurierend. Investiert wird in innovative Firmen mit guten Zukunftschancen, wozu Automotive zählen. Die größte Position belegt der DAX-Autozulieferer Continental.			
Struktured Solutions Next Generat.	HAF X4V	109,25 €	152,3/95,15 €	**+6/+166/+114 %**
	Umfang 16 Mio. €, Alter 8 Jahre, Ausgabeaufschlag **5,00 %**, Gebühr **1,00 %**, thesaurierend. Schwerpunkte sind Exploration, Abbau, Investition in den Rohstoff Lithium mit Anteil von 83 %. Lithium ist für die Batterien von Elektrofahrzeugen unverzichtbar.			

Der Wandel in der Autoindustrie vom Benziner zum Elektromobil und autonomen Fahrzeug ist nicht mehr aufzuhalten

Auf der letzten IAA gab es über 200 Welt-Premieren. Die Innovationen, angetrieben von Künstlicher Intelligenz, reichen von der Digitalisierung über das Elektroauto zum autonomen Fahren bis hin zu alternativen Infrastruktur-Verkehrskonzepten. Auch die deutschen Hersteller zeigten auf der IAA ihre Neuentwicklungen. 150 Elektroautomodelle und bereits einige „fliegende" Autos sorgten für Spannung. Digitalisierung, Vernetzung und KI prägen die Trends. Im Benziner-Premiumbereich geht es um ein leichteres Gewicht durch Verarbeitung moderner Kunststoffe und Leichtbau-Komponenten. Aber Deutschland muss aufpassen, im Bereich Elektromobilität nicht von China, Japan und den USA ins Abseits gedrängt zu werden.

Aktienfonds-Auswahl, Branchen-Bestenlisten 2018

Name, Fonds-Gesellschaft	WKN	Kurs 20.04.18	Hoch/Tief 1 Jahr	Kursentwicklung 1, 3, 5, 10 Jahre
Sektor Finanz-Dienstleistungen: Banken und Versicherungen				
BG BlackRock Global World Financials	A1J 4QB	26,50 €	27,60/22,70 €	+14/+19/+83 %
		Umfang 1,75 Mrd. €, Alter 6 Jahre, Ausgabeaufschlag **5,00 %**, Gebühr **0,75 %**, thesaurierend. Investiert werden global 61 % in Bankaktien, 11 % Versicherungen, 3 % Vermögensverwalter.		
Jupiter Global Financials L GBP DIS	A0K EM5	20,10 €	21,45/18,65 €	+14/+32/+71/+128 %
	Umfang 91 Mio. €, Alter 12 Jahre, Ausgabeaufschlag **5,00 %**, Gebühr **1,50 %**, ausschüttend. Der Fonds hat sich auf den globalen Finanzsektor spezialisiert und mischt Immobilientitel bei.			
The Jupiter Global Financ. L EUR ACC	A0K EM3	15,80 €	16,90/14,45 €	+10/+10/+67/+108 %
	Umfang 91 Mio. €, Alter 12 Jahre, Ausgabeaufschlag **5,00 %**, Gebühr **1,50 %**, thesaurierend. Der Fonds investiert in Finanzaktien wie Citigroup, Dt. Börse, Prudential, MasterCard und VISA.			
KBC Equity Finance Classic	633 871	673,30 €	731,2/619,4 €	+5/+12/+66/+53 %
	Umfang 63 Mio. €, Alter 20 Jahre, Ausgabeaufschlag **3,00 %**, Gebühr **1,50 %**, thesaurierend. Anlage in Finanzfirmen. Große Anteile: JPMorgan, Citigroup, Berkshire und Bank of America.			
NN (L) Banking & Insurance P	657 644	650,00 €	699,7/570,0 €	+18/+30/+53/+1 %
	Umfang 199 Mio. €, Alter 21 J., Ausgabeaufschlag **3,00 %**, Gebühr **1,50 %**, thesaurierend. Ziel: Den MSCI World Financial zu schlagen mit Versicherungen, Banken, Vermögensverwaltern.			
Robeco Capit. Growth New World Financ.	A0C A0S	66,45 €	70,60/58,65 €	+14/+10/+72/+66 %
	Umfang 982 Mio. €, Alter 20 Jahre, Ausgabeaufschlag **5,00 %**, Gebühr **1,50 %**, thesaurierend. Der Fonds investiert weltweit in Aktien gut aufgestellter Finanzfirmen unterschiedlicher Größe.			
RT VIF Versicherung International	603 225	117,25 €	123,8/112,2 €	+3/+7/+74/+83 %
	Umfang 55 Mio. €, Alter 30 Jahre, Ausgabeaufschlag **4,00 %**, Gebühr **1,50 %**, ausschüttend. Um überdurchschnittlichen Kapitalzuwachs zu erzielen, investiert der Fonds mit höherem Risiko.			

Anmerkung: Für die niedrig bewerteten, aber in Europa wenig ertragsstarken **Bankentitel** sprechen die allmählich wieder ansteigenden Leitzinsen. Die meisten **Versicherungen** sind ebenfalls fair bewertet, zahlen hohe Dividenden und entwickeln als Ausgleich zu den kaum noch gefragten Lebensversicherungen neue Geschäftsmodelle mit Focus auf Internetkriminalität und „Höhere Gewalt".

Globale Aktienfonds-Auswahl aus dem Industriebereich

Name, Fonds-Gesellschaft	WKN	Kurs 20.04.18	Hoch/Tief 52 Wochen	Kursentwicklung 1, 3, 5, 10 Jahre
Gebündelter Industriesektor mit Potenzial in Zukunftsmärkten				
DEKA-Industrie 4.0 CF EUR	DK2 J9F	128,50 €	135,1/108,8 €	+19 %, Fondsneuling
	Umfang 318 Mio. €, Alter 2 Jahre, Ausgabeaufschlag **3,75 %**, Gebühr **1,25 %**, ausschüttend. Der Fonds spiegelt die industrielle Revolution wider mit zukunftsfähigen Aktien auch aus den Sektoren Künstliche Intelligenz, Automatisierungsprozesse und Robotik.			
FF Fidelity World E EUR ACC	787 302	27,10 €	28,55/25,15 €	+4/+12/+85/+92 %
	Umfang 2,29 Mrd. €, Alter 22 Jahre, Ausgabeaufschlag **0,00 %**, Gebühr **1,50 %**, thesaurierend. Dieser Fonds deckt den Zukunftssektor ab mit Industrie, Gesundheitswesen, Konsumgütern, Energie, Rohstoffen, aber auch Technologie, Software und Finanzen.			
Franklin Templ. Mutual Value	A0K EDF	18,65 €	20,80/17,70 €	-9/+-0/+61/+119 %
	Umfang 552 Mio. €, Alter 22 Jahre, Ausgabeaufschlag **0,00 %**, Gebühr **0,70 %**, thesaurierend. Der Fonds mit Minimalgebühr legt an in Pharma, Chemie, Medtech, Industrie, Konsum, Rohstoffe, Software. Dazu zählen Medtronic, Merck & Co., Microsoft, Cisco.			
KBC Equity Strategie Telecom & Technology	A0J KMA	176,00 €	185,5/157,4 €	+13/+25/+114/+98 %
	Umfang 659 Mio. €, Alter 18 Jahre, Ausgabeaufschlag **0,00 %**, Gebühr **1,50 %**, ausschüttend. Der Fonds setzt auf Wachstum und zukunftsfähige Forschung bei Industrie, Elektronik, Konsum, Telekom, Software, Internet, z. B. SAP, Apple, Samsung, VISA.			
Monega Innovation EUR DIS	532 102	64,85 €	68,20/62,20 €	+6/+18/+94/+115 %
	Umfang 32 Mio. €, Alter 17 Jahre, Ausgabeaufschlag **3,50 %**, Gebühr **1,30 %**, ausschüttend. Der Fonds investiert global in Aktien kleinerer und mittelgroßer Firmen mit zukunftsfähigen Patenten. Wichtige Sektoren: Pharma, Industrie, Konsumgüter, Software.			
Pictet Global Megatrend Selection	A0R LJD	225,65 €	234,5/208,0 €	+5/+9/+73/+260 %
	Umfang 5,58 Mrd. €, Alter 10 J., Ausgabeaufschlag **5,00 %**, Gebühr **1,60 %**, thesaurierend. Der Fonds investiert global in Aktien, die vom nachhaltigen Trend profitieren. Dazu zählen Industrie, Software, Konsum, Gesundheit, Tourismus, Rohstoffe, Energie.			
Siemens Global Growth EUR	977 265	9,20 €	9,75 €/8,25 €	+10/+38/+120/+245 %
	Umfang 96 Mio. €, Alter 18 Jahre, Ausgabeaufschlag **0,00 %**, Gebühr **1,50 %**, thesaurierend. Der Aktienfonds investiert weltweit in innovative Zukunftsunternehmen. Aus dem TecDAX sind Sartorius, Carl-Zeiss Meditec, Wirecard und United Internet vertreten.			

UniFavorit: Aktien €	847 707	128,05 €	140,3/124,8 €	+3/+12/+73/+139 %
	Umfang 2,37 Mrd. €, Alter 13 Jahre, Ausgabeaufschlag **5,00 %**, Gebühr **1,20 %**, ausschüttend. Der Fonds investiert global in Standardaktien mit hohen Ertragschancen. Wichtige Branchen sind Industrie, Gesundheit, Konsum, Rohstoffe, Software und Energie.				
Anmerkung: Überschneidungen vor allem mit den Branchen Technologie, Elektronik/Elektrotechnik, Künstliche Intelligenz, Internet, Software sind unvermeidbar.				

Aktienfonds Infrastruktur/Logistik/Transport/Verpackung

Name, Fonds-Gesellschaft	WKN	Kurs 20.04.18	Hoch/Tief 52 Wochen	Kursentwicklung 1, 3, 5, 10 Jahre
Schwerpunkt: Wandel und Nachholbedarf in der Infrastruktur				
Deutsche AM Smart Industrial Technologie	515 248	120,00 €	122,9/104,2 €	+5/+17/+78/+120 %
	Umfang 529 Mio. €, Alter 12 Jahre, Ausgabeaufschlag **5,00 %**, Gebühr **1,45 %**, ausschüttend. Die führenden Sektoren sind Infrastruktur/Logistik/Luftfracht, Luft-/Raumfahrt, Eisenbahnen, Industrie-/Baumaschinen, z. B.: Siemens, Airbus, ABB, Honeywell.			
First State Global Listed Infrastructure	A0Q YLD	1,45 €	1,65 €/1,40 €	-10/+2/+55/+99 %
	Umfang 2,56 Mrd. €, Alter 10 J., Ausgabeaufschlag **4,00 %**, Gebühr **1,50 %**, ausschüttend. Der Fonds investiert in Firmen, die in Infrastrukturprojekten aktiv sind: Wasser, Strom, Bauwesen, Auto-/Eisenbahnen, Flug-/Seehäfen, Logistik Schiene und Energie.			
Franklin Templeton Global Infrastruktur	A1T 7WH	15,10 €	16,30/14,50 €	+3/+15/+70 %
	Umfang 80 Mio. €, Alter 5 Jahre, Ausgabeaufschlag **0,00 %**, Gebühr **0,70 %**, thesaurierend. Der Fonds investiert in dividendenstarke Infrastrukturfirmen. Zum Kerngeschäft zählen weltweit Bau, Betrieb, Nutzung, Finanzierung einschließlich Schwellenländer.			
Morgan Stanley Infrastructure Global	A1H 586	46,25 €	48,65/44,30 €	+2/+1/+29 %
	Umfang 1,02 Mrd. €, Alter 7 Jahre, Ausgabeaufschlag **1,00 %**, Gebühr **0,85 %**, thesaurierend. Schwerpunkte sind Aktien von Firmen mit Aktivitäten in Infrastrukturprojekten. Der Fonds mit fairen Gebühren mischt Aktien von Immobilienfonds bei, vor allem REIT.			
PGLI Partners Group Listed Infrastructure	A0K ET2	143,05 €	158,6/138,6 €	-7/-3/+40/+117 %
	Umfang 602 Mio. €, Alter 12 Jahre, Ausgabeaufschlag **5,00 %**, Gebühr **1,15 %**, ausschüttend. Schwerpunkte der Anlage des Fondsmanagements in Infrastrukturprojekte sind Stromnetze, Pipelines, Flughäfen, Antennen, Straßenbau und Eisenbahnen.			

Weltweite Aktienfonds Internet, Informationstechnologie

Name, Fonds-Gesellschaft	WKN	Kurs 20.04.18	Hoch/Tief 52 Wochen	Kursentwicklung 1, 3, 5, 10 Jahre
Zukunftsbranche Internet der Dinge, Informationstechnologie				
AB I SICAV International Technology	986 514	248,15 €	270,1/230,5 €	**+35/+61/+127/+158 %**
		Umfang 386 Mio. €, Alter 23 Jahre, Ausgabeaufschlag **5,00 %**, Gebühr **2,00 %**, thesaurierend. Im Focus des Spitzenfonds stehen folgende Aktien aus Internet, KI, Infotechnologie: Alphabet, Adobe, Apple, Cisco, Facebook, Microsoft, Nvidia, Salesforce, VISA.			
BGF BlackRock Global World Tech.	A0B MAN	26,40 €	27,60/20,80 €	**+27/+54/+168/+271 %**
	Umfang 733 Mio. €, Alter 23 J., Ausgabeaufschlag **5,00 %**, Gebühr **1,50 %**, thesaurierend. Anlage in Firmen, die zukunftsträchtige Informationstechnologie anbieten. Neben Nasdaq-Titeln gehören Asien-Aktien wie Tencent, Alibaba, Taiwan Semicon. dazu.			
DEKA-Technologie TF EUR ACC	515 263	27,80 €	29,20/23,75 €	**+16/+44/+136/+209 %**
	Umfang 430 Mio. €, Alter 18 Jahre, Ausgabeaufschlag **0,00 %**, Gebühr **1,25 %**, thesaurierend. Das Management überzeugt mit sehr niedrigen Gebühren. Die Hauptbranche Informationstechnologie/Telekommunikation macht 75 % der Fondsanteile aus.			
DNB Fund Technology A EUR ACC	A0M WAN	422,00 €	443,0/375,5 €	**+10/+43/+174/+388 %**
	Umfang 472 Mio. €, Alter 11 Jahre, Ausgabeaufschlag **5,00 %**, Gebühr **1,50 %**, thesaurierend. IT-Software, Telekommunikations- und Medienaktien bilden den Branchenhauptanteil mit 90 %. Der 4-Sterne-Fonds ist bei großen und mittleren Titeln weltweit aktiv.			
DWS Technology Typ 0	847 414	167,00 €	175,7/148,9 €	**+11/+39/+137/+219 %**
	Umfang 220 Mio. €, Alter 35 Jahre, Ausgabeaufschlag **0,00 %**, Gebühr **1,70 %**, ausschüttend. Der Fonds ohne Ausgabeaufschlag präsentiert sich zeitgemäß mit den Branchen-Schwerpunkten Internet, Software, Informations- und Kommunikationstechnologie.			
Janus Henderson Horizon Global Tech	989 234	68,80 €	73,65/54,50 €	**+33/+66/+130/+208 %**
	Umfang 3,05 Mrd. €, Alter 22 Jahre, Ausgabeaufschlag **5,00 %**, Gebühr **1,20 %**, thesaurierend. Hauptanteile in diesem Branchen-Fonds bilden Internet Service und e-commerce. Neben großen US-Titeln wie Alphabet, Microsoft sind Alibaba, Samsung dabei.			
KBC Equity Strategie Telecom & Technology	779 078	211,10 €	222,1/187,4 €	**+12/+23/+112/+97 %**
	Umfang 821 Mio. €, Alter 18 Jahre, Ausgabeaufschlag **3,00 %**, Gebühr **1,50 %**, thesaurierend. Informationstechnologie dominiert im globalen Branchenfonds zu 99 %. Hauptanteile: Apple, ASML, SAP, Microsoft, Visa, Samsung, Qualcomm, Alphabet, Applied.			

Aktienfonds Internet & Informationstechnologie (Forts.)			
Name, Fonds-Gesellschaft	WKN	Kurs 20.04.18	Hoch/Tief 52 Wochen	Kursentwicklung 1, 3, 5, 10 Jahre
Zukunftsbranche Internet der Dinge, Informationstechnologie				
NN (L) Information Technology	A0Q 88T	1.061,80 €	1.132/973,4 €	+5/+35/+124/+331 %
Umfang 236 Mio. €, Alter 9 Jahre, Ausgabeaufschlag **3,00 %**, Gebühr **1,50 %**, thesaurierend. Im Focus des Branchenfonds stehen Internet der Dinge, Online-Soft- und Hardware, Telekommunikationsgeräte usw. Große Anteile: Microsoft, Apple, Alphabet, SAP.				
Nordasia.com	979 217	71,05 €	78,10/67,50 €	+5/+15/+67/+132 %
Umfang 165 Mio. €, Alter 18 Jahre, Ausgabeaufschlag **5,00 %**, Gebühr **1,00 %**, thesaurierend. Im Vordergrund stehen Erträge asiatischer Firmen unterschiedlicher Größe. Hauptanteile haben: Tencent und Baidu (China), SoftBank und Nintendo (Japan).				
Nordinternet	978 530	103,40 €	107,0/82,55 €	+25/+64/+179/+384 %
Umfang 51 Mio. €, Alter 20 Jahre, Ausgabeaufschlag **5,00 %**, Gebühr **1,00 %**, thesaurierend. Der Name passt. Hier geht es um Internet, Infrastruktur und Online-Plattformen. Größte Posten: Amazon, Netflix, Facebook, PayPal, Salesforce, Alphabet und eBay.				

Was große Sorge bereitet, sind grundlegende Verstöße gegen den Datenschutz. **Facebook** mit Firmengründer Zuckerberg muss sich immer öfter rechtfertigen und befürchtet Sanktionen. Noch mehr Angst und Furcht lösen die stetig wachsenden **Cyber- und Hackerangriffe** aus. Auch bei bestens ausgestatteten Forschungseinrichtungen, Behörden und Unternehmen werden Informationsströme lahmgelegt und wichtige Daten gestohlen. Nutznießer sind nur die großen Versicherungsgesellschaften, die für einen solchen Schutz teure Policen anbieten.

Das längere Leben um 15 Jahre erfordert kluge Geldanlagen

Dass es für eine vernünftige Investition, für Vermögensaufbau und Altersvorsorge nie zu früh, aber auch nur selten erheblich zu spät ist, zeigt die demografische Entwicklung. Wer heute 65 Jahre alt ist, hat als Frau 21 und als Mann 17 Jahre vor sich. Die Lebenserwartung steigt in einem Jahrzehnt um 2 Jahre. In 50 Jahren sind dies 10 Jahre geschenktes Leben. Wer heute 50 Jahre alt ist, wird als Frau 88 und als Mann 83 Jahre alt. Bei Frauen liegt die Chance, den 100. Geburtstag zu feiern, bei 13 %. Ein heute geborenes Mädchen dürfte 93 Jahre, ein Junge 88 Jahre alt werden. Es hängt auch von der Lebensführung ab, ob in 2 Jahrzehnten 4 oder 6 Jahre längeres Leben dazukommen. Frauen beziehen im Schnitt 21 Jahre, Männer 18 Jahre ihre Rente, derzeit 48 % vom Bruttoeinkommen.

Aktienfonds-Auswahl aus der Konsumgüter-Branche

Name, Fonds-Gesellschaft	WKN	Kurs 20.04.18	Hoch/Tief 52 Wochen	Kursentwicklung 1, 3, 5, 10 Jahre
Konsumgüterbranche vorwiegend Value und dividendenstark				
Comgest Growth Europe Opp.	**A0Y AJD**	33,90 €	34,80/29,95 €	**+14/+33/+96/+240 %**
	Umfang 447 Mio. €, Alter 9 Jahre, Ausgabeaufschlag **4,00 %**, Gebühr **1,50 %**, thesaurierend. Der 5-Sterne-Fonds konzentriert sich auf wachstumsstarke Growth-Aktien vor allem im Gesundheitssektor: Große deutsche Anteile haben Fresenius, Sartorius, Wirecard.			
Fidelity Global Consumer Industrie	**A0N GWX**	31,75 €	32,65/29,20 €	**+5/+18/+78/+217 %**
	Umfang 731 Mio. €, Alter 10 Jahre, Ausgabeaufschlag **0,00 %**, Gebühr **0,75 %**, thesaurierend. Der 5-Sterne-Branchen-Fonds investiert weltweit in die Aktien von Unternehmen, die Konsumgüter entwickeln, herstellen, vertreiben, wie L'Oréal, Nestlé, LVMH.			
GAMAX FXP Junior I	**A1J U6B**	19,05 €	19,75/17,65 €	**+5/+13/+68 %**
	Umfang 160 Mio. €, Alter 6 Jahre, Ausgabeaufschlag **0,00 %**, Gebühr **0,90 %**, thesaurierend. Der Branchenfonds bevorzugt Aktien von Konsumgüterfirmen, die vor allem die jüngere Generation ansprechen. Dazu zählen Apple, Nike, Danone, Amazon, Alphabet.			
GAM Multi-stock Luxury Brands	**A0N CNT**	278,65 €	281,3/234,4 €	**+18/+14/+50/+188 %**
	Umfang 265 Mio. €, Alter 10 Jahre, Ausgabeaufschlag **5,00 %**, Gebühr **1,60 %**, thesaurierend. Das Management konzentriert sich auf Luxushersteller mit starken Marken und hochwertiger Qualität. Dazu gehören: Hermés, L'Oréal, Estee Lauder, Diageo, Kering.			
NN (L) Prestige & Luxe P	**664 641**	793,10 €	797,9/620,3 €	**+20/+16/+52/+153 %**
	Umfang 118 Mio. €, Alter 18 Jahre, Ausgabeaufschlag **3,00 %**, Gebühr **1,50 %**, thesaurierend. Der Fonds investiert weltweit in Luxusgüteraktien. Bekannte Marken: Estee Lauder, Richemont, Christian Dior, LVMH, Vuitton, L'Oréal, Diageo, Daimler, BMW.			
Parvest Consumer Innovators	**A1T 8WM**	237,75 €	248,7/208,3 €	**+6/+14/+75 %**
	Umfang 141 Mio. €, Alter 6 Jahre, Ausgabeaufschlag **3,00 %**, Gebühr **0,75 %**, thesaurierend. Konzentration auf die internationale Gebrauchsgüter-/Freizeit-/Medienbranche, wie Amazon, Walt Disney, Comcast, Home Depot, LVMH, SONY, NIKE, Toyota Motor.			
Robeco Cap. Growth Glob. Consumer	**A0C A0W**	196,35 €	201,8/173,2 €	**+13/+22/+101/+286 %**
	Umfang 1,65 Mrd. €, Alter 20 Jahre, Ausgabeaufschlag **5,00 %**, Gebühr **1,50 %**, thesaurierend. Der Fonds orientiert sich an Zukunftstrends. Es geht um „Internet der Dinge" und starke Marken.			

Aktienfonds Gesundheitswesen, Medtech und Pharma				
Name, Fonds-Gesellschaft	WKN	Kurs 23.04.18	Hoch/Tief 52 Wochen	Kursentwicklung 1, 3, 5, 10 Jahre
Forschungsbranchen Medizintechnik und Pharmazeutik				
Bellevue (LUX) BB Adamant Medtech B	A0R P23	375,90 €	385,5/339,0 €	**+8/+21/+99/+197 %**
		Umfang 229 Mio. €, Alter 9 Jahre, Ausgabeaufschlag **5,00 %**, Gebühr **1,60 %**, thesaurierend. Das Branchenfonds-Management investiert zumindest zwei Drittel in Medtech-Aktien. Dazu zählen so bekannte Unternehmen wie Medtronic, Stryker, Abbott, Danaher.			
DKB Pharma Fonds AL	921 869	58,00 €	63,75/57,00 €	**-5/-11/+58/+202 %**
		Umfang 38 Mio. €, Alter 19 Jahre, Ausgabeaufschlag **5,00 %**, Gebühr **1,40 %**, ausschüttend. Das Management konzentriert sich auf Medizin-Produkte und investiert in Aktien globaler Konzerne wie Medtronic, Johnson, Novartis, Pfizer, Roche, Merck, AbbVie.			
DKB Pharma TNL ANL EUR ACC	541 954	54,40 €	60,90/53,50 €	**-6/-13/+53/+183 %**
		Umfang 38 Mio. €, Alter 18 Jahre, Ausgabeaufschlag **0,00 %**, Gebühr **1,40 %**, thesaurierend. Dieser Branchenfonds unterscheidet sich vom Namensvetter vor allem durch den Verzicht des Ausgabeaufschlags und Thesaurierung. Große Posten: Medtronic, Pfizer, Novartis, UnitedHealth, J&J, AbbVie, Merck, Abbott, GSK.			

Der Medizin-Nobelpreis 2018 betrifft Immuntherapie-Forschung

Interessante Forschungsergebnisse wecken Hoffnungen bei Behandlung und Heilung schwerster Krankheiten. Amgen, USA, der weltweit größte Biotechkonzern vom Nasdaq 100, präsentiert eine gute Jahresprognose 2018. Biogen, ebenfalls im Nasdaq gelistet, bekommt Rückenwind für Alzheimer Forschungen und überzeugt mit einem neuen Präparat gegen Muskelschwund. Der Schweizer Beteiligungskonzern BB Biotech erfreut mit fairem KGV und hoher Dividende. Der Gesundheitskonzern Johnson & Johnson, Dow Jones, meldet eine große Übernahme aus Japan und erhöht seit 25 Jahren die Ausschüttung. MorphoSys, TecDAX und MDAX, begeistert mit neuer Blutkrebsstudie. Evotec, ebenfalls im TecDAX und MDAX notiert, imponiert als Überlebender vom Neuen Markt Kursgewinnrekorde von über 1.500 % in 10 Jahren. Laut Boston Consulting Group gehört Sartorius vom TecDAX und MDAX zu den weltbesten Medizintechnik-Firmen. Der Nasdaq-Konzern Illumina liefert die Werkzeuge zur Entschlüsselung des menschlichen Genoms. Und das Biopharma-Unternehmen Vertex Pharmaceuticals kommt bei der Entwicklung kleinmolekularer Arzneimittel gegen schwere Krankheiten voran.

Aktienfonds-Auswahl aus dem Ökologie-Sektor

Name, Fonds-Gesellschaft	WKN	Kurs am 24.04.18	Hoch/Tief 52 Wochen	Kursverlauf 1, 3, 5, 10 Jahre
Geldanlage ethisch; Branchenfonds Ökologie, Klima, Umweltschutz				
DEKA-Umwelt Invest CF	DK0 ECS	127,05 €	134,9/115,2 €	+5/+17/+79/+16 %
	Umfang 230 Mio. €, Alter 11 Jahre, Ausgabeaufschlag **3,75 %**, Gebühr **1,50 %**, thesaurierend. Der Fonds investiert weltweit in erstklassige Aktien von Firmen, die in Wasserwirtschaft, Klima-, Umweltschutz arbeiten oder bei Erneuerbarer Energie tätig sind.			
Erste WWF Stock Umwelt Environment	694 114	128,20 €	131,9/118,5 €	+10/-3/+66/+24 %
	Umfang 117 Mio. €, Alter 17 Jahre, Ausgabeaufschlag **4,00 %**, Gebühr **1,50 %**, ausschüttend. Der Umweltfonds legt global in mittelgroße Firmen für Erneuerbare Energien und Mobilität an. Bekanntere Aktien sind First Solar, Schneider, Xylem, Itron.			
Invesco Umwelt und Nachhaltigkeit	847 047	99,85 €	105,1/96,15 €	+1/+8/+56/+78 %
	Umfang 26 Mio. €, Alter 28 Jahre, Ausgabeaufschlag **5,00 %**, Gebühr **1,50 %**, thesaurierend. Die Fonds investiert in den Dow Jones Sustainability Welt-Index. Ausgenommen: Glücksspiele, Alkohol, Tabak, Rüstung, Waffen. Dabei: Allianz, BASF (DAX).			
KBC Eco Fund Water Classic	A0F 6Z0	1.320,50 €	1.403/1.238 €	-1/+8/+65/+115 %
	Umfang 558 Mio. €, Alter 18 Jahre, Ausgabeaufschlag **3,00 %**, Gebühr **1,50 %**, thesaurierend. Der Fonds setzt auf Infrastruktur, Wasser-, Abwasserentsorgung, Überwachung, Aufbereitung.			
ÖkoWorld Öko Vision Classic	974 968	170,00 €	178,1/161,2 €	+3/+11/+61/+59 %
	Umfang 793 Mio. €, Alter 22 Jahre, Ausgabeaufschlag **5,00 %**, Gebühr **1,76 %**, thesaurierend. Das Fondsmanagement wählt weltweit ertragsstarke Aktien von Unternehmen aus, die in ihren Branchen bezüglich Ökologie und Ethikstandards führend sind.			
Parvest Global Environment Classic	A0N E8U	187,45 €	201,2/179,4 €	+2/+9/+62/+86 %
	Umfang 776 Mio. €, Alter 10 Jahre, Ausgabeaufschlag **3,00 %**, Gebühr **1,75 %**, thesaurierend. Der Fonds investiert weltweit in Aktien der Märkte Umwelttechnik/-schutz, Erneuerbare Energie, Abwasserwirtschaft, Abfallentsorgung. GEA (MDAX) ist dabei.			
Pictet Water	933 349	285,25 €	305,2/274,4 €	-2/+9/+59/+110 %
	Umfang 4,40 Mrd. €, Alter 18 J., Ausgabeaufschlag **5,00 %**, Gebühr **1,60 %**, thesaurierend. Der Fonds ist spezialisiert auf Wasserkreislauf/Luftreinheit mit Wassertechnik/Umweltdiensten.			

Name, Fonds-Gesellschaft	WKN	Kurs am 24.04.18	Hoch/Tief 52 Wochen	Kursverlauf 1, 3, 5, 10 Jahre
Geldanlage ethisch; Branchenfonds Ökologie, Klima, Umwelt (Forts.)				
RobecoSAM Multipartner Sust. Water B	763 763	293,40 €	312,3/279,8 €	+2/+12/+76/+96 %
		Umfang 883 Mio. €, Alter 17 Jahre, Ausgabeaufschlag **5,00 %**, Gebühr **1,50 %**, thesaurierend. Der Fonds legt in Firmen an, die bei Analyse, Management, Aufbereitung, Verteilung von Wasser aktiv sind, wie Thermo Fisher, Danaher, Veolia, Xylem, Engie.		
Quest Management SICAV Cleantech	A0N C68	261,00 €	267,9/237,9 €	+10/+20/+92/+153 %
		Umfang 346 Mio. €, Alter 10 Jahre, Ausgabeaufschlag **0,00 %**, Gebühr **1,25 %**, thesaurierend. Dieser Umweltfonds berechnet erfreulich niedrige Gebühren und investiert in Cleantech: Erneuerbare Energien, Wasseraufbereitung und Abfallentsorgung.		
TerrAssisi Aktien I AMI	984 734	28,60 €	29,80/26,40 €	+3/+8/+76/+83 %
		Umfang 101 Mio. €, Alter 18 Jahre, Ausgabeaufschlag **4,50 %**, Gebühr **1,35 %**, thesaurierend. Als eine Art ethischer Filter dienen die Nachhaltigkeitswerte des *Franziskaner-Ordens*. Vom DAX erfüllen SAP, Henkel und Linde die strengen Kriterien.		
UBS (LUX) Equity Global Sustainable	676 908	87,00 €	90,45/76,00 €	+8/+14/+69/+27 %
		Umfang 101 Mio. €, Alter 17 J., Ausgabeaufschlag **2,00 %**, Gebühr **1,60 %**, thesaurierend. Investiert wird in Nebenwerte, wo Technologie und Produkte nachhaltige Beiträge leisten. Größte Sektoren sind Industrie, IT-Software und Telekommunikation.		

Aktienfonds Technologie pur mit Industrie 4.0 und KI

Name, Fonds-Gesellschaft	WKN	Kurs 27.04.18	Hoch/Tief 52 Wochen	Kursentwicklung 1, 3, 5, 10 Jahre
Das große Zukunftsthema: Hightech-Branchenfonds weltweit Überschneidung mit Internet, Informationstechnologie, Elektronik				
Allianz Informationstechnik	847 512	224,65 €	251,9/203,0 €	+8/+20/+113/+201 %
		Umfang 144 Mio. €, Alter 35 Jahre, Ausgabeaufschlag **5,00 %**, Gebühr **1,80 %**, ausschüttend. Das Management investiert mindestens zwei Drittel in Aktien aus der Informationstechnologie.		
BGF BlackRock Global World Tech.	A0B MAN	25,85 €	27,60/20,90 €	+24/+49/+153/+251 %
		Umfang 426 Mio. €, Alter 23 J., Ausgabeaufschlag **5,00 %**, Gebühr **1,50 %**, thesaurierend. Anlage in Firmen, die zukunftsfähige Informationstechnologie bieten, z. B.: Apple, Tencent, Alphabet.		

Name, Fonds-Gesellschaft	WKN	Kurs 27.04.18	Hoch/Tief 52 Wochen	Kursentwicklung 1, 3, 5, 10 Jahre
Das große Zukunftsthema: Technologie-Branchenfonds weltweit				
DEKA-Technologie TF EUR ACC	515 263	27,10 €	29,80/23,75 €	+12/+38/+124/+184 %
		Umfang 430 Mio. €, Alter 18 Jahre, Ausgabeaufschlag **0,00 %,** Gebühr **1,25 %,** thesaurierend. Der Fonds investiert in Aktien von Firmen, die im Hightechsektor arbeiten. Große Anteile haben Alphabet, Amazon, Microsoft, Apple, Intel, Tencent, Cisco, VISA.		
DNB Fund Technology A EUR ACC	A0M WAN	429,00 €	443,3/375,5 €	+9/+42/+168/+368 %
		Umfang 472 Mio. €, Alter 11 Jahre, Ausgabeaufschlag **5,00 %,** Gebühr **1,50 %,** thesaurierend. Der Fonds investiert in Technologie-, Kommunikations- und Medienfirmen mit guten Aussichten in Zukunftsmärkten, wie Alphabet, Playtech, Samsung und SAP.		
DWS Technology Typ 0	847 414	162,25 €	175,7/148,9 €	+6/+33/+124/+193 %
		Umfang 220 Mio. €, Alter 35 Jahre, Ausgabeaufschlag **0,00 %,** Gebühr **1,70 %,** ausschüttend. Dieser Fonds ohne Ausgabeaufschlag konzentriert sich auf Aktien von Firmen für Informations-, Kommunikations- und Biotechnologie wie Apple und Alphabet.		
ESPA Stock Techno VT	A0L BLB	68,45 €	72,05/60,65 €	+8/+36/+134/+201 %
		Umfang 64 Mio. €, Alter 15 Jahre, Ausgabeaufschlag **4,00 %,** Gebühr **1,80 %,** thesaurierend. Das Management investiert in Aktien von Firmen mit geringem, mittlerem, hohem Börsenwert. Über die Hälfte vom Vermögen wandert in den Technologiesektor weltweit.		
Janus Henderson Horizon Global Techno.	989 234	69,80 €	73,05/54,50 €	+27/+58/+120/+196 %
		Umfang 3,06 Mrd. €, Alter 12 Jahre, Ausgabeaufschlag **5,00 %,** Gebühr **1,20 %,** thesaurierend. Der Fonds investiert weltweit in wachstumsstarke Technologie-Aktien. Neben Samsung und Alibaba dominieren große US-Titel wie Alphabet, Microsoft, Apple.		
Nordinternet	978 530	100,70 €	107,0/82,55 €	+21/+57/+162/+343 %
		Umfang 51 Mio. €, Alter 20 Jahre, Ausgabeaufschlag **5,00 %,** Gebühr **1,00 %,** thesaurierend. Es geht um Internet, Infrastruktur, Online-Plattformen. Die Technologiebranche macht 48 % aus. Große Anteile haben Amazon, Netflix, Facebook, Alphabet, Salesforce.		
UniSector HighTech A	921 559	90,25 €	94,00/80,40 €	+8/+26/+106/+202 %
		Umfang 119 Mio. €, Alter 18 Jahre, Ausgabeaufschlag **4,00 %,** Gebühr **1,55 %,** thesaurierend. Der Fonds investiert in Aktien von Firmen der Computer-, Software- und Technologiebranche: Apple, Alphabet, Microsoft, Facebook. Aus dem DAX ist SAP dabei.		

7.4 Das Musterdepot Branchen-Aktienfonds

Das Musterdepot ist als Auswahlangebot zu verstehen, wenn es darum geht, mit erfolgreichen Aktienfonds global breit gestreut die chancenreichen Branchen in Zukunftsmärkten abzudecken.

Für Sie gilt, auch hier zeitlich zu streuen und sich schrittweise für diejenigen Branchen-Aktienfonds zu entscheiden, die bezüglich der Kurse gerade günstig zu haben und deren Gebühren fair sind. Bevorzugen Sie auch im Fondssektor jene Produkte, die Sie mögen, kennen und verstehen. Branchenkenntnisse sind vorteilhaft.

Das Musterdepot für Branchen-Aktienfonds weltweit

Name, Fonds-Gesellschaft	WKN	Kurs 27.04.18	Hoch/Tief 52 Wochen	Kursentwicklung 1, 3, 5, 10 Jahre
Autoindustrie	A0D NEW	15,50 €	16,05/14,40 €	+6/+20/+108/+128 %
Janus Henderson Global Growth R		Umfang 295 Mio. €, Alter 13 Jahre, Ausgabeaufschlag **5,00 %**, Gebühr **1,50 %**, thesaurierend. Der Fonds investiert in innovative Firmen mit guten Zukunftschancen, wozu Automotive zählen. Den Hauptanteil hat der DAX-Autozulieferer Continental.		
Biotech	939 838	449,65 €	515,5/429,5 €	+9/-1/+89/**+385 %**
Candriam Equities Bio.		Umfang 726 Mio. €, Alter 18 Jahre, Ausgabeaufschlag **2,50 %**, Gebühr **1,50 %**, thesaurierend. Es ist alles vertreten, was Rang und Namen hat. Große Anteile haben Alexion, Amgen, Biogen, Celgene, Gilead, Illumina, Incyte, Regeneron, Vertex, alle USA.		
Edelmetall	A0Y DDD	77,25 €	88,75/40,95 €	+63/+203/+48 %
Commodity Capital Global Mining P		Umfang 6 Mio. €, Alter 8 Jahre, Ausgabeaufschlag **5,00 %**, Gebühr **1,50 %**, thesaurierend. Der erfolgreiche 5-Sterne-Fonds kauft vor allem Goldaktien von großteils unbekannten „Junior"-Firmen. Wichtige Sektoren: Gold, Basismetall, Silber, Lithium.		
Elektronik	989 234	69,20 €	73,65/52,80 €	+35/+69/**+131**/+212 %
Henderson Horizon Global Tech.		Umfang 3,05 Mrd. €, Alter 22 Jahre, Ausgabeaufschlag **5,00 %**, Gebühr **0,18 %**, thesaurierend. Wichtige Sparten: Internetservice, Software, Computer, Halbleiterelektronik, Elektronikspiele. Dabei: Apple, Microsoft, Facebook, Samsung, Alphabet, VISA.		
Finanzen	657 644	650,00 €	699,7/570,0 €	+18/+30/+53/+1 %
NN (L) Banking & Insurance P		Umfang 199 Mio. €, Alter 21 Jahre, Ausgabeaufschlag **3,00 %**, Gebühr **1,50 %**, thesaurierend. Als Zielsetzung gilt, den MSCI World Financial zu schlagen mit Versicherungen, Banken, Vermögensverwaltern. Größte Anteile: Bank of America, Citigroup.		

Das Musterdepot für Branchen-Aktienfonds (Forts. 1)

Name, Fonds-Gesellschaft	WKN	Kurs 27.04.18	Hoch/Tief 52 Wochen	Kursentwicklung 1, 3, 5, 10 Jahre
Immobilien Janus JHHF Pan Europe	989 232	46,70 €	46,75/40,15 €	+14/+16/+98/+78 %
		Umfang 262 Mio. €, Alter 20 Jahre, Ausgabeaufschlag **5,00 %**, Gebühr **0,18 %**, thesaurierend. Der Fonds investiert mit Anteilen bis zu 10 % in Aktien europäischer Immobilienunternehmen. Größte Anteile haben: Vonovia (DAX), Dt. Wohnen (MDAX).		
Industrie DEKA-Industrie 4.0 CF EUR	DK2 J9F	128,50 €	135,1/108,8 €	+19 %/Fondsneuling
	Umfang 318 Mio. €, Alter 2 Jahre, Ausgabeaufschlag **3,75 %**, Gebühr **1,25 %**, ausschüttend. Der Fonds bildet die industrielle Evolution ab mit zukunftfähigen Aktien auch aus den Sektoren Künstliche Intelligenz, Automatisierungsprozesse, Robotik.			
Information NN (L) Information Technology	A0Q 88T	1.061,80 €	1.132/973,4 €	+5/+35/+124/+331 %
	Umfang 236 Mio. €, Alter 9 Jahre, Ausgabeaufschlag **3,00 %**, Gebühr **1,50 %**, thesaurierend. Im Focus stehen Internet der Dinge, Internetsoftware, Hardware, Telekommunikationsgeräte usw. Große Anteile haben: Microsoft, Apple, Alphabet, SAP.			
Infrastruktur Morgan Stanley Infrastructure Global	A1H 586	46,25 €	48,65/44,30 €	+2/+1/+29 %
	Umfang 1,02 Mrd. €, Alter 7 Jahre, Ausgabeaufschlag **1,00 %**, Gebühr **0,85 %**, thesaurierend. Schwerpunkte sind Aktien von Firmen mit Aktivitäten in Infrastrukturprojekten. Der Fonds mit sehr fairen Gebühren mischt Aktien von Immobilienfonds bei.			
Internet der Dinge Nordinternet	978 530	103,40 €	107,0/82,55 €	+25/+64/+179/+384 %
	Umfang 51 Mio. €, Alter 20 Jahre, Ausgabeaufschlag **5,00 %**, Gebühr **1,00 %**, thesaurierend. Der Name passt. Es geht um Internet, Infrastruktur, Online-Plattformen. Größte Posten: Amazon, Netflix, Facebook, PayPal, Salesforce, Alphabet, Ebay.			
Konsumgüter Fidelity Global Consumer Industrie	A0N GWX	31,75 €	32,65/29,20 €	+5/+18/+78/+217 %
	Umfang 731 Mio. €, Alter 10 Jahre, Ausgabeaufschlag **0,00 %**, Gebühr **0,75 %**, thesaurierend. Der 5-Sterne-Branchen-Fonds investiert weltweit in die Aktien von Firmen, die Konsumgüter entwickeln, herstellen, vertreiben, wie L'Oréal, Nestlé, LVMH.			
Konsumgüter junge Leute GAMAX FXP Junior I	A1J U6B	19,05 €	19,75/17,65 €	+5/+13/+68 %
	Umfang 160 Mio. €, Alter 6 Jahre, Ausgabeaufschlag **0,00 %**, Gebühr **0,90 %**, thesaurierend. Der Branchenfonds bevorzugt Aktien von Konsumgüterfirmen, die der jungen Generation gefallen. Dazu zählen Apple, Nike, Danone, Amazon, Alphabet.			

Das Musterdepot für Branchen-Aktienfonds (Forts. 2)

Name, Fonds-Gesellschaft	WKN	Kurs 27.04.18	Hoch/Tief 52 Wochen	Kursentwicklung 1, 3, 5, 10 Jahre
Medizintechnik Bellevue (LUX) BB Adamant Med.	A0R P23	375,90 €	385,5/339,0 €	+8/+21/+99/+197 %
		Umfang 229 Mio. €, Alter 9 Jahre, Ausgabeaufschlag **5,00 %**, Gebühr **1,60 %**, thesaurierend. Das Management investiert zumindest zwei Drittel in Medtech-Aktien. Es handelt sich um so bekannte Firmen wie Medtronic, Stryker, Abbott, Danaher.		
Ökologie Quest Management Cleantech	A0N C68	261,00 €	267,9/237,9 €	+10/+20/+92/+153 %
		Umfang 346 Mio. €, Alter 10 J., Ausgabeaufschlag **0,00 %**, Gebühr **1,25 %**, thesaurierend. Der Fonds verzichtet auf den Ausgabeaufschlag, berechnet wenig Gebühren, investiert in Cleantech, Erneuerbare Energie, Wasseraufbereitung/Entsorgung.		
Pharma-Industrie DKB Pharma Fonds AL	921 869	58,00 €	63,75/57,00 €	-5/-11/+58/+202 %
		Umfang 38 Mio. €, Alter 19 Jahre, Ausgabeaufschlag **5,00 %**, Gebühr **1,40 %**, ausschüttend. Das Management konzentriert sich auf medizinische Produkte und investiert in Aktien globaler Konzerne wie J&J, Novartis, Pfizer, Roche, Merck, AbbVie.		
Rohstoffe StrucSol Lithium Index Strat F	HAF X4V	121,75 €	152,3/95,15 €	+19/+197/+106 %
		Umfang 334 Mio. €, Alter 8 Jahre, Ausgabeaufschlag **5,00 %**, Gebühr **1,00 %**, thesaurierend. Der Fonds mit niedriger Jahresgebühr und hohem Kursgewinn orientiert sich am Index Solactive Lithium und engagiert sich in Rohstoff-/Edelmetallminen.		
Technologie DEKA-Technologie TF EUR ACC	515 263	27,10 €	29,80/23,75 €	+12/+38/+124/+184 %
		Umfang 430 Mio. €, Alter 18 Jahre, Ausgabeaufschlag **0,00 %**, Gebühr **1,25 %**, thesaurierend. Der Fonds investiert in Aktien von Firmen, die im Hightechsektor arbeiten. Große Anteile: Alphabet, Amazon, Microsoft, Apple, Intel, Tencent, Cisco, VISA.		
Telecom KBC Equity Strategie Telecom & T.	779 078	211,10 €	222,1/187,4 €	+12/+23/+112/+97 %
		Umfang 821 Mio. €, Alter 18 Jahre, Ausgabeaufschlag **3,00 %**, Gebühr **1,50 %**, thesaurierend. Telekommunikation dominiert im globalen Branchenfonds mit 99 %. Hauptanteile: Apple, ASML, SAP, Microsoft, VISA, Samsung, Qualcomm, Alphabet, Applied.		
Wasser RobecoSAM Multipartner Sust. Water B	763 763	293,40 €	312,3/279,8 €	+2/+12/+76/+96 %
		Umfang 883 Mio. €, Alter 17 Jahre, Ausgabeaufschlag **5,00 %**, Gebühr **1,50 %**, thesaurierend. Der Fonds legt in Firmen an, die bei Analyse, Management, Aufbereitung, Verteilung von Wasser aktiv sind wie Thermo Fisher, Danaher, Veolia, Xylem, Engie.		

7.5 Fondsbilanz: Nebenwerte und Technologie im Trend

Weltweite Fondsbilanz für das Gesamtjahr 2016			
Rang	Durchschnittliche Wertentwicklung wichtiger Fondssparten	Gesamt 2016	5 Jahre per annum
01	Aktien Edelmetalle	+60,9 %	-9,5 %
02	Aktien Rohstoffe & Energie	+36,3 %	-2,7 %
03	Aktien Lateinamerika	+27,6 %	-2,2 %
04	Aktien Mittel- und Osteuropa	+23,9 %	+2,8 %
05	Aktien Nordamerika Nebenwerte	+20,0 %	+17,3 %
06	Anleihen Emerging Markets Hartwährung	+13,3 %	+8,5 %
07	Aktien Nordamerika	+12,3 %	+16,4 %
08	Aktien Emerging Markets	+12,2 %	+5,2 %
09	Anleihen Emerging Markets Lokalwährg.	+11,5 %	+1,7 %
10	Aktien Technologie Welt	+11,0 %	+15,7 %
11	Aktien Japan Nebenwerte	+9,7 %	+15,1 %
12	Aktien Welt Nebenwerte	+8,5 %	+14,7 %
13	Anleihen Euro Unternehmen High Yield	+7,7 %	+7,4 %
14	Aktien Asien Pazifik ohne Japan	+6,8 %	+8,4 %
15	Aktien Welt	+6,6 %	+11,0 %
16	Aktien Japan	+5,9 %	+12,2 %
Anmerkung: Die drei Fondsbilanzen stammen vom Handelsblatt 2017/2018.			

Das Fondsjahr 2017 belohnt mutige Langzeitanleger

Ein eher überraschendes Bild. Aktienfonds, angetrieben durch die Nullzinspolitik, fuhren bei kluger Strategie sowohl im ersten Halbjahr als auch im Gesamtjahr 2017 üppige Kursgewinne ein. Ein solch gutes Ergebnis war angesichts der gegen Fondsmanager erhobenen Vorwürfe kaum zu erwarten. Auch bei Fonds bestätigt sich der bei Aktien zu beobachtende Trend: Es sind die Nebenwerte mit Schwerpunkt Technologie und nicht die Dickschiffe, die hohe Erträge erzielen. Die mit manövrierfähigen Schnellbooten vergleichbaren, oft familiengeführten Mittelständler im MDAX, TecDAX, SDAX lassen den deutschen Leitindex weit hinter sich. Engagierte Fondsmanager mit flexibler Strategie setzen sich trotz höherer Gebühren gegen passiv gemanagte ETFs durch. **Anleihen landen im Abseits.**

Rang	Durchschnittliche Wertentwicklung wichtiger Fondssparten	Gesamtjahr 2017	5 Jahre per annum
01	Aktien China	+26,7 %	+11,3 %
02	Aktien Japan Nebenwerte	+26,3 %	+19,1 %
03	Aktien Deutschland Nebenwerte	+25,4 %	+15,5 %
04	Aktien Technologie Welt	+22,2 %	+18,1 %
05	Aktien Euroland Nebenwerte	+21,2 %	+14,3 %
06	Aktien Asien Pazifik ohne Japan	+20,2 %	+8,7 %
07	Aktien Europa Nebenwerte	+19,5 %	+14,2 %
08	Aktien Schwellenländer	+18,7 %	+5,9 %
09	Aktien Deutschland	+15,6 %	+11,3 %
10	Aktien Japan	+12,7 %	+13,8 %
11	Aktien Euroland	+12,1 %	+10,2 %
12	Aktien Welt Nebenwerte	+10,6 %	+14,0 %
13	Aktien Europa	+10,6 %	+9,2 %
14	Aktien Lateinamerika	+10,0 %	-2,0 %
15	Aktien Mittel-/Osteuropa	+9,8 %	+1,2 %
16	Nachhaltigkeit/Ethik Welt	+8,9 %	+11,7 %
17	Aktien Welt	+8,2 %	+10,5 %
18	Aktien Gesundheitswesen Welt	+6,7 %	+15,1 %
19	Nordamerika	+5,6 %	+15,4 %
20	Mischfonds Global flexibel	+4,9 %	+3,6 %
26	Anleihen Europäische Währungen	+0,5 %	-0,6 %
27	Anleihen Euro	+0,5 %	+0,5 %
28	Anleihen Euro kurz	-0,2 %	+0,5 %
29	Geldmarkt Euro	-0,4 %	-0,1 %
30	Aktien Rohstoffe & Energie	-0,5 %	-1,5 %
31	Aktien Telemedien Welt	-2,5 %	+9,6 %
32	Anleihen Schwellenländer Hartwährung	-3,1 %	+4,8 %
33	Anleihen Globale Währungen	-3,6 %	+2,3 %
34	Aktien Goldminen	-4,2 %	-8,0 %
35	Immobilien Welt	-4,5 %	-3,7 %
36	Anleihen US-Dollar	-9,0 %	+3,2 %

Im weltweiten Fondsvergleich 2017 liegen Nebenwerte vorn

Das 1. Halbjahr 2018 sieht die Aktienfonds mehrheitlich im Plus, dagegen bis auf eine Ausnahme im Mittelfeld sämtliche Anleihen im Minus. Unklug war es, bei Anleihen und Aktien einseitig auf die Schwellenländer zu setzen. Dagegen setzte sich der Aufwärtstrend bei deutschen und ausländischen Nebenwerten fort. Auch hier gilt wie bei Einzelwerten: breit streuen oder bei einem kleinen Geldbeutel langfristig auf den MSCI World setzen.

\multicolumn{4}{c}{Die Fondsbilanz 1. Halbjahr 2018 bestätigt: Nebenwerte vorn. Nur ein Misch- und Anleihenfonds unter den Top 15}
Rang	Durchschnittliche Wertentwicklung	1. Hj. 2018	5 Jahre
01	Aktien Technologie Welt	+10,2 %	+18,8 %
02	Aktien Nordamerika Nebenwerte	+8,4 %	+13,6 %
03	Aktien Gesundheitswesen Welt	+7,3 %	+13,1 %
04	Aktien Nordamerika	+5,0 %	+13,5 %
05	Mischfonds Global Dynamisch	+3,2 %	+5,9 %
06	Aktien Rohstoffe & Energy	+2,8 %	+3,3 %
07	Aktien Welt Nebenwerte	+2,8 %	+12,2 %
08	Aktien China	+2,5 %	+13,2 %
09	Aktien Japan Nebenwerte	+2,2 %	+15,5 %
10	Aktien Nachhaltigkeit und Ethik Welt	+1,4 %	+10,0 %
11	Aktien Welt	+1,4 %	+9,4 %
12	Anleihen US-Dollar	+1,1 %	+3,7 %
13	Aktien Europa Nebenwerte	+0,9 %	+12,8 %
14	Aktien Japan	+0,0 %	+10,4 %
15	Immobilien Welt	-0,2 %	-3,1 %
29	Anleihen Schwellenländer	-3,0 %	+5,7 %
30	Aktien Telemedien Welt	-3,5 %	+6,8 %
31	Aktien Goldminen	-4,2 %	+2,3 %
32	Anleihen Schwellenländer	-4,9 %	-0,2 %
33	Aktien Deutschland	-5,2 %	+9,0 %
34	Aktien Schwellenländer	-5,4 %	+6,2%
35	Aktien Mittel- und Osteuropa	-6,8 %	+1,5 %
36	Aktien Lateinamerika	-10,1 %	-1,4 %

7.6 Aktienfonds-Favoriten 2017/2018 von Wallstreet.online

Die Siegerliste von Wallstreeet.online capital AG (DE) 2017 wurde zunächst auf Basis der Ein-Jahres-Performance von mir erstellt. Um ein schnelles Auffinden zu ermöglichen, ordnete ich die Siegerfonds alphabetisch ein und erfasste nur solche Produkte, die auch ein ordentliches Drei- und Fünf-Jahres-Ergebnis aufweisen. Diese Daten passte ich Anfang Mai 2018 komplett an.

Wallstreet.online Bestenliste Aktienfonds 2017/2018: alphabetische Reihenfolge mit Mehrjahresvergleich

Name, Fonds-Gesellschaft	WKN	Kurs 04.05.18	Hoch/Tief 52 Wochen	Kursentwicklung 1, 3, 5, 10 Jahre
Allianz Nebenwerte Deutschland	848 176	322,80 €	333,9/284,5 €	+12/+30/+92/+179 %
	804 Mio. €, Alter 22 J., Ausgabeaufschlag **5,0 %**, Gebühr **1,8 %**, ausschüttend. Hier überwiegt Value vom MDAX, wie Airbus, Dt. Wohnen, MTU Aero, Rheinmetall, Symrise, Lanxess, Osram.			
DJE Dividende & Substanz P	164 326	446,00 €	467,8/414,5 €	+4/+12/+51/+87 %
	Umfang 1,26 Mrd. €, Alter 15 Jahre, Ausgabeaufschlag **0,00 %**, Gebühr **1,07 %**, thesaurierend. Angelegt wird in dividenden- und substanzstarke werthaltige branchenunabhängige Value-Aktien.			
DWS Akkumula LC	847 402	1.012,2 €	1.068/952,6 €	+-0/+11/+66/+76 %
	Umfang 4,20 Mrd. €, Alter 57 J., Ausgabeaufschlag **5,00 %**, Gebühr **1,45 %**, thesaurierend. Weltweite Blue Chips, Fundamentalansatz Growth/Value, wie Alphabet, Apple, Nestlé, Roche.			
DWS Aktien Strategie Deutschland	976 986	398,45 €	418,6/321,4 €	+7/+30/+116/+165 %
	Umfang 2,89 Mrd. €, Alter 19 J., Ausgabeaufschlag **5,00 %**, Gebühr **1,45 %**, thesaurierend. Orientierung am DAX 100 mit Standardwerten, Mid und Small Caps. Hoher Anteil: Allianz, SAP.			
DWS Concept DJE Globale Aktien	977 700	293,65 €	300,3/258,9 €	+10/+21/+52/+52 %
	Umfang 345 Mio. €, Alter 23 J., Ausgabeaufschlag **5,00 %**, Gebühr **1,6 %**, thesaurierend. Globale Wachstums- und Ertragstitel wie Amazon, Alibaba, BlackRock, Danone, Nordea Bank, Linde.			
DWS Top Asien LC	976 976	170,80 €	183,9/154,4 €	+9/+12/+56/+68 %
	Umfang 1,77 Mrd. €, Alter 22 J., Ausgabeaufschlag **4,00 %**, Gebühr **1,45 %**, thesaurierend; ertrags- und wachstumsstarke asiatische Großkonzerne wie Samsung, Tencent, Alibaba, Fanuc.			

Name, Fonds-Gesellschaft	WKN	Kurs 04.05.18	Hoch/Tief 52 Wochen	Kursentwicklung 1, 3, 5, 10 Jahre
DWS Vermögens-bildung I LD	847 652	149,35 €	157,4/139,9 €	+1/+11/+63/+71 %
		Umfang 7,53 Mrd. €, Alter 47 Jahre, Ausgabeaufschlag **5,00 %**, Gebühr **1,45 %**, ausschüttend. Größte Positionen: Alphabet, Apple, Nestlé, Roche, Samsung, Booking, Celgene, VISA.		
FMM-Fonds	847 811	522,65 €	543,5/485,1 €	+7/+8/+33/+47 %
		Umfang 500 Mio. €, Alter 31 J., Ausgabeaufschlag **5,00 %**, Gebühr **1,55 %**, thesaurierend. Fundamentaler Ansatz: Blue Chips und Mid Caps weltweit. Beimischung von Anleihen zulässig.		
FONDAK Deutschland	847 101	192,65 €	205,1/172,5 €	+8/+23/+73/+79 %
		Umfang 2,21 Mrd. €, Alter 68 J., Ausgabeaufschlag **5,00 %**, Gebühr **1,70 %**, ausschüttend. Aktien deutsche Großkonzerne und Mittelständler. Beimischung Anleihen und Zertifikate zulässig.		
Frankfurter Aktienfonds Stiftungen	A0M 8HD	138,95 €	141,3/133,1 €	+3/+27/+62/+154 %
		Umfang 2,75 Mrd. €, Alter 10 J., Ausgabeaufschlag **5,00 %**, Gebühr **0,35 %**, thesaurierend. Der 5-Sterne-Fonds investiert in Aktien großer und mittlerer Firmen wie Novo Nordisk, WashTec.		
Lingohr Systematik-LBB	977 479	126,70 €	133,3/118,6 €	+3/+7/+44/+54 %
		Umfang 823 Mio. €, Alter 22 J., Ausgabeaufschlag **5,00 %**, Gebühr **1,65 %**, thesaurierend. Computerunterstützte Aktienanlagen. Anteil Asien 13 %; Europa, Kanada, Japan, USA je 11 %.		
MainFirst Germany A	A0R AJN	235,70 €	246,2/220,30 €	+16/+49/+170/+380 %
		Umfang 617 Mio. €, Alter 9 J., Ausgabeaufschlag **5,00 %**, Gebühr **1,50 %**, thesaurierend. Schwerpunkt sind deutsche Mid, Small und Micro Caps, z. B. Sixt Leasing, Cenit, Atoss, DÜRR.		
Robeco Capital Growth Global	A0D LK6	261,30 €	277,0/244,8 €	+-0/+11/+72/+127 %
		Umfang 2,82 Mrd. €, Alter 13 Jahre, Ausgabeaufschlag **5,00 %**, Gebühr **1,25 %**, thesaurierend. Weltweite konjunkturabhängige Wachstumsaktien wie Microsoft, Alphabet, Samsung, Comcast.		
Threadneedle ICVC American Smaller	987 655	3,50 €	3,65 €/3,20 €	+7/+20/+70/+160 %
		Umfang 912 Mio. €, Alter 21 Jahre, Ausgabeaufschlag **5,00 %**, Gebühr **1,50 %**, thesaurierend. Die Small Caps kennen wohl nur Profis. Schwerpunkte sind Konsumgüter, Software, Industrie.		
Vontobel Sustainable Asian Leaders	A0R CV9	354,85 €	395,7/286,7 €	+23/+28/+78/+253 %
		Umfang 320 Mio. €, Alter 10 Jahre, Ausgabeaufschlag **5,00 %**, Gebühr **1,65 %**, thesaurierend. Die größten Positionen sind TSMC, Samsung, Tencent, Broadcom, Yes Bank und Largan.		

Name, Fonds-Gesellschaft	WKN	Kurs 04.05.18	Hoch/Tief 52 Wochen	Kursentwicklung 1, 3, 5, 10 Jahre
ComStage MSCI World TRN ETF	Einige von Wallstreet.online beigemischte ETFs			
	ETF 110	49,25 €	50,90/44,50 €	+12/+24/+55 %
	Umfang 1,57 Mrd. €, Alter 9 Jahre, Verwaltungsgebühr **0,20 %**. Der ETF bildet die Wertentwicklung vom MSCI World Index ab. Größte Anteile: Apple, Microsoft, Amazon, Johnson, Facebook.			
db x-trackers MSCI World ETF	DBX 1MW	48,55 €	50,55/38,20 €	+12/+24/+55/+65 %
	Umfang 2,46 Mrd. €, Alter 12 J., Gebühr **0,35 %**, Die Zusammensetzung ähnelt dem vorstehenden ETF. Sektorenanteile: Finanzen 22 %, Software 21 %, Konsum 17 %, Gesundheit 13 %.			
iShares MDAX UCITS ETF	593 392	225,35 €	237,5/207,2 €	+5/+37/+86/+154 %
	Umfang 2,32 Mrd. €, Alter 17 J., Gebühr **0,50 %**, thesaurierend. Größte Anteile: Airbus, Dt. Wohnen, Steinhoff, Symrise, Brenntag, Covestro, MTU Aero, Hannover Rück, GEA, Lanxess.			

7.7 Die besten Aktienfonds laut Handelsblatt

Das Handelsblatt veröffentlicht börsentäglich Listen über die erfolgreichsten Fondsarten mit Angaben zur Kursentwicklung. So hilfreich es ist, sich über gute Aktien-, Misch-, Renten-, Sachwerte- und Immobilienfonds zu informieren, so lästig ist es, die zwölfstellige ISIN in winziger Schrift und ohne Leerschritte zu entziffern. Mit der sechsstelligen WKN in angemessener Schriftgröße hätten die mühselige Sucherei und der Ärger über Verwechslungsfehler ein Ende.

Beste Aktienfonds Handelsblatt , August 2017/Mai 2018: alphabetische Reihenfolge mit Mehrjahresvergleich					
Name, Fonds-Gesellschaft	WKN	Kurs 07.05.18	Hoch/Tief 52 Wochen	Kursentwicklung 1, 3, 5, 10 Jahre	
Allianz Nebenwerte Deutschland	848 176	322,70 €	333,9/284,5 €	+12/+30/+92/179 %	
	804 Mio. €, Alter 22 J., Ausgabeaufschlag **5,0 %**, Gebühr **1,8 %**, ausschüttend. Es dominiert eindeutig der MDAX. Große Anteile: Airbus, Hann. Rück, Dt. Wohnen, MTU, GEA, KION, Symrise.				
DEKA-Technologie TF EUR ACC	515 263	28,45 €	29,20/23,80 €	+12/+46/+127/+185 %	
	Umfang 429 Mio. €, Alter 18 J., Ausgabeaufschlag **0,00 %**, Gebühr **1,25 %**, thesaurierend. Schwerpunkt: Großkonzerne global wie Alphabet, Amazon, Apple, Microsoft, Samsung, Tencent.				

Name, Fonds-Gesellschaft	WKN	Kurs 07.05.18	Hoch/Tief 52 Wochen	Kursentwicklung 1, 3, 5, 10 Jahre
DJE Asia High Dividende I	A0Q 5K0	250,30 €	265,5/224,7 €	+9/+24/+56/+66 %
Franklin Templeton India A	A0K ECJ	58,70 €	64,75/55,30 €	-4/+17/+83/+122 %
Franklin Templeton Technology	A0K EDE	15,95 €	16,05/12,70 €	+18/+56/+162/+324 %
HANSA Invest 4Q Growth USD ACC	A0D 9PG	121,35 €	121,4/100,1 €	+27/+58/+128/+136 %
Hauck & Aufhäuser Small	921 695	135,00 €	140,3/118,5 €	+14/+53/+116/+93 %
Henderson Horizon Glob. Technology	989 234	71,45 €	73,20/58,30 €	+25/+61/+115/+191 %
Janus Henderson Global Growth R	A0D NEW	15,80 €	16,10/14,30 €	+5/+25/+103/+117 %
Henderson Horizon Japanese Smaller	972 768	52,80 €	55,40/47,45 €	+16/+51/+93/+211 %
Lupus Alpha Micro Champions	A0E AM5	140,85 €	141,4/109,5 €	+29/+62/+183/+139 %

DJE Asia High Dividende I: Umfang 150 Mio. €, Alter 10 J., Ausgabeaufschlag **0,00 %**, Gebühr **1,00 %**, thesaurierend. Bekannte Titel: Taiwan Semi., Panasonic, Alibaba. Große Sektoren: Finanzen/Konsum/Software.

Franklin Templeton India A: Umfang 3,91 Mrd. €, Alter 12 J., Ausgabeaufschlag **5,25 %**, Gebühr **1,00 %**, ausschüttend. Breit gestreute Anlage in Firmen unterschiedlicher Größe und Branchen; kaum bekannte Aktien.

Franklin Templeton Technology: Umfang 2,23 Mrd. €, Alter 12 J., Ausgabeaufschlag **5,25 %**, Gebühr **1,00 %**, thesaurierend. Anlage großteils in US-Technologie & Kommunikation. Große Anteile: Amazon, Facebook, Alibaba.

HANSA Invest 4Q Growth USD ACC: Umfang 64 Mio. €, Alter 13 J., Ausgabeaufschlag **5,00 %**, Gebühr **0,60 %**, thesaurierend. Anlage in amerikanische Technologieaktien mithilfe mathematischer und fundamentaler Filter.

Hauck & Aufhäuser Small: Umfang 88 Mio. €, Alter 19 J., Ausgabeaufschlag **5,00 %**, Gebühr **1,50 %**, thesaurierend. Anlageziel: Streuung Mid, Small, Micro Caps wie Aurubis, Freenet, König & Bauer, Cenit, STO.

Henderson Horizon Glob. Technology: Umfang 3,05 Mrd. $, Alter 22 J., Ausgabeaufschlag **5,00 %**, Gebühr **1,20 %**, thesaurierend. Janus Henderson investiert in Technologieaktien. 82 % stammen aus den USA, 10 % China/Korea.

Janus Henderson Global Growth R: Umfang 370 Mio. €, Alter 14 J., Ausgabeaufschlag **5,00 %**, Gebühr **1,50 %**, thesaurierend. Die größten Anteile haben bei der innovativen Wachstumsstrategie Continental, Microsoft, Apple.

Henderson Horizon Japanese Smaller: Umfang 740 Mio. €, Alter 33 J., Ausgabeaufschlag **5,00 %**, Gebühr **1,20 %**, thesaurierend. Wichtige Branchen im Japanfonds für Nebenwerte sind Industrie, Software, Finanzen, Rohstoffe.

Lupus Alpha Micro Champions: Umfang 64 Mio. €, Alter 13 J., Ausgabeaufschlag **5,00 %**, Gebühr **1,00 %**, thesaurierend. Schwerpunkt bilden europäische Aktien in interessanten Nischen mit Börsenwert bis 150 Mio. €.

Name, Fonds-Gesellschaft	WKN	Kurs 08.05.18	Hoch/Tief 52 Wochen	Kursentwicklung 1, 3, 5, 10 Jahre
Lupus Alpha Smaller German	974 564	394,45 €	409,2/340,3 €	+15/+48/+145/+248 %
	\multicolumn{4}{l	}{Umfang 678 Mio. €, Alter 17 J., Ausgabeaufschlag **5,00 %**, Gebühr **1,50 %**, thesaurierend. Mittlere und kleine deutsche Aktien. Stark gewichtet: United Internet, MTU, Airbus, Symrise, SIXT.}
MainFirst Germany A EUR ACC	A0R AJN	238,85 €	248,9/202,3 €	+16/+50/+175/+383 %
	\multicolumn{4}{l	}{Umfang 676 Mio. €, Alter 9 J., Ausgabeaufschlag **5,00 %**, Gebühr **1,50 %**, thesaurierend. Angelegt wird in kleine Mid, Small und Micro Caps wie z. B. Sixt Leasing, Cenit, Atoss, Leifheit.}
MainFirst Global	A1K CCM	223,80 €	231,6/186,4 €	+19/+48/+118 %
	\multicolumn{4}{l	}{Umfang 277 Mio. €, Alter 5 J., Ausgabeaufschlag **5,00 %**, Gebühr **1,50 %**, thesaurierend. Den Anlageschwerpunkt bilden Aktien großer, mittlerer, kleiner Firmen in interessanten Märkten.}
Metzler European Small and Micro	A1J CJW	282,60 €	311,5/267,0 €	+2/+32/+113 %
	\multicolumn{4}{l	}{Umfang 94 Mio. €, Alter 7 J., Ausgabeaufschlag **5,00 %**, Gebühr **1,75 %**, ausschüttend. Aus Deutschland sind auch kleine Aktien unterhalb vom SDAX dabei, z. B. Centrotec, Nanogate, Helma.}
Pictet Digital P USD	926 085	302,45 €	305,4/258,4 €	+21/+53/+115/+192 %
	\multicolumn{4}{l	}{Umfang 3,22 Mrd. €, Alter 21 J., Ausgabeaufschlag **5,00 %**, Gebühr **1,60 %**, thesaurierend. Über 2/3 wandern in Aktien digitaler Technologie/Kommunikation wie Facebook, Alphabet, Alibaba.}
SEB Eastern SICAV Europe Small Cap	A0B 9Z3	4,45 €	4,95 €/4,15 €	+6/+56/+78/+22 %
	\multicolumn{4}{l	}{Umfang 163 Mio. €, Alter 20 J., Ausgabeaufschlag **1,00 %**, Gebühr **1,75 %**, thesaurierend. Der Fonds investiert in niedrig kapitalisierte europäische Aktien, die oft nur Profis bekannt sind.}
SG Prévoir Perspectives C	A1X CQU	277,55 €	281,1/230,6 €	+24/+54/+141/+200 %
	\multicolumn{4}{l	}{Umfang 1,61 Mrd. €, Alter 16 J., Ausgabeaufschlag **3,00 %**, Gebühr **3,00 %**, thesaurierend. Globale Aktienanlage in Grundstoffindustrie und Dienstleistung als Grundpfeiler der Weltwirtschaft.}
UBS LUX Equity China Opportunity	986 579	1.236,00 €	1.254/919,8 €	+44/+52/+136/+100 %
	\multicolumn{4}{l	}{Umfang 5,65 Mrd. €, Alter 22 Jahre, Ausgabeaufschlag **3,00 %**, Gebühr **1,87 %**, thesaurierend. Führende Branchen: Software, Finanzen, Konsum. Große Anteile: Tencent, Alibaba, Baidu.}
Uni Deutschland XS	975 049	175,15 €	181,7/150,3 €	+17/+41/+130/+319 %
	\multicolumn{4}{l	}{Umfang 1,25 Mrd. €, Alter 12 J., Ausgabeaufschlag **4,00 %**, Gebühr **1,55 %**, thesaurierend. Konzept: deutsche Nebenwerte-Indizes mit Aktien wie Ado Prop., Hypoport, Puma, Aixtron, XING.}

Name, Fonds-Gesellschaft	WKN	Kurs 10.05.18	Hoch/Tief 52 Wochen	Kursentwicklung 1, 3, 5, 10 Jahre
UniSector HighTech A	921 559	94,45 €	94,50/81,20 €	+12/+40/+113/+215 %
	Umfang 128 Mio. €, Alter 19 Jahre, Ausgabeaufschlag **4,00 %**, Gebühr **1,55 %**, ausschüttend. Bei den Technologie-Blue Chips dominieren die US-Aktien vom Dow Jones und Nasdaq 100.			
Universal FPM Stockpicker Germany Small	A0D N1Q	432,55 €	485,1/366,5 €	+20/+58/+127/+240 %
	Umfang 93 Mio. €, Alter 13 J., Ausgabeaufschlag **3,00 %**, Gebühr **1,40 %**, ausschüttend. 75 % müssen Europa-Aktien sein. Aus Deutschland sind Conti, Schaeffler, Wacker Chemie dabei.			
Warburg Small & Mid Caps DE	A0R HE2	262,85 €	272,4/228,4 €	+16/+57/+123 %
	Umfang 166 Mio. €, Alter 6 J., Ausgabeaufschlag **5,00 %**, Gebühr **1,40 %**. Der Fonds umfasst 50 deutsche Mid und Small Caps. Stark gewichtet sind Bet-at-home, König & Bauer, United Internet, Rheinmetall, Sartorius, Jungheinrich, Bechtle, Krones.			

Anmerkung: Die Handelsblatt-Siegerliste bestätigt, dass Mittelständler aus Nebenwerte-Indizes wie MDAX, TecDAX, SDAX dominieren. Spitzenfonds zeigen, dass innovative Manager, die in Zukunftsmärkten anlegen, Vertrauen verdienen.

7.8 Die ARD-Börse informiert über Aktienfondssieger 2017/2018

Die ARD-Börse stellt an allen Handelstagen ihre TOP-50-Aktienfonds im Ein-, Drei-, Fünf- und Zehn-Jahresvergleich vor. Insbesondere mit Blick auf die Performance im Ein- und Drei-Jahresvergleich sind diese Informationen hilfreich. Die Fünf- und Zehn-Jahres-Ergebnisse, soweit der Fonds schon so lange besteht, runden das Bild ab. Sie müssen jedoch bezüglich der Währungsangaben aufpassen. Die Kurse erscheinen mitunter nicht nur in Euro oder Dollar.

Beste Aktienfonds ARD-Börse, August 2017 und Mai 2018: alphabetische Reihenfolge mit Mehrjahresvergleich				
Name, Fonds-Gesellschaft	WKN	Kurs 11.05.18	Hoch/Tief 52 Wochen	Kursentwicklung 1, 3, 5, 10 Jahre
Allianz Global Investors Japan Smaller	933 998	75,45 €	75,45/56,90 €	+29/+66/+123/+214 %
	Umfang 131 Mio. €, Alter 18 J., Ausgabeaufschlag **5,00 %**, Gebühr **2,00 %**, ausschüttend. Investiert wird zu gut 80 % in kleine und mittlere Unternehmen, beigemischt große Titel wie SONY.			

Name, Fonds-Gesellschaft	WKN	Kurs 11.05.18	Hoch/Tief 52 Wochen	Kursentwicklung 1, 3, 5, 10 Jahre
Apus Capital Revalue R	A1H 44E	151,50 €	156,4/131,6 €	+14/+61/+147 %
	Umfang 253 Mio. €, Alter 7 J., Ausgabeaufschlag **5,00 %**, Gebühr **1,80 %**, ausschüttend. Bevorzugt werden Aktien mit attraktivem Rendite-Risiko-Profil und zukunftsfähigem Branchenmix.			
Belfius Equities Robotics	934 194	250,20 €	257,6/205,90 €	+29/+71/+129/+171 %
	Umfang 530 Mio. €, Alter 21 Jahre, Ausgabeaufschlag **2,50 %**, Gebühr **1,50 %**, thesaurierend. Investiert wird weltweit in Technologie- und Roboteraktien wie Alphabet, Salesforce und SAP.			
BlackRock Global Flexible Equity US	A0R FC8	28,60 €	29,80/25,40 €	+4/+24/+90/+224 %
	Umfang 986 Mio. €, Alter 9 J., Ausgabeaufschlag **5,00 %**, Gebühr **1,50 %**, ausschüttend. Hier dominieren große US-Titel der Branchen IT-Software, Finanzen, Technologie und Chemie.			
BlackRock Strategie European A2	A0M YJN	361,30 €	365,6/329,1 €	+5/+40/+161/+290 %
	Umfang 1,32 Mrd. €, Alter 11 J., Ausgabeaufschlag **5,00 %**, Gebühr **1,50 %**, thesaurierend. Es dominieren Europa-Aktien unterschiedlich großer Firmen der Branchen Industrie, Konsum.			
Candriam Equities Biotech	939 839	438,65 €	474,0/395,8 €	+15/+33/+155/+350 %
	Umfang 748 Mio. €, Alter 17 J., Ausgabeaufschlag **3,50 %**, Gebühr **1,5 %**, ausschüttend. Was im Nasdaq Rang und Namen hat, ist an Biotechaktien vertreten, wie Biogen, Celgene, Gilead.			
Comgest Growth Japan	631 026	9,90 €	9,90 €/81,20 €	+27/+45/+118/+95 %
	Umfang 375 Mio. €, Alter 18 J., Ausgabeaufschlag **4,00 %**, Gebühr **1,50 %**, thesaurierend. Der Fonds investiert in Japans Zukunftsmärkte. Roboter-Aktien zählen dazu, wie Fanuc, SoftBank.			
Commodity Capital Global Mining P & P	A0Y DDD	78,00 €	88,65/40,90 €	+88/+202/+81 %
	Umfang 6 Mio. €, Alter 8 J., Ausgabeaufschlag **5,00 %**, Gebühr **1,50 %**, thesaurierend. Der Spitzenfonds legt in Rohstoffunternehmen an, bevorzugt Junior-Gold-, Silber-, Lithium-Minen.			
Danske Investment Dänemark	971 675	230,20 €	238,5/187,5 €	-1/+25/+144/+147 %
	Umfang keine Angabe, Alter 27 J., Ausgabeaufschlag **3,00 %**, Gebühr **1,50 %**, thesaurierend. Der Fonds investiert in bekannte dänische Aktien wie Vestas, Novo Nordisk, Genmab, Carlsberg.			
DEKA Technology TF	515 263	29,45 €	29,45/23,80 €	+17/+55/+135/+204 %
	Umfang 14 Mio. €, Alter 18 J., Ausgabeaufschlag **0,00 %**, Gebühr **1,25 %**, thesaurierend. Investiert wird risikogestreut weltweit in bekannte Titel wie Alphabet, Amazon, Apple, Tencent.			

Name, Fonds-Gesellschaft	WKN	Kurs 11.05.18	Hoch/Tief 52 Wochen	Kursentwicklung 1, 3, 5, 10 Jahre
DNB Fund Technology A EUR ACC	A0M WAN	442,00 €	446,4/376,6 €	+12/+56/+170/+368 %
	Umfang 497 Mio. €, Alter 11 J., Ausgabeaufschlag **5,00 %**, Gebühr **1,50 %**, thesaurierend. Die größte Branche ist IT-Software. Große Anteile: Alphabet, Oracle, Microsoft, Facebook, Apple.			
DWB Alpha Star Aktien A	HAF X64	181,05 €	185,4/159,8 €	+13/+64/+81 %
	Umfang 30 Mio. €, Alter 4 J., Ausgabeaufschlag **5,00 %**, Gebühr **0,80 %**, thesaurierend. In diesem Fonds dominieren deutsche Nebenwerte. Dazu zählen Allgeier, Dr. Hoenle, König & Bauer.			
DWS Biotech LC	976 997	181,40 €	203,6/167,5 €	-1/-18/+84/+330 %
	Umfang 389 Mio. €, Alter 19 J., Ausgabeaufschlag **5,00 %**, Gebühr **1,50 %**, thesaurierend. Der Fonds investiert in die großen Nasdaq-Biotechaktien. Er mischt Pharma und Medtech bei.			
DWS Technology Typ 0 EUR DIS	847 414	179,60 €	179,6/148,9 €	+14/+50/+136/+221 %
	Umfang 220 Mio. €, Alter 35 J., Ausgabeaufschlag **0,00 %**, Gebühr **1,70 %**, ausschüttend. Führende Branchen: Internet, Software, Halbleiter. Hauptanteile: Apple, Microsoft, Alphabet, VISA.			
Drei Banken Österreich-Fonds R	255 243	39,45 €	42,45/34,25 €	+31/+48/+97/+62 %
	Umfang 212 Mio. €, Alter 15 J., Ausgabeaufschlag **3,50 %**, Gebühr **1,50 %**, ausschüttend. Die bekanntesten Austria-Aktien im Fonds sind Erste Group Bank, Voestalpine, Palfinger, Andritz.			
ESPA Stock Biotec T EUR ACC	676 338	418,00 €	448,2/387,2 €	+1/-12/+100/+338 %
	Umfang 205 Mio. €, Alter 18 J., Ausgabeaufschlag **4,00 %**, Gebühr **1,80 %**, thesaurierend. Was im Nasdaq bei Biotechaktien Rang und Namen hat, ist vertreten, wie Amgen, Biogen, Incyte.			
FCP OP Medical BioHealth-Trends	941 135	464,40 €	464,4/354,0 €	+21/+28/+157/+448 %
	Umfang 118 Mio. €, Alter 18 J., Ausgabeaufschlag **5,00 %**, Gebühr **1,70 %**, ausschüttend. Investiert wird in wachstumsstarke Aktien kleiner und mittlerer Biotech-/Medtech-/Pharmafirmen.			
Fidelity Global Technoloy A	921 800	21,30 €	21,70/17,90 €	+11/+59/+166/+297 %
	Umfang 2,80 Mrd. €, Alter 19 J., Ausgabeaufschlag **5,25 %**, Gebühr **1,50 %**, ausschüttend. Der Fonds setzt global auf Technologieaktien wie Alphabet, Apple, Intel, SAP, Samsung, Oracle.			
Franklin Templeton Biotechnology	937 444	26,30 €	29,30/22,50 €	+6/-11/+75/+294 %
	Umfang 2,19 Mrd. €, Alter 18 J., Ausgabeaufschlag **5,55 %**, Gebühr **1,00 %**, thesaurierend. Der Fonds bevorzugt führende US-Biotechaktien mit Schwerpunkt Produktion, Gesundheitsdienste.			

Name, Fonds-Gesellschaft	WKN	Kurs 11.05.18	Hoch/Tief 52 Wochen	Kursentwicklung 1, 3, 5, 10 Jahre
GAM Multistock Swiss Small & Mid	972 004	802,50 €	838,8/720,0 €	+15/+64/+115/+107 %
	Umfang 124 Mio. €, Alter 26 J., Ausgabeaufschlag **5,00 %**, Gebühr **1,40 %**, thesaurierend. Wichtigste Branchen sind Industrie, Gesundheit, IT-Software. Die Aktien dürften nur Profis kennen.			
Janus Hender. Horizon Global Techno.	989 234	73,70 €	73,70/58,30 €	+30/+69/+124/+207 %
	Umfang 3,05 Mrd. €, Alter 22 J., Ausgabeaufschlag **5,00 %**, Gebühr **0,18 %**, thesaurierend. Im 5-Sterne-Fonds ist alles vertreten, was im weltweiten Technologiesektor Rang und Namen hat.			
JPMorgan Europe Dynamic	926 444	26,20 €	27,10/22,90 €	+12/+47/+139/<u>+249 %</u>
	Umfang 561 Mio. €, Alter 19 J., Ausgabeaufschlag **5,00 %**, Gebühr **1,50 %**, ausschüttend. Der Fonds bevorzugt europäische Technologie- und Softwaretitel wie ASML, SAP, Infineon, NXP.			
JPMorgan China Fund A USD DIS	973 778	58,20 €	60,80/49,20 €	+40/+21/+66/+45 %
	Umfang 1,54 Mrd. €, Alter 24 J., Ausgabeaufschlag **5,00 %**, Gebühr **1,50 %**, ausschüttend. Aus China ist dabei, was Rang und Namen hat, wie Tencent, Alibaba, Bank of China, CNOOC, AAC.			
JPMorgan US Technology A USD DIS	987 702	15,65 €	15,85/13,20 €	+41/<u>+80</u>/+152/+220 %
	Umfang 703 Mio. €, Alter 21 J., Ausgabeaufschlag **5,00 %**, Gebühr **1,50 %**, ausschüttend. Führende Branchen: Software, Internet, Halbleiter. Große Anteile: Salesforce, Alphabet, Adobe.			
Lupus Alpha Micro Champions	A0E AM5	140,60 €	141,4/110,6 €	+27/+58/<u>+182</u>/+135 %
	Umfang 53 Mio. €, Alter 13 J., Ausgabeaufschlag **5,00 %**, Gebühr **1,00 %**, thesaurierend. Der Fonds orientiert sich am Index Euro Stoxx Small mit Aktien bis zum Börsenwert 150 Mio. €.			
Lupus Alpha Smaller German Champ.	974 564	400,00 €	409,2/340,3 €	+16/+50/+142/+248 %
	Umfang 688 Mio. €, Alter 17 J., Ausgabeaufschlag **5,00 %**, Gebühr **1,50 %**, thesaurierend. Hauptanteile: Airbus, MTU, Osram, United Internet, SIXT St, Symrise, WashTec, Koenig & Bauer.			
MAGNA MENA Umbrella R EUR ACC	A1C ZJF	33,25 €	35,35/29,45 €	+15/+35/+177 %
	Umfang 73 Mio. €, Alter 7 J., Ausgabeaufschlag **5,00 %**, Gebühr **1,95 %**, thesaurierend. Der 5-Sterne-Fonds investiert vor allem in Finanz- und Konsumaktien vom Mittleren Osten und USA.			
Neuberger Berman China Equity EUR I	A1J SXL	29,90 €	32,75/20,95 €	<u>+44</u>/+39/+110/+164 %
	Umfang 1,10 Mrd. €, Alter 9 Jahre, Ausgabeaufschlag **0,00 %**, Gebühr **1,10 %**, thesaurierend. Anlageziel des Fonds ist es, im chinesischen Aktienmarkt attraktive Erträge zu erwirtschaften.			

Name, Fonds-Gesellschaft	WKN	Kurs 11.05.18	Hoch/Tief 52 Wochen	Kursentwicklung 1, 3, 5, 10 Jahre
Nordinternet EUR ACC	978 530	112,25 €	112,3/82,55 €	**+27/+79/+180/+380 %**
		Umfang 55 Mio. €, Alter 20 Jahre, Ausgabeaufschlag **5,00 %**, Gebühr **1,00 %**, thesaurierend. Hauptanteile im 5-Sterne-Fonds: Amazon, Netflix, Facebook, PayPal, Salesforce und Alphabet.		
Pictet Digital P USD ACC	926 085	302,70 €	303,8/255,0 €	**+22/+54/+117/+194 %**
		Umfang 3,26 Mrd. €, Alter 21 Jahre, Ausgabeaufschlag **5,00 %**, Gebühr **1,60 %**, thesaurierend. Führende Branchen dieses US-Fonds: Internet, Software, Telekomdienste, Elektronik, Medien.		
Postbank Megatrend	531 737	115,55 €	117,0/94,15 €	**+20/+43/+144/+163 %**
		Umfang 32 Mio. €, Alter 17 J., Ausgabeaufschlag **5,00 %**, Gebühr **1,70 %**, thesaurierend. Investition in Aktien dynamischer Firmen wie United Internet, Wirecard, RIB, Evotec, Jenoptik.		
Prévoir Perspektives C	A1X CQU	277,55 €	281,1/230,6 €	**+23/+54/+141/+200 %**
		Umfang keine Angaben, Alter 16 J., Ausgabeaufschlag **3,00 %**, Gebühr **2,90 %**, thesaurierend. Angelegt wird in Zukunftswerte wie Nemetschek, Wirecard, USU Software, Basler, EQS Group.		
Raiffeisen-Technologie-Aktien A	A0B 70N	170,10 €	174,1/142,8 €	**+12/+54/+146/+190 %**
		Umfang 50 Mio. €, Alter 16 Jahre, Ausgabeaufschlag **5,00 %**, Gebühr **2,00 %**, ausschüttend. Der Fonds investiert weltweit in große und mittlere Technologiefirmen, z. B. Infineon, Aixtron.		
SEB European Small Caps	989 941	315,25 €	328,0/287,3 €	**+9/+17/+105/+187 %**
		Umfang 279 Mio. €, Alter 19 J., Ausgabeaufschlag **1,00 %**, Gebühr **1,50 %**, ausschüttend. Der 4-Sterne-Fonds investiert in Aktien kleinerer europäischer Firmen wie Krones oder Aurelius.		
Squad Capital European Convictions A	A12 AUJ	208,65 €	209,1/178,6 €	**+17/+80/+110 %**
		Umfang 108 Mio. €, Alter 5 J., Ausgabeaufschlag **5,00 %**, Gebühr **1,50 %**, ausschüttend. Der junge Fonds investiert vor allem in Nebenwerte aus Deutschland, Frankreich, Großbritannien.		
Stabilitas Pacific Gold+Metals P	A0M L6U	114,65 €	114,65/97,15 €	**+13/+75/+65/+23 %**
		Umfang 36 Mio. €, Alter 11 J., Ausgabeaufschlag **5,00 %**, Gebühr **1,85 %**, thesaurierend. Der Fonds investiert in Aktien kleiner und mittlerer Unternehmen der Goldförderregion Australien.		
Structured Solutions Next Gener.	HAF X4V	109,20 €	158,3/95,15 €	**+15/+168/+120 %**
		Umfang 33 Mio. €, Alter 8 J., Ausgabeaufschlag **5,00 %**, Gebühr **0,15 %**, ausschüttend. Anlage in „Next Generation Rohstoffe", also Lithium, Kobalt, Grafit auch wegen der Elektromobilität.		

Name, Fonds-Gesellschaft	WKN	Kurs 11.05.18	Hoch/Tief 52 Wochen	Kursentwicklung 1, 3, 5, 10 Jahre
Vitruvius Greater China Equity – B	A0X 9LD	231,80 €	233,7/146,4 €	+50/+36/+86/+177 %
	Umfang 1,28 Mrd. €, Alter 9 J., Ausgabeaufschlag **3,00 %**, Gebühr **2,50 %**, thesaurierend. Im Fokus stehen China-Aktien, von denen Tencent, Geely und Alibaba allgemein bekannt sind.			
Vontobel MTX China Leaders	A0L F8R	204,95 €	219,0/157,3 €	+40/+107/+105/+103%
	Umfang 317 Mio. €, Alter 11 J., Ausgabeaufschlag **5,00 %**, Gebühr **1,75 %**, thesaurierend. Wichtigste Branchen: Finanzen, IT-Software, Industrie. Bekannte Titel: Tencent, Alibaba, Baidu.			
WSS Europa	A0J NG3	248,50 €	268,9/238,4 €	+6/+59/+135/+126 %
	Umfang 32 Mio. €, Alter 13 Jahre, Ausgabeaufschlag **5,00 %**, Gebühr **1,50 %**, thesaurierend. Die dynamische Strategie setzt vor allem auf Deutschland, Österreich, Schweiz, Niederlande.			
Uni Deutschland XS	975 049	176,15 €	181,7/176,0 €	+17/+41/+130/+322 %
	Umfang 1,25 Mrd. €, Alter 12 Jahre, Ausgabeaufschlag **4,00 %**, Gebühr **1,50 %**, thesaurierend. Angelegt wird in Nebenwerteaktien wie Leoni, Koenig & Bauer, Deutz, Hypoport, SIXT, Ado Prop.			

Einige Grundregeln auch für die Anlage in Siegerfonds

Auch ein Investment in einen der Siegerfonds empfiehlt sich nur bei einem Anlagezeitraum von möglichst einem Jahrzehnt und länger. Hier sind thesaurierende Produkte zu empfehlen, weil sich im Laufe der Zeit die Anteile vermehren.

Thesaurierende Aktienfonds als Einmalanlage oder Sparplan sind auch als Zuwendung für Kinder und Enkel attraktiv, um bei Volljährigkeit, Studium, Familien- oder Firmengründung und größeren Anschaffungen finanziell zu helfen.

Sie müssen die Entwicklung nicht börsentäglich verfolgen. Es genügt, viertel-, halb- oder ganzjährig einen Blick auf den Kursverlauf zu werfen. In einem Crash wäre es grundverkehrt, Ihre Aktienfonds aus dem Depot zu schleudern.

Mit Nebenwerten, Hightech, Künstlicher Intelligenz mit Robotik, Internet der Dinge, Digitalisierung und Vernetzung decken Sie wichtige Zukunftsmärkte ab. Ergänzen Sie Ihr Fondsinvestment durch globale Marktabdeckung mit Blick auf die Favoriten auch im chinesischen, japanischen und russischen Sektor. Wegen der breiten Streuung, die Aktienfonds bieten, senken Sie das Risiko.

Bei guter Marktkenntnis, Zeit, Interesse und genügend Kapital sind auch Einzelaktien interessant, um im Bullen- und Bärenmarkt flexibel mit Zukauf und Teilverkauf im Rahmen meiner Hoch-/Tief-Mutstrategie spontan handeln zu können.

7.9 Das Länder-Musterdepot mit ARD-Börse-Siegern 2018

Wer aus der umfangreichen Siegerliste der ARD-Börse vom Mai 2018 die besten Länderfonds sucht, um breit zu streuen, der findet hier die passende Auswahl. Länder-Aktienfonds eröffnen gute Möglichkeiten, wenn Sie ein umfangreiches Depot mit Wachstumstiteln und neuen Trends aufbauen wollen.

Das Länder-Musterdepot auf Basis der Bestenliste 2018 von der ARD-Börse, abzurufen im Internet unter „Kurse"

Name, Fonds-Gesellschaft	WKN	Kurs 11.05.18	Hoch/Tief 52 Wochen	Kursentwicklung 1, 3, 5, 10 Jahre
Stabilitas Pacific Gold+Metals P	Australien, Goldfördernation			
	A0M L6U	114,65 €	114,65/97,15 €	+13/+75/+65/+23 %
	Umfang 36 Mio. €, Alter 11 J., Ausgabeaufschlag **5,00 %**, Gebühr **1,85 %**, thesaurierend. Der Fonds investiert in Aktien kleiner und mittlerer Unternehmen der Goldförderregion Australien.			
Vitruvius Greater China Equity – B	China, der große Wachstumsmarkt			
	A0X 9LD	231,80 €	233,7/146,4 €	+50/+36/+86/+177 %
	Umfang 1,28 Mrd. €, Alter 9 J., Ausgabeaufschlag **3,00 %**, Gebühr **2,50 %**, thesaurierend. Im Fokus stehen China-Aktien, von denen Tencent, Geely und Alibaba allgemein bekannt sind.			
Vontobel MTX China Leaders	A0L F8R	204,95 €	219,0/157,3 €	+40/+107/+105/+103 %
	Umfang 317 Mio. €, Alter 11 J., Ausgabeaufschlag **5,00 %**, Gebühr **1,75 %**, thesaurierend. Wichtigste Branchen: Finanzen, ITSoftware, Industrie. Bekannte Titel: Tencent, Alibaba, Baidu.			
Danske Investment Dänemark	Dänemark, ein stabiler, verlässlicher Aktienmarkt			
	971 675	230,20 €	238,5/187,5 €	-1/+25/+144/+147 %
	Umfang keine Angabe, Alter 27 J., Ausgabeaufschlag **3,00 %**, Gebühr **1,50 %**, thesaurierend. Der Fonds investiert in skandinavische Aktien wie Vestas, Novo Nordisk, Genmab, Carlsberg.			
Lupus Alpha Smaller German Champions	Deutschland mit großen Chancen bei Nebenwerten			
	974 564	400,00 €	409,2/340,3 €	+16/+50/+142/+248 %
	Umfang 688 Mio. €, Alter 17 J., Ausgabeaufschlag **5,00 %**, Gebühr **1,50 %**, thesaurierend. Hauptanteile: Airbus, MTU, Osram, United Internet, SIXT St, Symrise, WashTec, Koenig & Bauer.			

Name, Fonds-Gesellschaft	WKN	Kurs 11.05.18	Hoch/Tief 52 Wochen	Kursentwicklung 1, 3, 5, 10 Jahre
Uni Deutschland XS	Deutschland, chancenreich bei Nebenwerten (Forts.)			
	975 049	176,15 €	181,7/176,2 €	+17/+41/+130/+322 %
	Umfang 1,25 Mrd. €, Alter 12 Jahre, Ausgabeaufschlag **4,00 %**, Gebühr **1,50 %**, thesaurierend. Angelegt wird in Nebenwerte wie Leoni, Koenig & Bauer, Deutz, Hypoport, SIXT, Ado Properties.			
Allianz Global Investors Japan Smaller	Japan, ein innovativer Markt, führend bei Robotik			
	933 998	75,45 €	75,45/56,90 €	+29/+66/+123/+214 %
	Umfang 131 Mio. €, Alter 18 J., Ausgabeaufschlag **5,00 %**, Gebühr **2,00 %**, ausschüttend. Investiert wird über 80 % in kleine und mittlere Unternehmen, beigemischt große Titel wie SONY.			
Comgest Growth Japan	631 026	9,90 €	9,90 €/8,20 €	+27/+45/+118/+95 %
	Umfang 375 Mio. €, Alter 18 J., Ausgabeaufschlag **4,00 %**, Gebühr **1,50 %**, thesaurierend. Der Fonds investiert in Japans Zukunftsmärkte. Roboter-Aktien zählen dazu wie Fanuc, SoftBank.			
JP Morgan US Technology A USD DIS	Nordamerika/USA, Technologie-Weltmarktführer			
	987 702	15,70 €	15,85/13,20 €	+41/+80/+152/+220 %
	Umfang 703 Mio. €, Alter 21 J., Ausgabeaufschlag **5,00 %**, Gebühr **1,50 %**, ausschüttend. Führende Branchen: Software, Internet, Halbleiter. Große Anteile: Salesforce, Alphabet, Adobe.			
Nordinternet EUR ACC	978 530	112,25 €	112,3/82,55 €	+27/+79/+180/+380 %
	Umfang 55 Mio. €, Alter 20 Jahre, Ausgabeaufschlag **5,00 %**, Gebühr **1,00 %**, thesaurierend. Hauptanteile im 5-Sterne-Fonds: Amazon, Netflix, Facebook, PayPal, Salesforce und Alphabet.			
Drei Banken Österreich Fonds R	Österreich/Austria, auch bei Fonds interessant			
	255 243	39,45 €	42,45/34,25 €	+31/+48/+97/+62 %
	Umfang 212 Mio. €, Alter 15 J., Ausgabeaufschlag **3,50 %**, Gebühr **1,50 %**, ausschüttend. Die bekanntesten Austria-Aktien im Fonds sind Erste Group Bank, Voestalpine, Palfinger, Andritz.			
GAM Multistock Swiss Small & Mid	Die Schweiz bietet mehr als nur bekannte Banken			
	972 004	802,50 €	838,8/720,0 €	+15/+64/+115/+107 %
	Umfang 124 Mio. €, Alter 26 J., Ausgabeaufschlag **5,00 %**, Gebühr **1,40 %**, thesaurierend. Wichtigste Branchen sind Industrie, Gesundheit, IT-Software. Die Aktien dürften nur Profis kennen.			

Die 12 attraktiven Fonds ermöglichen eine breit gestreute Langzeitanlage.

⑧ Damit Sie sich bei den wichtigen Fondsarten auskennen und klug entscheiden

8.1 Mischfonds mit Musterdepot: Statt Ladenhüter Evolution?

Mischfonds zählten seit vielen Jahren zu den beliebtesten Investmentfonds. Die Null- und Strafzins-Politik drängt sie jedoch in die Randzone der Ladenhüter, sofern nicht als Ersatz für unrentable Staatsanleihen der Aktienanteil bei guter Marktlage stark ansteigt und attraktive Rohstoffe Platz im Portfolio finden. Die Zauberformel heißt heute: multiple Asset-Struktur. Statt 50:50 Aktien/Anleihen jetzt Anteile flexibel zwischen 5 und 95 % je nach Marktlage in die eine oder andere Richtung. Geradezu ideal für das Langzeitdepot von Kindern und Enkeln.

Wer an starren Anlagekonzepten festhält, dem laufen die Kunden weg. Aktuell werfen Aktienfonds im Nebenwertesektor und aus den Bereichen Technologie, Telekommunikation, Robotik, Künstliche Intelligenz und Biopharma die höchste Rendite ab. Renten- und Geldmarktfonds können nicht mithalten. Hedgefonds werden abgestraft für überhöhte Gebühren bei mäßigem Ergebnis. Bankberater empfehlen gern Mischfonds. Selbst bei dürftigen Ergebnissen sind diese Produkte beliebt.

> ➢ **Bis Ende Juni 2017 flossen laut deutschem Fondsverband BVI den Publikumsfonds rund 36,4 Mrd. € neues Kapital zu. Bei deutschen Privatanlegern sammelten die Mischfonds mit 19 Mrd. € das meiste Geld ein.**

Wie die umstehende Grafik zeigt, schnitten die 657 Mischfonds mit über 1 Mrd. € Kapital 2015 durchwegs im Minus ab. Erfreulicherweise gibt es etliche Mischfonds, die 2016 und 2017 eine ordentliche Rendite erwirtschafteten und im Sommer 2018 voll überzeugten. Worauf gründet die Erfolgsformel? Es ist ein flexibles Multi-Asset-Konzept mit variierendem Anteil von Aktien und Anleihen sowie Hereinnahme von Rohstoffen, vielleicht auch Gold. Nach der Grafik mit den traurigen Ergebnissen von 2015 sieht die Aufstellung von 2018 ungleich besser aus und macht Mut.

657 Mischfonds Aktien/Anleihen 2015: Trauerspielbilanz

Rang	Jeder Fonds ab Rang 5 im Minus	Jahr 2015	3 Jahre p. a.
\multicolumn{2}{l|}{Index MSCI World, 50:50 Aktien/Anleihen}	+0,5 %	+6,6 %
\multicolumn{2}{l|}{Durchschnitt aller 657 Mischfonds}	-6,1 %	+1,8 %
01	MFS Meridian Funds – Prudent Wealth	+8,1 %	+14,3 %
02	Acatis – Gané Value Event Fonds UI	+1,3 %	+5,3 %
03	Nordea 1 – Stable Return	+0,8 %	+6,6 %
04	Fidelity Funds Global MA Income	+0,1 %	–
05	Pictet – Multi Asset Global Opp.	-0,1 %	–
06	Goldman Sachs Tactical Tilt	-1,4 %	+9,5 %
07	Flossbach von Storch – Multiple Opp.	-2,8 %	+7,1 %
08	Pimco GIS Global Multi-Asset Inst.	-3,3 %	+4,8 %
09	Newton Real Return	-3,9 %	+6,2 %
10	UBS (Lux) KSS – Global Allocation	-5,2 %	+8,5 %
11	Schroder ISF Global Multi-Asset Inco.	-5,6 %	+6,7 %
12	Carmignac Patrimoine	-6,3 %	+3,8 %

Anmerkung: Wer nur auf hohe Sicherheit setzt, gerät mit der Rendite ins Hintertreffen. Schlecht sieht es derzeit bei vielen Mischfonds mit hohem Anleiheanteil aus, z. B. klassisch ausgerichtet 50 % Anleihen, 50 % Aktien. Anleihen stoßen viele Fonds ins Kellerloch. Die beste Alternative: Breit gestreut in Nebenwerte-Aktienfonds investieren, in Wachstum (Growth) und Nachhaltigkeit (Value).

Quelle: Handelsblatt, Nr. 36, am 22. Februar 2016

Mischfonds trotz geringer Rendite beliebt; Mittelabfluss und -zufluss gegenüber Aktienfonds im Fünf-Jahres-Vergleich

\multicolumn{5}{c}{Zu- und Abfluss in Mrd. Euro laut Handelsblattgrafik, Quelle: BVI}
2013	Zufluss Mischfonds	18,3 Mrd. €	Abfluss Aktienfonds	6,9 Mrd. €
2014	Zufluss Mischfonds	23,3 Mrd. €	Abfluss Aktienfonds	10,2 Mrd. €
2015	Zufluss Mischfonds	38,7 Mrd. €	Zufluss Aktienfonds	21,0 Mrd. €
2016	Zufluss Mischfonds	11,6 Mrd. €	Abfluss Aktienfonds	1,7 Mrd. €
2017	Zufluss Mischfonds	27,4 Mrd. €	Zufluss Aktienfonds	16,9 Mrd. €

Auf der Suche nach den besten Mischfonds im August 2017 und Mai 2018 gespickt mit einigen grundlegenden Informationen

Mischfonds legen in Aktien großer, mittlerer und kleiner Firmen hierzulande und weltweit an, je nach Ausrichtung auch in Staats- und Unternehmensanleihen, Währungen, Geld- und Rentenfonds, öfters auch mit Gold sowie Hochzinsanleihen aus den USA und Schwellenländern angereichert. Ebenso ist es möglich, dass ein Mischfonds in andere Fonds unterschiedlicher Klassen investiert. All dies dient der Streuung. Banken verdienen recht gut an Mischfonds und bieten sie als Lieblingsprodukt an. Oft werden Derivate zur Absicherung eingesetzt. Mischfonds sind trotz der meist dürftigen Rendite infolge der Niedrigzinspolitik bei Anlegern beliebter als Aktienfonds. Um mit diesen mithalten zu können, passen innovative Fondsmanager den Anteil von Aktien und Anleihen je nach Marktlage flexibel an. Bei den besten Mischfonds der letzten Jahre handelt es sich eher um Aktienfonds, die kleine Prozentsätze an Anleihen beimischen, mitunter kaum 10 %. Steigen die Zinsen, erhöhen sich auch die Anleihenanteile.

Moderne Multi-Asset-Mischfonds passen sich der Zinspolitik an

➢ **Die große Kluft der Erträge bei den wichtigsten Wertpapierklassen Aktien und Anleihen zeigt, dass Anleger wenig aus der Geschichte lernen. Bis Herbst 2017 wurden in populäre Mischfonds 22 Mrd. € gesteckt.** Nur diese neuen Produkte mit innovativem, flexiblem Multi-Asset-Anlagekonzept ohne starre Vorgaben beim Anteil Aktien/Anleihen haben künftig Chancen. Nur solche Mischfonds sind als Anlagen für Kinder und Enkel zu empfehlen; denn sie dürften bei Rückkehr zu einer normalen Zinspolitik am besten dastehen. In zwei Jahrzehnten herrschen andere Zinssätze.

Nachteilig ist, dass wegen abgeschaffter Guthabenzinsen Anleihen derzeit kaum Rendite abwerfen. Sogar Negativ- bzw. Strafzinsen sind wohl noch bis Mitte 2019 im Umlauf. Mischfonds sind für sicherheitsbewusste Investoren zu empfehlen, um in unterschiedlichen Anlageklassen dabei zu sein. Ich habe mich auf die Suche nach guten Mischfonds gemacht. Auch wenn ich selbst Einzelaktien, ETFs, Branchen- und Themen-Aktienfonds vorziehe und bevorzugt in Nebenwerte von Familienunternehmen aus unterschiedlichen Indizes investiere. Kein Mischfonds befindet sich in meinem Wertpapierdepot. Ich ordne mich als risikofreudige Langzeitanlegerin ein und beobachte ETFs mit zweifachem Hebel, ohne sie kaufen zu wollen.

Positiv ist, dass die niedrigen ETF-Gebühren öfter zum Preisrutsch bei den Kosten führen. Gar nicht so selten ähnelt die Gebührenstruktur bei Misch- und Aktienfonds den ETFs. Produkte mit einem Ausgabeaufschlag von 5 % und jährlichem Verwaltungsaufwand von 2,0 % dürften kaum noch Abnehmer finden.

Meine Kurslisten von den aus Bestenlisten stammenden Mischfonds bringen einige Produkte mit geringen Gebühren und beachtlicher Kursentwicklung. Die Rendite hängt von flexibler Gestaltung ohne starre Vorgaben und einem innovativen Anlagenmix ab. Es funktioniert nicht immer, nur auf Value, also einen defensiven, konjunkturunabhängigen dividendenstarken Aktienanteil zu setzen. Im Bullenmarkt dominiert Growth mit modernen Aktien in wichtigen Zukunftsmärkten.

Unter „Bulle und Bär", einer Handelsblattkolumne mit unterschiedlichen Autoren, sind zum Thema Mischfonds zwei Zitate von Anke Rezmer und Ingo Narat interessant: *„Ein guter Mix: Auch Frage des Geschmacks. – Charles Darwin lässt grüßen."* Seit 2009 haben Bundesbürger in Mischfonds mehr als 100 Mrd. € hineingepumpt. Das Zitat *„Charles Darwin lässt grüßen"* kündet eine mögliche Evolution im Fondsmarkt an. Gute Leistung verknüpft mit niedrigen Gebühren sorgt für das Überleben dieser Fondsart auch in den schwierigen Zeiten abgeschaffter Guthaben- und eingeführter Strafzinsen im Anleihesektor. Dass sich hier tatsächlich eine Evolution abzeichnet, zeigt der Vergleich mit der vorstehenden düsteren Mischfondsbilanz 2015 und den neuen Siegerlisten von 2018 zum Thema Mischfonds. Abgerundet wird das Kapital mit einem Musterdepot.

Zauberformel: hoher Aktienanteil und flexibles Konzept

➢ **Norwegen als Vorbild. Der weltweit größte Staatsfonds mit 801 Mrd. €, bislang mit 60 % Aktienanteil schon auf der Überholspur, will die Aktienquote auf 70 % erhöhen.** Ein mutiges Unterfangen, das belohnt wird. Bei Mischfonds, bestehend aus Aktien und Anleihen, sind flexible Quoten wichtig.

Alle Depotbanken bieten die bei Kunden beliebten Mischfonds an, darunter Dachfonds, an Mehrfamilien-Mietshäuser erinnernd

Solche Produkte investieren statt in Einzelaktien in andere Aktienfonds. Dies führt häufig zu höheren Kosten beim Ausgabeaufschlag und der jährlichen Verwaltungsgebühr. Mischfonds dürfen nicht länger vom Ruhm früherer Jahrzehnte zehren.

Mutige Mischfonds-Auswahl 2018 alphabetisch geordnet! Siegerliste Mitte Mai 2018 von der boerse.ARD.de

Name, Fonds-Gesellschaft	WKN	Kurs 18.05.18	Hoch/Tief 52 Wochen	Kursentwicklung 1, 3, 5, 10 Jahre
ACATIS Champions Select Value	A0M 80B	152,35 €	154,4/136,4 €	+11/+10/+34/+48 %
	Umfang 47 Mio. €, Alter 10 J., Ausgabeaufschlag 5,0 %, Gebühr 0,07 %, ausschüttend. Der Fonds investiert in internationale Aktien, Dachfonds, Zertifikate, Geldmarktinstrumente, Festgeld.			

Name, Fonds-Gesellschaft	WKN	Kurs 18.05.18	Hoch/Tief 52 Wochen	Kursentwicklung 1, 3, 5, 10 Jahre
ACATIS Datini Valueflex B	A1H 72F	116,00 €	124,5/91,10 €	+29/+53/+139 %
	Umfang 308 Mio. €, Alter 7 Jahre, Ausgabeaufschlag **5,00 %**, Gebühr **0,30 %**, thesaurierend. Der Fonds setzt auf Aktien vom Biotech-, Software-, Konsumsektor, darunter Wirecard, Evotec.			
Advantage Stock (T)	765 372	164,00 €	168,8/137,6 €	+12/+31/+71/+106 %
	Umfang 12 Mio. €, Alter 17 Jahre, Ausgabeaufschlag **5,00 %**, Gebühr **1,50 %**, thesaurierend. Der flexible Fonds legt über 50 % vor allem in globale Aktien aus dem Biotech-/Pharmasektor an.			
Adelca Invest GI Multi Asset	A0M 6JK	348,80 €	352,1/244,7 €	+41/+73/+106/+258 %
	Umfang 71 Mio. €, Alter 11 Jahre, Ausgabeaufschlag **5,00 %**, Gebühr **1,00 %**, thesaurierend. Der 5-Sterne-Fonds erzielt Erträge aus Aktien-Kursgewinnen, Dividenden und Zinszahlungen.			
Adelca Invest GVI Multi Asset	A0M 6JL	335,60 €	339,7/234,1 €	+41/+77/+112/+241 %
	Umfang 68 Mio. €, Alter 11 Jahre, Ausgabeaufschlag **5,00 %**, Gebühr **1,00 %**, thesaurierend. Ähnliche Ausrichtung wie beim vorhergehenden Mischfonds; flexible Anlage in Aktien/Anleihen.			
Attila Global Opportunity I	A0Y JMM	1.318,00 €	1.318/1.100 €	+18/+19/+31 %
	Umfang 27 Mio. €, Alter 5 Jahre, Ausgabeaufschlag **0,00 %**, Gebühr **0,90 %**, thesaurierend. Der Mischfonds investiert global in Aktien, Geldmarktinstrumente, Bankguthaben sowie Derivate.			
Carmignac Euro-Patrimoine ACC	A0D P5Y	368,50 €	372,1/315,0 €	+13/+11/+20/+34 %
	Umfang 326 Mio. €, Alter 21 Jahre, Ausgabeaufschlag **4,00 %**, Gebühr **1,50 %**, thesaurierend. Der Mischfonds legt zumindest 75 % in Aktien an. Darunter: RIB Software, Qiagen, MorphoSys.			
Deutsche AM Dynamic Opportunit.	984 807	43,30 €	43,80/40,55 €	+3/+19/+76/+73 %
	Umfang 431 Mio. €, Alter 18 J., Ausgabeaufschlag **0,00 %**, Gebühr **0,85 %**, thesaurierend. Anlage in zukunftsträchtige Firmen. Vom DAX vertreten: Dt. Telekom, Allianz, Bayer, Daimler, SAP.			
Deutsche Aktien Total Return I	A0D 9KW	176,50 €	178,2/162,8 €	+7/+17/+58/+105 %
	Umfang 433 Mio. €, Alter 13 J., Ausgabeaufschlag **3,00 %**, Gebühr **1,25 %**, thesaurierend. Vorrangige Anlage in deutsche Nebenwerte: Freenet, Dt. Euroshop, SIXT, DIC Asset, Cancom.			
DJE Concept 1 EUR ACC	625 797	291,40 €	299,1/265,4 €	+10/+15/+29/+113 %
	Umfang 217 Mio. €, Alter 17 J., Ausgabeaufschlag **0,00 %**, Gebühr **0,60 %**, thesaurierend. Anlage in Aktien, Genussscheine, Anleihen. Dt. Nebenwerte: K+S, TUI, Uniper, Wacker Chemie.			

Name, Fonds-Gesellschaft	WKN	Kurs 18.05.18	Hoch/Tief 52 Wochen	Kursentwicklung 1, 3, 5, 10 Jahre
DJE Gold & Stabilitäts-fonds CHF	A0M 67Q	108,40 €	111,4/100,7 €	+9/+16/+8/+28 %
		Umfang 118 Mio. €, Alter 10 Jahre, Ausgabeaufschlag **5,00 %**, Gebühr **1,75 %**, ausschüttend. Hier dominieren Rohstoffe, Gesundheit, Finanzen, Energie, Konsum, Aktienanteil über 25 %.		
DO RM Special Situations Total R.	A1C T88	179,65 €	184,7/166,3 €	+9/+37/+38 %
		Umfang 21 Mio. €, Alter 5 Jahre, Ausgabeaufschlag **2,00 %**, Gebühr **0,13 %**, ausschüttend. Anlage in Nebenwerte, Renten, Geldmarkt. Dabei: Freenet, GK Software, K+S, Data Modul.		
Frankfurter Aktienfonds Stiftungen	A0M 8HD	142,00 €	142,6/133,1 €	+5/+28/+63/+160 %
		Umfang 2,84 Mrd. €, Alter 10 J., Ausgabeaufschlag **5,00 %**, Gebühr **0,35 %**, thesaurierend. Überwiegend wird längerfristig weltweit in Nebenwerte investiert, wie Software AG, Ceconomy.		
FU Fonds Multi Asset I EUR DIS	A12 ADZ	835,65 €	835,7/732,2 €	+13/+45/+68 %
		Umfang 54 Mio. €, Alter 5 Jahre, Ausgabeaufschlag **0,00 %**, Gebühr **0,70 %**, ausschüttend. Der Fonds legt mindestens zwei Drittel in Aktien an. Die Quote wird nach Marktlage angepasst.		
FU Fonds Multi Asset P	A0Q 5MD	215,20 €	218,0/193,0 €	+11/+36/+60/+117 %
		Umfang 54 Mio. €, Alter 10 Jahre, Ausgabeaufschlag **5,00 %**, Gebühr **1,70 %**, ausschüttend. Der 5-Sterne-Fonds legt flexibel über 60 % in Aktien an. Dazu gehören Nvidia, Tencent, AbbVie.		
LOYS Global MH	A0H 08U	241,00 €	247,8/217,8 €	+9/+45/+71/+138 %
		Umfang keine Angabe, Alter 12 J., Ausgabeaufschlag **5,00 %**, Gebühr **1,50 %**, thesaurierend. Anlageschwerpunkt sind Aktien und Anleihen weltweit. Vertreten sind Einhell und Bijou Brigitte.		
Lupus alpha All Opportunities – B EUR	A0M 99W	118,35 €	120,0/108,7 €	+8/+18/+57/+122 %
		Umfang 211 Mio. €, Alter 10 J., Ausgabeaufschlag **5,00 %**, Gebühr **1,00 %**, thesaurierend. Der Mischfonds bevorzugt europäische Mid und Small Cap-Aktien, Anleihen und Genussscheine.		
Mozart One T	A1C 4Y8	214,60 €	231,2/192,4 €	+14/+43/+115 %
		Umfang 83 Mio. €, Alter 8 J., Ausgabeaufschlag **5,00 %**, Gebühr **1,50 %**, ausschüttend. Schwerpunkt sind Österreich-Aktien. Die Quote hängt von der Marktlage ab. Hinzu kommen Schuldtitel.		
Nord/LB AM Global Challenges Index I	A0L GNP	178,00 €	178,0/150,2 €	+7/+26/+91/+208 %
		Umfang keine Angabe, Alter 11 J., Ausgabeaufschlag **5,00 %**, Gebühr **0,40 %**, ausschüttend. Anlageschwerpunkt im 5-Sterne-Fonds sind Technologie, Industriegüter, Ökologie; z. B.: SAP.		

Name, Fonds-Gesellschaft	WKN	Kurs 18.05.18	Hoch/Tief 52 Wochen	Kursentwicklung 1, 3, 5, 10 Jahre
Patriarch Classic TSI B	HAF X6Q	17,75 €	18,45/16,20 €	+8/+43/+76 %
Premium Stars Chance AT	978 707	202,30 €	203,5/181,4 €	+5/+19/+54/+91 %
P&S Renditefonds T	A0R KXE	147,30 €	147,3/126,2 €	+12/+28/+32/+46 %
RIM Global Bioscience B	580 452	328,50 €	328,5/221,8 €	+30/+41/+176/+274 %
ROOTS Capital APE One B	A0Q 88C	442,70 €	442,7/384,4 €	+17/+54/+104/+157 %
R VALOR D EUR DIS	A14 256	1.859,0 €	1.870/1.670 €	+10/+28/+80/+105 %
Sauren Global Opportunities A EUR ACC	930 921	33,00 €	33,35/30,40 €	+7/+20/+42/+70 %
Seilern Global Trust (A)	973 105	160,90 €	160,9/141,65 €	+14/+30/+74/+111 %
Squad Capital Growth A	A0H 1HX	432,90 €	441,0/331,5 €	+12/+69/+147/+308 %

Patriarch Classic TSI B: Umfang 79 Mio. €, Alter 5 J., Ausgabeaufschlag **5,00 %**, Gebühr **0,00 %**, ausschüttend. Investiert wird über die Hälfte in Nebenwerte-Aktien wie Siltronic, RIB, Wacker Chemie, Ceconomy.

Premium Stars Chance AT: Umfang 131 Mio. €, Alter 17 J., Ausgabeaufschlag **2,50 %**, Gebühr **1,30 %**, thesaurierend. Großteils legt das Management in Aktien-Dachfonds und unterhalb 50 % in Zins-Wertpapiere an.

P&S Renditefonds T: Umfang 20 Mio. €, Alter 10 J., Ausgabeaufschlag **5,00 %**, Gebühr **1,80 %**, thesaurierend. Schwerpunktmäßig wird in Aktien, Aktienfonds, Zertifikate und bei Bedarf in Zinspapiere angelegt.

RIM Global Bioscience B: Umfang 13 Mio. €, Alter 17 Jahre, Ausgabeaufschlag **5,00 %**, Gebühr **1,80 %**, ausschüttend. Der Spitzen-Mischfonds legt global einschließlich Schwellenländer vor allem in Biotechaktien an.

ROOTS Capital APE One B: Umfang 30 Mio. €, Alter 10 J., Ausgabeaufschlag **6,75 %**, Gebühr **0,66 %**, ausschüttend. Der Mischfonds verfolgt eine Long-Short-Strategie und bevorzugt Aktien, Aktienfonds, Zertifikate.

R VALOR D EUR DIS: Umfang 2,03 Mrd. €, Alter 24 J., Ausgabeaufschlag **4,50 %**, Gebühr **1,45 %**, ausschüttend. Wertpapieranlage in Energie, Industrie, Grundstoffe, Technologie, Finanzen, Gesundheit, Konsum.

Sauren Global Opportunities A EUR ACC: Umfang 207 Mio. €, Alter 19 J., Ausgabeaufschlag **5,00 %**, Gebühr **1,00 %**, thesaurierend. Der Dach-Mischfonds legt in Aktienfonds von Nebenwerten, Schwellenländern, Zukunftsmärkten an.

Seilern Global Trust (A): Umfang 27 Mio. €, Alter 24 J., Ausgabeaufschlag **3,00 %**, Gebühr **1,50 %**, ausschüttend. Der branchenunabhängige Anteil von Aktien und Anleihen beträgt je nach Marktlage 0 bis 100 %.

Squad Capital Growth A: Umfang 145 Mio. €, 12 J., Ausgabeaufschlag **5,00 %**, Gebühr **1,50 %**, ausschüttend. Der Spitzenfonds setzt auf deutsche Nebenwerte wie Allgeier, Rocket, Fabasoft, Software AG, MAX Aut.

Name, Fonds-Gesellschaft	WKN	Kurs 18.05.18	Hoch/Tief 52 Wochen	Kursentwicklung 1, 3, 5, 10 Jahre
Squad Capital Value A	A0B 7ZX	449,65 €	464,9/413,1 €	+8/+34/+68/+133 %
		Umfang 284 Mio. €, Alter 14 J., Ausgabeaufschlag **5,00 %**, Gebühr **1,50 %**, thesaurierend. Angelegt wird in werthaltige europäische Aktien, Schwerpunkt Deutschland, sowie in Anleihen.		
StarCapital Huber Strategy 1	A0N E9D	156,10 €	158,8/148,0 €	+4/+13/+54/+73 %
		Umfang 219 Mio. €, Alter 10 J., Ausgabeaufschlag **3,00 %**, Gebühr **1,20 %**, ausschüttend. Investiert wird vor allem weltweit in Aktien, außerdem Immobilienfonds, ETFs, Rohstoffe, Anleihen.		
Top Vermögen Concept Value	A0M X6M	12,40 €	12,40/11,35 €	+5/+25/+49/+68 %
		Umfang 30 Mio. €, Alter 11 J., Ausgabeaufschlag **5,00 %**, Gebühr **0,75 %**, ausschüttend. Dieser Mischfonds bevorzugt wertorientiert gemanagte Aktienfonds mit Quoten nach Marktlage.		
VM Long Term Value	A1J 17U	1.519,00 €	1.543/1.282 €	+19/<u>+36</u>/+63 %
		Umfang 32 Mio. €, Alter 5 J., Ausgabeaufschlag **3,00 %**, Gebühr **1,35 %**, ausschüttend. Angelegt wird abhängig von der Marktlage insbesondere in Value-Aktien, Geldmarkt, Bankguthaben.		
WAC Fonds 1	A0Q 748	167,10 €	167,1/143,3 €	+12/+19/+53/+121 %
		Umfang 10 Mio. €, Alter 10 Jahre, Ausgabeaufschlag **4,50 %**, Gebühr **1,65 %**, thesaurierend. Der Mischfonds investiert über 50 % in Aktien, außerdem andere Fonds, Anleihen, Zertifikate.		
Wealth World Class Brands Vermögensfr.	A1W ZQY	147,05 €	150,5/118,6 €	<u>+24</u>/+27/+55 %
		Umfang keine Angabe, Alter 5 J., Ausgabeaufschlag **6,00 %**, Gebühr **0,35 %**, thesaurierend. Der Dach-Mischfonds investiert in Aktien-, Renten-, Misch- sowie in Offene Immobilienfonds.		
WHC Global Discovery	A0Y JMG	115,50 €	118,2/108,3 €	+6/+34/<u>+75 %</u>
		Umfang 339 Mio. €, Alter 8 J., Ausgabeaufschlag **5,00 %**, Gebühr **1,60 %**, ausschüttend. Der Fonds investiert in Aktien und Schuldtitel, Geldmarktinstrumente, Aktien- und Rentenfonds.		
WSS International	A0J NG2	145,20 €	148,4/139,1 €	+6/+29/+64/+114 %
		Umfang 15 Mio. €, Alter 13 J., Ausgabeaufschlag **5,00 %**, Gebühr **1,50 %**, thesaurierend. Investiert wird in kleine, mittlere und große Unternehmen, vor allem Aktien, außerdem Anleihen.		
ZukunftsPlan 1 EUR ACC	DK1 CJ2	256,80 €	259,4/233,4 €	+4/+13/+48/<u>+158 %</u>
		Umfang 741 Mio. €, Alter 10 J., Ausgabeaufschlag **2,00 %**, Gebühr **0,60 %**, thesaurierend. Der Dach-Mischfonds legt breit gestreut über 50 % in Aktien-, Renten- und Geldmarktfonds an.		

Breit gestreute, also diversifizierte Mischfonds in der flexiblen Ausrichtung Multi Asset bilden eine Balance zwischen chancenreichen Aktien und sicheren Anlagen und sind deshalb bei Anlegern beliebt

Das Nettovermögen bei Mischfonds erhöht sich: Binnen drei Jahren erfreute ein Anstieg um 40 %. Hier die Zahlen von Februar 2015 bis Februar 2018: Jahr 2015: 195,5 Mrd. €, 2016: 207,3 Mrd. €, 2017: 239,1 Mrd. €, 2018: 270,0 Mrd. €.

Die niedrigen Zinsen, die in der EU noch eine Weile anhalten dürften, treiben Anleger immer öfter in Fonds, um drohenden Verlusten zu entgehen. In den ersten beiden Monaten 2018 flossen offenen Publikumsfonds laut Fondsverband BVI 13,6 Mrd. frisches Geld zu. Spitzenreiter waren mit 6,0 Mrd. € Aktienfonds vor Mischfonds mit 3,5 Mrd. €. Es folgten Immobilienfonds mit 1,7 Mrd. € und Rentenfonds mit 1,2 Mrd. €. Die als Aktienmuffel verspotteten Privatanleger schafften mit Aktienfonds-Anlagen immerhin den höchsten Zufluss.

Multi Asset-Mischfonds sind besonders interessant für Kinder- und Enkel-Depots. Im Laufe der Jahre, wenn die Niedrigzinsen Schritt für Schritt durch steigende Leitzinssätze ersetzt werden, passen flexible Mischfonds das Verhältnis der Aktien- und Anleiheanteile marktgerecht an. Aus 90:10 wird abhängig vom Börsentrend vielleicht 80:20, 70:30, 60:40, 50:50, 40:60; 30:70, 20:80, 10:90 usw.

Vorteilhaft sind thesaurierende Modelle mit dividendenstarken Aktien, um den Zinseszinseffekt zu nutzen. Im Laufe der Jahre wachsen die Anteile. Deren ebenfalls angelegte Dividenden bewirken, dass die Anzahl steigt. Mischfonds, die in Zukunftsmärkte mit wegweisender Technologie, Künstlicher Intelligenz, Biopharma und IT-Software gegen Cyberangriffe investieren, setzen sich vorn ab.

Im Bullenmarkt floriert Wachstum Growth, im Bärenmarkt Value als Nachhaltigkeitssäule, unterlegt mit hoher Dividende. Üppige Ausschüttungen treiben Kursgewinne, solange die Leitzinsen niedrig bleiben. Im Crash schützen Dividendenstars zwar nicht verlässlich vor Kurseinbruch. Aber die Dividende wird selten gekürzt und ist beim Zukauf prozentual hoch. Insgesamt bewährt sich bei konjunkturellem Abschwung die defensive Ausrichtung. Ein Value/Growth-Mix erspart das Umschichten und bildet den Grundpfeiler für eine kluge Langzeitstrategie.

Starke Kursschwankungen sollten nicht länger als Teufelszeug mit Derivaten abgestraft, sondern als Chance für günstigen Zukauf genutzt werden. Volatilität ist der Boden, in dem für eine üppige spätere Ernte gesät und gepflanzt wird. Dies betrifft eine Langzeitanlage in Fonds und Einzelaktien. Derzeit bringen Aktien, ETFs und Aktienfonds rund um die Industrie 4.0 die höchste Rendite. Dies trifft vor allem zu, wenn die Bewertung nicht übertrieben hoch ist und das Kurs-Gewinn-Verhältnis kein Warnsignal mit über 40 oder 50 aussendet.

Das Handelsblatt veröffentlicht im Wechsel von einigen Wochen Bestenlisten auch über Mischfonds. Ich fasse die Ergebnisse der Siegerlisten von Juli/August 2017 und Mai 2018 zusammen. Dabei ordne ich diese Auswahl guter Mischfonds alphabetisch ein.

Die besten Mischfonds laut Handelsblatt (Printausgabe), zusammengestellt aus Siegerlisten August 2017/Mai 2018

Name, Fonds-Gesellschaft	WKN	Kurs 18.05.18	Hoch/Tief 52 Wochen	Kursentwicklung 1, 3, 5, 10 Jahre
Allianz Global Inv. Dynamic Multi Asset	A11 7VS	1.365,00 €	1.398/1.223 €	**+9/+20 %**
		Umfang 375 Mio. €, Alter 4 J., Ausgabeaufschlag **0,00 %**, ausschüttend. Die Gewichtung erfolgt beim jungen 5-Sterne-Fonds nach Marktlage. Jetzt liegt der Standard-Aktienanteil bei 90 %.		
Allianz Investors Income and Growth	A1J V7V	116,75 €	121,5/108,0 €	**+8/+13/+30 %**
		Umfang 21,8 Mrd. €, Alter 6 J., Ausgabeaufschlag **4,00 %**, Gebühr **1,50 %**, thesaurierend. Kombination: Aktien/Hochzinsanleihen. Große Posten: Microsoft, Apple, Alphabet, Adobe, Visa.		
Ampega Balanced 3 P	A12 BRK	52,65 €	53,25/49,20 €	**+1/+6 %**
		Alter 3 Jahre, Ausgabeaufschlag **3,00 %**, Gebühr **1,00 %**, ausschüttend. Der flexible Fonds gewichtet nach Marktlage globale Blue Chips und Aktienfonds, zudem Renten und Immobilien.		
AXION Multi Kairos	662 792	27,75 €	29,00/25,20 €	**+8/+31/+64/+45 %**
		Umfang 4,72 Mrd. €, Alter 16 J., Ausgabeaufschlag **5,00 %**, Gebühr **1,40 %**, thesaurierend. Der Multi Asset-Fonds gewichtet nach Marktlage Aktien-, Renten-, Mischfonds und Zertifikate.		
Baloise Invest (LUX) BFI Dynamic CHF	676 779	109,45 €	111,6/100,5 €	**+8/+17/+26/+24 %**
		Umfang 41 Mio. CHF, Alter 17 J., Ausgabeaufschlag **4,00 %**, Gebühr **1,25 %**, thesaurierend. Der Aktienanteil beim Strategiefonds beträgt derzeit 77 %, bei Immobilien und Rohstoffen 16 %.		
DEKA Basis-Anlage A100	DK2 CFT	168,50 €	173,0/156,2 €	**+5/+11/+50 %**
		Alter 6 J., Ausgabeaufschlag **5,00 %**, Gebühr **0,90 %**, thesaurierend. Im Dach-Mischfonds dominieren Aktienfonds mit 60 bis 100 % Anteil. Beigemischt werden Renten- und Geldmarktfonds.		
DJE Concept 75 PA EUR DIS	A0B LYJ	218,50 €	220,0/202,7€	**+9/+19/+37/+94 %**
		Umfang 50 Mio. €, Alter 14 J., Ausgabeaufschlag **5,00 %**, Gebühr **1,50 %**, ausschüttend. Anlagefavorit sind Aktien. Je nach Marktlage dürfen Aktien und Anleihen bis zu 100 % betragen.		

Name, Fonds-Gesellschaft	WKN	Kurs 18.05.18	Hoch/Tief 52 Wochen	Kursentwicklung 1, 3, 5, 10 Jahre
DJE Europa – I EUR ACC	164 316	419,40 €	419,4/368,0 €	+14/+26/+53/+71 %
Umfang 194 Mio. €, Alter 15 J., Ausgabeaufschlag **0,00 %,** Gebühr **1,07 %,** thesaurierend. Der Fonds investiert flexibel in Europa-Aktien, auch Nebenwerte, außerdem weltweit in Anleihen.			
DJE Gold & Stabilitätsfonds IA CHF	A0N C62	131 CHF	135/119 CHF	+8/+15/+8/+32 %
Alter 10 J., Ausgabeaufschlag **1,00 %,** Gebühr **0,60 %,** ausschüttend. Wichtigste Branchen: Rohstoffe, Gesundheit, Finanzen, Energie. Breit gestreutes Portfolio, Goldanteil bis zu 30 %.			
DJE Invest Primus – EUR DIS	121 329	2.575,0 €	2.647/2.397 €	+9/+18/+29/+38 %
Umfang 46 Mio. €, Alter 15 J., Ausgabeaufschlag **6,00 %,** Gebühr **0,37 %,** ausschüttend. Der Schwerpunkt liegt auf Aktien und Renten weltweit je nach Marktlage mit Anteilen bis 100 %.			
DJE Zins & Dividende XP EUR DIS	A1C 7ZA	167,60 €	167,6/159,3 €	+5/+17/+46 %
Umfang 958 Mio. €, Alter 8 J., Ausgabeaufschlag **0,00 %,** Gebühr **1,30 %,** ausschüttend. Größte Branchen im flexiblen Anlagekonzept Aktien und Anleihen: Konsum, Finanzen, Rohstoffe.			
DWS Concept DJE Globale Aktien	977 700	304,65 €	304,7/258,9 €	+11/+24/+51/+53 %
Umfang 357 Mio. €, Alter 22 J., Ausgabeaufschlag **5,00 %,** Gebühr **1,60 %,** ausschüttend. Im Wachstums- und Ertragskonzept führen globale Aktien, ergänzt um verzinsliche Wertpapiere.			
Flossbach von Storch Multi Asset	A0M 43X	181,70 €	181,7/170,9 €	+5/+17/+46/+102 %
Umfang 457 Mio. €, Alter 10 J., Ausgabeaufschlag **5,00 %,** Gebühr **0,78 %,** ausschüttend. Um Risiken zu verringern, Anlage in Aktien, Renten, Wandelanleihen, Währungen, Edelmetall.			
FT Grand CRU – EUR ACC	A0R C2G	170,40 €	174,2/162,9 €	+2/+20/+41/+70 %
Umfang 7 Mio. €, Alter 10 J., Ausgabeaufschlag **1,00 %,** Gebühr **1,90 %,** thesaurierend. Anlage in Aktien, andere Fonds und Anleihen. Globale Titel: Nestlé, Siemens, Unilever, Puma.			
Hauck & Auf. Global Opp. WorldSelect	A0M LJP	181,05 €	187,4/156,3 €	+3/+20/+54/+75 %
Umfang 39 Mio. €, Alter 11 J., Ausgabeaufschlag **5,00 %,** Gebühr **1,50 %,** ausschüttend. Dieser Dach-Mischfonds legt weltweit in Aktien-, Renten-, Geldmarktfonds und Einzelaktien an.			
LBBW Asset W&W Global EUR DIS	978 049	72,10 €	73,85/66,15 €	+7/+16/+50/+78 %
Umfang 52 Mio. €, Alter 18 J., Ausgabeaufschlag **5,00 %,** Gebühr **1,43 %,** ausschüttend. Der Mischfonds legt bis zu 80 % in globale Blue Chips an, ergänzt durch verzinsliche Schuldtitel.			

Name, Fonds-Gesellschaft	WKN	Kurs 18.05.18	Hoch/Tief 52 Wochen	Kursentwicklung 1, 3, 5, 10 Jahre
LRI Deutsche Aktien Total Return 1	A0D 9KW	176,50 €	178,2/162,8 €	+7/+17/+58/<u>+250 %</u>
		Umfang 445 Mio. €, Alter 13 J., Ausgabeaufschlag **3,00 %**, Gebühr **1,25 %**, thesaurier. Sogar 100 % dürfen in Aktien fließen, alternativ Anleihen. Im Focus stehen MDAX, TecDAX, SDAX.		
LUPUS alpha ALL Opportunities B EUR	A0M 99W	117,90 €	119,2/108,3 €	+10/+19/<u>+59</u>/+123 %
		Umfang 211 Mio. €, Alter 10 J., Ausgabeaufschlag **5,00 %**, Gebühr **1,00 %**, thesaurierend. Die Long/Short-Strategie wird umgesetzt mit Small & Mid Cap-Aktien und verzinslichen Papieren.		
Plutus – Multi Chance Fund R ACC	A0N G24	71,25 €	74,30/66,30 €	+6/+12/+51/+46 %
		Umfang 25 Mio. €, Alter 10 Jahre, Ausgabeaufschlag **5,00 %**, Gebühr **1,68 %**, thesaurierend. Bis zu 100 % dürfen in Aktien, aber auch Anleihen fließen. Es dominieren europäische Aktien.		
Quint:Essence Strategy Social Media &	A11 54U	67,60 €	70,00/54,05 €	<u>+16</u>/+23/+35 %
		Umfang 7 Mio. €, Alter 5 Jahre, Ausgabeaufschlag **0,00 %**, Gebühr **1,50 %**, thesaurierend. Über 50 % wird in Aktien angelegt. Wichtige Branchen: Technologie, Medien, Telekommunikation.		
Walser Portfolio USA Select R USD ACC	A11 817	111,65 $	116,3/101,4 $	+10/+12 %
		Umfang 10 Mio. $, Alter 3 J., Ausgabeaufschlag **5,00 %**, Gebühr **1,64 %**, thesaurierend. Investiert wird risikogestreut und marktgerecht gewichtet in Aktien, Anleihen, Geldmarkt, Zertifikate.		
Warburg Multi Asset Select EUR ACC	976 530	73,75 €	74,50/70,40 €	+3/+6/+27/+18 %
		Umfang 71 Mio. €, Alter 36 J., Ausgabeaufschlag **5,00 %**, Gebühr **1,00 %**, thesaurierend. Der Fonds kombiniert unterschiedliche Assetklassen weltweit bei flexibler Vermögensaufteilung.		
Union P & S Renditefonds EUR ACC	A0R KXE	147,30 €	147,3/126,2 €	+15/<u>+32</u>/+35/+46 %
		Umfang 21 Mio. €, Alter 10 J., Ausgabeaufschlag **5,00 %**, Gebühr **1,80 %**, thesaurierend. Aktienanteile betragen 67 %, Renten 16 %, Bankguthaben 5 %, Aktienfonds/Zertifikate je 4 %		
UNION Geno ASS: 1	975 768	78,30 €	78,90/72,75 €	+4/+14/+47/+64 %
		Umfang 137 Mio. €, Alter 20 J., Ausgabeaufschlag **3,00 %**, Gebühr **0,90 %**, thesaurierend. Anlageschwerpunkt sind neben Anleihen globale Aktien wie Linde, Siemens, Conti, LVMH, Total.		

Anmerkung: Seit sich der flexible Multi Asset-Ansatz mit einer marktgerechten Aktien- und Anleihequote sowie Beimischung anderer Finanzinstrumente durchsetzt, sind innovative Mischfonds trotz der Niedrig-Zins-Politik weiterhin gefragt.

Die besten Mischfonds laut Siegerliste „Das Investment"

| \multicolumn{5}{c}{Beste Mischfonds der Siegerliste dasinvestment.com} |

Name, Fonds-Gesellschaft	WKN	Kurs 18.05.18	Hoch/Tief 52 Wochen	Kursentwicklung 1, 3, 5, 10 Jahre
Acatis Gané Value Event UI A	A0X 754	254,15 €	256,2/234,6 €	+7/+15/+32/+156 %
	\multicolumn{4}{l}{Umfang 2,02 Mrd. €, Alter 9 J., Ausgabeaufschlag **5,00 %**, Gebühr **0,30 %**, thesaurierend. Der Schwerpunkt globale Aktien wie Nestlé, Linde, Apple, Grenke wird durch Anleihen ergänzt.}
DJE Concept 75 PA EUR DIS	A0B LYJ	218,50 €	220,0/202,7 €	+9/+19/+37/+94 %
	\multicolumn{4}{l}{Umfang 50 Mio. €, Alter 14 J., Ausgabeaufschlag **5,00 %**, Gebühr **1,50 %**, ausschüttend. Anlagefavorit sind Aktien. Je nach Marktlage dürfen Aktien und Anleihen bis zu 100 % betragen.}
DJE Zins & Dividende XP EUR DIS	A1C 7ZA	167,60 €	167,6/159,3 €	+5/+17/+46 %
	\multicolumn{4}{l}{Umfang 958 Mio. €, Alter 8 J., Ausgabeaufschlag **0,00 %**, Gebühr **1,30 %**, ausschüttend. Hauptbranchen im flexiblen Anlagekonzept Aktien/Anleihen sind Konsum, Finanzen, Rohstoffe.}
Flossbach von Storch-Multi Asset Balance	A0M 43W	154,70 €	157,5/148,4 €	+2/+11/+32/+67 %
	\multicolumn{4}{l}{Umfang 1,8 Mrd. €, Alter 11 J., Ausgabeaufschlag **5,00 %**, Gebühr **1,53 %**, ausschüttend. Strategie: Fundamentalanalyse. Aktien bis zu 55 %, Edelmetalle 20 %, andere Fonds 10 %.}
Flossbach von Storch Multiple Opportunities	A0M 430	244,35 €	283,9/228,9 €	+2/+12/+37/+144 %
	\multicolumn{4}{l}{Umfang 12,4 Mrd. €, Alter 11 J., Ausgabeaufschlag **5,00 %**, Gebühr **1,53 %**, ausschüttend. Neben Aktien wie Nestlé, Daimler, Unilever, Novartis, Freenet wird bei der Fundamentalstrategie in Anleihen, Geldmarktinstrumente, Zertifikate, Gold investiert.}
Frankfurter Aktienfonds Stiftungen	A0M 8HD	142,00 €	142,5/133,1 €	+5/+28/+63/+160 %
	\multicolumn{4}{l}{Umfang 2,84 Mrd. €, Alter 10 J., Ausgabeaufschlag **5,00 %**, Gebühr **0,35 %**, thesaurierend. Überwiegend wird langfristig weltweit in Nebenwerte investiert, wie Software AG, Ceconomy.}
SPSW Global Multi Asset Selection	A1W Z2J	83,45 €	86,05/81,05 €	+4/+33/+70 %
	\multicolumn{4}{l}{Umfang 229 Mio., Alter 5 J., Ausgabeaufschlag **5,00 %**, Gebühr **1,60 %**, ausschüttend. Der Fonds investiert in Nebenwerte wie VTG, ElringKlinger, Koenig & Bauer und mischt Anleihen bei.}
Value Opportunity P EUR DIS	A0R D3R	81,10 €	85,25/79,60 €	+3/+24/+52/+132 %
	\multicolumn{4}{l}{Umfang 54 Mio. €, Alter 9 J., Ausgabeaufschlag **5,00 %**, Gebühr **1,55 %**, ausschüttend. Der Fonds investiert überwiegend in europäische Nebenwerte und mischt Renten und Geldmarkt bei.}

Die TOP-Mischfonds-Auswahl von „Finanztreff"

Die TOP Mischfonds-Auswahl der Siegerliste finanztreff.de					
Name, Fonds-Gesellschaft	**WKN**	**Kurs 22.05.18**	**Hoch/Tief 52 Wochen**	**Kursentwicklung 1, 3, 5, 10 Jahre**
Ethna Dynamisch	A0Y BKZ	84,35 €	84,80/78,60 €	+6/+7/+28/+69 %
		Umfang 282 Mio. €, Alter 10 J., Ausgabeaufschlag **5,00 %**, Gebühr **1,60 %**, thesaurierend. Der Anteil an Aktien und Aktienfonds darf bei 70 % liegen, ergänzt durch Finanzinstrumente.			
Geno AS: 1	975 768	78,50 €	78,90/72,75 €	+4/+14/+47/+64 %
		Umfang 137 Mio. €, Alter 20 J., Ausgabeaufschlag **3,00 %**, Gebühr **0,90 %**, thesaurierend. Über 50 % sind Aktien, davon 30 % EU. Bekannte Titel: Conti, Dt. Börse, Linde, Siemens, Total.			
LUPUS alpha ALL Opportunities B EUR	A0M 99W	117,90 €	119,2/108,3 €	+10/+19/+59/+123 %
		Umfang 211 Mio. €, Alter 10 J., Ausgabeaufschlag **5,00 %**, Gebühr **1,00 %**, thesaurierend. Die Long/Short-Strategie wird umgesetzt mit Small & Mid Cap-Aktien und Zinspapieren. Wichtige Sektoren: Finanzen, Technologie, Grundstoffe, Gesundheit.			
Sparinvest Procedo EUR R	A0M V4R	211,70 €	214,0/197,0 €	+6/+12/+42/+80 %
		Umfang 658 Mio. €, Alter 17 J., Ausgabeaufschlag **2,00 %**, Gebühr **1,25 %**, thesaurierend. Klar übergewichtet werden Aktien gegenüber Anleihen der Sektoren Finanzen, Industrie, Konsum.			
Strategie Welt Select	A0D PZG	22,75 €	22,95/20,90 €	+8/+14/+38/+31 %
		Umfang 22 Mio. €, Alter 10 J., Ausgabeaufschlag **5,00 %**, Gebühr **1,40 %**, thesaurierend. Die Aktienquote im flexiblen Fonds darf 100 % betragen, ergänzt durch Aktienfonds und Zertifikate.			
W&W Global-Fonds EUR DIS	978 049	73,10 €	73,10/66,15 €	+9/+16/+50/+78 %
		Umfang 52 Mio. €, Alter 18 J., Ausgabeaufschlag **5,00 %**, Gebühr **1,43 %**, ausschüttend. Der 5-Sterne-Fonds investiert weltweit bis zu einem Anteil von 80 % in internationale Blue Chips.			
WI Select C A	A0M S7F	58,35 €	59,20/52,50 €	+5/+17/+43/+23 %
		Umfang 19 Mio. €, Alter 10 J., Ausgabeaufschlag **5,00 %**, Gebühr **1,40 %**, thesaurierend. Der Dach-Mischfonds streut global in mehrere Anlageklassen wie Aktien, Rohstoffe, Edelmetalle.			
ZukunftsPlan 1 EUR ACC	DK1 CJ2	256,85 €	259,4/233,4 €	+4/+13/+48/+158 %
		Umfang 741 Mio. €, Alter 10 J., Ausgabeaufschlag **2,00 %**, Gebühr **0,60 %**, thesaurierend. Der Dach-Mischfonds legt breit gestreut über 50 % in Aktien-, Renten- und Geldmarktfonds an.			

Das Mischfonds-Musterdepot: zukunftsträchtig und fair

Der Aktien- und Anleiheanteil 1:1 bzw. 50:50 % war gestern. Mit einem flexiblen Multi Asset-Ansatz steigt die Beliebtheit bei den Mischfonds. Der prozentuale Anteil von Aktien und Anleihen ergibt sich aus Marktlage, Konjunktur, Börsentrend und Wirtschaftswachstum. Dabei spielen Branchenentwicklung und Geschäftszahlen eine wichtige Rolle.

Andere Finanzinstrumente, auch Edelmetalle, Rohstoffe und Immobilien werden bei Bedarf beigemischt. Ob und in welchem Umfang Derivate zur Absicherung eingesetzt werden, hängt davon ab, ob Kursschwankungen generell akzeptiert werden oder unerwünscht sind. Mit dieser zeitgemäßen Ausrichtung sind meine früheren Vorbehalte gegenüber Mischfonds hinfällig. Mein Musterdepot spiegelt den modernen Multi Asset-Ansatz wider und macht damit gute Renditen möglich.

Mischfonds-Musterdepot „Zukunft" mit fairen Gebühren

Name, Fonds-Gesellschaft	WKN	Kurs 18.05.18	Hoch/Tief 52 Wochen	Kursentwicklung 1, 3, 5, 10 Jahre
ACATIS Datini Valueflex B	A1H 72F	116,00 €	124,5/91,10 €	+29/+53/**+139 %**
		Umfang 308 Mio. €, Alter 7 Jahre, Ausgabeaufschlag **5,00 %**, Gebühr **0,30 %**, thesaurierend. Der Fonds setzt auf Aktien vom Biotech-, Software-, Konsumsektor, darunter Wirecard, Evotec.		
Adelca Invest GI Multi Asset	A0M 6JK	348,80 €	352,1/244,7 €	**+41/+73/**+106/**+258 %**
		Umfang 71 Mio. €, Alter 11 Jahre, Ausgabeaufschlag **5,00 %**, Gebühr **1,00 %**, thesaurierend. Der 5-Sterne-Fonds erzielt Erträge aus Aktien-Kursgewinnen, Dividenden und Zinszahlungen.		
AXION Multi Kairos	662 792	27,75 €	29,00/25,20 €	+8/+31/+64/+45 %
		Umfang 4,72 Mrd. €, Alter 16 J., Ausgabeaufschlag **5,00 %**, Gebühr **1,40 %**, thesaurierend. Der Multi-Asset-Fonds gewichtet je nach Marktlage Aktien-, Renten-, Mischfonds sowie Zertifikate.		
DJE Concept 1 EUR ACC	625 797	291,40 €	299,1/265,4 €	+10/+15/+29/+113 %
		Umfang 217 Mio. €, Alter 17 J., Ausgabeaufschlag **0,00 %**, Gebühr **0,60 %**, thesaurierend. Anlage in Aktien, Genussscheine, Anleihen. Vertreten sind: K+S, TUI, Uniper, Wacker Chemie.		
DJE Europa – I EUR ACC	164 316	419,40 €	419,4/368,0 €	+14/+26/+53/+71 %
		Umfang 194 Mio. €, Alter 15 J., Ausgabeaufschlag **0,00 %**, Gebühr **1,07 %**, thesaurierend. Der Fonds investiert flexibel in Europa-Aktien, auch Nebenwerte, außerdem weltweit in Anleihen.		

Name, Fonds-Gesellschaft	WKN	Kurs 18.05.18	Hoch/Tief 52 Wochen	Kursentwicklung 1, 3, 5, 10 Jahre
Deutsche AM Dynamic Opportunities	984 807	43,80 €	43,80/40,55 €	+3/+19/+76/+73 %
		Umfang 431 Mio. €, Alter 18 J., Ausgabeaufschlag **0,00 %**, Gebühr **0,85 %**, thesaurierend. Anlage in zukunftsträchtige Firmen. Aus dem DAX dabei: Dt. Telekom, Allianz, Bayer, Daimler, SAP.		
FU Fonds Multi Asset I EUR DIS	A12 ADZ	835,65 €	835,7/732,2 €	+13/+45/+68 %
		Umfang 54 Mio. €, Alter 5 Jahre, Ausgabeaufschlag **0,00 %**, Gebühr **0,70 %**, ausschüttend. Der Fonds legt mindestens zwei Drittel in Aktien an. Die Quote wird der Marktlage angepasst.		
LUPUS alpha ALL Opportunities B EUR	A0M 99W	117,90 €	119,2/108,3 €	+10/+19/+59/+123 %
		Umfang 211 Mio. €, Alter 10 J., Ausgabeaufschlag **5,00 %**, Gebühr **1,00 %**, thesaurierend. Die Long/Short-Strategie wird umgesetzt mit Small und Mid Cap-Aktien und verzinslichen Titeln.		
LRI Deutsche Aktien Total Return 1	A0D 9KW	176,50 €	178,2/162,8 €	+7/+17/+58/+250 %
		Umfang 445 Mio. €, Alter 13 J., Ausgabeaufschlag **3,00 %**, Gebühr **1,25 %**, thesaurier. Sogar 100 % dürfen in Aktien fließen, alternativ Anleihen. Im Focus stehen MDAX, TecDAX, SDAX.		
Mozart One T	A1C 4Y8	214,60 €	231,2/192,4 €	+14/+43/+115 %
		Umfang 83 Mio. €, Alter 8 J., Ausgabeaufschlag **5,00 %**, Gebühr **1,50 %**, ausschüttend. Es geht um Österreich-Aktien. Die Quote hängt von der Marktlage ab. Hinzu kommen Schuldtitel.		
Nord/LB AM Global Challenges Index	A0L GNP	178,00 €	178,0/150,2 €	+7/+26/+91/+208 %
		Umfang keine Angabe, Alter 11 J., Ausgabeaufschlag **5,00 %**, Gebühr **0,40 %**, ausschüttend. Schwerpunkt im 5-Sterne-Fonds sind Technologie, Industriegüter, Ökologie. SAP zählt dazu.		
Quint:Essence Strategy Social Media	A11 54U	67,60 €	70,00/54,05 €	+16/+23/+35 %
		Umfang 7 Mio. €, Alter 5 Jahre, Ausgabeaufschlag **0,00 %**, Gebühr **1,50 %**, thesaurierend. Über 50 % wird in Aktien angelegt. Wichtige Branchen: Technologie, Medien, Telekommunikation.		
Squad Capital Growth A	A0H 1HX	432,90 €	441,0/331,5 €	+12/+69/+147/+308%
		Umfang 145 Mio. €, 12 J., Ausgabeaufschlag **5,00 %**, Gebühr **1,50 %**, ausschüttend. Dieser Fonds setzt auf deutsche Nebenwerte wie Allgeier, Rocket, Fabasoft, Software AG, MAX Aut.		
VM Long Term Value	A1J 17U	1.519,00 €	1.543/1.282 €	+19/+36/+63 %
		Umfang 32 Mio. €, Alter 5 J., Ausgabeaufschlag **3,00 %**, Gebühr **1,35 %**, ausschüttend. Investiert wird abhängig vom Börsentrend vor allem in Value-Aktien, Geldmarkt, Bankguthaben.		

Grundsätzliche Frage: Wann Aktienfonds? Wann Mischfonds?

Die beiden Fondsarten eignen sich für eine Langzeitanlage von einem Jahrzehnt und länger. Sie ermöglichen auch bei geringem Geldbeutel eine breite Depotstreuung. Ausgabeaufschlag und Verwaltungsgebühr ähneln sich, hängen aber bezüglich hoch oder niedrig vom jeweiligen Management ab. Dabei sind der Zeitaufwand und auch die Anzahl der Produkte mitentscheidend.

- Wer Zeit und Lust hat, das Börsengeschehen regelmäßig gern verfolgt und über ein recht gutes Wirtschaftswissen verfügt, sollte gute Aktienfonds auswählen. Dies gilt vor allem solange, wie die Niedrigzins-Politik noch anhält.

- Wer sehr vorsichtig eingestellt ist, sich mangels Zeit und Interesse nur gelegentlich um sein Depot kümmern will und langfristig Risiken scheut, für den sind moderne Mischfonds mit flexiblen Aktien- und Anleihequoten die bessere Wahl. Hier befinden sich die Multi Asset-Produkte im klaren Aufwärtstrend.

- Mischfonds nach dem Multi Asset-Konzept sind vorzuziehen, wenn die Fondsanlage, egal ob einmalig oder mittels Sparplan, für Kinder oder Enkel vorgesehen ist. Bei Rückkehr zu höheren Zinssätzen sind innovative Mischfonds oft sicherer. Schuldverschreibungen bremsen dann nicht länger die Rendite aus.

Die aktuelle Information: Neuregelung bei den deutschen Indizes DAX, TecDAX, MDAX, SDAX

Die Deutsche Börse AG hat zum 24. September 2018 das Regelwerk für deutsche Indizes geändert. Viel Arbeit kommt auf ETFs zu, die ein Börsenbarometer exakt abbilden müssen. Flexible Aktien- und Mischfonds sollten die sich ergebenden neuen Chancen nutzen.

- Die Technologiewerte im DAX – dies sind Infineon, SAP und die Dt. Telekom – sind zusätzlich im TecDAX gelistet. In den USA geschieht dies schon lange. Sie finden z. B. Apple und Microsoft im Dow Jones wie auch im Nasdaq 100. Der TecDAX-Star WireCard stieg in den Leitindex auf, die Commerzbank ab.

- Der bislang aus 50 Titeln bestehende MDAX wurde auf 60 Werte aufgestockt. Die bisherige SDAX-Aktie Alstria Office REIT zog in den Mid Cap-Index ein.

- Der bisher aus 50 in- und ausländischen klassisch ausgerichteten Aktien bestehende SDAX umfasst nun 70 Titel. Da neben 14 TecDAX-Titeln etliche Aktien vom MDAX in den SDAX überwechseln, gibt es extreme Bewegungen. Neulinge müssen dem Prime Standard angehören. So überlegte manche chancenreiche Firma, vom Freiverkehr in das strenge Segment überzuwechseln.

8.2 Dachfonds mit dem Musterdepot für Kinder, Enkel und vorsichtige Anleger

Chancen für flexible innovative Dachfonds mit Verzicht auf festgezurrte starre Vorgaben und fairen Gebühren

Dachfonds erinnern an ein Mietshaus mit mehreren Wohnungen unterschiedlicher Größe und Preisgestaltung auch bezüglich Standort, Lage, Stockwerk und Himmelsrichtung. Sie legen überwiegend in andere Fonds an, also auch in aussichtsreiche Produkte fremder Emittenten, hauptsächlich Misch- und Aktienfonds, vielleicht ergänzt um attraktive Einzelwerte.

Gewöhnlich geht es aber nicht nur um Misch- und Aktienfonds, sondern um unterschiedlichste Produkte. Dazu zählen erfolgreiche Fonds rund um den Globus für Staats- und Unternehmensanleihen, Wandelanleihen, Geldmarkt, möglicherweise Edelmetalle, Rohstoffe, Immobilien. Oft werden Finanzinstrumente, allem voran Derivate, zur Absicherung eingesetzt, eventuell auf steigende und fallende Märkte spekuliert. Wer an seinem früheren Geschäftsmodell starrsinnig festhält, sich Neuerungen verschließt und seine Gebühren durch die Kampfansage der ETFs nicht senkt, wird sich kaum gegen abgeschaffte Guthaben- und eingeführte Strafzinsen zur Wehr setzen können. Hier droht das Aus im Wettbewerb mit innovativen neuartigen Produkten bzw. der Neuausrichtung betagter Flaggschiffe.

Die Dachfondsauswahl ist riesig. Ich berücksichtige nur solche Produkte in meiner Kursliste, deren Strategie und Anpassung an die Marktlage als zukunftsfähig gilt. Brauchbare Hinweise liefert die Multi Asset-Strategie. Die Kursentwicklung muss im Mehrjahresvergleich positiv und die Gebührenstruktur fair sein. Aktuell schmücken nur solche Dachfonds die Sieger- und Bestenlisten, deren Management den Aktienanteil gegenüber Anleihen deutlich übergewichtet, insbesondere auf Nebenwerte setzt und vielleicht auch Edelmetall- und Rohstofffonds mit einbringt. Ein leichtverständliches Geschäftsmodell mit einfachen, überzeugenden Erklärungen ist wichtig bei der Jagd nach Neukunden.

Inwieweit es notwendig erscheint, die teuren derivativen Finanzinstrumente zum Absichern einzusetzen, nur um starke Kursschwankungen zu vermeiden, sei dahingestellt. Dachfonds eignen sich als Langzeitanlage ab fünf, besser zehn Jahren. Ob hier Hedgefonds, die auf steigende und fallende Märkte setzen, Konkurrenz gemacht werden muss, darüber gehen die Meinungen auseinander. Letztlich muss für den Service jeder Anleger viel bezahlen, erkennbar an einer schlechteren Rendite im Vergleich zu innovativen Wettbewerbern, die langfristige Strategien entwickeln und ohne kostenintensive Finanzinstrumente auskommen.

Das renommierte Fondshaus ROBECO hatte den Mut, Ende September 2016 eine mittelfristige Vorschau für die Entwicklung der wichtigsten Anlageformen für den Zeitraum von 2017 bis 2021 abzugeben. Die Prognose muss nicht eintreffen. Aber sie liefert wichtige Anhaltspunkte für Fondsmanager, sich daran zu orientieren und auf dieser Grundlage ein tragfähiges Konzept zu entwickeln.

ROBECO-Vorschau 2021, Jahresrendite: Aktien Schwellenländer: **+7,3 %,** Aktien Industriestaaten: **+6,5 %,** Anleihen Schwellenländer: **5,8 %,** Hochzinsanleihen: **+1,0 %,** Geldmarkt Europa: **+0,8 %,** Firmenanleihen: **-1,3 %,** Staatsanleihen: **-3,5 %.**

Größte und beste Dachfonds im Mai 2018 aus dem deutschsprachigen Raum von e-fund research.com

Name, Fonds-Gesellschaft	WKN	Kurs 25.05.18	Hoch/Tief 52 Wochen	Kursentwicklung 1, 3, 5, 10 Jahre
Best Global Concept	120 543	208,95 €	210,0/187,7 €	+6/+11/+54/+71 %
		Umfang 2,61 Mrd. €, Alter 15 Jahre, Ausgabeaufschlag **5,00 %,** Gebühr **0,80 %,** thesaurierend. Das Management wählt vorrangig Aktienfonds mit einer internationalen Ausrichtung aus.		
Best Opportunity Cocept EUR ACC	120 546	209,00 €	212,6/189,1 €	+7/+12/+58/+75 %
		Umfang 1,55 Mrd. €, Alter 15 Jahre, Ausgabeaufschlag **5,00 %,** Gebühr **0,80 %,** thesaurierend. Der 3-Sterne-Fonds legt überwiegend in Aktien-, Renten-, Misch- und Spezialitätenfonds an.		
Generali Komfort Dynamik Europa	921 702	68,40 €	70,00/63,45 €	+4/+5/+41/+48 %
		Umfang 1,17 Mrd. €, Alter 19 Jahre, Ausgabeaufschlag **4,00 %,** Gebühr **1,20 %,** ausschüttend. Investiert wird in Aktienfonds renommierter Gesellschaften mit europäischen Wertpapieren.		
LBBW Balance CR 20	989 698	43,55 €	44,25/42,95 €	+1/+2/+10/+20 %
		Umfang keine Angabe, Alter 19 J., Ausgabeaufschlag **2,00 %,** Gebühr **0,40 %,** ausschüttend. Aktienfondsanteile: 10 bis 30 %, Renten-/Geldmarktfonds: 0 bis 90 %, Mischfonds: 0 bis 30 %.		
Raiffeisen-fonds-Sicherheit A	165 211	95,80 €	96,80/93,85 €	+2/+2/+17/+44 %
		Umfang 1,23 Mrd. €, Alter 20 Jahre, Ausgabeaufschlag **3,00 %,** Gebühr **1,00 %,** ausschüttend. Der Dach-Mischfonds bevorzugt eigene Aktien- und Rentenfonds unterschiedlicher Ausrichtung.		
Sauren Global Defensiv	214 466	43,55 €	44,25/42,95 €	+2/+-0/+5/+20 %
		Umfang 1,06 Mrd. €, Alter 15 Jahre, Ausgabeaufschlag **3,00 %,** Gebühr **0,45 %,** thesaurierend. Bei diesem Fonds mit Anlageschwerpunkt Aktien/Anleihen geht es um den Kapitalerhalt.		

Das Musterdepot für eine kluge Dachfondsauswahl 2018

Name, Fonds-Gesellschaft	WKN	Kurs 25.05.18	Hoch/Tief 52 Wochen	Kursentwicklung 1, 3, 5, 10 Jahre
Allianz Multi Manager Global Balanc.	637 250	65,00 €	65,65/63,75 €	+1/+2/+21/+48 %
	Umfang 75 Mio. €, Alter 15 Jahre, Ausgabeaufschlag **2,00 %**, Gebühr **1,04 %,** ausschüttend. Der Dachfonds investiert über die Hälfte in Renten- und bis zu einem Viertel in Aktienfonds.			
BBBank Dynamik Union	532 656	58,75 €	59,30/53,40 €	+6/+8/+45/+68 %
	Umfang 66 Mio. €, Alter 17 Jahre, Ausgabeaufschlag **2,50 %**, Gebühr **1,30 %,** ausschüttend. Anlagequoten: 70 bis 90 % in Einzelaktien, 10 bis 30 % in Aktienfonds, Rest in Rentenfonds.			
FU Fonds Multi Asset Fonds P	A0Q 5MD	217,90 €	218,0/194,3 €	+10/+36/+59/+117 %
	Umfang 54 Mio. €, Alter 10 Jahre, Ausgabeaufschlag **5,00 %**, Gebühr **1,70 %,** ausschüttend. Bevorzugte Anlage: Aktienfonds und Zertifikate. Dabei: Nemetschek, Adobe, Amazon, Nvidia.			
Hauck & Auf. Global Opport. WorldSelect	A0M LJP	181,40 €	186,0/171,3 €	+-0/+16/+51/+69 %
	Umfang 39 Mio. €, Alter 11 J., Ausgabeaufschlag **5,00 %**, Gebühr **1,50 %,** ausschüttend. Der Dach-Mischfonds legt in Aktien-, Renten-, Geldmarktfonds und globale Einzelaktien an.			
PremiumStars Wachstum AT	978 706	180,05 €	180,6/165,1 €	+6/+12/+42/+84 %
	Umfang 124 Mio. €, Alter 17 Jahre, Ausgabeaufschlag **2,50 %**, Gebühr **1,25 %,** thesaurierend. Bis zur Hälfte legt dieser Fonds mit niedrigen Gebühren in Aktien- sowie in Rentenfonds an.			
Sauren Global Opportinities	930 921	33,25 €	33,45/30,40 €	+9/+18/+42/+72 %
	Umfang 199 Mio. €, Alter 18 J., Ausgabeaufschlag **5,00 %**, Gebühr **1,00 %,** thesaurierend. Das Management bevorzugt Aktienfonds von Nebenwerten, Schwellenländern, Zukunftsmärkten.			
UniStrategie: Ausgewogen	531 411	61,85 €	62,90/58,75 €	+3/+4/+32/+76 %
	Umfang 886 Mio. €, Alter 18 Jahre, Ausgabeaufschlag **3,00 %**, Verwaltungsgebühr **1,20 %,** thesaurierend. Der Dachfonds legt 30 bis 70 % in Aktienfonds an mit Standard- und Nebenwerten.			
WWK Select Balance B	631 999	17,00 €	17,20/16,10 €	+4/+5/+32/+60 %
	Umfang 82 Mio. €, Alter 17 Jahre, Ausgabeaufschlag **5,00 %**, Gebühr **1,50 %,** thesaurierend. Das Management investiert überwiegend in Aktien-, Renten-, Rohstofffonds und ETFs.			
Zukunfts-Plan I	DK1 CJ2	257,75 €	259,4/233,4 €	+4/+14/+49/+158 %
	Umfang 741 Mio. €, Alter 9 Jahre, Ausgabeaufschlag **2,00 %**, Gebühr **0,60 %,** thesaurierend. Das Management passt seine Renten-, Aktien- und Geldmarktfonds je nach Marktlage neu an.			

> **Anmerkung:** Die Anlage in fremde Aktien-, Renten-, Geldmarktfonds bei Dach-Mischfonds ist zwar mit Kosten verbunden, sorgt aber für eine ideale Streuung und erhöht damit langfristig die Sicherheit. Solange die Zinsen extrem niedrig bleiben, sollten Aktienfonds und internationale Blue Chips, gute Nebenwerte-Aktien aus Deutschland sowie Spitzentitel aus wichtigen Zukunftsmärkten mit Hightech, Internet, Künstlicher Intelligenz die Schwerpunkte bilden.

Frauen scheuen mehr als Männer jegliches Risiko bei der Geldanlage; aber auch die meisten Männer handeln vorsichtig

Laut einer aktuellen repräsentativen Umfrage der Bundesbank für das Forschungsinstitut ZEW lehnen drei Viertel der Frauen von über 9.000 befragten Erwachsenen jegliches finanzielle Risiko bei der Geldanlage ab. Bei den Männern sind es knapp zwei Drittel. Gerade mal 15 von 100 Frauen stecken ihr Anlagekapital in Fonds, ETFs, Einzelaktien oder Zertifikate. Beim sogenannten starken Geschlecht sind es immerhin 22 %.

Sofern Frauen überhaupt am Kapitalmarkt aktiv sind, legen sie das Geld eher breiter gestreut in Fonds an als in einzelne Aktien. Nicht zuletzt als Folge des dürftigen Wirtschafts- und Finanzwissens sind beide Geschlechter nach wie vor kaum daran interessiert, längerfristig höhere Renditechancen zu nutzen. Das meiste Geld bleibt auf Konten liegen, wo es im Zinstief durch die Inflation langsam, aber stetig abschmilzt. Je älter die Menschen beiderlei Geschlechts werden, desto mehr scheuen sie das Risiko beim Anlegen. Vermögensberater und Fondsmanager versuchen, Kursschwankungen niedrig zu halten. Ich selbst nutze die mir willkommene Volatilität an den Märken für Teilverkäufe in Augenhöhe zum Höchstkurs und den Einstieg und Zukauf bei Kursschwäche. Je höher das monatliche Einkommen ist, desto stärker steigt auch die Bereitschaft, finanzielle Risiken einzugehen.

Was verbirgt sich hinter der aus einer Kette von Datenblöcken bestehenden Datenbank Blockchain-Technologie?

Im Internet der Dinge wird Blockchain als technologische Evolution die Welt verändern, sobald wir online-Geschäfte machen und im Bereich der Logistik den Weg beliebiger Waren rund um den Globus verfolgen. Dies geschieht in rasantem Tempo, spart Zeit und Geld. Es betrifft ebenso den weltweiten Börsenhandel. Transaktionen werden in Bruchteilen von Sekunden abgewickelt.

Da verwundert es nicht, dass Unternehmen laut Expertenschätzungen bereits 2018 für Blockchain-Lösungen über 2,1 Mrd. Dollar ausgeben. Zu den prominentesten Anwendungsbeispielen zählt mittlerweile die virtuelle Kryptowährung Bitcoin, die manchen spekulativen Investor zum Millionär oder auch zum Bettler machte.

8.3 Wertgesicherte Fonds: Alternative zum Garantiezertifikat

Gewährleistung von Kapitalerhalt ist kein Geschenk. Garantiezertifikate sind Schuldtitel, Garantie- bzw. wertgesicherte Fonds dagegen Sondervermögen und bei Emittentenpleite geschützt.

Das Sicherheitsstreben der deutschen Bevölkerung ist so stark ausgeprägt, dass sich viele Bundesbürger als Angsthasen gebärden. Sie verzichten wegen möglicher Verluste auf attraktive Renditen, wie sie gute Aktien-, Themen- und Branchenfonds, innovative, flexible Mischfonds, ETFs und Einzelaktien bieten. Allem voran Nebenwerte. Spitzenreiter bleibt selbst in den Zeiten der Null-Zins-Politik das Sparkonto, obgleich es eine schleichende Kapitalvernichtung bedeutet. So wird nichts für die absolut unerlässliche Altersvorsorge getan.

Sie müssen als Anleger für den garantierten Kapitalerhalt bezahlen. Geht der Emittent pleite wie die Großbank Lehman Brothers oder aktuell Air Berlin, wird das oft beworbene und von Banken empfohlene Garantiezertifikat ohne zusätzliche Absicherung wertlos. Oft ist die Rendite so gering, dass die Kosten, eine steigende Inflationsrate und der Verlust der Dividende nicht hereinzuholen sind.

Garantiefonds: gut für Angsthasen – schlecht für mutige Anleger

Vergleich: Viele Autofahrer begnügen sich mit einer Teilkaskoversicherung für das eigene Fahrzeug, weil die Beiträge für eine Vollkaskoversicherung hoch sind und sie ihrer eigenen Fahrweise vertrauen. Ähnlich verhält es sich mit Garantie-Produkten. Wertgesicherte Fonds geben eine bestimmte Garantie und arbeiten mit Derivaten, um mögliche Verluste bei einer scharfen Korrektur bzw. im Crash zu begrenzen. Das alles kostet Geld und mindert die Rendite. Nur wenn Sie sonst nicht ruhig schlafen können und tagsüber Ihre gute Laune durch unbeherrschte Wutausbrüche und Kontrollverlust ersetzen, sind wertgesicherte Fonds zu empfehlen. Die Garantie erfolgt zum Ende der mehrjährigen Investitionsperiode, indem z. B. der Verlust auf 20 % begrenzt wird bzw. ein Rücknahmepreis zu 90 bis 100 % erfolgt.

Fazit: Die Chance auf richtig hohe Erträge steigt und das Risiko auf empfindliche Verluste sinkt am ehesten, wenn Sie langfristig und breit gestreut in Einzelaktien von Zukunftsmärkten, in ETFs, gute Dividenden-, Aktien- und Branchenfonds setzen. Dies alles geschieht unter dem Motto: *„Breit gestreut – nie bereut!"* Garantiefonds sind entbehrlich. Sie erzielen nur eine kleine einstellige Rendite. Mehr Gewinn setzt Börsenwissen und Marktkenntnis voraus. Sie sollten sich darüber klar sein, was Sie erwarten und verkraften.

Garantiefonds sind nur ratsam für vorsichtige Anleger, die sich mit Kapitalerhalt begnügen. ETFs bieten bessere Chancen. Erst recht gilt dies für Aktienfonds in wichtigen Zukunftsmärkten. Im Wettbewerb stehen die Produkte von DEKA und UNION LUX.

Wertgesicherte Fonds für sicherheitsbewusste Anleger. Handelsblattauswahl Juli/Aug. 2017 und Mai 2018

Name, Fonds-Gesellschaft	WKN	Kurs 25.05.18	Hoch/Tief 52 Wochen	Kursentwicklung 1, 3, 5, 10 Jahre
DEKA Chancen Garant	A0N DNA	119,05 €	121,5/115,4 €	+3/+6/+22/+30 %
		Umfang 10 Mio. €, Alter 10 Jahre, Ausgabeaufschlag **3,50 %**, Gebühr **1,00 %**, thesaurierend. Der Fonds beteiligt die Anleger an einem Aktienindexkorb bestehend aus Europa, Asien, USA.		
DEKA BasisAnlage A60	DK2 CFR	119,80 €	122,1/117,8 €	+-0/+2/+11 %
		Umfang 3,32 Mrd. €, Alter 6 Jahre, Ausgabeaufschlag **3,50 %**, Gebühr **1,00 %**, thesaurierend. Das Management legt global in Zielfonds an. Der Aktienfondsanteil darf bis zu 60 % betragen.		
DEKA World Garant 3	DK0 93Z	132,30 €	135,1/125,5 €	+4/+10/+30/+32 %
		Umfang 34 Mio. €, Alter 10 J., Ausgabeaufschlag **3,50 %**, Gebühr **1,00 %**, thesaurierend. Auch hier besteht ein Aktienindexkorb. Der Rücknahmepreis muss dem Kaufpreis entsprechen.		
DEKA World Garant 4	DK0 95H	121,40 €	123,9/116,0 €	+4/+8/+21/+22 %
		Umfang 34 Mio. €, Alter 10 J., Ausgabeaufschlag **3,50 %**, Gebühr **1,00 %**, thesaurierend. Der Aktienindexkorb umfasst Europa/USA/Asien mit Rücknahmepreisgarantie in Kaufpreishöhe.		
DEKA Deutschland Garant 1	DK0 F81	115,90 €	118,7/113,4 €	+-0/+5/+15/+14 %
		Umfang 30 Mio. €, Alter 10 Jahre, Ausgabeaufschlag **3,50 %**, Gebühr **1,00 %**, thesaurierend. Orientierung am deutschen Aktienmarkt (DAX 100), Rücknahme-Garantie in Kaufpreishöhe.		
DEKA World Top Garant 1	DK0 EBT	115,70 €	117,1/110,7 €	+4/+8/+15/+14 %
		Umfang 83 Mio. €, Alter 10 Jahre, Ausgabeaufschlag **2,00 %**, Gebühr **1,00 %**, thesaurierend. Ein Fonds mit geringen Kosten. Der Aktienindexkorb-Anteil wird an die Marktlage angepasst.		
UNI Garant 95 Aktien Welt (2020)	A1W 277	132,10 €	139,3/124,6 €	+6/+12/+34 %
		Umfang 32 Mio. €, Alter 5 Jahre, Ausgabeaufschlag **4,00 %**, Gebühr **0,60 %**, thesaurierend. Ein Mindestanteilwert von 95 % wird garantiert und die Schwankungsbreite auf 10 % begrenzt.		

Name, Fonds-Gesellschaft	WKN	Kurs 25.05.18	Hoch/Tief 52 Wochen	Kursentwicklung 1, 3, 5, 10 Jahre
UNI Garant Aktien Welt (2020)	A1W 0K9	119,15 €	123,0/115,1 €	+3/+7/**+22 %**
		Umfang 103 Mio. €, Alter 5 Jahre, Ausgabeaufschlag **4,00 %**, Gebühr **0,60 %**, thesaurierend. Der Fonds ähnelt weitgehend dem Garant 95. Der hohe globale Aktienanteil sichert Erträge.		
UniGarant 95 Chancen Vielfalt (2020)	A1W 0Q3	114,80 €	117,1/110,8 €	+3/+3/+17 %
		Umfang 36 Mio. €, Alter 5 Jahre, Ausgabeaufschlag **4,00 %**, Gebühr **0,60 %**, thesaurierend. Der Garantiefonds mit begrenzter Laufzeit investiert in Aktien, Renten, Rohstoffe und Geldmarkt.		
UniGarant Emerging Mark. (2020)	A0L GVP	117,80 €	119,1/114,4 €	+3/+3/+9/**+28 %**
		Umfang 115 Mio. €, Alter 11 Jahre, Ausgabeaufschlag **4,00 %**, Gebühr **0,60 %**, thesaurierend. Der Garantiefonds mit begrenzter Laufzeit investiert in Aktien Südamerikas und BRIC-Staaten.		
UniGarant Nordamerika (2021)	A1W 8J5	113,85 €	115,9/107,3 €	**+6/+9/**+16 %
		Umfang 186 Mio. €, Alter 5 Jahre, Ausgabeaufschlag **4,00 %**, Gebühr **0,60 %**, thesaurierend. Die Laufzeit endet am 26. März 2021. Ab dann wird ein Mindestanteil von 100 € garantiert.		

Oft ist es das größte Risiko, überhaupt kein Risiko eingehen zu wollen! Garantiefonds sind mit Teil- oder Vollkasko-Autoversicherungen vergleichbar. Flexible Multi Asset-Mischfonds sind die bessere Alternative auch für vorsichtige Anleger, die sich grundsätzlich mit einer niedrigen Rendite zufrieden geben.

Stilblüten-Auszüge: Anlage-Idee UniGarant Nordamerika

„Das Fondsvermögen wird innerhalb der zulässigen Vermögensgegenstände (beispielsweise Anleihen von Staaten, Bundesländern oder Supranationalen Institutionen, Indexzertifikate, Swaps und Optionen/Optionsscheine) so investiert, dass dem Anleger die Mindestanteilwertgarantie von 100 € zum Laufzeitende gewährleistet werden kann.

Um von den Marktentwicklungen zu profitieren, wird mittelbar beispielsweise in einen Index oder Indexkorb oder Investmentfonds auf US-Amerikanische Börsenwerte investiert (Basiswert), sodass der Fonds von der durchschnittlichen (Quartalswerte) Entwicklung des Basiswerts profitieren kann (Durchschnittswert). Bei dem Basiswert handelt es sich um einen risikoadjustierten Basiswert.

In Erfüllung der von der Union Investment Luxembourg S.A. ausgesprochenen Garantie wird die Verwaltungsgesellschaft als erforderlich durch eine Zahlung aus eigenen Mitteln in das Fondsvermögen sicherstellen, dass der Anteilwert zum Laufzeitende mindestens dem Mindestanteilwert entspricht. Die Erfüllung der Garantie kann damit von der Solvenz der Verwaltungsgesellschaft abhängig sein."

Die ARD-Börse präsentiert ihre besten wertgesicherten Fonds

Wertgesicherte Fonds für sicherheitsbewusste Anleger: Spitzenreiter boerse.ARD.de, alphabetisch, 25. Mai 2018				
Name, Fonds-Gesellschaft	WKN	Kurs 25.05.18	Hoch/Tief 52 Wochen	Kursentwicklung 1, 3, 5, 10 Jahre
Access Vermögensschutz Plus	A0E RZR	1.522,50 €	1.545/1.490 €	+1/+3/+14/+61 %
DEKA World Garant 3	DK0 93Z	132,30 €	135,1/125,5 €	+4/+10/+30/+32 %
DEKA Ziel Garant 2042-2045	DK0 914	66,85 €	69,85/56,65 €	+4/+15/+33/+22 %
GENIUS Strategie	A0R A04	93,85 €	97,90/88,25 €	+1/+4/+39/+92 %
UNI Garant 95 Aktien Welt (2020)	A1W 277	132,10 €	139,3/124,6 €	+6/+12/+34 %
UniGarant Nordamerika (2021)	A1W 8J5	113,85 €	115,9/107,3 €	+6/+9/+16 %
VPV Chance	LYX 0VC	102,05 €	105,9/95,30 €	+2/+5/+16/+1 %

- Access Vermögensschutz Plus: Umfang 5,5 Mio. €, Alter 13 Jahre, Ausgabeaufschlag **5,00 %**, Gebühr **1,25 %**, thesaurierend. Das Fondsmanagement investiert in festverzinsliche Anlagen sowie in einen Optionsteil.
- DEKA World Garant 3: Umfang 34 Mio. €, Alter 10 J., Ausgabeaufschlag **3,50 %**, Gebühr **1,00 %**, thesaurierend. Auch hier besteht ein Aktienindex-Korb. Der Rücknahmepreis muss dem Kaufpreis entsprechen.
- DEKA Ziel Garant 2042-2045: Umfang 14 Mio. €, Alter 11 J., Ausgabeaufschlag **3,50 %**, Gebühr **0,60 %**, thesaurierend. Abhängig vom Markttrend legt dieser Dachfonds in Aktien-, Renten- sowie Geldmarktfonds an.
- GENIUS Strategie: Umfang 440 Mio. €, Alter 9 Jahre, Ausgabeaufschlag **5,00 %**, Gebühr **1,25 %**, thesaurierend. Genius vertraut auf europäische Blue Chips. Verluste über 20 % belasten den Anleger nicht.
- UNI Garant 95 Aktien Welt (2020): Umfang 32 Mio. €, Alter 5 Jahre, Ausgabeaufschlag **4,00 %**, Gebühr **0,60 %**, thesaurierend. Es wird ein Mindestanteilwert von 95 % garantiert und die Schwankungsbreite auf 10 % begrenzt.
- UniGarant Nordamerika (2021): Umfang 186 Mio. €, Alter 5 Jahre, Ausgabeaufschlag **4,00 %**, Gebühr **0,60 %**, thesaurierend. Die Laufzeit endet am 26. März 2021. Ab dann wird ein Mindestanteil von 100 € garantiert.
- VPV Chance: Umfang 85 Mio. €, Alter 10 Jahre, Ausgabeaufschlag **5,00 %**, Gebühr **1,40 %**, thesaurierend. VPV schützt das Portfolio systematisch vor Risiken, um alle Garantien einhalten zu können.

➢ **Im Schnitt erzielten (Stand: 25. Mai 2018) wertgesicherte Fonds in 1, 3, 5 Jahren kümmerliche Renditen von 0 %, 0 %, +8 %. Mischfonds schafften +2 %, +4 %, +19 %. Aktienfonds lagen weit vorn mit +9 %, +17 %, +48 %.**

Das Handelsblatt präsentiert beste wertgesicherte Fonds 2018

Wertgesicherte Fonds für sicherheitsbewusste Anleger: Spitzenreiter Handelsblatt, Rangliste 3 Jahre, Juli 2018				
Name, Fonds-Gesellschaft	WKN	Kurs 10.07.18	Hoch/Tief 52 Wochen	Kursentwicklung 1, 3, 5, 10 Jahre
UNI Garant 95: Aktien Welt (2020)	A1W 277	133,25 €	139,1/124,7 €	+6/+17/+35 %
	Umfang 32 Mio. €, Alter 5 Jahre, Ausgabeaufschlag **4,00 %**, Gebühr **0,60 %**, thesaurierend. Es wird ein Mindestanteilwert von 95 % garantiert und die Schwankungsbreite auf 10 % begrenzt.			
UNI Garant: Nordamerika (2021)	A1W 8J5	114,65 €	115,9/107,6 €	+6/+10/+17 %
	Umfang 181 Mio. €, Alter 5 Jahre, Ausgabeaufschlag **4,00 %**, Gebühr **0,60 %**, thesaurierend. Die Laufzeit endet am 26. März 2021. Erst dann wird ein Mindestanteil von 100 € garantiert.			
DEKA-World Garant 3	DK0 93Z	131,40 €	135,1/125,7 €	+4/+10/+32/+31 %
	Umfang 32 Mio. €, Alter 10 J., Ausgabeaufschlag **3,50 %**, Gebühr **1,00 %**, thesaurierend. Ein Aktienindexkorb wie bei Garant 4. Der Rücknahmepreis muss dem Kaufpreis entsprechen.			
UNI Profi Anlage (2027)	A1C U2W	123,25 €	124,8/119,0 €	+2/+9/+30 %
	Umfang 19 Mio. €, Alter 7 Jahre, Ausgabeaufschlag **0,00 %**, Gebühr **1,20 %**, thesaurierend. Die Profianlage investiert flexibel in Aktien, Renten, Geldmarkt, Rohstoff- und Immobilienfonds.			
DEKA World TOP Garant 1	DK0 EBT	115,00 €	117,5/110,9 €	+4/+9/+14/+25 %
	Umfang 79 Mio. €, Alter 10 Jahre, Ausgabeaufschlag **2,00 %**, Gebühr **1,00 %**, thesaurierend. Der Aktienindexkorb umfasst Europa, USA, Asien mit Absicherung des Rücknahmepreises.			
DEKA World Garant 4	DK0 95H	120,65 €	123,9/116,3 €	+3/+9/+20/+21 %
	Umfang 32 Mio. €, Alter 10 J., Ausgabeaufschlag **3,50 %**, Gebühr **1,00 %**, thesaurierend. Ein Aktienindexkorb wie bei Garant 3. Der Rücknahmepreis muss dem Kaufpreis entsprechen.			
DEKA Chancen Garant	A0N DNA	118,60 €	121,4/115,1 €	+3/+7+25/+29 %
	Umfang 9 Mio. €, Alter 10 Jahre, Ausgabeaufschlag **3,50 %**, Gebühr **0,00 %**, thesaurierend. Der globale Aktienkorb setzt sich aus je einem Index von Europa, USA und Asien zusammen.			
UNI Garant 95: Chancen Vielfalt (2020)	A1W 0Q3	114,15 €	117,2/110,8 €	+3/+6/+16 %
	Umfang 34 Mio. €, Alter 15 Jahre, Ausgabeaufschlag **4,00 %**, Gebühr **0,60 %**, thesaurierend. Es handelt sich um einen Garantiefonds mit begrenzter Laufzeit, die am 25.09.2020 endet.			

8.4 Rentenfonds – Leidtragende der Null- und Strafzinspolitik

US-Hochzins- und Wandelanleihen sind oft Top. Europäischen Staatsanleihen droht wegen fallender Kurse ein Ausverkauf

Rentenfonds sind Investmentfonds, die großteils oder ausschließlich in festverzinsliche Wertpapiere anlegen. Sie zählen zum geschützten Sondervermögen. Dies sind vor allem Pfandbriefe, Kommunalobligationen, Staats- und Unternehmensanleihen. Den Wertzuwachs erwirtschaften diese Fonds durch Zinsen, Handel und Kurssteigerungen infolge von Veränderungen der Zinspolitik und Währungseinflüssen. Häufig werden Derivate als Sicherungsinstrumente eingesetzt.

In früheren Jahren galten Rentenfonds für sicherheitsbewusste Investoren als solide und attraktive Vermögensanlage. Sie warfen Erträge von 5 % und mehr pro Jahr ab – eine Rendite, die heute am ehesten mit Aktien, Aktienfonds und Multi Asset-Mischfonds erzielbar ist. Bei konservativer Ausrichtung scheint diese Zeit für Rentenfonds vorerst vorbei. Der Grund sind die niedrigen Guthaben- bzw. eingeführten Strafzinsen bei Staatsanleihen der EU. Bis Ende 2015 investierten Bundesbürger über 190 Mrd. € in solche Fonds. Ein Ausstieg ist zu überlegen, wenn der Fonds gewohnheitsmäßig nur auf europäische Staatsanleihen setzt und auf Hochzinsanleihen verzichtet, z. B. aus den USA und Schuldtitel von Schwellenländern. Wer sich Neuerungen verschließt, dem droht womöglich das Aus.

2016 warfen 10-jährige Bundesanleihen nicht mal mehr einen Minimalzins ab, sondern wurden mit Strafzinsen von 0,01 % belastet. 2017 kam es zu einer kleinen Korrektur auf +0,25 bzw. +0,50 %. Klassische Rentenfonds auf europäische Staatsanleihen erscheinen momentan ausgereizt. Da die Zinsen nicht weiter sinken, aber auch erst ab 2019 langsam steigen, lässt sich keine nennenswerte Rendite erzielen. So trocknet auch die Spekulation auf Kursgewinne aus.

Dennoch gibt es unter der Vielzahl von Rentenfonds mehr als 20 profitable Produkte, die sich je nach Investitionsziel für sicherheits- wie auch erfolgsorientierte Anleger eignen. Das gemeinsame Merkmal ist die innovative, flexible Strategie. Damit hohe Gebühren nicht mögliche Erträge wegfressen, bevorzuge ich in meinen Kurslisten Rentenfonds mit einer durchschnittlichen bis niedrigen Gebührenstruktur. Dabei kommt es weniger auf den einmaligen Ausgabeaufschlag als auf die jährliche Verwaltungsgebühr an. Schließlich setzen Rentenfonds zumindest einen mittelfristigen, besser langfristigen Anlagehorizont voraus.

Da sich die Geschäftsmodelle der profitablen Rentenfonds stark unterscheiden, stelle ich jeden Fonds in vier oder fünf Zeilen vor.

Die besten Rentenfonds buhlen um Ihre Gunst, sofern Sie zu den risikoscheuen, vorsichtigen Anlegern zählen. Die Rendite liegt aktuell im 1-/3-/5-Jahresvergleich bei -0,2 %, +4 %, + 8 %, also keine Chancen gegenüber Aktienfonds mit +9 %, +17 %, +48 %. Flexible Rentenfonds auf Multi Asset-Basis sind chancenreich.

Die besten Rentenfonds 2017 und 2018 aus Siegerlisten			
Name, Fonds-Gesellschaft	WKN	Kurs 25.05.18	Hoch/Tief 52 Wochen	Kursentwicklung 1, 3, 5, 10 Jahre
ACATIS IFK Value Renten UI A	A0X 758	51,90 €	55,30/51,50 €	+1/+9/+22/+106 %
		Umfang 955 Mio. €, Alter 10 J., Ausgabeaufschlag **3,00 %**, Gebühr **0,10 %**, ausschüttend. Der Fonds investiert in unterbewertete Schuldtitel. Derivate zur Absicherung werden eingesetzt.		
Aramea Rendite Plus A	A0N EKQ	183,50 €	189,2/182,6 €	+5/+11/+29/+153 %
	Umfang 1,04 Mrd. €, Alter 9 Jahre, Ausgabeaufschlag **5,00 %**, Gebühr **1,25 %**, ausschüttend. Der Fonds legt überwiegend in verzinsliche Wertpapiere an, z. B. Anleihen, Genussscheine.			
AXA World Funds Euro 10 + LT A	A0J L03	220,90 €	226,9/212,3 €	+2/+5/+35/+118 %
	Umfang 28 Mio. €, Alter 1 Jahre, Ausgabeaufschlag **3,00 %**, Gebühr **0,60 %**, thesaurierend. Der Fonds investiert mehr als 2/3 in Euro-Staats- und Firmenanleihen mit Bonität AAA bis BBB.			
Carmignac Portfolio Unc. Global Bond A	A0M 9A0	1.395,0 €	1.429/1.392 €	+0/+7/+20/+43 %
	Umfang 1,29 Mrd. €, Alter 10 Jahre, Ausgabeaufschlag **4,00 %**, Gebühr **1,00 %**, thesaurierend. Der Fonds investiert in Schwellen- und Industrieländern am Renten-, Kredit- und Devisenmarkt.			
Deutscher Global Hybrid Bond LD	849 098	39,50 €	41,20/38,95 €	+2/+9/+26/+86 %
	Umfang 450 Mio. €, Alter 25 Jahre, Ausgabeaufschlag **3,00 %**, Gebühr **0,85 %**, ausschüttend. Anleihen machen über 95 % aus, davon über ein Drittel in deutsche und französische Schuldtitel.			
Deutscher Mittelstandsanleihen-F. M	A1W 5T2	50,60 €	52,95/49,95 €	+5/+13/+20 %
	Umfang 77 Mio. €, Alter 5 J., Ausgabeaufschlag **0,00 %**, Gebühr **1,50 %**, ausschüttend. Schwerpunkt ist das KFM-Scoring-Modell, mit dem Mittelstandsanleihen herausgefiltert werden.			
Flossbach von Storch Bond Opportunities	A0R CKL	124,75 €	130,1/124,3 €	+1/+12/+25/+55 %
	Umfang 631 Mio. €, Alter 9 Jahre, Ausgabeaufschlag **3,00 %**, Gebühr **0,93 %**, ausschüttend. Zwecks Risikostreuung investiert der flexible Fonds international in verzinsliche Wertpapiere, Anleihen aller Art, Geldmarktinstrumente, Festgeld und Zertifikate.			

Name, Fonds-Gesellschaft	WKN	Kurs 25.05.18	Hoch/Tief 52 Wochen	Kursentwicklung 1, 3, 5, 10 Jahre
GAM Star Credit Opportunities EUR	A1J C54	18,25 €	18,95/17,50 €	+5/+17/+48 %
Umfang 6,55 Mrd. €, Alter 7 Jahre, Ausgabeaufschlag **5,00 %**, Gebühr **1,25 %**, thesaurierend. Der Fonds investiert weltweit in Staats-/Unternehmens-/Wandelanleihen und mischt Aktien bei.				
LAM-Euro-Renten-Universal	260 507	146,40 €	148,8/145,3 €	+-0/+4/+19/+80 %
Umfang 23 Mio. €, Alter 14 J., Ausgabeaufschlag **3,00 %**, Gebühr **0,30 %**, ausschüttend. Der Fonds legt 50 % in €-Schuldtitel an und favorisiert festverzinsliche Bonds mit guter Bonität.				
MS Morgan Stanley Inv. European	986 761	24,50 €	25,00/24,10 €	+1/+11/+26/+100 %
Umfang 1,16 Mrd. €, Alter 19 J., Ausgabeaufschlag **4,00 %**, Gebühr **0,85 %**, thesaurierend. Das Management bevorzugt niedrig bewertete festverzinsliche Staats- und Unternehmensanleihen.				
Pictet EUR High Yield P	797 785	249,75 €	255,5/246,5 €	+2/+8/+21/+77 %
Umfang 683 Mio. €, Alter 17 Jahre, Ausgabeaufschlag **5,00 %**, Gebühr **1,10 %**, thesaurierend. Der Fonds erwirtschaftet Erträge durch Anlage ab zwei Dritteln in Hochzins- und Wandelanleihen.				
Pioneer/Amundi II € High Yield	A0M VZ1	11,20 €	11,35/11,00 €	+1/+9/+21/+118 %
Umfang 960 Mio. €, Alter 12 Jahre, Ausgabeaufschlag **2,50 %**, Gebühr **1,20 %**, thesaurierend. Das Management investiert in Schuldverschreibungen unterschiedlicher Bonität. Bis zu einem Fünftel des Kapitals darf in Wandelanleihen und Aktien fließen.				
Schroder International Select. High	A1J 7DH	140,85 €	143,9/138,9 €	+2/+17/+32 %
Umfang 1,39 Mrd. €, Alter 6 Jahre, Ausgabeaufschlag **3,00 %**, Gebühr **1,00 %**, ausschüttend. Der Fonds investiert in unterschiedliche Anleihen vor allem aus den USA und England.				
SK Selected Bond Invest DEKA Eur	DK0 AYE	55,35 €	56,40/54,15 €	+2/+11/+26/+75 %
Umfang 5 Mio. €, Alter 14 Jahre, Ausgabeaufschlag **3,25 %**, Gebühr **0,45 %**, ausschüttend. Der Fonds bietet Staats-, Firmen- und Hochzinsanleihen auch aus Entwicklungsländern an.				
Vanguard Inv. Series 20+ Year Euro	A0N E64	201,85 €	205,4/190,2 €	+4/+7/+39/+74 %
Umfang keine Angabe, Alter 11 J., Ausgabeaufschlag **0,00 %**, Gebühr **0,25 %**, thesaurierend. Der Rentenfonds bleibt außer bei ungewöhnlicher Marktlage und Politik vollständig investiert.				
Anmerkung: Solange die Null-Zins-Politik in der EU gilt, ist mit einer nachhaltigen Erholung der Rentenfonds nicht zu rechnen. Eine ordentliche Rendite ist derzeit nur möglich, wenn Hochzinsanleihen aus Amerika sowie Schwellenländern beigemischt und durch Qualitätsaktien und Rohstoffe ergänzt werden.				

Das Handelsblatt präsentiert beste Rentenfonds mit geschütztem Sondervermögen wie bei Aktien und Aktienfonds für sicherheitsbewusste Anleger, aktueller Stand: 28. Mai 2018. Bei dauerhaftem Zinsanstieg steigen die Renditen guter Rentenfonds.

Handelsblattauswahl Juli/August 2017 und Mai 2018
Rentenfonds für sicherheitsbewusste vorsichtige Anleger

Name, Fonds-Gesellschaft	WKN	Kurs 28.05.18	Hoch/Tief 1 Jahr	Kursentwicklung 1, 3, 5, 10 Jahre
Ampega Zantke Euro High Yield	A0Y AX5	123,45 €	129,9/123,2 €	+1/+11/+25 %
		Umfang 25 Mio. €, Alter 8 Jahre, Ausgabeaufschlag **2,00 %**, Gebühr **0,85 %**, ausschüttend. Der flexibel anlegende Fonds setzt auf hochverzinsliche Unternehmensanleihen in Euro-Währung.		
Carmignac Portfolio Unc. Global Bond A	A0M 9A0	1.395,00 €	1.429/1.392 €	+-0/+7/+20/+43 %
		Umfang 1,29 Mrd. €, Alter 10 Jahre, Ausgabeaufschlag **4,00 %**, Gebühr **1,00 %**, thesaurierend. Der Fonds investiert in Schwellen- und Industrieländern am Renten-, Kredit-, Devisenmarkt.		
DEAM Dt. Invest High Yield Corp.	DWS 04E	150,65 €	153,5/148,2 €	+2/+15/+33 %
		Umfang 1,61 Mrd. €, Alter 6 Jahre, Ausgabeaufschlag **3,00 %**, Gebühr **1,10 %**, thesaurierend. Der Fonds investiert weltweit in Unternehmensanleihen. Schwerpunkt sind Hochzinsanleihen.		
DEAM Dt. Invest Emerg. Markets Corp.	DWS 0CV	128,25 €	133,8/127,9 €	+-0/+11/+16/+38 %
		Umfang 777 Mio. €, Alter 12 Jahre, Ausgabeaufschlag **3,00 %**, Gebühr **1,10 %**, thesaurierend. Der Fonds investiert in Unternehmensanleihen in Schwellenländern unterschiedlicher Bonität.		
Deka Corporate Bond High Yield CF	694 307	40,80 €	41,90/39,05 €	+1/+12/+25/+73 %
		Umfang 397 Mio. €, Alter 17 Jahre, Ausgabeaufschlag **3,00 %**, Gebühr **0,90 %**, ausschüttend. Das Management investiert vor allem in verzinsliche Wertpapiere mit größerem Schuldnerrisiko.		
Deka Nachhaltigkeit Renten C F	DK1 A48	127,70 €	130,8/125,6 €	+2/+10/+27 %
		Umfang 367 Mio. €, Alter 6 Jahre, Ausgabeaufschlag **2,50 %**, Gebühr **0,75 %**, ausschüttend. Es gilt, Chancen zu nutzen, die aus ökonomisch/ökologisch/sozialen Entwicklungen entstehen.		
Flossbach v. Storch Bond Opportunities	A0R CKL	124,75 €	130,0/124,3 €	+-0/+11/+25/+55 %
		Umfang 658 Mio. €, Alter 9 J., Ausgabeaufschlag **3,00 %**, Gebühr **0,93 %**, ausschüttend. Der Fonds investiert flexibel in Firmen- und Staatsanleihen und nutzt Chancen am Rentenmarkt.		

Name, Fonds-Gesellschaft	WKN	Kurs 28.05.18	Hoch/Tief 52 Wochen	Kursentwicklung 1, 3, 5, 10 Jahre
Federated High Income Advantage	989 059	39,50 €	41,25/38,10 €	+1/+13/+23/+104 %
		Umfang 38 Mio. €, Alter 23 Jahre, Ausgabeaufschlag **0,00 %**, Gebühr **1,00 %**, thesaurierend. Bei den festverzinslichen Wertpapieren dominieren Gesundheitswesen, Technologie, Kabel.		
Henderson Janus Horizon High Yield	A1J 4LV	144,35 €	145,8/141,2 €	+2/+14/+32 %
		Umfang 246 Mio. €, Alter 6 J., Ausgabeaufschlag **0,00 %**, Gebühr **0,75 %**, thesaurierend. Der Fonds legt über 2/3 in fest und variabel verzinsliche Firmenanleihen mit niedrigem Rating an.		
H20 Multibonds R EUR	A1J 7Z1	345,50 €	364,3/266,1 €	+26/+70/+151 %
		Umfang 2,22 Mrd. €, Alter 8 J., Ausgabeaufschlag **1,00 %**, Gebühr **0,73 %**, thesaurierend. Der Fonds investiert in Schuldtitel zu 45 % aus Portugal, 32 % Italien und 23 % Griechenland.		
LEGG Mason Western Asset High Yield	A1C 7T7	103,00 €	106,7/102,8 €	+1/+10/+23 %
		Umfang 78 Mio. €, Alter 8 Jahre, Ausgabeaufschlag **5,00 %**, Gebühr **1,10 %**, ausschüttend. Der Fonds konzentriert sich auf negativ bewertete Anleihen und streut breit nach Segmenten.		
MainFirst Emerging Markets Corp.	A1J 5H8	123,50 €	128,7/120,7 €	+2/+11/+16 %
		Umfang 292 Mio. €, Alter 6 Jahre, Ausgabeaufschlag **5,00 %**, Gebühr **1,20 %**, thesaurierend. Der Fonds investiert in Schwellenländer und streut das Risiko durch Anleihen und Aktien.		
Morgan Stanley European High	986 761	24,35 €	25,00/24,15 €	+1/+11/+26/+100 %
		Umfang 1,1 Mrd. €, Alter 19 J., Ausgabeaufschlag **4,00 %**, Gebühr **0,85 %**, thesaurierend. Der Fonds legt in den 4 höchsten Ratingklassen fest verzinsliche Schuldtitel in Euro-Währung an.		
Morgan Stanley Emerging Markets	A1J GPL	31,75 €	33,20/30,75 €	+1/+14/+19 %
		Umfang 1,18 Mrd. €, Alter 7 J., Ausgabeaufschlag **1,00 %**, Gebühr **0,90 %**, thesaurierend. Der Fonds investiert in Staats- und Firmenanleihen aus Schwellenländern und mischt Aktien bei.		
UBS LUX BS USD High Yield	986 503	241,65 €	244,6/236,5 €	+2/+11/+18/+72 %
		Umfang 1,10 Mrd. €, Alter 22 Jahre, Ausgabeaufschlag **2,00 %**, Gebühr **1,00 %**, thesaurierend. Der Fonds wählt nach strengen Maßstäben hochverzinsliche Unternehmensanleihen aus.		
UBS LUX Bond Euro High Yield	988 075	204,50 €	208,1/201,3 €	+2/+11/+24/+121 %
		Umfang 2,27 Mrd. €, Alter 21 Jahre, Ausgabeaufschlag **2,00 %**, Gebühr **1,00 %**, thesaurierend. Die Zusammensetzung ähnelt dem vorhergehenden Fonds. Breite Streuung ist ein Hauptziel.		

> **Anmerkung:** Der bei Rentenfonds häufig verwendete Begriff <u>High Yield</u> besagt, dass in fest verzinsliche Wertpapiere mit geringer Kreditwürdigkeit angelegt und das höhere Risiko bei Ramschanleihen durch höhere Zinsen ausgeglichen wird.

Negative Beobachtungen: Müssen Produktbeschreibungen so unverständlich sein? Es folgt ein Abdruck der Anlage-Idee von Carmignac Portfolio Global Bond A EUR ACC (WKN A0M 9A0)

Dieses negative Beispiel einer Anlage-Idee ist leider kein Einzelfall, fiel mir aber als extrem schwerverständlich auf. Der Abdruck erfolgt in der Hoffnung, künftig Anlage-Ideen so zu formulieren, dass jedermann versteht, worum es geht. Abgesehen von fehlender Lesefreude und aufkommender Langeweile wünsche ich mir allgemein verständliche Informationen in kurzen Sätzen, ohne Fachausdrücke, kurz und bündig. Dies gilt auch für Fondsnamen, die nicht eine volle A4-Zeile umfassen und mit Fremdwörtern gespickt sein sollten.

*„**Anlageidee:** Unser Teilfonds legt über die von ihm gehaltenen OGAW hauptsächlich direkt oder indirekt in internationalen Schuldverschreibungen an, wobei die Anlage in OGAW auf 10 % des Nettovermögens des Teilfonds begrenzt ist. Ziel des Teilfonds ist es, den Referenzindikator JP Morgan Global Government Bond Index (JNUCGBIG) (mit Wiederanlage der Erträge) über eine empfohlene Mindestanlagedauer von zwei Jahren zu übertreffen. Der Teilfonds weist eine reaktive Verwaltung auf, die sich an der Marktentwicklung orientiert und auf einer festgelegten strategischen Allokation beruht. In einem internationalen Anlageuniversum bietet der Teilfonds eine aktive Verwaltung auf den internationalen Renten-, Kredit- und Devisenmärkten. Die Wertentwicklung des Teilfonds hängt von der Wertentwicklung der Märkte untereinander ab. Um den Referenzindikator zu übertreffen, richtet das Verwaltungsteam strategische und taktische Positionen sowie Arbitragen an sämtlichen internationalen Renten- und Devisenmärkten, davon einen bedeutenden Teil an den Schwellenmärkten ein."* (Nachzulesen unter Fondsportrait in boerse.ARD.de, Seite 2 von 2, Absatz Anlageidee)

Ob Aktien, ETFs oder Investmentfonds: Wichtige Erkenntnisse:

a) Wie man leicht gewinnen kann: Lege in Fonds langfristig an!
b) Meide die gefährlichen Vier: Euphorie, Panik, Angst und Gier!
c) Breit gestreut – nie bereut!
d) Viel Hin und Her – macht Taschen leer!
e) Schnell rein und raus – bei Fonds ein Graus!
f) Nebenwerte-Fonds oft Top. Garantiefonds eher Flop!
g) Gewinne lass laufen – im Verlust nicht ersaufen!

Die Börsenweisheit mit fünf G von Altmeister André Kostolany:

Geld – Geduld – gute Gedanken – Glück

Die ARD-Börse widmet Rentenfonds viel Platz und bildet die jeweils besten 32 Produkte für die Zeiträume von 1, 3, 5 Jahren ab. Rentenfonds bieten erst dann gute Renditen, wenn die Leitzinsen spürbar steigen und Beimischungen erwünscht sind.

ARD Börse: Top Rentenfonds, meine Auswahl: Juli 2018 für alle Anlegergruppen, unterschiedliche Zeiträume

Name, Fonds-Gesellschaft	WKN	Kurs 04.07.18	Hoch/Tief 1 Jahr	Kursentwicklung 1, 3, 5, 10 Jahre
Allianz Strategie 2031 Plus	637 247	66,50 €	66,50/62,75 €	+4/+18/+50/+126 %
		Umfang 25 Mio. €, Alter 16 Jahre, Ausgabeaufschlag **4,00 %**, Gebühr **0,60 %**, thesaurierend. Der Fonds will bis Ende 2031 Erträge erzielen mit über der Hälfte Anteil an Zinspapieren.		
Allianz Strategie 2036 Plus AT	A0L F7P	110,00 €	110,0/103,5 €	+2/+16/+55/+149 %
		Umfang 24 Mio. €, Alter 11 Jahre, Ausgabeaufschlag **4,00 %**, Gebühr **0,18 %**, thesaurierend. Angelegt wird in Staatsanleihen und andere Zinspapiere, außerdem Zertifikate mit guter Bonität.		
Amundi Funds S.F. € Curve +10 year	A0M J52	8,85 €	9,00 €/8,40 €	+4/+11/+36/+92 %
		Umfang 113 Mio. €, Alter 13 Jahre, Ausgabeaufschlag **1,75 %**, Gebühr **1,05 %**, thesaurierend. Der Fonds legt bevorzugt in Euro-Schuldverschreibungen an und setzt bei Bedarf Derivate ein.		
Candriam Bonds Euro Long Term	935 878	8.482,0 €	8.566/8.121 €	+1/+12/+34/+84 %
		Umfang 68 Mio. €, Alter 23 Jahre, Ausgabeaufschlag **2,50 %**, Gebühr **0,60 %**, thesaurierend. Die Euro-Anleihen und anderen verbrieften Schuldtitel erfordern zumindest ein BBB-Rating.		
DPAM L Bonds Corporate High Yield	A1W 6KF	119,40 €	126,2/119,0 €	+-0/+17/+36 %
		Umfang 77 Mio. €, Alter 5 Jahre, Ausgabeaufschlag **2,00 %**, Gebühr **0,80 %**, ausschüttend. Das Management investiert in fest und variabel verzinsliche auf den Euro lautende Anleihen.		
Deutsche Invest I Asian Bonds FCH	DK1 A48	124,95 €	132,8/124,6 €	-1/+22/+25 %
		Umfang 306 Mio. €, Alter 4 Jahre, Ausgabeaufschlag **0,00 %**, Gebühr **0,60 %**, thesaurierend. Der regionale Anlageschwerpunkt liegt auf festverzinslichen asiatischen Firmenanleihen.		
Deutsche Invest I Euro High Yield	A0R CKL	124,65 €	130,0/124,3 €	+-0/+16/+35 %
		Umfang 1,57 Mrd. €, Alter 6 J., Ausgabeaufschlag **3,00 %**, Gebühr **1,10 %**, ausschüttend. Der Anlageschwerpunkt des Fonds liegt weltweit auf hochverzinslichen Unternehmensanleihen.		

Name, Fonds-Gesellschaft	WKN	Kurs 04.07.18	Hoch/Tief 52 Wochen	Kursentwicklung 1, 3, 5, 10 Jahre
H20 Multibonds R EUR	A1J 7Z1	352,90 €	364,3/270,6 €	+28/+90/+164/+270 %
Henderson Janus Horizon High Yield	A1J 4LV	143,75 €	145,8/143,4 €	+2/+14/+35 %
LEGG Mason Western Asset Euro High Y.	A1C 0LQ	164,50 €	168,5/163,3 €	+-0/+15/+35/+55 %
LYXOR BONO 10Y MTS Spain Gov.	LYX 0QA	159,00 €	160,6/149,5 €	+6/+18/+54 %
LYXOR Multi Units France Ultra Long Du.	A1C 7T7	103,15 €	104,2/93,25 €	+1/+18 %
Natixis International Loomis Sayles	A0M S5R	18,65 €	18,90/17,40 €	+-0/+15/+46/+87 %
Parvest Bond Euro Long Term Classic	A1K DFY	868,30 €	882,3/820,6 €	+4/+15/+41 %
Uni Institutional Structured Credit	A11 92D	120,45 €	120,5/113,1 €	+7/+18/+21 %
Vanguard Investment Sevis 20+Year	A0N E64	209,10 €	209,1/190,2 €	+7/+22/+49/+80 %

H20 Multibonds R EUR — Umfang 2,5 Mrd. €, Alter 9 Jahre, Ausgabeaufschlag **1,00 %**, Gebühr **0,73 %**, thesaurierend. Der flexible Multi-Rentenfonds bevorzugt internationale Staatsanleihen mit Mindestrating BBB.

Henderson Janus Horizon High Yield — Umfang 246 Mio. €, Alter 6 Jahre, Ausgabeaufschlag **0,00 %**, Gebühr **0,75 %**, thesaurierend. Der Fonds legt 2/3 in fest und variabel verzinsliche Firmenanleihen mit geringem Rating an.

LEGG Mason Western Asset Euro High Y. — Umfang 77 Mio. €, Alter 9 Jahre, Ausgabeaufschlag **5,00 %**, Gebühr **1,10 %**, thesaurierend. Hauptziel sind hohe Erträge bei Schuldtiteln und begrenztes Risiko mittels gestreuter Sektoren.

LYXOR BONO 10Y MTS Spain Gov. — Umfang 11 Mio. €, Alter 5 Jahre, Ausgabeaufschlag **0,00 %**, Gebühr **0,17 %**, thesaurierend. Das Management orientiert sich stark am Referenzindex und erhebt keinen Ausgabeaufschlag.

LYXOR Multi Units France Ultra Long Du. — Umfang 13 Mio. €, Alter 3 Jahre, Ausgabeaufschlag **0,00 %**, Gebühr **0,10 %**, thesaurierend. Bei Verzicht auf den Ausgabeaufschlag ähnlich wie ein ETF stark am FTSE MTS orientiert.

Natixis International Loomis Sayles — Umfang 65 Mio. €, Alter 9 Jahre, Ausgabeaufschlag **3,00 %**, Gebühr **1,95 %**, thesaurierend. Der Fonds mit Schwerpunkt USA strebt durch Kapitalwachstum und Erträge hohe Renditen an.

Parvest Bond Euro Long Term Classic — Umfang 28 Mio. €, Alter 5 Jahre, Ausgabeaufschlag **3,00 %**, Gebühr **0,70 %**, thesaurierend. Der Fonds investiert in Staats- und Firmenanleihen mit Laufzeiten von durchschnittlich 10 Jahren.

Uni Institutional Structured Credit — Umfang 62 Mio. €, Alter 5 Jahre, Ausgabeaufschlag **0,00 %**, Gebühr **0,75 %**, thesaurierend. Angelegt wird überwiegend in hochverzinsliche forderungsbesicherte Schuldverschreibungen.

Vanguard Investment Sevis 20+Year — Umfang keine Angabe, Alter 11 J., Ausgabeaufschlag **0,00 %**, Gebühr **0,25 %**, thesaurierend. Wie ETF Orientierung am Referenzindex ohne Ausgabeaufschlag, festverzinsliche Staatstitel.

8.5 Geldmarktfonds: großteils ein Alptraum. So sieht schleichende Kapitalvernichtung aus

Der Vergleich unterschiedlicher Fondsarten fällt für wertgesicherte Fonds und erst recht für Geldmarktfonds düster aus

Während Rentenfonds 2017 beim Vergleich von 1, 3, 5 Jahren immerhin noch eine bescheidene Rendite von 1,9/6,3/14,2 % einbrachten und Mischfonds mit 4,4/10,2/23,4 % zufriedenstellten, sieht die Lage der Geldmarktfonds ähnlich miserabel aus wie bei wertgesicherten Fonds. Die früher attraktiven Geldmarktfonds landen aktuell als Folge der wohl noch bis 2019 anhaltenden Nullzinspolitik im Minus, nämlich -0,06/-0,14/+198 %. Ein wenig besser sieht es bei den wertgesicherten Fonds mit einem Plus von 0,4/4,0/10,9 % aus. Da präsentieren sich Aktienfonds schon eher wie eine heile Welt mit einem Plus von 12,9/22,9/55,5 %.

Fazit: Wertgesicherte Fonds und Geldmarktfonds sind auch für Angsthasen kein passendes Finanzinstrument. So funktionieren Vermögensaufbau und Altersvorsorge nicht. Gleichmaßen gilt: Das größte Risiko ist gegenwärtig, überhaupt kein Risiko eingehen zu wollen.

Rund 500 Geldmarktfonds enttäuschen – ein Warnsignal für jeden vorsichtigen Privatanleger!

Dies sind Investmentfonds, die ausschließlich oder überwiegend in Geldmarktpapiere anlegen. Hierzu zählen Termingelder, Schuldscheindarlehen und Kurzzeit-Anleihen mit einer Laufzeit bis zu einem Jahr. Die Null- und Strafzinspolitik macht es immer schwieriger, ja nahezu unmöglich, hier noch vernünftige Renditen zu erwirtschaften. Ängstliche Anleger sollten in dynamisch arbeitende Mischfonds, erfolgsorientierte und risikobewusste Anleger in Einzelaktien, Dividenden-, Nebenwerte-, Branchenfonds und preiswerte ETFs investieren. Wer dies für mindestens ein Jahrzehnt plant und Kursschwankungen aushält, für den sind Geldmarktfonds völlig ungeeignet. Noch nie befand sich ein solcher Fonds in meinem Depot, auch nicht in den längst vergangenen Zeiten der Hochzinspolitik.

Blick zurück: Ich sah mir letztes Jahr 509 Geldmarktfonds an. Nachdem ich die Hälfte davon im Internet kurz überprüfte und lediglich drei Produkte aufspürte, die zumindest in einem Drei-Jahresvergleich noch ein klitzekleines Plus von 1 oder 2 % aufwiesen, aber im Fünfjahresvergleich bereits im Minus landeten oder höchstens mit 2 % im Plus notierten, gab ich die weitere Suche zunächst frustriert auf. Solche Fonds kann ich selbst einem überängstlichen Anleger nicht empfehlen. Rechtfertigt die Aufnahme in mein Buch die Druck- und Papierkosten?

Was also tun? Ich untersuchte die letzten drei Kurslisten im Handelsblatt vom Aug./Sept. 2016 unter dem Titel: *„Die besten Geldmarktfonds".* Die Siegerlisten ähneln sich. Soweit die Währung auf den Euro lautet, bilde ich die im Plus liegenden Geldmarktprodukte ab, ohne solche Fonds zu empfehlen. Wer in einem Jahr ein Minus, in drei Jahren ein Miniplus von 2 % schafft, im Fünfjahresvergleich an der 5 %-Hürde scheitert und bei den Gebühren wenig zimperlich ist, verdient keinen Platz in Ihrem Depot, mag er auch zur Bestenliste zählen. Als gegenüberstellenden Vergleich bilde ich danach die Handelsblatt-Bestenliste von 2018 ab.

Geldmarktfonds sind ein beredtes Beispiel dafür, dass es sich nicht lohnt, sich auf alten Lorbeeren auszuruhen. Dies gilt selbst dann, wenn das Management an dieser Entwicklung schuldlos ist und ein solches Zinsdesaster vor einem Jahrzehnt nie zu erwarten war! Immerhin: Wer nur bei winzigen Kursschwankungen gut schlafen kann und beschwerdefrei bleibt, ist bei den folgenden Geldmarktfonds einigermaßen erträglich aufgehoben.

Selbst die besten 8 Geldmarktfonds aus einer Auswahl von über 500 Produkten schaffen in 5 Jahren nur selten ein Plus von 10 %

Geldmarktfonds höchstens für ängstliche Privatanleger: aus Siegerlisten von 2017, Daten im Juli 2018 angepasst

Name, Fonds-Gesellschaft	WKN	Kurs 06.07.18	Hoch/Tief 52 Wochen	Kursentwicklung 1, 3, 5, 10 Jahre
Apo Vario Zins Plus	532 422	50,90 €	61,6/50,85 €	+-0/+1/+3/+9 %
	Umfang 36 Mio. €, Alter 17 Jahre, Ausgabeaufschlag **0,50 %**, Gebühr **0,08 %**, ausschüttend. Dieser Fonds investiert nur in Zinspapiere mit kurzer Laufzeit und sichert mit Derivaten ab.			
DEKA-Basis Anlage A60	DK2 CFR	118,90 €	122,1/117,8 €	+-0/+1/+15/+21 %
	Umfang 2,75 Mrd. €, Alter 5 Jahre, Ausgabeaufschlag **4,00 %**, Gebühr **0,75 %**, thesaurierend. Der Fonds bemüht sich um angemessene Renditen im hiesigen und ausländischen Geldmarkt.			
DEKA Tresor	847 475	87,35 €	88,00/87,05 €	+-0/+3/+6/+25 %
	Umfang 594 Mio. €, Alter 35 Jahre, Ausgabeaufschlag **2,50 %**, Gebühr **0,40 %**, thesaurierend. Der Fonds investiert vor allem in verzinsliche Wertpapiere mit kurzer bis mittelfristiger Laufzeit			
Deutsche Floating Rate Notes LC	971 730	84,20 €	84,50/84,00 €	+-0/+-0/+1/+8 %
	Umfang 6,27 Mrd. €, Alter 27 Jahre, Ausgabeaufschlag **1,00 %**, Gebühr **0,20 %**, thesaurierend. Anlageziel ist eine weitgehend unabhängige geldmarktnahe Wertentwicklung in Euro-Währung.			

Name, Fonds-Gesellschaft	WKN	Kurs 06.07.18	Hoch/Tief 52 Wochen	Kursentwicklung 1, 3, 5, 10 Jahre
Federated Unit Trust Kurzläufer	930 390	28,75 €	28,85/28,65 €	+-0/+-0/+1/+12 %
	Umfang 41 Mio. €, Alter 18 Jahre, Ausgabeaufschlag **0,30 %**, Gebühr **0,85 %**, thesaurierend. Der Fonds strebt Erträge an mit Anlagen in kurz- bis mittelfristige Anleihen und Pfandbriefe.			
HANSA accura A	976 620	60,30 €	61,40/60,15 €	-1/-1/+3/+15 %
	Umfang 11 Mio. €, Alter 17 Jahre, Ausgabeaufschlag **2,50 %**, Gebühr **0,72 %**, thesaurierend. Das Management investiert über die Hälfte in andere Fonds, ähnelt also einem Dachfonds.			
UniReserve: Euro A	974 033	501,40 €	503,7/501,1 €	+-0/+-0/+1/+8 %
	Umfang 1,28 Mrd. €, Alter 24 Jahre, Ausgabeaufschlag **0,00 %**, Gebühr **0,25 %**, ausschüttend. Schwerpunkt sind Terminanlagen, Firmenanleihen, Pfandbriefe und strukturierte Produkte.			

Geldmarktfonds mit Anlagen in Bankguthaben, Tagesgeld und andere Kurzläufer zählen zum Sondervermögen. Das Handelsblatt nennt die besten Geldmarktfonds für vorsichtige Anleger. Trotz aktueller Krisen ist keine Trendwende erkennbar. Nie wäre ich mit solchen Minimalrenditen zufrieden. Also Hände weg!

Beste Geldmarktfonds laut Handelsblatt im Juli 2018: sehr sicherheitsbewusste Anleger, Rangliste Juli 2018				
Name, Fonds-Gesellschaft	WKN	Kurs 11.07.18	Hoch/Tief 52 Wochen	Kursentwicklung 1, 3, 5, 10 Jahre
PICTET Short-Term Money Market	675 168	116,75 €	118,6/116,5 €	+2/+3/+4/+6 %
	Umfang 3,39 Mrd. €, Alter 21 Jahre, Ausgabeaufschlag **5,00 %**, Gebühr **0,30 %**, thesaurierend. Ziel ist ein hoher Kapitalschutz durch Anlage in Dollar-Geldmarktinstrumente und Anleihen.			
DEKA Tresor	847 475	87,30 €	88,00/87,10 €	+1/+3/+6/+25 %
	Umfang 593 Mio. €, Alter 35 Jahre, Ausgabeaufschlag **2,50 %**, Gebühr **0,40 %**, thesaurierend. Der Fonds investiert vor allem in verzinsliche Wertpapiere mit kurzer bis mittelfristiger Laufzeit			
PICTET Sovereign Short-Term M.	A0R ASG	89,35 €	90,75/88,90 €	+2/+3/+3/+5 %
	Umfang 213 Mio. $, Alter 10 Jahre, Ausgabeaufschlag **5,00 %**, Gebühr **0,30 %**, thesaurierend. Ziel ist der Kapitalerhalt durch Anlage in Geldmarktinstrumente und kurzfristige US-Anleihen.			

Name, Fonds-Gesellschaft	WKN	Kurs 11.07.18	Hoch/Tief 52 Wochen	Kursentwicklung 1, 3, 5, 10 Jahre
DEKA LUX Geldmarkt USD	974 557	81,75 €	84,20/80,80 €	+1/+3/+3/+2 %
		Umfang 135 Mio. €, Alter 23 J., Ausgabeaufschlag **0,00 %**, Gebühr **0,25 %**, ausschüttend. Der Fonds investiert vor allem in die auf Dollar laufenden Geldmarktinstrumente und Bankguthaben.		
UNION LUX UniReserve USD	974 382	856,75 €	872,8/850,5 €	+1/+2/+2/+4 %
		Umfang 154 Mio. €, Alter 23 Jahre, Ausgabeaufschlag **0,00 %**, Gebühr **0,60 %**, ausschüttend. Die Geldmarktinstrumente mit kurzer Zinsbindung stammen bevorzugt aus USA und Kanada.		
DEKA Flex Euro C	971 299	1.209,20 €	1.217/1.208 €	+-0/+1/+2/+12 %
		Umfang 52 Mio. €, Alter 29 Jahre, Ausgabeaufschlag **0,75 %**, Gebühr **0,48 %**, ausschüttend. Es werden überwiegend verzinsliche Wertpapiere erworben mit guter bis sehr guter Bonität.		
LEGG Mason Global Western Asset	A0M UYA	91,15 €	92,95/90,80 €	+1/+1/+1/+2 %
		Umfang 992 Mio. €, Alter 11 Jahre, Ausgabeaufschlag **5,00 %**, Gebühr **0,60 %**, thesaurierend. Über 65 % werden in Geldmarktinstrumente angelegt und zu 95 % mit einem Rating ab A-1.		
APO Vario Zins Plus	532 422	50,80 €	51,55/50,60 €	+-0/+1/+4/+9 %
		Umfang 36 Mio. €, Alter 17 J., Ausgabeaufschlag **0,50 %**, Gebühr **0,08 %**, ausschüttend. Der Fonds investiert in Produkte mit kurzer Zinsbindung: Geldmarkt, Bankguthaben, Schuldscheine.		
DEAM Dt. Floating Rate Notes LC	971 730	84,10 €	84,75/83,95 €	+-0/+2/+1/+8 %
		Umfang 10,1 Mrd. €, Alter 27 Jahre, Ausgabeaufschlag **1,00 %**, Gebühr **0,20 %**, thesaurierend. Anlageziel ist eine weitgehend unabhängige geldmarktnahe Wertentwicklung in Euro-Währung.		
DEKA Liquiditäts-Plan CF EUR	DK0 EBB	967,75 €	967,8/967,6 €	+-0/+-0/+1/+6 %
		Umfang keine Angabe, Alter 12 J., Ausgabeaufschlag **0,50 %**, Gebühr **0,03 %**, ausschüttend. Investiert wird in kurz laufende verzinsliche Wertpapiere mit guter Bonität und Bankguthaben.		
DEKA Institutionell Liquidität Gar.	DK0 A1D	4.671,80 €	4.672/4.670 €	+-0/+-0/+1/+7 %
		Umfang keine Angabe, Alter 13 J., Ausgabeaufschlag **0,50 %**, Gebühr **0,03 %**, ausschüttend. Anlageschwerpunkte: USA und Deutschland. Die Kapitalgarantie wird alle 6 Monate erneuert.		
Federated Unit Trust Kurzläufer	930 390	28,75 €	28,85/28,60 €	+-0/+-0/+1/+12 %
		Umfang 37 Mio. €, Alter 19 Jahre, Ausgabeaufschlag **0,30 %**, Gebühr **0,85 %**, thesaurierend. Der Fonds strebt Erträge an mit Anlagen in kurz- bis mittelfristige Anleihen und Pfandbriefe.		

Wie sind Misch-, Geldmarkt- und Rentenfonds einzuordnen?

Bei innovativen Mischfonds mit Rohstoffanteil, Rentenfonds mit Hochzins- und Wandelanleihen sowie unterbewerteten Bonds aus Schwellenländern winken auch heute noch ansehnliche Renditen. Kein Geldmarktfonds kann den Misch- und Rentenfondssiegern auch nur annähernd das Wasser reichen. Das A und O für eine erfolgreiche Anlage ist ein langfristiger Zeitraum. Niedrige Gebühren erhöhen Ihre Renditechancen.

Häufig vorkommende Fachausdrücke in Fondsbeschreibungen

➢ **Gefragt sind insbesondere auf dem europäischen Markt die regulierten UCITS-Produkte mit verstärktem Anlegerschutz.** Hinter dieser Abkürzung verbirgt sich der sperrige und schwer verständliche Begriff **U**ndertakings for **C**ollective **I**nvestments in **T**ransferable **S**ecurities.

➢ **Nicht minder kompliziert erscheint der ins Deutsche übertragene Begriff OGAW.** Die Abkürzung bedeutet: **O**rganismus für **g**emeinsame **A**nlagen in **W**ertpapiere. Bei dieser EU-Richtlinie geht es um einzuhaltende Vorschriften bezüglich Anlegerschutz, vor allem Risikostreuung und Risikobegrenzung.

➢ **SICAV** ist das Kürzel für die Rechtsform einer Fondsgesellschaft. Für Privatanleger macht es kaum einen Unterschied, ob sich ein Fonds SICAV nennt.

➢ **Der Begriff High Yield kommt öfters in dem Namen oder der Produktbeschreibung von Geldmarkt- sowie Rentenfonds vor.** High Yield steht für Staats- und Unternehmensanleihen sowie Hochzinsanleihen auch aus Schwellenländern für schlechte Kreditqualität bzw. schwache Schuldner-Bonität. High Yield-Bonds sind also festverzinsliche Wertpapiere minderer Qualität. Der Zinskupon ist relativ hoch, um genügend Gläubiger bzw. Käufer zu finden. Bei Zinssätzen von 5 % und mehr wird mancher Anleger schwach. Umgekehrt ist die Insolvenzgefahr hoch und ein Totalverlust keineswegs auszuschließen.

Fondsrenditen im Mehrjahresvergleich laut ARD-Börse

Rendite je Fondsart Welt: Juli 2018	1 Jahr	3 Jahre	5 Jahre
16.801 Aktienfonds weltweit	+6,4 %	+17,7 %	+51,4 %
898 Geldmarktfonds	-0,12 %	-0,34 %	-0,10 %
4.894 Mischfonds (mit Dachfonds)	+0,95 %	+4,71 %	+21,6 %
474 Immobilienfonds	+4,69 %	+11,8 %	+32,4 %
11.902 Rentenfonds	-1,22 %	-8,33 %	+11,0 %
191 Wertgesicherte Fonds	-0,27 %	+0,46 %	+10,9 %

8.6 Aktien-Immobilienfonds oft besser als Offene Immobilienfonds! Geschlossene Fonds vernichten häufig viel Geld

Immobilienfonds aus Siegerlisten als eine Fundgrube für erfolgsorientierte Anleger

Weltweit gibt es, Stand Ende August 2017, 469 Immobilienfonds, 77 in- und 392 ausländische Produkte mit einer Rendite von 32,5 % in fünf Jahren. Offene Immobilienfonds machen es möglich, auch mit geringen Beträgen in Immobilien, also Betongold, anzulegen. Bis Oktober 2016 steckten deutsche Anleger 87,3 Mrd. € in Offene Immobilienfonds – die höchste Summe seit 2009, ein Zufluss von 4 Mrd. € allein 2016. Ob Einmalanlage oder Sparplan: Auch Offene Immobilienfonds zählen zum geschützten Sondervermögen. Fondsmanager kaufen Gewerbe-Immobilien, Büros, Einzelhandel, Logistik, Hotels. Sie mischen Wohnimmobilien bei und bevorzugen REITs – die Abkürzung für den englischen Begriff „Real Estate Investment Trust". REITs, wie es sie auch im MDAX und SDAX gibt, verwalten steuerbegünstigt Immobilien. Bei Befreiung von der Körperschafts- und Gewerbesteuer müssen börsennotierte AGs die Anleger daran beteiligen, meist mittels Dividende. Sie liegt oft über 4 %, ist aber abhängig vom Kursverlauf.

Offene Immobilienfonds je nach Marktlage und Börsentrends im Wechselbad der Gefühle und nur bei Langfristanlage interessant

Offene Immobilienfonds erzielen ihre Einkünfte durch Wertzuwachs von Grundstücken und Gebäuden sowie Mieteinnahmen, bei Aktienbeteiligung auch Dividenden. Die Fonds müssen mindestens 5 % als Liquiditätsreserve halten. Die Kündigungsfrist beträgt ein Jahr. Probleme entstehen bei hohen Mittelabflüssen. Notfalls kann die Auszahlung vorübergehend ausgesetzt werden. Auch ein boomender Mittelzufluss bedeutet keine heile Welt. Möglicherweise können Kaufwünsche bei begrenztem Immobilienbestand kleinerer Fonds nicht mehr erfüllt werden, worunter die Qualität leiden kann.

Trotz teilweise nur mittelmäßiger Renditen gegenüber den naturreinen Aktien-Immobilienfonds schwimmen vor allem die großen erfolgreichen Offenen Immobilienfonds als Folge der Null- und Strafzinspolitik in Geld. Sie lehnen Anlegerkapital ab, wenn bei den steigenden Preisen nicht mehr sinnvoll investiert werden kann. Die Qualität leidet, sofern das Management überbewertete Grundstücke und Gebäude in Metropolen erwirbt, nur um Anlegerinteressen zu befriedigen.

Im Januar/Februar 2016 vervierfachte sich in Verbindung mit dem Aktienabsturz der Mittelzufluss auf 787 Mio. € nach Abzug der Verkäufe. Die Musik spielt vor allem in den großen Fonds der führenden Anbieter.

Ein kritischer Kommentar der ARD-Börse vom 21. Sept. 2016

Zitat: *„Zuletzt ist es still geworden um die Offenen Immobilienfonds – zumindest um die, die sich wegen der Auswüchse der Finanzkrise in Abwicklung befinden. Was ist aus diesen einstigen Stars der Finanzbranche geworden? Noch immer schlummert so mancher Anteil eines Offenen Immobilienfonds in Abwicklung in den Anlegerdepots. Denn die Produkte galten jahrzehntelang als beliebt und solide, da mit meist gut vermieteten Gewerbe-Immobilien unterlegt, aus denen die Ausschüttungen regelmäßig gespeist wurden. Da wurde auch sehr zur Freude des Vertriebs gerne mal ein Ausgabeaufschlag von mehr als 5 % bezahlt. Selbst heute, in Niedrigzinszeiten, sind sie wieder begehrt, wenngleich der Gesetzgeber der börsentäglichen Rückgabe mittlerweile einen dicken Riegel vorgeschoben hat. – Wer sich fragt, was seither aus seinem Fondsvermögen geworden ist, wird feststellen, dass die Abwicklung der Immobilienfonds wohl keine Erfolgsgeschichte werden wird."*

Viel Geld verbrannt: Größte Wertverluste erlitten Offene Immobilienfonds gegenüber dem Ausgabepreis 2007 bis Oktober 2017: DEGI Europa (-64 %), Morgan Stanley P2 Value (-61 %), AXA Immoselect (-45 %), KANAM Grundinvest (-35 %), DEGI International (-29 %), SEB Immoinvest (-25 %), CS Euroreal (-19 %).

Die Besten-Auswahlliste vom Handelsblatt 2017/2018 mit Offenen Immobilienfonds und Immobilen-Aktienfonds zeigt unterschiedliche Anlagekonzepte für erfolgsorientierte Anleger

Offene Immobilienfonds und Immo-Aktienfonds aus den Handelsblatt-Bestenlisten Sommer 2017 und 2018					
Name, Fonds-Gesellschaft	WKN	Kurs 12.07.18	Hoch/Tief 52 Wochen	Kursentwicklung 1, 3, 5, 10 Jahre
Catella European Residential	A0M 98N	13,00 €	13,00/12,15 €	+9/+25/+37/+70 %
	Umfang 898 Mio. €, Alter 11 J., Ausgabeaufschlag **5,00 %**, Gebühr **0,60 %**, ausschüttend. Der Fonds verdient durch Immobilienbesitz und Mieteinnahmen, vor allem Wohnungen in Europa.			
Catella Max	A0Y FRV	17,20 €	17,20/12,55 €	+17/+61/+85 %
	Umfang 310 Mio. €, Alter 8 Jahre, Ausgabeaufschlag **5,00 %**, Gebühr **0,70 %**, ausschüttend. Der Fonds konzentriert sich auf München und Umfeld mit unterschiedlichen Nutzungsformen.			

Name, Fonds-Gesellschaft	WKN	Kurs 12.07.18	Hoch/Tief 52 Wochen	Kursentwicklung 1, 3, 5, 10 Jahre
Commerz Real HausInvest	980 701	41,35 €	41,60/41,10 €	+3/+7/+13/+32 %
DEAM Grundbesitz Europa	980 700	40,10 €	40,10/39,00 €	+3/+9/+15/+36 %
DEKA-Immobilien Europa	980 956	46,50 €	46,50/45,00 €	+3/+9/+14/+30 %
HHF Henderson Horizon Pan European	989 232	41,00 €	42,65/34,80 €	+3/+36/+89/+21 %
INTER ImmoProfil EUR	982 006	54,75 €	56,55/54,30 €	+1/+21/+20/+31 %
KANAM Leadig Cities Invest	679 182	103,50 €	105,7/103,0 €	+3/+10/+15 %
JSS Sustainable Equity Real Estate	A0M M6T	161,30 €	162,6/143,8 €	+3/+5/+33/+97 %
MEINI Global Property	A0J D82	21,50 €	22,20/19,50 €	+12/+20/+44/+95 %
UNI Immo: Deutschland EUR DIS	980 550	93,05 €	95,50/92,50 €	+3/+9/+15/+31 %

Commerz Real HausInvest: Umfang 13,5 Mrd. €, Alter 46 J., Ausgabeaufschlag **5,00 %**, Gebühr **1,00 %**, ausschüttend. Schwerpunkte bilden hochwertige Gewerbe-Immobilien, Projektentwicklungen und Beteiligungen.

DEAM Grundbesitz Europa: Umfang 5,22 Mrd. €, Alter 48 Jahre, Ausgabeaufschlag **5,00 %**, Gebühr **1,00 %**, ausschüttend. Dieser Fonds investiert in EU-Mitgliedsländern und konzentriert sich auf Gewerbe-Immobilien.

DEKA-Immobilien Europa: Umfang 15,4 Mrd. €, Alter 21 Jahre, Ausgabeaufschlag **5,25 %**, Gebühr **0,60 %**, ausschüttend. Es fließen regelmäßige Erträge durch Miete und Zinsen sowie Wertzuwachs der Immobilien.

HHF Henderson Horizon Pan European: Umfang 282 Mio. €, Alter 19 J., Ausgabeaufschlag **5,00 %**, Gebühr **0,18 %**, thesaurierend. Der Ertrag stammt aus Besitz, Verwaltung, Entwicklung von Grundstücken/Gebäuden in Europa.

INTER ImmoProfil EUR: Umfang 154 Mio. €, Alter 20 J., Ausgabeaufschlag **5,00 %**, Gebühr **1,50 %**, ausschüttend. Der Fonds setzt auf Miete und Wertsteigerung. Im Focus stehen gewerblich genutzte Bürohäuser.

KANAM Leadig Cities Invest: Umfang keine Angabe, Alter 5 Jahre, Ausgabeaufschlag **5,50 %**, Gebühr **0,80 %**, ausschüttend. Weltweite Beteiligungen an Immobilienfirmen, um Erträge aus Miete und Zinsen zu erzielen.

JSS Sustainable Equity Real Estate: Umfang 38 Mio. €, Alter 11 Jahre, Ausgabeaufschlag **3,00 %**, Gebühr **1,50 %**, thesaurierend, wenig Handel. Der Fonds investiert weltweit in Immobilienaktien und Beteiligungspapiere

MEINI Global Property: Umfang 8 Mio. €, Alter 11 Jahre, Ausgabeaufschlag **5,00 %**, Gebühr **1,50 %**, ausschüttend. Die Kursentwicklung beeindruckt. Aus Deutschland dabei: Vonovia, Dt. Wohnen, LEG, Euroshop.

UNI Immo: Deutschland EUR DIS: Umfang 12,2 Mrd. €, Alter 52 J., Ausgabeaufschlag **5,00 %**, Gebühr **0,70 %**, ausschüttend. Investiert wird in Bürohäuser, Einzelhandel, Hotels, Logistik, ergänzt mit Geldmarktinstrumenten.

Name, Fonds-Gesellschaft	WKN	Kurs 12.07.18	Hoch/Tief 52 Wochen	Kursentwicklung 1, 3, 5, 10 Jahre
UNI Immo: Global EUR	980 555	50,40 €	53,30/49,85 €	+2/+8/+14/+26 %
		Umfang 3,48 Mrd. €, Alter 14 J., Ausgabeaufschlag **5,00 %**, Gebühr **0,80 %**, ausschüttend. Der Fonds legt in Immobilien von Europa, Asien/Pazifik, USA und kleinem Anteil Südafrika an.		
WEST Invest InterSelect EUR DIS	980 142	45,95 €	46,35/45,70 €	+3/+7/+12/+23 %
		Umfang 6,03 Mrd. €, Alter 18 J., Ausgabeaufschlag **5,50 %**, Gebühr **0,70 %**, ausschüttend. Schwerpunkt sind Immobilien und Beteiligungen der EU mit Ertragskraft und guter Mietstruktur.		

Beste Immobilienfonds 2018 von TOP 50 der ARD-Börse für erfolgsorientierte Anleger. Ich vermisse eine Abgrenzung Immobilien-Aktienfonds/Offene Immobilienfonds. Solange in Ballungszentren noch die Preise steigen, bleibt der Sektor interessant.

Auch hier gemischt: Offene Immobilienfonds und Immo-Aktienfonds aus der Bestenliste ARD-Börse im Juli 2018

Name, Fonds-Gesellschaft	WKN	Kurs 12.07.18	Hoch/Tief 52 Wochen	Kursentwicklung 1, 3, 5, 10 Jahre
AXA Aedificandi Immo-Aktien	A0B 9Q4	376,40 €	379,0/337,1 €	+14/+30/+86/+111 %
		Umfang 594 Mio. €, Alter 48 J., Ausgabeaufschlag **4,50 %**, Gebühr **1,64 %**, ausschüttend. Der Immobilien-Aktienfonds enthält so bekannte Titel wie Vonovia, Dt. Wohnen, LEG Immobilien.		
Catella European Residential	A0M 98N	13,00 €	13,00/12,15 €	+9/+25/+37/+70 %
		Umfang 898 Mio. €, Alter 11 J., Ausgabeaufschlag **5,00 %**, Gebühr **0,60 %**, ausschüttend. Der Fonds verdient durch Immobilienbesitz und Mieteinnahmen, vor allem Wohnungen in Europa.		
Catella Max	A0Y FRV	17,20 €	17,20/12,55 €	+17/+61/+85 %
		Umfang 310 Mio. €, Alter 8 Jahre, Ausgabeaufschlag **5,00 %**, Gebühr **0,70 %**, ausschüttend. Der Fonds konzentriert sich auf München und Umfeld mit unterschiedlichen Nutzungsformen.		
DEAM Grundbesitz Europa	980 700	40,10 €	40,10/39,00 €	+3/+9/+15/+36 %
		Umfang 5,22 Mrd. €, Alter 48 Jahre, Ausgabeaufschlag **5,00 %**, Gebühr **1,00 %**, ausschüttend. Dieser Fonds investiert in EU-Mitgliedsländer und konzentriert sich auf Gewerbe-Immobilien.		

Name, Fonds-Gesellschaft	WKN	Kurs 12.07.18	Hoch/Tief 52 Wochen	Kursentwicklung 1, 3, 5, 10 Jahre
DWS Dt. Invest Global Immo-Aktien	DWS 0Z0	154,30 €	155,5/130,0 €	**+3/+8/+12/+32 %**
DPAM Invest B Real Estate Immo-Aktien	A0B 9B9	489,00 €	490,0/435,5 €	**+11/+21/+83/+118 %**
Fidelity Global Prop. Immo-Aktien	A0H 0WB	14,55 €	14,65/12,65 €	**+6/+6/+41/+98 %**
INTER Immo Profil EUR	982 006	54,70 €	56,15/54,30 €	**+1/+21/+20/+31 %**
Janus Henderson Horizon European	989 232	48,05 €	48,65/40,30 €	**+19/+24/+99/+124 %**
Henderson Global Prop. Immo-Aktien	A0D PM3	18,45 €	18,55/17,10 €	**+13/+24/+29/+65 %**
JSS Sustainable Equity Real Estate	A0M M6T	160,30 €	162,6/143,8 €	**+4/+5/+34/+97 %**
KBC Select Immo Europe Plus	A0R HSE	1.488,00 €	1.497/1.259 €	**+18/+18/+77 %**
Leading Cities Invest	679 182	103,50 €	105,7/103,2 €	**+3/+15/+15 %**

DWS Dt. Invest Global Immo-Aktien: Umfang 105 Mio. €, Alter 8 J., Ausgabeaufschlag **5,00 %**, Gebühr **1,50 %**, ausschüttend. Der Aktien-Immo-Fonds investiert weltweit in Aktien von Immobilien-Gesellschaften wie Vonovia.

DPAM Invest B Real Estate Immo-Aktien: Umfang 464 Mio. €, Alter 19 J., Ausgabeaufschlag **2,00 %**, Gebühr **1,50 %**, thesaurierend. Hauptanteile haben Immobilienaktien wie Vonovia (DAX), Dt. Wohnen, LEG Immobilien (MDAX).

Fidelity Global Prop. Immo-Aktien: Umfang 191 Mio. €, Alter 13 J., Ausgabeaufschlag **5,25 %**, Gebühr **1,50 €**, thesaurierend. Der Fonds legt großteils weltweit in ertragsstarke Aktien von Immobilienfirmen an, wie Dt. Wohnen.

INTER Immo Profil EUR: Umfang 154 Mio. €, Alter 20 J., Ausgabeaufschlag **5,00 %**, Gebühr **1,10 %**, ausschüttend. Der Fonds setzt auf Miete und Wertsteigerung. Im Focus stehen gewerblich genutzte Bürohäuser.

Janus Henderson Horizon European: Umfang 282 Mio. €, Alter 20 J., Ausgabeaufschlag **5,00 %**, Gebühr **0,18 %**, thesaurierend. Der Ertrag stammt aus Besitz, Verwaltung, Entwicklung von Grundstücken/Gebäuden in Europa.

Henderson Global Prop. Immo-Aktien: Umfang 383 Mio. €, Alter 13 J., Ausgabeaufschlag **5,00 %**, Gebühr **0,18 %**, thesaurierend. Ziel ist die weltweite Anlage der im geregelten Markt notierten eher unbekannten Immobilien-Aktien.

JSS Sustainable Equity Real Estate: Umfang keine Angabe, Alter 11 J., Ausgabeaufschlag **3,00 %**, Gebühr **1,50 %**, thesaurierend. Angelegt wird global in Immo-Aktien und nachhaltig wirtschaftende Immo-Beteiligungsfirmen.

KBC Select Immo Europe Plus: Umfang 57 Mio. €, Alter 20 Jahre, Ausgabeaufschlag **3,00 %**, Gebühr **1,50 %**, thesaurierend. Der Fonds investiert in Immo-Zertifikate, Immo-Aktien und Immo-Aktienfonds im Europaraum.

Leading Cities Invest: Umfang keine Angabe, Alter 5 Jahre, Ausgabeaufschlag **5,50 %**, Gebühr **0,80 %**, ausschüttend. Immobilien und Beteiligungen weltweit: 46 % Deutschland, 40 % Frankreich, 14 % Belgien.

Name, Fonds-Gesellschaft	WKN	Kurs 13.07.18	Hoch/Tief 52 Wochen	Kursentwicklung 1, 3, 5, 10 Jahre
MEINI **Global Prop.** <u>Immo-Aktien</u>	**A0J D82**	21,50 €	22,20/19,50 €	+12/+20/+44/+95 %
		Umfang 8 Mio. €, Alter 11 Jahre, Ausgabeaufschlag **5,00 %**, Gebühr **1,50 %**, ausschüttend. Die Kursentwicklung beeindruckt. Aus Deutschland dabei: Vonovia, Dt. Wohnen, LEG, Euroshop.
NN (L) **European** **Real Estate P**	**937 486**	1.243,00 €	1.249/1.105 €	+13/+21/+72/+124 %
		Umfang 277 Mio. €, Alter 18 J., Ausgabeaufschlag **3,00 %**, Gebühr **1,50 %**, thesaurierend. Anlage in Immo-Aktien und Europa-Firmen, deren Geschäftsmodell sich auf Immobilien bezieht.
ODDO BHF **Immobilien CR** <u>Immo-Aktien</u>	**A0M LU6**	1.927,00 €	1.941/1.715 €	+14/+37/<u>+94 %</u>
		Umfang 279 Mio. €, 29 J., Ausgabeaufschlag **4,00 %**, Gebühr **1,80 %**, thesaurierend. Angelegt wird vor allem in deutsche Immo-Aktien wie Vonovia, Dt. Wohnen, LEG Immo, Aroundtown.
Robeco **Property Eq.** <u>Immo-Aktien</u>	**A0C A0U**	161,05 €	160,8/142,2 €	+7/+10/+40/+111 %
		Umfang 389 Mio. €, Alter 20 J., Ausgabeaufschlag **5,00 %**, Gebühr **1,50 %**, thesaurierend. Der Fonds investiert in Aktien von Immo-Firmen mit fairer Bewertung und guten Ertragschancen.
Semper **Property Eur.** <u>Immo-Aktien</u>	**A0B 5F4**	171,10 €	172,7/154,9 €	+10/+2/+43/+58 %
		Umfang 21 Mio. €, Alter 18 J., Ausgabeaufschlag **5,00 %**, Gebühr **0,95 %**, ausschüttend. Der Fonds investiert in europäische Immo-Aktien. Hauptanteile: Deutsche Wohnen, LEG Immobilien.
Traditional **F&C Real Est.** <u>Immo-Aktien</u>	**A1C UQ9**	26,20 €	26,35/23,05 €	<u>+15/+41/+90/+162 %</u>
		Umfang 247 Mio. €, Alter 9 J., Ausgabeaufschlag **5,00 %**, Gebühr **1,50 %**, thesaurierend. Anlage in Europa-Aktien von AGs aus dem Immo-Sektor wie Vonovia, Dt. Wohnen, LEG, TAG.
UNI Immo: **Deutschland** **EUR DIS**	**980 550**	93,05 €	95,50/92,50 €	+3/+9/+15/+31 %
		Umfang 12,2 Mrd. €, Alter 52 J., Ausgabeaufschlag **5,00 %**, Gebühr **0,70 %**, ausschüttend. Angelegt wird in Bürohäuser, Logistik, Einzelhandel, Hotels, ergänzt durch Geldmarktinstrumente.
UNI Immo: **Global EUR**	**980 555**	50,40 €	53,30/49,85 €	+2/+8/+14/+26 %
		Umfang 3,48 Mrd. €, Alter 14 J., Ausgabeaufschlag **5,00 %**, Gebühr **0,80 %**, ausschüttend. Der Fonds legt in Immobilien von Europa, Asien/Pazifik, USA und kleinem Anteil Südafrika an.
UNI Immo: **Real Europa**	**980 551**	**55,25 €**	**55,25**/53,80 €	+3/+8/+13/+30 %
		Umfang 12,3 Mrd. €, Alter 33 J., Ausgabeaufschlag **5,00 %**, Gebühr **0,70 %**, ausschüttend. Anlage in attraktive, nachhaltige Gewerbeimmobilien: Büro 57 %, Einzelhandel 34 %, Hotel: 8 %.

Name, Fonds-Gesellschaft	WKN	Kurs 13.07.18	Hoch/Tief 52 Wochen	Kursentwicklung 1, 3, 5, 10 Jahre
UNI Institutional	980 554	93,45 €	97,50/92,50 €	+3/+9/+14/+35 %
		Umfang 11,9 Mrd. €, Alter 51 J., Ausgabeaufschlag **5,0 %**, Gebühr **0,70 %**, ausschüttend. Investiert wird in Bürohäuser, Einzelhandel, Hotels, Logistik, ergänzt durch Geldmarktinstrumente.		
Veritas VE-RI Listed Real E. Immo-Aktien	976 327	25,30 €	25,95/23,35 €	+8/+7/+47/+34 %
		Umfang 32 Mio. €, Alter 20 J., Ausgabeaufschlag **5,00 %**, Gebühr **1,50 %**, ausschüttend. Der Fonds investiert global in Immo-Aktien und bevorzugt unterbewertete Dividenden-Qualitätstitel.		
Wertgrund WohnSelect D	A1C UAY	93,65 €	137,0/87,05 €	+23/+36/+54/+74 %
		Umfang 257 Mio. €, Alter 9 J., Ausgabeaufschlag **5,00 %**, Gebühr **1,10 %**, ausschüttend. Der Fonds strebt bei Immobilien und Beteiligungen durch Miete, Zinsen, Wertsteigerung Erträge an.		
Wiener Privatbank Europan Property	A0J 4NE	10,80 €	10,80/9,55 €	+17/+24/+92/+79 %
		Umfang 8 Mio. €, Alter 13 Jahre, Ausgabeaufschlag **5,00 %**, Gebühr **1,50 %**, ausschüttend. Investiert wird europaweit in Immobilienaktien mit Schwerpunkt Handel, Verwaltung, Veranlagung.		

Noch boomt der Immobiliensektor. Doch in den westdeutschen Metropolen besteht die Gefahr einer Blasenbildung durch hohe Kauf- und Mietpreise. Für marktkundige Anleger bietet sich statt eines Offenen Immobilienfonds eher ein Aktien-Branchenfonds mit Gewerbe- und Wohnimmobilien oder eine Aktienanlage aus DAX, MDAX und SDAX an. Im **DAX** wartet auf Sie Vonovia (A1M L7J). Der **MDAX** mit 60 Titeln hat Alstria (A0L D2U), Aroundtown Property (A2D W8Z), Deutsche Euroshop (748 020), Deutsche Wohnen (A0H N5C), Grand City Prop. (A1J XCV), LEG Immobilien (LEG 111) und TAG (830 350) im Angebot. Der **SDAX** mit 70 Firmen bringt jetzt Adler Real Estate (500 800), Ado Properties (A14 U70), DIC Asset (A1X 3XX), Hamborner Reit (601 300), Patrizia (PAT 1AG) und TLG (414 B8Z).

Vorsicht Falle: Bei einigen Geschlossenen Immobilienfonds droht ein hoher Verlust mit Nachschusspflicht

Neue Auflagen für Anlagen in Geschlossene Fonds sind streng – wohl um Privatanleger vor unüberlegtem Einstieg zu schützen

Einzelaktien, Immobilien-Aktienfonds und Offene Immobilienfonds bieten so viele Chancen, dass es sich kein unerfahrener Anleger antun sollte, überhaupt in Geschlossene Fonds – gleich welcher Art – zu investieren.

Selbst wenn spekulatives Blut durch Ihre Adern strömt, überlassen Sie ein solches Investment den Profis und Superreichen, die auch mal einen Millionenverlust wegstecken können, sich aber erfahrungsgemäß in den Fallstricken nicht so leicht verfangen.

Die Mindestanlagesumme liegt bei 10.000 Euro. Investiert das Management des Geschlossenen Fonds in nur ein Objekt, muss sich der einzelne Anleger mit mindestens 20.000 € beteiligen. Was passiert, wenn sich die Baukosten verdoppeln oder ein Projekt ganz abgebrochen wird, weil es sich nicht mehr lohnt? Nun droht Nachschießen, vielleicht auch Preisgabe der bisherigen Ausschüttungen. Oder Sie sind ganz raus aus dem riskanten Spiel – mangels Streuung vergleichbar mit dem russischen Roulette. Also Hände weg! In diesem Buch finden Sie Hunderte von Fonds, bei denen Sie ein solches Ungemach nicht befürchten müssen.

Offene Immobilienfonds	Geschlossene Immobilienfonds
Die Kündigungsfrist beträgt nach Gesetzesänderung nun ein Jahr statt börsentäglicher Rückgabe. In Krisen dürfen Fonds die Rückzahlung bis zu zwei Jahren aussetzen, um bei Mittelabfluss eigene Immobilien nicht zu Schleuderpreisen verkaufen zu müssen.	Eine Rücknahmeverpflichtung besteht nicht. Es gibt keine verbindlichen Rücknahmepreise. In der Regel ist ein Verkauf nur möglich, wenn ein Ersatzkäufer für Sie einspringt. Aber wer ist schon so dumm? Nachschussverpflichtungen sind nicht ausgeschlossen. Bei Pech verlieren Sie sogar Ihre Ausschüttungen.
Mittel- und längerfristig erfolgt meist ein Wertzuwachs.	Das Risiko des Veräußerungsverlustes durch teure Einstandspreise ist hoch.
Mehrere Objekte und breite Standortstreuung sind üblich.	Investiert wird lediglich in ein einziges Objekt oder in nur wenige Immobilien.
Einkünfte aus Kapitalvermögen	Einkünfte aus Vermietung/Verpachtung
Laufzeit im Allgemeinen endlos	Lange Laufzeit, im Schnitt 15 – 25 Jahre
Gesetzlich geschützt, Kontrolle	Kein Gesetzesschutz; aber neue Regeln

Fallbeispiel: Der Flop mit Londons Wolkenkratzer „Gurke". 9000 Anleger verloren vor einem Jahrzehnt Millionen-Summen

Fallbeispiel: *Riesenverluste mit dem Gurkenfonds:* Ein Jahrzehnt ist es her, als 9.000 Privatanleger eine Immobilie in Gurkenform kauften. Sie erwarben gemeinsam mit dem Skyline Unit Trust, einer Tochterfirma des englischen Immobilieninvestors Evans Randall, für insgesamt 630 Millionen Pfund das extravagante Immobilienprodukt namens „The Gherkin", deutsch übersetzt „Die Gurke".

Es war das von Star-Architekt Norman Foster entworfene riesige Londoner Bürogebäude in Gurkenform. Die rechtliche Hülle für eine Miteigentümerschaft an dem genannten Großprojekt, der Geschlossene Immobilienfonds IVG 14, sollte sich schon bald als Gurkenfonds entpuppen. Als das Management während der Immobilien- und Finanzkrise 2008/2009 die Beleihungsobergrenze für Kredite nicht einhalten konnte, geriet es in eine finanzielle Schieflage, aus der herauszukommen nicht gelang. Die Banken ließen diesen Fonds auflaufen. Diese Immobilie wurde zwangsverkauft. Die zuvor so gutgläubigen Anleger verloren Millionen – insgesamt rund 80 % ihres Einsatzes. Es war eine komplizierte, unüberschaubare Eigentümer- und Gewinnverteilungsstruktur.

Es geht nicht nur um Geschlossene Immobilienfonds, sondern um ebensolche riskanten Anlagen bei Schiffen, Flugzeugen, Filmen usw. Anleger büßten pro Jahr fast eine Milliarde Euro durch betrügerische Geschlossene Fonds ein.

Was wurde Privatanlegern nicht alles vorgegaukelt von dubiosen Finanzjongleuren am Grauen Kapitalmarkt, aber auch ohne böse Absicht von als seriös eingeschätzten Bankberatern! Lassen Sie sich nicht dazu überreden, in ein solch fragwürdiges Produkt zu investieren. Je höher die versprochene Rendite ist, umso größere Gefahren lauern. Wenn Ihnen jemand 8 % Zinsen bzw. Rendite pro Jahr als angeblich sichere Anlage anbietet, muss jede Warnlampe rot aufleuchten! Warum sollte jemand Ahnungslose mit Telefonanrufen und unhaltbaren Versprechen bombardieren und zu ködern versuchen, wenn er selbst mit dieser Anlage Millionen verdienen könnte? Stellen Sie beherzt und entschlossen eine solche Frage, wenn Sie jemand über den Tisch ziehen will! Vermutlich macht er sich dann schnell aus dem Staub und belästigt Sie nicht weiter. Noch besser. Sofort den Hörer auflegen.

Seien Sie misstrauisch, wenn Ihnen solche Fonds zum Nulltarif angeboten werden. Wovon soll das Management dann leben und seinen oft übertrieben luxuriösen, viele Millionen verschlingenden Lebenswandel finanzieren? Die Kriminalität im Grauen Kapitalmarkt wird immer raffinierter. Der Lockvogel dient als Türöffner, um danach mit teuren und riskanten Unternehmensbeteiligungen abzukassieren. Die marktführenden seriösen Fondsanbieter, oft schon jahrzehntelang erfolgreich tätig, haben es nicht nötig, wegen Betrugs mit einem Bein im Knast zu stehen.

Drei ETFs aus dem Baubereich als interessante Alternative

Vorteil: Die ETFs sind preiswert und verlieren nicht gegen ihren Vergleichsindex.
Nachteil: Da ETFs die Benchmark abbilden, fehlt ein innovatives Konzept, wie es gute Aktienfondsmanager in Zukunftsmärkten wie der Bau-Infrastruktur anbietet. Das schnelle marktgerechte Reagieren verbietet sich bei Langzeitanlagen.

3 ETFs Branche Immobilien/Bauwirtschaft (13. Juli 2018)				
db x-trackers	DBX 0F1	26,55 €	26,95/23,60€	**+10/+10/+68 %**
Nachbildung Index FTSE EPRA NAREIT, Developed Europe Real Estate: Umfang 348 Mio. €, Alter 8 Jahre, Verwaltungsgebühr **0,33 %**, thesaurierend. Die Aktienauswahl entspricht dem Amundi-ETF. Vonovia (DAX) ist mit 8 %, Dt. Wohnen (MDAX) mit 7 % berücksichtigt. Swaps werden bei Bedarf eingesetzt.				
iShares Real E.	A0Q 4R4	18,50 €	18,85/16,05 €	**8/+7/+55 %**
Nachbildung des Immobilien-Index Stoxx Europe 600 Real Estate UCITS: Umfang 95 Mio. €, Alter 12 Jahre, Jahresgebühr **0,45 %**, ausschüttend. Der ETF bildet den Index möglichst genau nach. Er umfasst die 600 größten Aktien aus 18 europäischen Ländern und gewichtet vierteljährlich neu. Aus Deutschland sind stark gewichtet: Vonovia (DAX), Dt. Wohnen und LEG Immo (MDAX).				
ComStage	ETF 065	87,35 €	93,10/81,25 €	**+-0/+20/+78 %**
Nachbildung Branchen-Index Stoxx Europe 600 Konstruction & Materialis: Umfang 10 Mio. €, Alter 10 Jahre, Verwaltungsgebühr **0,25 %**, ausschüttend. Der Bauwirtschafts-ETF setzt sich folgendermaßen zusammen: Baumaterialien/Baukomponenten: 42 %, Bauwesen: 38 %, Elektrokomponenten und Geräte: 7 %, Investmentunternehmen: 4,5 %. Vom DAX ist HeidelbergCement dabei.				

Fallbeispiel: Müssen Fondsangaben so schwerverständlich sein?

Die Anlage-Idee von „Performance iShares STOXX Europe 600 Real Estate UCITS ETF (DE)", WKN A0Q 4R4

„Der iShares STOXX Europe 600 Real Estate UCITS ETF (DE) ist ein börsengehandeltes Teilgesellschaftsvermögen, das möglichst genau die Wertentwicklung des STOXX® Europe 600 Real Estate (Preisindex) abbildet. Der Index misst die Wertentwicklung des Europäischen Immobiliensektors gemäß der Definition der Industry Classification Benchmark (ICB). Er ist ein Teil des STOXX® Europe 600 Index, welcher 600 der größten Aktien aus 18 europäischen Ländern umfasst. Der Index nimmt vierteljährlich eine Neugewichtung vor. Dabei werden die Indexbestandteile per Börsenkapitalisierung auf Free-Float-Basis gewichtet und durch eine Obergrenze beschränkt, damit die Erfüllung der OGAW-Diversifizierungsstandards beibehalten wird. Die Börsenkapitalisierung auf Free-Float-Basis ist der Marktwert der unmittelbar verfügbaren ausgegebenen Anteile der Gesellschaft. Um das Anlageziel zu erreichen, investiert der Fonds hauptsächlich in Aktien. Der Anteil der Vermögensgegenstände im Fonds, die hinsichtlich ihrer Gewichtung mit dem zugrunde liegenden Index übereinstimmt (Duplizierungsgrad), beträgt somit mindestens 95 % des Fondsvermögens."

8.7 Hedgefonds: Die Gewinne schmelzen. Zu hohe Gebühren schrecken ab und treiben manchen Manager in die Pleite

2015 & 2016 Dieser einst so erfolgsverwöhnten Branche von Spekulanten auf steigende und fallende Kurse fällt es schwerer, sich trotz aller Freiheiten und geringer Transparenz in der Finanzwelt zu behaupten. **Heute bestimmen die Notenbanken, wohin es geht mit Geld im Überfluss als Folge abgeschaffter Guthaben- und eingeführter Strafzinsen.**

Wie der Fondsanbieter von Lupus Alpha analysierte, schaffen die sogenannten Absolute Return-Produkte von 686 Anbietern im ersten Halbjahr 2017 keinen Gewinn, sondern verloren im Schnitt 0,6 %. Damit haben diese Manager, die häufig Strategien der milliardenschweren Hedgefonds im Kleinen nachvollziehen, auch das eigene Anlageziel klar verfehlt. Sie wollten unabhängig vom Marktumfeld eine möglichst attraktive Rendite erwirtschaften. Tatsächlich wären sie mit einer Aktienauswahl aus den Nebenwerte-Indizes TecDAX, MDAX, SDAX oder einer Orientierung an Zukunftsmärkte wie Hightech, Internet, Robotik, Software, Biotech weitaus besser gefahren und hätten es viel leichter gehabt. Der Vorstandschef der Investmentbank von Goldman Sachs, Lloyd Blankfein, bezeichnet die Hedgefonds-Misere als *„alternativen Reinfall der Extraklasse"* und verkündet, künftig weniger Geschäfte mit den Hedgefonds-Managern zu betreiben.

Das angelegte Kapital von den derzeit 10.050 Hedgefonds weltweit stagniert bei 2,9 Billionen Dollar. 2016 zeichnet sich seit 2009 ein erstes Negativjahr ab. So sieht die Bilanz beim erfolgsverwöhnten Hedgefondsmanager Bill Ackman aus. Der Kapitalabfluss von 56 Mrd. Dollar bei über 80 % der Hedgefonds führt zum Rückmarsch auf breiter Front. Der kaum erwartete Brexit Ende Juni 2016, Austritt Englands aus der EU, verhagelte die Stimmung und manche Hedgefondsbilanz.

Geradezu zerstörerisch wirkt das unberechenbare nichtstaatsmännische Verhalten des neuen US-Präsidenten Donald Trump. Aber auch aktivistische Aktionäre, oft aus dem Hedgefondslager stammend, machen es börsennotierten Unternehmen mit hohem Streubesitz schwer. Unbefriedigende Leistungen und überhöhte Gebühren verärgern. Üblicherweise berechnen Hedgefonds neben dem Ausgabeaufschlag von 5 % und einer Verwaltungsgebühr im Schnitt von 2 % noch zusätzlich eine Gewinn- bzw. Erfolgsbeteiligung von 20 %. Kritische Investoren nehmen das nicht länger hin. Ein Drittel der Großinvestoren will seine Anteile absenken, nur jeder Sechste aufstocken.

Im 1. Quartal 2016 wurden 291 Hedgefonds geschlossen, 74 mehr als ein Jahr zuvor. Etliche Hedgefondsmanager kommen aus den roten Zahlen nicht heraus. Da nützt es wenig, eine Long- und Short-Strategie anzupreisen, also auf steigende wie auf fallende Kurse zu reagieren und Derivate zur Absicherung einzusetzen.

Leeverkäufe wie bei Wircard (DAX/TecDAX), Ströer (SDAX) und Aurelius, verknüpft mit subjektiven negativen Nachrichten, gehören zum Geschäftsmodell. Außerdem wird die Chance genutzt, aus Fusionen und Übernahmen, aus Mehrheits- und Minderheitsbeteiligungen Gewinne zu ziehen. Insbesondere im Hightech- und Biotechsektor boomen solche Geschäfte. Es ist also spannend, mit welchen Anlagestrategien die Hedgefonds in die Erfolgsspur zurückkehren wollen. Statt ungezähmter Gier sollte Demut einziehen. Aktivistische Hedgefondsmanager fallen immer öfter über börsennotierte AGs her – siehe STADA (MDAX-Abstieg) – um Einfluss auf Unternehmensstruktur und Geschäftsmodell zu nehmen.

2017 & 2018? **Bleiben von rund 10.000 Hedgefonds nur ein paar Hundert übrig durch den harten Ausleseprozess in der Branche, dem Siegeszug der Algorithmen und dem Rätsel, weshalb so wenig Frauen für Hedgefonds arbeiten? Aktuell verwaltet diese Branche weltweit 3,6 Billionen Dollar auf der Grundlage unterschiedlicher Strategien.**

Nach den beiden schlechten Jahren 2015/2016 – begleitet von Pleiten und Verlusten – beeindrucken die Spezialisten der alternativen Anlagen 2017/18 mit erfreulichen Erträgen. Über 44 Mrd. Dollar an Zuflüssen strichen Hedgefonds im Vorjahr ein. Im 1. Halbjahr 2018 kamen weitere 15,7 Mrd. Dollar hinzu. Weltweit verwalten Hedgefonds, denen der Ruf skrupelloser Börsenspekulanten anhaftet, nun 3,6 Billionen Dollar. Am deutschen Aktienmarkt versuchten Hedgefonds in letzter Zeit, rigoros durch Kauf oder Verkauf von Anteilen Einfluss auf die Geschäftspolitik vor allem bei mittelständischen Unternehmen zu nehmen.

Die zu den alternativen Investments zählenden Hedgefonds bieten sich in der Theorie als Depotbeimischung und zur Risikominimierung bei angespannter Marktlage an. Dennoch sollten hier nur risikofreudige, spekulative Investoren mit fundiertem Börsenwissen einsteigen. Ich selbst habe noch nie in einen Hedgefonds investiert. Im krassen Gegensatz zu den erfolgreichsten und besonders wohlhabenden deutschen Familiendynastien, die ein solches Investment nicht grundsätzlich ausschlagen. Sie sind gar nicht so selten beteiligt.

Größere Zugeständnisse bezüglich Transparenz und Gebühren machen momentan eher die kleineren Hedefonds. Ihnen geht es um die Performance, um die Rendite, und weniger um bloßen Machtanspruch und Größe.

Was Hedgefonds leisten und bieten sollten	
Dachfonds	**Einzelfonds**
➢ Stabile Ergebnisse ➢ Breit gestreute Investments ➢ Zugriff auf unterschiedliche Hedgefonds-Strategien ➢ Geringe Zusatzkosten	➢ Attraktive Erträge ➢ Klar ausgerichtete Strategie ➢ Mehr Transparenz ➢ Deutlich geringere Gebühren ➢ Schwerpunkt Risikomanagement

George Soros, der König der Hedgefonds, 1992 zu Weltruhm gelangt mit milliardenschweren Wetten gegen das britische Pfund, erklärte: *„Ich verdiene einfach sehr viel Geld, wenn ich richtig liege."* Seine Fonds Quantum und Quota wuchsen von 12 Mio. auf 23 Mrd. Dollar. Als im Jahr 2004 das Anlagespektrum für Privatanleger in Deutschland um Hedgefonds erweitert wurde, rechneten die Gesellschaften und Banken mit einem boomenden Handel. Schließlich erzielten alternative Investments eine beeindruckende Rendite. Gegenwärtig schlagen Aktien und gute Aktienfonds diese alternativen Investments deutlich.

Fallstricke bei Hedgefonds: drei Verhaltenstipps

❶ Betrachten Sie Hedgefonds zwar als eigene Anlageklasse, aber dennoch nur als Beimischung und zwecks Risikominimierung für Ihr Portfolio. ❷ Schrauben Sie Ihre Erwartungen nicht zu hoch. Das früher angestrebte durchschnittliche Renditeziel zwischen 10 und 20 % dürfte vorerst wohl ein Wunschtraum bleiben. ❸ Setzen Sie nicht auf Neulinge in der noch wenig erfahrenen Branche. Investieren Sie in einen bewährten Hedgefonds mit überzeugender Story.

➢ **Als Vorfahren der Hedgefonds gelten die ersten Termingeschäfte, die im 17. Jahrhundert stattfanden. Erinnert sei an das legendäre spekulative Geschäft mit holländischen Tulpenzwiebeln.** Auf dem Hochpunkt dieses von Gier getriebenen Irrsinns kosteten die gar nicht so unempfindlichen Zwiebeln 1637 so viel wie eine Pferdekutsche oder Immobilie in Amsterdam.

➢ **Hedgefonds sind wenig transparent, mischen in zahlreichen Anlageklassen mit und setzen auf steigende wie fallende Notierungen.** Zu Schieflagen kommt es, wenn im großen Stil spekuliert wird wie mit Kreditderivaten 2008/09, deren komplizierte Struktur und Hebelwirkung kaum jemand verstand. Sie waren Mitauslöser der Krise. Wie turbulent es zugehen kann, erfuhren Anleger schon früher. 1998 startete die US-Notenbank FED eine Rettungsaktion. Die Investmentbanken mussten 3,65 Mrd. Dollar aufbringen, um den gestrauchelten Fonds LTCM aus der Patsche zu helfen.

> **Zu den typischen Merkmalen zählt der Leerverkauf Short Selling.** Kommt es zu Turbulenzen, müssen Leerverkäufe als Sündenbock herhalten. In Erinnerung an den Madoff-Betrugsskandal schießt sich die Politik gern auf dieses Finanzinstrument ein.

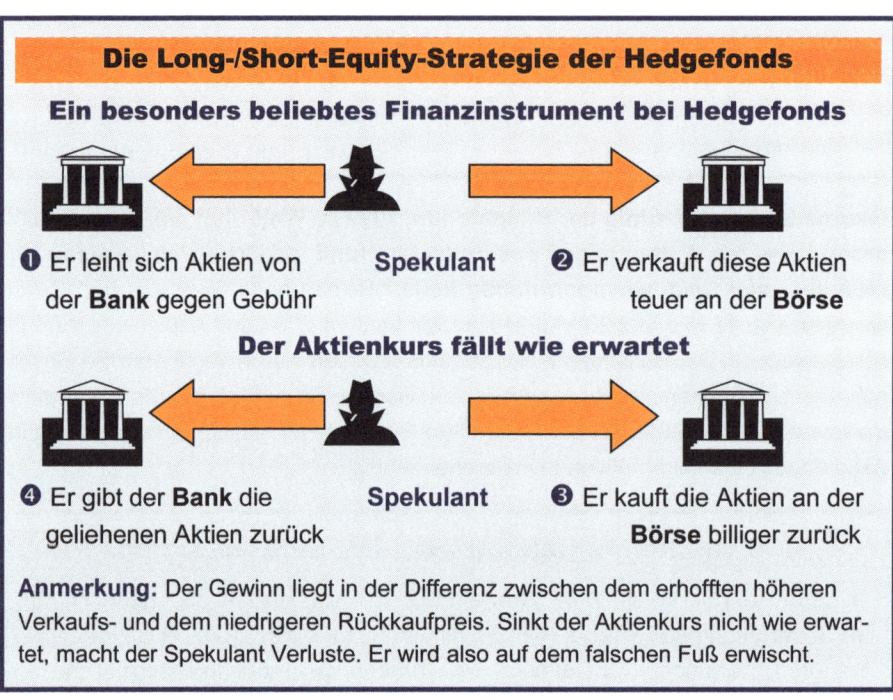

Hedgefonds als eine Art alternative Allwetteranlage – Kapriolen mit Sturm, Hagel und Wolkenbrüchen immer häufiger eingeschlossen

Stellen Sie sich zwei Finanzinstrumente vor: Eines gewinnt immer bei strahlendem Sonnenschein, das andere eher bei einem Wolkenbruch. Pflegen Sie die beiden Assets, verringern Sie das Risiko, vergleichbar mit einer Anlage in Öl- und Autoaktien. Erhöht sich der Ölpreis deutlich, so ziehen Energieaktien an. Dafür fallen die Auto- und Fluglinientitel. Stürzt dagegen der Ölpreis ab, erholen sich die Automobilaktien. Umgekehrt sausen jetzt die Ölaktien in den Keller.

Hedgefonds-Vermögen

2000:	237 Mrd. Dollar
2005:	1.361 Mrd. Dollar
2010:	1.694 Mrd. Dollar
2012:	1.799 Mrd. Dollar
2014:	2.508 Mrd. Dollar
2015:	2.797 Mrd. Dollar
2016:	2.900 Mrd. Dollar
2017/18: 3,6 Billionen USD	

Der Hedgefonds-Branchen-Index HFRX notierte 2014 mit 0,4 % und 2015 mit 3,6 % im Minus. Auch 2016 sah die Bilanz düster aus. 2017 gab es Mittelzufluss von 44 Mrd. $.

Auf alternative Investments übertragen: Scheint die Sonne, vergleichbar mit einem Bullenmarkt, gewinnt die eine Richtung. Stürmt es analog zu einem Bärenmarkt, dann behauptet sich die andere Investmentform. So wie Heuschrecken nicht danach fragen, was ihr brutaler Kahlfraß wohl alles vernichtet, darf ein Hedgefonds jedes Finanzinstrument einsetzen. Der Leerverkauf erinnert an einen Mietwagen. Gegen Leihgebühr mit Börsen-Rückkaufpflicht sieht die Spekulation in etwa so aus: teuer verkaufen, danach billig zurückkaufen. Die flexible Strategie beruht auf fundierten Marktkenntnissen, Spekulation an Terminmärkten mit Rohstoffkontrakten und Finanz-Futures.

Einschlägige Hedgefonds-Strategien im Überblick		
Kurze Liquidität	**Mittlere Liquidität**	**Lange Liquidität**
Anlage unter 1 Jahr	**Anlagehorizont ab 1 J.**	**Anlage ab 3 Jahren**
➢ Managed Futures ➢ Long/Short Equity ➢ Global Macro	➢ Event Driven ➢ Multi-Strategy ➢ Kreditarbitrage	➢ Distressed ➢ Neue Alternativstrategien

Managed Futures: Die Terminbörsen-Strategien nutzen die Hebelkraft der Derivate. Dies ist ein auf Hochleistungs-Handelssysteme gestützter mathematischer Quant-Ansatz mit Trendfolge und Money Management.

Global Macro: Ziel ist, globale Trendänderungen rasch zu erkennen, umzusetzen und gewinnbringend zu nutzen. Die Wahl der Märkte und Finanzinstrumente ist frei, erfolgt also nach Belieben.

Event Driven: Investiert wird in Aktien von Aktiengesellschaften, die wegen Fusionen, Übernahmen, Sondersituationen, Nachfolgeproblemen oder Insolvenzgefahr neu auszurichten sind.

Distressed Securities nutzt bevorzugt vorhandene Chancen bei finanziell angeschlagenen Firmen.

Fallbeispiel: Leerverkauf-Kurssturz bei Wirecard und Ströer

Ende Februar 2016 reißt eine Studie von Zatarra Research die Aktie des DAX-Aufsteigers Wirecard bis zu 25 % in den Keller mit Kursziel Null. Zwei Monate später erfolgt der brutale Angriff von Muddy Waters Capital auf den SDAX-Titel Ströer mit der Folge: ein Drittel Kursverlust. Diese Angriffe aus Gier und Eigennutz zum Schaden investierter Kleinaktionäre werden begleitet von millionenschweren Leerverkäufen, hier laut Meldung Muddy Waters und die Hedgefonds Blue Ridge sowie Third Point.

Trotz mühsamer Sucherei ist es oft vergeblich, von Hedgefonds WKN, Gebührenstruktur und Anlagekonzept zu erkunden

Es gibt gute Aktienfonds, mit denen Sie höhere Erträge einsammeln, ohne befürchten zu müssen, dass Nachrichten fehlen oder der Fonds pleitegeht. Die Auswahl bringt bevorzugt Handelsblatt-Sieger und dürfte bestenfalls für spekulative Anleger interessant sein, die niedrigere Kurse zum Einstieg oder Nachkauf nutzen wollen. Es macht mich stutzig, dass sich die Zugangsdaten seit einem Jahr kaum verändert haben und die Produktbeschreibungen wenig transparent und schwer verständlich sind. Hedgefonds, die in Steueroasen sesshaft sind, schneiden öfters gut ab, da sie in ihren Anlageentscheidungen weitgehend frei sind. Bei der Kursliste handelt es sich großteils nicht um echte Hedgefonds, sondern um Mischgebilde mit Dominanz im Aktien-, Zertifikate-, Anleihen-, Renten- und Rohstoffmarkt. Bevorzugt werden Derivate und Optionsscheine eingesetzt.

Zu- und Abflüsse von Hedgefonds 1. Halbjahr 2018

Regionale Verteilung nach Sitz der Fondsmanager

Nordamerika	Zufluss: **42 %**	unverändert: 17 %	Abfluss: **41 %**
Europa	Zufluss: 26 %	unverändert: 12 %	Abfluss: 62 %
Asien/Pazifik	Zufluss: 33 %	unverändert: 15 %	Abfluss: 52 %
Restliche Welt	Zufluss: **22 %**	unverändert: 6 %	Abfluss: **72 %**

Ergebnis bei unterschiedlichen Fondsgrößen

Bis 100 Mio. $	Zufluss: **31 %**	unverändert: 14 %	Abfluss: **55 %**
Bis 500 Mio. $	Zufluss: 37 %	unverändert: 15 %	Abfluss: 48 %
Bis 1 Mrd. $	Zufluss: 49 %	unverändert: 13 %	Abfluss: **38 %**
Über 1 Mrd. $	Zufluss: **51 %**	unverändert: 11 %	Abfluss: **38 %**

Alternative Fonds für Risikofreudige von Empfehlungen 2016/17, aktualisiert 2018, ohne hier selbst zu investieren

Name, Fonds-Gesellschaft	WKN	Kurs 13.07.18	Hoch/Tief 1 Jahr	Kursentwicklung 1, 3, 5, 10 Jahre
DT Deutsche Concept Kaldemorgen	DWS K00	140,40 €	141,5/134,2 €	**+-0/+7/+24 %**
		Umfang 7,3 Mrd. €, Alter 7 Jahre, Ausgabeaufschlag **5,00 %**, Gebühr **1,50 %**, thesaurierend. Der Fonds ist im Aktienmarkt aktiv und arbeitet mit Long- und synthetischen Short-Positionen.		

Name, Fonds-Gesellschaft	WKN	Kurs 13.07.18	Hoch/Tief 1 Jahr	Kursentwicklung 1, 3, 5, 10 Jahre
Eurotax All Invest A	A0M 6JP	51,25 €	53,00/50,90 €	+-0/+3/+10/+7 %
	Umfang 6 Mio. €, Alter 11 J., Ausgabeaufschlag **5,00 %**, Gebühr **1,60 %**, ausschüttend. Investiert wird in Aktien, Anleihen, Bonds, Zertifikate, Wandel- und Optionsanleihen sowie Optionsscheine.			
Henderson Gartmore Hedged	A1C TUG	7,05 €	7,10 €/6,90 €	+1/+5/+20 %
	Umfang 4,9 Mrd. €, Alter 8 Jahre, Ausgabeaufschlag **5,00 %**, Gebühr **1,50 %**, thesaurierend. Über die Strategie des Hedgefonds für risikobewusste Anleger ist kaum etwas zu erfahren.			
JPMorgan Global Macro Opportunities	989 946	186,70 €	202,9/172,3 €	**+7/+8/+37/+42 %**
	Umfang 5.5 Mrd. €, Alter 20 Jahre, Ausgabeaufschlag **5,00 %**, Gebühr **1,25 %**, thesaurierend. Der Fonds setzt weltweit auf Aktien im steigenden/fallenden Markt und sichert mit Derivaten ab.			
LEGG Mason Glob. Western Asset Hedged	A1X BA5	116,05 €	125,0/114,1 €	-5/+8/+16 %
	Umfang 7,2 Mrd. €, Alter 5 Jahre, Ausgabeaufschlag **5,00 %**, Gebühr **1,50 %**, thesaurierend. Der Fonds kombiniert Schuldtitel, investiert in Hochzinsanleihen und ist in Schwellenländern aktiv.			
Merrill Lynch Solut. Marshall Wace	ML0 EFU	137,20 €	139,9/134,8 €	+1/+7/+20/+30 %
	Umfang 3,6 Mrd. €, Alter 11 Jahre, Ausgabeaufschlag **5,00 %**, Gebühr **2,25 %**, thesaurierend. Der Hedgefonds übergewichtet globale Aktien und setzt unterschiedliche Risiko-Techniken ein.			
SHS Sauren Hedgefonds A Global	A0C AV2	15,55 €	15,75/14,90 €	+5/+3/+14/+22 %
	Umfang 39 Mio. €, Alter 14 Jahre, Ausgabeaufschlag **5,00 %**, Gebühr **1,13 %**, thesaurierend. Der alternative Dachfonds investiert in Hedgefonds mit unterschiedlichen Anlagestrategien.			

Vorsichtige, unerfahrene Anleger: Hände weg bei Hedgefonds

Seit 10 Jahren, ausgeklammert 2018, bewegen wir uns eher in einem Bullenmarkt. Die Performance der abgebildeten „Sonstigen" bzw. alternativen Fonds ist so dürftig, dass die Risikofreude, der weitgehende Verzicht auf neue Daten und die geringe Transparenz keineswegs belohnt werden. Mein Urteil: Hände weg! Ausnahmslos mache ich einen hohen Bogen um solche spekulativen Fonds. Die meist dürftigen Erträge rechtfertigen nicht die oft übertrieben hohen Gebühren. Die Tatsache, dass von den Profis wohl ein Drittel Mittel abziehen und nur ein Sechstel ihre Hedgefonds-Anlage aufstocken will, gibt zu denken. Für Privatanleger ist es schwierig, die unterschiedlichen Strategien richtig einzuordnen. Auch Spitzen-Hedgefonds bleiben vom Rückzug auch namhafter Investoren nicht immer verschont.

Peter Hollmann, geschäftsführender Gesellschafter bei Patricon Principal Consulting, berichtet: *„Gerade die Riege großer Hedgefonds-Manager wie George Soros, John Paulson und Crispin Odey stirbt aus. Ihre Zeit ist vorbei."* Und Marcus Storr vom Vermögensverwalter Féri Trust in Bad Homburg ergänzt: *„Die Hedgefonds-Industrie ist durch den ungebremsten Zufluss von Mitteln institutioneller Investoren mittlerweile zu groß geworden."* Dan Och von Och-Ziff-Capital Management Group verweist auf sein Fondsvolumen von über 39 Mrd. Dollar. Im 1. Halbjahr 2016 wurden aus der gesamten Branche bereits 23,3 Mrd. Dollar abgezogen. Daniele Spada, Hedgefonds-Experte beim Vermögensverwalter Lyxor Asset Management, weist auf die enormen Leistungsunterschiede hin – für Laien kaum erkennbar: *„Die richtige Auswahl der Hedgefonds-Manager ist heute wichtiger als vielleicht vor 5 oder 6 Jahren. Denn die einzelnen Strategien liefern höchst unterschiedliche Ergebnisse. Die Qualität der Manager ist keinesfalls homogen."*

Hedgefonds-Manager Richard Perry auf dem Rückzug

Zu den weltbekannten großen Hedgefonds-Managern, die in jüngster Zeit aufgaben, zählt Richard Perry, der seine Karriere bei Goldman Sachs begann. In der ersten Jahreshälfte 2016 warfen bereits 530 Hedgefonds-Chefs das Handtuch, darunter Richard Perry, ein Veteran der großen Gruppe alternativer Fonds, der gemeinsam mit seinem Partner Paul Leff die Firma Perry Capital gründete. Auf dem Höhepunkt verwaltete der Fonds 15 Mrd. Dollar. Jetzt spürt er den Gegenwind und schließt seinen Fonds, der zur Kategorie „Event-driven" gehört. Hier wird versucht, besondere Situationen blitzschnell und gezielt auszunutzen. Bei dem weltweiten Datenfluss in Sekundenbruchteilen und dem Siegeszug der Digitalisierung und weltweiten Vernetzung wird es immer schwieriger, sich von der Konkurrenz abzuheben und attraktive Gewinne einzusacken. Perry hält die Trends an den heutigen Märkten für kaum mehr vorhersehbar, so dass richtige Reaktionen eher auf Zufall als auf Geistesblitze zurückzuführen sind.

Abschließend ein Zitat von Richard Thaler, dem Nobelpreisträger für Wirtschaftswissenschaften 2017, aus seiner Neuerscheinung von 2018 „Misbehaving. Was uns die Verhaltensökonomik über unsere Entscheidungen verrät".

Momentum und Risiko: *„Unternehmen, die in den letzten 6 bis 12 Monaten hervorragende Zahlen präsentierten, werden tendenziell auch in den kommenden 6 bis 12 Monaten glänzend dastehen. Unabhängig davon, ob es nun 5 oder 6 Faktoren sind, bin ich fest davon überzeugt, dass in einer rationalen Welt der einzige relevante Faktor der erste wäre, das gute alte Beta."* (Anmerkung: Der Beta-Faktor ist ein Risikoindikator, der die Volatilität einer Aktie im Vergleich zu einem Markt oder einer Branche zeigt. Bei Einzelaktien und schnellem Rein/Raus spielen starke Kursschwankungen eine viel größere Rolle als bei einer Langzeitanlage in Fonds.)

8.8 Ein Siegerquartett unterschiedlicher Fondsarten 2018

Wenn Sie sich von Misch-, Dach-, Renten- oder Offenen Immobilienfonds nicht trennen mögen oder sogar einsteigen wollen, wird die Auswahl hilfreich sein. Sie erhalten den Überblick und ersparen sich zeitraubende, ärgerliche, oft erfolglose Sucherei. Wichtig sind nicht nur gute Renditen, sondern faire Gebühren.

Kleine Besten-Auswahl unterschiedlicher Fondsarten

Name, Fonds-Gesellschaft	WKN	Kurs 13.07.18	Hoch/Tief 52 Wochen	Kursentwicklung 1, 3, 5, 10 Jahre
Mischfonds	A1H 72F	115,20 €	122,7/94,60 €	+23/+54/+137 %
ACATIS Datini Valueflex B		Umfang 314 Mio. €, Alter 7 Jahre, Ausgabeaufschlag **5,00 %**, Gebühr **0,30 %**, thesaurierend. Der Fonds setzt auf Aktien vom Biotech-, Software-, Konsumsektor, darunter Wirecard, Evotec.		
Mischfonds	A0M 6JL	337,60 €	339,7/234,1 €	+43/+80/+116/+251 %
Adelca Invest GVI Multi Ass.		Umfang 69 Mio. €, Alter 11 Jahre, Ausgabeaufschlag **5,00 %**, Gebühr **1,00 %**, thesaurierend. Ähnliche Ausrichtung wie beim vorhergehenden Mischfonds; flexible Anlage in Aktien/Anleihen.		
Mischfonds	625 797	279,65 €	299,1/267,4 €	+3/+11/+28/+109 %
DJE Concept 1 EUR ACC		Umfang 210 Mio. €, Alter 17 J., Ausgabeaufschlag **0,00 %**, Gebühr **0,60 %**, thesaurierend. Anlage in Aktien, Genussscheine, Anleihen. Deutsche Nebenwerte: K+S, TUI, Wacker Chemie.		
Mischfonds	A1J 17U	1.415,00 €	1.521/1.356 €	+8/+29/+66 %
VM Long Term Value		Umfang 32 Mio. €, Alter 5 J., Ausgabeaufschlag **3,00 %**, Gebühr **1,35 %**, ausschüttend. Angelegt wird nach Marktlage vollständig oder teilweise in Aktien, Geldmarkt, Bankguthaben.		
Dachfonds	532 656	58,75 €	60,30/53,40 €	+7/+15/+51/+87 %
BBBank Dynamik Union		Umfang 66 Mio. €, Alter 18 Jahre, Ausgabeaufschlag **2,50 %**, Gebühr **1,30 %**, ausschüttend. Anlagequoten: 70 bis 90 % in Einzelaktien, 10 bis 30 % in Aktienfonds, Rest in Rentenfonds.		
Dachfonds	120 546	208,00 €	212,6/189,1 €	+6/+16/+58/+85 %
Best Opportunity Concept		Umfang 1,53 Mrd. €, Alter 15 Jahre, Ausgabeaufschlag **5,00 %**, Gebühr **0,80 %**, thesaurierend. Der 3-Sterne-Fonds legt überwiegend in Aktien-, Renten-, Misch- und Themenfonds an.		

Name, Fonds-Gesellschaft	WKN	Kurs 13.07.18	Hoch/Tief 52 Wochen	Kursentwicklung 1, 3, 5, 10 Jahre
Dachfonds	A0Q 5MD	221,70 €	225,2/194,3 €	+12/+38/+71/+123 %
FU Fonds Multi Asset P		Umfang 55 Mio. €, Alter 10 Jahre, Ausgabeaufschlag **5,00 %**, Gebühr **1,70 %**, ausschüttend. Bevorzugte Anlage: Aktienfonds und Zertifikate. Dabei: Nemetschek, Adobe, Amazon, Nvidia.		
Dachfonds	DK1 CJ2	256,00 €	260,4/233,4 €	+6/+14/+51/+162 %
Zukunfts-Plan I		Umfang 1,08 Mrd. €, Alter 9 Jahre, Ausgabeaufschlag **2,00 %**, Gebühr **0,60 %**, thesaurierend. Das Management passt die Renten-, Aktien- und Geldmarktfonds je nach Marktlage neu an.		
Rentenfonds	DWS 04E	151,00 €	153,1/148,2 €	+2/+16/+35 %
DEAM Dt. Inv. High Yield		Umfang 1,57 Mrd. €, Alter 6 Jahre, Ausgabeaufschlag **3,00 %**, Gebühr **1,10 %**, thesaurierend. Der Fonds investiert weltweit in Unternehmensanleihen. Schwerpunkt sind Hochzinsanleihen.		
Rentenfonds	A1J 4LV	144,85 €	153,1/141,7 €	+2/+15/+36 %
Henderson Horizon High		Umfang 246 Mio. €, Alter 6 J., Ausgabeaufschlag **0,00 %**, Gebühr **0,75 %**, thesaurierend. Der Fonds legt über 2/3 in fest und variabel verzinsliche Firmenanleihen mit geringem Rating an.		
Rentenfonds	A1J 7Z1	359,50 €	364,3/270,6 €	+30/+99/+174 %
H20 Multi-bonds R EUR		Umfang 2,62 Mrd. €, Alter 8 J., Ausgabeaufschlag **1,00 %**, Gebühr **1,10 %**, thesaurierend. Der Fonds investiert in Schuldtitel zu 45 % aus Portugal, 32 % Italien und 23 % Griechenland.		
Rentenfonds	A0N E64	208,00 €	209,1/191,6 €	+8/+20/+47/+80 %
Vanguard Inv. Series 20+ Y.		Umfang keine Angabe, Alter 11 J., Ausgabeaufschlag **0,00 %**, Gebühr **0,25 %**, thesaurierend. Der Rentenfonds bleibt außer bei ungewöhnlicher Marktlage und Politik vollständig investiert.		
Immofonds	A0Y FRV	17,80 €	17,80/15,15 €	+17/+61/+85 %
Catella Max		Umfang 293 Mio. €, Alter 8 Jahre, Ausgabeaufschlag **5,00 %**, Gebühr **0,70 %**, ausschüttend. Der Fonds konzentriert sich auf München und Umfeld mit unterschiedlichen Nutzungsformen.		
Immofonds	989 232	48,25 €	48,65/41,00 €	+18/+21/+98/+124 %
Janus Henderson Europ.		Umfang 282 Mio. €, Alter 20 J., Ausgabeaufschlag **0,00 %**, Gebühr **1,20 %**, thesaurierend. Der Ertrag stammt aus Besitz, Verwaltung, Entwicklung von Grundstücken/Gebäuden in Europa.		
Immofonds	A0J D82	21,55 €	22,20/19,50 €	+12/+20/+42/+98 %
MEINI Global Immo-Aktien		Umfang 8 Mio. €, Alter 12 Jahre, Ausgabeaufschlag **5,00 %**, Gebühr **1,50 %**, ausschüttend. Die Kursentwicklung beeindruckt. Aus Deutschland dabei: Vonovia, Dt. Wohnen, LEG, Euroshop.		

Name, Fonds-Gesellschaft	WKN	Kurs 13.07.18	Hoch/Tief 52 Wochen	Kursentwicklung 1, 3, 5, 10 Jahre
Immofonds	A1C UAY	107,65 €	145,0/90,05 €	+23/+36/+52/+75 %
Wertgrund WohnSelect D		Umfang 257 Mio. €, Alter 9 J., Ausgabeaufschlag **5,00 %,** Gebühr **1,10 %,** ausschüttend. Der Fonds strebt bei Immobilien und Beteiligungen durch Miete, Zinsen, Wertsteigerung Erträge an.		

Die Börse ist kein Mathekurs, erfordert Wissen und wird durch wachsende Cyberangriffe von digitalen Missetaten heimgesucht

Börsenaltmeister André Kostolany hat eine eigenartig anmutende mathematische Gleichung aufgestellt: *„An der Börse sind zweimal zwei niemals vier, sondern fünf minus eins. Man muss nur die Nerven haben, das minus eins auszuhalten."* Wichtig für ihn war der lange Anlagehorizont auch bei Börsenturbulenzen wie 2018. Da müssen selbst Kurseinbrüche von 25 % bis 40 % bei etablierten MDAX- und SDAX-Firmen keine Panik auslösen. Eher ein Zukauf bei positiver Einschätzung z. B. bei DÜRR, Hella, Jenoptik, Kion, Isra Vision, Wacker Chemie, Zalando.

Erwachsene zeigen große Wissensrückstände in Finanzfragen. Es fehlt an Sparbereitschaft bezüglich Altersvorsorge, obwohl die Angst vor Armut im Ruhestand wegen der niedrigen Rente zunimmt. Sparen heißt auch Konsumverzicht.

Über Mobilfunkverträge zu Girokonten fühlen sich junge Leute oft besser informiert als Erwachsene zwischen 40 und 55 Jahren. In Finanzfragen herrscht große Unsicherheit. Über Mietverträge und Ratenzahlungen schätzen junge Erwachsene ihr Wissen gerade noch mit befriedigend bzw. zufriedenstellend ein.

Über Anlageformen, Vermögensaufbau und Altersvorsorge beurteilt sich die Mehrheit der jungen Leute mit ausreichend, mangelhaft oder ungenügend. Solange es nicht an allen Schulen das Fach Wirtschaft und Recht gibt, werden sich die nachteiligen Wissenslücken kaum schließen. Oft fallen Eltern als Ratgeber aus.

Möglicherweise können hier Volkshochschulkurse, wie ich sie seit 15 Jahren in Ulm das ganze Jahr über zwei bis dreimal wöchentlich halte, für Abhilfe sorgen. Das Lernen in der Gruppe macht Spaß und ist nicht teuer.

Die wachsende Cyberkriminalität, weltweit alle paar Sekunden eine neue Attacke, gefährdet nicht nur Unternehmen, sondern auch Privatanleger. Es drohen immer mehr Fälle von Computerbetrug, Ausspähen, Abfangen, Fälschen und Sabotieren von Daten und missbräuchliches Nutzen der Telekommunikationsdienste. Insgesamt haben sich binnen eines Jahres die digitalen Missetaten in Deutschland von 82.650 im Jahr 2016 auf 85.960 kriminelle Handlungen 2017 erhöht.

8.9 Was hat der wöchentliche Fonds-Ersttipp 2017 von BÖRSE ONLINE 2018 gebracht?

Wöchentlich brachte BÖRSE ONLINE unter dem Titel „Favoriten" je einen Tipp bevorzugt für Aktienfonds. Auch einige Misch- und Rentenfonds zählten zur Auswahlliste 2017. Erstempfehlungen haben den Vorteil der Früherkennung. Möglicherweise fehlt für den endgültigen Durchbruch die Erfahrung. Nach Überprüfung im Juli 2018 werden nur noch die besten Fonds berücksichtigt.

Name, Fonds-Gesellschaft	WKN	Kurs 13.07.18	Hoch/Tief 52 Wochen	Kursentwicklung 1, 3, 5, 10 Jahre
Aktienfonds APUS Capital Re Value	A1H 44E	142,10 €	156,4/133,8 €	+5/+53/+133 %
	Umfang 240 Mio. €, Alter 7 Jahre, Ausgabeaufschlag **5,00 %**, Gebühr **1,80 %**, ausschüttend. Der Fonds investiert weltweit in substanzstarke Aktien mit attraktivem Rendite-Risiko-Profil.			
Aktienfonds DWS Deutschland	849 096	236,20 €	262,3/220,2 €	+1/+18/+70/+188 %
	Umfang 7,05 Mrd. €, Alter 25 Jahre, Ausgabeaufschlag **5,00 %**, Gebühr **1,40 %**, thesaurierend. Dieser Fonds übergewichtet die großen DAX-Titel, mischt aber flexibel Mid und Small Caps bei.			
Aktienfonds Fidecum Sicav Avant-Garde	A0B 91Q	136,60 €	141,7/121,0 €	+9/+21/+81/+87 %
	Umfang 25,7 Mio. €, Alter 14 J., Ausgabeaufschlag **5,00 %**, Gebühr **1,50 %**, thesaurierend. Der Fonds bevorzugt europäische Blue Chips und Mid Caps. Starke Branchen: Hightech, Konsum.			
Aktienfonds First Dividenden Staufer	977 961	96,10 €	103,2/91,60 €	+2/+14/+76/+97 %
	Umfang 208 Mio. €, Alter 20 Jahre, Ausgabeaufschlag **5,00 %**, Gebühr **1,50 %**, thesaurierend. Dies ist ein Pionier unter den europäischen Dividendentiteln mit stabilen Wachstumschancen.			
Aktienfonds Franklin Technology USD	937 446	17,25 €	17,55/12,75 €	+30/+80/+144/+282 %
	Umfang 2,62 Mrd. €, Alter 18 Jahre, Ausgabeaufschlag **5,25 %**, Gebühr **1,00 %**, thesaurierend. Alles, was im Dow Jones und Nasdaq einen Namen hat, ist dabei, z. B. Facebook, Microsoft.			
Aktienfonds JO HAMBRO global Opport.	A1J ZQH	1,95 €	2,05 €/1,75 €	+6/+17/+72 %
	Umfang 240 Mio. €, Alter 6 Jahre, Ausgabeaufschlag **5,00 %**, Gebühr **1,50 %**, ausschüttend. Anlageziel ist das Erwirtschaften einer langfristig guten Gesamtrendite mit Aktien aus aller Welt.			

Name, Fonds-Gesellschaft	WKN	Kurs 13.07.18	Hoch/Tief 52 Wochen	Kursentwicklung 1, 3, 5, 10 Jahre
Aktienfonds MainFirst Global Equities	A1K CCM	231,50 €	241,2/191,0 €	+18/+57/+127 %
		Umfang 329 Mio. €, Alter 5 Jahre, Ausgabeaufschlag **5,00 %**, Gebühr **1,50 %**, thesaurierend. Der Fonds orientiert sich am Index MSCI World mit Aktien mittlerer/großer Marktkapitalisierung.		
Aktienfonds UNI Deutschland XS EUR	975 049	171,25 €	195,5/158,4 €	+10/+33/+119/<u>+373 %</u>
		Umfang 1,28 Mrd. €, Alter 12 Jahre, Ausgabeaufschlag **4,00 %**, Gebühr **1,55 %**, thesaurierend. Schwerpunkt sind Nebenwerte. Dabei: König & Bauer, ADO Prop., Hypoport, XING, VTG, SIXT.		
Aktienfonds Unternehmer-Werte (PT)	A0K FFW	88,30 €	91,45/80,30 €	+7/+21/+59/+119 %
		Umfang 73 Mio. €, Alter 11 Jahre, Ausgabeaufschlag **0,00 %**, Gebühr **1,25 %**, thesaurierend. Der Fonds legt in Europa-Aktien von kleineren und mittleren Familienfirmen an. Stark gewichtet sind vom MDAX dabei: Schaeffler, Ströer, Wacker Chemie.		
Aktien-ETF DEKA DAXplus Maximum Div.	ETF L23	87,15 €	90,30/75,50 €	+11/+8+18 %
		Umfang 433 Mio. €, Alter 8 Jahre, Verwaltungsgebühr **0,30 %**, ausschüttend. Der ETF bildet den Index DAXplus Maximum Dividende ab mit 20 Dividendenstars wie Aareal, Uniper, Freenet, Vonovia, BOSS, BASF, Dt. Telekom, ProSieben, LEG, Evonik.		
Mischfonds-ETF DB X-Trackers Portf.	DBX 0BT	210,15 €	214,9/186,8 €	+9/+18/+42 %
		Umfang 327 Mio. €, Alter 9 Jahre, Verwaltungsgebühr **0,72 %**, thesaurierend. Der einem Dach-Mischfonds ähnelnde ETF bildet die Wertentwicklung von Aktien aus Industrie- und Schwellenländern ab sowie Dividendenstrategien, Immobilien und Renten.		
Mischfonds ACATIS Datini Value Flex	DK0 AYE	102,00 €	102,4/74,90 €	<u>+36/+48/+127 %</u>
		Umfang 184 Mio. €, Alter 6 Jahre, Ausgabeaufschlag **5,00 %**, Gebühr **1,50 %**, thesaurierend. Da der Aktienanteil aktuell bis zu 100 % hochgefahren wird, gleicht der Mischfonds einem Aktienfonds. Dabei sind ISRA Vision, Dt. Pfandbrief, Infineon, CONTI.		
Mischfonds Siemens Balanced	A0K EXM	17,90 €	18,10/17,00 €	+6/+18/+39/+80 %
		Umfang 99 Mio. €, Alter 11 Jahre, Ausgabeaufschlag **0,00 %**, Gebühr **0,30 %**, thesaurierend. Der Fonds investiert zumindest 51 % in festverzinsliche Wertpapiere und bis zu 49 % in Aktien.		
Mischfonds DJE Concept I	625 797	275,05 €	275,1/234,2 €	+17/+27/+48/+111 %
		Umfang 203 Mio. €, Alter 16 J., Ausgabeaufschlag **0,0 %**, Gebühr **0,6 %**, thesaurierend. Der Fonds legt breit gestreut in Aktien, Genussscheine, Bonds, Wandelanleihen an. Vom DAX 100 sind Allianz, Rheinmetall, Uniper, DMG Mori Seiki vertreten.		

Name, Fonds-Gesellschaft	WKN	Kurs 13.07.18	Hoch/Tief 52 Wochen	Kursentwicklung 1, 3, 5, 10 Jahre
Mischfonds **SPSW Global Multi Asset S.**	A1W Z2J	83,40 €	84,05/71,00 €	+19/+54/+71 %
		Umfang 137 Mio. €, Alter 5 Jahre, Ausgabeaufschlag **5,0 %**, Gebühr **1,6 %**, ausschüttend. Der Fonds legt flexibel in Genussscheine, Zertifikate, Bankguthaben, Geldmarktinstrumente an.		
Rentenfonds **C-Quadrat Arts Total Return**	A0N FHH	186,65 €	191,6/185,7 €	+-0/+2/+21/+83 %
	Umfang 100 Mio. €, Alter 10 Jahre, Ausgabeaufschlag **5,00 %**, Gebühr **1,10 %**, thesaurierend. Über die Hälfte fließen in Anleihen; bis zu 49 % werden strategisch angelegt, z. B. in Derivate.			
Rentenfonds **DEKA Wandelanleihen CF**	693 798	76,00 €	78,30/73,65 €	+3/+16/+41/+84 %
	Umfang 209 Mio. €, Alter 15 Jahre, Ausgabeaufschlag **3,00 %**, Gebühr **0,90 %**, ausschüttend. Wandelanleihen gewähren ein Wandlungsrecht in Aktien innerhalb der vereinbarten Zeit.			
Rentenfonds **Phaidros Fallen Angels**	A1K BEL	121,00 €	125,7/119,7 €	+-0/+11/+21 %
	Umfang 32 Mio. €, Alter 5 Jahre, Ausgabeaufschlag **4,00 %**, Gebühr **0,70 %**, thesaurierend. Über die Hälfte vom Fondsvermögen muss in unterschiedliche Unternehmensanleihen wandern.			

Anmerkungen: Solange die Zinsen niedrig bleiben, ist innovativen **Aktienfonds** in Zukunftsmärkten wie Hightech, IT-Software, Digitalisierung, Internetplattformen, Robotik, Elektromobilität nicht beizukommen. **Multi Asset-Mischfonds** überzeugen bezüglich Rendite, wenn das Management Freiraum beim Gewichten von Aktien und Anleihen hat und andere Produkte wie Gold und Rohstoffe beimischen darf. **Rentenfonds** sind wieder attraktiv, wenn der Leitzinssatz steigt.

30 Jahre DAX: Eine Erfolgsstory mit Einbrüchen. Im Juli 1988 wurde der DAX gegründet und löste den FAZ-Aktienindex ab.

Wer von Anfang an investiert blieb und im „Salami"-Crash von 2000 bis 2003 und während der Weltwirtschaftskrise 2008/09 seine Aktien nicht aus dem Depot schleuderte, strich pro Jahr eine Rendite von 9 % ein. Wer die besten 40 Tage verpasste, verdiente nichts. Das schnelle Rein/Raus rechnete sich selten, eine Langzeitstrategie mit Stock-Picking in gute Titel sehr wohl. Zum 50-jährigen Jubiläum, also in 20 Jahren, müsste die fünfstellige Punktzahl mit einer **3** beginnen. Vermutlich steht vorn keine **4**, nachdem allgemein mit einem gemächlicheren Tempo gerechnet wird. Über einen langen Zeitraum war mit einer Aktienanlage am meisten Geld zu verdienen, sei es mit Einzelaktien, einem Aktienfonds oder ETF. Wer zum Jahresbeginn 10.000 € in einen Index anlegte, war 2018 mit Aktien der Ukraine, Tunesien, USA, Russland, Portugal, Japan auf der Siegerseite.

⑨ Indexfonds mit börsennotierten ETFs als die klassische passiv gemanagte Alternative

9.1 Warum boomen Indexfonds? Eine ETF-Auswahl für die globale Marktabdeckung

Die drei Buchstaben ETF, Abkürzung für Exchange Traded Funds, zogen anfangs nur Profis an. Auch Privatanleger erkennen die Vorteile der börsennotierten passiv gemanagten Indexfonds. In den vergangenen 17 Jahren hat sich das in ETF angelegte Vermögen in Europa mehr als verhundertfacht. Es gibt bereits über 3.000 Produkte im Wert von rund 700 Mrd. €. Weltweit sind es bereits 5 Billionen Dollar – eine Zahl mit 12 Nullen.

Jeder 10. Euro wird in Europa passiv, also ohne Fondsmanager preiswert angelegt. Der Weltmarktführer Blackrock aus den USA erwartet binnen 5 Jahren, dass sich das ETF-Kapital in Europa verdreifacht und rund um den Globus verdoppelt. Nachdem es verständlicherweise immer mehr Anbieter gibt, wird nach neuen Anlagekonzepten gesucht. Produkte wie „Faktor-Investing" oder „Smart Beta" begeben sich auf die Suche nach unterbewerteten Aktien kleinerer Firmen.

Der anfangs klar strukturierte ETF-Markt mutiert zum komplizierten, mit Begriffswirrwarr verbundenen Multiproduktmarkt. Gegenüber dem Original-Index werden die Gewichtung verändert, der ETF nach Dividendenhöhe ausgerichtet, auf steigende (Long) oder fallende Kurse (Short) gesetzt, eine ausschüttende oder anlegende Form (thesaurierend) angeboten bzw. das Währungsrisiko bei Euro und Dollar (Quanto) beseitigt. Michael Grüner vom Weltmarktführer BlackRock berichtet: *„Immer mehr Investoren wollen die Instrumente nicht nur für das Trading, sondern auch für die langfristige Anlage nutzen."* BlackRock hat ein Basisangebot von 10 Produkten gebildet und die Gebühren auf 0,20 % gesenkt.

ETFs verstehen sich als preiswerte Alternative zum Kauf von Einzelaktien und Aktienfonds. Sie folgen der Wertentwicklung eines Index bzw. Börsenbarometers. Da ETFs wie Aktien als Sondervermögen gelten, entfällt das Emittentenrisiko. Mit einer einzigen Transaktion erwerben Sie alle im Index gelisteten Werte. So lassen sich mit wenigen ETFs wichtige Märkte preiswert abdecken. Dies bietet sich an, wenn es an Zeit und Geld fehlt, mit Einzelaktien breit zu streuen.

Worin unterscheiden sich aktiv und passiv gemanagte ETFs?

Beim aktiv gemanagten ETF bestimmen Expertenteams die Zusammensetzung. Ein passiv gemanagter Indexfonds ist der möglichst genaue Index-Nachbau im Verhältnis 1:1. Er schneidet weder besser noch schlechter als die Benchmark ab. Beim aktiv gemanagten ETF lässt sich durch strategische Veränderung die Rendite steigern. Aber auch das Risiko nimmt zu. Die Fondsmanager gewichten einzelne Titel gegenüber dem Vergleichsindex höher oder tiefer bzw. berücksichtigen nur beste Aktien. So verwischen sich die Grenzen gegenüber Aktienfonds. Muss dies sein? Warum nicht ETFs passiv und Aktienfonds aktiv?

Fazit: Bei der Orientierung an Indizes mit Aktien vieler Firmen wie Nasdaq 100, Nikkei 225, S&P 500, MSCI World steigt die Chance für Aktienfonds-Manager, besser als ein ETF abzuschneiden durch Ausschluss schlechter Aktien, andere Gewichtung und innovative Zusammensetzung.

Weshalb sind Indexfonds vor allem bei Privatanlegern beliebt?

Dies liegt an der hohen Transparenz und günstigen Kostenstruktur. Jedoch geht viel von der früheren Übersicht und leichten Verständlichkeit verloren. Immer mehr Mischgebilde erobern den Markt – darunter Produkte mit zweifachem Hebel. Es wird Zeit, einen Riegel vorzuschieben auf dem Weg zum Begriffswirrwarr, wie im Zertifikat-Markt zu beobachten. Wer Privatanleger an die Börse zurückholen will, muss Vertrauen aufbauen und allgemein verständliche Produkte anbieten, also passiv gemanagte ETFs mit einprägsamen Namen ohne Schnickschnack.

Da ein ETF ebenso wie jeder andere Investmentfonds zum Sondervermögen zählt, verlieren Sie kein Geld, wenn der Emittent, also die ausgebende Kapitalgesellschaft, pleitegeht. Mit einer einzigen Transaktion können Sie alle im Index gelisteten Werte erwerben. ETFs erleichtern den Zugang zu Zukunftsmärkten. Preiswerte innovative Anlagekonzepte sind gefragt. Dazu zählen Branchen-ETFs, wie Gesundheit, Technologie, Internet, Digitalisierung, Konsum und Nebenwerte.

Welche Angaben sind für Sie bei einer Indexfondsorder wichtig?

Ausschüttend: Die Dividende wird ausgezahlt. **Thesaurierend:** Die Ausschüttung wird angelegt. Dadurch wächst Ihr ETF. Thesaurierend lohnt sich bei hoher Dividende. Das Volumen legt durch Zinseszinseffekt zu. Die neuen Anteile sorgen durch Wiederanlage der Ausschüttung dafür, dass die Anzahl fortlaufend steigt.

Unterschied ETC/ETF: Ein ETC ist kein Sondervermögen, sondern gilt als Schuldverschreibung, üblich bei Rohstoffen. Hier tragen Sie das volle Emittentenrisiko. Beim Edelmetall-ETC wird Gold, Silber usw. meist physisch hinterlegt.

Diese ETF-Zusammenstellung ermöglicht eine globale Marktabdeckung auch mit bescheidenen Mitteln und geringen Transaktionskosten. Die alphabetische Anordnung erspart mühsames Suchen. Hier geht es um Vermögensaufbau und Altersvorsorge.

❶ Alphabetische ETF/ETC-Auswahl globale Marktabdeckung

Emittent und Bezeichnung	WKN	Kurs 16.07.18	52 Wochen-Hoch/Tief	Kursverlauf % 1, 3, 5, 10 Jahre
BRIC RBS Market DAX GLOBAL BRIC	A0M U3U	51,50 €	56,85/47,90 €	+6/+9/+30/+20 %
		Umfang 16,6 Mio. €, Alter 10 Jahre, Gebühr **0,65 %**, thesaurierend. Der ETF spiegelt den DAXglobal BRIC Index wider mit großen Unternehmen aus Brasilien, Russland, Indien, China.		
DAX iShares Core DAX UCITS	593 393	108,30 €	117,7/101,2 €	-2/+10/+50/+94 %
		Umfang 7,2 Mrd. €, Alter 18 Jahre, Gebühr **0,15 %**, thesaurierend. Dieser ETF präsentiert exakt den deutschen Leitindex und misst die Wertentwicklung von allen 30 DAX-Aktien.		
DivDAX iShares DivDAX UCITS EUR DIS	263 527	17,25 €	19,25/16,65 €	+-0/+11/+55/+95 %
		Umfang 632 Mio. €, Alter 13 Jahre, Gebühr **0,30 %**, ausschüttend. Dieser ETF bildet die Wertentwicklung vom Referenzindex DivDAX mit seinen 15 Titeln so genau wie möglich nach.		
DivEuropa iShares Stoxx Europa Select	263 529	16,75 €	17,90/15,75 €	+4/+13/+61/+85 %
		Umfang 496 Mio. €, Alter 13 J., Gebühr **0,30 %**, ausschüttend. Der ETF konzentriert sich auf den Stoxx Europe 600-Index und wählt die 30 verlässlichsten dividendenstarken Titel aus.		
Edelmetall ETFS Physical Basket ETC	A0N 62H	77,50 €	84,35/77,30 €	-1/+2/+1 %
		ETC: Umfang 90,7 Mio. €, Gebühr **0,43 %**, thesaurierend, Schuldverschreibung, kein Sondervermögen, physisch hinterlegte Zusammensetzung: Gold, Silber, Platin, Palladium.		
Emerging Markets db x-trackers MSCI	DBX 1EM	38,25 €	42,80/36,20 €	+6/+21/+23/+21 %
		Umfang 1,82 Mrd. €, Alter 11 Jahre, Gebühr **0,29 %**, thesaurierend. Der ETF bildet den MSCI Emerging Markets ab. Dazu gehören China Mobile, TSMC, Tencent, Alibaba und Baidu.		
Energie Europa Amundi MSCI Europe Energy	A1C 7AK	270,70 €	284,7/203,9 €	+32/+39/+46 %
		Umfang 26 Mio. €, Alter 8 Jahre, Gebühr **0,25 %**, thesaurierend. Anlageziel ist die genaue Abbildung vom MSCI Europe Energy mit 20 Aktien und dem hohen Anteil Großbritanniens.		

Emittent und Bezeichnung	WKN	Kurs 17.07.18	52 Wochen-Hoch/Tief	Kursverlauf % 1, 3, 5, 10 Jahre
Euro Stoxx 50	ETF 051	42,90 €	46,00/38,70 €	+-0/+16/+71 %
ComStage Euro Stoxx SD30 U.		Umfang 72 Mio. €, Alter 10 Jahre, Gebühr **0,25 %,** ausschüttend. Der ETF bildet den Index Euro Stoxx Select Dividend 30 nach mit den größten Anteilen Finanzen, Energie, Industrie.		
Gesundheit	LYX 0GM	264,25 €	266,3/227,4 €	+8/+4/+82 %
LYXOR ETF MSCI World Health Care		Umfang 189 Mio. €, Alter 8 Jahre, Gebühr **0,30 %,** thesaurierend. Anlageziel ist die Nachbildung vom MSCI World Health Care. Hier dominieren Gesundheitsaktien entwickelter Länder.		
Goldminen	A1J VYP	9,30 €	10,85/8,55 €	-4/+28/+25 %
UBS Solactive Global Pure Gold		Umfang 30 Mio. €, Alter 6 Jahre, Gebühr **0,43 %,** ausschüttend. Der ETF bildet den Index Solactive Global Pure Gold Miners Net Return ab mit den bekanntesten Goldminenaktien.		
Japan	DBX 1MJ	51,50 €	54,50/46,40 €	+10/+20/+30/+37 %
db x-trackers MSCI Japan		Umfang 4,0 Mrd. €, Alter 12 Jahre, Gebühr **0,30 %,** thesaurierend. Der ETF bildet den MSCI Total Return Net Japan ab, investiert in übertragbare Wertpapiere und setzt Derivate ein. Dazu gehören Fanuc, Honda, KDDI, SoftBank, Sony, Toyota.		
MDAX	593 392	226,80 €	237,5/207,2 €	+4/+26/+82/+192 %
iShares MDAX UCITS ETF (DE)		Umfang 2,1 Mrd. €, Alter 17 J., Gebühr **0,50 %,** thesaurierend. Das Management bildet den MDAX mit nun 60 Titeln aus allen Branchen exakt nach. Die Gewichtungsgrenze liegt bei einem Zehntel. Es führen Industrie, Finanzen, Rohstoffe, Konsum.		
Mid Europa	593 399	48,35 €	50,05/43,50 €	+9/+22/+81/+160 %
iShares Stoxx Europe Mid 200		Umfang 393 Mio. €, Alter 13 Jahre, Gebühr **0,19 %,** ausschüttend. Der ETF misst die Wertentwicklung von 200 Firmen des Stoxx Europe 600 Index mit Aktien aus 18 Europa-Staaten.		
MSCI World	DBX 1MW	45,25 €	48,30/38,15 €	+14/+18/+64/+55 %
db x-trackers MSCI World		Umfang 3,4 Mrd. €, Alter 11 J., Gebühr **0,35 %,** thesaurierend. Der ETF bildet den Index MSCI World möglichst genau ab. Große Anteile haben: Apple, Microsoft, Amazon, Facebook, JPMorgan, Exxon Mobil, Alphabet A und Johnson & Johnson.		
NASDAQ-100	A0F 5UF	60,80 €	61,9/46,95 €	+28/+67/+147/+326 %
iShares Nasdaq 100 UCITS USD		Umfang 1,33 Mrd. €, Alter 12 Jahre, Gebühr **0,30 %,** ausschüttend. Der ETF bildet den Nasdaq 100 ab mit Apple, Microsoft, Amazon, Facebook, Alphabet, Comcast, Intel, Cisco, Netflix.		

Emittent und Bezeichnung	WKN	Kurs 17.07.18	52 Wochen-Hoch/Tief	Kursverlauf % 1, 3, 5, 10 Jahre
Öl & Gas db x-trackers Stoxx Europe 600 Oil	DBX 1SG	86,25 €	91,15/67,35 €	+26/+29/+37/+35 %
	46 Mio. €, Alter 11 Jahre, Gebühr **0,15 %,** thesaurierend. Der ETF gibt die Wertentwicklung vom Index Stoxx Europe 600 Oil & Gas wieder. Dazu gehören die Aktien so bekannter Unternehmen wie BP, ENI, Repsol, Royal Dutch, Statoil, TOTAL.			
Rohstoffe RBS Market Rogers Internat.	A0J K68	17,95 €	21,00/13,30 €	+11/-14/-28/-48 %
	Umfang keine Angabe, Alter 12 Jahre, Gebühr **0,25 %,** thesaurierend. Der auf den Index Jim Rogers International Commodity bezogene ETF ist ein Rohstoffkorb mit 37 Produkten.			
Russland db x-trackers MSCI Russia	DBX 1RC	23,40 €	25,10/17,50 €	+26/+41/-1/-40 %
	Umfang 201 Mio. €, Alter 11 J., Gebühr **0,45 %,** thesaurierend. Angelegt wird in den MSCI Russia Capped 25 % mit so niedrig bewerteten Aktien (KGV 4 bis 8) wie Gazprom, Lukoil, Sberbank, Novatek, Magnit, Norilsk Nickel, Tatneft, Rosneft.			
SDAX Comstage SDAX TR UCITS ETF I	ETF 005	113,65 €	118,9/104,3 €	+9/+34/+97 %
	Umfang 142 Mio. €, Alter 7 Jahre, Gebühr **0,70 %,** ausschüttend. Der ETF konzentriert sich auf den nun 70 Titel umfassenden SDAX. TecDAX-Aktien können hier zusätzlich einziehen. Hauptanteile: Grenke, Alstria, Stabilus, Rational, Krones.			
Small Europa iShares STOXX Eur. Small 200	A0D 8QZ	29,25 €	30,55/26,70 €	+8/+17/+72/+154 %
	Umfang 510 Mio. €, Alter 13 Jahre, Gebühr **0,19 %,** ausschüttend. Der ETF erfasst die Wertentwicklung vom Index STOXX Europe 200 und bringt 200 kleinere Aktien aus 18 Ländern.			
S&P 500 iShares S&P 500 UETF (Dist.)	622 391	23,85 €	24,00/20,20 €	+16/+40/+79/+162%
	Umfang 8,2 Mrd. €, Alter 16 Jahre, Gebühr **0,40 %,** ausschüttend. Der Fonds ist auf den Referenzindex S&P 500 fokussiert. Mit dabei: Apple, Microsoft, Exxon Mobil, Amazon, Facebook.			
Taiwan LYXOR MSCI Taiwan C EUR	LYX 0CT	12,85 €	13,70/10,60 €	+1/+23/+67/+146 %
	Umfang 30 Mio. €, Alter 11 Jahre, Gebühr **0,65 %,** thesaurierend. Dieser ETF bildet den Referenzindex MSCI Taiwan Net Total Ret. mit Dividenden ab. Die Aktien sind in Korea notiert.			
TecDAX iShares-TecDAX (DE) UCITS EUR	593 397	26,25 €	27,3/20,35 €	+26/+61/+180/+284 %
	Umfang 955 Mio. €, Alter 17 Jahre, Gebühr **0,50 %,** thesaurierend. Der Indexfonds mit glänzender Kursentwicklung misst die Wertentwicklung vom TecDAX mit 30 Hightechfirmen.			

Emittent und Bezeichnung	WKN	Kurs 17.07.18	52 Wochen- Hoch/Tief	Kursverlauf % 1, 3, 5, 10 Jahre
USA	**ETF 120**	64,00 €	64,35/52,60 €	<u>+17/+40/</u>+81 %
ComStage MSCI USA UCITS USD		Umfang 169 Mio. €, Alter 10 Jahre, Gebühr **0,10 %,** ausschüttend. Der ETF spiegelt die Wertentwicklung vom Index MSCI TRN USA ab. Die größten Anteile: Apple, Microsoft, Amazon, Facebook, JP Morgan, J&J, Alphabet A und C, Exxon Mobil.		
Volksrepublik China	**ETF 022**	36,70 €	40,85/31,80 €	**+11/+22/+51 %**
ComStage HSI Hang Seng HKD		Umfang 169 Mio. €, Alter 8 Jahre, Gebühr **0,55 %,** ausschüttend. Der ETF knüpft an die Wertentwicklung des Hang Seng-Index von der Börse Hongkong an. Der bekannteste Titel ist Tencent. Bei den Branchen führen Finanzdienstleistungen.		
Wasser	**LYX 0CA**	34,70 €	37,75/32,95 €	-1/+19/<u>+82/+184 %</u>
Lyxor UETF World Water		Umfang 513 Mio. €, Alter 11 Jahre, Gebühr **0,60 %,** ausschüttend. Der Indexfonds spiegelt die Wertentwicklung vom World Water Index wider. Der ETF bewegt sich seit vielen Jahren verlässlich nach oben; denn Wasser ist ein kostbares Gut.		
Xetra Gold	**A0S 9GB**	33,85 €	36,40/33,85 €	**-1/+1/+3/+75 %**
Börsenplatz Stuttgart		ETC: Alter 11 Jahre, Verwaltungsgebühr **0,36 %.** Der Emittent hinterlegt zur Sicherheit den Basiswert Gold physisch. Ein Anteil verbrieft einen Lieferanspruch von einem Gramm Gold.		

9.2 ETF-Auswahl TOP-10 ARD-Börse 1 und 3 Jahre, ergänzt durch die eigene Fundgrube

Die ARD-Börse veröffentlicht im Internet fortlaufend ihre TOP-10-ETFs im Ein- und Drei-Jahresvergleich. Vereinzelt werden auch Produkte mit zweifachem Hebel aufgelistet. Dieser aktive Eingriff widerspricht dem Grundgedanken der möglichst genauen Index-Nachbildung und sollte deshalb den aktiv gemanagten Aktienfonds vorbehalten bleiben. Sehr gefällt dagegen die Angabe der sechsstelligen WKN beim Klick auf das gewünschte Produkt. Sogleich erscheint ein Informationsblatt mit wichtigen Informationen einschließlich Charttechnik.

Ich ergänze die TOP-Auswahl der ARD-Börse um meine eigene Fundgrube. Die alphabetische Anordnung erleichtert die Such- und Vergleichsarbeit. Die meisten aktiven Aktienfonds bringen sehr lange und teilweise schwerverständliche Namen und Begriffe, teils abgekürzt. Da haben die ETF-Manager nichts gelernt. Das Verwirrspiel setzt sich fort. Es gibt nur wenige zu begrüßende Ausnahmen.

- Die vorstehende ETF-Auswahl ❶ ermöglicht eine komplette Marktabdeckung auch für den bescheideneren Geldbeutel, geordnet nach Ländern und Indizes.

- Die Zusammenstellung ❷ bringt die TOP-10-ETFs der ARD-Börse im Ein-Jahres- und Drei-Jahresvergleich. Danach erfolgt eine Branchenauswahl.

- Hier finden Sie je nach Ihrer Vorliebe für bestimmte Sektoren und Sparten besonders interessante ETFs ❸. Denken Sie an den Bereich Industrie 4.0 mit Technologie, Künstlicher Intelligenz, IT/Software, Internet der Dinge.

Die Oktober-Umfrage 2018 zeigt, welche Probleme bei Umsetzung der Industrie 4.0 in Firmen bestehen: Hohe Investitionen (72 %), Anforderungen Datenschutz/Datensicherheit (57 %), Fachkräftemangel (49 %), System-Störanfälligkeit (45 %), fehlender Rechtsrahmen (42 %), geringe Mitarbeiterakzeptanz (25 %).

❷ Alphabetische ETF-Auswahl laut TOP Zehn 1 und 3 Jahre boerse.ARD.de, ergänzt durch eigene Fundgrube Juli 2018

Emittent und Bezeichnung	WKN	Kurs 18.07.18	52 Wochen- Hoch/Tief	Kursverlauf % 1, 3, 5, 10 Jahre
Amundi **MSCI Europe Energy**	A1C 7AK	270,70 €	284,7/203,9 €	+32/+39/+46 %
		Umfang 26 Mio. €, Alter 8 Jahre, Gebühr **0,25 %,** thesaurierend. Anlageziel ist die genaue Abbildung vom MSCI Europe Energy mit 20 Aktien und großen Anteilen Großbritanniens.		
Amundi **Leveraged MSCI Usa Daily USD**	A0X 8ZS	1.631,00 €	1.651/1.137 €	+27/+58/+253 %
		Umfang 70 Mio. €, Alter 9 Jahre, Gebühr **0,35 %,** thesaurierend. Der ETF bildet den Strategieindex MSCI USA Leverage mit zweifachem Hebel im steigenden und fallenden Markt ab.		
ComStage **DivDAX UCITS I**	ETF 003	30,75 €	33,15/28,55 €	+-0/+6/+54 %
		Umfang 68 Mio. €, Alter 7 J., Gebühr **0,25 %,** ausschüttend. Dieser ETF bildet die Wertentwicklung vom Referenzindex Div-DAX mit insgesamt 15 Titeln so genau wie möglich nach.		
ComStage **Dow Jones Industrial**	ETF 010	252,60 €	254,4/206,1 €	+18/+45/+75 %
		Umfang 73 Mio. €, Alter 10 Jahre, Gebühr **0,45 %,** ausschüttend. Der ETF bildet die Wertentwicklung vom US-Leitindex mit 30 Titeln ab. Hauptanteile: Boeing, 3M, Goldman Sachs.		
ComStage **Euro Stoxx Select Dividend 30**	ETF 051	43,10 €	46,00/38,70 €	+-0/+14/+71 %
		Umfang 72 Mio. €, Alter 10 Jahre, Gebühr **0,25 %,** ausschüttend. Der ETF bildet den Index Euro Stoxx Select Div. 30 ab mit den 30 dividendenstärksten Unternehmen der Eurozone.		

Emittent und Bezeichnung	WKN	Kurs 18.07.18	52 Wochen-Hoch/Tief	Kursverlauf % 1, 3, 5, 10 Jahre
ComStage Hang Seng	ETF 022	36,70 €	40,85/31,80 €	+11/+22/+51 %
	Umfang 169 Mio. €, Alter 8 Jahre, Gebühr **0,55 %,** ausschüttend. Der ETF knüpft an die Wertentwicklung des Hang Seng Index von der Börse Hongkong an. Sehr bekannt ist Tencent.			
ComStage MDAX UCITS I	ETF 007	25,65 €	26,45/23,10 €	+5/+24 %
	Umfang 192 Mio. €, Alter 4 Jahre, Gebühr **0,30 %,** ausschüttend. Dieser ETF bildet den auf 60 Mid Caps aufgestockten Index ab, in dem einige TecDAX-Titel zusätzlich gelistet sind.			
ComStage MSCI USA USD	ETF 120	**64,35 €**	64,35/52,60 €	**+17/+40/+81 %**
	Umfang 169 Mio. €, Alter 10 Jahre, Gebühr **0,10 %,** ausschüttend. Der ETF spiegelt die Wertentwicklung vom Index MSCI USA ab. Hauptanteile: Apple, Microsoft, Amazon, Facebook.			
ComStage Nasdaq-100	ETF 011	**66,85 €**	66,85/49,95 €	**+27/+64/+148 %**
	Umfang 494 Mio. €, Alter 10 Jahre, Gebühr **0,25 %,** ausschüttend. Der ETF umfasst die 100 größten Firmen der US-Technologiebörse. Dazu zählen Apple, Amazon, Alphabet, Nvidia.			
ComStage Nikkei 225	ETF 020	19,15 €	19,65/15,85 €	+14/+14/+64 %
	Umfang 5,9 Mrd. €, Alter 10 Jahre, Gebühr **0,25 %,** ausschüttend. Der ETF gibt die Wertentwicklung vom Nikkei 225 Stock Average wieder mit Japans größten in Tokio notierten Firmen.			
ComStage SDAX UCITS	ETF 005	114,55 €	118,9/104,3 €	+9/+34/+97 %
	Umfang 142 Mio. €, Alter 7 Jahre, Gebühr **0,70 %,** ausschüttend. Der ETF bildet den TecDAX mit 30 Titeln ab, in den zusätzlich vom DAX SAP, Infineon und Dt. Telekom dazustoßen.			
ComStage Stoxx Europe 600 Retail	ETF 075	65,75 €	66,00/53,85 €	+11/-5/+25 %
	Umfang 3 Mio. €, Alter 10 J., Gebühr **0,25 %,** ausschüttend. Der ETF spiegelt die Wertentwicklung Index Stoxx Europe 600 Retail wider mit Europas größten Handelsunternehmen.			
ComStage TecDAX	ETF 908	23,25 €	23,85/17,80 €	+23 %/erst 2 J. alt
	Umfang 69 Mio. €, Alter 2 J., Gebühr **0,40 %,** ausschüttend. Der ETF gibt möglichst genau den STOXX Europe 600 Oil & Gas wieder. Im Index sind 600 Standard-Aktien enthalten.			
Invesco Markets III Nasdaq 100	801 498	16,25 €	19,75/15,4 €	**+27/+64/+148/+326 %**
	Umfang 2,34 Mrd. €, Alter 16 Jahre, Gebühr **0,15 %,** ausschüttend. Der Fonds bildet den Nasdaq 100 nach, er darf andere Titel beimischen, um das ambitionierte Fondsziel zu erreichen.			

Emittent und Bezeichnung	WKN	Kurs 19.07.18	Hoch/Tief 1 Jahr	Kursverlauf % 1, 3, 5, 10 Jahre
Invesco Market PLC Stoxx Europe 600	A0R PSB	201,55 €	203/200 €	+25/+28/+36 %
		Umfang 27 Mio. €, Alter 9 J., Gebühr **0,30 %,** thesaurierend. Abgebildet wird die Wertentwicklung vom Index Stoxx Europe Oil & Gas. Die Exploration macht fast 90 % der Anteile aus.		
iShares Europe 600 Auto & Parts	A0Q 4R2	49,85 €	62,2/46,7 €	+-0/+15/+38 %
		Umfang 124 Mio. €, Alter 12 Jahre, Gebühr **0,45 %,** ausschüttend. Der ETF bildet den Stoxx Europe Automobiles & Parts ab. Vom DAX sind berücksichtigt: BMW, Conti, Daimler und VW.		
iShares Nasdaq 100 (DE)	A0F 5UF	61,90 €	64,0/46,7 €	+27/+63/+146/+325 %
		Umfang 1,33 Mrd. €, Alter 12 Jahre, Gebühr **0,30 %,** ausschüttend. Der den Nasdaq abbildende ETF hat große Anteile von Apple, Amazon, Microsoft, Facebook, Alphabet, Intel, Netflix.		
iShares S&P 500 Information/Technik	A14 2N1	7,65 €	7,75/5,70 €	+31 %/erst 3 J. alt
		Umfang 1,53 Mrd. €, Alter 3 Jahre, Gebühr **0,15 %,** thesaurierend. Abgebildet wird der Informationstechnologie-Sektor vom S&P 500 mit Software, Internetservice, Halbleiterelektronik.		
iShares TecDAX (DE) UCITS EUR	593 397	26,25 €	27,3/20,3 €	+26/+61/+180/+284 %
		Umfang 955 Mio. €, Alter 17 Jahre, Gebühr **0,50 %,** thesaurierend. Der Indexfonds mit exzellentem Kursanstieg misst die Wertentwicklung vom TecDAX mit seinen 30 Hightechfirmen.		
LYXOR MSCI World	LYX 0AG	181,30 €	185/159 €	+10/+19/+76/+162 %
		Umfang 2,0 Mrd. €, Alter 12 J., Gebühr **0,30 %,** ausschüttend. Der ETF bildet den weltbekannten Orientierungsindex MSCI World ab. Hauptanteile: IT-Software, Finanzen, Konsumgüter.		
LYXOR MSCI World Informat./Technik	LYX 0GP	243,35 €	244/181 €	+28/+69/+186 %
		Umfang 191 Mio. €, Alter 8 Jahre, Gebühr **0,30 %,** thesaurierend. Der ETF gibt den Referenzindex MSCI World Information Technology wieder. Dazu gehören Apple, Visa, Cisco, Intel.		
LYXOR Nasdaq-100	541 523	24,85 €	25,1/19,1 €	+25/+51/+178/+473 %
		Umfang 598 Mio. €, Alter 17 Jahre, Gebühr **0,30 %,** ausschüttend. Der Nasdaq-ETF bringt Aktien der Marktführer im Sektor Technologie, Halbleiter, Telekommunikation, Biotechnologie.		
LYXOR Stoxx Europe Auto & Parts	LYX 0AN	68,10 €	80,0/61,0 €	+3/+-0/+56/+178 %
		Umfang 33 Mio. €, Alter 10 Jahre, Gebühr **0,30 %,** thesaurierend. Der ETF bildet den Stoxx Europe Automobile & Parts ab. Vom DAX sind vertreten: BMW, Continental, Daimler und VW.		

Emittent und Bezeichnung	WKN	Kurs 19.07.18	52 Wochen-Hoch/Tief	Kursverlauf % 1, 3, 5, 10 Jahre
SPDR MSCI Europe Energy	A11 91P	145,45 €	151,7/108,5 €	+30/+33 %
		Umfang 69 Mio. €, Alter 4 Jahre, Gebühr **0,30 %**, thesaurierend. Der ETF gibt den Referenzindex MSCI Europe Energy 35/20 wieder. Große Anteile: BP, Total, Royal Dutch, Repsol.		
SPDR S&P U.S. Technology Select	A14 QB5	31,40 €	31,50/23,45 €	+30/+75 %
		Umfang 64 Mio. €, Alter 3 Jahre, Gebühr **0,15 %**, thesaurierend. Der ETF bildet vom großen US-Index S&P 500 die Bereiche Informationstechnologie und Telekomdienstleistungen ab.		
UBS MSCI USA Value UCITS ETF	A1J VB8	66,00 €	66,45/49,55 €	+10/+35/+59 %
		Umfang 577 Mio. €, Alter 6 Jahre, Gebühr **0,20 %**, ausschüttend. Der ETF bildet den Index MSCI USA Value ab. Hauptanteile: JP Morgan, Exxon Mobil, J&J, Microsoft, Intel, Pfizer.		
UBS Solactive Global Oil Equities	A1J VYJ	12,90 €	13,80/7,75 €	+42/+16/-28 %
		Umfang 17 Mio. €, Alter 6 J., Gebühr **0,33 %**, ausschüttend. Der ETF umfasst die Wertentwicklung vom Index Solactive Global Oil. Es besteht ein enges Verhältnis zur Erdölindustrie.		
X-trackers MSCI World Information Technologie	A11 3FM	24,85 €	25,00/18,60 €	+29 %/erst 2 J. alt
		Umfang 345 Mio. €, Alter 2 Jahre, Gebühr **0,15 %**, thesaurierend. Der ETF bildet vom großen US-Index MSCI World die Sparten Informationstechnologie und Telekomdienstleistungen ab. Hauptanteile: Apple, Microsoft, Facebook, Alphabet, Intel.		
X-trackers Stoxx Europe Oil & Gas	DBX 1SG	86,85 €	91,15/67,45 €	+24/+26/+34/+39 %
		Umfang 35 Mio. €, Alter 6 J., Gebühr **0,43 %**, ausschüttend. Der ETF bildet die Wertentwicklung vom Index Stoxx Europe 600 Oil & Gas ab und umfasst die führenden Aktien der Sektoren Exploration, Förderung, Pipelines und Dienstleistungen.		

Was sich bei ETFs im Interesse des Fortschritts ändern sollte

ETFs mit zweifachem Hebel entsprechen nicht dem erwarteten leichtverständlichen Strategieansatz. Geht es darum, Gewinne oder Verluste zu verdoppeln bzw. gleiche Ergebnisse mit halbem Einsatz zu erreichen, sollte dies den Hedgefonds vorbehalten bleiben. Auch komplizierte Produktnamen stören. Hilfreich wäre die Angabe der sechsstelligen WKN in deutlicher Schrift. Warum bei der Suche nach neuen Produkten nicht endlich den Index **DAXplus Family 30** nachbilden, zumal 2019 ein **Aktienfonds Familienfirmen** auf den Markt kommen soll?

9.3 Branchen-ETFs werden immer beliebter

Der Aufschwung im ETF-Sektor bewirkt, dass neben klassischen Indexfonds aktive Produkte hinzukommen. ETF-Manager greifen auf Branchen-Indizes zu. Ich setze die Innovation in dieser Branchenauswahl um. So lassen sich Zukunfts-Sektoren mit einer Transaktion abdecken, wie Bauwirtschaft, Hightech/IT/Software oder Gesundheitswesen mit Biotech/Pharma/Medizintechnik. Sie sparen Zeit, Mühe und Kosten. **Nachteil:** Umgekehrt können Sie Zukäufe bei Kursschwäche und Teilverkäufe nahe dem Jahreshoch nicht flexibel nutzen wie bei Einzelaktien.

❸ Globale ETF-Branchen-Auswahl mit je 1 bis 3 Titeln: Breite Streuung und Marktabdeckung, wenig Sucharbeit

Emittent und Bezeichnung	WKN	Kurs 19.07.18	52 Wochen- Hoch/Tief	Kursverlauf % 1, 3, 5 Jahre
Automobilbranche: Hersteller & Zulieferer, Trend Elektromobilität				
Lyxor Stoxx Europ.	LYX 0AN	67,90 €	80,00/61,00 €	+3/+-0/+56/+178 %
Auto & P, kein Ansparplan, 33 Mio. €, Alter 12 Jahre, Gebühr **0,30 %**, thesaurierend. Dieser ETF konzentriert sich auf den Index Stoxx Europe 600 Automobiles & Parts Net Return. Große Positionen: Daimler, BMW, Continental, VW, Michelin, Renault.				
Banken, Versicherungen, Finanzdienstleistungen: noch Korrektur				
ComStage Stoxx E.	ETF 062	38,55 €	46,15/37,75 €	-10/-20/+10 %
Banks NR, kein Ansparplan, 17 Mio. €, Alter 10 Jahre, Gebühr **0,25 %**, thesaurierend. Anlageziel ist die Wiedergabe der Wertentwicklung vom Stoxx Europe 600 Banks NR Index. Dazu zählen HSBC, Santander, BNP Paribas, UBS, Lloyds, ING.				
Lyxor UCITS	LYX 0AQ	36,10 €	39,10/33,65 €	+3/+6/+67/+118 %
Insurance EUR, kein Sparplan, 65 Mio. €, Alter 12 Jahre, Gebühr **0,30 %**, thesaurierend. Der ETF konzentriert sich auf den Index Stoxx Europe 600 Insurance Net Return. Große Posten: Allianz, Prudential, AXA, Zurich Insurance, Münchner Rück.				
Chemie und Gesundheitswesen: Pharma und Medizintechnik				
ComStage Stoxx E.	ETF 068	129,95 €	130,3/111,5 €	+2/-7/+49 %
Health Care, kein Sparplan, 68 Mio. €, Alter 10 Jahre, Gebühr **0,25 %**, thesaurierend. Der Gesundheits-ETF bildet den Stoxx Europe 600 Health Care NR Index ab. Große Posten: Novartis, Roche, Novo Nordisk, Sanofi, Astra Zeneca, Fresenius.				
iShares Stoxx Eur.	A0H 08E	95,35 €	99,00/84,90 €	+10/+8/+54 %
Chemicals (DE), kein Sparplan, 95 Mio. €, Alter 16 Jahre, Gebühr **0,45 %**, ausschüttend. Der ETF spiegelt den STOXX Europe 600 Chemicals mit Aktien aus 18 EU-Ländern wider. Vertreten sind: Bayer, BASF, Linde, Akzo Nobel, Symrise.				

Emittent und Bezeichnung	WKN	Kurs 19.07.18	52 Wochen- Hoch/Tief	Kursverlauf % 1, 3, 5 Jahre
Chemie, Pharma, Medizintechnik als Zukunftsmärkte (Forts.)				
ComStage Chemie	ETF 074	192,95 €	197,2/165,2 €	+8/+7/+53 %
Stoxx Europe 600 Chemicals, 16 Mio. €, Alter 10 Jahre, Gebühr **0,25 %,** ausschüttend. Der ETF bildet den Index Stoxx Europe 600 Chemicals möglichst genau nach. Vom DAX/MDAX sind u. a. vertreten: BASF, Linde, Covestro, Brenntag, Symrise.				
Lyxor MSCI World	LYX 0GM	265,00 €	267,9/225,0 €	+9/+2/+83 %
Health Care TR C-EUR, kein Sparplan, 231 Mio. €, 8 Jahre, Gebühr **0,30 %,** thesaurierend. Der ETF bildet den Index MSCI World Health Care ab. Große Posten: Johnson, Roche, Merck, United Health, Bristol Myers, Medtronic, Amgen und Gilead.				
Energie fossil, Erdöl und Erdgas, Exploration, Förderung, Vertrieb				
x-trackers Oil & Gas	DBX 1SG	86,85 €	95,15/67,45 €	+25/+26/+33/<u>+39 %</u>
Stoxx Europe 600 Oil &, 46 Mio. €, Alter 11 Jahre, Gebühr **0,15 %,** thesaurierend. Der ETF bildet den Stoxx Europe 600 Oil & Gas ab. Dazu gehören die führenden Blue Chips aus Europa wie BP, ENI, OMV, Repsol, Royal Dutch Shell und TOTAL.				
UBS Oil Equities	A1J VYJ	12,95 €	13,80/7,75 €	<u>+43/+16/-29 %</u>
Umfang 17 Mio. €, Alter 6 Jahre, Gebühr **0,33 %,** ausschüttend. Der ETF umfasst die Wertentwicklung vom Index Solactive Global Oil mit Bezug zur Erdölindustrie.				
Gold, Silber, Platin, Palladium: Edelmetalle und Goldminen				
RBS Market Acc.	A0M MBG	60,35 €	76,00/56,00 €	-10/+23/-17/-46 %
NYSE Arca Gold Bugs Index, 75 Mio. €, Alter 11 Jahre, Jahresgebühr **0,65 %,** thesaurierend. Ziel ist die Nachbildung vom NYSE Arca Gold BUGS Index. Dazu gehören bekannte Minenaktien wie Barrick Gold, Newmont Mining, Goldcorp, Randgold.				
UBS Gold Miners	A1J VYJ	9,20 €	10,90/7,15 €	<u>+9/+34/+97 %</u>
Umfang 35 Mio. €, Alter 6 Jahre, Gebühr **0,43 %,** ausschüttend. Der ETF knüpft an die Wertentwicklung vom Index Solactive Global Pure Gold Miners an mit so bekannten Titeln wie Agnico Eagle, Newmont Mining, Kirkland Lake, Iamgold Corp.				
Immobilien, Bauwirtschaft (Real Estate): Boom in Ballungszentren				
ComStage Real E.	ETF 074	30,85 €	31,70/26,90 €	+8/+1/+56 %
Aktien-Immobilienfonds Stoxx Europe 600 Real Estate, 17 Mio., Alter 10 J., Gebühr **0,25 %,** ausschüttend. Europas Immobilienindex umfasst die Wertentwicklung der größten Immobilientitel. Aus DAX/MDAX vertreten: Vonovia, Dt. Wohnen, LEG.				
db x-trackers FTSE	DBX 0F1	24,70 €	25,10/21,25 €	+-0/+26/+69 %
E/N Dev. Europ., Immobilien/REIT, 350 Mio. €, Alter 7 Jahre, Verwaltungsgebühr **0,40 %,** thesaurierend. Der ETF konzentriert sich auf den FTSE Epra/Nareit Developed Euro Net. Aus Deutschland sind dabei: Vonovia, Dt. Wohnen, LEG Immobilien.				

Emittent und Bezeichnung	WKN	Kurs 19.07.18	52 Wochen- Hoch/Tief	Kursverlauf % 1, 3, 5 Jahre
Industrie 4.0 mit Informatik, Software, Internet, Technologie, KI				
LYXOR MSCI W.	LYX 0GP	243,35 €	244,0/181,1 €	+28/+69/+186 %
MSCI World Information Technology. Umfang 191 Mio. €, Alter 8 Jahre, Gebühr **0,30 %**, thesaurierend. Der ETF gibt im Zukunftsmarkt Industrie 4.0 den Referenzindex MSCI World Information Technology wieder. Mit dabei: Apple, Visa, Cisco, Intel.				
Powershares Dyn.	A0M 2EH	16,85 €	17,4/12,5 €	+21/+39/+82/+154%
PS DYN US Mrkt UETF. Kein Sparplan, 17 Mio. €, Alter 11 J., Gebühr **0,75 %**, ausschüttend. Der ETF bildet den Dynamic Market Intellidex ab. Er investiert in die Zukunftsmärkte Hightech/Internet/Konsum wie Nvidia, Facebook, Applied Materials.				
SPDR S&P U.S.	A14 QB5	31,40 €	31,55/23,45 €	+30/+75 %
Umfang 64 Mio. €, Alter 3 Jahre, Gebühr **0,15 %**, thesaurierend. Der ETF bildet vom US-Index S&P 500 die Informationstechnologie und Telekomdienstleistungen ab.				
ComStage Stoxx	ETF 076	72,20 €	75,80/59,35 €	+20/+43/+104 %
STOXX Europe 600 Technology, 29 Mio. €, Alter 10 Jahre, Gebühr **0,25 %**, ausschüttend. Der ETF bildet die Wertentwicklung vom Stoxx Europe 600 Technology Index ab und investiert in Hightech- und Softwareaktien wie SAP, Infineon, ASML.				
Konsumgüter-Industrie, Schwerpunkt Haushalt, Freizeit, Familie				
Lyxor UCITS St.	LYX 0AV	98,40 €	101,5/86,80 €	-2/+12/+63/+241 %
Stoxx Europe 600 Personal & Household, 29 Mio. €, Alter 12 J., Gebühr **0,30 %**, thesaurierend. Der EFT bildet den Referenz-Index Stoxx Europe 600 P&H ab und investiert in große Konsumgütertitel wie Unilever, L'Oréal, LVMH, Adidas, Henkel.				
Maschinen- & Anlagenbau, Konstruktion, Materialien, Werkstoffe				
Lyxor ETF Stoxx	LYX 0AZ	52,20 €	56,25/49,15 €	-1/+17/+80/+115 %
UCITS Europe 600 Constr. & Mat., 19 Mio. €, Alter 12 Jahre, Gebühr **0,30 %**, thesaurierend. Nachgebildet wird der Index STOXX Europe 600 Construction & Materials. Große Posten sind VINCI, Saint Gobain, Geberit, HeidelbergCement, CRH Plc.				
Medien: verzweigt mit TV, Video, Internet, Musik, Film, Presse				
ComStage Stoxx	ETF 071	55,45 €	57,30/47,55 €	+10/-7/+51 %
Europe 600 Media UCITS, 7 Mio. €, Alter 10 Jahre, Gebühr **0,25 %**, ausschüttend. Der ETF orientiert sich am Index Stoxx Europe 600 Media und bildet große Medientitel ab. Zum Portfolio gehören: SKY, ProSiebenSAT.1, Wolters Kluwer, Vivendi.				
Nahrungsmittelbereich Essen, Trinken und Genussmittel				
ComStage Stoxx	ETF 067	124,10 €	125,7/110,1 €	+3/+8/+50 %
Europe 600 Food & Beverage, 44 Mio. €, Alter 10 Jahre, Gebühr **0,25 %**, ausschüttend. Der ETF investiert in Europas Nahrungsmittel- und Getränkebranche.				

Emittent und Bezeichnung	WKN	Kurs 19.07.18	52 Wochen-Hoch/Tief	Kursverlauf % 1, 3, 5 Jahre
Rohstoffe, Ressourcen: ein Markt mit starken Kursschwankungen				
ComStage Stoxx E.	ETF 063	94,30 €	95,90/93,45 €	+16/+34/+48 %
Stoxx Europe 600 Basic Resources, 25 Mio. €, 10 Jahre, ausschüttend, Gebühr **0,25 %**. Es führen die Rohstoffsektoren Bergbau, Metall, Mineralien, Papier, Eisen. Dazu zählen Rio Tinto, BHP Billiton, Glencore, UPM Kymmene, Anglo American.				
SPDR MSCI Eur.	A11 91P	145,45 €	151,7/108,5 €	+30/+33 %
Umfang 69 Mio. €, Alter 4 Jahre, Gebühr **0,30 %**, thesaurierend. Der ETF bildet den Referenzindex MSCI Europe Energy 35/20 ab – zusammengesetzt aus 98 % Energie, 2 % Industrie. Große Anteile: BP, Total, Royal Dutch, Repsol, ENI und Statoil.				
ComStage Stoxx	ETF 072	85,20 €	89,45/61,70 €	+24/+25/+31 %
Europe 600 Oil & Gas UCITS, 34 Mio. €, Alter 10 Jahre, Gebühr **0,25 %**, ausschüttend. Der ETF bildet den Stoxx Europe 600 Oil & Gas ab. Dazu gehören bekannte Blue Chips aus Europa wie BP, ENI, OMV, Repsol, Royal Dutch Shell und TOTAL.				
Technologie, Telekommunikation, digitalisierte, vernetzte Welt				
x-trackers MSCI	A11 3FM	24,85 €	25,00/18,60 €	+29 %/erst 2 J. alt
Umfang 345 Mio. €, Alter 2 Jahre, Gebühr **0,15 %**, thesaurierend. Der ETF bildet vom großen US-Index SMPI World die Bereiche Informationstechnologie und Telekomdienstleistungen ab. Hauptanteile: Apple, Microsoft, Facebook, Alphabet, Intel.				
ComStage Telek.	ETF 077	63,55 €	75,10/61,40 €	-9/-20/+27 %
Stoxx Europe 600 Telekommunications UCITS, 8 Mio. €, Alter 10 Jahre, Gebühr **0,25 %**. Telekomdienste machen 95 % vom Anlagekapital aus. Große Anteile haben Vodafone, Deutsche Telekom, Telefonica, Orange, BT Group sowie Swisscom.				
iShares Stoxx	A0H 08Q	46,75 €	49,05/38,50 €	+20/+44/+104 %
Europe 600 Technology UCITS, 123 Mio. €, Alter 17 Jahre, Gebühr **0,45 %**, ausschüttend. Der ETF bildet den chancenreichen Vergleichsindex Stoxx Europe 600 Technology ab. Große Posten: SAP, ASML, Nokia, Ericsson, Infineon, Cap Gemini.				
Wasserbereich, immer knapper werdendes „blaue Gold"				
Lyxor Water ETF	LYX 0CA	35,00 €	37,75/32,90 €	+-0/+17/+80/+178 %
World Water UETF, Volumen 513 Mio. €, Alter 11 Jahre, Gebühr **0,60 %**, ausschüttend. Hier geht es um Aufbereitung, Reinigung, Bewässerung, Logistik, Transport. Dazu gehören: American Water, Geberit, MASCO, Pentair, Veolia und XYLEM.				
Windkraft- und Solarenergie im Kampf gegen Klimawandel				
Lyxor Energie ETF	LYX 0CB	21,30 €	23,90/19,00 €	+5/+12/+59/-29 %
New Energy UETF D-EUR, 63 Mio. €, Alter 11 Jahre, Verwaltungsgebühr **0,60 %**, ausschüttend. Der Referenzindex World Energy CW Net Total Return wird möglichst genau abgebildet. Bekannte Titel sind Vestas, Dänemark, und Gamesa, Spanien.				

Wann entscheide ich mich für Einzelaktien?

Über DAX und Dow Jones mit je 30 Titeln gibt es viele Informationen. Hier ist es ziemlich einfach, Spitzentitel auszuwählen und Kursschwankungen zu nutzen für Kombinationsgeschäfte. Dies sind Teilverkäufe nahe dem Jahreshoch und Zukäufe chancenreicher Aktien, die übertrieben abgestraft oder Opfer fragwürdiger Leerverkäufe wurden. Zu Einzelaktien rate ich, wenn Sie über genug Geld, Zeit und Wissen verfügen. Wer sich auskennt, sollte in „Marathonaktien", gute Nebenwerte und Familienfirmen mit langjährigem Kursplus und verlässlicher Dividende investieren. Falls möglich, sichern Sie sich Belegschaftsaktien. Es lohnt sich, in Zukunftsmärkte flexibel zu investieren, wie Hightech, Software, Internet, Robotik.

Wann bevorzuge ich Indexfonds bzw. ETFs?

Wenn es sich um einen bekannten Index mit wenig Titeln handelt, wie DAX und Dow Jones mit nur 30 Werten, hat ein aktives Fondsmanagement kaum eine Chance, den Vergleichsindex zu schlagen. Der Ausgabeaufschlag und die oft hohe jährliche Verwaltungsgebühr bewirken, dass Blue-Chips-Aktienfonds zu 80 bis 90 % gegen die Benchmark verlieren. Fehlen die Grundlagen, vor allem Geld und Interesse für breite Streuung, sind preiswerte ETFs mit niedriger Verwaltungsgebühr allererste Wahl. So decken Sie alle wichtigen Märkte ab. Ein ETF gewinnt zwar nie gegen den Vergleichsindex. Aber er verliert auch nicht. Kürzlich empfahl Starinvestor Warren Buffett seiner Frau Astrid, nach seinem Tod mit einem ETF in den S&P 500-Index zu investieren *„Passive Fonds schneiden europaweit besser ab als aktive"*, erklärt die Analysefirma S&P Dow Jones Indices. Für das schnelle Rein/Raus eignen sich ETFs nur eingeschränkt und Aktienfonds gar nicht. Beträgt die Verwaltungsgebühr nur 0,10 oder 0,20 %, werden ETFs auch gern für ein flottes Trading genutzt – insbesondere beim zweifachen Hebel.

Wann entscheide ich mich für Aktienfonds?

Aktienfonds zu verdammen, ist nicht gerechtfertigt. Es gibt hervorragende Aktienfonds. Sie spezialisieren sich auf deutsche und globale Nebenwerte oder konzentrieren sich auf Branchen und Themen in Zukunftsmärkten. Dies sind nicht die Mogler, die den Vergleichsindex kaum verändern. Innovative Fondsmanager, die auf Markttrends flexibel reagieren, können den Vergleichsindex abhängen. Das gilt für den Schwerpunkt hohe Dividenden oder Zukunftsmärkte mit Industrie 4.0, Internet der Dinge, Digitalisierung, vernetzter Welt, Robotik, selbst fahrenden Autos. Es betrifft Aktienfonds im Technologiesektor und Gesundheitswesen, die den demografischen Wandel umsetzen. Hier forschungs- und kapitalstarke Pharmariesen; dort innovative Biotechfirmen, die neue Wirkstoffe, Therapien und Verfahren erkunden. Ein Füllhorn für kreative Aktienfonds! Bei üppigen Dividenden empfehlen sich thesaurierende Fonds, um den Zinseszinseffekt zu nutzen.

Orientiert sich ein Aktienfonds an einem Index mit vielen Werten, wie Nasdaq 100, Nikkei 225 oder S&P 500, können engagierte Manager mit fairen Gebühren den Vergleichsindex weit hinter sich lassen. Dies gilt auch für Nebenwerte und interessante Branchen in Zukunftsmärkten. Ein Ausgabeaufschlag von 5 % und eine Jahresgebühr von 2 % verbieten das schnelle Rein und Raus.

Unter 265 Renten-ETFs fand ich bei der ARD-Börse nur eine Handvoll brauchbarer Produkte für vorsichtige Anleger

Hier wird deutlich: Beim Nachbilden eines bestimmten Börsenbarometers besteht kein Spielraum für innovative Strategiekonzepte. Das Einhalten von verbindlichen Vorgaben bremst positive Renditen in den Zeiten der Nullzinspolitik weitgehend aus. Da sind aktiv gemanagte Rentenfonds klar im Vorteil, auch wenn sie mit guten Aktienfonds verständlicherweise nicht mithalten können.

Fünf Renten-ETFs aus den Siegerlisten der ARD-Börse

Name, Fonds-Gesellschaft	WKN	Kurs 20.07.18	Hoch/Tief 52 Wochen	Kursverlauf 1, 3, 5 Jahre
Allianz Strategie 2031 Plus	637 247	66,65 €	66,70/62,75 €	+5/+14/+49/+116 %
		Umfang 26 Mio. €, Alter 16 Jahre, Ausgabeaufschlag **4,00 %**, Gebühr **0,60 %**, thesaurierend. Der Fonds will bis Laufzeitende 2031 Erträge erwirtschaften mit über 50 % Anteil Zinspapiere.		
H20 Multibonds R EUR	A1J 7Z1	368,30 €	368,7/270,6 €	+32/+74/+179/+274 %
		Umfang 2,66 Mrd. €, Alter 9 Jahre, Ausgabeaufschlag **1,00 %**, Gebühr **0,73 %**, thesaurierend. Der flexible Multi-Rentenfonds, bevorzugt internationale Staatsanleihen mit Mindestrating BBB.		
LYXOR BONO 10Y MTS Spain Gov.	LYX 0QA	159,00 €	160,6/150,5 €	+6/+15/+52 %
		Umfang 124 Mio. €, Alter 5 J., Ausgabeaufschlag **0,00 %**, Gebühr **0,17 %**, thesaurierend. Der als Rentenfonds ausgewiesene ETF ohne Ausgabeaufschlag orientiert sich am Referenzindex.		
Parvest Bond Euro Long Term Classic	A1K DFY	869,30 €	882,3/833,6 €	+4/+11/+41 %
		Umfang 30 Mio. €, Alter 5 Jahre, Ausgabeaufschlag **3,00 %**, Gebühr **0,70 %**, thesaurierend. Der Fonds investiert in Staats- und Firmenanleihen mit Laufzeiten von über 10 Jahren im Schnitt.		
Vanguard Investment Series 20+Year	A0N E64	208,40 €	209,1/190,2 €	+8/+16/+47/+80 %
		Umfang keine Angabe, Alter 11 J., Ausgabeaufschlag **0,00 %**, Gebühr **0,25 %**, thesaurierend. Der als Rentenfonds ausgewiesene ETF bildet mit festverzinslichen Staatstiteln den Index ab.		

9.4 Dreikampf: Aktien – Aktienfonds – ETFs

Vorteile und Nachteile rund um Aktien, Aktienfonds, ETF			
Vorteile Aktien	**Vorteile Aktienfonds**	**Vorteile ETF**
Bei niedrigen Kursen bietet sich ein spontaner Zukauf an. Nahe dem Jahres- oder Allzeithoch ist ein Teilverkauf zu überlegen. Bei Einzelaktien entscheiden Sie selbst, ob, wann, was, wie oft und in welcher Größenordnung Sie etwas tun. Ein großes Aktiendepot bietet im Crash beste Chancen für kluge Hoch-/Tief-Mut- und Kombinationsstrategien mit Zukauf/Teilverkauf.	Schichtet das Management um, wird der Aktionär nicht direkt mit den Transaktionskosten belastet. Sie schlagen sich in den Gebühren nieder. Privatanleger nutzen die Fachkompetenz von Profis, sparen Zeit, Arbeit und Mühe und vermeiden die ganz großen Fehler. Mit guten Spezialfonds lassen sich attraktive Märkte, Indizes und Branchen durch ein geschicktes Management gewinnbringend abdecken.	Kein Ausgabeaufschlag, nur geringe Jahresgebühr im Schnitt von 0,3 %. Da der ETF die Indexzusammensetzung widerspiegelt, wird nur selten umgeschichtet. Dies ist ein Hauptgrund für die niedrigen Gebühren. Passiv gemanagte ETFs bilden den Index ab. Es genügt, alle paar Monate das Depot zu überprüfen. Selbst mit kleinem Vermögen sind Sie in den wichtigsten Märkten und Branchen investiert.
Nachteile Aktien	**Nachteile Aktienfonds**	**Nachteile ETF**
Jeder Kauf und Verkauf ist mit Transaktionskosten verbunden. *„Viel Hin und Her macht Taschen leer."*	Ausgabeaufschläge bis zu 5 % und jährliche Verwaltungsgebühren zwischen 1 % und 2,0 % belasten das Depot.	Es ist für Einsteiger schwierig, ein klassisches passives vom aktiven Management mit Derivaten abzugrenzen.
Über Aktien in großen Indizes wird ausführlich berichtet. Infos über den **DAXplus Family 30** und **GEX** fehlen völlig.	Spezialfonds schlagen oft den Markt. Aber 4 von 5 großen Standardfonds verlieren gegenüber dem Vergleichsindex.	Sparpläne gibt es selten, Absicherung kostet Geld und neue Produkte mit zweifachem Hebel passen nicht zum ETF-Konzept.
Wer Einzelaktien ordert, verliert bei fehlendem Wissen, Herdentrieb und mangelnder Kontrolle oft viel Geld.	Beratende Banken machen sich aus Eigennutz für eigene Aktienfonds stark und empfehlen nur selten oder nie ETFs.	Die ETFs haben oft ellenlange unverständliche Namen. Die zwölfstellige ISIN in winziger Schrift führt leicht zu Fehlern.

9.5 Die ETF-Favoriten vom EXtra-Magazin

Das EXtra-Magazin www.extra-funds.de bringt Siegerkurslisten für ETFs im Mehrjahresvergleich. Immer spielt auch die Branchenrotation eine gewisse Rolle. Da Sie ETFs langfristig möglichst ein Jahrzehnt und noch länger halten sollten, ist es nicht entscheidend, ob im Bullenmarkt konjunkturabhängige, wachstumsstarke offensive Growthaktien oder im Bärenmarkt nachhaltig wirtschaftende substanz- und dividendenstarke defensive Value-Aktien vorn liegen. Wer langfristig breit gestreut anlegt, muss sich über kurzfristige Trends keine Sorgen machen.

Viele Anleger interessiert es, wie ETFs im Drei-Jahres-Vergleich, also mittelfristig abschneiden. Dies ist der Start für die große Zeit der Nebenwerte MDAX, TecDAX, SDAX und der US-Technologiebörse Nasdaq. Hightech und Biotech machen Growth-Titel attraktiv. Ähnlich verläuft der Trend bei den aktiven Aktienfonds. Der Blick auf die Fünf-Jahres-Entwicklung lohnt sich. Es geht um die Altersvorsorge, Einmal-Anlagen und Sparpläne für Kinder und Enkel. Für ETFs sprechen günstige Gebühren. Was gute Aktienfonds zu bieten haben, sind Innovation, Flexibiliät und Verzicht auf ausbremsende starre Vorgaben.

Beste ETFs des EXtra-Magazins vom August 2017 im Fünf-Jahres-Vergleich; angepasst Mitte Juli 2018

Name, Fonds-Gesellschaft	WKN	Kurs 20.07.18	Hoch/Tief 1 Jahr	Kursentwicklung 1, 3, 5, 10 Jahre
Amundi ETF Leverage MSCI USA	A0X 8ZS	1.617,00 €	1.665/1.134 €	+28/+51/+257 %
		Umfang 71,3 Mio. €, Alter 9 Jahre, Gebühr **0,35 %,** thesaurierend. Im zweifach gehebelten ETF sind die Spitzenwerte Dow Jones und Nasdaq vertreten wie Apple, Microsoft, Amazon.		
Amundi ETF Leverage Euro Stoxx 50	A0X 8ZU	278,25 €	310,3/239,6 €	+2/-5/+78 %
		Umfang 12 Mio. €, Alter 9 Jahre, Gebühr **0,30 %,** thesaurierend. Der zweifache Hebel bewirkt ein prozentual doppeltes Plus oder Minus. Der ETF bildet die 50 großen Titel vom Euro Stoxx 50 ab.		
BlackRock iShares Nasdaq-100	A0F 5UF	60,95 €	62,20/46,95 €	+25/+60/+148/+320 %
		Umfang 1,34 Mrd. €, Alter 12 Jahre, Gebühr **0,30 %,** ausschüttend. Von 100 Titeln, führend bei Technologie, Internet, Software, Biotech, sind stark gewichtet: Apple, Amazon, Alphabet.		
BlackRock iShares TecDAX	593 397	26,35 €	27,25/20,25 €	+25/+58/+184/+280 %
		Umfang 981 Mio. €, Alter 17 Jahre, Gebühr **0,30 %,** thesaurierend. Von den 30 Titeln sind am stärksten gewichtet: Wirecard, United Internet, Freenet, Dialog, Telefónica, Drillisch, Software.		

Name, Fonds-Gesellschaft	WKN	Kurs 20.07.18	Hoch/Tief 1 Jahr	Kursentwicklung 1, 3, 5, 10 Jahre
ComStage Euro Stoxx 50 Leverage	ETF 053	32,45 €	35,90/27,60 €	+3/-3/+84 %
ComStage Nasdaq 100	ETF 011	66,25 €	66,95/49,95 €	+25/+61/+150 %
ComStage Stoxx Europe 600 Financial	ETF 066	108,85 €	114,2/98,65 €	+4/+9/+84 %
ComStage Stoxx Europe Insurance	ETF 070	59,65 €	63,70/56,20 €	+1/+4/+64 %
db x-trackers S&P 500 2x Leverage	DBX 0B5	47,35 €	50,00/35,55 €	+26/+71/+175 %
iShares MSCI EMU Small Cap	A0X 8SE	203,85 €	215,0/185,6 €	+7/+28/+100 %
iShares VII Nasdaq 100	A0Y EDL	348,20 €	354,6/265,0 €	+25/+61/+150 %
iShares Stoxx Europe 600 Financial	A0H 08G	47,40 €	51,50/44,30 €	+5/+11/+86 %
LYXOR Daily LevDAX	LYX 0AD	106,10 €	128,9/94,55 €	+1/+2/+82/+102 %

ComStage Euro Stoxx 50 Leverage: 7,1 Mio. €, Alter 10 Jahre, Gebühr **0,35 %**, thesaurierend. Der ETF bildet den Euro Stoxx 50 komplett mit zweifachem Hebel ab. Größte Positionen: Total, Siemens, Sanofi, Bayer, SAP.

ComStage Nasdaq 100: Umfang 497 Mio. €, Alter 10 Jahre, Gebühr **0,25 %**, thesaurierend. Der ETF bildet den Nasdaq 100 nach. Größte Anteile haben Amazon, Facebook, Alphabet, Comcast, Cisco, Amgen.

ComStage Stoxx Europe 600 Financial: Umfang 11 Mio. €, Alter 10 J., Gebühr **0,25 %**, ausschüttend. Dieser ETF Index Stoxx Europe 600 Financial bildet die Wertentwicklung der größten europäischen Finanzdienstleister ab.

ComStage Stoxx Europe Insurance: Umfang 16 Mio. €, Alter 10 J., Gebühr **0,25 %**, ausschüttend. Der Index Europe 600 Insurance bezieht sich auf Europas Versicherungssektor. Dabei sind: Allianz, Munich Re, AXA, Aviva.

db x-trackers S&P 500 2x Leverage: Umfang 68 Mio. €, Alter 8 Jahre, Gebühr **0,60 %**, thesaurierend. Ziel ist die doppelte Wertentwicklung gegenüber dem S&P 500. Hauptanteile: Apple, Microsoft, Amazon, Facebook, Alphabet.

iShares MSCI EMU Small Cap: Umfang 1,06 Mrd. €, Alter 9 Jahre, Gebühr **0,58 %**, thesaurierend. Der ETF bildet den MSCI Small Cap Index ab mit Aktien kleinerer Firmen aus Europas Wirtschafts-/Währungs-Union.

iShares VII Nasdaq 100: Umfang 2,38 Mrd. €, Alter 8 Jahre, Gebühr **0,33 %**, thesaurierend. Folgende Hightech-, Internet- und Software-Aktien sind stark gewichtet: Apple, Microsoft, Amazon, Facebook, Alphabet.

iShares Stoxx Europe 600 Financial: Umfang 36 Mio. €, Alter 16 J., Gebühr **0,45 %**, ausschüttend. Der ETF gibt die Wertentwicklung vom Stoxx Europe 600 Financial wieder. Aus dem DAX ist die Deutsche Börse AG vertreten.

LYXOR Daily LevDAX: Umfang 175 Mio. €, Alter 12 Jahre, Gebühr **0,40 %**, thesaurierend. Abgebildet wird der dividendenstarke DAX mit zweifachem Hebel. Das ist gut im Bullenmarkt, schlecht bei Korrektur/Crash.

Name, Fonds-Gesellschaft	WKN	Kurs 20.07.18	Hoch/Tief 1 Jahr	Kursentwicklung 1, 3, 5, 10 Jahre
LYXOR MSCI World Info/Techno.	LYX 0GP	241,10 €	244,5/181,1 €	+27/+59/+179 %
	\multicolumn{4}{l	}{Umfang 191 Mio. €, Alter 8 Jahre, Gebühr **0,30 %**, thesaurierend. Der ETF investiert in beste Aktien der Branchen Information/Technologie. Es dominieren die Nasdaq-Weltmarktführer.}
LYXOR Nasdaq 100 Leverage	A0L C12	238,70 €	240,6/150,8 €	<u>+48/+110/+485 %</u>
	\multicolumn{4}{l	}{Umfang 64 Mio. €, Alter 12 Jahre, Gebühr **0,60 %**, thesaurierend. Der Nasdaq 100 Leverage Index bildet die zweifach gehebelte Wertentwicklung der Hightech-, Software-, Biotechtitel ab.}
LYXOR UCITS Nasdaq 100	541 523	24,45 €	25,10/19,10 €	+24/+51/+183/<u>+472 %</u>
	\multicolumn{4}{l	}{Umfang 598 Mio. €, Alter 17 Jahre, Gebühr **0,30 %**, ausschüttend. Der Nasdaq 100 ist in den folgenden Branchen dominant: IT-Software/Telekom: 75 %, Biopharma: 12 %, Konsum: 9 %.}
LYXOR Stoxx Europe 600 Financial	LYX 0A4	60,00 €	63,80/54,80 €	+5/+11/+86/+124 %
	\multicolumn{4}{l	}{Umfang 27 Mio. €, Alter 12 J., Gebühr **0,30 %**, thesaurierend. Der Index Stoxx Europe 600 Financial umfasst die Aktien von Europas Finanzdienstleistern. Vom DAX ist die Dt. Börse dabei.}
LYXOR Stoxx Europe 600 Insurance	LYX 0AQ	35,80 €	39,40/33,70 €	+2/+6/+67/+118 %
	\multicolumn{4}{l	}{Umfang 65 Mio. €, Alter 12 J., Gebühr **0,30 %**, thesaurierend. Im Index Stoxx Europe 600 Insurance ist Europas Versicherungssektor erfasst. Vom DAX sind Allianz und Munich Re vertreten.}
Invesco Markets Global Nasdaq 100	801 498	153,50 €	155,9/127,3 €	+25/+61/+151/+331 %
	\multicolumn{4}{l	}{Umfang 1,65 Mrd. €, Alter 15 Jahre, Gebühr **0,30 %**, ausschüttend. Der ETF bildet den Nasdaq 100 komplett ab. Am stärksten gewichtet sind Apple, Microsoft, Amazon, Facebook, Alphabet.}

Ist ein Hebel-ETF, der den Index 1:1 abbilden soll, nicht ein Widerspruch mit Verlust der einfachen, verständlichen Struktur?

Anmerkung: **Beim Fünf-Jahresvergleich notieren 11 von 20 ETFs dreistellig. Die neuartigen ETFs mit zweifachem Hebel liegen meist vorn.** Hebel-ETFs widersprechen der genauen Nachbildung des zugrunde liegenden Referenzindex. Aktienfonds mit zweifachem Hebel sind eher vorstellbar. Sei es, um mit halbem Einsatz gleiche Ergebnisse nach oben oder unten zu erzielen oder doppelt so hohe Erträge zu erwirtschaften. Bei fallenden Kursen würde sich auch der Verlust verdoppeln. Wichtiger ist bei dividendenstarken ETFs und Aktienfonds die Thesaurierung, um fortlaufend mit neuen Anteilen Zinseszinsen zu kassieren.

9.6 Aufgehobene Grenzen – aber viel Rendite im Bullenmarkt bei zweifach gehebeltem ETF

Schaue ich mir die ETF-Sieger 2017 und 2018 an, so stoße ich plötzlich immer öfter auf einen zweifachen Hebel. Das gab es bislang nur bei Hebelzertifikaten. Jetzt zieht diese Strategie auch bei aktiv gemanagten ETFs ein. Solange es beim zweifachen Hebel bleibt, ist dies nicht so gefährlich. Im Bullenmarkt verdoppelt sich prozentual der Kursgewinn. Im Bärenmarkt, bei starker Korrektur und im Crash ist der Verlust doppelt so hoch.

Wer risikofreudig ist, kann mitmachen. Ängstliche Aktienmuffel lassen es sein. Keineswegs sollte die Hebelwirkung – auch wenn es jetzt danach aussieht – dazu führen, dass die ETFs zur Kurzzeitstrategie dienen. Das Anlagekonzept ist wie bei Aktienfonds möglichst auf ein Jahrzehnt oder länger auszurichten. Gefahr droht, wenn Konkurrenzkampf und ungebremste Gier zu immer höherem Hebel führen, die Produktnamen länger und schwer verständlicher werden und der ETF als preiswerte, für jedermann überschaubare Anlage an Glaubwürdigkeit einbüßt. Wenn ETFs viel Geld vom Aktienmarkt abziehen, steigt das Verlustrisiko bei einem Crash.

Es wird nicht mehr lange dauern, dass die aktiv gemanagten Aktienfonds auch mit Hebeln arbeiten. Und es ist keineswegs sichergestellt, dass es bei einem verdoppelten Gewinn oder Verlust bleibt. Als Begleiterscheinung werden immer mehr Manager von Aktienfonds und ETFs im Interesse von Absicherung und geringeren Kursschwankungen derivative Finanzinstrumente einsetzen. Das alles kostet Geld. Bezahlen müssen Sie als Anleger. Sei es über höhere Gebühren, Einbehalt der Dividende oder andere Grausamkeiten.

Es ist höchste Zeit, Kursschwankungen nicht als negativ bzw. als etwas Böses abzustrafen. Ich selbst nutze starke Kursschwankungen gern für Kombinationsstrategien aus. Einzelne stabile Aktien nahe Jahreshochs, die es auch im Crash gibt, eignen sich für Teilverkäufe. Übertrieben abgestrafte Qualitätstitel kaufe ich zu, wobei es auch Nebenwerte unterhalb von MDAX, TecDAX, SDAX sein können.

ETF Sieger-Auswahl mit zweifachem Hebel 2018				
Name, Fonds-Gesellschaft	**WKN**	**Kurs 20.07.18**	**Hoch/Tief 1 Jahr**	**Kursentwicklung 1, 3, 5, 10 Jahre**
Amundi ETF Leverage MSCI USA	A0X 8ZS	1.617,00 €	1.665/1.134 €	+28/+51/+257 %
		Umfang 71,3 Mio. €, Alter 9 Jahre, Gebühr **0,35 %**, thesaurierend. Im zweifach gehebelten ETF sind die Spitzenwerte Dow Jones und Nasdaq vertreten wie Apple, Microsoft, Amazon, Alphabet.		

Name, Fonds-Gesellschaft	WKN	Kurs 20.07.18	Hoch/Tief 1 Jahr	Kursentwicklung 1, 3, 5, 10 Jahre
Amundi ETF Leverage Euro Stoxx 50	A0X 8ZU	278,50 €	310,0/239,5 €	+2/-5/+78 %
		Umfang 12 Mio. €, Alter 9 Jahre, Gebühr **0,30 %**, thesaurierend. Der zweifache Hebel bewirkt ein prozentual doppeltes Plus oder Minus. Der ETF bildet die 50 großen Titel vom Euro Stoxx 50 ab.		
ComStage Euro Stoxx 50 Leverage	ETF 053	31,05 €	34,05/21,55 €	+3/-3/+84 %
		8 Mio. €, Alter 10 Jahre, Gebühr **0,35 %**, ausschüttend. Der ETF bildet den Euro Stoxx 50 komplett mit zweifachem Hebel ab. Große Posten: Total, Siemens, Sanofi, Bayer, SAP, Allianz, BASF.		
ComStage MSCI Emerging Markets	ETF 128	76,35 €	105,0/70,60 €	+-0/+29/+33 %
		Umfang 20 Mio., Alter 6 Jahre, Gebühr **0,75 %**, eine Abbildung vom Index MSCI Emerging Markets mit zweifachem Hebel. Dabei sind Alibaba, Baidu, Tencent, Samsung, Taiwan Semiconductor.		
ComStage LevDAX x2 UCITS	ETF 043	11,85 €	14,45/10,55 €	+4/+1 %
		Umfang 19 Mio., Alter 3 Jahre, Gebühr **0,30 %**, ausschüttend. Der ETF mit zweifachem Hebel bildet den deutschen Leitindex ab. Dies führt je nach Marktlage zum doppelten Ertrag oder Verlust.		
db x-trackers LevDAX Daily SWAP UCITS	DBX 0BZ	115,30 €	138,8/101,8 €	+1/+3/+85 %
		Umfang 88 Mio., Alter 8 Jahre, Gebühr **0,15 %**, eine DAX-Abbildung mit zweifachem Hebel. Größte Branchenanteile: Industrie und IT-Software je 18 %, Finanzdienste: 17 %, Pharma: 16 %.		
db x-trackers S&P 500 2x Leverage	DBX 0B5	47,35 €	50,00/35,55 €	+26/+71/+175 %
		Umfang 68 Mio. €, Alter 8 Jahre, Gebühr **0,60 %**, thesaurierend. Ziel ist die doppelte Wertentwicklung gegenüber dem S&P 500. Hauptanteile: Apple, Microsoft, Amazon, Facebook, Alphabet.		
Legal & General DAX Daily 2x Long	A0X 899	293,60 €	332,4/209,0 €	+1/+3/+81 %
		Umfang 29 Mio. €, Alter 9 Jahre, Gebühr **0,40 %**, thesaurierend. Der zweifache Hebel ist wohl der Hauptgrund, dass sich dieser DAX-ETF im Ein-, Drei-, Fünf-Jahresvergleich behaupten kann.		
LYXOR Daily LevDAX	LYX 0AD	104,65 €	118,3/74,90 €	+1/+2/+82/+102 %
		Umfang 175 Mio. €, Alter 12 Jahre, Gebühr **0,40 %**, thesaurierend. Der ETF gibt den dividendenstarken DAX mit zweifachem Hebel wieder. Gut im Bullenmarkt, schlecht bei Korrektur und Crash.		
LYXOR Nasdaq 100 Leverage	A0L C12	238,70 €	240,6/150,8 €	+48/+110/+485 %
		Umfang 64 Mio. €, Alter 12 Jahre, Gebühr **0,60 %**, thesaurierend. Der Nasdaq 100 Leverage Index bildet die zweifach gehebelte Wertentwicklung der Technologie-, Software-, Biotechtitel ab.		

⑩ Vision: Deutscher Familienfirmen-Aktienfonds ergänzt durch Nasdaq

Familienunternehmen als pulsierendes Herz des deutschen Mittelstands wirtschaften nachhaltig. Ausgerüstet mit dem Erfinder-Gen sind sie Wachstumstreiber in den Zukunftsmärkten.

Die Gründer und Nachfolger von Familienfirmen bzw. eigentümerdominierten Unternehmen wollen sich nachhaltig in ihren Marktnischen behaupten. Sie richten ihr auf Angehörige, Mitarbeiter, Kunden und Lieferanten ausgerichtetes Geschäftsmodell längerfristig aus. Meine 1.000-Prozent-Aktien im Fünf- und Zehn-Jahresvergleich wie Bechtle, Grenke, Isra Vision, Nemetschek, Rational stehen für Innovation und Substanzkraft. Keine Familienfirma startete als Dickschiff. Aber sie besaßen das Erfinder- und Entdecker-Gen. Auch Google, Microsoft, Facebook, Amazon und Netflix begannen nicht als Giganten. Sie schufen ihr Imperium getrieben von Ideen, Mut, Begeisterung, Elan, Kampfkraft.

In Deutschland sind 90 % aller Unternehmen familiengeführt. Sie decken über die Hälfte am Mitarbeiteranteil und mehr als 40 % der Umsatzanteile in der Privatwirtschaft ab. Die meisten Familienfirmen befinden sich in Hamburg. Die größten inhabergeführten Gesellschaften haben ihren Sitz in Nordrhein-Westfalen.

Ein Unternehmen gilt allgemein als inhabergeführt, wenn bis zu zwei Familien zumindest die Hälfte der Anteile halten. Außerdem muss wenigstens ein Familienmitglied in der Geschäftsführung tätig sein. Die größten Familienfirmen aus DAX, MDAX, TecDAX, SDAX bilden den DAXplus Family 30. Weitere Familienunternehmen vom Prime Standard sind im GEX zusammengefasst.

Eigentümerdominierte Unternehmen fühlen sich langfristig den Angehörigen, Mitarbeitern, Kunden und ihrer Region verbunden. Es geht nicht um schnelle Erfolge, präsentiert in Quartalsberichten, sondern um Nachhaltigkeit. Ziel ist es, das Überleben mit einer innovativen Wachstums- und Ertragsstrategie zu sichern und die Weichen für eine langfristige Erfolgsstory zu stellen. Fremdmanager werden heute so oft gefeuert wie die Cheftrainer der 1. und 2. Fußballbundesliga. Die Firmengründer und deren engagierte Nachfahren wollen ihr Unternehmen zukunftsfähig gestalten. Dazu gehört das Umsetzen von Industrie 4.0, Digitalisierung, Vernetzung, Internet der Dinge, Künstlicher Intelligenz. Der demografische und gesellschaftliche Wandel sind als Herausforderung und Zukunftschance zu verstehen.

Ein Blick auf die Kurs- und Dividenden-Favoriten in meinem Alt- und Neubestand zeigen die deutliche Dominanz von Familienfirmen-Aktien. Kursträume von 500 bis über 2.000 % werden wahr. Die „passive Altersvorsorge Dividende" schafft jährlich zweistellige Renditen. So wurde meine Idee von einem Aktien-Familienfirmenfonds geboren. Im 1. Halbjahr 2019 wird es ihn geben.

Verwirklichte Aktien-Kursträume von Familienfirmen über 400 %. Kauftage in Grün sind steuerfreier Altbestand.

Ein eigenes Depot für den steuerfreien Altbestand bis 31.12.2008. Nur Teilverkäufe tätigen. So bleiben beste Werte im Depot. Die Dividendenrendite steigt bei vielen Spitzenwerten im Laufe der Zeit zweistellig.

DAXplus Family 30/GEX	WKN	Kauftag	Kaufpreis	Kurs am 20.07.18	Kursgewinn gerundet
Alphabet A	A14 Y6F	16.04.12	241,0 €	1.037,0 €	430 %
Alphabet C	A14 Y6H	17.04.12	231,0 €	1.025,0 €	440 %
Amazon	906 866	04.02.14	257,0 €	1.574,0 €	610 %
Bechtle	515 870	20.09.04	6,65 €	75,40 €	1.130 % ❺
Carl Zeiss Me.	531 370	26.10.06	10,10 €	66,40 €	660 %
DÜRR	556 520	16.09.08	5,08 €	39,60 €	780 %
Grenke	A16 1N3	14.11.01	9,95 €	99,65 €	1.000 % ❻
Isra Vision	548 810	28.04.04	2,60 €	54,80 €	2.100 % ❷
Krones	633 500	14.08.02	17,00 €	116,00 €	680 %
Mensch & Ma.	658 080	13.03.08	4,90 €	26,00 €	530 %
Nemetschek	645 290	10.06.05	3,80 €	118,30 €	3.110 % ❶
Rational	701 080	08.05.03	33,80 €	585,00 €	1.730 % ❸
SIXT Vz	723 133	12.09.11	11,50 €	71,00 €	620 %
Symrise	SYM 999	28.04.10	9,80 €	77,55 €	790 %
Samsung El.	881 823	11.03.03	50,90 €	900,00 €	1.430 % ❹
United Intern.	508 903	19.05.06	10,90 €	44,80 €	440 %

Anmerkung: Je länger Sie Spitzenaktien halten und sich mit Teilverkäufen begnügen, umso stärker legt auch beim Restbestand die Dividende zu. Im Bullenmarkt steigt, im Bärenmarkt sinkt der Buchgewinn. Sämtliche Kursangaben sind splittbereinigt und beziehen sich auf mein überprüfbares Depot.

Wenn Kursträume wahr werden und die Dividendenrendite zweistellig wächst! Alle aufgeführten Titel besitze ich.

Die Dividendenrendite als „passive Altersvorsorge" ist größtenteils zweistellig und dürfte sich im Laufe der Jahre erhöhen. Die Rendite errechnet sich aus der mitgeteilten Ausschüttung z. B. für 2018 oder 2019 multipliziert mit 100 geteilt durch den Kauf- bzw. Einstandspreis. Die Zauberformel heißt: langfristige Anlage mit Hoch-/Tief-Mutstrategie.

Aktien, oft familiengeführt	WKN	Kaufdatum	Kaufpreis	Kurs am 20.07.18	Div. 2019(e) + Rendite
1&1 Drillisch	554 550	15.03.11	6,75 €	50,40 €	2,20 €/32,6 %
Aurelius	A0J K2A	17.12.07	12,00 €	51,80 €	2,00 €/16,7 %
Bechtle	515 870	20.09.04	13,20 €	75,40 €	1,00 €/7,6 %
Bertrandt	523 280	12.12.08	17,05 €	83,00 €	2,50 €/14,3 %
BOSS Hugo	A1P HFF	24.02.03	11,40 €	80,55 €	3,00 €/26,3 %
Carl Zeiss Me.	531 370	26.10.06	10,10 €	66,40 €	0,59 €/5,8 %
Datagroup	A0J C8S	15.01.07	3,10 €	38,65 €	0,50 €/16,1 %
Euwax	566 010	30.04.03	12,50 €	86,50 €	3,26 €/26,1 %
Freenet	A0Z 2ZZ	12.08.11	8,10 €	23,60 €	1,75 €/21,6 %
FUCHS Vz	579 043	31.03.05	3,80 €	43,80 €	1,02 €/26,8 %
Grenke	A16 1N3	14.11.01	9,95 €	99,65 €	0,88 €/8,8 %
Hermle	605 283	28.04.11	59,05 €	390,00 €	12,9 €/21,8 %
Hochtief	607 000	29.05.03	13,50 €	156,80 €	3,75 €/27,8 %
Jungheinrich	621 993	15.07.08	6,05 €	31,40 €	0,58 €/9,6 %
Krones	633 500	14.08.02	17,00 €	116,00 €	2,00 €/11,8 %
LEONI	540 888	10.11.08	9,35 €	44,85 €	1,65 €/17,6 %
Mensch & Ma.	658 080	13.03.08	4,90 €	26,00 €	0,55 €/11,2 %
Nemetschek	645 290	10.06.05	3,80 €	118,30 €	0,95 €/25,0 %
Pfeiffer Vacuum	691 660	29.05.03	23,40 €	141,80 €	2,60 €/11,1 %
Rational	701 080	08.05.03	33,80 €	585,00 €	11,5 €/34,0 %
Sartorius Vz	716 563	10.01.06	5,40 €	146,80 €	0,73 €/13,5 %
SIXT Vorzüge	723 133	12.09.11	11,50 €	71,00 €	2,17 €/18,9 %
Symrise	SYM 999	29.12.08	9,80 €	77,55 €	1,11 €/11,3 %

Aktien, oft familiengeführt	WKN	Kaufdatum	Kaufpreis	Kurs am 20.07.18	Div. 2019(e) + Rendite
TUI	TUA G00	19.07.11	6,35 €	18,50 €	0,71 €/11,2 %
United Internet	508 903	19.05.06	10,90 €	44,80 €	1,10 €/10,1 %
Uzin Utz	755 150	24.03.06	18,00 €	65,00 €	1,50 €/8,3 %

Modell Familienfirmenfonds deutsche Indizes, ergänzt durch Micro Caps und Familienunternehmen Nasdaq

Wichtigste Kriterien: Zukunftsfähiges Geschäftsmodell, akzeptables KGV, solide Finanzierung, Wachstum und Ertrag, Value und Growth, überwiegend verlässliche Dividende, Börsenwert über 100 Mio. Euro

Aktie/Unternehmen	Index	WKN	Kurs 23.07.18	Hoch/Tief 1 Jahr €	Kursverlauf 1, 3, 5 J. %
Alphabet A	Nasdaq	A14Y6F	1.037,0 €	1.049/759 €	+20/+61/+199 %

KGV: 25, Börsenwert: 658,4 Mrd. €, Ergebnis pro Aktie: 37,95/41,05 €; Streubesitz: 81 %, Rating: 3 Sterne, Dividende: 0,00/0,00 €, **Dividenden-Rendite: 0,00 %**

Alphabet, vormals Google, ist die am häufigsten benutzte Internet-Suchmaschine.

Amazon	Nasdaq	906 866	1.573,0 €	1.597/771 €	+75/+244/+566 %

KGV: 91, Börsenwert: 755,2 Mrd. €, Ergebnis pro Aktie: 10,70/17,10 €; Streubesitz: 73 %, Rating: 3 Sterne, Dividende: 0,00/0,00 €, **Dividenden-Rendite: 0,00 %**

Amazon ist der weltweit größte Online-Händler für unzählige Produkte, auch Cloud.

Axel Springer	MDAX	550 135	66,00 €	74,30/50,95	+26/+26/+88 %

KGV: 20,7; Börsenwert: 7,10 Mrd. €, Ergebnis pro Aktie: 2,32/3,18 €; Buchwert: 19,33 €; EK-Quote: 43,5 %; Dividende: 2,05/2,10 €, **Dividenden-Rendite: 3,1 %**

DAXplus Family: Presse Print/Online, Infobedürfnisse unterschiedliche Zielgruppen

Bechtle	TecDAX	515 870	75,45 €	78,75/56,05	+89/+297/+696 %

KGV: 20,3; Börsenwert: 3,14 Mrd. €, Ergebnis pro Aktie: 3,19/3,68 €; Buchwert: 17,75 €; EK-Quote: 53,9 %; Dividende: 0,95/1,00 €, **Dividenden-Rendite: 1,9 %**

DAXplus F./MDAX: Infotechnologie Geschäftskunden, hochwertige IT-Konzepte

Carl Zeiss M.	TecDAX	531 370	65,25 €	67,30/40,95	+44/+158/+568 %

KGV: 39,8; Börsenwert: 5,89 Mrd. €, Ergebnis pro Aktie: 1,45/1,65 €; Buchwert: 13,70 €; EK-Quote: 76,5 %; Dividende: 0,55/0,59 €, **Dividenden-Rendite: 0,8 %**

DAXplus F./SDAX: Fokus Augenheilkunde, Mikrochirurgie, Operationsmikroskope

Aktie/Un-ternehmen	Index	WKN	Kurs 23.07.18	Hoch/Tief 1 Jahr €	Kursverlauf 1, 3, 5 Jahre
CompuGroup	TecDAX	543 730	46,70 €	59,75/37,65	-5/+29/+138 %
KGV: 20,3; Börsenwert: 2,50 Mrd. €, Ergebnis pro Aktie: 1,73/2,31 €; Buchwert: 4,07 €; EK-Quote: 28,6 %; Dividende: 0,35/0,35 €, **Dividenden-Rendite: 0,7 %**					
DAXplus F./SDAX: Medizinsoftware Diagnose/Therapie Ärzte, Zahnärzte, Kliniken					
Corestate	SDAX	A14 1J3	44,75 €	57,00/41,90	-20 %/Ziel: 70 €
KGV: 7,2; Börsenwert: 850 Mio. €, Ergebnis pro Aktie: 5,03/6,16 €; Buchwert: 25 €; EK-Quote: 25,4 %; Dividende: 2,00/2,40/2,80 €, **Dividenden-Rendite: 5,4 %**					
DAXplus Family: Investmanager für Institutionelle und vermögende Privatanleger					
CTS Eventim	MDAX	547 030	41,00 €	43,50/34,85	+5/+20/+165 %
KGV: 27,5; Börsenwert: 3,89 Mrd. €, Ergebnis pro Aktie: 1,30/1,47 €; Buchwert: 2,87 €; EK-Quote: 28,0 %; Dividende: 0,65/0,72 €, **Dividenden-Rendite: 1,6 %**					
DAXplus Family: Ticketverkauf Konzert/Theater/Sport, jährlich 180.000 Events					
Facebook	Nasdaq	578 560	184,00 €	184/120 €	28/+108/+813 %
KGV: 23,1, Börsenwert: 429,5 Mrd. €, Ergebnis pro Aktie: 6,53/7,41 €; Streubesitz: 81,7 %, Rating: 3 Sterne, Dividende: 0,00/0,00 €, **Dividenden-Rendite: 0,00 %**					
Das weltweit größte soziale Netzwerk ermöglicht vielfältigen Meinungsaustausch.					
Fresenius	DAX	578 560	69,35 €	75,25/58,90	-7/+8/+109 %
KGV: 18,1; Börsenwert: 38,0 Mrd. €, Ergebnis pro Aktie: 3,54/3,81 €; Buchwert: 23,05 €; EK-Quote: 40,9 %; Dividende: 0,79/0,85 €, **Dividenden-Rendite: 1,1 %**					
DAXplus Family: Gesundheitskonzern, Produkte/Versorgung Kliniken/ambulant					
GK Software	Prime	757 142	111,50 €	136/92,00	+22/+242/+306 %
KGV: 14,7; Börsenwert: 210 Mio. €, Ergebnis pro Aktie: 5,74/7,55 €; Streubesitz: 39,4 %; EK-Quote: 36,3 %; Dividende: 0,20/0,30 €, **Dividenden-Rendite: 0,3 %**					
GEX: Anbieter ganzheitlicher Software für Betriebsorganisation im Einzelhandel					
Grenke	SDAX	A16 1N3	98,65 €	107/71,50	+35/+116/+329 %
KGV: 29,05; Börsenwert: 4,65 Mrd. €, Ergebnis pro Aktie: 2,85/3,45 €; Buchwert: 15,16 €; EK-Quote: 17,7 %; Dividende: 0,80/0,88 €, **Dividenden-Rendite: 0,8 %**					
DAXplus Family: IT-Leasing/Finanzierung; PC/Bildschirme/Drucker/Kopierer					
HELLA	MDAX	A13 SX2	50,30 €	59,10/44,00	-5/+10/+12 %
KGV: 12,1; Börsenwert: 5,72 Mrd. €, Ergebnis pro Aktie: 3,96/4,27 €; Buchwert: 19,21 €; EK-Quote: 39,5 %; Dividende: 1,15/1,20 €, **Dividenden-Rendite: 2,2 %**					
GEX: Der Autozulieferer ist Spezialist für Lichtsysteme und Fahrzeugelektronik.					

Aktie/Unternehmen	Index	WKN	Kurs 23.07.18	Hoch/Tief 1 Jahr €	Kursverlauf 1, 3, 5 Jahre
Henkel	DAX	604 843	109,20 €	123,9/101,6	-9/-1/+49 %

KGV: 17,0; Börsenwert: 19,55 Mrd. €, Ergebnis pro Aktie: 5,74/6,47 €; Buchwert: 33,38 €; EK-Quote: 55,3 %; Dividende: 1,82/2,00 €, **Dividenden-Rendite: 1,7 %**

DAXplus Family: Markenartikel Haushalt, Handwerk, Kosmetik, Schule, Freizeit

Hypoport	SDAX	549 336	167,20 €	171/114,5	+35/+460/+1.959 %

KGV: 35,8; Börsenwert: 1,07 Mrd. €, Ergebnis pro Aktie: 3,84/4,60 €; Buchwert: 12,72 €; EK-Quote: 58,8 %; Dividende: 0,00/0,00 €, **Dividenden-Rendite: 0,00 %**

DAXplus Family: Online-Immobilien-Finanzdienstleister mit B2B-Finanzplatz

Isra Vision	TecDAX	548 810	54,00 €	59,70/26,00	+76/+344/+672 %

KGV: 43,9; Börsenwert: 1,22 Mrd. €, Ergebnis pro Aktie: 1,05/1,26 €; Buchwert: 7,81 €; EK-Quote: 62,1 %; Dividende: 0,12/0,14 €, **Dividenden-Rendite: 0,2 %**

DAXplus F./SDAX: Bildbearbeitung, Anbieter Oberflächen-Inspektionssysteme

Krones	SDAX	633 500	116,00 €	122,8/100,5	+6/+10/+92 %

KGV: 17,3; Börsenwert: 3,74 Mrd. €, Ergebnis pro Aktie: 6,18/6,84 €; Buchwert: 40,45 €; EK-Quote: 43,8 %; Dividende: 1,85/2,00 €, **Dividenden-Rendite: 1,6 %**

DAXplus Family: Abfüllanlagen/Verpackung für Nahrung, Chemie und Pharma

Mensch & M.	m:access	658 080	26,80 €	28,00/17,65	+32/+280/+437 %

KGV: 26,7; Börsenwert: 377 Mio. €, Ergebnis pro Aktie: 0,71/0,91 €; Streubesitz: 56,27 %; EK-Quote: 43,1 %; Dividende: 0,50/0,55 €, **Dividenden-Rendite: 2,3 %**

MUM ist ein führender Anbieter von CAD-Lösungen für Architektur/Maschinenbau.

Microsoft	Dow Jo.	870 747	92,60 €	93,40/59,75	+43/+127/+239 %

KGV: 26,3; Börsenwert: 699 Mrd. €, Ergebnis pro Aktie: 1,84/3,46 €; Streubesitz: 87,3 %, Rating: 3 Sterne, Dividende: 1,44/1,54 €, **Dividenden-Rendite: 1,7 %**

Der Softwareriese bietet ein breites Spektrum an Produkten für viele Nutzergeräte.

Nemetschek	TecDAX	645 290	116,90 €	121,1/60,35	+79/+218/+868 %

KGV: 49,9; Börsenwert: 4,51 Mrd. €, Ergebnis pro Aktie: 1,85/2,31 €; Buchwert: 5,21 €; EK-Quote: 49,5 %; Dividende: 0,80/0,95 €, **Dividenden-Rendite: 0,7 %**

DAXplus F./MDAX: Software für Architektur und Bauwesen mit CAD-Lösungen

Netflix	Nasdaq	552 484	309,20 €	368,0/136,3	+97/+227/+855 %

KGV: 75,9; Börsenwert: 133 Mrd. €, Ergebnis pro Aktie: 1,10/2,45/4,00 €; Streubesitz: 66,2 %, Rating: 2 Sterne, Dividende: 0,0/0,0 €, **Dividenden-Rendite: 0,0 %**

Der Videokonzern bietet Abonnenten für TV-Serien & Filme Streaming unbegrenzt.

Aktie/Unternehmen	Index	WKN	Kurs 23.07.18	Hoch/Tief 1 Jahr €	Kursverlauf 1, 3, 5 Jahre
Patrizia Imm.	SDAX	PAT 1AG	17,55 €	21,20/15,15	+13/-14/+199 %
KGV: 16,3; Börsenwert: 1,56 Mrd. €, Ergebnis pro Aktie: 0,79/1,03 €; Buchwert: 8,17 €; EK-Quote: 60,4 %; Dividende: 0,35/0,44 €, **Dividenden-Rendite: 2,1 %**					
DAXplus Family: Unabhängiges Gewerbe-/Wohnimmobilien-Investmenthaus					
PVA Tepla	Prime	746 100	16,45 €	18,1/2,80	+466/+569/+774 %
KGV: 20,3; Börsenwert: 334 Mio. €, Ergebnis pro Aktie: 0,28/0,76 €; Streubesitz: 63,45 %; EK-Quote: 37,9 %; Dividende: 0,0/0,0 €, **Dividenden-Rendite: 0,0 %**					
DAXplus Family: Vakuum-Spezialist für Hochtemperatur und Plasmaprozesse					
Rational	SDAX	701 080	580,00 €	595/490	+62/+166/+384 %
KGV: 37,5; Börsenwert: 6,59 Mrd. €, Ergebnis pro Aktie: 13,70/15,45 €; Buchwert: 27,34 €; EK-Quote: 74,4 %; Dividende: 10,00/11,50 €, **Dividenden-Rendite: 2,1 %**					
DAXplus Family: Marktführer thermische Speisenzubereitung Gewerbeküchen					
SAP	DAX	716 460	100,10 €	106/81,00	+9/+79/+185 %
KGV: 21,3; Börsenwert: 127,5 Mrd. €, Ergebnis pro Aktie: 3,60/4,88 €; Buchwert: 19,54 €; EK-Quote: 60,1 %; Dividende: 1,45/1,55 €, **Dividenden-Rendite: 1,4 %**					
DAXplus F./TecDAX: Software-Lösungen für Unternehmen bei Handel/Finanzen					
SIXT St	SDAX	723 132	107,75 €	116/57,85	+84/+178/+484 %
KGV: 17,0; Börsenwert: 3,26 Mrd. €, Ergebnis pro Aktie: 5,83/5,10 €; Buchwert: 20,63 €; EK-Quote: 26,2 %; Dividende: 2,15/2,20 €, **Dividenden-Rendite: 2,0 %**					
DAXplus Family: Mobilitätsdienste, Mietwagenservice/Verleihstation Flughäfen					
Ströer	SDAX	749 399	52,55 €	66,1/50,6	+-0/+16/+434 %
KGV: 13,1; Börsenwert: 2,90 Mrd. €, Ergebnis pro Aktie: 2,56/4,00 €; Buchwert: 10,39 €; EK-Quote: 34,9 %; Dividende: 1,38/1,50 €, **Dividenden-Rendite: 2,6 %**					
DAXplus Family: Außen- & Onlinewerbung, integrierte Kommunikationslösung					
Symrise	MDAX	SYM 999	77,20 €	79,5/57,0	+28/+25/+137%
KGV: 30,0; Börsenwert: 10,23 Mrd. €, Ergebnis pro Aktie: 2,21/2,61 €; Buchwert: 12,31 €; EK-Quote: 37,85,3 %; Dividende: 1,00/1,11 €, **Dividenden-Rendite: 1,3 %**					
DAXplus Family: Spezialchemie, Duft-/Geschmackstoffe, Nahrung/Kosmetik					
Samsung El.	Korea	881 823	710,00 €	987/651	-7/+90/+167 %
KGV: 5,1; Börsenwert: 225 Mrd. €, Ergebnis pro Aktie: 57,6/59,2 €; Streubesitz: 82,9 %, **Dividenden-Rendite: 2,9 %;** Aktiensplitt 50:1 demnächst angekündigt					
Größter Elektronikkonzern Südkoreas, führend bei Speicherchips und Smartphones					

Aktie/Unternehmen	Index	WKN	Kurs 23.07.18	Hoch/Tief 1 Jahr €	Kursverlauf 1, 3, 5 Jahre
United Inter.	TecDAX	508 903	54,90 €	59,85/46,70	-5/+4/+100 %
KGV: 16,5; Börsenwert: 9,78 Mrd. €, Ergebnis pro Aktie: 2,35/2,90 €; Buchwert: 18,69 €; EK-Quote: 53,3 %; Dividende: 0,98/1,10 €, **Dividenden-Rendite: 1,9 %**					
DAXplus F./MDAX: Online-Zugangsprodukte für Privatleute und Unternehmen					
Uzin Utz	General	755 150	65,00 €	71,90/55,50	-5/+68/+207 %
KGV: 15,9; Börsenwert: 328 Mio. €, Ergebnis pro Aktie: 3,25/4,09 €; Streubesitz: 18,9 %; EK-Quote: 58,6 %; Dividende: 1,30/1,50 €, **Dividenden-Rendite: 2,3 %**					
Der globale Komplettanbieter für Bodensysteme aller Art besitzt 7 starke Marken.					
VARTA	Prime	A0T GJ5	23,80 €	24,45/17,80	+13 %/IPO
KGV: 31,5; Börsenwert: 902 Mio. €, Ergebnis pro Aktie: 0,42/0,67/0,75 €; Streubesitz: 34,9 %; EK-Quote: 69,5 %; Dividende: 0,0/0,0 €, **Dividenden-Rendite: 0,0 %**					
GEX: VARTA zählt zu den Weltmarktführern bei Mikrobatterien für Hörgeräte.					
Anmerkung: Der besondere Reiz dieses Familienfirmen-Aktienfonds liegt in der Zusammensetzung. Hier sollen nicht nur beste Aktien vom DAXplus Family 30 und GEX einen Platz finden, sondern auch einige US-Gesellschaften als Wegweiser der von der Industrie 4.0 geprägten Zukunftsmärkte. Es fehlt ein verbindlicher Standard für die Zuordnung familiengeführt. Dies rechtfertigt eine großzügige Auslegung.					

Die Auswertung meiner Familienfonds-Vision bestätigt: Dies ist genau die richtige Strategie für eine attraktive langfristige Kapitalanlage kombiniert Value und Growth, Deutschland und USA.

Im 52-Wochen-Vergleich erzielten die 32 ausgewählten Familienfirmen-Aktien, für Deutschland aus dem DAXplus Family 30 und dem GEX zusammengestellt, bei gleicher Gewichtung das Traumergebnis von 41,5 %. Als Grundlage diente der schlechte Börsentag 23. Juli 2018.

Die Drei-Jahres-Analyse erbrachte das fulminante Ergebnis von 134 %. Dies wäre ohne die familiengeführten FAANG-Nasdaq-Aktien Facebook, Amazon, Netflix und Alphabet, vormals Google, undenkbar gewesen. (Apple ist keine Familienfirma mehr.) Die Industrie 4.0 mit Künstlicher Intelligenz, eingebracht in Hochtechnologie, Digitalisierung, Vernetzung und Cloud, setzt deutliche Duftmarken.

Noch besser sieht es beim Fünf-Jahres-Vergleich aus. Kennen Sie einen Fonds, der im halben Jahrzehnt 395 % schafft? All diese Aktien befinden sich in meinem Depot, großteils im steuerfreien Altbestand. Freilich sind im Gegensatz zum Berechnungsmodell meine 32 Titel unterschiedlich gewichtet.

11 Deutsche Millionärsfamilien schätzen kreative Investment-Fonds in Zukunftsmärkten

Wie zahlreiche Buchveröffentlichungen der vergangenen Jahre und aktuell zeigen, interessieren sich viele Bundesbürger für Strategien, Lebensführung und Einkünfte von Millionären und Milliardären, und dies über alle Landesgrenzen hinweg. In Deutschland leben 1,2 Mio. Millionäre. Die Zahl steigt; denn viel Geld schafft neues Geld. Zum Vergleich: Geld schießt zwar keine Tore. Aber ohne Geld fehlt es an der Qualität und Voraussetzung, in den obersten Ligen mithalten zu können und Tore für die drei Siegpunkte zu schießen.

Wohlhabende Familien erhöhen ihren Reichtum gewöhnlich über mehrere Generationen hinweg. Die Karriere vom Tellerwäscher zum Millionär ist die große Ausnahme. Wer dies schafft, ist gefährdet: *„Wie gewonnen, so zerronnen!"* Eher funktioniert Sparen durch Konsumverzicht, also nicht 25 % weniger ausgeben, sondern 75 % einbehalten. Was fasziniert am Millionärsdasein, wobei es nicht nur um Sänger und Fußballstars geht? Ist es das protzige Leben, der Zugriff auf Statussymbole, der Wunschtraum, wenigstens einen Tag das Leben eines Promis zu führen, sich jeden Luxus, jede Verschwendungssucht leisten zu können? Beäugt, bewundert, beneidet rund um den Globus? Für mich gilt: Wohlstand ja, aber kein faules Leben in Saus und Braus. Die Erfolgsrezepte großer Dynastien kommen ohne fragwürdige Auswüchse aus. Die Vermögensverwalter erfolgreicher Familien haben einige goldene Regeln in Zement gegossen, die einzuhalten sich lohnt.

So legten 2017 superreiche deutsche Familien ihr Geld an	
Betongold und Aktien bilden die größten Vermögensanteile der Superreichen und gelten als unverzichtbar für Stabilität und Wachstum	
Immobilien (ohne selbst genutzte Häuser und Wohnungen)	30,5 %
Aktien (Einzelaktien, Aktienfonds, moderne Mischfonds, ETFs)	23,2 %
Bargeld und Sichteinlagen	19,2 %
Anleihen (verzinsliche Schuldverschreibungen)	15,2 %
Alternative Investments, bevorzugt Firmenbeteiligungen	11,4 %

Die wichtigsten Grundregeln für eine langfristige Geldvermehrung – den Superreichen abgeschaut

❶	**Krisen aussitzen** **Beispiele: Weltwirtschaftskrise 2008/09 und Brexit**	Börsenneulinge machen oft zwei große Fehler. Sie werfen im Crash ihre Aktien entnervt in den Markt und steigen nicht etwa in der Bodenbildungsphase ein, sondern erst dann, wenn die Kurse aufwärts springen. Erfolgreiche Wohlhabende verlieren nicht die Nerven. Sie vertrauen fähigen Vermögensverwaltern. Quandt-Stratege Reinhard Panse handelt hier genauso wie ich selbst: *„Wir sind nie in einem Crash am Aktienmarkt ausgestiegen, wenn wir ihn vorher nicht erkannt haben, was beispielsweise 2008 der Fall war."*
❷	**Breit gestreut – nie bereut** **Dies gilt für Aktien, aber auch für andere Anlageklassen**	Die Superreichen streuen bei Einzelaktien nach Indizes, Ländern, Börsenwert und zeitlich. Sie mischen aktiv gemanagte Themenfonds mit passiven ETFs. Neben der selbst genutzten Immobilie gilt Betongold als sichere Vermögensanlage für Vermietung und Verkauf. Auch Immobilienaktien und Offene Immobilienfonds sind begehrt. Daneben sind Wandel- und Hochzinsanleihen gefragt. Und wer es spekulativer haben will, schreckt vor Hedgefonds-Anteilen und Hebelpapieren nicht zurück. Viele Superreiche stecken einen Teil des Riesenvermögens in Firmenbeteiligungen und beschränken sich keineswegs auf nur eine Branche.
❸	**HoherWertpapieranteil für mutige Leute mit gutem Börsenwissen**	Sichere Staatsanleihen wie 10-jährige Bundesanleihen wurden zeitweilig mit Negativzinsen von 0,01 % belastet. Da sie keinen Gewinn abwerfen, verspricht ein kleiner Anteil von Wandel- und Hochzinsanleihen Renditen von einigen Prozent. Gute Firmenbeteiligungen können ertragreich sein. **So kann die Geldanlage aussehen: Aktien 35 bis 45 %, Immobilien 25 bis 35 %, Beteiligungen 20 bis 30 %, Gold/Edelmetalle 5 bis 15 %, Hedgefonds 3 bis 5 %.**
❹	**Kein schnelles Rein und Raus, sondern durchgängig investiert bleiben**	Immer wieder rechnen Experten aus, wie hoch die Kursgewinne sind, wenn ein Anleger die 10 besten Börsentage im Jahr wahrnimmt und wie kümmerlich die Rendite ausfällt, wenn er die 10 oder 40 besten Börsentage versäumt. Dies ist für Kurzzeittrader interessant, aber selbst mithilfe der Charttechnik ein Glücksspiel. Die Superreichen sind großteils durchgängig investiert – an den besten und schlechtesten Börsentagen. Sie wissen, dass ein langer Zeitraum viel wichtiger als der Zeitpunkt ist. Also: „Time not Timing."

⑤	**Nicht nur das Heimatliebedepot DAX pflegen. Keineswegs das Ausland vergessen.**	Geht es um Nebenwerte-Einzelaktien, bieten sich die deutschen Indizes MDAX, TecDAX, SDAX und DAXplus Family an. Hier mangelt es nicht an guten Informationen. Das Ausland sollten Sie so abdecken, wie es superreiche deutsche Familien vormachen: Internationale Standard-Einzelaktien, für Nebenwerte und Schwellenländer gute Themenfonds und ETFs. Ein Nasdaq-Aktienfonds und die Internetgiganten Alphabet, Amazon, Facebook, Netflix, Nvidia und Apple schmücken jedes Depot. Experte Tom Friess, Vermögenszentrum München, meint: *„Wer nur daheim anlegt, verpasst zu viele Renditechancen im großen Rest der Welt."*
⑥	**Wichtig ist der Gesamterfolg einer ausgewogenen Langzeitstrategie.**	Im Fußball kommt es darauf an, mit dem Abpfiff die drei Siegpunkte einzufahren. Abwehr, Mittelfeld und Angriff müssen harmonieren. Entscheidend ist die Leistung des Teams, nicht des einzelnen Spielers. Mal wächst der Einzelne über sich hinaus. Mal findet er keine Bindung zum Spiel und zu seinen Nebenleuten. Die Vermögensverwalter der Superreichen setzen auf eine langfristig ausgewogene Anlagestrategie. Es geht nicht nur um Wachstum in wichtigen Zukunftsmärkten, sondern ebenso um Nachhaltigkeit und Substanzkraft mit Blick auf verlässliche, attraktive Dividenden.
⑦	**Ohne genügend Bonität ist die beste Anlagestrategie gefährdet.**	Die meisten Millionäre leben nicht über ihre Verhältnisse. Sie achten darauf, auch in schlechten Zeiten ihre Bonität nicht durch leichtsinnige Verschuldung zu gefährden. Dies muss auch für jeden Privatanleger gelten. Im Crash bietet sich die Hoch-/Tief-Mutstrategie mit attraktivem Teilverkauf für Cashbeschaffung und Zukauf von Qualitätstiteln zum Schnäppchenpreis an. Funktioniert dies nicht, Hände weg! *„Ein Aktieneinkauf auf Kredit – alles andre als ein Hit!"*
⑧	**Spekulationsblasen erahnen! Aber kein Panikausverkauf. Gier frisst Hirn. Panik tötet den Verstand.**	Millionäre und Milliardäre lassen sich vom Massenphänomen Herdentrieb und vom emotionalen Überschwang nur selten hinreißen. Für sie gilt großteils mein Börsenspruch: *„Meide die gefährlichen Vier! – Euphorie, Panik, Angst und Gier!"* US-Investorlegende Warren Buffett bemängelt, dass die meisten Privatanleger nur dann Aktien kaufen, wenn sie bereits teuer sind und sie umgekehrt verschmähen, sobald die Bewertung niedrig ist. Solche Fehler kommen bei den Superreichen kaum vor. Sie halten sich großteils an den Ausspruch: *„Im billigen Einkauf und teuren Verkauf liegt der Gewinn."*

Kluges Verhalten an der Börse – ein Schlüssel zum Erfolg

❶ Es gibt mehrere Erfolgswege. Erarbeiten Sie Ihre eigene Philosophie. Sind Sie risikoscheu, meiden Sie Hebelprodukte. Sind Sie risikofreudig, ordern Sie neben DAX-Aktien Nebenwerte auch außerhalb MDAX, TecDAX, SDAX. Richten Sie Ihr Augenmerk ebenso auf ETFs, Auslandstitel und Themenfonds.

Breite Streuung ist wichtig. Branchen-Aktienfonds und Branchen-ETFs eröffnen Ihnen wichtige Zukunftsmärkte und damit auch Zugang zur Industrie 4.0, Robotik, Künstlichen Intelligenz, zum Internet der Dinge, Digitalisierungs-Megatrend und der vernetzten Welt. Der in- und ausländische Technologie-und Softwaresektor mit Schwerpunkt USA bietet ein Füllhorn von Chancen. Steigt die Inflationsrate, werden Rohstoffe teurer – nicht nur Öl und Gas.

Der demografische Wandel mit der steigenden Lebenserwartung von zweieinhalb Jahren im Jahrzehnt erschließt Ihnen den großen Bereich Gesundheitswesen mit Pharma, Biotech und Medizintechnik. Hier wird der gewaltige medizinische Fortschritt offenkundig. Auf Sie warten innovative aktiv gemanagte Aktienfonds, die gegen den Referenz-Index glasklar gewinnen.

❷ Ohne Disziplin und Selbstkontrolle geht nichts. Werfen Sie nicht bei ersten Misserfolgen Ihre Strategie und alle guten Vorsätze über Bord. Bewahren Sie sich Ihre Selbstbeherrschung auch in schwierigen Phasen und Krisen.

❸ Sie brauchen Zeit und Durchhaltevermögen. Den Markt aufmerksam zu beobachten und vernünftige Schlüsse zu ziehen, bedeutet konzentrierte Arbeit. Es kann Spaß machen, spannend, aber auch anstrengend und mühsam sein. In wenigen Tagen lässt sich kein fundiertes Börsenwissen aufbauen.

❹ Nutzen Sie mit Selbstvertrauen Ihre Stärken. Nehmen Sie Ihre Chancen entschlossen wahr, und fühlen Sie sich verantwortlich. Mit Zögern und Zaudern verpassen Sie die günstigsten Einstiegs- und Ausstiegskurse. Handeln Sie nach dem Grundsatz: *„Ich bin kein Angsthase und Börsenmuffel!"*

❺ Risikokontrolle ist der Schlüssel zum Erfolg. Begrenzen Sie – abhängig von Ihrer Vermögensdecke – die einzelne Position auf 2 % bis 5 % Ihres Gesamtvermögens, um sich vor extremen Verlusten zu schützen. Mit dem Trio Einzelaktien – Aktienfonds – ETFs bauen Sie langfristig ein breit gestreutes Vermögen auf und stellen die Weichen für ein finanziell sorgenfreies Alter.

❻ Seien Sie geduldig, wenn Sie beste Einstiegskurse verpassen. Häufig kommt ein guter Titel preislich zurück. Trösten Sie sich, dass es Alternativen gibt. Bei unsicherem Börsenklima ist es oft besser abzuwarten. Bedenken Sie, dass es selbst ausgebufften Börsenprofis nur selten gelingt, den absolut niedrigsten Kaufkurs und den höchsten Verkaufspreis zu erwischen.

12 Angst vor neuen Krisen? Statt Panikstarre mutiges Handeln!

Früher oder später sucht uns ein neuer Crash heim. Die Wissenschaft, Künstliche Intelligenz und Industrie 4.0 können Kursabstürze nicht verhindern. Sie selbst sind jedoch heftigen Börsenturbulenzen nicht hilflos ausgeliefert. Werfen Sie Ihre Aktien und Investmentfonds nicht zum Tiefkurs in den Markt, mag mancher Analyst oder Banker aus Eigennutz auch dazu raten. Nutzen Sie sich bietende Kaufchancen von Aktien und Fonds zum Schnäppchenpreis als positive Begleiterscheinung einer Krise.

Ein preisgünstiger Einstieg oder Zukauf ist langfristig die beste Reaktion, wobei die Kursabschläge je nach Branche und Zukunftseinschätzung sehr unterschiedlich ausfallen. Möglicherweise können Sie sich Cash auch dann verschaffen, wenn einige Aktienfonds und Einzelaktien im Gegensatz zum Absturzszenario nahe dem Allzeit- oder Jahreshoch notieren. Bei Einzelaktien sind die Kursturbulenzen und damit die sich bietenden Aussichten beträchtlich größer als bei Fonds.

Bei Aktienfonds und ETFs ist das Risiko einer Fehleinschätzung wegen der breiten Streuung geringer. Ihre Entscheidung hängt davon ab, wie viel Zeit Sie für die Erkundung der Märkte aufbringen, wie hoch Ihr Börsenwissen ist und welchem Anlegertyp Sie sich zuordnen. Wer sicherheitsbewusst ist, wird sich eher auf Aktienfonds konzentrieren. Wer erfolgsorientiert handelt, wird günstige, zukunftsfähige Fonds nachkaufen, aber auch den Blick auf Einzelaktien werfen. Wer risikofreudig ist, für den dürfte eine mutige Perlensuche, Stock Picking, angezeigt sein.

Ich will Ihnen nun zeigen, was ich bei der schweren Finanz- und Weltwirtschaftskrise 2008/2009 tat – nicht zuletzt mit Blick auf den zu ergänzenden steuerfreien Altbestand. Diesmal werden Sie nicht für Ihren Mut mit Steuerfreiheit belohnt. Aber künftige Kursgewinne beweisen Ihnen, wie lukrativ eine langfristige Strategie sein kann auch bezüglich Dividende. Die Formel: Dividende multipliziert mit 100 dividiert durch Ihren Kaufkurs präsentiert möglicherweise im Laufe eines Jahrzehnts zweistellige Ausschüttungen. Durch breite Streuung verringern Sie Ihr Risiko. Steigt eine Aktie oder ein Aktienfonds in 10 oder 12 Jahren um 1.000 %, sind bei gleichem Einsatz zehn große Verlustbringer ausgleichbar, falls versäumt wurde, Verluste beizeiten zu begrenzen, wenn so gut wie nichts für eine Erholung spricht.

Aufbau steuerfreier Altbestand in der Finanzkrise 2008

Aktien-auswahl	WKN	Kaufpreis im Jahr 2008	Kurs 25.07.18	Hoch/Tief 1 Jahr	Div. Rend. 2019(e)
BASF	BAS F11	13.10.08/27,10 €	84,10 €	98,80/79,00 €	3,30 €/12 %
Bertrandt	523 280	12.12.08/16,95 €	82,75 €	110,5/67,30 €	2,50 €/15 %
DÜRR	556 520	16.09.08/5,05 €	36,80 €	60,30/36,50 €	1,20 €/24 %
Fortec Elec.	577 410	30.12.08/6,05 €	24,50 €	26,60/18,50 €	0,60 €/10 %
Hermle	605 283	29.09.08/65,50 €	400,00 €	417,0/324,2 €	12,9 €/20 %
INIT	575 980	28.08.08/7,75 €	17,30 €	22,05/14,90 €	0,25 €/3,2 %
Jungheinr.	621 993	15.07.08/6,05 €	31,90 €	42,90/30,00 €	0,58 €/10 %
Mensch+Ma.	658 080	13.03.08/4,90 €	27,00 €	28,00/17,65 €	0,55 €/11 %
LEONI	540 888	10.11.08/9,35 €	44,00 €	66,20/40,80 €	1,65 €/18 %
MTU Aero	80D 9PT	15.07.08/18,30 €	173,50 €	173,5/114,8 €	3,00 €/16 %
Nabaltec	A0K PPR	13.09.08/3,85 €	22,10 €	30,40/21,10 €	0,25 €/6,5 %
Norilsk N.	A14 0M9	14.11.08/6,40 €	14,30 €	17,60/11,90 €	über 20 %
Rational	701 080	26.03.08/118,0 €	582,55 €	596,4/488,8 €	11,5 €/10 %
VIB Vermö.	245 751	29.12.08/3,70 €	21,90 €	22,40/19,85 €	0,60 €/16 %

Auswertung: Die meisten Kurse haben sich gegenüber dem Kaufdatum 2008 verdoppelt bis versechsfacht. Hinzu gesellt sich im Schnitt eine **Dividendenrendite von über 10 %** auf Einstandspreise bezogen. Kursgewinne im Altbestand sind steuerfrei.

Chancennutzung in der Weltwirtschaftskrise 2009

Aktienaus-wahl	WKN	Kaufpreis im Jahr 2009	Kurs am 25.07.18	Hoch/Tief 1 Jahr in €	Div. Rend. 2016
Amadeus F.	509 310	24.09.09/12,40 €	93,60 €	103,4/68,45	4,00 €/32 %!
Aurelius	A0J K2A	02.09.09/2,70 €	52,30 €	65,85/47,30	2,00 €/74 %!
CeWe Stiftg.	540 390	06.07.09/20,75 €	78,50 €	93,20/70,80	1,95 €/9,4 %
GEA Group	660 200	08.03.09/8,40 €	31,75 €	42,95/26,95	1,00 €/12 %
Krones	633 500	14.09.09/32,85 €	114,05 €	122,8/100,5	2,00 €/6,1 %
Pfeiffer	691 660	24.02.09/37,00 €	138,15 €	175,4/120,6	2,60 €/7,0 %
Schaltbau	717 030	10.07.09/12,00 €	27,00 €	36,40/22,70	0,42 €/3,5 %
Symrise	SYM 999	18.04.09/9,80 €	77,15 €	79,60/56,95	1,11 €/11 %

Großteils BREXIT-Käufe von Qualitätsaktien mit hohem Abschlag Ende Juni 2016, um beste Chancen zu nutzen

Zukauf im Zusammenhang mit Teilverkauf und Koppelgeschäft bei hohem Kursgewinn. Lohn für Mut: üppige Rendite oft schon in Kürze

Aktien/Unternehmen	WKN	Kauf 2016	Kaufpreis €	Kurs 25.07.18	Div. Rend. 2017
Allianz (DAX)	840 400	06.07.16	119,00	184,90 €	9,10/7,6 %
Bet-at-home (Prime)	A0D NAY	23.06.16	66,90	75,00 €	4,50/6,7 %
BMW Vz (Prime)	519 003	24.06.16	59,00	71,00 €	4,30/7,3 %
Covestro (MDAX)	606 214	07.01.16	30,00	81,75 €	2,50/8,0 %
Dt. Beteilig. (SDAX)	A1T NUT	18.08.16	28,90	36,55 €	1,45/5,2 %
Dt. Pfandbr. (MDAX)	801 900	25.06.16	8,35	13,55 €	0,75/9,0 %
Hypoport (SDAX)	549 336	18.01.16	55,40	165,80 €	0,00/0,0 %
ISRA Vision (TecD.)	548 810	09.11.16	18,95	52,00 €	0,14/0,7 %
König & B. (SDAX)	719 350	27.06.16	40,50	63,50 €	1,30/3,2 %
SinnerSchr. (Prime)	514 190	30.06.16	4,90	12,85 €	0,27/5,5 %
TUI (Prime Standard)	TUA G00	27.06.16	11,25	18,50 €	0,71/6,3 %
XING (TecDAX)	XNG 888	07.03.16	150,40	293,50 €	2,80/1,9 %

Welche Finanz- und Wirtschaftskrisen lauern aktuell?

➢ **Die anhaltende Null- und Strafzinspolitik mit den abgeschafften Guthabenzinsen gefährdet den Banken- und Versicherungssektor.** Es wird immer schwieriger, hier noch Geld zu verdienen. Nur teure Policen gegen die explodierende Cyberkriminalität wecken gewisse Hoffnung. Sorgen bereitet die Schieflage der Deutschen Bank, Kurs unter 9 €. Hier erweisen sich milliardenschwere Rechtsstreitigkeiten und Schadensersatzansprüche als hohe Hürden.

➢ **Viele Privatanleger fühlen sich enteignet, nachdem das von ihnen geliebte Sparbuch zur schleichenden Kapitalvernichtung mutiert.** Sie konsumieren auf Teufel komm raus und verschulden sich, statt sinnvoll für Vermögensaufbau und Altersvorsorge zu sparen. Gerade für sie wäre eine Anlage in ertragsstarke und langfristig sichere Fonds eine erstklassige Alternative.

➢ **Kopfzerbrechen bereitet die unsichere Lage im überschuldeten Italien.** Unsicherheit besteht auch bezüglich der Abwicklung des Brexits, dem Austritt Großbritanniens aus der EU. Eher weicher oder harter Kurs? Hinzu kommen neue Strafzölle gegen China und Donald Trumps Unberechenbarkeit.

➢ **Nicht nur Untergangspropheten befürchten einen Crash wegen hoch bewerteter Aktien bei schleppender Ertragsentwicklung.** Der DAX schaffte Ende Januar 2018 ein Allzeithoch von über 13.570 Punkten. Jetzt, Ende Oktober, sind es knapp 11.300 Punkte. Abgeschaffte Guthabenzinsen und Dividende als Ersatzzins laden trotz allgemeiner Skepsis zur langfristigen Aktien- und Aktienfondsanlage ein. Es wird Zeit, sich vom Sparbuch zu trennen. Bleiben die befürchteten Strafzölle für die Automobilindustrie aus, besteht auch hier Erholungspotenzial. Statt nur Value ist ein Mischkurs aus defensiven Value- und offensiven Grothtiteln mit Hochtechnologie in den Zukunftsmärkten der Industrie 4.0 mit Künstlicher Intelligenz angezeigt.

➢ **Aktuell wächst die Angst vor Terrorakten. Die hohen Stimmverluste bei den etablierten Parteien auch außerhalb Deutschlands verunsichern und lösen Besorgnis aus.** Die Präsidentenwahl in den USA machte den Populisten Donald Trump zum Überraschungssieger. Aber es kam nicht zum befürchteten Crash, sondern nur zu einem Kurseinbruch von rund 5 % in den ersten Morgenstunden am 9. November 2016. Völlig unerwartet schlossen DAX & Co. sogar im Plus, vorangetrieben von Pharma- und Biotechaktien. Heute ist die Meinung über Donald Trump geteilt. Einerseits polternd, unberechenbar, grob und beleidigend auftretend, den Handelskrieg mit China verursachend, nicht ehrlich, unzuverlässig, wankelmütig. Andererseits hat er wegen der für amerikanische Unternehmen günstigen Steuerreform und dem klar herausgestellten Wohlergehen Amerikas auf Kosten der sonstigen Welt viele Anhänger.

Und wie sieht eine ermutigende Alternative langfristig aus?

Hier werden Aktien-Kursträume von 500 – 3.000 % wahr.
20 Titel: Kauftage in Grün sind steuerfreier Altbestand.

Ein eigenes Depot für den steuerfreien Altbestand bis 31.12.2008. Nur Teilverkäufe bei Kursraketen vornehmen. So bleiben Ihre besten Werte im Depot. Die Dividendenrendite steigt bei vielen Spitzenwerten im Laufe der Zeit zweistellig.

Aktien/meist Fam.-Firmen	WKN	Kauftag	Kaufpreis	Kurs am 25.07.18	Kursgewinn gerundet
Basler	510 200	28.08.13	21,25 €	173,60 €	820 %
Bechtle	515 870	20.09.04	6,65 €	78,90 €	1.190 %
Datagroup	A0J C8S	15.01.07	3,10 €	39,30 €	1.270 %
DÜRR	556 520	16.09.08	5,05 €	37,10 €	735 %
Eurofins	910 251	05.11.01	15,90 €	480,00 €	3.020 % ❷
FUCHS Vz	579 043	31.03.05	3,80 €	44,40 €	1.170 %

Aktien/meist Fam.-Firmen	WKN	Kauftag	Kaufpreis	Kurs am 25.07.18	Kursgewinn gerundet
Grenke	A16 1N3	14.11.01	9,95 €	99,65 €	1.000 %
Hermle	605 283	28.04.11	59,05 €	400,00 €	680 %
Hochtief	607 000	29.05.03	13,50 €	157,80 €	1.170 %
Isra Vision	548 810	28.04.04	2,60 €	51,90 €	2.000 % ❹
Jungheinrich	621 993	15.07.08	6,05 €	31,90 €	530 %
Krones	633 500	14.08.02	17,00 €	113,50 €	670 %
Mensch+Ma.	658 080	13.03.08	4,90 €	27,00 €	550 %
MBB	A0E TBQ	11.06.06	11,00 €	100,25 €	840 %
Nemetschek	645 290	10.06.05	3,80 €	115,50 €	3.040 % ❶
Rational	701 080	08.05.03	33,80 €	578,00 €	1.710 % ❺
Sartorius Vz	716 563	10.01.06	5,40 €	144,50 €	2.680 % ❸
SIXT Vz	723 133	12.09.11	11,50 €	72,90 €	635 %
Symrise	SYM 999	28.04.10	9,80 €	77,70 €	790 %
Samsung El.	881 823	11.03.03	50,90 €	715,50 €	1.400 % ❻

Anmerkung: Je länger Sie Spitzenaktien halten und sich mit einem Teilverkauf begnügen, umso stärker steigt beim Restbestand meistens die Dividende.

Welche Rückschlüsse lassen sich aus dieser Kursliste ziehen?

Risikofreudige Anleger, die den Aktienmarkt genau beobachten, sich auf Schatz- und Perlensuche begeben, Spannung und etwas Nervenkitzel mögen, kommen voll auf ihre Kosten. Stock Picking mit Erfolg hängt von Marktlage, Zukunftstrends und aktueller Kursentwicklung ab. Zur Risikobegrenzung und um nicht täglich nachschauen zu müssen, bieten sich innovative Aktienfonds an. Bei einem Crash bleiben die Investmentfonds im Depot. Bei Aktien mit dennoch hohem Kursgewinn bieten sich Teilverkäufe an, um abgestürzte, aber dennoch chancenreiche Titel besonders preiswert erwerben zu können. Meine **Hoch-/Tief-Mutstrategie**, im „Aktien- und Börsenführerschein" und „Beste Aktienstrategien" ausführlich dargestellt, erweist sich mit Zukauf und Teilverkauf als Zauberformel. Beim Vergleich bietet sich der Gärtner an. Er sät und pflanzt mit Aufwand an Zeit und Geld, um später eine gute, ertragreiche Ernte einfahren zu können.

➢ **Fazit: Breit gestreut – nie bereut!**
➢ **Für Anleger mit Mut – sind Kursschwankungen gut!**
➢ **Meide die gefährlichen Vier: Euphorie, Panik, Angst und Gier!**

13 Expertennachlese: „Ewige Aktien" und Fonds

Weltweit suchen Experten die besten Aktien. Das Handelsblatt analysiert alljährlich 8 bis 10 empfohlene, schwankungsarme Blue Chips ab 10 Mrd. € Börsenwert. Oft wird übersehen, dass Volatilität mehr Risiken, aber auch höhere Chancen eröffnet.

Die meisten Privatanleger mögen es nicht, wenn die Kurse bei einzelnen Aktien stark schwanken. Mich stört dies nicht, ergeben sich doch oft ausgezeichnete Chancen für Einstieg, Zukauf und Teilverkauf, um sich Cash zu beschaffen. Die Standardwerte mit je 15 bis 44 Kaufempfehlungen und nur zwei Verkaufstipps zeugen von intensiver Arbeit. Mich interessiert, ob Aktienfonds zu ähnlichen Einschätzungen kommen. Dominieren die Titel bei Fonds, die global aufgestellt sind, Standardaktien auswählen oder branchenorientiert anlegen? Alphabet/Google, ROCHE und Medtronic ausgenommen, ist die Übereinstimmung gering, also enttäuschend. Dies gilt für die Favoriten vom Spätherbst 2015 und 2016.

2015 schafften von den acht Favoriten der ausgewiesenen Experten nur fünf Aktien ein Kursplus. **Hier das Ergebnis:** American Tower (+21,3 %), Medtronic (+20,4 %), Chubb (+18,7 %), Simon Property (+7,7 %), Roche (+5,2 %). In der Verlustzone landeten dagegen: Land Securities (-29,9 %), CVS Health (-11,6 %), McKesson (-10,5 %). Von den Verlierern wird verständlicherweise jetzt niemand mehr empfohlen. Von den Siegern sind ROCHE und Medtronic erneut dabei.

Ich selbst habe mehrere Hundert Aktienfonds durchforstet. In keinem Fonds fand ich mehr als zwei der empfohlenen Titel. Oft ging ich völlig leer aus. Warum die ganze Mühe? Viele Privatanleger scheuen sich, Einzelaktien ins Depot zu nehmen. Sie sind aber erfreut, wenn sie Expertenfavoriten in den Fonds ihrer Wahl wiederfinden. Das Ergebnis sähe anders aus, wenn der Börsenwert auf 1 Mrd. € herabgesetzt und Volatilität akzeptiert würde. Das höchste Aufwärtspotenzial findet nicht bei Dickschiffen statt. Niemand beginnt als Gigant, sondern fängt eher als Schnellboot an und arbeitet sich engagiert nach oben. Dies ist der Hauptgrund, weshalb Familienfirmen und Nebenwerte den Leitindizes das Fürchten lehren!

Um aktuell zu sein, kürze, streiche und passe ich die Kursentwicklung der Fonds von 2016 auf Ende Juli 2018 an.

Ich bilde die aktuellen acht Aktienfavoriten ab im Einklang mit aussichtsreichen Fonds, in denen die Blue Chips vorkommen. Freilich ist zu bedenken, dass ein Pharmafonds keinen Bauriesen aufnimmt. Ein Software- bzw. Hightechfonds investiert nicht in Konsumaktien, ein Telekommunikations-Branchenfonds nicht in den Medizintechnik-Titan Medtronic und ein Internet-/Netzwerk-/Digitalisierungs-Fonds kaum in Logistik oder Biotech – ausgenommen vielleicht die eine oder andere kleine Beimischung bei Fonds mit flexiblem Geschäftsmodell.

Welche „goldgeränderten" schwankungsarmen Favoriten der Experten finden bei Aktienfonds-Managern Zuspruch?

Aktienfavoriten und Aktienfonds	WKN	Kurs 26.07.18	Hoch/Tief ein Jahr	Kursentwicklung 1, 3, 5, 10 Jahre
Die Aktie Alphabet/Google stürmt als Internet-Gigant nach oben.			
Alphabet A	A14 Y6F	1.100,0 €	1.100/758,0 €	+32/+95/+187/+417 %
Googles Kerngeschäft mit Onlinewerbung ist die weltweit führende Internetplattform. Die Konzernmutter Alphabet, vormals Google, verwaltet zahlreiche Tochterfirmen in Zukunftsbranchen und bietet ihre Suchmaschine in über 130 Sprachen an.			
Über 30 Aktienfonds gewichten Alphabet hoch. Eine kleine Auswahl:			
DWS Vermögen	847 652	162,30 €	162,5/139,9 €	+10/+17/+73/+104 %
UniFavorit: A.-net	800 751	93,75 €	93,85/79,85 €	+12/+26/+76/+175 %
UniFavorit: Akt. €	847 707	146,95 €	147,0/124,9 €	+11/+23/+77/+183 %
Uni Nordamerika	975 007	296,25 €	296,4/240,6 €	+17/+29/+88/+193 %
Deka-Technologie	515 262	37,75 €	37,95/28,60 €	+25/+63/+155/+281 %
FF Gl. Technology	921 800	22,60 €	22,75/17,90 €	+22/+63/+172/+371 %
FF Fidelity World	787 302	29,00 €	29,15/19,10 €	+11/+17/+81/+124 %
HGF Henderson	A0D NEW	16,70 €	16,90/14,30 €	+12/+26/+105/+167%
JCF Janus Hend.	935 619	12,65 €	12,75/9,60 €	+25/+74/+116/+207%
UniFavorit Aktien	977 265	9,85 €	10,05/8,35 €	+12/+42/+108/+294%
UniSector HighT.	921 559	102,55 €	102,7/81,35 €	+21/+47/+128/+270%
Allianz Informat.	847 512	259,05 €	265,4/203,9 €	+19/+44/+120/+277%
BGF BlackRock	A0B MAN	30,30 €	30,85/21,20 €	+37/+78/+179/+335%
DBK Tele Tech	921 868	11,50 €	11,60/9,30 €	+20/+40/+108/+172%
DWS Technology	847 414	193,15 €	193,3/148,9 €	+23/+57/+152/+276%

Aktienfavoriten & Aktienfonds	WKN	Kurs 26.07.18	52 Wochen Hoch/Tief	Kursentwicklung 1, 3, 5, 10 Jahre
FF Fidelity World E	787 302	23,45 €	24,75/19,10 €	+15/+44/+107/+58 %
NN Information T.	A0Q 88T	117,20 €	120,8/99,45 €	+6/+45/+106/+120 %
Nordinternet	978 530	74,90 €	75,50/53,55 €	+15/+77/+151/+158 %
UniSector HighTech	921 559	70,70 €	86,50/66,10 €	-5/+21/+53 %
HGF Henderson	A0D NEW	12,85 €	13,30/10,60 €	+7/+52/+126/+70 %
Fazit: Viele Fonds sind im Einzelaktienfavorit Alphabet investiert.				
Alphabet A	A14 Y6F	1.100,0 €	1.100/758,0 €	+32/+95/+187/+417 %

Anmerkung: Wohl jeder Anleger, der seit Anfang 2016 oder schon viel früher Aktien von Alphabet bzw. dem Mutterkonzern Google gekauft hat, dürfte hochzufrieden sein. Der Internetgigant Google zählt zu den großen Favoriten der Handelsblatt-Experten mit 44-mal „Kaufen", siebenmal „Halten" und nur einmal „Verkaufen".

Schauen wir uns die wichtigsten Aktienfonds an, bei denen Alphabet bezüglich Gewichtung eine Rolle spielt, überzeugt die Kursentwicklung ebenfalls. Freilich ist Alphabet als Einzelaktie nicht zu schlagen. Aber es erfreut, diesen Titan im eigenen Aktienfonds zu entdecken. Sie tauschen Sicherheit durch breite Streuung und geringere Schwankungen ein. Im Einjahresvergleich halten beste Fonds durchaus mit. Ab 3 bis 10 Jahren stürmt jedoch Alphabet unaufhaltsam davon.

Aktienfavoriten & Aktienfonds	WKN	Kurs 27.07.18	52 Wochen Hoch/Tief	Kursentwicklung 1, 3, 5, 10 Jahre
Schweizer Pharma-Aktie ROCHE, STOXX 50, bei Fonds Platz 2				
ROCHE	851 311	210,40 €	224,2/181,6 €	-1/-8/+10/+22 %

Der vor 120 Jahren gegründete Traditionskonzern ist in der Krebsforschung führend. ROCHE hat seit einem Jahrzehnt die Dividende immer erhöht. Sie beträgt rund 3 %. Bezüglich Kursentwicklung besteht noch einiges Aufwärtspotenzial. Roche überstand die länger anhaltende Korrekturphase schlechter als andere Favoriten.

Über 20 Aktienfonds gewichteten ROCHE stark. Dazu eine Auswahl				
Allianz AGIF Glob.	157 662	26,40 €	26,50/23,25 €	+8/+18/+68/+118 %
DWS Vermögen	847 652	162,30 €	162,5/139,9 €	+10/+17/+73/+104 %
Deka Dividenden	DK2 CDS	157,00 €	158,0/142,8 €	+3/+5/+51 %
OBDO BHF Algo	847 818	258,40 €	284,7/224,8 €	+8/+8/+59/+101 %
DWS Health Care	976 985	238,65 €	238,9/204,7 €	+6/-5/+77/+217 %
UniSector BioPh.	921 556	112,70 €	112,9/95,75 €	+2/+-0/+60/+199 %
2018 investierten weniger Fonds in ROCHE, 2016 Favorit Europa # 1				

Aktienfavoriten & Aktienfonds	WKN	Kurs 27.07.18	52 Wochen Hoch/Tief	Kursentwicklung 1, 3, 5, 10 Jahre
Medtech-Aktie Medtronic, Dublin: forschungs- und dividendenstark					
Medtronic	A14 M2J	76,65 €	78,00/61,80 €	+6/+12/+83/+126 %
Seit 40 Jahren freuen sich die Aktionäre über steigende Dividenden. Nach der Übernahme 2015 von Covidien gilt Medtronic nicht mehr als US-Konzern. Der Hauptsitz ist Dublin. Kaum ein Sektor profitiert vom längeren Leben so sehr wie die Medizintechnik. Medtronic ist mit Herzschrittmachern, Herzklappen und Insulinpumpen dabei.				
Einige Aktienfonds sind bei Medtronic investiert. Hier die Auswahl.				
TIF Threadneedle	A0J D21	3,55 €	3,65 €/2,90 €	+17/+31/+105/+269 %
BGF World Health	A0B L36	36,85 €	36,90/31,15 €	+11/+5/+100/+292 %
Polar Health HC O.	A0M 8VF	27,65 €	27,75/22,50 €	+13/+-0/+121/+175 %
FTIF Franklin Tem.	A0K EDF	20,25 €	20,35/20,15 €	+3/+125/+61/+159 %
Keine Branche profitiert so stark vom längeren Leben wie Medtech.				
Anmerkung: Die Aktie vom Weltmarktführer Medtronic befindet sich auch in den Depots vieler Privatanleger. Wer sich auf innovative Aktienfonds konzentriert, freut sich, wenn Medtronic wegen der hohen Dividende und intensiven Forschung dazugehört.				

Aktienfavoriten & Aktienfonds	WKN	Kurs 27.07.18	52 Wochen Hoch/Tief	Kursentwicklung 1, 3, 5, 10 Jahre
Salesforce als globaler Mietsoftware-Primus im klaren Aufwärtstrend				
Salesforce	A0B 87V	125,00 €	128,0/73,7€	+63/+99/+242/+826 %
Der weltweit führende Anbieter von Mietsoftware ist im S&P 500 gelistet. Die Aktie des SAP-Konkurrenten ist für risikofreudige, marktkundige Langzeit-Anleger sehr interessant. Davon zeugt auch die außergewöhnliche Kursentwicklung 2017/2018.				
Allianz Information	847 512	258,15 €	265,4/203,9 €	+19/+44/+120/+277 %
JCF Janus	935 619	12,55 €	12,65/9,60 €	+25/+74/+116/+207 %
Nordinternet	978 530	74,90 €	75,50/53,55 €	+40/+80/+191/+479 %
Anmerkung: Es gilt, Einstiegschancen bei Kursschwäche von Salesforce zu nutzen.				
VINCI: Bauriese für Autobahnen/Flughäfen aus dem Euro Stoxx 50				
VINCI	867 475	104,60 €	106,8/73,40 €	+10/+51/+109/+126 %
Der französische Bauriese VINCI, Konzession für Autobahnen, rückte 2016 in die Gruppe der 5 größten Airportbetreiber vor. Fondsmanager, die den industriellen Bereich mit Europas Bausektor abdecken, dürften verstärkt in VINCI investieren.				
FF Fidelity World E	787 302	29,10 €	29,10/25,10 €	+11/+18/+82/+126 %
Wertgrund Wohns.	A1C UAY	107,10 €	145,2/87,05 €	+23/+36/+54/+75 %

14 Wie 5.000, 10.000, 20.000, 30.000, 50.000 und 100.000 Euro am besten langfristig anlegen?

14.1 Worauf es ankommt, um Erfolg zu haben

Die Niedrig-Zins-Politik macht allmählich jedem klar, dass mit Bargeld unter dem Kopfkissen und einem Sparbuch kein Geld zu verdienen ist. Wegen fehlender Guthabenzinsen und einer steigenden Teuerungsrate wird eine solche Sparform zum Verlustgeschäft – wahrscheinlich noch einige Jahre. Die sich ankündigende Zinswende wird vorerst in Trippelschritten stattfinden.

Immer mehr Sparer, auch die Teilnehmer an meinen seit 15 Jahren zwei- bis dreimal wöchentlich stattfindenden Volkshochschul-Börsenseminaren in Ulm wollen praktische Hilfen, wie sie ihr Geld am besten anlegen. Dabei geht es nicht um ein schnelles Rein/Raus, kein spekulatives Zocken, sondern eine langfristige Vermögensanlage. Sie setzt übriges Geld voraus. Über 5.000 € sollten es sein, um mit Aktien, Aktien- und Mischfonds sowie ETFs langfristig Geld zu verdienen. Je höher die Vermögensdecke ist, umso interessanter und mit mehr Gewinnchancen verbunden sind die Vorschläge. Sie sind abhängig von: Wie viel Geld habe ich übrig? Was bin ich für ein Anlegertyp? Welche Renditeerwartungen habe ich? Mit welchem Anlagezeitraum plane ich? Wie steht es mit dem Börsenwissen?

Was muss ich unbedingt richtig und darf ich nicht falsch machen? Die wichtigsten Grundsätze kurz und bündig erklärt.

1. **Breit gestreut – nie bereut. Niemals dürfen Sie das gesamte Ersparte in einen Aktientitel – z. B. aus dem DAX – anlegen.** Wenn Sie ein glückliches Händchen haben und eine der besten Aktien rund um den Globus aufspüren, kann dies funktionieren. Aber wahrscheinlich werden Sie schon bei 10 %, 20 % oder 30 % alles verkaufen, weil Sie Angst haben: *„Wie gewonnen – so zerronnen!"* Richtig reich werden Sie mit einer Einwert-Strategie höchst selten – eher arm. Und was machen Sie, wenn die Aktie um 5 % oder 10 % sinkt? Schnell alles verkaufen? Verluste, Ärger, Frust sind nun vorprogrammiert.

2. **Mit einer Anlage von nur 5.000 Euro oder darunter kommen für Sie Einzelaktien kaum in Frage.** Hier bieten sich nur einige wenige Aktien- und Mischfonds sowie ETFs an, um breiter zu streuen und besser schlafen zu können. Was Ihnen gut tut, hängt aber auch davon ab, ob Sie ein vorsichtiger oder eher risikofreudiger Anlegertyp sind. Wirksames Sparen läuft über den Konsumverzicht. Widerstehen Sie einem Sonderangebot von 30 %, sparen Sie 70 %.

3. **Eine Anlage unter 1.000 € pro Titel rechnet sich nicht. Die Transaktionskosten sind dann prozentual viel zu hoch.** Und selbst bei einem Gewinn von 10 bis 30 % wächst Ihr Vermögen nur im Schneckentempo. Bei einem Verkauf reicht es vielleicht noch zum gemütlichen Abendessen im netten Restaurant.

4. **Lassen Sie sich am Stammtisch oder von einem Bankberater nicht irgendwelche Produkte aufdrängen, woran nur der Gesprächspartner verdient.** Je weniger Sie wissen, umso eher werden Sie über den Tisch gezogen. Meine Vorschläge sollen Ihnen helfen, das zu kaufen, was Sie selbst wollen. Und es muss sich um gute Produkte handeln. Beherrschen Sie Online-Banking, können Sie über das Internet ohne Beratung kostengünstig Wertpapiergeschäfte tätigen. Interessant ist der Telefonhandel, unabhängig von den Bankoffnungszeiten, zumal vielleicht sogar der Abendhandel bis 22.00 Uhr bei Tradegate möglich ist. Immer beliebter wird der außerbörsliche Online-Abend-Handel zum vorgegebenen Kauf- und Verkaufspreis, vornehmlich bei Lang & Schwarz, ein börsennotierter, dividendenstarker Mittelständler.

5. **Wann Aktienfonds, wann ETFs, wann Einzelaktien zu bevorzugen sind, habe ich auf S. 283 genau beschrieben.** Lesen Sie die Tipps in diesem Kapitel. Blättern Sie auch im Sachwortverzeichnis. Je mehr Geld Sie übrig haben und je risikofreudiger Sie sind, umso vielfältiger sind die Anlagevorschläge.

6. **Wie am besten investieren, wird leicht gemacht, wenn Sie sich bei der Anlagehöhe und bezüglich des Anlegertyps richtig** einordnen. Dies setzt eine absolut ehrliche Einschätzung voraus. Ihr Selbstbild muss stimmig sein. Dazu gehört, dass Sie Ihre laufenden finanziellen Verpflichtungen lieber etwas zu hoch als zu niedrig ansetzen. Ein gewisser Sicherheitspuffer ist ratsam.

7. **Je größer die Anlagesumme ist, umso höher kann auch die einzelne Order sein. Ich empfehle 1.200 € bis 3.000 € je Order.** Noch wichtiger aber ist, ab fünfstelligen Beträgen nicht alles auf einmal anzulegen. Es gilt, unterschiedliche Chancen beherzt aufzugreifen, wobei es um Zukunftsmärkte und wichtige Branchen, aber auch um Länder und Indizes geht. Nebenwerte dürften auch künftig die Dickschiffe schlagen. Je nach Anlegerprofil ist nicht nur Value, sondern Growth ebenso wichtig. Der wichtigste Grundsatz für eine langfristige Vermögensanlage heißt auch hier: „Breit gestreut – nie bereut!"

Die Idee zu diesem Startkapitalprojekt, zusammengesetzt aus erfolgreichen Mischfonds, Aktienfonds, ETFs und Einzelaktien

Fallbeispiel: *Nach schwerer Krebsoperation am Jahresende 2017 informierte ich meine Kinder über ihr Erbe. Ich habe zwei Aktiendepots mit vielen Titeln, eines für Elke, eines für Uwe und rechne dem Nachwuchs vor: „Bei Ableben 2019 bekommt ihr bereits so viel Dividende, dass es schon jetzt locker ausreicht, den Unterschied zwischen Berufseinkommen und Pension bzw. Rente auszugleichen und den gewohnten Lebensstandard beizubehalten." Dies funktioniert mit Dividendentiteln, die ich seit 10 oder 15 Jahren halte und wo die steigenden Ausschüttungen selbstverständlich auf den Einkaufspreis bezogen werden. Eine solche Zauberformel setzt Disziplin und Sparbereitschaft gerade bei der längeren Lebenserwartung voraus.*

Es geht nicht an, immer nur vom Staat mehr Leistung zu fordern. Wer 15 Jahre länger lebt und statt des 60. auch noch den 80. oder 90. Geburtstag feiert, muss für das geschenkte Leben selbst etwas leisten. Die Alternative wäre, länger zu arbeiten bzw. sich im Ruhestand etwas dazu zu verdienen. Senioren, die dies tun, verdienen kein vorbehaltloses Mitleid. Es kann auch neben mehr Geld ein Beitrag zum ausgefüllten Lebensabend sein. Ich arbeite im Ruhestand so viel wie früher, nicht weil ich es muss, sondern weil ich es will und mir Erfolgserlebnisse verschaffe.

Meine Aktien arbeiten für mich im Langzeitdepot – neben Kursgewinn regelmäßige höhere Dividenden. Nie habe ich geerbt, alles selbst erarbeitet, mit Aktien vor 20 Jahren gestartet mit einem fünfstelligen Startkapital. Geht es um den Aktieneinstieg bei meinen Enkeln, wecke ich den Appetit auf eine Langzeitanlage mit Aktienfonds. Wegen des Zinseszinseffekts wähle ich bei Dividendenfonds Thesaurierung.

Ein Blick auf meine Dividendenstars. Alle Titel in meinem Depot

Wenn Kursträume im Langzeitdepot wahr werden und die Dividendenrendite pro Jahr bei 20 % liegt und weiter steigt					
Deutsche Dividendenstars	**WKN**	**Kauftag**	**Kaufpreis**	**Kurs am 27.07.18**	**Dividende/ Rend. (e19)**
Allianz	840 400	30.04.03	41,00 €	187,00 €	9,10 €/22 %
Amadeus	509 310	06.06.07	19,00 €	93,80 €	4,00 €/21 %
Aurelius	515 870	17.12.07	12,00 €	59,85 €	2,00 €/17 %
BASF	BAS F11	05.02.08	18,60 €	82,50 €	3,30 €/18 %
BAYER	840 400	07.03.03	11,90 €	96,21 €	3,10 €/26 %
BOSS Hugo	A1P HFF	24.02.03	11,40 €	77,20 €	3,00 €/26 %

Deutsche Dividendenstars	WKN	Kauftag	Kaufpreis	Kurs am 27.07.18	Dividende/ Rend. (e19)
DÜRR	556 520	05.01.08	5,08 €	105,00 €	1,20 €/24 %
Freenet	A0Z 2ZZ	11.08.11	8,10 €	25,10 €	1,75 €/22 %
FUCHS Vz	579 043	31.03.05	3,80 €	44,55 €	1,02 €/27 %
Hermle	605 283	28.04.11	59,05 €	399,00 €	12,9 €/22 %
Hochtief	607 000	29.05.03	13,50 €	154,00 €	3,75 €/28 %
MTU Aero	A0D 9PT	15.07.08	18,05 €	182,00 €	3,00 €/17 %
Nemetschek	645 290	10.06.05	3,85 €	126,00 €	0,95 €/25 %
Rational	701 080	08.05.03	33,80 €	536,00 €	11,5 €/34 %
SAF Holland	A0M U70	02.12.11	3,25 €	14,00 €	0,57 €/18 %
SIXT Vorzüge	723 133	12.09.11	11,50 €	52,80 €	2,17 €/19 %

14.2 Auch aus 5.000 € kann Großes entstehen

Startkapital 5.000 €, vorsichtiger, risikoscheuer Typ Tipp: 1 Mischfonds, 1 Aktienfonds, 2 ETFs je 1.250 €				
Name, Fonds-Gesellschaft	WKN	Kurs 08.06.18	Hoch/Tief 52 Wochen	Kursentwicklung 1, 3, 5, 10 Jahre
Mischfonds DJE Concept 1	625 797	285,00 €	299,0/266,3 €	+6/+13/+92/+107 %
	Umfang 212 Mio. €, Alter 17 J., Ausgabeaufschlag **0,0 %**, Gebühr **0,60 %**, thesaurierend. Der Mischfonds investiert zwecks Risikostreuung in Aktien, Genussscheine sowie Anleihen.			
Aktienfonds FT UnternehmerWerte	A0K FFW	90,30 €	90,80/80,35 €	+6/+25/+68/+95 %
	Umfang 67 Mio. €, Alter 11 J., Ausgabeaufschlag **0,0 %**, Gebühr **1,25 %**, thesaurierend. Aus den deutschen Indizes sind dabei: Merck und VW (DAX), RIB (TecDAX) und Rocket (MDAX).			
ETF iShares MDAX	593 392	228,40 €	236,7/209,4 €	+6/+31/+86/+155 %
	Umfang 2,23 Mrd. €, Alter 17 Jahre, Gebühr **0,50 %**, thesaurierend. Der ETF bildet den MDAX der 60 Mid Cap nach. Wichtigste Branchen: Industrie, Finanzen, Rohstoffe, Konsumgüter.			
ETF LYXOR World Water	LYX 0CA	35,60 €	37,75/33,60 €	-2/+19/+83/+139 %
	Umfang 576 Mio. €, Alter 11 Jahre, Jahresgebühr **0,60 %**, ausschüttend. Die größten Positionen beim lebenswichtigen „blauen Gold" sind Geberit, American Water, Veolia, Masco, Xylem.			

Erfolgsorientierte Anleger: Aktien- und Mischfonds sowie ETFs dienen der Langzeitanlage. Bei thesaurierenden Produkten fließen Ausschüttungen in neue Anteile. So wächst die Anzahl ohne weitere Transaktionskosten. Sollte Ihr Startkapital 6.000 oder 7.000 € betragen, kaufen Sie Ihre erste gute Aktie.

Startkapital 5.000 €, erfolgsorientiert, Tipp: 1 Mischfonds, 2 Aktienfonds, 2 ETFs mit je 1.000 € Anlagesumme			
Name, Fonds-Gesellschaft	WKN	Kurs 08.06.18	Hoch/Tief 52 Wochen	Kursentwicklung 1, 3, 5, 10 Jahre
Mischfonds Adelca Invest GI Multi Asset	A0M 6JK	348,80 €	352,1/244,7 €	+42/+74/+109/+259 %
	Umfang 71 Mio. €, Alter 11 Jahre, Ausgabeaufschlag **5,00 %**, Gebühr **1,00 %**, thesaurierend. Der 5-Sterne-Fonds erzielt Erträge aus Aktien-Kursgewinnen, Dividenden und Zinszahlungen.			
Aktienfonds Uni Deutschland	975 049	179,50 €	195,5/133,1 €	+12/+42/+127/+315%
	Umfang 1,28 Mrd. €, Alter 12 Jahre, Ausgabeaufschlag **4,00 %**, Gebühr **1,55 %**, thesaurierend. Der Fonds ist auf europäische Mid, Small, Micro Caps fokussiert, Schwerpunkt Deutschland.			
Aktienfonds Quest Cleantec	A0N C68	269,90 €	271,2/242,8 €	+8/+26/+93/+142 %
	Umfang 210 Mio. €, Alter 10 Jahre, Ausgabeaufschlag **2,00 %**, Gebühr **1,25 %**, thesaurierend. Der Fonds konzentriert sich auf saubere Energien, z. B. Wasseraufbereitung/Abfallentsorgung.			
ETF ComStage SDAX TR	ETF 005	116,00 €	118,5/100,0 €	+11/+41/+101 %
	Umfang 150 Mio. €, Alter 7 Jahre, Gebühr **0,70 %**, ausschüttend. Der ETF bildet die Wertentwicklung vom SDAX mit 70 Titeln nach. Darunter Grenke, Krones, Rational, SIXT, Hypoport.			
ETF iShares Konsum	A0H 08N	79,80 €	90,35/72,00 €	-6/+20/+63 %
	Umfang 80 Mio. €, Alter 16 Jahre, Jahresgebühr **0,45 %**, ausschüttend. Der ETF bildet den Index Stoxx Europe 600 Personal & Household ab mit Blue Chips wie Henkel, LVMH, L'Oréal.			
Einzelaktie zusätzlich BB Biotech, Schweiz	A0N FN3	57,00 €	63,60/50,30 €	+14/+3/+215/+454 %
	Die Schweizer Beteiligungsfirma mit 30 Biotech-Aktien ähnelt einem Fonds und sorgt für Streuung und Risikoverringerung. Statt Gebühren werden Sie mit einer Dividende von **4,3 %** belohnt.			

Erfolgsorientierte und Risikofreudige mögen wachstumsstarke Growth-Aktien aus Zukunftsmärkten. Ich denke an Industrie 4.0, Hochtechnologie mit Digitalisierung, Vernetzung, Internet der Dinge, Künstliche Intelligenz mit Robotik.

Startkapital 5.000 €, risikofreudig, Tipp: 1 Mischfonds, 2 Aktienfonds, 2 ETFs mit je 1.000 € Anlagesumme				
Name, Fonds-Gesellschaft	WKN	Kurs 08.06.18	Hoch/Tief 52 Wochen	Kursentwicklung 1, 3, 5, 10 Jahre
Mischfonds ACATIS Datini Valueflex B	A1H 72F	116,50 €	124,5/91,10 €	+23/+53/+143 %
		Umfang 312 Mio. €, Alter 7 Jahre, Ausgabeaufschlag **5,00 %**, Gebühr **0,30 %**, thesaurierend. Der Fonds setzt auf Aktien vom Biotech-, Software-, Konsumsektor, darunter Wirecard, Evotec.			
Aktienfonds Magna New Frontiers	A1H 7JG	18,55 €	21,30/17,85 €	+-0/+44/+99 %
	Umfang 516 Mio. €, Alter 7 J., Ausgabeaufschlag **5,00 %**, Gebühr **1,25 %**, thesaurierend. Ziel ist hohe Rendite breit gestreuter Aktien in Frontiermärkten unterhalb von Schwellenländern.			
Aktienfonds StrucSol Next Generation	HAF X4V	108,05 €	158,3/93,75 €	+12/+174/+144 %
	Umfang 40 Mio. €, Alter 8 Jahre, Ausgabeaufschlag **5,00 %**, Gebühr **0,15 %**, ausschüttend. Der Aktienfonds ist Spezialist für „Next Generation Rohstoffe", wie Lithium, Kobalt und Grafit.			
ETF iShares Nasdaq 100	A0F 5UF	58,50 €	60,00/47,00 €	+22/+62/+146/+271%
	Umfang 1,28 Mrd. €, Alter 12 Jahre, Gebühr **0,30 %**, ausschüttend. Der ETF bildet die US-Technologiebörse ab. Darunter befinden sich die großen Weltmarktführer Technologie wie Adobe, Alphabet, Amazon, Apple, Facebook, Microsoft und Netflix.			
ETF iShares TecDAX (DE)	593 397	25,60 €	26,45/19,90 €	+22/+67/+189/+217%
	Umfang 923 Mio. €, Alter 17 Jahre, Jahresgebühr **0,50 %**, thesaurierend. Zum Zukunftsmarkt TecDAX mit Schwerpunkt Technologie, Biotech, Medtech, Software gehören auch die Aktien der Familienfirmen Carl Zeiss Meditec und United Internet.			
Einzelaktie zusätzlich Nemetschek, TecDAX/MDAX	645 290	105,55 €	113,1/60,75 €	+51/+286/+791/+1983
	Nemetschek SE ist ein globaler Anbieter für Bausoftware „Planen, Bauen, Nutzen". Die Softwareprogramme bringen CAD-Lösungen für Architekten und Bauingenieure. Die Geschäftszahlen vom 2. Halbjahr 2018 haben Rekordniveau.			
Einzelaktie zusätzlich Eurofins FR	910 251	485,20 €	572,85/392,8 €	-2/+55/+195/+706 %
	Ich hüte die in vielen Aktienfonds befindliche französische Biopharma-Aktie für Labortechnik im steuerfreien Altbestand, Kaufpreis 15,90 €, als Schatz. Der Buchgewinn beträgt mehr als 3.000 %. Hohe Gewinne sichere ich mit einem Teilverkauf.			

Wo bleiben für risikofreudige Anleger die Nasdaq-Börsenstars?

Von den Wikifolio-Anlegern investierten im Oktober 2018 in den Nadaq 100: Amazon: 15 %, APPLE: 8 %, Nvidia: 8 %, Netflix: 7 %, Alphabet A: 7 %, Facebook: 7 %, TESLA: 6 %, ADOBE: 6 %, Microsoft: 5 %, Micron Technology: 4 %, Alphabet C: 3 %, Illumina: 2 %, Booking: 1 %, Biogen: 1 %, Electronic Arts (EA): 1 %. Ich besitze diese Titel. Bei nur 5.000 € sind es Wunschträume. Starten Sie mit Aktienfonds und ETFs. Stocken Sie Ihr Kapital auf, bieten sich erste Einzelaktien an.

Interessieren Sie Wirtschaftsthemen? Sind Sie gut informiert?

Eine aktuelle Umfrage vom Bundesverband Deutscher Banken ergab: Interesse an wirtschaftlichen Themen: Sehr stark: 10 %, stark: 24 %, etwas: 39 %, kaum: 20 %, gar nicht: 7 %. Bei der Frage: *„Was habe ich in der Schule über Wirtschaft gelernt?"* lauteten die Antworten: Viel: 29 %, nicht so viel: 45 %, so gut wie nichts: 18 %, keinerlei Wirtschaftsunterricht: 8 %.

14.3 Chancen nutzen mit Startkapital 10.000 €

Mit 10.000 € Startkapital sind keine großen Sprünge möglich. Aber es wird der Boden für eine langfristig erfolgreiche Vermögensbildung gelegt durch breite Streuung bei geringem Risiko. Dies betrifft auch die Geldanlage für den Nachwuchs. Es empfiehlt sich pro Titel ein Einsatz von rund 1.250 €. Ist das Startkapital etwas höher als 10.000 €, sind zwei oder drei dividendenstarke Aktien interessant, z. B. aus DAX und MDAX. Wegen der großen Anzahl bringe ich bei allen Modellen andere Aktien und bevorzuge Familienfirmen.

Startkapital ab 10.000 €, vorsichtiger Typ; Tipp: 2 Mischfonds, 2 Aktienfonds, 3 ETFs, 1 bis 3 Aktientitel je 1.250 €				
Name, Fonds-Gesellschaft	**WKN**	**Kurs 08.06.18**	**Hoch/Tief 52 Wochen**	**Kursentwicklung 1, 3, 5, 10 Jahre**
Mischfonds DJE Concept 1	625 797	285,00 €	299,0/266,3 €	+6/+13/+92/+107 %
		Umfang 212 Mio. €, Alter 17 J., Ausgabeaufschlag **0,0 %**, Gebühr **0,60 %**, thesaurierend. Der Mischfonds investiert zwecks Risikostreuung in Aktien, Genussscheine sowie Anleihen. Vom DAX 100 sind vertreten: Linde, K+S und Wacker Chemie.		
Mischfonds Frankfurter Value Focus R	A1C XU7	302,40 €	323,8/299,0 €	+7/+60/+77 %
		Umfang 63 Mio. €, Alter 8 J., Ausgabeaufschlag **4,0 %**, Gebühr **1,5 %**, thesaurierend. Der Mischfonds Multi Asset ähnelt einem Value-Aktienfonds in unterbewertete deutsche Nebenwerte.		

Aktienfonds FT Unterneh- merWerte	A0K FFW	90,30 €	90,80/80,35 €	+6/+25/+68/+95 %

Aktienfonds FT Unterneh- merWerte	A0K FFW	90,30 €	90,80/80,35 €	+6/+25/+68/+95 %
	Umfang 67 Mio. €, Alter 11 J., Ausgabeaufschlag **0,0 %**, Gebühr **1,25 %**, thesaurierend. Im Fonds dominiert eine weltumspannende Familienfirmen-Aktienauswahl. Aus Deutschland sind dabei: Merck, VW (DAX), RIB (TecDAX) und Rocket (MDAX).			
Aktienfonds DJE Dividende & Substanz	164 325	410,75 €	423,6/361,9 €	+4/+15/+54/+75 %
	Umfang 1,27 Mrd. €, Alter 15 Jahre, Ausgabeaufschlag **5,0 %**, Gebühr **1,32 %**, thesaurierend. Der Ertrag der günstig bewerteten internationalen Aktien soll aus Kursgewinnen und hohen stabilen Ausschüttungen unabhängig von einem Index stammen.			
ETF iShares MDAX	593 392	228,40 €	236,7/209,4 €	+6/+31/+86/+155 %
	Umfang 2,23 Mrd. €, Alter 17 Jahre, Gebühr **0,50 %**, thesaurierend. Der ETF bildet den MDAX mit 60 Mid Cap nach. Wichtige Branchen: Industrie, Finanzen, Rohstoffe und Konsumgüter.			
ETF LYXOR World Water	LYX 0CA	35,60 €	37,75/33,60 €	-2/+19/+83/+139 %
	Umfang 576 Mio. €, Alter 11 Jahre, Jahresgebühr **0,60 %**, ausschüttend. Die größten Positionen bei dem immer knapper werdenden lebenswichtigen „blauen Gold Wasser" sind Geberit, American Water, Veolia, Masco, Xylem, Pentair, Severn Trend.			
ETF db x-trackers Immobilien Real Estate	DBX 0F1	26,50 €	26,75/22,30 €	+6/+15/+68 %
	Umfang 406 Mio. €, Alter 8 Jahre, Gebühr **0,13 %**, thesaurierend. Der Immobilien-ETF bildet den Index FTSE Europe Real Estate nach. Vonovia, DAX, Dt. Wohnen und LEG, MDAX, sind dabei. Bei Länderanteilen führt Deutschland vor Frankreich.			
Einzelaktie BASF DAX	BAS F11	95,00 €	98,80/79,00 €	+6/+24/+26/+126 %
	Börsenwert: 89,3 Mrd. €, **KGV: 15,1**, Eigenkapitalquote: 43 %, Dividende: 3,00/3,10/3,20 €, **Dividendenrendite 3,2 %**. BASF SE ist der weltgrößte Chemiekonzern und als Aktie sehr beliebt.			
Einzelaktie Grenke SDAX	A16 1N3	103,05 €	103,1/64,35 €	+57/+153/+394/1.091
	Börsenwert: 4,47 Mrd. €, **KGV: 28**, Eigenkapitalquote: 17,7 %, Buchwert: 15,86 €, Ergebnis je Aktie: 2,74/2,90/3,50 €, Dividende: 0,70/0,80/0,88 €, **Dividendenrendite: 0,8 %**. Grenke konzentriert sich auf IT-Vermietung für Firmen im Bürobereich.			
Einzelaktie Munich Re DAX	843 002	191,15 €	199,0/166,6 €	+8/+8/+42/+70 %
	Börsenwert: 26,1 Mrd. €, **KGV: 11,7**, Eigenkapitalquote: 12 %, Dividende: 8,60/8,60/9,10 €, **Dividendenrendite 4,5 %**. Der weltweit größte Rückversicherer baut seine Policen weiter aus und sieht in der Cyberkriminalität ein neues Geschäftsmodell.			

Startkapital ab 10.000 €, erfolgsorientierter Anlegertyp, besonders gut geeignet auch als Sparanlage für Partner/Kinder/Enkel

Startkapital ab 10.000 €, erfolgsorientiert; Tipp: 2 Mischfonds, 2 Aktienfonds, 3 ETFs, 2 bis 4 Aktien ca. 1.000 €			
Name, Fonds-Gesellschaft	WKN	Kurs 11.06.18	Hoch/Tief 52 Wochen	Kursentwicklung 1, 3, 5, 10 Jahre
Mischfonds Adelca Invest GI Multi Ass.	A0M 6JK	348,80 €	352,1/244,7 €	+42/+74/+109/+259%
	Umfang 71 Mio. €, Alter 11 Jahre, Ausgabeaufschlag **5,00 %**, Gebühr **1,00 %**, thesaurierend. Der 5-Sterne-Fonds erzielt Erträge aus Aktien-Kursgewinnen, Dividenden und Zinszahlungen.			
Mischfonds U Fonds Multi Asset I EUR	A12 ADZ	846,60 €	855,7/732,6 €	+12/+47/+72 %
	Umfang 54 Mio. €, Alter 5 Jahre, Ausgabeaufschlag **0,00 %**, Gebühr **0,70 %**, ausschüttend. Der Fonds legt mindestens zwei Drittel in Aktien an. Die Quote wird der Marktlage angepasst.			
Aktienfonds Uni Deutschland	975 049	179,50 €	195,5/133,1 €	+12/+42/+127/+315%
	Umfang 1,3 Mrd. €, Alter 12 J., Ausgabeaufschlag **4,00 %**, Gebühr **1,55 %**, thesaurierend. Der Fonds ist auf europäische Mid, Small und Micro Caps fokussiert, Schwerpunkt Deutschland.			
Aktienfonds Quest Cleantec	A0N C68	269,90 €	271,2/242,8 €	+8/+26/+93/+142 %
	Umfang 210 Mio. €, Alter 10 Jahre, Ausgabeaufschlag **2,00 %**, Gebühr **1,25 %**, thesaurierend. Der Fonds konzentriert sich auf saubere Energien, z. B. Wasseraufbereitung/Abfallentsorgung.			
ETF ComStage SDAX TR	ETF 005	116,00 €	118,5/100,0 €	+11/+41/+101 %
	Umfang 150 Mio. €, Alter 7 J., Gebühr **0,70 %**, ausschüttend. Der ETF bildet die Wertentwicklung vom SDAX exakt nach, der auf 70 Titel aufgestockt wurde. Dabei: Grenke, Rational, SIXT.			
ETF iShares Konsum	A0H 08N	79,80 €	90,35/72,00 €	-6/+20/+63 %
	Umfang 80 Mio. €, Alter 16 Jahre, Jahresgebühr **0,45 %**, ausschüttend. Der ETF bildet den Index Stoxx Europe 600 Personal & Household ab mit Blue Chips wie Henkel, LVMH, L'Oréal.			
ETF iShares MSCI USA Small Cap	A0X 8SB	262,30 €	273,3/232,7 €	+20/+36/+79 %
	Umfang 614 Mio. €, Alter 9 Jahre, Gebühr **0,43 %**, thesaurierend. Der ETF bildet den Index MSCI USA Small Cap ab. Nur Profis dürften diese Aktien kennen. Wichtige Branchen: Finanzen, Software, Konsumgüter, Industrie, Energie und Rohstoffe.			

Name, Fonds-Gesellschaft	WKN	Kurs 11.06.18	Hoch/Tief 52 Wochen	Kursentwicklung 1, 3, 5, 10 Jahre
Einzelaktie **BMW** **DAX**	519 000	85,00 €	97,55/77,10 €	+2/-12/+19/+148 %
	Börsenwert: 52,1 Mrd. €, **KGV: 4,9,** Eigenkapital: 28 %, Ergebnis je Aktie: 13,12/11,50/11,74 €, Dividende: 4,00/4,25/4,50 €, **Dividendenrendite: 4,9 %,** BMW verfolgt bei Automobilen und Motorrädern Premium-Markenstrategien mit sportlicher Note.			
Einzelaktie **BECHTLE** **TecDAX/** **MDAX**	515 870	73,00 €	78,20/55,05 €	+28/+116/+285/+666 %
	Börsenwert: 3,25 Mrd. €, **KGV: 21,** EK: 55 %, Ergebnis/Aktie: 3,19/3,57 €, Dividende: 0,90/0,95/1,00 €, **Dividendenrendite: 1,2 %.** Der führende Anbieter von Informationstechnologie für Gewerbekunden entwickelt hochwertige Software-Konzepte.			
Einzelaktie **Hannover Rück, MDAX**	840 221	111,70 €	122,0/94,70 €	+4/+19/+98/+273 %
	Börsenwert: 13,4 Mrd. €, **KGV: 11,** EK: 15 %, Buchwert: 66 €, Ergebnis/Aktie: 8,76/9,81 €, Dividende: 5,00/5,25/5,35 €, **Dividendenrendite: 4,7 %.** Der Konzern zählt zu den global führenden Rückversicherern und deckt alle Schadenssparten ab.			
Einzelaktie **Krones** **SDAX**	633 500	120,70 €	121,3/100,4 €	+7/+24/+118/+108 %
	Börsenwert: 3,6 Mrd. €, KGV: **16,7,** EK: 43,8 %, Ergebnis/Aktie: 6,19/6,84 €, Dividende: 1,70/1,85/2,00 €, **Dividendenrendite: 1,6 %.** Krones stellt Maschinen und Anlagen für die Abfüll-Verpackungstechnik sowie die Getränkeproduktion her.			

Börsengehandelte Indexfonds liefern eine Erfolgsstory ohne Ende. Immer mehr Indizes werden nachgebildet – sowohl für institutionelle als auch für Privatanleger. Weltweit stiegen die Mittelzuflüsse 2017 von 360 auf 609 Mrd. €. Europaweit investierten Anleger bis Ende August 2017 rund 65 Mrd. € in Exchange Traded Funds, kurz ETF. Das sind neue Rekorde. Letztes Jahr lag der Höchststand bei 40 Mrd. €, ebenfalls eine Bestmarke.

Der Chefvolkswirt von der Quirin Privatbank, Philipp Dobbert, meint: *„Der Markt wird weiter wachsen und kann in den nächsten Jahren die Marke von 650 Mrd. € erreichen."* Der weltweit größte Anbieter ist der US-Vermögensverwalter BlackRock, gefolgt von Dt. Asset Management und der französischen LYXOR.

ETFs sind preiswert. Als Anleger profitieren Sie vom starken Wettbewerb. Obwohl ETFs auf längere Zeiträume zugeschnitten sind, werden sie auch für das Kurzzeit-Trading genutzt – neuerdings sogar mit zweifachem Hebel. Wer sich für dividendenstarke ETFs interessiert, sollte thesaurierend wählen. Im Laufe der Zeit wächst die Menge der Anteile, nachdem die Dividende ja nicht ausgeschüttet wird.

Startkapital ab 10.000 €, Vorschlag risikofreudiger Anlegertyp

Im DAX, MDAX, TecDAX, SDAX gibt es jetzt 190 Aktien, darunter zahlreiche Familienfirmen. Die höhere Anzahl kommt vor allem dadurch zustande, dass TecDAX-Aktien zusätzlich im MDAX oder SDAX einen Platz finden. Da es rund um den Globus sehr viele ausgezeichnete Aktien gibt, bringe ich bei jedem Vorschlag andere Titel. Tauschen Sie ruhig nach Ihren Vorlieben aus.

	Startkapital 10.000 €, risikofreudig; Tipp: 2 Mischfonds, 3 Aktienfonds, 3 ETFs, 2 bis 4 Aktientitel je 1.000 €
Name, Fonds-Gesellschaft	WKN	Kurs 11.06.18	Hoch/Tief 52 Wochen	Kursentwicklung 1, 3, 5, 10 Jahre
Mischfonds ACATIS Datini Value	A1H 72F	116,50 €	124,5/91,10 €	+23/+53/+143 %
	Umfang 312 Mio. €, Alter 7 Jahre, Ausgabeaufschlag **5,00 %**, Gebühr **0,30 %**, thesaurierend. Der Fonds setzt auf Aktien vom Biotech-, Software-, Konsumsektor, darunter Wirecard, Evotec.
Mischfonds Adelca Invest GVI Multi Ass.	A0M 6JL	336,00 €	339,7/234,1 €	+42/+76/+116/+242%
	Umfang 69 Mio. €, Alter 11 Jahre, Ausgabeaufschlag **5,00 %**, Gebühr **1,00 %**, thesaurierend. Ähnliche Ausrichtung wie bei Adelca GI (WKN A0M 6JK); flexible Anlage in Aktien/Anleihen.
Aktienfonds Magna New Frontier	A1H 7JG	18,55 €	21,30/17,85 €	+-0/+44/+99 %
	Umfang 516 Mio. €, Alter 7 Jahre, Ausgabeaufschlag **5,00 %**, Gebühr **1,25 %**, thesaurierend. Ziel ist viel Rendite mit breit gestreuten Aktien in Frontiermärkten unterhalb Schwellenländer.
Aktienfonds StrucSol Next Generation	HAF X4V	108,05 €	158,3/93,75 €	+12/+174/+144 %
	Umfang 40 Mio. €, Alter 8 Jahre, Ausgabeaufschlag **5,00 %**, Gebühr **0,15 %**, ausschüttend. Der Aktienfonds ist Spezialist für „Next Generation Rohstoffe", wie Lithium, Kobalt und Grafit.
Aktienfonds UniSector BioPharma	921 556	107,15 €	116,9/95,75 €	-3/-1/+58/+197 %
	Umfang 271 Mio. €, Alter 18 Jahre, Ausgabeaufschlag **4,00 %**, Gebühr **1,55 %**, ausschüttend. Der Fonds investiert in Biopharma-Firmen unterschiedlicher Größe. Große Anteile: AbbVie, Amgen, Biogen, Merck & Co., Pfizer, Novartis, Celgene, J&J.
ETF iShares Nasdaq 100	A0F 5UF	58,50 €	60,00/47,00 €	+22/+62/+146/+271%
	Umfang 1,28 Mrd. €, Alter 12 Jahre, Verwaltungsgebühr **0,30 %**, ausschüttend. Der ETF bildet die US-Technologiebörse Nasdaq 100 ab. Dabei sind die Aktien folgender Weltmarktführer: Alphabet, Apple, Amazon, Facebook, Microsoft, Netflix, Nvidia.

Name, Fonds-Gesellschaft	WKN	Kurs 11.06.18	Hoch/Tief 52 Wochen	Kursentwicklung 1, 3, 5, 10 Jahre
ETF	593 397	25,60 €	26,45/19,90 €	+22/+67/+189/+217%
iShares TecDAX (DE)	Umfang 923 Mio. €, Alter 17 Jahre, Jahresgebühr **0,50 %**, thesaurierend. Zum Zukunftsmarkt TecDAX mit Technologie, Biotech, Medtech, Software gehören die Aktien solch erfolgreicher Firmen wie Bechtle, Isra Vision, Nemetschek und Sartorius.			
ETF	A0M 2EH	16,80 €	16,80/13,75 €	+21/+41/+85/+132 %
Powershares Dynamic US	Umfang 19 Mio. €, Alter 11 Jahre, Jahresgebühr **0,75 %**, ausschüttend. Dieser ETF bildet den Dynamic Market Intellidex ab, der Firmen auf Grundlage mehrerer Kennzahlen analysiert.			
Einzelaktie	716 460	101,90 €	101,9/81,10 €	+6/+56/+74/+197 %
SAP DAX/TecDAX	Börsenwert: 121,7 Mrd. €, **KGV: 20,** EK: 60 %, Buchwert: 20 €, Ergebnis/Aktie: 3,74/4,86 €, Dividende: 1,40/1,45/1,55 €, **Div.-Rendite: 1,5 %.** SAP bietet Firmen branchenspezifische Lösungen an, um Geschäftsmodelle profitabel betreiben zu können.			
Einzelaktie	716 563	123,90 €	146,0/71,50 €	<u>+37/+201/+501 %</u>
Sartorius Vz TecDAX/ MDAX	Börsenwert: 4,66 Mrd. €, **KGV: 47,** EK: 35 %, Buchwert: 7,85 €, Ergebnis/Aktie: 1,92/2,63 €, Div.: 0,51/0,61/0,73 €, **Div.-Rendite: 0,7 %.** Der Labor-/Prozesstechnologie-Anbieter konzentriert sich auf die Biotech-, Pharma- und Nahrungsmittel-Industrie.			
Einzelaktie	549 336	161,80 €	167/110	+29/+535/+2.244/+1.423 %
Hypoport SDAX	Börsenwert: 992 Mio. €, **KGV: 33,** EK: 59 %, Buchwert: 12,7 €; Ergebnis/Aktie: 3,81/4,54 €; Div.: 0,00 €, **Div.-Rendite: 0,0 %.** Hypoport betreibt mit dem internetbasierten Finanzmarktplatz Immobilienfinanzierungen, Bausparprodukte und Ratenkredite.			
Einzelaktie	870 747	69,75 €	74,30/55,10 €	+22/+83/+228/+211%
Microsoft Dow Jones/ Nasdaq	Börsenwert: 538 Mrd. €, **KGV: 24,** Dividende: 1,40 €, **Dividendenrendite: 2,0 %.** Der Weltmarktführer bietet ein breites Spektrum von Software-Anwenderprogrammen sowie Windows-Betriebssystemen für PCs, Mobilgeräte und Netzwerke an.			

Generell deuten <u>Value,</u> niedrige Bewertung und üppige Dividende mit Geschäftsmodellen in klassischen Branchen eher auf ein vorsichtiges Anlegerprofil hin. <u>Growth</u> und Aktivitäten in Zukunftsmärkten wie Industrie 4.0, digitalisierte und vernetzte Welt, Internet der Dinge, Künstliche Intelligenz signalisieren Anlagen für Risikofreudige. Aber auch Konjunktur, demografischer Wandel und Börsenklima, die Kursentwicklung im Mehrjahresvergleich und eine hohe oder geringe Volatilität beeinflussen die Auswahlkriterien entscheidend.

14.4 Mehr Anlagespielraum bei 20.000 €

Bei meinen Modellen sollen Aktienfonds, ETFs und Einzelaktien an ein Symphonieorchester erinnern, in dem die Instrumente ein harmonisches Ganzes bilden. Die vier Mischfonds setzen die flexible Multi Asset-Strategie um.

Auch bei 20.000 € zuerst das Modell für vorsichtige Anleger!

Startkapital ab 20.000 €, vorsichtiger Typ; Tipp: 4 Mischfonds, 4 Aktienfonds, 4 ETFs, 5 Aktientitel je 1.200 €				
Name, Fonds-Gesellschaft	WKN	Kurs 13.06.18	Hoch/Tief 52 Wochen	Kursentwicklung 1, 3, 5, 10 Jahre
Mischfonds DJE Concept 1	625 797	285,00 €	299,0/266,3 €	+6/+13/+92/+107 %
		Umfang 212 Mio. €, Alter 17 J., Ausgabeaufschlag **0,00 %**, Gebühr **0,60 %**, thesaurierend. Der Mischfonds investiert zwecks Risikostreuung in Aktien, Genussscheine sowie in Anleihen.		
Mischfonds Frankfurter Value Focus R	A1C XU7	302,40 €	323,8/299,0 €	+7/+60/+77 %
		Umfang 63 Mio. €, Alter 8 J., Ausgabeaufschlag **4,00 %**, Gebühr **1,5 %**, thesaurierend. Der Multi Asset-Mischfonds ähnelt einem Value-Aktienfonds in unterbewertete deutsche Nebenwerte.		
Mischfonds AXION Multi Kairos	662 792	27,25 €	29,00/25,20 €	+4/+31/+69/+52 %
		Umfang 3,01 Mrd. €, Alter 16 J., Ausgabeaufschlag **5,00 %**, Gebühr **1,40 %**, thesaurierend. Der Multi Asset-Fonds gewichtet je nach Marktlage Aktien-, Renten-, Mischfonds sowie Zertifikate.		
Mischfonds VM Long Term Value	A1J 17U	1.530,0 €	1.543/1.308 €	+14/+37/+66 %
		Umfang 32 Mio. €, Alter 5 J., Ausgabeaufschlag **3,00 %**, Gebühr **1,35 %**, ausschüttend. Angelegt wird je nach Marktlage vollständig oder teilweise in Value-Aktien, Geldmarkt, Bankguthaben.		
Aktienfonds FT UnternehmerWerte	A0K FFW	90,30 €	90,80/80,35 €	+6/+25/+68/+95 %
		Umfang 67 Mio. €, Alter 11 J., Ausgabeaufschlag **0,0 %**, Gebühr **1,25 %**, thesaurierend. Im Fonds dominiert eine weltumspannende Familienfirmen-Aktienauswahl. Aus Deutschland sind dabei: Merck, VW (DAX), Rocket (MDAX), RIB (TecDAX/SDAX).		
Aktienfonds DJE Dividende & Substanz	164 325	412,75 €	423,6/361,9 €	+4/+15/+54/+80 %
		Umfang 1,28 Mrd. €, Alter 15 Jahre, Ausgabeaufschlag **5,00 %**, Gebühr **1,32 %**, thesaurierend. Der Ertrag der günstig bewerteten internationalen Titel soll aus Kursgewinnen und hohen stabilen Ausschüttungen unabhängig von einem Index stammen.		

Name, Fonds-Gesellschaft	WKN	Kurs 13.06.18	Hoch/Tief 52 Wochen	Kursentwicklung 1, 3, 5, 10 Jahre
Aktienfonds DWS Aktien-Strategie DE	976 986	442,60 €	453,6/382,1 €	+6/+34/+114/+160 %
		Umfang 2,67 Mrd. €, Alter 19 Jahre, Ausgabeaufschlag **5,00 %**, Gebühr **1,45 %**, thesaurierend. Der Fonds orientiert sich am HDAX, berücksichtigt also DAX, MDAX, TecDAX und SDAX.		
Aktienfonds First Private Div. STAUFER	977 961	94,35 €	103,3/91,60 €	+3/+18/+80/+71 %
		Umfang 231 Mio. €, Alter 21 Jahre, Ausgabeaufschlag **5,00 %**, Gebühr **1,50 %**, thesaurierend. Der Pionier unter Europas Dividendenfonds investiert in ausschüttungsstarke stabile Aktien.		
ETF iShares MDAX	593 392	228,40 €	236,7/209,4 €	+6/+31/+86/+155 %
		Umfang 2,23 Mrd. €, Alter 17 Jahre, Gebühr **0,50 %**, thesaurierend. Der ETF bildet den MDAX mit 60 Mid Caps nach. Wichtigste Branchen: Industrie, Finanzen, Rohstoffe, Konsumgüter.		
ETF LYXOR World Water	LYX 0CA	35,60 €	37,75/33,60 €	-2/+19/+83/+139 %
		Umfang 576 Mio. €, Alter 11 Jahre, Jahresgebühr **0,60 %**, ausschüttend. Die größten Positionen bei dem immer knapper werdenden lebenswichtigen „blauen Gold Wasser" sind Geberit, American Water, Veolia, Masco, Xylem, Pentair, Severn Trent.		
ETF db x-trackers Immo Real Est.	DBX 0F1	26,50 €	26,80/23,45 €	+6/+17/+69 %
		Umfang 406 Mio. €, Alter 8 Jahre, Gebühr **0,33 %**, thesaurierend. Der Immobilien-ETF bildet den FTSE Europe Real Estate nach. Vonovia, DAX, Dt. Wohnen und LEG, MDAX sind dabei.		
ETF ComStage Dow Jon. Industrie	ETF 010	245,00 €	254,4/207,3 €	+22/+50/+101 %
		74 Mio. €, Alter 10 J., Gebühr **0,45 %**, thesaurierend. Der ETF orientiert sich am Dow Jones mit Aktien von Konzernen, die den US-Markt präsentieren wie 3M, Apple, Boeing, Caterpillar.		
Einzelaktie Siemens DAX	723 610	111,80 €	126,0/99,80 €	+10/+14/+34/+50 %
		Börsenwert: 103 Mrd. €, **KGV: 14**, EK-Quote: 33 %, Ergebnis/Aktie: 7,32/8,11 €, Div.: 3,80/3,90 €, **Div.-Rendite: 3,1 %**. Siemens will die Unternehmensstruktur straffen. Schwerpunkte sind die Elektrifizierung, Automatisierung und Digitalisierung.		
Einzelaktie HENKEL DAX Familienfirma	604 843	108,45 €	130,9/101,6 €	-13/+2/+45/+272 %
		Börsenwert: 19 Mrd. €, **KGV: 16**, EK: 55 %, Buchwert: 34 €, Ergebnis/Aktie: 5,77/6,48 €, Div.: 1,79/1,87/2,00 €, **Div.-Rendite: 1,7 %**. Henkel entwickelt Technologie im Konsumenten- und Industriebereich wie Klebe-/Dichtstoffe, Reinigungs-/Pflegemittel.		

Name, Fonds-Gesellschaft	WKN	Kurs 13.06.18	Hoch/Tief 52 Wochen	Kursentwicklung 1, 3, 5, 10 Jahre
Einzelaktie	SYM 999	73,95 €	74,1/71,6 €	+13/+27/+135/+376 %
Symrise MDAX		Börsenwert: 9,2 Mrd. €, **KGV: 27**, EK: 38 %, Buchwert: 3,17 €, Ergebnis/Aktie: 2,21/2,60 €, Dividende: 0,88/1,00/1,11 €, **Div.-Rendite: 1,4 %.** Der Marktführer in der Aroma-, Duft- und Geschmackstoffindustrie stellt eine Vielzahl von Produkten her.		
Einzelaktie	723 132	105,70 €	116/51,8 €	+100/+173/+508/+596 %
SIXT Stämme SDAX Familienfirma		Börsenwert: 2,1 Mrd. €, **KGV: 18**, EK: 27 %, Buchwert: 197 €, Ergebnis/Aktie: 3,30/3,61 €, Dividende: 1,65/1,72/1,91 €, **Div.-Rendite: 2,6 %.** Der Mobilitätsdienstleister mit Schwerpunkt Mietwagenservice hat 6 Vermietstationen an USA-Flughäfen.		

Das Modell für erfolgsorientierte Anleger bei 20.000 € Kapital

Die Zuordnung nach Typen ist bei einer Anlage von 20.000 € nicht zementiert. Auch erfolgsorientierte Anleger finden gute Produkte in anderen Listen.

Startkapital 20.000 €, erfolgsorientiert; Tipp: 3 Mischfonds, 4 Aktienfonds, 4 ETFs, 5 Aktientitel je 1.250 €				
Name, Fonds-Gesellschaft	WKN	Kurs 13.06.18	Hoch/Tief 52 Wochen	Kursentwicklung 1, 3, 5, 10 Jahre
Mischfonds	A0M 6JK	348,80 €	352,1/244,7 €	+42/+74/+109/+259%
Adelca Invest GI Multi Ass.		Umfang 71 Mio. €, Alter 11 Jahre, Ausgabeaufschlag **5,00 %**, Gebühr **1,00 %**, thesaurierend. Der 5-Sterne-Fonds erzielt Erträge aus Aktien-Kursgewinnen, Dividenden und Zinszahlungen.		
Mischfonds	A12 ADZ	846,60 €	855,7/732,6 €	+12/+47/+72 %
U Fonds Multi Asset I EUR		Umfang 54 Mio. €, Alter 5 Jahre, Ausgabeaufschlag **0,00 %**, Gebühr **0,70 %**, ausschüttend. Der Fonds legt mindestens zwei Drittel in Aktien an. Die Quote wird nach Marktlage angepasst.		
Mischfonds	164 316	423,85 €	425,8/367,7 €	+12/+31/+67/+74 %
DJE Europa – I EUR ACC		Umfang 195 Mio. €, Alter 15 J., Ausgabeaufschlag **0,00 %**, Gebühr **1,07 %**, thesaurierend. Der Fonds investiert flexibel in Europa-Aktien, auch Nebenwerte, außerdem weltweit in Anleihen.		
Aktienfonds	989 232	48,00 €	48,30/40,15 €	+14/+28/+104/+91 %
Janus Henderson Hor. Immo		Umfang 198 Mio. €, Alter 20 J., Ausgabeaufschlag **0,00 %**, Gebühr **1,20 %**, thesaurierend. Dieser Fonds investiert mit Anteilen bis zu knapp 10 % in Aktien europäischer Immobilienfirmen.		

Name, Fonds-Gesellschaft	WKN	Kurs 13.06.18	Hoch/Tief 52 Wochen	Kursentwicklung 1, 3, 5, 10 Jahre
Aktienfonds Uni Deutschland XS	975 049	177,90 €	181,7/151,8 €	+13/+43/+128/+326 %
		Umfang 1,29 Mrd. €, Alter 12 J., Ausgabeaufschlag **4,00 %**, Gebühr **1,55 %**, thesaurierend. Der Fonds ist auf europäische Mid, Small, Micro Caps fokussiert. Schwerpunkt ist Deutschland, mit den Familienfirmen SIXT, Delivery HERO, Grenke, Hypoport.		
Aktienfonds UniSector HighTech	921 559	90,85 €	92,85/72,25 €	+17/+46/+126/+245 %
		Umfang 134 Mio. €, Alter 19 Jahre, Ausgabeaufschlag **4,00 %**, Gebühr **1,55 %**, ausschüttend. Der Fonds investiert in den Computer-, Software-, Hochtechnologiesektor. Hauptanteile: Apple, Alphabet, Cisco, EA, Facebook, Intel, Microsoft, Oracle, Visa.		
Aktienfonds Quest Cleantec	A0N C68	270,50 €	271,2/229,5 €	+8/+27/+94/+150 %
		Umfang 211 Mio. €, Alter 10 J., Ausgabeaufschlag **2,00 %**, Gebühr **1,25 %**, thesaurierend. Anlage in Firmen, die für saubere Energie arbeiten, z. B. Wasseraufbereitung, Abfallentsorgung.		
ETF ComStage SDAX TR	ETF 005	117,80 €	118,5/100,0 €	+11/+42/+104 %
		Umfang 151 Mio. €, Alter 7 J., Gebühr **0,70 %**, ausschüttend. Der ETF bildet die Wertentwicklung vom SDAX mit 70 Titeln ab. Dazu zählen Aktien der Familienfirmen Grenke und Rational.		
ETF iShares Stoxx Eur. Konsum	A0H 08N	80,70 €	90,35/73,00 €	-4/+19/+67 %
		Umfang 81 Mio. €, Alter 16 J., Gebühr **0,45 %**, ausschüttend. Der ETF bildet den Index Stoxx Europe 600 Personal & Household ab. Dabei sind die Fam.-Firmen LVMH, L'Oréal, Henkel.		
ETF iShares MSCI USA Small C.	A0X 8SB	292,05 €	293,3/211,7 €	+19/+36/+87 %
		Umfang 617 Mio. €, Alter 9 Jahre, Gebühr **0,43 %**, thesaurierend. Der ETF bildet den MSCI USA Small Cap ab mit Finanzen, Software, Konsum, Industrie, Energie und Rohstoffen.		
ETF ComStage Construction	ETF 065	89,65 €	93,55/76,90 €	+15/+48/+113 %
		Umfang 10 Mio. €, Alter 10 J., Gebühr **0,25 %**, ausschüttend. Der ETF bildet die Wertentwicklung großer Europa-Baufirmen ab. Dazu zählen VINCI, Lafarge Holcim, HeidelCement, Geberit.		
Einzelaktie Allianz DAX/DivDAX	840 400	186,20 €	206,8/170,2 €	+3/+25/+58/+71 %
		Börsenwert: 79 Mrd. €, **KGV: 10**, Dividende: 8,70/9,10 €, **Dividendenrendite 4,7 %.** Der internationale Konzern bedient Erstversicherung, Finanzdienstleistung, Vermögensverwaltung. Mit Policen gegen Cyberkriminalität bieten sich neue Chancen.		

Name, Fonds-Gesellschaft	WKN	Kurs 13.06.18	Hoch/Tief 52 Wochen	Kursentwicklung 1, 3, 5, 10 Jahre
Einzelaktie HERMLE General St.	605 283	402,00 €	402,0/303,0 €	+28/+83/+157 %
	Börsenwert: 387 Mio. €, **KGV: 20**, EK-Quote: 72 %, Ergebnis je Aktie: 17,42/18,80 €, Dividende: 15,05/12,85 €, **Div.-Rendite: 3,3 %**. Der Fräsmaschinenbauer bearbeitet mit Universalmaschinen Werkzeuge, Formen, Serienteile für etliche Branchen.			
Einzelaktie Rational SDAX Familienfirma	701 080	563,00 €	595,0/462,0 €	+16/+62/+124/+309 %
	Börsenwert: 6,3 Mrd. €, **KGV: 35**, EK-Quote: 74,4 %, Buchwert: 27 €, Ergebnis/Aktie: 13,70/15,45 €, Dividende: 10,00/11,50 €, **Div.-Rendite: 1,8 %**. Rational versorgt Großküchen mit Combi-Dämpfer-Technologien für die thermische Speisenzubereitung.			
Einzelaktie Deutsche Wohnen MDAX	A0H N5C	42,20 €	42,55/31,25 €	+24/+91+228/+401 %
	Börsenwert: 14,7 Mrd. €, **KGV: 27**, EK: 50 %, Buchwert: 27 €; Ergebnis/Aktie: 4,88/4,07 €, Dividende: 0,80/0,85/0,90 €, **Div.-Rendite: 2,1 %**. Der Immobilienkonzern mit 150.000 Wohneinheiten konzentriert sich auf Bewirtschaftung und Management.			
Einzelaktie VINCI Euro Stoxx 50	867 475	87,00 €	88,75/73,00 €	+13/+58/+114/+133%
	Börsenwert: 52 Mrd. €, **KGV: 15,** Dividende: 2,65/2,85 €, **Div.-Rendite: 3,4 %**. VINCI als der führende Baukonzern für Infrastruktur verfügt über die zahlreiche Autobahn-Konzessionen.			

Zielgruppe: risikofreudiger Anlegertyp mit Startkapital 20.000 €

Da die Tipps für die drei Anlegergruppen einen flexiblen Austausch zulassen, wählen Sie vor allem Ihre Einzelaktien nach eigenem Ermessen aus.

Startkapital 20.000 €, risikofreudig; Tipp: 2 Mischfonds, 4 Aktienfonds, 4 ETFs, 4 bis 6 Aktientitel je 1.400 €

Name, Fonds-Gesellschaft	WKN	Kurs 13.06.18	Hoch/Tief 52 Wochen	Kursentwicklung 1, 3, 5, 10 Jahre
Mischfonds ACATIS Datini Value	A1H 72F	117,20 €	122,7/94,10 €	+22/+55/+142 %
	Umfang 312 Mio. €, Alter 7 Jahre, Ausgabeaufschlag **5,00 %**, Gebühr **0,40 %**, thesaurierend. Der Fonds setzt auf Aktien vom Biotech-, Software-, Konsumsektor, darunter Wirecard, Evotec.			
Mischfonds Adelca Invest GVI Multi Ass.	A0M 6JL	336,50 €	339,7/234,1 €	+42/+76/+116/+242 %
	Umfang 69 Mio. €, Alter 11 Jahre, Ausgabeaufschlag **5,00 %**, Gebühr **1,00 %**, thesaurierend. Ähnliche Ausrichtung wie bei Adelca GI (WKN A0M 6JK); flexible Anlage in Aktien/Anleihen.			

Name, Fonds-Gesellschaft	WKN	Kurs 14.06.18	Hoch/Tief 52 Wochen	Kursentwicklung 1, 3, 5, 10 Jahre
Aktienfonds Magna Umbr. New Frontiers	A1H 7JG	18,65 €	21,30/16,45 €	+1/+46/+104 %
		Umfang 518 Mio. €, Alter 7 J., Ausgabeaufschlag **5,00 %**, Gebühr **1,25 %**, thesaurierend. Der Fonds erstrebt breit gestreut in Frontiermärkten unterhalb der Schwellenländer viel Rendite an.		
Aktienfonds StrucSol Next Generation	HAF X4V	104,65 €	152,3/95,15 €	+7/+165/+142 %
		Umfang 40 Mio. €, Alter 8 Jahre, Ausgabeaufschlag **5,00 %**, Gebühr **1,00 %**, ausschüttend. Der Aktienfonds ist Spezialist für „Next Generation Rohstoffe", wie Lithium, Kobalt und Grafit.		
Aktienfonds UniSector BioPharma	921 556	107,45 €	116,9/95,75 €	-3/+1/+61/+201 %
		Umfang 273 Mio. €, Alter 19 Jahre, Ausgabeaufschlag **4,00 %**, Gebühr **1,55 %**, ausschüttend. Investiert wird in Biopharma. Hauptanteile: Amgen, Evotec, Biogen, Pfizer, Novartis, Celgene.		
Aktienfonds Deutsche AM Smart Industr.	515 248	118,25 €	119,9/104,2 €	+7/+27/+84/+130 %
		Umfang 550 Mio. €, Alter 12 Jahre, Ausgabeaufschlag **5,00 %**, Gebühr **1,45 %**, ausschüttend. Der Fonds investiert in Infrastruktur/Logistik/Industrie: Honeywell, United Tech., UPS, 3M, Fedex.		
ETF iShares Nasdaq 100	A0F 5UF	60,85 €	60,85/47,05 €	+27/+65/+151/+288 %
		Umfang 991 Mio. €, Alter 11 Jahre, Verwaltungsgebühr **0,30 %**, ausschüttend. Der ETF bildet den Nasdaq 100 ab. Dazu zählen: Adobe, Amazon, Facebook, Microsoft, Netflix, Nvidia, Vertex.		
ETF iShares TecDAX (DE)	593 397	27,05 €	27,05/19,90 €	+27/+72/+195/+239%
		Umfang 940 Mio. €, Alter 17 Jahre, Jahresgebühr **0,50 %**, thesaurierend. Der renditestarke Aktien-ETF bildet den TecDAX ab. Von Familienunternehmen sind dabei: Bechtle, Carl Zeiss, CompuGroup, Isra Vision, Nemetschek, Sartorius, United Internet.		
ETF Powershares Dynamic US Market	A0M 2EH	17,05 €	17,05/12,60 €	+23/+42/+91/+138 %
		Umfang 21 Mio. €, Alter 11 Jahre, Jahresgebühr **0,40 %**, ausschüttend. Der ETF bildet den Dynamic Market Intellidex ab, der Firmen anhand mehrerer Kennzahlen analysiert. Ziel ist ein hohes Kapitalwachstum. Die wichtigste Branche ist IT-Software.		
ETF ComStage China FTSE	ETF 024	133,15 €	151,4/113,4 €	+18/-16 %
		Umfang 25 Mio. €, Alter 5 Jahre, Gebühr **0,40 %**, thesaurierend. Der Preisindex FTSE China A50 umfasst die 50 größten Unternehmen der im Festland China gehandelten Aktien nach der Marktkapitalisierung an den Börsen Shanghai und Shenzhen.		

Name, Fonds-Gesellschaft	WKN	Kurs 14.06.18	Hoch/Tief 1 Jahr €	Kursentwicklung 1, 3, 5, 10 Jahre
Einzelaktie **Wirecard,** **DAX/TecDAX**	747 206	166,70 €	167,8/63,80	+111/+299/+562/+3.517%
		Börsenwert: 18 Mrd. €, **KGV: 37,** EK: 36 %, Ergebnis/Aktie: 2,83/3,94 €, Dividende: 0,22/0,26 €, **Div.-Rendite: 0,1 %.** Der DAX-Anwärter bietet elektronische Zahlungssysteme, automatisierte Zahlungsprozesse und Risikomanagementlösungen an.		
Einzelaktie **Isra Vision-** **TecDAX/** **SDAX**	548 810	53,40 €	54,10/26,00	+62/+334/+702/+1.985 %
		Börsenwert: 1,0 Mrd. €, **KGV: 39,** EK: 62 %, Ergebnis/Aktie: 1,04/1,18 €, Dividende: 0,12/0,14 €, **Div.-Rendite: 0,3 %.** ISRA ist führend bei Oberflächen-Inspektionssystemen und Bildverarbeitungsprogrammen mit Spezialisierung 3D-Roboter-Sehen.		
Einzelaktie **Mensch und** **Masch. MUM** **Familienfirma**	658 080	26,50 €	28,00/17,65	+37/+313/+445/+408 %
		Börsenwert: 431 Mio. €, **KGV: 31,** EK: 28,3 %, Ergebnis/Aktie: 0,71/0,88 €, Dividende: 0,50/0,55 €, **Div.-Rendite: 2,2.** MUM ist ein führender CAD-Anbieter für Bauwirtschaft und Maschinenbau. Die Softwarelösungen umfassen Planung/Konstruktion.		
Einzelaktie **Amazon** **Nasdaq 100** **Familienfirma**	906 866	1.478,0 €	1.478/770,0	+74/+297/+518/+2.054 %
		Börsenwert: 699 Mrd. €, **KGV: 86,** Ergebnis/Aktie: 10,55/16,65 €, Dividende: 0,00 €, **Div.-Rendite: 0,0 %.** Der marktführende Online-Versandhändler ist fast überall im Konsumgütersektor tätig, vor allem Bücher, Musik, DVD, Elektronik, Haushaltsgeräte.		
Einzelaktie **Samsung El.** **Südkorea**	881 823	776,00 €	909,8/650,0	+6/+97/+170/+427 %
		Börsenwert: 243 Mrd. €, **KGV: 5,3,** Ergebnis/Aktie: 5,88/6,01 €, **Div.-Rendite: 1,4 %.** Samsung hat sich auf die Elektronik- und Telekommunikations-Industrie spezialisiert. Zum Sortiment zählen Mobiltelefone, Kameras, Fernseh- und Haushaltsgeräte.		
Einzelaktie **Tencent** **China**	A1138D	45,35 €	49,95/30,05	+44/+149/+676 %
		Börsenwert: 428 Mrd. €, **KGV: 29,** Ergebnis/Aktie: 1,20/1,51 €, Dividende: 0,12/0,15 €, **Div.-Rendite: 0,3 %.** Der Internetriese besitzt viele Patente und betreibt Chinas größtes Serviceportal.		

Langfristiger Vermögensaufbau mit Mischfonds, Aktienfonds und ETFs für Kinder und Enkel als Einmalanlage oder Sparplan

Wollen Sie Kindern und Enkeln Gutes tun, bieten die abgebildeten Aktienfonds und ETFs die Grundlage für attraktives Sparen. Abhängig vom anzulegenden Geldbetrag kommen sämtliche Aktienfonds und ETFs in Betracht. Sie können sich auch an den Anlegertypen orientieren und danach auswählen.

14.5 Zukunftmärkte erschließen und Reichtumsträume verwirklichen ab 30.000 €

Meine Umfragen und Kolumnen zeigen ein großes Interesse an Anlagemodellen mit Startkapital 30.000 €, angepasst auf die drei Anlegertypen. Auch bei größeren Summen wünschen die Investoren eine Aufteilung in Aktienfonds, ETFs, Einzelaktien.

Schwerpunkte bilden substanzstarke, nachhaltig wirtschaftende Familienfirmen und fair bewertete konjunkturunabhängige defensive Value-Aktien mit hoher Dividende. Meine Anlagemodelle erlauben den Austausch mit Titeln für erfolgsorientierte Anleger und einen Blick zurück auf die Auswahlliste beim Startkapital 20.000 €. Dies gilt vor allem für Einzelaktien. Hier gibt es für jedes Modell neue Empfehlungen. Aber auch bei Aktienfonds und ETFs zählen Ihre Vorlieben.

Ein Blick auf die Neuordnung der deutschen Indizes seit dem 24. Sept. 2018 mit großen Auswirkungen, TecDAX, MDAX, SDAX

Was geschieht im DAX mit weiterhin 30 Titeln? Wie erwartet, stieg Wirecard vom TecDAX auf und die Commerzbank in den MDAX ab. Die zweite Änderung beim DAX bedeutet, dass die dort gelisteten Technologiewerte – nämlich die Deutsche Telekom, Infineon und SAP – zusätzlich im TecDAX gelistet werden. In den USA geschieht dies schon lange. Sie finden Apple und Microsoft im Dow Jones sowie im Nasdaq 100 – gut für Umsatz und Kursgewinn. Die Aktienfondsmanager werden bei TecDAX-Orientierung auf die drei DAX-Titel mit Blick auf die Industrie 4.0 kaum verzichten, selbst wenn bei der Zusammensetzung Freiraum besteht.

Was passiert im TecDAX, wenn drei DAX-Werte dazustoßen? Der Technologie-Index wird attraktiver durch Deutsche Telekom, Infineon und SAP, zumal die drei schwächsten Titel den TecDAX mit weiter 30 Werten verlassen müssen. Es kommt auf Börsenwert, Streubesitz und Umsatz an.

Wie wirkt sich im MDAX der mittelgroßen Werte die Aufstockung auf 60 Titel aus? Neben dem SDAX-Aufsteiger Alstria Office Reit ziehen die 13 größten TecDAX-Titel in den Mid Cap-Index ein, während für Ceconomy, Jungheinrich, Leoni, Ströer und Talanz der Rauswurf mit einem Platz im SDAX besiegelt ist.

Was geschieht im SDAX, der nun 70 Werte umfasst und nicht mehr nur klassisch ausgerichtet ist? Da hier 14 TecDAX-Firmen zusätzlich gelistet sind, wandern als Ausgleich für die Absteiger Biotest, ElringKlinger und Grammer die Neulinge BayWA, Befesa, Dr. Hoenle und Shop Apotheke in den SDAX ein.

Zielgruppe: vorsichtiger Anlegertyp mit Startkapital 30.000 €

Startkapital ab 30.000 €, vorsichtiger Typ; Tipp: 5 Mischfonds, 5 Aktienfonds, 5 ETFs, 6 bis 8 Aktientitel je 1.300 €			
Name, Fonds-Gesellschaft	**WKN**	**Kurs 15.06.18**	**Hoch/Tief 52 Wochen**	**Kursentwicklung 1, 3, 5, 10 Jahre**
Mischfonds DJE Concept 1	625 797	285,00 €	299,0/266,3 €	+6/+13/+92/+107 %
	Umfang 212 Mio. €, Alter 17 J., Ausgabeaufschlag **0,00 %**, Gebühr **0,60 %**, thesaurierend. Der Mischfonds investiert zwecks Risikostreuung in Aktien, Genussscheine sowie Anleihen. Vom **DAX 100** sind berücksichtigt: Linde, K+S, Wacker Chemie.			
Mischfonds Frankfurter Value Focus R	A1C XU7	302,40 €	323,8/299,0 €	+7/+60/+77 %
	Umfang 63 Mio. €, Alter 8 J., Ausgabeaufschlag **4,00 %**, Gebühr **1,5 %**, thesaurierend. Der Multi Asset-Mischfonds ähnelt den Value-Aktienfonds in unterbewertete deutsche Nebenwerte.			
Mischfonds AXION Multi Kairos	662 792	27,25 €	29,00/25,20 €	+4/+31/+69/+52 %
	Umfang 3,01 Mrd. €, Alter 16 J., Ausgabeaufschlag **5,00 %**, Gebühr **1,40 %**, thesaurierend. Der Multi Asset-Fonds gewichtet je nach Marktlage Aktien-, Renten-, Mischfonds sowie Zertifikate.			
Mischfonds VM Long Term Value	A1J 17U	1.530,0 €	1.543/1.308 €	+14/+37/+66 %
	Umfang 32 Mio. €, Alter 5 J., Ausgabeaufschlag **3,00 %**, Gebühr **1,35 %**, ausschüttend. Angelegt wird nach Marktlage vollständig oder teilweise in Value-Aktien, Geldmarkt, Bankguthaben.			
Dach-Mischfonds ZukunftsPlan I	DK1 CJ2	258,35 €	259,4/233,4 €	+4/+14/+56/+163 %
	Umfang 1,08 Mrd. €, Alter 9 Jahre, Ausgabeaufschlag **2,00 %**, Gebühr **0,35 %**, thesaurierend. Das Management passt Renten-, Aktien- und Geldmarktfonds je nach Marktlage neu an.			
Aktienfonds FT UnternehmerWerte	A0K FFW	90,30 €	90,80/80,35 €	+6/+25/+68/+95 %
	Umfang 67 Mio. €, Alter 11 J., Ausgabeaufschlag **0,0 %**, Gebühr **1,25 %**, thesaurierend. Im Fonds dominiert eine weltumspannende Familienfirmen-Aktienauswahl. Aus Deutschland sind dabei: Merck, VW (DAX), Rocket (MDAX) und RIB (TecDAX).			
Aktienfonds DJE Dividende & Substanz	164 325	412,75 €	423,6/361,9 €	+4/+15/+54/+80 %
	Umfang 1,28 Mrd. €, Alter 15 Jahre, Ausgabeaufschlag **5,00 %**, Gebühr **1,32 %**, thesaurierend. Der Ertrag der günstig bewerteten internationalen Aktien soll aus Kursgewinn und hohen stabilen Ausschüttungen unabhängig von einem Index stammen.			

Name, Fonds-Gesellschaft	WKN	Kurs 15.06.18	Hoch/Tief 52 Wochen	Kursentwicklung 1, 3, 5, 10 Jahre
Aktienfonds DWS Aktien-Strategie DE	976 986	442,60 €	453,6/382,1 €	+6/+34/+114/+160 %
Aktienfonds First Private Div. STAUFER	977 961	94,35 €	103,3/91,60 €	+3/+18/+80/+71 %
Aktienfonds HGF Henderson Gartmore Global Growth	A0D NEW	16,50 €	16,50/14,30 €	+11/+30/+115/+139 %
ETF iShares MDAX	593 392	228,40 €	236,7/209,4 €	+6/+31/+86/+155 %
ETF LYXOR World Water	LYX 0CA	35,60 €	37,75/33,60 €	-2/+19/+83/+139 %
ETF db x-trackers Immo Real E.	DBX 0F1	26,50 €	26,80/23,45 €	+6/+17/+69 %
ETF ComStage Dow Jones	ETF 010	250,80 €	251,2/207,3 €	+22/+50/+101 %
ETF Insurance Stoxx EU 600	LYX 0AQ	36,90 €	39,10/33,65 €	+6/+15/+81/+98 %

DWS Aktien-Strategie DE: Umfang 2,67 Mrd. €, Alter 19 Jahre, Ausgabeaufschlag **5,00 %**, Gebühr **1,45 %**, thesaurierend. Der Fonds orientiert sich am HDAX, berücksichtigt also DAX, MDAX, TecDAX und SDAX.

First Private Div. STAUFER: Umfang 231 Mio. €, Alter 21 Jahre, Ausgabeaufschlag **5,00 %**, Gebühr **1,50 %**, thesaurierend. Der Pionier unter Europas Dividendenfonds investiert in ausschüttungsstarke stabile Aktien.

HGF Henderson Gartmore Global Growth: Umfang 1,08 Mrd. €, Alter 14 J., Ausgabeaufschlag **5,00 %**, Gebühr **1,50 %**, thesaurierend. Der Fonds investiert in Firmen mit Wachstums- und Ertragschancen, wozu der Automotive-Sektor zählt. Den größten Anteil hat hier Continental aus dem DAX.

iShares MDAX: Umfang 2,23 Mrd. €, Alter 17 Jahre, Gebühr **0,50 %**, thesaurierend. Der ETF bildet den MDAX mit 60 Mid Caps nach. Wichtige Branchen sind Industrie, Finanzen, Rohstoffe, Konsumgüter.

LYXOR World Water: Umfang 576 Mio. €, Alter 11 Jahre, Jahresgebühr **0,60 %**, ausschüttend. Die größten Positionen bei dem knapp werdenden lebenswichtigen „blauen Gold Wasser" sind Geberit, American Water, Veolia, Masco, Xylem, Pentair und Severn Trend.

db x-trackers Immo Real E.: Umfang 406 Mio. €, Alter 8 Jahre, Gebühr **0,33 %**, thesaurierend. Der Immobilien-ETF bildet den FTSE Europe Real Estate nach. Vonovia, DAX, Dt. Wohnen und LEG, MDAX, sind dabei.

ComStage Dow Jones: 74 Mio. €, Alter 10 J., Gebühr **0,45 %**, thesaurierend. Der ETF orientiert sich am Dow Jones mit Aktien von Konzernen, die den US-Markt präsentieren, wie 3M, Apple, Boeing, Caterpillar.

Insurance Stoxx EU 600: 55 Mio. €, kein Sparplan, Alter 12 Jahre, Gebühr **0,30 %**, thesaurierend. Der ETF bildet den Versicherungs-Index Stoxx Europe 600 Insurance mit den größten Konzernen Europas ab. Vom DAX sind Allianz und Munich Re hoch gewichtet dabei.

Name, Fonds-Gesellschaft	WKN	Kurs 15.06.18	Hoch/Tief 1 Jahr €	Kursentwicklung 1, 3, 5, 10 Jahre
Einzelaktie **Adidas DAX**	A1EWWW	188,15 €	215,5/165,1	+2/+169/+125/+382 %
	Börsenwert: 39,9 Mrd. €, **KGV: 20,** EK: 44,4 %, Ergebnis/Aktie: 8,21/9,54 €, Dividende: 2,60/3,10/3,60 €, **Div.-Rendite: 1,6 %.** Der DAX-Konzern ist der weltweit größte Sportartikelproduzent für Bälle, Schuhe, Bekleidung unterschiedlichster Sportarten.			
Einzelaktie **Beiersdorf DAX**	520 000	101,40 €	103,3/85,10	+14/+36/+53/+161 %
	Börsenwert: 25,1 Mrd. €, **KGV: 27,** EK: 62,5 %, Ergebnis/Aktie: 3,42/3,67 €, Dividende: 0,70/0,70 €, **Div.-Rendite: 0,8 %.** Der DAX-Konzern ist ein führender Anbieter von Hautpflege mit den bekannten Marken Nivea, Eucerin, Hansaplast, Labello, 8x4.			
Einzelaktie **Axel Springer MDAX Familienfirma**	550 135	61,25 €	74,40/50,80	+12/+29/+88/+157 %
	Börsenwert: 6,58 Mrd. €, **KGV: 19,** EK: 43,5 %, Ergebnis/Aktie: 2,27/3,15 €, Dividende: 2,00/2,05/2,10 €, **Div.-Rendite: 3,4 %.** Deutschlands größter Zeitungsverlag wendet sich an mehrere Zielgruppen und umfasst die Markenfamilien BILD und WELT.			
Einzelaktie **Fielmann MDAX Familienfirma**	577 220	71,70 €	77,45/64,30	+3/+20/+77/+197 %
	Börsenwert: 5,89 Mrd. €, **KGV: 30,** EK: 75 %, Ergebnis/Aktie: 2,19/2,33 €, Dividende: 1,85/2,00/2,15 €, **Div.-Rendite: 2,6 %.** Der führende Augenoptiker bietet preiswert in guter Qualität Sonnen- und Gleitsichtbrillen, Kontaktlinsen und Hörgeräte an.			
Einzelaktie **VTG SDAX**	VTG 999	17,65 €	21,25/12,50	+3/+20/+77/+197 %
	Börsenwert: 1,58 Mrd. €, **KGV: 19,** EK: 26 %, Ergebnis/Aktie: 2,00/2,83 €, Dividende: 0,90/1,00/1,10 €, **Div.-Rendite: 1,8 %.** VTG zählt zu Europas führenden Waggonvermiet- und Schienenlogistik-Unternehmen mit 53.000 Eisenbahngüterwagen.			
Einzelaktie **TUI Prime Standard**	TUA G00	20,00 €	21,70/12,50	+54/+25/+125 %
	Börsenwert: 11,6 Mrd. €, **KGV: 13,** Ergebnis/Aktie: 1,18/1,43 €, Dividende: 0,65/0,71 €, **Div.-Rendite: 3,6 %.** Die im Index FTSE 100 gelistete Touristik-Firma besteht aus drei Bereichen: TUI Travel, TUI Hotels & Resorts, TUI Schiff-Kreuzfahrten.			
Einzelaktie **SONY Japan Nikkei 225**	853 687	45,65 €	46,55/30,30	+30/+78/+182/+75 %
	Börsenwert: 58,5 Mrd. €, **KGV: 14,** Ergebnis/Aktie: 3,18/3,18 €, Dividende: 0,21/0,26/0,30 €, **Div.-Rendite: 0,7 %.** SONY zählt zu den weltweit führenden Herstellern von Hightechprodukten und deckt den Markt für Video, Audio-, Kommunikationstechnologie ab. Dazu gehören Fernseher, Spielkonsolen, Kameras.			

Startkapital 30.000 €, Vorschlag für erfolgsorientierte Anleger

Viele Anleger handeln erfolgsorientiert. Dies zeigen meine Umfragen in den ganzjährig laufenden Börsenseminaren. Mit steigendem Startkapital wächst das Interesse, gut abzuschneiden, neue Strategien zu erproben und mehr Risiko einzugehen. Nicht selten entwickelt sich der Start in die richtigen Aktien, Aktienfonds und ETFs zum Hobby mit dem Ziel, die Weichen auf Grün zu stellen für Vermögensaufbau und Altersvorsorge. Die neu hinzukommenden Aktien stammen bevorzugt von substanz- und wachstumsstarken in- und ausländischen Firmen.

Startkapital ab 30.000 €, erfolgsorientiert; Tipp: 4 Mischfonds, 5 Aktienfonds, 5 ETFs, 6 bis 8 Aktien je 1.300 €					
Name, Fonds-Gesellschaft	**WKN**	**Kurs 15.06.18**	**Hoch/Tief 52 Wochen**	**Kursentwicklung 1, 3, 5, 10 Jahre**	
Mischfonds	A0M 6JK	348,80 €	352,1/244,7 €	+42/+74/+109/+259 %	
Adelca Invest GI Multi Ass.	Umfang 71 Mio. €, Alter 11 Jahre, Ausgabeaufschlag **5,00 %**, Gebühr **1,00 %**, thesaurierend. Der 5-Sterne-Fonds erzielt Erträge aus Aktien-Kursgewinnen, Dividenden und Zinszahlungen.				
Mischfonds	A12 ADZ	846,60 €	855,7/732,6 €	+12/+47/+72 %	
U Fonds Multi Asset I EUR	Umfang 54 Mio. €, Alter 5 Jahre, Ausgabeaufschlag **0,00 %**, Gebühr **0,70 %**, ausschüttend. Der Fonds legt mindestens zwei Drittel in Aktien an. Die Quote wird je nach Marktlage angepasst.				
Mischfonds	164 316	423,85 €	425,8/367,7 €	+12/+31/+67/+74 %	
DJE Europa – I EUR ACC	Umfang 195 Mio. €, Alter 15 J., Ausgabeaufschlag **0,00 %**, Gebühr **1,07 %**, thesaurierend. Der Fonds investiert flexibel in Europa-Aktien, auch Nebenwerte, außerdem weltweit in Anleihen.				
Dach-Mischfonds	A0Q 5MD	225,25 €	225,3/194,3 €	+11/+39/+72/+121 %	
FU Multi Asset	Umfang 57 Mio. €, Alter 10 Jahre, Ausgabeaufschlag **5,00 %**, Gebühr **1,70 %**, ausschüttend. Bevorzugte Anlage: Aktienfonds und Zertifikate. Dabei: Nemetschek, Adobe, Amazon, Nvidia.				
Aktienfonds	989 232	48,00 €	48,30/40,15 €	+14/+28/+104/+91 %	
Janus Henderson Hor. Immo	Umfang 198 Mio. €, Alter 20 J., Ausgabeaufschlag **0,00 %**, Gebühr **1,20 %**, thesaurierend. Dieser Fonds investiert mit Anteilen bis zu knapp 10 % in Aktien europäischer Immobilienfirmen.				
Aktienfonds	975 049	177,90 €	181,7/151,8 €	+13/+43/+128/+326 %	
Uni Deutschland XS	Umfang 1,29 Mrd. €, Alter 12 J., Ausgabeaufschlag **4,00 %**, Gebühr **1,55 %**, thesaurierend. Investiert wird in europäische Nebenwerte, z. B. die Familienfirmen SIXT, Delivery, Hypoport.				

Name, Fonds-Gesellschaft	WKN	Kurs 15.06.18	Hoch/Tief 52 Wochen	Kursentwicklung 1, 3, 5, 10 Jahre
Aktienfonds UniSector HighTech	921 559	90,85 €	92,85/72,25 €	**+17/+46/+126/+245 %**
	Umfang 134 Mio. €, Alter 19 Jahre, Ausgabeaufschlag **4,00 %**, Gebühr **1,55 %**, ausschüttend. Der Fonds investiert in den Computer-, Software-, Hochtechnologiesektor. Hauptanteile: Apple, Alphabet, Cisco, EA, Facebook, Intel, Microsoft, Oracle, Visa.			
Aktienfonds Quest Cleantec	A0N C68	270,50 €	271,2/229,5 €	**+8/+27/+94/+150 %**
	Umfang 211 Mio. €, Alter 10 J., Ausgabeaufschlag **2,00 %**, Gebühr **1,25 %**, thesaurierend. Anlage in Firmen, die für saubere Energie arbeiten, z. B. Wasseraufbereitung, Abfallentsorgung.			
Aktienfonds Internet/ Information Nordinternet	978 530	**122,40 €**	**122,4**/82,55 €	**+40/+91/+204/+408 %**
	Umfang 40 Mio. €, Alter 19 Jahre, Ausgabeaufschlag **5,0 %**, Gebühr **1,00 %**, thesaurierend. Der Fonds bevorzugt Internet, Infrastruktur, Online-Plattformen wie Amazon, Facebook, Alphabet.			
ETF ComStage SDAX TR	ETF 005	117,80 €	118,5/100,0 €	**+11/+42/+104 %**
	Umfang 151 Mio. €, Alter 7 J., Gebühr **0,70 %**, ausschüttend. Der ETF bildet die Wertentwicklung vom SDAX nach, der 70 Werte umfasst und TecDAX-Titel zulässt. Dazu gehören die Familienfirmen-Aktien von Grenke, Hypoport, Krones, Rational.			
ETF iShares Stoxx Eur. Konsum	A0H 08N	80,70 €	90,35/73,00 €	**-4/+19/+67 %**
	Umfang 81 Mio. €, Alter 16 Jahre, Jahresgebühr **0,45 %**, ausschüttend. Der ETF bildet den Stoxx Europe 600 Personal & Household ab. Dabei: Familienfirmen LVMH, L'Oréal, Henkel.			
ETF iShares MSCI USA Small C.	A0X 8SB	292,05 €	293,3/211,7 €	**+19/+36/+87 %**
	Umfang 617 Mio. €, Alter 9 Jahre, Gebühr **0,43 %**, thesaurierend. Der ETF bildet den MSCI USA Small Cap ab mit Finanzen, Software, Konsum, Industrie, Energie sowie Rohstoffen.			
ETF ComStage Construction	ETF 065	89,65 €	93,55/76,90 €	**+15/+48/+113 %**
	Umfang 10 Mio. €, Alter 10 J., Gebühr **0,25 %**, ausschüttend. Der ETF bildet die Wertentwicklung großer Europa-Baufirmen ab. Dazu zählen VINCI, Lafarge Holcim, HeidelCement, Geberit.			
ETF iShares Stoxx Technologie Europe 600	A0H 08Q	48,35 €	48,90/38,95 €	**+17/+46/+116 %**
	Umfang 122 Mio. €, Alter 17 J., Gebühr **0,45 %**, ausschüttend. Der ETF gibt den chancenreichen Vergleichsindex Stoxx Europe 600 Technology wieder. Die größten Positionen sind: SAP, ASML, Nokia, Ericsson, Infineon, Cap Gemini.			

Name, Fonds-Gesellschaft	WKN	Kurs 15.06.18	Hoch/Tief 1 Jahr €	Kursentwicklung 1, 3, 5, 10 Jahre
Einzelaktie CTS Eventim MDAX	547 030	42,50 €	43,75/34,65	+10/+37/+176/+578 %
		Börsenwert: 4,13 Mrd. €, **KGV: 29,** EK: 28 %, Ergebnis je Aktie: 1,31/1,48 €, Dividende: 0,65/0,72 €, **Div.-Rendite: 1,5 %.** CTS Eventim ist der führende Vermarkter von Tickets für Konzert-, Theater-, Sportveranstaltungen und Live-Events in Europa.
Einzelaktie 1&1 Drillisch TecDAX	554 550	63,70 €	72,95/51,45	+20/+58/+433/+1451 %
		Börsenwert: 11,3 Mrd. €, **KGV: 22,** EK: 80 %, Ergebnis je Aktie: 2,42/2,88 €, Dividende: 2,00/2,20 €, **Div.-Rendite: 3,1 %.** 1&1 Drillisch zählt zu den großen netzunabhängigen Telekommunikationsanbietern mit umfassenden Sprach- und Datendiensten.
Einzelaktie Hochtief MDAX	607 000	157,00 €	173,3/128,0	-4/+138/+212/+138 %
		Börsenwert: 10,2 Mrd. €, **KGV: 18,** EK: 19 %, Ergebnis je Aktie: 7,58/8,59 €, Dividende: 3,50/3,75 €, **Div.-Rendite: 2,2 %.** Der internationale Baukonzern verwirklicht Infrastrukturprojekte und betreibt den Hoch-, Tief-, Ingenieur- und Verkehrswegebau.
Einzelaktie Wacker Neuson GEX	WAC K01	21,80 €	33,85/20,40	-5/+17/+123/+160 %
		Börsenwert: 1,54 Mrd. €, **KGV: 11,** Ergebnis/Aktie: 1,55/1,85 €, Dividende: 0,68/0,75 €, **Dividendenrendite: 3,1 %.** Der SDAX-Konzern ist in der Baumaschinen- und Baugeräte-Industrie tätig und produziert hochwertige Baumaschinen der Kompaktklasse.
Einzelaktie HELLA KGaA MDAX Familienfirma	A13 SX2	50,25 €	53,90/31,75 €	+28/+31 %/IPO
		Börsenwert: 6,23 Mrd. €, **KGV: 13,** EK: 39,5 %, Ergebnis/Aktie: 3,92/4,27 €, Dividende: 1,15/1,20 €, **Div.-Rendite: 2,0 %.** Der Spezialist für Beleuchtungssysteme und Fahrzeugelektronik produziert auch Batteriesensoren und Fahrerassistenzsysteme.
Einzelaktie United Internet TecDAX/ MDAX	508 903	58,40 €	59,80/46,65 €	+18/+45/+161/+336 %
		Börsenwert: 4,21 Mrd. €, **KGV: 19,** EK: 53 %, Ergebnis/Aktie: 2,37/2,90 €, Dividende: 0,90/1,10 €, **Div.-Rendite: 1,6 %.** United Internet entwickelt Applikationen und Zugangsprodukte und vermarktet GMX, WEB.de; kürzlich Zusammenschluss mit Drillisch.
Einzelaktie L'Oréal Euro Stoxx 50	853 888	213,50 €	214,5/165,2 €	+13/+30/+71/+184 %
		Börsenwert: 119 Mrd. €, **KGV: 28,** Ergebnis/Aktie: 6,94/7,41 €, Dividende: 3,79/4,06 €, **Div.-Rendite: 4,1 %.** Der familiengeführte französische Kosmetikkonzern produziert vor allem Haut-, Schönheits- und Haarpflege-Produkte unter bekannten Marken.

Name, Fonds-Gesellschaft	WKN	Kurs 15.06.18	Hoch/Tief 52 Wochen	Kursentwicklung 1, 3, 5, 10 Jahre
Einzelaktie	853 292	303,05 €	312,7/211,9 €	+33/+88/+141/+318 %
LVMH Euro Stoxx 50 Familienfirma	Börsenwert: 153 Mrd. €, **KGV: 24,** Ergebnis/Aktie: 11,5/12,6 €, Dividende: 5,52/6,15 €, **Div.-Rendite: 2,1 %.** Die Produktpalette umfasst 60 Luxus-Marken der Bereiche Wein & Spirituosen, Mode, Schmuck & Uhren, Lederwaren, Parfüm & Kosmetik.			

Tipp: Jeder Vorschlag bringt neue Aktien. Treffen Sie Ihre Auswahl nach eigenen Vorlieben, auch abhängig von Börsenwissen, Zeit und Interesse.

Startkapital 30.000 €, Vorschlag für risikofreudige Privatanleger

Startkapital ab 30.000 €, risikofreudig; Tipp: 2 Mischfonds, 5 Aktienfonds, 5 ETFs, 8 bis 10 Aktien je 1.400 €

Name, Fonds-Gesellschaft	WKN	Kurs 15.06.18	Hoch/Tief 52 Wochen	Kursentwicklung 1, 3, 5, 10 Jahre
Mischfonds	A1H 72F	117,20 €	122,7/94,10 €	+22/+55/+142 %
ACATIS Datini Value	Umfang 312 Mio. €, Alter 7 Jahre, Ausgabeaufschlag **5,00 %,** Gebühr **0,40 %,** thesaurierend. Der Fonds setzt auf Aktien vom Biotech-, Software-, Konsumsektor, darunter Wirecard, Evotec.			
Mischfonds	A0M 6JL	336,50 €	339,7/234,1 €	+42/+76/+116/+242 %
Adelca Invest GVI Multi Ass.	Umfang 69 Mio. €, Alter 11 Jahre, Ausgabeaufschlag **5,00 %,** Gebühr **1,00 %,** thesaurierend. Ähnliche Ausrichtung wie bei Adelca GI (WKN A0M 6JK); flexible Anlage in Aktien/Anleihen.			
Aktienfonds	A1H 7JG	18,65 €	21,30/16,45 €	+1/+46/+104 %
Magna Umbr. New Frontiers	Umfang 518 Mio. €, Alter 7 J., Ausgabeaufschlag **5,00 %,** Gebühr **1,25 %,** thesaurierend. Der Fonds erstrebt breit gestreut in Frontiermärkten unterhalb der Schwellenländer viel Rendite an.			
Aktienfonds	HAF X4V	104,65 €	152,3/95,15 €	+7/+165/+142 %
StrucSol Next Generation	Umfang 40 Mio. €, Alter 8 Jahre, Ausgabeaufschlag **5,00 %,** Gebühr **1,00 %,** ausschüttend. Der Aktienfonds ist Spezialist für „Next Generation Rohstoffe", wie Lithium, Kobalt und Grafit.			
Aktienfonds	921 556	107,45 €	116,9/95,75 €	-3/+1/+61/+201 %
UniSector BioPharma	Umfang 273 Mio. €, Alter 19 Jahre, Ausgabeaufschlag **4,00 %,** Gebühr **1,55 %,** ausschüttend. Der Fonds bevorzugt Biopharma. Hauptanteile: Amgen, Evotec, Biogen, Pfizer, Novartis, Celgene.			

Name, Fonds-Gesellschaft	WKN	Kurs 15.06.18	Hoch/Tief 1 Jahr	Kursentwicklung 1, 3, 5, 10 Jahre
Aktienfonds Deutsche AM Smart Industr.	515 248	118,25 €	119,9/104,2	+7/+27/+84/+130 %
	Umfang 550 Mio. €, Alter 12 Jahre, Ausgabeaufschlag **5,00 %**, Gebühr **1,45 %**, ausschüttend. Der Fonds investiert in Infrastruktur/Logistik/Industrie: Honeywell, United Tech., UPS, 3M, Fedex.			
Aktienfonds DNB Fund Kommunikation/Medien	A0M WAN	477,00 €	477,0/375,5	+21/+63/+176/+390 %
	Umfang 526 Mio. €, Alter 11 Jahre, Ausgabeaufschlag **5,00 %**, Gebühr **1,50 %**, thesaurierend. Der Fonds investiert in Technologie-, Kommunikations- und Medientitel von Zukunftsmärkten.			
ETF iShares Nasdaq 100	A0F 5UF	60,85 €	60,85/47,05	+27/+65/+151/+288 %
	Umfang 991 Mio. €, Alter 11 Jahre, Verwaltungsgebühr **0,30 %**, ausschüttend. Abgebildet wird der Nasdaq mit Börsenstars wie Alphabet, Apple, Amazon, Facebook, Microsoft, Netflix, Nvidia.			
ETF iShares TecDAX (DE)	593 397	27,05 €	27,05/19,90	+27/+72/+195/+239 %
	Umfang 940 Mio. €, Alter 17 Jahre, Jahresgebühr **0,50 %**, thesaurierend. Der renditestarke ETF bildet den TecDAX ab. Hier sind so erfolgreiche Titel gelistet wie Bechtle, Carl Zeiss, 1&1 Drillisch, ISRA Vision, MorphoSys, Nemetschek und Sartorius.			
ETF Powershares Dynamic US	A0M 2EH	17,05 €	17,05/12,60	+23/+42/+91/+138 %
	Umfang 21 Mio. €, Alter 11 Jahre, Gebühr **0,40 %**, ausschüttend. Der ETF bildet den Dynamic Market Intellidex ab. Ziel ist ein hohes Kapitalwachstum. Wichtigste Branche: IT-Software.			
ETF ComStage China FTSE	ETF 024	133,15 €	151,4/113,4	+18/-16 %
	Umfang 25 Mio. €, Alter 5 Jahre, Gebühr **0,40 %**, thesaurierend. Der Preisindex FTSE China A50 umfasst die 50 größten Unternehmen vom Festland China nach der Marktkapitalisierung.			
ETF LYXOR Construction Mat.	LYX 0AZ	54,70 €	56,35/49,15	+1/+28/+93/+91 %
	Umfang 41 Mio. €, Alter 12 Jahre, Gebühr **0,30 %**, thesaurierend. Der ETF bildet Europas Bausektor mit der Wertentwicklung vom Index Stoxx Europe 600 Construction & Materials ab.			
Einzelaktie Cancom TecDAX	541 910	48,70 €	52,8/26,7	+83/+175/+336/+2.982 %
	Börsenwert: 1,68 Mrd. €, KGV: 26, Ergebnis/Aktie: 1,45/1,80 €, Dividende: 0,50/0,55/0,60 €, Dividendenrendite: **1,1 %**. Der IT-Infrastruktur-Spezialist übernimmt die Finanzierung und das Management seiner Beteiligungsgesellschaften, die unter der Nutzung digitaler Medien mit Hard- und Software handeln.			

Name, Fonds-Gesellschaft	WKN	Kurs 15.06.18	Hoch/Tief 1 Jahr	Kursentwicklung 1, 3, 5, 10 Jahre
Einzelaktie	727 650	121,90 €	122,6/76,00	+54/+501/+816 %
Secunet Security Networks		Börsenwert: 792 Mio. €, **KGV: 42,** Ergebnis/Aktie: 2,47/2,87 €, Dividende: 1,20/1,41 €, **Div.-Rendite: 1,15 %.** Secunet ist in der Sicherheits-IT tätig und deckt die ganze Wertschöpfungskette von der Sicherheitsberatung bis zur Schulung/Wartung ab.			
Einzelaktie	746 100	13,15 €	18,10/2,80 €	+343/+512/+587/+87 %
PVA Tepla Prime Stand. Familienfirma		Börsenwert: 287 Mio. €, **KGV: 22,** Ergebnis/Aktie: 0,31/0,58 €, Dividende: 0,03/0,08 €, **Div.-Rendite: 0,6 %.** Als Vakuum-Spezialist für Hochtemperaturen und Plasmaprozesse zählt der Familienkonzern zu den Weltmarktführern bei Hartmetall-Sinteranlagen, Kristallzuchtanlagen und Oberflächen-Aktivierung.			
Einzelaktie	A11 7ME	179,20 €	182,1/119,5	+48/+135 %/IPO
Alibaba China Familienfirma		Börsenwert: 4,3 Mrd. €, **KGV: 28, Div.-Rendite: 0,3 %.** Der chinesische Internetkonzern betreibt eine der größten Handels-Plattformen mit Schwerpunkt Auto & Motorrad, Bekleidung, Büro & Schule, Haus & Garten, Elektronik, Sport & Freizeit.			
Einzelaktie	918 422	228,45 €	232/121	+67/+1125/+2028/+1539%
Nvidia Nasdaq 100		Börsenwert: 139 Mrd. €, **KGV: 34, Div.-Rendite: 0,23 %.** Der IT-Hardware-Spezialist vermarktet Grafik- und Medien-Kommunikations-Prozessoren. Die beliebten 3D-Prozessoren werden für Spiele, digitale Bildbearbeitung und Industriedesign genutzt.			
Einzelaktie	A14 Y6F	997,70 €	1.004/759,3	+16/+107/+204/+440 %
Alphabet A Nasdaq 100		Börsenwert: 647 Mrd. €, **KGV: 24, Div.-Rendite: 0,0 %.** Die Online-Suchmaschine wird weltweit am meisten genutzt und in über 130 Sprachen angeboten. Das geografische Sortiment umfasst Lokalisationsdienste, Satellitenkarten und Reiseratgeber.			
Einzelaktie	552 484	338,40 €	343,4/127,0	+147/+305/+1.373 %
Netflix Nasdaq Familienfirma		Börsenwert: 135 Mrd. €, **KGV: 71, Div.-Rendite: 0,0 %.** Der Familienkonzern zählt mit seinem Portfolio für TV-Serien und Filme zu den Weltmarktführern. Mit einem Internet-Abo-Service können Kunden unbegrenzt Fernsehen und Filme streamen.			
Einzelaktie	871 981	218,00 €	222,7/120,5	+79/+215/+589/+699 %
Adobe Nasdaq 100		Börsenwert: 107 Mrd. €, **KGV: 35, Div.-Rendite: 0,0 %.** Der US-Konzern entwickelt Software, mit der man digitale Inhalte erstellen und messen kann. Dazu zählen Grafik- und Bildbearbeitungsprogramme, Videoschnittsysteme und Analyse-Tools.			

Name, Fonds-Gesellschaft	WKN	Kurs 15.06.18	Hoch/Tief 1 Jahr	Kursentwicklung 1, 3, 5, 10 Jahre
Einzelaktie **Novo Nordisk** Stoxx 50	A1X A8R	42,95 €	47,60/35,85 €	**+21/-21/+65 %**
	Börsenwert: 107 Mrd. €, **KGV: 19**, Ergebnis/Aktie: 2,15/2,23 €, Dividende: 1,08/1,12 €, **Div.-Rendite: 2,6 %**. Der dänische Pharmakonzern hat sich auf Hormone und Gerinnungsfaktoren spezialisiert. Er produziert Insulin und Wachstumshormone.			
Einzelaktie **Norilsk Nickel** RTX Russland	A14 0M9	15,25 €	17,65/11,70 €	**+25/-4/+39/-13 %**
	Börsenwert: 24 Mrd. €, **KGV: 8,4**, **Div.-Rendite: 7,8 %**. Der russische Bergbaukonzern mit Schwerpunkt Metallurgie zählt zu den weltgrößten Produzenten von Nickel, Platin, Palladium und Kupfer, fördert zudem Gold, Silber, Chrom, Rhodium, Kobalt.			

Interessiert es Sie, wann ich diese Aktien kaufte und welche Buchgewinne ich bislang erzielte? Die Liste wird Sie überzeugen.

Alibaba:	Kauf: 25.11.17 zu 125,50 €	Kurs 15.06.18: 179,20 €
Alphabet A:	Kauf: 16.04.12 zu 241,00 €	Kurs 15.06.18: 997,70 €
Cancom:	Kauf: 22.08.12 zu 12,50 €	Kurs 15.06.18: 97,35 €
Carl Zeiss Med.:	Kauf: 26.10.06 zu 10,10 €	Kurs 15.06.18: 62,35 €
Netflix:	Kauf: 24.08.15 zu 85,50 €	Kurs 15.06.18: 338,40 €
Norilsk Nickel:	Kauf: 16.06.04 zu 4,15 €	Kurs 15.06.18: 15,25 €
Nvidia:	Kauf: 03.11.16 zu 61,30 €	Kurs 15.06.18: 228,45 €
RIO TINTO:	Kauf: 30.07.09 zu 16,00 €	Kurs 15.06.18: 50,40 €
SoftBank:	Kauf: 17.07.03 zu 7,80 €	Kurs 15.06.18: 65,20 €

14.6 Weichenstellung Millionär mit Startkapital 50.000 €

Es gibt viele Gründe, dass jemand plötzlich über ein Startkapital von mindestens 50.000 € verfügt, sich nun für Aktien, Fonds und ETFs interessiert und eine langfristige Kapitalanlage anstrebt.

Oft führt eine Erbschaft zum Kapitalzuwachs, weil die Eltern oder Großeltern gestorben sind. Es kann sich auch um ein Abfindungsangebot vom Arbeitgeber, um Prämien und Bonuszahlungen handeln. Ebenso ist es möglich, dass ab Ruhestand das große Haus verkauft und eine kleinere Eigentumswohnung erworben wird. Selten ist ein Glücksspielgewinn der Grund für eine solch ansehnliche Summe.

Jetzt sind Börsenwissen mit Interesse am Wirtschafts- und Marktgeschehen gefragt. Mein Modell zeigt Ihnen, wie Sie chancenreich und mit überschaubarem Risiko anlegen können. Wohlgemerkt sind dies langfristige Bausteine für Vermögensaufbau und finanziell sorgenfreien Ruhestand. Überfordert werden Sie nicht, nachdem Sie Modelle mit unterschiedlich hohem Startkapital vorfinden.

Der letzte Crash begann im Herbst 2008 und endete im Frühjahr 2009 mit einem DAX-Stand von nur noch 3.600 Punkten. Scharfe Korrekturen sind zunehmend zu erwarten. Für einen großen Crash fehlen die Voraussetzungen. Die Niedrigzinspolitik lässt kaum Alternativen zur langfristigen Aktienanlage zu.

Sollten Sie sich für Aktienfonds und ETFs interessieren, die in familiengeführte Unternehmen investieren, wird Ihre Suche kaum Erfolg haben. Noch herrscht ein Mangel an solchen Produkten. Schon heute sei verraten. Hier tut sich Erfreuliches ab 1. Halbjahr 2019. Ein börsennotierter Familienfirmen-Aktienfonds wird vorbereitet und ist auf gutem Weg. Bislang sind in deutschen Nebenwerte-Aktienfonds und ETFs die besten familiengeführten Firmen aufgrund ihrer Qualität vertreten. Es wird höchste Zeit, dass die führenden Wirtschafts- und Börsenmagazine regelmäßig über den DAXplus Family 30 und GEX berichten. Zwingend notwendig ist es, in den Printmedien den souveränen Tabellenführer TecDAX wieder aufzunehmen und sich nicht mit Doppellisting MDAX/TecDAX zu begnügen.

Startkapital 50.000 €, Vorschlag für vorsichtige Privatanleger

Startkapital 50.000 €, sicherheitsbewusst; Tipp: 6 Mischfonds, 7 Aktienfonds, 7 ETFs, 10 Aktientitel je 1.800 €			
Name, Fonds-Gesellschaft	**WKN**	**Kurs am 15.06.18**	**Hoch/Tief 52 Wochen**	**Kursentwicklung 1, 3, 5, 10 Jahre**
Mischfonds DJE Concept 1	625 797	285,00 €	299,0/266,3 €	+6/+13/+92/+107 %
	Umfang 212 Mio. €, Alter 17 J., Ausgabeaufschlag **0,00 %**, Gebühr **0,60 %**, thesaurierend. Investiert wird in Aktien, Genussscheine, Anleihen. Dabei: Linde, K+S, TUI, Wacker Chemie.			
Mischfonds Frankfurter Value Focus R	A1C XU7	302,40 €	323,8/299,0 €	+7/+60/+77 %
	Umfang 63 Mio. €, Alter 8 J., Ausgabeaufschlag **4,00 %**, Gebühr **1,50 %**, thesaurierend. Der Multi Asset-Mischfonds ähnelt den Value-Aktienfonds in unterbewertete deutsche Nebenwerte.			
Mischfonds AXION Multi Kairos	662 792	27,25 €	29,00/25,20 €	+4/+31/+69/+52 %
	Umfang 3,01 Mrd. €, Alter 16 J., Ausgabeaufschlag **5,00 %**, Gebühr **1,40 %**, thesaurierend. Der Multi Asset-Fonds gewichtet je nach Marktlage Aktien-, Renten-, Mischfonds sowie Zertifikate.			

Name, Fonds-Gesellschaft	WKN	Kurs am 15.06.18	Hoch/Tief 52 Wochen	Kursentwicklung 1, 3, 5, 10 Jahre
Mischfonds VM Long Term Value	A1J 17U	1.530,0 €	1.543/1.308 €	+14/+37/+66 %
Dach-Mischfonds ZukunftsPlan I	A0D NEW	15,05 €	15,35/12,95 €	+14/+41/+125/+91 %
Dach-Mischfonds BBBank Dynamik Union	532 656	58,75 €	59,30/53,40 €	+6/+8/+45/+68 %
Aktienfonds FT UnternehmerWerte	A0K FFW	90,30 €	90,80/80,35 €	+6/+25/+68/+95 %
Aktienfonds DJE Dividende & Substanz	164 325	412,75 €	423,6/361,9 €	+4/+15/+54/+80 %
Aktienfonds DWS Aktien-Strategie DE	976 986	442,60 €	453,6/382,1 €	+6/+34/+114/+160 %
Aktienfonds First Private Div. STAUFER	977 961	94,35 €	103,3/91,60 €	+3/+18/+80/+71 %
Aktienfonds HGF Global Growth	A0D NEW	16,75 €	16,75/14,30 €	+12/+33/+117/+143%
Aktienfonds Belfius Equit. Glob. Finance	541 439	566,15 €	596,0/535,0 €	+1/+14/+80/+31 %

VM Long Term Value: Umfang 32 Mio. €, Alter 5 J., Ausgabeaufschlag **3,00 %**, Gebühr **1,35 %**, ausschüttend. Angelegt wird je nach Marktlage vollständig oder teilweise in Value-Aktien, Geldmarkt, Bankguthaben.

Dach-Mischfonds ZukunftsPlan I: Umfang 272 Mio. €, Alter 13 J., Ausgabeaufschlag **5,00 %**, Gebühr **1,50 %**, thesaurierend. Der Fonds strebt Wachstums- und Ertragschancen an, wozu auch der Automotive-Bereich zählt.

Dach-Mischfonds BBBank Dynamik Union: Umfang 66 Mio. €, Alter 17 Jahre, Ausgabeaufschlag **2,50 %**, Gebühr **1,30 %**, ausschüttend. Anlagequoten: 70 bis 90 % in Einzelaktien, 10 bis 30 % in Aktienfonds, Rest in Rentenfonds.

FT UnternehmerWerte: Umfang 67 Mio. €, Alter 11 Jahre, Ausgabeaufschlag **0,00 %**, Gebühr **1,25 %**, thesaurierend. Der Fonds bringt viele Familienfirmen. Dabei: Merck, VW, Rocket, RIB Software, HelloFresh.

DJE Dividende & Substanz: Umfang 1,28 Mrd. €, Alter 15 Jahre, Ausgabeaufschlag **5,00 %**, Gebühr **1,32 %**, thesaurierend. Die Erträge sollen aus Kursgewinnen sowie üppigen stabilen Ausschüttungen stammen.

DWS Aktien-Strategie DE: Umfang 2,67 Mrd. €, Alter 19 Jahre, Ausgabeaufschlag **5,00 %**, Gebühr **1,45 %**, thesaurierend. Der Fonds orientiert sich am HDAX, berücksichtigt also DAX, MDAX, TecDAX und SDAX.

First Private Div. STAUFER: Umfang 231 Mio. €, Alter 21 Jahre, Ausgabeaufschlag **5,00 %**, Gebühr **1,50 %**, thesaurierend. Der Pionier unter Europas Dividendenfonds investiert in ausschüttungsstarke stabile Aktien.

HGF Global Growth: Umfang 386 Mio. €, Alter 14 J., Ausgabeaufschlag **0,00 %**, Gebühr **1,50 %**, thesaurierend. Der Fonds setzt auf innovative Unternehmen wie Apple, Microsoft, Alphabet, VISA, Mastercard.

Belfius Equit. Glob. Finance: Umfang 65 Mio. €, Alter 18 Jahre, Ausgabeaufschlag **2,50 %**, Gebühr **1,50 %**, thesaurierend. Der Fonds investiert strategisch. Er beteiligt sich an den globalen Versicherungs- und Banktiteln.

Name, Fonds-Gesellschaft	WKN	Kurs am 15.06.18	Hoch/Tief 52 Wochen	Kursentwicklung 1, 3, 5, 10 Jahre
Aktienfonds Uni Favorit: Akt. EUR DIS	847 707	144,40 €	144,4/124,9 €	+10/+28/+85/+150 %
		Umfang 2,59 Mrd. €, Alter 13 Jahre, Ausgabeaufschlag **5,00 %**, Gebühr **1,20 %,** ausschüttend. Investiert wird in Blue Chips wie VISA, Facebook, Alphabet A, Alibaba, Nestlé, Home Depot.		
ETF iShares MDAX	593 392	228,40 €	236,7/209,4 €	+6/+31/+86/+155 %
	Umfang 2,23 Mrd. €, Alter 17 J., Gebühr **0,50 %,** thesaurierend. Der ETF bildet den MDAX der 60 Mid Caps nach. Wichtige Branchen sind Industrie, Finanzen, Rohstoffe, Konsumgüter.			
ETF LYXOR World Water	LYX 0CA	35,60 €	37,75/33,60 €	-2/+19/+83/+139 %
	Umfang 576 Mio. €, Alter 11 Jahre, Jahresgebühr **0,60 %,** ausschüttend. Die größten Positionen bei dem immer knapper werdenden lebenswichtigen „blauen Gold Wasser" sind American Water, Geberit, Veolia, Masco, Xylem, Pentair, Severn Trend.			
ETF db x-trackers Immo Real E.	DBX 0F1	26,50 €	26,80/23,45 €	+6/+17/+69 %
	Umfang 406 Mio. €, Alter 8 Jahre, Gebühr **0,33 %,** thesaurierend. Der Immobilien-ETF bildet den FTSE Europe Real Estate nach. Vonovia, DAX, Dt. Wohnen und LEG, MDAX, sind dabei.			
ETF ComStage Dow Jones	ETF 010	250,80 €	251,2/207,3 €	+22/+50/+101 %
	74 Mio. €, Alter 10 J., Gebühr **0,45 %,** thesaurierend. Der ETF orientiert sich am Dow Jones mit Aktien von Konzernen, die den US-Markt präsentieren, wie 3M, Apple, Boeing, Caterpillar.			
ETF Insurance Stoxx EU 600	LYX 0AQ	36,90 €	39,10/33,65 €	+6/+15/+81/+98 %
	55 Mio. €, kein Sparplan, Alter 12 Jahre, Gebühr **0,30 %,** thesaurierend. Der ETF bildet den Versicherungs-Index Stoxx Europe 600 Insurance mit den größten Konzernen Europas ab. Vom DAX sind Allianz und Munich Re hoch gewichtet dabei.			
ETF LYXOR Europe Stoxx 600 Auto/Part.	LYX 0AN	72,95 €	80,00/60,90 €	+14/+6/+82/+180 %
	46 Mio. €, Alter 12 J., Gebühr **0,30 %,** thesaurierend. Im Vordergrund steht die Abbildung von Europas Automobilsektor mit seinen Partnern. Dazu gehören Daimler, BMW, VW. 68 % Anteile Autobauer, 30 % Autozulieferer, 2 % Raumfahrt/Rüstung.			
ETF Com Stage Stoxx Europe Food	ETF 067	119,55 €	125,7/110,1 €	+1/+12/+50 %
	41 Mio. €, Alter 10 Jahre, Gebühr **0,25 %,** ausschüttend. Der ETF bildet die Wertentwicklung der größten europäischen Unternehmen des Nahrungsmittel- und Getränkegewerbes ab.			

Name, Fonds-Gesellschaft	WKN	Kurs am 15.06.18	Hoch/Tief 52 Wochen	Kursentwicklung 1, 3, 5, 10 Jahre
Einzelaktie Fresenius DAX Familienfirma	578 560	70,30 €	80,00/58,50 €	-10/+29/+129 %
		Börsenwert: 37,9 Mrd. €, **KGV: 17,** Ergebnis/Aktie: 3,53/3,83 €, Dividende: 0,79/0,85 €, **Div.-Rendite: 1,2 %.** Der Gesundheitskonzern konzentriert sich auf Medizindienste und Produkte. Angegliedert ist die HELIOS Gruppe mit 74 Kliniken, Akutmedizin.		
Einzelaktie Daimler DAX	710 000	59,90 €	76,35/54,65 €	-1/-25/+13/+52 %
		Börsenwert: 63,3 Mrd. €, **KGV: 6,3,** Ergebnis/Aktie: 9,09/9,36 €, Dividende: 3,65/3,75 €, **Div.-Rendite: 6,2 %.** Daimler zählt zu den weltweit größten Automobilkonzernen im Premium-Bereich für Limousinen, Geländewagen, Nutzfahrzeuge und Busse.		
Einzelaktie Vonovia DAX	A1M L7J	42,60 €	42,70/34,25 €	+20/+54/+149 %
		Börsenwert: 21,3 Mrd. €, **KGV: 18,** Ergebnis/Aktie: 4,90/4,50 €, Dividende: 1,42/1,52 €, **Div.-Rendite: 3,5 %.** Der DAX-Konzern hat sich auf die Verwaltung von Wohnungen spezialisiert und übernimmt für 370.00 Projekte Instandhaltung/Modernisierung.		
Einzelaktie Dt. Pfandbrief MDAX	801 900	13,65 €	15,50/10,35 €	+24 %/Börsengang
		Börsenwert: 1,87 Mrd. €, **KGV: 13,** Ergebnis/Aktie: 1,07/1,05 €, Dividende: 0,79/0,85 €, **Div.-Rendite: 5,0 %.** Die in Europa tätige Spezialbank bedient Firmen, Immobilienfonds und Institutionen bei der Finanzierung von Bürogebäuden und Logistik.		
Einzelaktie König & Bauer, SDAX	719 350	63,90 €	78,70/59,10 €	-3/+207/+312/+242 %
		Börsenwert: 1,05 Mrd. €, **KGV: 11,** Ergebnis/Aktie: 4,80/5,46 €, Dividende: 1,03/1,24 €, **Div.-Rendite: 2,0 %.** Der Druckmaschinenhersteller mit Kernkompetenz Zeitungsrotationsmaschinen ist weltweit zudem im Verpackungs- und Industriedruck aktiv.		
Einzelaktie Jungheinrich SDAX	621 993	33,75 €	42,85/30,60 €	+3/+70/+177/+420 %
		Börsenwert: 1,66 Mrd. €, **KGV: 17,** Ergebnis/Aktie: 1,89/2,04 €, Dividende: 0,54/0,58 €, **Div.-Rendite: 1,6 %.** Der Familienkonzern ist ein global führender Anbieter im Sektor Flurförderzeug-, Lager- und Materialflusstechnik mit Hubwagen und Staplern.		
Einzelaktie Ströer SDAX Familienfirma	749 399	55,00 €	66,55/50,55 €	+1/+36/+606 %
		Börsenwert: 3,07 Mrd. €, **KGV: 14,** Ergebnis/Aktie: 2,54/3,98 €, Div.: 1,38/1,50 €, **Div.-Rendite: 2,5 %.** Die Werbeagentur zählt zu den führenden Anbietern von Außen- und Online-Reklame mit Premium-Kommunikationslösungen für Firmenkunden.		

Name, Fonds-Gesellschaft	WKN	Kurs am 15.06.18	Hoch/Tief 52 Wochen	Kursentwicklung 1, 3, 5, 10 Jahre
Einzelaktie Einhell Prime Standard	565 493	99,80 €	100,6/62,95 €	+49/+187/+224 %
		Börsenwert: 160 Mio. €, **KGV: 12,** Ergebnis/Aktie: 7,06/7,67 €, Dividende: 1,20/1,30 €, **Div.-Rendite: 1,4 %.** Einhell stellt handgeführte und stationäre Elektro-Werkzeuge, Garten- und Wassertechnikprodukte, Gewächshäuser, Heißluftgeneratoren und Saunaöfen her. Kunden sind Baumärkte und Fachhandel.		
Einzelaktie Hermès International	886 670	555,60 €	615,8/416,4 €	+26/+56/+115 %
		Börsenwert: 58 Mrd. €, **KGV: 40,** Ergebnis/Aktie: 12,40/13,45 €, Div.: 4,50/5,00 €, **Div.-Rendite: 0,9 %.** Der Familienkonzern produziert hochwertige Modeartikel für den Weltmarkt wie Lederwaren, Oberbekleidung, Uhren, Schmuck, Schuhe, Taschen.		
Einzelaktie Apple Dow Jones und Nasdaq	865985	162,65 €	166,3/120,6 €	+26/+44/+253/+916 %
		Börsenwert: 834 Mrd. €, **KGV: 14,** Ergebnis/Aktie: 9,73/11,12 €, Div.: 2,31/2,65 €, **Div.-Rendite: 1,6 %.** Der markenstarke Weltmarktführer produziert Mobilgeräte, Computer, Musikplayer und liefert dazu Netzwerkprodukte, Software, digitale Inhalte, Apps.		

Startkapital von 50.000 € für erfolgsorientierte Anleger

Dieses Modell wendet sich an erfolgsorientierte Anleger mit entsprechender Kapitaldecke. All diese Titel decken Zukunftsmärkte ab. Ziel ist, für ein Jahrzehnt und länger zu investieren. Hinzu kommen neue Vorschläge für Einzelaktien. Wählen Sie jene Titel aus, die Sie mögen, verstehen und kennen. Vorsichtige Anleger bevorzugen defensive Value-Aktien. Erfolgsorientierte Anleger sind mit einer Mischstrategie aus Value und Growth gut bedient. DAX, MDAX, SDAX bringen eine große Auswahl – unterstützt durch umfassende Kommentierung. Risikofreudige Anleger bevorzugen wachstumsstarke, zukunftsfähige Growth-Aktien, wie sie der TecDAX und Nasdaq 100 mit ihren Hochtechnologie- und Biotechtiteln bieten.

Fallen Sie nicht auf haltlose Beschimpfungen von fragwürdigen Börsenbriefgurus hinein! Sie machen ETFs aus Eigennutz madig!

Es ist schon starker Tobak, was dubiose Investorverlage so alles veröffentlichen, um Anleger von ETFs abzuhalten und selbst das dicke Geschäft zu machen. Nach kostenloser Probezeit mit netten Geschenken sind jährliche Gebühren von rund 1.000 € gang und gäbe. Beim Depot von 50.000 € müssen Sie 5 % Rendite erzielen, um nach Abzug aller Kosten nicht im Minus zu landen. Mit passiv gemanagten ETFs, die erfolgreiche Indizes abbilden, werden Sie nicht über den Tisch gezogen.

Startkapital 50.000 €, erfolgsorientiert; Tipp: 5 Mischfonds, 7 Aktienfonds, 7 ETFs, 7 bis 10 Aktien je 1.800 €

Name, Fonds-Gesellschaft	WKN	Kurs am 15.06.18	Hoch/Tief 52 Wochen	Kursentwicklung 1, 3, 5, 10 Jahre
Mischfonds Adelca Invest GI Multi Ass.	A0M 6JK	348,80 €	352,1/244,7 €	+42/+74/+109/+259 %
		Umfang 71 Mio. €, Alter 11 Jahre, Ausgabeaufschlag **5,00 %**, Gebühr **1,00 %**, thesaurierend. Der 5-Sterne-Fonds erzielt Erträge aus Aktien-Kursgewinnen, Dividenden und Zinszahlungen.		
Mischfonds U Fonds Multi Asset I EUR	A12 ADZ	846,60 €	855,7/732,6 €	+12/+47/+72 %
		Umfang 54 Mio. €, Alter 5 Jahre, Ausgabeaufschlag **0,00 %**, Gebühr **0,70 %**, ausschüttend. Der Fonds legt mindestens zwei Drittel in Aktien an. Die Quote wird nach Marktlage angepasst.		
Mischfonds DJE Europa – I EUR ACC	164 316	423,85 €	425,8/367,7 €	+12/+31/+67/+74 %
		Umfang 195 Mio. €, Alter 15 J., Ausgabeaufschlag **0,00 %**, Gebühr **1,07 %**, thesaurierend. Der Fonds investiert flexibel in Europa-Aktien, auch Nebenwerte, außerdem weltweit in Anleihen.		
Dach-Mischfonds FU Multi Asset	A0Q 5MD	225,25 €	225,3/194,3 €	+11/+39/+72/+121 %
		Umfang 57 Mio. €, Alter 10 Jahre, Ausgabeaufschlag **5,00 %**, Gebühr **1,70 %**, ausschüttend. Bevorzugte Anlage: Aktienfonds und Zertifikate. Dabei: Nemetschek, Adobe, Amazon, Nvidia.		
Dach-Mischfonds Sauren Global Opport.	930 921	33,00 €	33,45/30,40 €	+8/+21/+49/+80 %
		Umfang 208 Mio. €, Alter 19 J., Ausgabeaufschlag **5,00 %**, Gebühr **1,00 %**, thesaurierend. Der Dach-Mischfonds legt in Fonds von Nebenwerten, Schwellenländern, Zukunftsmärkten an.		
Aktienfonds Janus Henderson Hor. Immo	989 232	48,00 €	48,30/40,15 €	+14/+28/+104/+91 %
		Umfang 198 Mio. €, Alter 20 J., Ausgabeaufschlag **0,00 %**, Gebühr **1,20 %**, thesaurierend. Dieser Fonds investiert mit Anteilen bis zu knapp 10 % in Aktien europäischer Immobilienfirmen.		
Aktienfonds Uni Deutschland XS	975 049	177,90 €	181,7/151,8 €	+13/+43/+128/+326 %
		Umfang 1,29 Mrd. €, Alter 12 J., Ausgabeaufschlag **4,00 %**, Gebühr **1,55 %**, thesaurierend. Angelegt wird in Europas Nebenwerte mit den Familienfirmen SIXT, Delivery, Rocket, Hypoport.		
Aktienfonds Quest Cleantec	A0N C68	270,50 €	271,2/229,5 €	+8/+27/+94/+150 %
		Umfang 211 Mio. €, Alter 10 Jahre, Ausgabeaufschlag **2,00 %**, Gebühr **1,25 %**, thesaurierend. Anlage in Firmen, die saubere Energie anbieten, wie Wasseraufbereitung/Abfallentsorgung.		

Name, Fonds-Gesellschaft	WKN	Kurs am 15.06.18	Hoch/Tief 52 Wochen	Kursentwicklung 1, 3, 5, 10 Jahre
Aktienfonds UniSector HighTech	921 559	90,85 €	92,85/72,25 €	+17/+46/+126/+245 %
		Umfang 134 Mio. €, Alter 19 Jahre, Ausgabeaufschlag **4,00 %**, Gebühr **1,55 %**, ausschüttend. Der Fonds investiert in den Computer-, Software-, Hochtechnologiesektor. Hauptanteile: Apple, Alphabet, Cisco, EA, Facebook, Intel, Microsoft, Oracle, Visa.		
Aktienfonds Internet/ Information Nordinternet	978 530	122,40 €	122,4/82,55 €	+40/+91/+204/+408%
	Umfang 40 Mio. €, Alter 19 Jahre, Ausgabeaufschlag **5,00 %**, Gebühr **1,00 %**, thesaurierend. Dieser 5-Sterne-Spitzenfonds investiert in Internet-Infrastruktur, Online-Plattformen auch von Familienfirmen wie Alphabet, Amazon, Facebook und Netflix.			
Aktienfonds DJE ASIA High Dividend	A0Q 5K0	255,15 €	265,3/229,3 €	+11/+31/+45 %
	Umfang ohne Angabe, Alter 10 Jahre, Ausgabeaufschlag **0,0 %**, Gebühr **1,00 %**, thesaurierend. Wichtige Branchen: Finanzen, Konsumgüter, IT-Software, Telekommunikation und Industrie.			
Aktienfonds Monega Innovation	532 102	66,60 €	67,50/59,90 €	+9/+30/+96/+128 %
	Umfang 27 Mio. €, Alter 17 Jahre, Ausgabeaufschlag **3,50 %**, Gebühr **1,30 %**, ausschüttend. Es geht um Aktien von Konzernen mit aussichtsreichen, zukunftsfähigen Patenten weltweit.			
ETF ComStage SDAX TR	ETF 005	117,80 €	118,5/100,0 €	+11/+42/+104 %
	Umfang 151 Mio. €, Alter 7 J., Gebühr **0,70 %**, ausschüttend. Der ETF bildet die Wertentwicklung vom SDAX nach, der nun 70 Titel umfasst und TecDAX-Titel zulässt. Mit dabei sind die Familienfirmen-Aktien Grenke, Hypoport, Krones, Rational.			
ETF iShares Stoxx Eur. Konsum	A0H 08N	80,70 €	90,35/73,00 €	-4/+19/+67 %
	Umfang 81 Mio. €, Alter 16 Jahre, Jahresgebühr **0,45 %**, ausschüttend. Der ETF bildet den Stoxx Europe 600 Personal & Household ab. Dabei: Familienfirmen LVMH, L'Oréal, Henkel.			
ETF iShares MSCI USA Small C.	A0X 8SB	292,05 €	293,3/211,7 €	+19/+36/+87 %
	Umfang 617 Mio. €, Alter 9 Jahre, Gebühr **0,43 %**, thesaurierend. Der ETF bildet den MSCI USA Small Cap ab mit Finanzen, Software, Konsum, Industrie, Energie und Rohstoffen.			
ETF ComStage Construction	ETF 065	89,65 €	93,55/76,90 €	+15/+48/+113 %
	Umfang 10 Mio. €, Alter 10 J., Gebühr **0,25 %**, ausschüttend. Der ETF bildet die Wertentwicklung großer Europa-Baufirmen ab. Dazu zählen Vinci, Lafarge Holcim, HeidelCement, Geberit.			

Name, Fonds-Gesellschaft	WKN	Kurs am 15.06.18	Hoch/Tief 52 Wochen	Kursentwicklung 1, 3, 5, 10 Jahre
ETF LYXOR STX EU Insurance	LYX 0AQ	36,45 €	39,15/33,75 €	+6/+16/+81/+96 %
ETF iShares Europ. Chemicals	A0H 08E	97,40 €	99,10/84,95 €	+6/+14/+57 %
ETF iShares Europ. Technology	A0H 08Q	43,65 €	44,95/35,50 €	+22/+45/+83 %
Einzelaktie Covestro DAX	606 214	82,40 €	95,80/63,20 €	+25 %/Börsengang
Einzelaktie Fuchs Petrolub MDAX	579 043	48,45 €	50,80/41,00 €	-3/+22/+71/+135 %
Einzelaktie KION MDAX	KGX 888	50,85 €	58,35/41,00 €	-19/+42/+135 %
Einzelaktie Allgeier Prime Stand.	A2G S63	28,65 €	28,80/18,90 €	+47/+70/+124 %
Einzelaktie VARTA Prime Standard GEX	A0T GJ5	23,70 €	29,95/17,60 €	+100 %/Börsengang

Details:

- **LYXOR STX EU Insurance**: Umfang 55 Mio. €, Alter 12 Jahre, Verwaltungsgebühr **0,30 %**, thesaurierend. Der ETF deckt Europas Versicherungs- und Finanzdienstleistungs-Sektor mit Aktien großer AGs ab wie AXA.

- **iShares Europ. Chemicals**: Umfang 92 Mio. €, Alter 15 Jahre, Verwaltungsgebühr **0,46 %**, ausschüttend. Hier versammelt sich Europas Chemiesektor mit großen Anteilen von Bayer, BASF, Linde, Symrise, Givaudan.

- **iShares Europ. Technology**: Umfang 116 Mio. €, Alter 17 Jahre, Gebühr **0,45 %**, ausschüttend. Der ETF bildet den chancenreichen und zukunftsträchtigen Vergleichsindex STOXX Europe 600 Technology ab.

- **Covestro DAX**: Börsenwert: 16,4 Mrd. €, **KGV: 8,8**, Ergebnis/Aktie: 10,5/9,20 €, Dividende: 2,40/2,50 €, **Div.-Rendite: 3,0 %**. Der DAX-Neuling Spezialchemie zählt zu den global führenden Herstellern von Hightech-Polymer-Werkstoffen für Auto, Bauen und Elektronik.

- **Fuchs Petrolub MDAX**: Börsenwert: 3,08 Mrd. €, **KGV: 20**, Ergebnis/Aktie: 2,00/2,15 €, Dividende: 0,98/1,02 €, **Div.-Rendite: 2,2 %**. Der MDAX-Konzern als führender Anbieter von Schmierstoffen stellt Standardprodukte und Speziallösungen für zahlreiche Marktnischen her.

- **KION MDAX**: Börsenwert: 7,42 Mrd. €, **KGV: 13**, Ergebnis/Aktie: 3,58/4,66 €, Dividende: 1,30/1,50 €, **Div.-Rendite: 1,2 %**. KION zählt zu den führenden Anbietern von Gabelstaplern bzw. Flurförderzeugen.

- **Allgeier Prime Stand.**: Börsenwert: 282 Mio. €, **KGV: 19**, Ergebnis/Aktie: 1,18/1,45 €, Dividende: 0,50/0,70 €, **Div.-Rendite: 2,5 %**. Allgeier bietet einen Full-Service-Ansatz von der Konzeption über die Umsetzung bis zum Betrieb der IT-Landschaft mit Rechenzentrum.

- **VARTA Prime Standard GEX**: Börsenwert: 902 Mio. €, **KGV: 31**, Ergebnis/Aktie: 0,67/0,75 €, Dividende: 0,0/0,0 €, **Div.-Rendite: 0,00 %**. VARTA zählt zu den Weltmarktführern für Mikrobatterien im Hörgeräte-Sektor und wieder aufladbare Knopfzellen für Unterhaltungselektronik.

Name, Fonds-Gesellschaft	WKN	Kurs am 15.06.18	Hoch/Tief 52 Wochen	Kursentwicklung 1, 3, 5, 10 Jahre
Einzelaktie	510 200	179,50 €	227,3/113,5 €	+42/+252/+830 %
Basler AG Prime Stand.		Börsenwert: 220 Mio. €, **KGV: 30,** Ergebnis/Aktie: 5,46/6,14 €, Dividende: 2,02/1,80 €, **Div.-Rendite: 0,9 %.** Basler stellt Digital-Industriekameras her, die in vielen Produktionsprozessen eingesetzt werden und auch zur Videoüberwachung dienen.		
Einzelaktie	851 223	514,50 €	521,6/292,5 €	+74/+224/+227/+545 %
Kering Frankreich Familienfirma		Börsenwert: 64,7 Mrd. €, **KGV: 22,** Ergebnis/Aktie: 20,4/22,9 €, Dividende: 7,30/8,40 €, **Div.-Rendite: 1,6 %.** Kering ist ein globaler Großhändler für Luxus-, Sport- und Lifestyle-Produkte mit Vertrieb über Filialen und den Versandhandel in 120 Ländern.		
Einzelaktie	901 295	125,30 €	125,6/77,00 €	+52/+87/+164 %
Dassault Frankreich Familienfirma		Börsenwert: 32,5 Mrd. €, **KGV: 37,** Ergebnis/Aktie: 2,95/3,30 €, Dividende: 0,65/0,73 €, **Div.-Rendite: 0,6 %.** Die weltweit tätige Familienfirma entwickelt 3D-Design-Software-Lösungen für digitale Prototypen in 3D, die Produktionsprozesse unterstützen.		
Einzelaktie	852 147	49,80 €	51,50/34,00 €	+39/+28/+30/-20 %
RIO Tinto STOXX 50		Börsenwert: 64,7 Mrd. €, **KGV: 13,** Ergebnis/Aktie: 4,18/3,71 €, Dividende: 2,55/2,31 €, **Div.-Rendite: 4,8 %.** Die marktführende Bergbaugesellschaft konzentriert sich auf die Erschließung, Erforschung und den Abbau von Mineralvorkommen und Metall.		
Einzelaktie	850 598	129,20 €	142,0/90,15 €	+36/+68/+106/+143 %
Caterpillar Dow Jones		Börsenwert: 77,2 Mrd. €, **KGV: 12,** Ergebnis/Aktie: 9,23/10,3 €, Dividende: 2,77/2,87 €, **Div.-Rendite: 2,2 %.** Caterpillar ist weltweit führend bei Bautechnik, Motoren, industriellen Gasturbinen, Baggern jeder Größenordnung und schwerem Baugerät		

Die Zauberformel Dividende als passive Altersvorsorge

Bei Value-Titeln steigt die Dividende meist alljährlich – bei Caterpillar und Johnson & Johnson das 24. Jahr in Folge. Im Laufe von 10 oder 20 Jahren kann auf den Kaufpreis bezogen die Ausschüttung zweistellig sein. Da sind Teilverkäufe außer zur Gewinnsicherung und bei finanziellem Engpass unvernünftig. Genießen Sie mit Dividenden keine Urlaubsfreuden, sondern stocken Sie Ihren Bestand an guten Aktien auf, indem Sie die Dividenden reihum ab 1.000 € verteilen. Dies ist eine gute Möglichkeit, den Zinseszinseffekt zu nutzen. Die von den Ausschüttungen finanzierten neuen Aktien sorgen für weitere Dividenden.

Startkapital ab 50.000 € für risikofreudige Investoren

Mehr Wagemut macht höhere Gewinne möglich. Zugleich steigt jedoch das Verlustrisiko zumindest bei einzelnen Posten. Die breite Streuung in Aktienfonds, ETFs und Einzelaktien, darunter ein größerer Teil familiengeführt, dürfte auf Dauer von 10 oder 20 Jahren kaum zu Verwerfungen führen. Bei scharfer Korrektur oder einem Crash, der uns früher oder später heimsuchen wird, ist grundsätzlich Aussitzen angezeigt. Verkaufen sollten Sie nur solche Werte, deren Geschäftsmodell nicht zukunftsfähig und deren Bilanzierung unseriös ist. Ansonsten bieten sich nur Teilverkäufe an.

Könner schaffen bei breit gestreuten Aktienanlagen im Laufe eines Jahrzehnts auf das einzelne Jahr umgerechnet im Schnitt 8 %, 10 %, mitunter sogar 15 %. Letztes gilt für mich. Ich kann dies dokumentarisch belegen. Alle Aktien, die ich in den Modellen 5.000 bis 100.000 Euro vorschlage, befinden sich in meinem Depot. Darunter gibt es 15 Titel im Altbestand mit Kursgewinnen von 1.000 % bis über 2.000 %. Bei Nemetschek und Sartorius führt das Allzeithoch am 29. Aug. 2018 zum Buchgewinn von rund 3.000 %. Da ist ein Teilverkauf natürlich angesagt.

Startkapital 50.000 €, risikofreudig; Tipp: 3 Mischfonds, 7 Aktienfonds, 7 ETFs, 10 bis 12 Aktientitel bis 2.000 €

Name, Fonds-Gesellschaft	WKN	Kurs am 18.06.18	Hoch/Tief 52 Wochen	Kursentwicklung 1, 3, 5, 10 Jahre
Mischfonds ACATIS Datini Value	A1H 72F	117,20 €	122,7/94,10 €	+22/+55/+142 %
		Umfang 312 Mio. €, Alter 7 Jahre, Ausgabeaufschlag **5,00 %**, Gebühr **0,40 %**, thesaurierend. Der Fonds setzt auf Aktien vom Biotech-, Software-, Konsumsektor, darunter Wirecard, Evotec.		
Mischfonds Adelca Invest GVI Multi Ass.	A0M 6JL	336,50 €	339,7/234,1 €	+42/+76/+116/+242 %
		Umfang 69 Mio. €, Alter 11 Jahre, Ausgabeaufschlag **5,00 %**, Gebühr **1,00 %**, thesaurierend. Ähnliche Ausrichtung wie bei Adelca GI (WKN A0M 6JK); flexible Anlage in Aktien/Anleihen.		
Dach-Mischfonds ZukunftsPlan I	A0D NEW	15,05 €	15,35/12,95 €	+14/+41/+125/+91 %
		Umfang 272 Mio. €, Alter 13 J., Ausgabeaufschlag **5,00 %**, Gebühr **1,50 %**, thesaurierend. Der Fonds strebt Wachstums- und Ertragschancen an, wozu auch der Automotive-Bereich zählt.		
Aktienfonds Magna Umbr. New Frontiers	A1H 7JG	18,65 €	21,30/16,45 €	+1/+46/+104 %
		Umfang 518 Mio. €, Alter 7 J., Ausgabeaufschlag **5,00 %**, Gebühr **1,25 %**, thesaurierend. Der Fonds strebt breit gestreut in Frontiermärkten unterhalb der Schwellenländer viel Rendite an.		

Name, Fonds-Gesellschaft	WKN	Kurs am 18.06.18	Hoch/Tief 52 Wochen	Kursentwicklung 1, 3, 5, 10 Jahre
Aktienfonds StrucSol Next Generation	HAF X4V	104,65 €	152,3/95,15 €	+7/+165/+142 %
		Umfang 40 Mio. €, Alter 8 Jahre, Ausgabeaufschlag **5,00 %**, Gebühr **1,00 %**, ausschüttend. Der Aktienfonds ist Spezialist für „Next Generation Rohstoffe", wie Lithium, Kobalt und Grafit.		
Aktienfonds UniSector BioPharma	921 556	107,45 €	116,9/95,75 €	-3/+1/+61/+201 %
	Umfang 273 Mio. €, Alter 19 Jahre, Ausgabeaufschlag **4,00 %**, Gebühr **1,55 %**, ausschüttend. Investiert wird in Biopharma. Hauptanteile: Amgen, Evotec, Biogen, Pfizer, Novartis, Celgene.			
Aktienfonds Deutsche AM Smart Industrie	515 248	118,25 €	119,9/104,2 €	+7/+27/+84/+130 %
	Umfang 550 Mio. €, Alter 12 Jahre, Ausgabeaufschlag **5,00 %**, Gebühr **1,45 %**, ausschüttend. Der Fonds investiert in Infrastruktur/Logistik/Industrie: Honeywell, United Tech., UPS, 3M, Fedex.			
Aktienfonds DNB Fund Kommunikation/Medien	A0M WAN	477,00 €	477,0/375,5 €	+21/+63/+176/+390 %
	Umfang 526 Mio. €, Alter 11 Jahre, Ausgabeaufschlag **5,00 %**, Gebühr **1,50 %**, thesaurierend. Der Fonds investiert in Technologie-, Kommunikations- und Medientitel von Zukunftsmärkten.			
Aktienfonds KBC Equity Strategie Telecom & Te.	779 078	239,55 €	239,6/188,5 €	+23/+45/+136/+117%
	Umfang 1,24 Mrd. €, Alter 18 Jahre, Ausgabeaufschlag **3,00 %**, Gebühr **1,50 %**, thesaurierend. Der Fonds konzentriert sich auf den Sektor Telekom, Technologie, Medien. Dabei sind Weltkonzerne wie SAP, Samsung Electronic, Apple, ASML, Facebook.			
Aktienfonds DEKA Technologie CF	515 262	37,85 €	37,85/28,60 €	+26/+69/+162/+251%
	Umfang 473 Mio. €, Alter 18 Jahre, Ausgabeaufschlag **3,75 %**, Gebühr **1,25 %**, thesaurierend. Es geht um risikogestreute globale Aktien aus dem Technologiebereich. Große asiatische Titel wie Samsung, Tencent, Taiwan Semiconductor zählen dazu.			
ETF iShares Nasdaq 100	A0F 5UF	60,85 €	60,85/47,05 €	+27/+65/+151/+288%
	Umfang 991 Mio. €, Alter 11 Jahre, Verwaltungsgebühr **0,30 %**, ausschüttend. Der ETF bildet den Nasdaq 100 ab. Von Familienfirmen dabei: Amazon, Facebook, Microsoft, Netflix, Tesla.			
ETF iShares TecDAX (DE)	593 397	27,05 €	27,05/19,90 €	+27/+72/+195/+239%
	Umfang 940 Mio. €, Alter 17 Jahre, Jahresgebühr **0,50 %**, thesaurierend. Der ETF bildet den TecDAX ab. Dazu zählen so bekannte Firmen wie 1&1 Drillisch, Bechtle, Carl Zeiss Med., Cancom, CompuGroup, ISRA Vision, Nemetschek und Sartorius.			

Name, Fonds-Gesellschaft	WKN	Kurs am 18.06.18	Hoch/Tief 52 Wochen	Kursentwicklung 1, 3, 5, 10 Jahre
ETF Powershares Dynamic US	A0M 2EH	17,05 €	17,05/12,60 €	+23/+42/+91/**+138 %**
	Umfang 21 Mio. €, Alter 11 Jahre, Gebühr **0,40 %,** ausschüttend. Der ETF bildet den Dynamic Market Intellidex ab. Ziel ist ein hohes Kapitalwachstum. Wichtigste Branche: IT-Software.			
ETF ComStage China FTSE	ETF 024	133,15 €	151,4/113,4 €	**+18/-16 %**
	Umfang 25 Mio. €, Alter 5 Jahre, Gebühr **0,40 %,** thesaurierend. Der Preisindex FTSE China A50 umfasst die 50 größten Unternehmen vom Festland China nach der Marktkapitalisierung.			
ETF LYXOR Construction Mat.	LYX 0AZ	54,70 €	56,35/49,15 €	+1/+28/+93/+91 %
	Umfang 41 Mio. €, Alter 12 Jahre, Gebühr **0,30 %,** thesaurierend. Der ETF bildet Europas Bausektor mit der Wertentwicklung vom Index Stoxx Europe 600 Construction & Materials ab.			
ETF ComStage Europe Tech.	ETF 076	74,25 €	75,40/59,70 €	+19/**+50/+118 %**
	Umfang 25 Mio. €, Alter 10 Jahre, Jahresgebühr **0,25 %,** ausschüttend. Der ETF bildet den Stoxx Europe 600 Technology ab. Vom DAX und TecDAX sind SAP und Infineon vertreten.			
ETF LYXOR Stoxx Europe 600 Personal & H.	LYX 0AV	97,85 €	103,2/88,05 €	**-3/+49/+117 %**
	Umfang 29 Mio. €, Alter 12 Jahre, Jahresgebühr **0,30 %,** thesaurierend. Die Überschrift ist widersprüchlich, geht es doch nicht nur um Haushalt und Personal. Vertreten sind auch Luxus- und Autoaktien, ebenso einige Banken und Telekomfirmen.			
Einzelaktie Schaeffler MDAX	SHA 015	11,45 €	16,70/10,65 €	**-7 %**/Börsengang
	Börsenwert: 1,95 Mrd. €, KGV: **6,9**, Ergebnis/Aktie: 1,53/1,70 €, Dividende: 0,55/0,60 €, Dividendenrendite: **4,1 %.** Der Autozulieferer baut das autonome Fahren weiter aus und liefert Präzisionskomponenten und Systeme für Motor/Getriebe/Fahrwerk.			
Einzelaktie CompuGroup TecDAX/ SDAX	543 730	49,00 €	59,60/37,75 €	**-1/+71/+230/+787 %**
	Börsenwert: 2,54 Mrd. €, KGV: **21**, Ergebnis/Aktie: 1,73/2,25 €, Dividende: 0,35/0,35 €, Dividendenrendite: **0,7 %.** CompuGroup bietet mit seiner Software Ärzten, Zahnärzten und Kliniken Kommunikationslösungen bei der Diagnostik und Therapie an.			
Einzelaktie Freenet TecDAX/ MDAX	A0Z 2ZZ	27,50 €	33,00/27,30 €	**+1/+6/+67/+117 %**
	Börsenwert: 3,68 Mrd. €, **KGV: 14,** Ergebnis/Aktie: 2,22/2,00 €, Dividende: 1,65/1,70 €, **Dividendenrendite: 5,6 %.** Der große netzunabhängige Telekommunikationskonzern bietet etliche Produkte und Service für mobile Sprach- und Datendienste an.			

Name, Fonds-Gesellschaft	WKN	Kurs am 18.06.18	Hoch/Tief 1 Jahr	Kursentwicklung 1, 3, 5, 10 Jahre
Einzelaktie	531 370	68,65 €	69,8/41,0 €	+53/+168/+167/+561 %
Carl Zeiss Meditec TecDAX/SDAX	Börsenwert: 5,94 Mrd. €, **KGV: 39,** Ergebnis/Aktie: 1,46/1,69 €, Dividende: 0,55/0,60 €, **Dividendenrendite: 0,8 %.** Der Spezialist für Augenheilkunde und Mikrochirurgie bekämpft Fehlsichtigkeit, Grünen und Grauen Star sowie Netzhauterkrankungen.			
Einzelaktie	757 142	113,00 €	135,5/98,4 €	+13/+256/+299/+468 %
GK Software Prime Stand.	Börsenwert: 213 Mio. €, **KGV: 15,** Ergebnis/Aktie: 5,75/7,55 €, Dividende: 0,20/0,30 €, **Dividendenrendite: 0,3 %.** GK ist ein innovativer Technologieanbieter ganzheitlicher Standardsoftware mit offenen, plattformunabhängigen Softwarelösungen.			
Einzelaktie	908 101	19,15 €	20,50/19,00 €	+44/+23/-1/-3 %
BHP Billiton GB/Australien	Börsenwert: 40,4 Mrd. €, **KGV: 14,** Ergebnis/Aktie: 1,39/1,31 €, Dividende: 0,93/0,85 €, **Div.-Rendite: 4,5 %.** Billiton profitiert vom Rohstoffboom und zählt zu den weltweit größten Bergbaukonzernen mit Schwerpunkt Kohle, Eisenerz, Industriemetalle.			
Einzelaktie	A1W 5CV	78,60 €	83,40/69,75 €	+16/+20/+11/+234 %
Richemont Schweiz	Börsenwert: 41,5 Mrd. €, **KGV: 21,** Ergebnis/Aktie: 2,16/3,76 €, Dividende: 1,65/2,10 €, **Div.-Rendite: 2,6 %.** Der Schweizer Luxuskonzern konzentriert sich auf Uhren, Schmuck, Modeartikel im größten Absatzmarkt Europa mit eigenen Boutiquen.			
Einzelaktie	A14 20E	55,60 €	61,25/39,10 €	+39/+43/+10/-38 %
Lukoil OIL RTX Russland	Börsenwert: 47 Mrd. €, **KGV: 6,0,** Ergebnis/Aktie: 10,2/10,1 €, **Div.-Rendite: 5,3 %.** Lukoil zählt zu Russlands führenden Ölkonzernen und berechnet die Dividende in Dollar. Kernaktivitäten sind die Förderung von Öl, Gas, Mineralien.			
Einzelaktie	A0J M2M	24,80 €	28,30/11,50 €	+107/+303/+505 %
Blue Cap AG m:access	Börsenwert: 101 Mio. €, **KGV: 14,** Ergebnis/Aktie: 1,22/1,70 €, Div.: 1,00/0,10 €, **Div.-Rendite: 0,4 %.** Der Beteiligungskonzern investiert in süddeutsche mittelständische Nischenfirmen mit profitablem Kerngeschäft in Umbruch- und Sondersituationen.			
Einzelaktie	869 020	49,80 €	55,60/22,70 €	+83/+134/+425 %
Micron Technology Nasdaq 100	Börsenwert: 55,9 Mrd. €, **KGV: 5,4,** Ergebnis/Aktie: 9,95/9,25 €, Dividende: 0,12/0,30 €, **Div.-Rendite: 0,6 %.** Der globale Hersteller von Halbleiter-Bauelementen hat sich auf Computer-, Konsum-, Netzwerk-, Auto- und Industrieprodukte spezialisiert.			

Name, Fonds-Gesellschaft	WKN	Kurs am 18.06.18	Hoch/Tief 52 Wochen	Kursentwicklung 1, 3, 5, 10 Jahre
Einzelaktie **Salesforce** Nasdaq 100	A0B 87V	118,50 €	128,7/73,95 €	+53/+76/+257 %
		Marktkapitalisierung: 87,1 Mrd. €, **KGV: 51,** Ergebnis pro Aktie: 1,97/2,32 €, Div.: 0,00 €, **Div.-Rendite: 0,0 %.** Salesforce, ein SAP-Wettbewerber, produziert erfolgreich Cloud-Computing-Software und Speicherlösungen für Firmen zur Kostensenkung.		
Einzelaktie **Biogen** Nasdaq 100	789 617	305,00 €	306,4/204,6 €	+27/-10/+90/+783 %
	Marktkapitalisierung: 54,1 Mrd. €, **KGV: 11,** Ergebnis pro Aktie: 10,2/20,4/22,5 €, Dividende: 0,00/0,00 €, **Div.-Rendite: 0,0 %.** Neue positive Studienergebnisse bei einem Alzheimer Medikament beflügeln die Aktie im Kampf gegen schwerste Demenz.			

Die aktuelle Information: Wenn „alte Zöpfe" weiter dominieren, wird ohne Aktien das Geld bei vielen Anlegern im Alter knapp

Umfrage 2017 bei 1.000 deutschen Erwachsenen				
Anlageform; Mehrfach-Nennungen möglich	**Gesamtumfrage**	**18 bis 29 Jahre**	**30 bis 49 Jahre**	**50 bis 79 Jahre**
Sparbuch/Festgeld/Ähnliches	**57 %**	**64 %**	**54 %**	**57 %**
Lebensversicherungen	48 %	39 %	54 %	46 %
Immobilien	**47 %**	**20 %**	**52 %**	**52 %**
Betriebliche Altersvorsorge	**44 %**	**33 %**	**48 %**	**46 %**
Private Rentenversicherung	40 %	22 %	52 %	38 %
Riester-Rentenversicherung	28 %	19 %	44 %	21 %
Wertpapiere/Aktien	23 %	12 %	23 %	26 %
Sonstiges	4 %	4 %	5 %	3 %
Gar keine Vorsorge!	**9 %**	**10 %**	**6 %**	**10 %**
Weiß nicht! Keine Angabe	2 %	5 %	0 %	2 %

Anmerkung: 46 % glauben, dass die Rente bei finanzieller Einschränkung reicht. **28 %** denken, dass ihr Geld im Alter reicht. **16 %** befürchten starke finanzielle Sorgen. **7 %** schätzen, dass sie mit dem Geld überhaupt nicht auskommen. **2 %** haben sich darüber noch keine Gedanken gemacht. Und **1 %** wissen es nicht! Es wird höchste Zeit, sich auch um Sparpläne für den Nachwuchs zu kümmern.

Quellen: Forsa und **Handelsblatt,** Umfrage 2017, vom 13. Dezember 2017

14.7 Wie mit einer Erbschaft oder anderem Geldsegen von 100.000 € umgehen?

Wer ein Aktiendepot von den Eltern oder Großeltern erbt, sollte sich nicht darauf verlassen, dass das Geld immer klug angelegt wurde. Möglicherweise steckt alles in Misch-, Renten- und Anleihefonds oder in Fest- und Tagesgeld. Vielleicht sind auch Aktien von Firmen dabei, die seit Jahren hohe Verluste schreiben.

Jetzt heißt es, nicht wegzuschauen und die unangenehme Sache zu verdrängen, sondern beherzt und zielstrebig mit dem Geldsegen umzugehen. Mit Aktienfonds, ETFs und Einzeltiteln können Sie alle wichtigen Märkte abdecken. Auch Umschichten erfordert Wissen, umsichtiges Handeln, Geduld und Disziplin. Breit gestreut auch zeitlich, niedrige Kurse für Käufe, steigende Kurse für Verkäufe gehören zur Strategie für Könner. Unangenehm ist es, sich von Verlustbringern zu trennen. Es ist einfacher, mit einem Barvermögen von 100.000 € zu starten, als aus einem unglücklich geführten Depot etwas Gutes hinzubekommen. Aber Ihre Mühe dürfte sich lohnen. Mit 100.000 € ist in ein oder zwei Jahrzehnten der Millionärstraum erfüllbar, sofern Sie aus gemachten Fehlern lernen.

Startkapital 100.000 € für sicherheitsbewusste Anleger

Ein Startkapital von 100.000 € für vorsichtige Privatanleger eröffnet auch bei begrenztem Risiko langfristig gute Renditen: alljährlich 5 % und mehr bei langem Anlagezeitraum von über einem Jahrzehnt. Aber Sie müssen dabei bleiben, dürfen bei scharfer Korrektur und Crash nicht hektisch und übertrieben ängstlich alle Aktien und Fonds auf den Markt werfen. Verzichten Sie auf teure Absicherungssysteme. Fallen Sie nicht auf die Tipps gieriger Gurus rein.

Startkapital 100.000 €, vorsichtiger Typ: 7 Mischfonds, 8 Aktienfonds, 8 ETFs, 10 bis 18 Aktientitel mit Anlagesumme je Titel 2.500 bis 3.500 €				
Name, Fonds-Gesellschaft	WKN	Kurs am 15.06.18	Hoch/Tief 52 Wochen	Kursentwicklung 1, 3, 5, 10 Jahre
Mischfonds **DJE Concept 1**	625 797	285,00 €	299,0/266,3 €	+6/+13/+92/+107 %
	Umfang 212 Mio. €, Alter 17 J., Ausgabeaufschlag **0,00 %**, Gebühr **0,60 %**, thesaurierend. Investiert wird in Aktien, Genussscheine, Anleihen. Dabei: Linde, K+S, TUI, Wacker Chemie.			

Mischfonds Frankfurter Value Focus	A1C XU7	302,40 €	323,8/299,0 €	+7/+60/+77 %
		Umfang 63 Mio. €, Alter 8 J., Ausgabeaufschlag **4,0 %**, Gebühr **1,5 %**, thesaurierend. Der Multi Asset-Mischfonds ähnelt einem Value-Aktienfonds in unterbewertete deutsche Nebenwerte.		
Mischfonds Flossbach von Storch Multiple	A0M 430	236,00 €	244,3/228,9 €	+1/+11/+42/+148 %
		Umfang 12,5 Mrd. €, Alter 10 Jahre, Ausgabeaufschlag **5,0 %**, Gebühr **1,53 %**, ausschüttend. Das Anlageplus entsteht durch flexible Gewichtung von Aktien/Anleihen ohne starre Vorgaben.		
Mischfonds AXION Multi Kairos	662 792	27,25 €	29,00/25,20 €	+4/+31/+69/+52 %
		Umfang 3,01 Mrd. €, Alter 16 J., Ausgabeaufschlag **5,00 %**, Gebühr **1,40 %**, thesaurierend. Der Multi Asset-Fonds gewichtet nach Marktlage Aktien-, Renten-, Mischfonds und Zertifikate.		
Dach-Mischfonds ZukunftsPlan I	A0D NEW	15,05 €	15,35/12,95 €	+14/+41/+125/+91 %
		Umfang 272 Mio. €, Alter 13 Jahre, Ausgabeaufschlag **5,00 %**, Gebühr **1,50 %**, thesaurierend. Der Fonds strebt Wachstums- und Ertragschancen an, wozu der Automotive-Bereich zählt.		
Dach-Mischfonds BBBank Dynamik Uni	532 656	58,75 €	59,30/53,40 €	+6/+8/+45/+68 %
		Umfang 66 Mio. €, Alter 17 Jahre, Ausgabeaufschlag **2,50 %**, Gebühr **1,30 %**, ausschüttend. Anlagequoten: 70 bis 90 % in Einzelaktien, 10 bis 30 % in Aktienfonds, Rest in Rentenfonds.		
Mischfonds Adelca Invest GI Multi Ass.	A0M 6JK	348,80 €	352,1/244,7 €	+42/+74/+109/+259%
		Umfang 71 Mio. €, Alter 11 Jahre, Ausgabeaufschlag **5,00 %**, Gebühr **1,00 %**, thesaurierend. Der 5-Sterne-Fonds erzielt Erträge aus Aktien-Kursgewinn, Dividenden und Zinszahlungen.		
Aktienfonds FT UnternehmerWerte	A0K FFW	90,30 €	90,80/80,35 €	+6/+25/+68/+95 %
		Umfang 67 Mio. €, Alter 11 Jahre, Ausgabeaufschlag **0,00 %**, Gebühr **1,25 %**, thesaurierend. Der Fonds bringt viele Familienfirmen. Dabei: Merck, VW, Rocket, RIB Software, HelloFresh.		
Aktienfonds DJE Div. & Substanz	164 325	412,75 €	423,6/361,9 €	+4/+15/+54/+80 %
		Umfang 1,28 Mrd. €, Alter 15 Jahre, Ausgabeaufschlag **5,00 %**, Gebühr **1,32 %**, thesaurierend. Die Erträge sollen aus Kursgewinnen sowie üppigen stabilen Ausschüttungen stammen.		
Aktienfonds DWS Aktien-Strategie DE	976 986	442,60 €	453,6/382,1 €	+6/+34/+114/+160 %
		Umfang 2,67 Mrd. €, Alter 19 Jahre, Ausgabeaufschlag **5,00 %**, Gebühr **1,45 %**, thesaurierend. Der Fonds orientiert sich am HDAX, berücksichtigt also DAX, MDAX, TecDAX und SDAX.		

Name, Fonds-Gesellschaft	WKN	Kurs am 15.06.18	Hoch/Tief 52 Wochen	Kursentwicklung 1, 3, 5, 10 Jahre
Aktienfonds First Private Div. STAUFER	977 961	94,35 €	103,3/91,60 €	+3/+18/+80/+71 %
		Umfang 231 Mio. €, Alter 21 Jahre, Ausgabeaufschlag **5,00 %**, Gebühr **1,50 %**, thesaurierend. Der Pionier unter Europas Dividendenfonds investiert in ausschüttungsstarke stabile Aktien.		
Aktienfonds HGF Global Growth	A0D NEW	16,75 €	16,75/14,30 €	+12/+33/+117/+143%
		Umfang 386 Mio. €, Alter 14 J., Ausgabeaufschlag **0,00 %**, Gebühr **1,50 %**, thesaurierend. Der Fonds setzt auf innovative Unternehmen wie Apple, Microsoft, Alphabet, VISA, Mastercard.		
Aktienfonds Belfius Equit. Glob. Finance	541 439	566,15 €	596,0/535,0 €	+1/+14/+80/+31 %
		Umfang 65 Mio. €, Alter 18 Jahre, Ausgabeaufschlag **2,50 %**, Gebühr **1,50 %**, thesaurierend. Der Fonds investiert strategisch. Er beteiligt sich an weltweiten Versicherungs- und Banktiteln.		
Aktienfonds Uni Favorit: Akt. EUR DIS	847 707	144,40 €	144,4/124,9 €	+10/+28/+85/+150 %
		Umfang 2,59 Mrd. €, Alter 13 Jahre, Ausgabeaufschlag **5,00 %**, Gebühr **1,20 %**, ausschüttend. Investiert wird in Blue Chips wie VISA, Facebook, Alphabet A, Alibaba, Nestlé, Home Depot.		
Aktienfonds DWS Deutschland	849 096	243,50 €	264,2/220,4 €	+8/+24/+73/+185 %
		Umfang 6,67 Mrd. €, Alter 25 Jahre, Ausgabeaufschlag **5,00 %**, Gebühr **1,40 %**, thesaurierend. Der erfolgreiche Aktienfonds investiert in substanzstarke Aktien insbesondere aus dem DAX, mischt aber auch Nebenwerte aus dem MDAX und SDAX bei.		
ETF iShares MDAX	593 392	228,40 €	236,7/209,4 €	+6/+31/+86/+155 %
		Umfang 2,23 Mrd. €, Alter 17 Jahre, Gebühr **0,50 %**, thesaurierend. Der ETF bildet den MDAX der 60 Mid Caps nach. Wichtigste Branchen: Industrie, Finanzen, Rohstoffe, Konsumgüter. Hauptanteile: Airbus, Dt. Wohnen, Symrise, MTU, Hanno Rück.		
ETF LYXOR World Water	LYX 0CA	35,60 €	37,75/33,60 €	-2/+19/+83/+139 %
		Umfang 576 Mio. €, Alter 11 Jahre, Jahresgebühr **0,60 %**, ausschüttend. Die größten Positionen bei dem immer knapper werdenden lebenswichtigen „blauen Gold Wasser" sind American Water, Geberit, Veolia, Masco, Xylem, Pentair, Severn Trend.		
ETF db x-trackers Immo Real E.	DBX 0F1	26,50 €	26,80/23,45 €	+6/+17/+69 %
		Umfang 406 Mio. €, Alter 8 Jahre, Gebühr **0,33 %**, thesaurierend. Der Immobilien-ETF bildet den FTSE Europe Real Estate nach. Vonovia, DAX, Dt. Wohnen und LEG, MDAX, sind dabei.		

Name, Fonds-Gesellschaft	WKN	Kurs am 15.06.18	Hoch/Tief 52 Wochen	Kursentwicklung 1, 3, 5, 10 Jahre
ETF ComStage Dow Jones	ETF 010	250,80 €	251,2/207,3 €	+22/**+50**/+101 %
ETF Insurance Stoxx EU 600	LYX 0AQ	36,90 €	39,10/33,65 €	+6/+15/+81/+98 %
ETF LYXOR Europe Stoxx 600 Auto/Part.	LYX 0AN	72,95 €	80,00/60,90 €	+14/+6/+82/**+180** %
ETF Com Stage Stoxx Europe Food	ETF 067	119,55 €	125,7/110,1 €	+1/+12/+50 %
ETF Amundi MSCI World EX EMU	A0R PV6	274,00 €	278,7/233,0 €	+13/+23/+80 %
Einzelaktie BAYER, DAX Kurs 02.08.18	BAY 001	94,40 €	118,0/87,40 €	-9/-27/+9/+77 %
Einzelaktie Deutsche Börse AG, DAX Kurs 02.08.18	581 005	112,75 €	121,2/87,90 €	**+27**/+35/**+109**/+62 %
Einzelaktie Dt. Post, DAX Kurs 02.08.18	723 132	29,55 €	41,45/27,20 €	-9/+9/+41/+102 %

Details per ETF/Aktie:

ComStage Dow Jones: 74 Mio. €, Alter 10 J., Gebühr **0,45 %**, thesaurierend. Der ETF orientiert sich am Dow Jones mit Aktien von Konzernen, die den US-Markt präsentieren, wie 3M, Apple, Boeing, Caterpillar.

Insurance Stoxx EU 600: 55 Mio. €, kein Sparplan, Alter 12 Jahre, Gebühr **0,30 %**, thesaurierend. Der ETF bildet den Versicherungs-Index Stoxx Europe 600 Insurance mit den größten Konzernen Europas ab. Vom DAX sind Allianz und Munich Re hoch gewichtet dabei.

LYXOR Europe Stoxx 600 Auto/Part.: 46 Mio. €, Alter 12 J., Gebühr **0,30 %**, thesaurierend. Im Vordergrund steht die Abbildung von Europas Automobilsektor mit seinen Partnern. Dazu gehören Daimler, BMW und VW.

ComStage Stoxx Europe Food: 41 Mio. €, Alter 10 Jahre, Gebühr **0,25 %**, ausschüttend. Der ETF bildet die Wertentwicklung der größten europäischen Unternehmen des Nahrungsmittel- und Getränkebereichs ab.

Amundi MSCI World EX EMU: 181 Mio. €, Alter 9 J., Gebühr **0,35 %**, thesaurierend. Mit diesem ETF nehmen auch Privatanleger an der Wertentwicklung von rund 1400 erfolgreichen Unternehmen aus aller Welt teil.

BAYER: Börsenwert: 87 Mrd. €, **KGV: 11**, EK-Quote: 49 %, Ergebnis je Aktie: 5,25/7,90 €, Dividende: 2,80/2,90/3,10 €, **Dividendenrendite: 3,1 %**. Der globale Pharma- und Chemiekonzern hat mit Monsanto aus den USA die größte Übernahme vollzogen.

Deutsche Börse AG: Börsenwert: 22 Mrd. €, **KGV: 19**, EK-Quote: 52 %, Ergebnis je Aktie: 4,94/6,05 €, Dividende: 2,45/2,60/2,90 €, **Dividendenrendite: 2,2 %**. Der DAX-Konzern betreibt an der Frankfurter Wertpapierbörse seine elektronische Handelsplattform XETRA.

Dt. Post: Börsenwert: 34 Mrd. €, **KGV: 12**, EK-Quote: 33 %, Ergebnis je Aktie: 2,15/1,78/2,31 €, Dividende: 1,15/1,20/1,30 €, **Dividendenrendite: 4,2 %**. Der DAX-Konzern verfügt mit seinen Marken Deutsche Post und DHL über ein globales Netzwerk.

Name, Fonds-Gesellschaft	WKN	Kurs am 02.08.18	Hoch/Tief 52 Wochen	Kursentwicklung 1, 3, 5, 10 Jahre
<u>Einzelaktie</u>	540 811	39,00 €	42,95/33,35 €	+12/+5/+84/+183 %
Aareal Bank MDAX				
Börsenwert: 2,35 Mrd. €, **KGV: 11,** Ergebnis/Aktie: 2,89/3,30 €, Dividende: 2,50/2,60 €, **Div.-Rendite: 6,4 %.** Diese Bank übernimmt Immobilien-Finanzierungen und Beratungsdienste.				
<u>Einzelaktie</u>	676 650	68,60 €	86,80/63,80 €	-8/+28/+64/+109 %
Aurubis MDAX				
Börsenwert: 3,09 Mrd. €, **KGV: 12,** Ergebnis/Aktie: 5,72/5,58 €, Dividende: 1,45/1,55/1,65 €, **Div.-Rendite: 3,2 %.** Der MDAX-Konzern zählt zu den weltweit größten Kupferproduzenten.				
<u>Einzelaktie</u>	A1D AHH	51,35 €	55,15/43,00 €	+6/+3/+26 %
Brenntag MDAX				
Börsenwert: 7,78 Mrd. €, **KGV: 15,** Ergebnis/Aktie: 2,92/3,29 €, Dividende: 1,20/1,25 €, **Div.-Rendite: 2,4 %.** Der Spezialchemiekonzern zählt zu den Weltmarktführern mit Holdingfunktion.				
<u>Einzelaktie</u>	A0L D6E	73,80 €	78,95/59,60 €	+6/+9/+62/+116 %
Gerresheimer MDAX				
Börsenwert: 2,29 Mrd. €, **KGV: 16,** Ergebnis/Aktie: 4,16/4,34 €, Dividende: 1,15/1,15 €, **Div.-Rendite: 1,6 %.** Gerresheimer zählt zu den international führenden Produzenten hochwertiger Verpackungs- und Systemlösungen aus Glas und Kunststoff.				
<u>Einzelaktie</u>	LEG 111	96,55 €	98,30/81,00 €	+18/+46/+145 %
LEG Immobilien MDAX				
Börsenwert: 6,0 Mrd. €, **KGV: 18,** Ergebnis/Aktie: 12,03/5,27 €, Div.: 3,20/3,40 €, **Div.-Rendite: 3,4 %.** LEG verwaltet und modernisiert Wohnungen in Nordrhein-Westfalen. Zum Portfolio zählen 130.000 Mietwohnungen in Siedlungen und Stadtnähe.				
<u>Einzelaktie</u>	523 280	85,00 €	109,0/67,55 €	+5/-24/+-0/+245 %
Bertrandt SDAX				
Börsenwert: 829 Mio. €, **KGV: 13,** Ergebnis/Aktie: 5,26/6,24 €, Div.: 2,50/2,50 €, **Div.-Rend.: 3,1 %.** Der Ingenieurdienstleister erarbeitet an 52 Standorten maßgeschneiderte Lösungen von der Komponenten-Entwicklung bis zu komplexen Modulen.				
<u>Einzelaktie</u>	PAT 1AG	18,35 €	21,20/15,30 €	<u>+25</u>/-4/+213/<u>+1108 %</u>
Patrizia Immo SDAX				
Börsenwert: 1,6 Mrd. €, **KGV: 17,** EK-Quote: 60 %, Ergebnis je Aktie: 0,79/1,03 €, öfters Gratisaktien statt Dividende. Das Investitionshaus deckt den ganzen Immobilien-Lebenszyklus ab.				
<u>Einzelaktie</u>	750 750	74,10 €	83,40/61,50 €	+8/<u>+269</u>/<u>+623</u>/+691%
Washtec SDAX				
Börsenwert: 1,0 Mrd. €, **KGV: 22,** Ergebnis/Aktie: 2,95/3,25 €, Div.: 2,55/2,70 €, **Div.-Rendite: 3,5 %.** Washtec ist ein führender Anbieter von Waschanlagen mit Bürsten oder Hochdrucktechnik für Personenkraftwagen, Nutz- und Schienenfahrzeuge.				

Name, Fonds-Gesellschaft	WKN	Kurs am 02.08.18	Hoch/Tief 52 Wochen	Kursentwicklung 1, 3, 5, 10 Jahre
Einzelaktie BP Stoxx 50 England	850 517	6,30 €	6,75/4,75 €	+23/+11/+19/-5 %
		Börsenwert: 133 Mrd. €, **KGV: 13,** Ergebnis/Aktie: 0,46/0,48 €, Div.: 0,33/0,34 €, **Div.-Rendite: 5,3 %.** Der englische Öl-/Gas-Konzern ist dividendenstark und sorgt für einen Gewinnsprung.		
Einzelaktie Nestlé Euro Stoxx 50	A0Q 4DC	70,15 €	74,10/62,10 €	-2/+2/+34/+147 %
		Börsenwert: 217 Mrd. €, **KGV: 19,** Ergebnis/Aktie: 3,33/3,64 €, Dividende: 2,15/2,29 €, **Div.-Rendite: 3,3 %.** Der Schweizer Konzern produziert Nahrungsmittel für Menschen und Tiere.		
Einzelaktie Roche Stoxx 50 Schweiz	855 167	213,05 €	219,3/177,0 €	+-0/-19/+14/+80 %
		Börsenwert: 184 Mrd. €, **KGV: 14,** Ergebnis/Aktie: 14,3/14,7 €, Div.: 7,51/7,65 €, **Div.-Rendite: 3,6 %.** Der forschungs- und dividendenstarke Schweizer Pharmakonzern ist bei Krebs von der Vorbeugung über Diagnostik bis zur Therapie im Einsatz.		
Einzelaktie Royal Dutch Stoxx 50 GB	A0D 94M	29,75 €	32,65/23,30 €	+20/+13 %
		Börsenwert: 135 Mrd. €, **KGV: 11,** Ergebnis/Aktie: 2,81/3,15 €, Div.: 1,88/1,88 €, **Div.-Rendite: 5,5 %.** Der Energiekonzern ist an Explorations- und Förderprojekten in 70 Ländern beteiligt.		
Einzelaktie Johnson & J. Dow Jones	853 260	114,20 €	123,0/101,0 €	+3/+25/+62/+150 %
		Börsenwert: 304 Mrd. €, **KGV: 15,** Ergebnis/Aktie: 6,94/7,33 €, Div.: 3,05/3,29 €, **Div.-Rendite: 2,9 %.** Zum Portfolio des US-Pharmariesen zählen unterschiedlichste Gesundheitsprodukte.		
Einzelaktie Mc Donalds Dow Jones	856 958	134,65 €	148,7/119,3 €	+1/+46/+78/+160 %
		Börsenwert: 107 Mrd. €, **KGV: 19,** Ergebnis/Aktie: 6,55/7,06 €, Dividende: 3,51/3,73 €, **Div.-Rendite: 2,8 %.** Der Nahrungsmittel-Konzern bietet Fast Food in gleichnamigen Gaststätten an.		
Einzelaktie Nintendo Japan Nikkei	864 009	300,00 €	379,5/265,3 €	+4/+85/+193/-4 %
		Börsenwert: 41,5 Mrd. €, **KGV: 16,** Ergebnis/Aktie: 13,9/18,0 €, Div.: 7,22/9,31 €, **Div.-Rendite: 3,1 %.** Nintendo bietet Unterhaltungselektronik an mit Spielekonsolen und Videospielen.		

Bei der Einzelaktien-Auswahl mische ich die Karten neu. Für alle Modelle der 100.000 Euro-Anlage, angepasst auf den Anlegertyp, wähle ich defensive und offensive Titel aus. Favoriten sind substanz- und wachstumsstarke Titel aus Zukunftsmärkten, großteils fair bewertet und dividendenstark. Treffen Sie Ihre Wahl aus dem präsentierten Gesamtangebot. Klammern Sie sich nicht stur an bestimmte Vorgaben.

Startkapital von 100.000 € für erfolgsorientierte Anleger

Das Modell wendet sich an erfolgsorientierte Anleger, die über eine Kapitalreserve verfügen und vielleicht wenig Lust haben, ihr Depot ständig auf die aktuelle Börsenlage anzupassen.

Die Multi Asset-Mischfonds, Aktienfonds und ETFs habe ich unter vielen Produkten ausgewählt. Sie decken Zukunftsmärkte ab und wenden sich an Anleger mit langem Zeithorizont. Wählen Sie solche Einzelaktien aus, die Sie mögen, verstehen, kennen und Ihren eigenen Einschätzungen entsprechen. Sicherlich finden Sie einige Lieblinge auch in den vorangegangenen Tabellen.

Öfters entschied ich mich für erfolgreiche Familienfirmen. Sie alle zu kennen, ist schon wegen der miserablen Kommunikation kaum möglich. Es gibt weitere nachhaltig wirtschaftende Gesellschaften, die in Perlenfischermanier zu entdecken sind. Die Neuordnung der Indizes MDAX, TecDAX, SDAX Ende September 2018 hat weitreichende Folgen für die Zusammensetzung von Aktienfonds und ETFs.

Startkapital 100.000 €, erfolgsorientiert; 5 Mischfonds, 9 Aktienfonds, 9 ETFs, 12 – 17 Aktien je 2.500 bis 3.000 €

Name, Fonds-Gesellschaft	WKN	Kurs am 15.06.18	Hoch/Tief 52 Wochen	Kursentwicklung 1, 3, 5, 10 Jahre
Mischfonds Adelca Invest GI Multi Ass.	A0M 6JK	348,80 €	352,1/244,7 €	+42/+74/+109/+259 %
		Umfang 71 Mio. €, Alter 11 Jahre, Ausgabeaufschlag **5,00 %**, Gebühr **1,00 %**, thesaurierend. Der 5-Sterne-Fonds erzielt Erträge aus Aktien-Kursgewinnen, Dividenden und Zinszahlungen.		
Mischfonds U Fonds Multi Asset I EUR	A12 ADZ	846,60 €	855,7/732,6 €	+12/+47/+72 %
		Umfang 54 Mio. €, Alter 5 Jahre, Ausgabeaufschlag **0,00 %**, Gebühr **0,70 %**, ausschüttend. Der Fonds legt zumindest zwei Drittel in Aktien an. Die Quote wird je nach Marktlage angepasst.		
Mischfonds DJE Europa – I EUR ACC	164 316	423,85 €	425,8/367,7 €	+12/+31/+67/+74 %
		Umfang 195 Mio. €, Alter 15 Jahre, Ausgabeaufschlag **0,00 %**, Gebühr **1,07 %**, thesaurierend. Der Fonds investiert flexibel in Europa-Aktien, auch Nebenwerte, zudem weltweit in Anleihen.		
Dach-Mischfonds FU Multi Asset	A0Q 5MD	225,25 €	225,3/194,3 €	+11/+39/+72/+121 %
		Umfang 198 Mio. €, Alter 20 Jahre, Ausgabeaufschlag **0,00 %**, Gebühr **1,20 %**, ausschüttend. Dieser Fonds investiert mit Anteilen bis zu knapp 10 % in Aktien europäischer Immobilienfirmen.		

Name, Fonds-Gesellschaft	WKN	Kurs am 15.06.18	Hoch/Tief 52 Wochen	Kursentwicklung 1, 3, 5, 10 Jahre
Dach-Mischfonds Sauren Global Opport.	930 921	33,00 €	33,45/30,40 €	+8/+21/+49/+80 %
	Umfang 208 Mio. €, Alter 19 Jahre, Ausgabeaufschlag **5,00 %**, Gebühr **1,00 %**, thesaurierend. Der Dach-Mischfonds bevorzugt Fonds von Nebenwerten, Schwellenländern, Zukunftsmärkten.			
Aktienfonds Janus Henderson Hor. Immo	989 232	48,00 €	48,30/40,15 €	+14/+28/+104/+91 %
	Umfang 198 Mio. €, Alter 20 Jahre, Ausgabeaufschlag **0,00 %**, Gebühr **1,20 %**, thesaurierend. Der Fonds investiert mit Anteilen bis zu knapp 10 % in Aktien europäischer Immobilienfirmen.			
Aktienfonds Uni Deutschland XS	975 049	177,90 €	181,7/151,8 €	+13/+43/+128/+326 %
	Umfang 1,29 Mrd. €, Alter 12 Jahre, Ausgabeaufschlag **4,00 %**, Gebühr **1,55 %**, thesaurierend. Angelegt wird in Nebenwerte mit dem Schwerpunkt SDAX, wie Grenke, Sixt, Hypoport, König & Bauer, Deutz, VTG, außerdem MDAX-Aufsteiger Delivery Hero.			
Aktienfonds Quest Cleantec	A0N C68	270,50 €	271,2/229,5 €	+8/+27/+94/+150 %
	Umfang 211 Mio. €, Alter 10 J., Ausgabeaufschlag **2,00 %**, Gebühr **1,25 %**, thesaurierend. Anlage in Firmen, die für saubere Energie arbeiten, z. B. Wasseraufbereitung, Abfallentsorgung.			
Aktienfonds UniSector HighTech	921 559	90,85 €	92,85/72,25 €	+17/+46/+126/+245 %
	Umfang 134 Mio. €, Alter 19 Jahre, Ausgabeaufschlag **4,00 %**, Gebühr **1,55 %**, ausschüttend. Der Fonds investiert in den Computer-, Software-, Hochtechnologiesektor. Hauptanteile: Apple, Alphabet, Cisco, EA, Facebook, Intel, Microsoft, Oracle, Visa.			
Aktienfonds Internet/ Information Nordinternet	978 530	122,40 €	122,4/82,55 €	**+40/+91/+204/+408%**
	Umfang 40 Mio. €, Alter 19 Jahre, Ausgabeaufschlag **5,00 %**, Gebühr **1,00 %**, thesaurierend. Dieser 5-Sterne-Spitzenfonds investiert in Internet-Infrastruktur, Online-Plattformen auch von Familienfirmen wie Alphabet, Amazon, Facebook und Netflix.			
Aktienfonds DJE ASIA High Dividend	A0Q 5K0	255,15 €	265,3/229,3 €	+11/+31/+45 %
	Umfang ohne Angabe, Alter 10 Jahre, Ausgabeaufschlag **0,0 %**, Gebühr **1,00 %**, thesaurierend. Wichtige Branchen: Finanzen, Konsumgüter, IT-Software, Telekommunikation und Industrie.			
Aktienfonds Monega Innovation	532 102	66,25 €	69,20/62,70 €	+7/+24/+75/+127 %
	Umfang 27 Mio. €, Alter 17 Jahre, Ausgabeaufschlag **3,50 %**, Gebühr **1,30 %**, ausschüttend. Es geht um Aktien von Konzernen mit aussichtsreichen, zukunftsfähigen Patenten weltweit.			

Name, Fonds-Gesellschaft	WKN	Kurs am 15.06.18	Hoch/Tief 52 Wochen	Kursentwicklung 1, 3, 5, 10 Jahre
Aktienfonds Invesco Glob. Small Cap	987 084	136,20 €	141,4/123,8 €	+5/+24/+46/+111 %
	Umfang 72 Mio. €, Alter 22 Jahre, Ausgabeaufschlag **5,00 %**, Gebühr **1,50 %**, ausschüttend. Der Fonds ist Spezialist für Aktien kleinerer Firmen weltweit aus unterschiedlichen Bereichen.			
Aktienfonds Frankfurter Aktienfonds Stiftungen	A0M 8HD	139,00 €	143,3/132,4 €	+35/+23/+55/+166 %
	Umfang 2,94 Mrd. €, Alter 10 Jahre, Ausgabeaufschlag **5,00 %**, Gebühr **0,19 %**, thesaurierend. Statt sturer Indexorientierung geht es um Wertzuwachs mit dividendenstarken Nebenwerten.			
ETF ComStage SDAX TR	ETF 005	117,80 €	118,5/100,0 €	+11/+42/+104 %
	Umfang 151 Mio. €, Alter 7 Jahre, Gebühr **0,70 %**, ausschüttend. Der ETF bildet den SDAX ab, der jetzt 70 Titel umfasst.			
ETF iShares Stoxx Eur. Konsum	A0H 08N	80,70 €	90,35/73,00 €	−4/+19/+67 %
	Umfang 81 Mio. €, Alter 16 Jahre, Jahresgebühr **0,45 %**, ausschüttend. Der ETF bildet den Stoxx Europe 600 Personal & Household ab. Dabei: Familienfirmen LVMH, L'Oréal, Henkel.			
ETF iShares MSCI USA Small C.	A0X 8SB	292,05 €	293,3/211,7 €	+19/+36/+87 %
	Umfang 617 Mio. €, Alter 9 J., Gebühr **0,43 %**, thesaurierend. Maßstab ist der MSCI Small Cap mit Konsum, Finanzen usw.			
ETF ComStage Construction	ETF 065	89,65 €	93,55/76,90 €	+15/+48/+113 %
	Umfang 10 Mio. €, Alter 10 J., Gebühr **0,25 %**, ausschüttend. Der ETF bildet die Wertentwicklung großer Europa-Baufirmen ab. Dazu zählen Vinci, Lafarge Holcim, HeidelCement, Geberit.			
ETF LYXOR STX EU Insurance	LYX 0AQ	36,45 €	39,15/33,75 €	+6/+16/+81/+96 %
	Umfang 55 Mio. €, Alter 12 Jahre, Verwaltungsgebühr **0,30 %**, thesaurierend. Der ETF deckt Europas Versicherungs- und Finanzdienstleistungssektor mit Aktien großer AGs ab wie AXA.			
ETF iShares Europ. Chemicals	A0H 08E	97,40 €	99,10/84,95 €	+6/+14/+57 %
	Umfang 92 Mio. €, Alter 15 Jahre, Verwaltungsgebühr **0,46 %**, ausschüttend. Hier versammelt sich Europas Chemiesektor mit großen Anteilen von Bayer, BASF, Linde, Symrise, Givaudan.			
ETF iShares Europ. Technology	A0H 08Q	43,65 €	44,95/35,50 €	+22/+45/+83 %
	Umfang 116 Mio. €, Alter 17 Jahre, Gebühr **0,45 %**, ausschüttend. Der ETF bildet den chancenreichen und zukunftsträchtigen Vergleichsindex STOXX Europe 600 Technology ab.			

Name, Fonds-Gesellschaft	WKN	Kurs am 03.08.18	Hoch/Tief 52 Wochen	Kursentwicklung 1, 3, 5, 10 Jahre
ETF	**ETF 060**	81,50 €	82,90/73,00 €	**+5/+6/+46 %**
ComStage Stoxx Europe 600		Umfang 278 Mio. €, Alter 10 Jahre, Verwaltungsgebühr **0,20 %**, ausschüttend. Der Index umfasst die 600 größten Aktien ausgewählter Länder Europas, z. B.: Nestlé, Novartis, Roche, SAP.		
ETF	**A0H GV0**	39,40 €	39,75/34,10 €	**+11/+29/+54/+93 %**
IShares Public MSCI World		Umfang 5,8 Mrd. €, Alter 13 Jahre, Verwaltungsgebühr **0,50 %**, ausschüttend. Der Referenzindex misst die Entwicklung von Firmen mit mittlerem/hohem Börsenwert in Industrienationen.		
Einzelaktie	**543 900**	185,30 €	257,3/183,0 €	**-1/-9/+57/+164 %**
Continental DAX		Börsenwert: 39 Mrd. €, **KGV: 11,** Ergebnis/Aktie: 15,9/18,0 €, Div.: 5,00/5,50 €, **Div.-Rendite: 2,5 %.** Zu den wichtigsten Produkten zählen Reifen, Automobil-Elektronik und Mechatronik.		
Einzelaktie	**648 300**	179,80 €	199,0/156,0 €	**+11/+3/+23/+101 %**
Linde DAX		Börsenwert: 39 Mrd. €, **KGV: 22,** Ergebnis/Aktie: 7,95/9,30 €, Div.: 4,20/4,70 €, **Div.-Rendite: 2,0 %.** Der Technologiekonzern besetzt mit Gas und Engineering führende Marktpositionen.		
Einzelaktie	**659 990**	90,60 €	100,8/74,65 €	**-3/-3/+43/+130 %**
Merck KGaA DAX Familienfirma		Börsenwert: 11,4 Mrd. €, **KGV: 15,** Ergebnis/Aktie: 5,37/5,73 €, Div.: 1,25/1,33 €, **Div.-Rendite: 1,4 %.** Der Pharma-/Chemie-Konzern gliedert sein operatives Geschäft in vier Sparten und behandelt Unfruchtbarkeit, Wachstumsstörungen und Krebs.		
Einzelaktie	**924 848**	18,55 €	19,40/13,45 €	**+17/+63/+150/+300%**
Marine Harvest Norwegen		Börsenwert: 9,46 Mrd. €, **KGV: 13,** Ergebnis/Aktie: 1,24/1,47 €, Div.: 1,09/1,14 €, **Div.-Rendite: 5,9 %.** Der norwegische Nahrungsmittelkonzern ist ein führender Lachszüchter, vermehrt und verarbeitet auch andere Fischarten und Meeresfrüchte.		
Einzelaktie	**A1J 4U4**	185,60 €	189,2/125,8 €	**+44/+107/+168 %**
ASML Holding Euro Stoxx 50-		Börsenwert: 79,1 Mrd. €, **KGV: 26,** Ergebnis/Aktie: 5,77/7,02 €, Div.: 1,40/1,75 €, **Div.-Rendite: 1,0 %.** ASML stellt Hightech-Systeme für die internationale Halbleiterindustrie her. Dabei geht es insbesondere um komplexe integrierte Schaltkreise.		
Einzelaktie	**851 194**	67,85 €	80,95/60,50	**+4/+25/+21/+45 %**
Danone Euro Stoxx 50		Börsenwert: 45,2 Mrd. €, **KGV: 16,** Ergebnis/Aktie: 3,65/4,00 €, Div.: 1,90/2,00 €, **Div.-Rendite: 3,0 %.** Danone ist Spezialist für Milchprodukte, Getränke, Babynahrung, Gesundheitsnahrung.		

Name, Fonds-Gesellschaft	WKN	Kurs am 03.08.18	Hoch/Tief 52 Wochen	Kursentwicklung 1, 3, 5, 10 Jahre
Einzelaktie 3M Dow Jones	851 745	179,10 €	211,0/160,8 €	**+3/+32/+101/+293 %**
		Börsenwert: 107 Mrd. €, **KGV: 18,** Ergebnis/Aktie: 9,25/11,20 €, Div.: 4,70/5,44 €, **Div.-Rendite: 2,6 %.** Der US-Konzern ist in den Sparten Medizin, Sicherheit, Industrie, Elektronik usw. tätig.		
Einzelaktie Boeing Dow Jones	850 471	301,10 €	317,2/194,3 €	**+50/+130/+217/+640**
		Börsenwert: 177 Mrd. €, **KGV: 20,** Ergebnis/Aktie: 16,7/17,4 €, Div.: 5,68/6,84 €, **Div.-Rendite: 1,9 %.** Boeing als führender Luft-, Raumfahrt- und Rüstungskonzern beliefert 150 Länder.		
Einzelaktie NIKE Dow Jones	866 993	68,05 €	69,50/42,50 €	**+35/+30/+173 %**
		Börsenwert: 84,2 Mrd. €, **KGV: 24,** Ergebnis/Aktie: 2,65/3,11 €, Div.: 0,76/0,80 €, **Div.-Rendite: 1,0 %.** Schwerpunkte: Design, Entwicklung, Herstellung hochwertiger Sportausrüstungen.		
Einzelaktie VISA Dow Jones	A0N C7B	120,80 €	123,5/84,10	**+42/+75/+249/+958 %**
		Börsenwert: 209 Mrd. €, **KGV: 25,** Ergebnis/Aktie: 4,44/5,32 €, Div.: 0,66/0,84 €, **Div.-Rendite: 0,6 %.** Die internationale Kreditkarten-Organisation schafft pro Sekunde 47.000 Transaktionen und bietet den Kunden eine sichere digitale Bezahlung an.		
Einzelaktie Toyota Motor Nikkei 225	853 510	56,60 €	58,85/46,40 €	**+19/-6/+13/+104 %**
		Börsenwert: 183 Mrd. €, **KGV: 9,** Ergebnis/Aktie: 5,88/6,27 €, Div.: 1,76/1,87 €, **Div.-Rendite: 3,3 %.** In Asien läuft der Absatz bestens. Sorgen bereiten einem der weltweit größten Autohersteller jedoch die von Donald Trump angedrohten Strafzölle.		
Einzelaktie SoftBank Nikkei 225	891 624	78,35 €	81,00/57,00 €	**+14/+43/+53/+558 %**
		Börsenwert: 80,7 Mrd. €, **KGV: 6,4,** Ergebnis/Aktie: 4,45/11,2 €, Div.: 0,34/0,34 €, **Div.-Rendite: 0,5 %.** Der japanische Telekom- und Medienkonzern besitzt ein breites Portfolio, zu dem auch Kleinroboter für unterschiedliche Anwendungen gehören.		
Einzelaktie Puma MDAX	696 960	417,00 €	539,0/285,5 €	**+18/+135/+88/+87 %**
		Börsenwert: 6,3 Mrd. €, **KGV: 24,** Ergebnis/Aktie: 13,1/17,0 €, Div.: 3,06/4,02 €, **Div.-Rendite: 1,0 %.** Der globale Sportartikelkonzern produziert Schuhe/Bekleidung für Sport und Freizeit.		
Einzelaktie Tradegate, Prime Stand.	521 690	29,00 €	40,40/14,25	**+53/+279/+468/+616 %**
		Börsenwert: 722 Mio. €, **KGV: 42,** Ergebnis/Aktie: 0,66/0,70 €, Div.: 0,63/0,65 €, **Div.-Rendite: 2,2 %.** Die Berliner Wertpapierhandelsbank bietet neben dem Privatkundengeschäft den sekundenschnellen Börsenhandel mit Tausenden von Aktien an.		

Name, Fonds-Gesellschaft	WKN	Kurs am 03.08.18	Hoch/Tief 52 Wochen	Kursentwicklung 1, 3, 5, 10 Jahre
Einzelaktie **Villeroy & Boch, Prime**	765 723	17,90 €	20,65/14,60 €	**-9/+22/+106 %**
	Börsenwert: 172 Mio. €, **KGV: 14,** Ergebnis/Aktie: 1,28/1,34 €, Div.: 0,60/0,60 €, **Div.-Rendite: 3,1 %.** Der Keramikproduzent bietet Komplettlösungen für den Einrichtungsbedarf an, vor allem Badearmaturen, Kücheneinrichtungen und Tischkultur.			
Einzelaktie **UPM Kymmene, Finnland**	881 026	30,85 €	32,60/21,40 €	**+36/+83/+267 %**
	Börsenwert: 16,4 Mrd. €, **KGV: 14,** Ergebnis/Aktie: 2,15/2,17 €, Div.: 1,25/1,33 €, **Div.-Rendite: 4,4 %.** Der dividendenstarke Forst- und Papierkonzern stellt Zellstoff- und Holzprodukte her. UPM hat sich auf Zeitungs-, Spezial-, Feinpapiere spezialisiert.			
Einzelaktie **China Petroleum & Chem.**	578 971	79,70 €	88,15/59,45 €	**+27/+19/+44 %**
	Börsenwert: 96 Mrd. €, **KGV: 9,** Ergebnis/Aktie: 0,76/0,78 €, Div.: 0,58/0,59 €, **Div.-Rendite: 8,4 %.** Der fair bewertete Konzern ist in den Branchen Chemie, Öl, Gas als Versorger aktiv.			

Schnelle Hilfe bei der Aktiensuche 10.000 bis 100.000 €

Um Ihnen die Aktienauswahl zu erleichtern, bringt das Kapitel 14.9 eine alphabetische Anordnung aller aufgeführten Aktien mit WKN, Hinweis S, E, R zum Anlegertyp mit Seitenzahl. Die Zuordnung nach Risikostufen ist nicht zementiert. Ergänzen Sie die für Sie interessanten Aktien mit Blick auf den Kurz- und Langzeitchart und die wichtigen Kennzahlen, wie sie führende Internetportale bringen, z. B. boerse.ARD.de, onvista.de und finanzen.net. Nutzen Sie Kursschwächen für Einstieg und Zukauf. Lassen Sie sich von Gurus nicht über den Tisch ziehen.

Die Dividende ist bei langem Anlagehorizont eine Art Zauberformel im Hinblick auf die „passive Altersvorsorge"

Vergessen Sie nicht, dass bei vielen klassischen Aktien bzw. defensiven Value-Titeln die Dividende alljährlich steigt. Im Laufe eines Jahrzehnts kann auf den Kaufpreis bezogen die Ausschüttung zweistellig sein. Unternehmen wie Johnson & Johnson aus den USA erhöhen ihre Dividende verlässlich. Vereinzelt kassiere ich jährliche Ausschüttungen von über 20 %. Bei Rational sind es 34 %, da ich zum Niedrigstkurs einstieg. Hier ist ein Teilverkauf außer bei finanziellem Engpass und Kursrekord unvernünftig, ist doch in 3 Jahren der Einsatz bezahlt. Jedoch ist die Dividende bei vielen Hochtechnologie- und Biotechtiteln dürftig, vorausgesetzt, es wird überhaupt ausgeschüttet. Ähnlich verhält es sich bei entsprechenden ETFs und Aktienfonds. Als Trost winken eher üppige Kursgewinne.

Ein Startkapital von 100.000 € für risikofreudige Anleger

Wagemut ermöglicht mehr Gewinn. Zugleich steigt das Verlustrisiko. Breites Streuen in Aktienfonds, ETFs und Aktien erfreut langfristig. Im Crash sollten Sie gute Titel halten. Verkaufen Sie nur, was nicht zukunftsfähig ist. Beim Startkapital von 10.000 € bis zu 100.000 € sind Überschneidungen leider unvermeidbar.

Was besagt die Zahl 10 für Börsianer? Als der DAX vor vier Jahren erstmals die Marke von 10.000 Punkten knackte, sorgte er in den Medien für Schlagzeilen. In Deutschland gibt es seit 10 Jahren wieder über 10 Millionen Aktionäre. Europäische Aktien locken im Schnitt mit einer Dividende von rund 3,5 %. Das ist zehnmal so viel, wie eine 10-jährige Bundesanleihe im vergangenen Jahr einbrachte. Aktienfonds sollten für 10 Jahre und länger angelegt werden. Und wer seine Aktien breit gestreut über ein Jahrzehnt hält, für den sind 10 % Rendite pro Jahr möglich. Allerdings scheint der 10-jährige Bullenmarkt jetzt vorbei. Der DAX hat bis 10. Nov. 2018 über 10 % seit Jahresbeginn eingebüßt. Die Marke 10.000 droht.

Startkapital 100.000 €, Risikofreude; 3 Mischfonds, 9 Aktienfonds, 9 ETFs, 10 – 18 Aktien je 2.500 bis 3.000 €

Name, Fonds-Gesellschaft	WKN	Kurs 18.06.18	Hoch/Tief 52 Wochen	Kursentwicklung 1, 3, 5, 10 Jahre
Mischfonds ACATIS Datini Value	A1H 72F	117,20 €	122,7/94,10 €	**+22/+55/+142 %**
		Umfang 312 Mio. €, Alter 7 Jahre, Ausgabeaufschlag **5,00 %**, Gebühr **0,40 %**, thesaurierend. Der Fonds setzt auf Aktien vom Biotech-, Software-, Konsumsektor, darunter Wirecard, Evotec.		
Mischfonds Adelca Invest GVI Multi Ass.	A0M 6JL	336,50 €	339,7/234,1 €	**+42/+76/+116/+242 %**
		Umfang 69 Mio. €, Alter 11 Jahre, Ausgabeaufschlag **5,00 %**, Gebühr **1,00 %**, thesaurierend. Ähnliche Ausrichtung wie bei Adelca GI (WKN A0M 6JK); flexible Anlage in Aktien/Anleihen.		
Dach-Mischfonds ZukunftsPlan I	A0D NEW	15,05 €	15,35/12,95 €	**+14/+41/+125/+91 %**
		Umfang 272 Mio. €, Alter 13 J., Ausgabeaufschlag **5,00 %**, Gebühr **1,50 %**, thesaurierend. Der Fonds strebt Wachstums- und Ertragschancen an, wozu auch der Automotive-Bereich zählt.		
Aktienfonds Magna Umbr. New Frontiers	A1H 7JG	18,65 €	21,30/16,45 €	**+1/+46/+104 %**
		Umfang 518 Mio. €, Alter 7 J., Ausgabeaufschlag **5,00 %**, Gebühr **1,25 %**, thesaurierend. Der Fonds strebt breit gestreut in Frontiermärkten unterhalb der Schwellenländer viel Rendite an.		

Name, Fonds-Gesellschaft	WKN	Kurs 18.06.18	Hoch/Tief 52 Wochen	Kursentwicklung 1, 3, 5, 10 Jahre
Aktienfonds DNB Technology A	A0M WAN	430,35 €	434,5/360,3 €	+21/+76/+191/+342 %
	Umfang 351 Mio. €, Alter 10 Jahre, Ausgabeaufschlag **5,00 %**, Gebühr **1,50 %**, thesaurierend. Der Fonds investiert in Technologie-, Kommunikations- und Medientitel in Zukunftsmärkten.			
Aktienfonds UniSector HighTech A	921 559	90,30 €	92,85/75,40 €	+18/+48/+119/+182 %
	Umfang 113 Mio. €, Alter 18 Jahre, Ausgabeaufschlag **4,00 %**, Gebühr **1,55 %**, ausschüttend. Der Fonds investiert in den Computer-, Software-, Hightechsektor. Was Rang und Namen hat, ist dabei, wie Apple, Alphabet, Microsoft, Facebook, Broadcom.			
Aktienfonds KBC Equity Strategie Telecom & Te.	779 078	214,00 €	220,1/174,5 €	+21/+41/+118/+58 %
	Umfang 1,1 Mrd. €, Alter 18 Jahre, Ausgabeaufschlag **0,00 %**, Gebühr **1,50 %**, thesaurierend. Der Fonds konzentriert sich auf den Sektor Telekom, Technologie, Medien. Dazu zählen Weltkonzerne wie SAP, Samsung Elec., Apple, ASML, Facebook.			
Aktienfonds DEKA Technologie CF	515 262	32,85 €	33,65/26,95 €	+21/+61/+137/+171 %
	Umfang 473 Mio. €, Alter 18 Jahre, Ausgabeaufschlag **3,75 %**, Gebühr **1,25 %**, thesaurierend. Hier geht es um ertragstarke Aktien von Firmen aus dem Technologiesektor. Große Asientitel wie Samsung, Tencent, Taiwan Semiconductor gehören dazu.			
Aktienfonds Comgest Growth China	756 455	74,45 €	76,65/61,10 €	+21/+45/+128/+158%
	Umfang 13 Mio. €, Alter 17 Jahre, Ausgabeaufschlag **4,00 %**, Gebühr **1,50 %**, thesaurierend. Das Fondsmanagement investiert in die Aktien qualitativ hochwertiger Unternehmen mit langfristigen Wachstums- und Ertragschancen im Großraum China.			
Aktienfonds StrucSol Next Generation	HAF X4V	87,10 €	152,3/87,05 €	-13/+151/+120 %
	Umfang 89 Mio. €, Alter 8 Jahre, Ausgabeaufschlag **5,00 %**, Gebühr **1,00 %**, ausschüttend. Der Aktienfonds ist Spezialist für „Next Generation Rohstoffe" wie Lithium, Kobalt und Grafit.			
Aktienfonds T. Rowe US Large Cap Gr.	A0B MAB	35,85 €	36,30/27,30 €	+26/+55/+115/+238%
	Umfang 1,9 Mrd. €, Alter 15 J., Ausgabeaufschlag **5,00 %**, Gebühr **1,50 %**, thesaurierend. Investiert wird in wachstums- und ertragsstarke US-Aktien, Schwerpunkt Technologie, Software.			
Aktienfonds Deutsche AM Smart Industr.	515 248	117,55 €	120,5/105,2 €	+10/+28/+73/+155 %
	Umfang 610 Mio. €, Alter 12 Jahre, Ausgabeaufschlag **5,00 %**, Gebühr **1,45 %**, ausschüttend. Angelegt wird in Infrastruktur, Logistik/Industrie: Honeywell, United Tech., UPS, 3M, Fedex.			

Name, Fonds-Gesellschaft	WKN	Kurs 18.06.18	Hoch/Tief 52 Wochen	Kursentwicklung 1, 3, 5, 10 Jahre
ETF iShares Nasdaq 100	A0F 5UF	60,85 €	60,85/47,05 €	+27/+65/+151/+288%
		Umfang 991 Mio. €, Alter 11 Jahre, Verwaltungsgebühr **0,30 %**, ausschüttend. Der ETF bildet den Nasdaq 100 ab. Von Familienfirmen dabei: Amazon, Facebook, Microsoft, Netflix, Tesla.
ETF iShares TecDAX (DE)	593 397	27,05 €	27,05/19,90 €	+27/+72/+195/+239%
		Umfang 940 Mio. €, Alter 17 Jahre, Jahresgebühr **0,50 %**, thesaurierend. Der ETF bildet den TecDAX ab mit bekannten Titeln wie 1&1 Drillisch, Bechtle, ISRA Vision, Nemetschek, Sartorius.
ETF Powershares Dynamic US	A0M 2EH	17,05 €	17,05/12,60 €	+23/+42/+91/+138 %
		Umfang 21 Mio. €, Alter 11 Jahre, Gebühr **0,40 %**, ausschüttend. Der ETF bildet den Dynamic Market Intellidex ab. Ziel ist ein hohes Kapitalwachstum. Wichtigste Branche: IT-Software.
ETF ComStage China FTSE	ETF 024	133,15 €	151,4/113,4 €	+18/-16 %
		Umfang 25 Mio. €, Alter 5 Jahre, Gebühr **0,40 %**, thesaurierend. Der Preisindex FTSE China A50 umfasst die 50 größten Unternehmen vom Festland China nach der Marktkapitalisierung.
ETF LYXOR Construction Mat.	LYX 0AZ	54,70 €	56,35/49,15 €	+1/+28/+93/+91 %
		UCITS Europe 600 Constr. & Materials., 41 Mio. €, Alter 12 J., Gebühr **0,30 %**, thesaurierend. Der ETF bildet Europas Bausektor mit dem Stoxx Europe 600 Construction & Materials ab.
ETF ComStage Europe Tech.	ETF 076	74,25 €	75,40/59,70 €	+19/+50/+118 %
		Umfang 25 Mio. €, Alter 10 Jahre, Jahresgebühr **0,25 %**, ausschüttend. Der ETF bildet den Stoxx Europe 600 Technology ab. Vom DAX und TecDAX sind SAP und Infineon vertreten.
ETF LYXOR Stoxx Europe Personal & H.	LYX 0AV	97,85 €	103,2/88,05 €	-3/+49/+117 %
		Umfang 29 Mio. €, Alter 12 Jahre, Jahresgebühr **0,30 %**, thesaurierend. Es geht nicht nur um Haushalt und Personal. Vertreten sind auch Luxus- und Autoaktien, Banken und Telekom.
ETF ISHSIV Automation & Rob.	A2A NH0	6,60 €	6,90 €/5,25 €	20 %/junger ETF
		Umfang 2,48 Mrd. €, <u>Alter 2 Jahre,</u> Jahresgebühr **0,40 %**, thesaurierend. Dieser neue ETF bildet einen Index nach mit Aktien von Firmen, die sich auf Automatik und Robotik spezialisieren.
ETF ComStage MSCI World	ETF 110	52,40 €	52,90/44,50 €	+11/+29/+54 %
		Börsenwert: 1,7 Mrd. €, Alter 10 Jahre, Jahresgebühr **0,20 %**, thesaurierend. Der Index gewichtet nach Börsenwert und bildet die Entwicklung der Aktienmärkte in den Industrienationen ab.

Name, Fonds-Gesellschaft	WKN	Kurs 03.08.18	Hoch/Tief 1 Jahr €	Kursentwicklung 1, 3, 5, 10 Jahre
Einzelaktie Ado Properties SDAX	A14 U78	49,50 €	49,50/37,00	+25/+156 %/IPO
		Börsenwert: 2,17 Mrd. €, **KGV: 8,** Ergebnis/Aktie: 5,59/6,98 €, Div.: 0,76/0,85 €, **Div.-Rendite: 1,7 %.** ADO konzentriert sich auf Berliner Wohnimmobilien und besitzt 17.650 Einheiten.		
Einzelaktie Corestate Capital SDAX	A14 1J3	46,50 €	57,05/42,00	-12 %/Börsengang
		Börsenwert: 974 Mio. €, **KGV: 7,** Ergebnis/Aktie: 5,65/6,25 €, Div.: 2,55/2,85 €, **Div.-Rendite: 6,2 %.** Der SDAX-Neuling bietet als integrierte Plattform sämtliche Immobilienleistungen an.		
Einzelaktie JenOptik TecDAX/SDAX	622 910	35,25 €	39,50/22,45	+42/+190/+262/+513 %
		Börsenwert: 2,01 Mrd. €, **KGV: 24,** Ergebnis/Aktie: 1,33/1,45 €, Div.: 0,33/0,36 €, **Div.-Rendite: 1,1 %.** Der Opto-Elektronik-Konzern ist in der Halbleiter-, Auto-, Luft-, Raumfahrtindustrie sowie Medtech, Sicherheits-, Mess- und Wehrtechnik aktiv.		
Einzelaktie Pfeiffer Vac. TecDAX/SDAX	691 660	131,40 €	175,3/120,9	-5/+58/+58/+132 %
		Börsenwert: 1,29 Mrd. €, **KGV: 17,** Ergebnis/Aktie: 7,08/7,56 €, Div.: 3,10/3,21 €, **Div.-Rendite: 2,5 %.** Pfeiffer produziert eine breite Palette von Vakuumpumpen, Mess- und Analysegeräten.		
Einzelaktie Dürr MDAX	556 520	39,10 €	60,25/35,45	-20/-5/+40/+530 %
		Börsenwert: 2,59 Mrd. €, **KGV: 11,** Ergebnis/Aktie: 2,73/3,13 €, Div.: 1,11/1,19 €, **Div.-Rendite: 3,3 %.** Der Maschinenbauer ist bei Lackieranlagen in der Automobilindustrie Weltmarktführer.		
Einzelaktie Stratec Biomedical Prime	STR A55	76,20 €	80,00/49,05	+51/+52/+173/+322 %
		Börsenwert: 910 Mio. €, **KGV: 27,** Ergebnis/Aktie: 2,45/2,80 €, Div.: 0,85/0,97 €, **Div.-Rendite: 1,3 %.** Stratec produziert für Probenaufbereitung und Testverfahren vollautomatische Systeme im Bereich der klinischen Diagnostik und Biotechnologie.		
Einzelaktie Wirecard DAX/TecDAX	747 206	163,75 €	165/65	+154/+349/+610/+2.772 %
		Börsenwert: 20,3 Mrd. €, **KGV: 41,** Ergebnis/Aktie: 2,97/3,94 €, Div.: 0,21/0,26 €, **Div.-Rendite: 0,2 %.** Der TecDAX-Konzern und DAX-Aufsteiger zählt zu den globalen Anbietern elektronischer Zahlungssysteme und Risiko-Managementlösungen.		
Einzelaktie XING TecDAX/SDAX	XNG 888	283,00 €	303,0/227,0	+15/+87/+425/+485 %
		Börsenwert: 1,58 Mrd. €, **KGV: 37,** Ergebnis/Aktie: 5,78/7,50 €, Div.: 2,28/2,71 €, **Div.-Rendite: 1,0 %.** Das Sozialnetzwerk für Berufskontakte hat über 11 Mio. Mitglieder. Sie nutzen die Plattform für Geschäft, Job, Karriere im deutschsprachigen Raum.		

Name, Fonds-Gesellschaft	WKN	Kurs 03.08.18	Hoch/Tief 1 Jahr €	Kursentwicklung 1, 3, 5, 10 Jahre
Einzelaktie Amgen Nasdaq 100	867 900	171,05 €	171,1/133,6	+17/+7/+109/+324 %
	Börsenwert: 124 Mrd. €, **KGV: 14,** Ergebnis/Aktie: 11,8/12,2 €, Div.: 4,48/4,80 €, **Div.-Rendite: 2,8 %.** Der Biotechriese entwickelt, produziert und vertreibt biopharmazeutische Produkte.			
Einzelaktie BHP Billiton GB/Australien	908 101	19,15 €	20,50/14,55	+26/+16/-14/-9 %
	Börsenwert: 40,3 Mrd. €, **KGV: 13,** Ergebnis/Aktie: 1,36/1,40 €, Div.: 0,89/0,94 €, **Div.-Rendite: 4,8 %.** BHP, einer der größten Rohstoffkonzerne, exportiert Kohle, Eisenerz, Industriemetalle.			
Einzelaktie Biogen Nasdaq 100	789 617	297,40 €	331,5/203,8	+24/+9/+88/+855 %
	Börsenwert: 63 Mrd. €, **KGV: 13,** Ergebnis/Aktie: 20,5/22,7 €, Div.: 0,00 €, **Div.-Rendite: 0,0 %.** Biogen spezialisiert sich auf die Entwicklung lebensrettender und die Lebensqualität erhöhender Medikamente. Schwerpunkte: HIV, Krebs, Alzheimer.			
Einzelaktie Electronic Arts Nasdaq	878 372	113,05 €	128,9/84,20	+13/+75/+466/+289 %
	Börsenwert: 34,6 Mrd. €; **KGV: 23,** Ergebnis/Aktie: 2,92/4,89 €, Div.: 0,00 €, **Div.-Rendite: 0,0 %.** Der Unterhaltungssoftware-Konzern entwickelt Programme für Videospiel-Konsolen & PC.			
Einzelaktie Illumina Nasdaq 100	927 079	287,50 €	289,0/161,0	+73/+45/+396 %
	Börsenwert: 42,3 Mrd. €, **KGV: 59,** Ergebnis/Aktie: 4,18/4,79 €, Div.: 0,00 €, **Div.-Rendite: 0,0 %.** Der Gen-Forschungskonzern entwickelt Systeme für genetische Funktionen und DNA-Profile.			
Einzelaktie Qualcomm Nasdaq 100	883 121	56,50 €	59,00/39,90	+27/-3/+12/+57 %
	Börsenwert: 83 Mrd. €, **KGV: 15,** Ergebnis/Aktie: 2,81/3,03 €, Div.: 2,05/2,08 €, **Div.-Rendite: 3,7 %.** Qualcomm konzentriert sich auf die Mobilfunktechnik und entwickelt Lösungen für drahtlose Sprach- und Datenkommunikation mit Mobilfunk-Chips.			
Einzelaktie Sberbank RTX Russland	A1J B8N	11,30 €	17,30/10,00	+13/+167/+27 %
	Börsenwert: 60 Mrd. €, **KGV: 6,0.** Ergebnis/Aktie: 0,51/0,55 €, **Div.-Rendite: 7,7 %.** Die zu den größten Geldinstituten Russlands zählende Sberbank hat sich zu einer globalen Universalbank mit einem Finalnetz von 18.000 Zweigstellen entwickelt.			
Einzelaktie Tatneft RTX Russland	A2A BS0	58,75 €	59,75/31,25	+80/+122/+107 %
	KGV: 8,0. Div.-Rendite: 6,7 %. Zur russischen Förderungsgesellschaft mit Holdingstruktur zählen Öl- und Gas-Produktionsstätten, Raffinerien, petrochemische Fertigungsstätten und Vertriebseinrichtungen. Hinzu kommen einige Hundert Tankstellen.			

Name, Fonds-Gesellschaft	WKN	Kurs 03.08.18	Hoch/Tief 1 Jahr €	Kursentwicklung 1, 3, 5, 10 Jahre
Einzelaktie FANUC Japan	863 731	175,80 €	249,0/173,7	**-2/+12/+42/+238 %**
Einzelaktie Aurelius m:access Börse Mü.	A0J K2A	50,60 €	65,80/47,25	**+1/+15/+121/+777 %**
Einzelaktie Siemens Healthineers TecDAX/MDAX	SHL 100	37,80 €	39,50/28,95	**+15 %**/Börsengang

Zeilen mit Details (zusammengefasst):

- **FANUC** – Börsenwert: 34,8 Mrd. €, **KGV: 24**, Ergebnis/Aktie: 6,57/7,15 €, Div.: 3,92/4,30 €, **Div.-Rendite: 2,6 %.** Der Elektronikkonzern arbeitet an Automatisierung und Robotik-Basistechnologien.
- **Aurelius** – Börsenwert: 1,47 Mrd. €, **KGV: 10**, Ergebnis/Aktie: 4,47/4,86 €, Div.: 2,36/3,18 €, **Div.-Rendite: 6,3 %.** Aurelius ist branchenunabhängig im globalen Übernahmesektor aktiv. Die Kriterien sind streng. Es gibt Büros in München, London und Stockholm.
- **Siemens Healthineers** – Börsenwert: 38 Mrd. €, **KGV: 22**, Ergebnis/Aktie: 1,26/1,70 €, **Div.-Rendite: 0,0 %.** Zum Kernbereich der Siemens-Abspaltung im Bereich der Medizintechnik gehört die Bildgebung für Diagnostik und Therapie nebst den dazugehörigen Geräten.

14.8 Das Musterdepot Geldanlage 100.000 €

Mein Modell wendet sich an Anleger, die wenig Zeit haben, ihr Depot an die aktuelle Börsenlage anzupassen. Aktienfonds und ETFs wählte ich unter vielen Produkten aus. All diese Titel decken Zukunftsmärkte ab. Sie sind auf Anleger zugeschnitten, die für ein Jahrzehnt und länger investieren wollen. Hinzu kommen Aktien-Vorschläge als Grundstock für die eigene Auswahl. Werfen Sie im Crash nicht von Panik getrieben all Ihre Wertpapiere in den Markt. Mit 100.000 € ist in 10 bis 20 Jahren der Millionärstraum erfüllbar, wenn Sie aus Fehlern lernen, Ihrer Strategie treu bleiben und den Zinseszinseffekt nutzen. Die Abkürzung **S** steht für **S**icherheitsbewusstsein. **E** bedeutet **E**rfolgsorientierung. **R** heißt **R**isikofreude.

Musterdepot 100.000 €, Kombination S, E, R; 4 Mischfonds, 9 Aktienfonds, 9 ETFs, 10 – 19 Aktien je 2.500 – 3.000 €

Name, Fonds-Gesellschaft	WKN	Kurs am 08.08.18	Hoch/Tief 52 Wochen	Kursentwicklung 1, 3, 5, 10 Jahre
Mischfonds DJE Concept 1	625 797	277,05 €	299,9/267,7	**+3/+10/+30/+113 %**

Umfang 200 Mio. €, Alter 17 J., Ausgabeaufschlag **0,00 %**, Gebühr **0,60 %**, thesaurierend. Investiert wird in Aktien, Anleihen, Genussscheine. Dazu zählen Linde, K+S, TUI, Wacker Chemie.

Name, Fonds-Gesellschaft	WKN	Kurs am 08.08.18	Hoch/Tief 52 Wochen	Kursentwicklung 1, 3, 5, 10 Jahre
Mischfonds Adelca Invest GI Multi Ass.	A0M 6JK	351,80 €	352,1/327,4 €	+44/+76/+109/+260 %
		Umfang 71 Mio. €, Alter 11 Jahre, Ausgabeaufschlag **5,00 %**, Gebühr **1,00 %**, thesaurierend. Der 5-Sterne-Fonds erzielt Erträge aus Aktien-Kursgewinnen, Dividenden sowie Zinszahlungen.		
Mischfonds U Fonds Multi Asset I EUR	A12 ADZ	867,60 €	870,4/732,6 €	+16/+46/+76 %
	Umfang 57 Mio. €, Alter 5 Jahre, Ausgabeaufschlag **0,00 %**, Gebühr **0,18 %**, ausschüttend. Der Fonds legt zumindest zwei Drittel in Aktien an. Die Quote wird je nach Börsentrend angepasst.			
Mischfonds DJE Europa – I EUR ACC	164 316	419,10 €	425,8/367,1 €	+11/+31/+65/+88 %
	Umfang 201 Mio. €, Alter 15 J., Ausgabeaufschlag **0,00 %**, Gebühr **1,07 %**, thesaurierend. Der Fonds investiert flexibel in Europa-Aktien, auch Nebenwerte, außerdem weltweit in Anleihen.			
Aktienfonds Uni Deutschland XS	975 049	177,00 €	195,0/159,0 €	+9/+32/+119/+350 %
	Umfang 1,33 Mrd. €, Alter 12 J., Ausgabeaufschlag **4,00 %**, Gebühr **1,55 %**, thesaurierend. Der Fonds ist auf europäische Mid, Small und Micro Caps fokussiert mit Schwerpunkt Deutschland.			
Aktienfonds UniSector HighTech A	921 559	101,75 €	102,8/81,60 €	+23/+48/+127/+254 %
	Umfang 142 Mio. €, Alter 19 Jahre, Ausgabeaufschlag **4,00 %**, Gebühr **1,55 %**, thesaurierend. Der Fonds investiert weltweit in Firmen der Computer-, Software- und Hochtechnologiebranche.			
Aktienfonds Quest Cleantec	A0N C68	264,05 €	274,5/242,9 €	+6/+23/+85/+158 %
	Umfang 225 Mio. €, Alter 10 Jahre, Ausgabeaufschlag **2,00 %**, Gebühr **1,25 %**, thesaurierend. Investiert wird in Aktien von Firmen, die in Industrienationen für eine saubere Energie arbeiten.			
Aktienfonds Janus Henderson Immobilien	989 232	48,55 €	49,00/41,10 €	+16/+16/+101/+120 %
	Umfang 356 Mio. €, Alter 20 Jahre, Ausgabeaufschlag **5,00 %**, Gebühr **1,20 %**, thesaurierend. Der Fonds investiert mit Anteilen bis zu einem Zehntel in Aktien europäischer Immobilienfirmen.			
Aktienfonds Nordinternet	978 530	119,10 €	126,5/80,55 €	+41/+75/+181/+454 %
	Umfang 74 Mio. €, Alter 20 Jahre, Ausgabeaufschlag **5,00 %**, Gebühr **1,00 %**, thesaurierend. Der Fonds bevorzugt Internet, Infrastruktur, Online-Plattformen wie Amazon, Facebook, Alphabet.			
Aktienfonds DJE ASIA High Dividende	A0Q 5K0	238,20 €	265,3/233,7 €	+-0/+30+64/+138 %
	158 Mio. €, Alter 10 Jahre, Ausgabeaufschlag **0,00 %**, Gebühr **1,00 %**, thesaurierend. Wichtige Branchen sind Finanzdienstleistungen, Konsumgüter, IT-Software und Telekommunikation.			

Name, Fonds-Gesellschaft	WKN	Kurs am 08.08.18	Hoch/Tief 52 Wochen	Kursentwicklung 1, 3, 5, 10 Jahre
Aktienfonds Monega Innovation	532 102	66,60 €	69,20/62,60 €	+7/+25/+75/+123 %
		Umfang 48 Mio. €, Alter 17 Jahre, Ausgabeaufschlag **3,50 %**, Gebühr **1,30 %**, ausschüttend. Hier geht es um Aktien von Firmen mit zukunftsfähigen Patenten weltweit, z. B. Biotechnologie.		
Aktienfonds Invesco Glob. Small Cap	987 084	136,45 €	141,4/123,8 €	+5/+25/+48/+111 %
		Umfang 461 Mio. €, Alter 22 Jahre, Ausgabeaufschlag **5,00 %**, Gebühr **1,50 %**, ausschüttend. Der Fonds ist Spezialist für Aktien kleinerer Firmen weltweit aus sehr unterschiedlichen Bereichen.		
Aktienfonds Frankfurter Aktienfonds	A0M 8HD	136,90 €	143,0/132,6 €	+3/+20/+55/+165 %
		Umfang 2,94 Mrd. €, Alter 10 Jahre, Ausgabeaufschlag **5,00 %**, Gebühr **1,20 %**, thesaurierend. Es geht nicht um Indexorientierung, sondern Wertzuwachs mit dividendenstarken Nebenwerten.		
ETF ComStage MSCI World	ETF 110	52,60 €	53,60/44,50 €	+12/+31/+56 %
		Börsenwert: 1,72 Mrd. €, Alter 10 Jahre, Jahresgebühr **0,20 %**, thesaurierend. Der Index gewichtet nach Börsenwert und bildet die Entwicklung der Aktienmärkte in den Industrienationen ab.		
ETF iShares Automat./Robotic	A2A NH0	6,65 €	6,90 €/5,20 €	18 % in einem Jahr
		Umfang 2,48 Mrd. €, <u>Alter 2 Jahre,</u> Jahresgebühr **0,40 %**, thesaurierend. Dieser junge ETF bildet einen Index nach mit Aktien von Unternehmen, die sich auf Automatik und Robotik spezialisieren.		
ETF iShares Stoxx Europe Tech.	A0H 08Q	45,90 €	49,05/38,90 €	+13/+45/+95 %
		Umfang 121 Mio. €, Alter 17 Jahre, Gebühr **0,45 %**, ausschüttend. Der ETF bildet die Entwicklung von Europas großen Technologiekonzernen ab, wie SAP, Infineon, Siemens vom DAX.		
ETF iShares Nasdaq-100	A0F 5UF	62,75 €	62,90/46,65 €	+27/+67/+145/+314 %
		Umfang 1,39 Mrd. €, Alter 12 Jahre, Verwaltungsgebühr **0,30 %**, ausschüttend. Der ETF bildet die US-Technologiebörse Nasdaq 100 ab. Größte Anteile: Apple, Microsoft, Amazon, Facebook.		
ETF LYXOR STX EU Insurance	LYX 0AQ	36,85 €	38,65/33,85 €	+1/+8/+67/+105 %
		Umfang 65 Mio. €, Alter 12 Jahre, Verwaltungsgebühr **0,30 %**; thesaurierend. Der ETF deckt Europas Versicherungs- und Finanzdienstleistungssektor mit Aktien großer AGs ab wie Allianz.		
ETF iShares MDAX	593 392	228,25 €	237,5/207,6 €	+6/+24/+77/+148 %
		Umfang 2,10 Mrd. €, Alter 17 J., Gebühr **0,50 %**, thesaurierend. Abgebildet wird der auf 60 Titel aufgestockte MDAX mit so bekannten Firmen wie Airbus, DÜRR, Fuchs, GEA, Hannover Rück.		

Name, Fonds-Gesellschaft	WKN	Kurs am 09.08.18	Hoch/Tief 52 Wochen	Kursentwicklung 1, 3, 5, 10 Jahre
ETF ComStage SDAX TR	ETF 005	113,60 €	148,5/104,0 €	+8/+30/+95 %
	Umfang 141 Mio. €, Alter 7 Jahre, Gebühr **0,70 %,** ausschüttend. Der ETF bildet die Wertentwicklung der 60 SDAX-Aktien nach.			
ETF iShares TecDAX (DE)	593 397	113,60 €	148,5/104,0 €	+28/+65/+183/+261 %
	Umfang 1,02 Mrd. €, Alter 17 Jahre, Jahresgebühr **0,50 %,** thesaurierend. Der ETF bildet den TecDAX ab. Große Anteile: Wirecard, United, Freenet, Drillisch, Qiagen, Dialog, Sartorius, Evotec.			
Einzelaktie Adidas DAX	A1E WWW	205,00 €	218,0/165,0 €	-3/+161/+127/+353 %
	Der DAX-Star mit seiner starken Marke zählt zu den weltweiten Sport-Marktführern bei Bällen, Sportschuhen, Freizeitkleidung.			
Einzelaktie Allianz DAX	840 400	188,70 €	215,7/165,1 €	+1/+23/+59/+66 %
	Der führende Erstversicherer ist dividendenstark und arbeitet in den Sparten Schadens-, Unfall-, Lebens-, Krankenversicherung.			
Einzelaktie BMW DAX	519 000	84,30 €	97,50/76,50 €	+5/-9/+18/+184 %
	BMW verfolgt mit sportlichen Autos und Motorrädern eine Premium-Marken-Strategie und forscht im Bereich Elektromobilität.			
Einzelaktie SAP DAX/TecDAX	716 460	99,95 €	105,9/81,10 €	+11/+52/+78/+163 %
	SAP unterstützt mit weitreichender Betriebssoftware Firmen aller Größen und Branchen, ihr Geschäft nachhaltig voranzubringen.			
Einzelaktie Wirecard DAX/TecDAX	747 206	191,15 €	196/68,85	+180/+420/+711/+2.772 %
	Der DAX-Aufsteiger zählt zu den globalen Marktführern elektronischer Zahlungssysteme und Risiko-Managementlösungen.			
Einzelaktie BB Biotech Schweiz	A0N FN3	59,10 €	63,60/50,75 €	+10/+5/+192/+426 %
	Die Schweizer Beteiligungsfirma mit 30 Biotech-Aktien ist wie ein Fonds aufgebaut und sorgt für Streuung und Risikominimierung.			
Einzelaktie Dt. Wohnen MDAX	A0H N5C	42,25 €	42,65/32,35 €	+20/+79/+212/+710 %
	Die Dt. Wohnen SE konzentriert sich im Wohnsektor mit 150.000 Einheiten auf Bewirtschaftung, Management und Privatisierung.			
Einzelaktie SIXT St SDAX	723 132	107,00 €	116,4/59,6 €	+71/+179/+502/+803%
	SIXT ist ein internationaler Mobilitäts-Dienstleister mit dem Kerngeschäft Mietwagenservice und erfreut durch hohe Dividenden.			
Einzelaktie Nemetschek TecDAX/MDAX	645 290	124,70 €	132/62 €	+91/+294/+1031/+2348 %
	Die erfolgreiche Familienfirma entwickelt und vermarktet Software für Bauingenieure im Zukunftsmarkt Planen, Bauen, Nutzen.			

Name, Fonds-Gesellschaft	WKN	Kurs am 09.08.18	Hoch/Tief 1 Jahr €	Kursentwicklung 1, 3, 5, 10 Jahre
Einzelaktie Sartorius Vz TecDAX/MDAX	716 563	143,50 €	151,0/70,70	+66/+189/+549/+3.457 %
		Der substanzstarke Labor- und Prozesstechnologieanbieter beliefert vor allem den Biotech-, Pharma- und Nahrungsmittelsektor.		
Einzelaktie LUKOIL RTX Russland	A14 20E	59,45 €	61,70/40,10	+44/+71/+41/-9 %
		LUKOIL erfreut mit üppiger Dividende und zählt zu den weltweit größten Mineralölgesellschaften mit Förderung Erdöl und Erdgas.		
Einzelaktie Microsoft Dow Jones	870 747	94,80 €	95,10/59,75	+53/+121/+283/+403%
		Microsoft ist der unumstrittene Weltmarktführer bei Computer-Betriebssystemen mit zahlreichen Funktionen und Neuerungen.		
Einzelaktie Alphabet Nasdaq USA	A14 Y6F	1.092,0 €	1.113/729,3	+35/+79/+224/+564 %
		Börsenwert: 587 Mrd. €, **KGV: 23,** Dividendenrendite: **0,0 %.** Die Online-Suchmaschine von Alphabet bzw. Google wird weltweit am häufigsten genutzt und in 130 Sprachen angeboten.		
Einzelaktie Amazon Nasdaq USA	906 866	1.226,0 €	1.630/771 €	+93/+241/+635/+2.954 %
		Der innovative Online-Versandhändler ist im Konsumgüterbereich tätig, vor allem Bücher, Musik, DVD, Elektronik, Haushaltsgeräte.		
Einzelaktie Nvidia Nasdaq USA	918 422	222,00 €	232/127 €	+54/+965/+1.928/+2.920%
		Der IT-Hardware-Spezialist vermarktet Grafik-Kommunikations-Prozessoren für Video, digitale Bildbearbeitung, Industriedesign.		
Einzelaktie UPM Kymmene, Finnland	881 026	31,50 €	32,60/21,40	+39/+83/+243/+184 %
		Der dividendenstarke finnische Hersteller von Papier-, Zellstoff-, Holzprodukten zählt zu den führenden Forst-/Papierkonzernen.		
Einzelaktie Alibaba China	A11 7ME	155,00 €	182,0/125,1	+13/+108 %/IPO
		Der chinesische Internetkonzern betreibt eine führende Handels-Plattform mit Schwerpunkt Auto & Motorrad, Bekleidung, Büro.		
Einzelaktie Samsung El., Südkorea	881 823	737,35 €	987,0/651,0	+1/+128/+139+343 %
		Samsung ist auf Hochtechnologie spezialisiert. Zum Sortiment zählen Mobiltelefone, Fernsehgeräte, Kameras, Haushaltsgeräte.		
Einzelaktie Tencent China	A11 38D	41,35 €	49,95/32,05	+13/+145/+486 %
		Der Internetriese mit vielen Patenten betreibt das größte Serviceportal der Volksrepublik mit mobilen Kommunikationslösungen.		
Einzelaktie PVA Tepla, DAXplus Fam.	746 100	15,80 €	18,45/3,10	+372/+544/+769/+172 %
		Als Vakuum-Spezialist für Hochtemperatur und Plasmaprozesse ist PVA marktführend bei Metall-Sinter- und Kristallzuchtanlagen.		

14.9 So finden Sie rasch Ihre Lieblingsaktien für die Kapitalanlage 5.000 bis 100.000 €

Alle in Kapitel 14 besprochenen Aktien finden Sie gegliedert mit WKN, Index oder Land, Anlegertyp (**S** sicherheitsbewusst, **E** erfolgsorientiert, **R** risikofreudig, **K** für kombiniert) im Musterdepot. Wichtig ist der Seitenhinweis. Drucken Sie sich diese alphabetische Aufstellung interessanter Aktien mehrfach aus. Halten Sie die Übersicht griffbereit, wenn Sie nachschauen oder ordern wollen.

Aktiensuche leicht gemacht nicht nur für das Kapitel 14					
A bis Z	Aktie, Unternehmen	WKN	Index/ Land	Risiko- stufe	Seiten- zahl
1	1&1 Drillisch	554 550	TecDAX/MDAX	E/R	337
3	3M	851 745	Dow Jones	S/E	366
A	Aareal Bank	540 811	MDAX	S/E/K	360
A	Adidas	A1EWWW	DAX	S/E/K	334/376
A	Adobe	871 981	Nasdaq 100	E/R	340
A	Ado Properties	A14 U78	SDAX	E/R	371
A	Alibaba	A117ME	China	E/R/K	340/377
A	Allgeier	A2G S63	Prime Stand.	S/E	349
A	Allianz	840 400	DAX	S/E/K	327/376
A	Alphabet A	A14 Y6F	Nasdaq 100	E/R/K	340/377
A	Amazon	906 866	Nasdaq 100	E/R/K	330/377
A	Amgen	867 900	Nasdaq 100	E/R	372
A	Apple	865 985	Dow/Nasdaq	S/E	346
A	ASML Holding	A1J 4U4	Euro Stoxx 50	E/R	365
A	Aurelius	A0J K2A	m:access Mü.	E/R	373
A	Aurubis	676 650	MDAX	S/E	360
A	Axel Springer	550 135	MDAX	S/E	334
B	BASF	BAS F11	DAX	S/E	319
B	Basler	510 200	Prime Stand.	E/R	350
B	Bayer	BAY 001	DAX	S/E	359
B	BB Biotech	A0N FN3	Schweiz	E/R/K	316/376
B	Bechtle	515 870	TecDAX/MDAX	E/R	321

A bis Z	Aktie, Unternehmen	WKN	Index/ Land	Risiko- stufe	Seiten- zahl
B	Beiersdorf	520 000	DAX	S/E	334
B	Bertrandt	523 280	SDAX	S/E	360
B	BHP Billiton	908 101	GB/Australien	E/R	354
B	Biogen	789 617	Nasdaq 100	E/R	355
B	Blue Cap	A0J M2M	m:access Mü.	E/R	354
B	BMW	519 000	DAX	S/E/K	321/376
B	Boeing	850 471	Dow Jones	S/E	366
B	BP	850 517	Stoxx 50	S/E	361
B	Brenntag	A1D AHH	MDAX	S/E	360
C	Cancom	541 910	TecDAX/SDAX	E/R	339
C	Carl Zeiss Med.	531 370	TecDAX/SDAX	E/R	354
C	Caterpillar	850 598	Dow Jones	S/E	350
C	China Petroleum	578 971	China	E/R	367
C	CompuGroup	543 730	TecDAX/SDAX	E/R	353
C	Continental	543 900	DAX	S/E	365
C	Corestate Capital	A14 1J3	SDAX	E/R	371
C	Covestro	606 214	DAX	S/E	349
C	CTS Eventim	547 030	MDAX	E/R	337
D	Daimler	710 000	DAX	S/E	345
D	Danone	851 194	Euro Stoxx 50	S/E	365
D	Dassault	901 295	HAFixE	E/R	350
D	Deutsche Börse	581 005	DAX	S/E	359
D	Dt. Pfandbrief	801 900	MDAX	S/E	345
D	Deutsche Post	723 132	DAX	S/E	359
D	Dt. Wohnen	A0H N50	MDAX	S/E/K	328/376
D	DÜRR	556 520	MDAX	E/R	371
E	Einhell	565 493	Prime Stand.	S/E	346
E	Electronic Arts	878 372	Nasdaq 100	E/R	372
E	Eurofins	910 251	Frankreich	E/R/K	317
F	Fanuc	863 731	Nikkei 225	E/R	373
F	Fielmann	577 220	MDAX	S/E	334
F	Freenet	A0Z 2ZZ	TecDAX	E/R	353

A bis Z	Aktie, Unternehmen	WKN	Index/ Land	Risiko- stufe	Seiten- zahl
F	Fresenius	578 560	DAX	S/E	345
F	Fuchs Petrolub	579 043	MDAX	S/E	349
G	Gerresheimer	A0L D6E	MDAX	S/E	360
G	GK Software	757 142	Prime Stand.	E/R	354
G	Grenke	A16 1N3	SDAX	S/E	319
H	Hannover Rück	840 221	MDAX	S/E	321
H	Hella	A13 SX2	MDAX	S/E	337
H	Henkel	604 843	DAX	S/E	325
H	Hermès Internat.	886 670	Frankreich	S/E	346
H	Hermle	605 283	Prime Stand.	S/E	328
H	Hochtief	607 000	MDAX	S/E	337
H	Hypoport	549 336	SDAX	E/R	323
I	Illumina	972 079	Nasdaq 100	E/R	372
I	Infineon	623 100	DAX/TecDAX	E/R	330
I	Isra Vision	548 810	TecDAX/SDAX	E/R	330
J	Jenoptik	622 910	TecDAX/SDAX	E/R	371
J	Johnson & John.	853 260	Dow Jones	S/E	361
J	Jungheinrich	621 993	MDAX	S/E	345
K	Kering	851 223	HAFix E	E/R	350
K	KION	KGX 888	MDAX	S/E	349
K	König & Bauer	719 350	SDAX	S/E	345
K	Krones	633 500	SDAX	S/E	321
L	LEG Immobilien	LEG 111	MDAX	S/E	360
L	Linde	648 300	DAX	S/E	365
L	L'Oréal	853 888	Euro Stoxx 50	S/E	337
L	Lukoil	A14 20E	Russland RTX	E/R/K	354/377
L	LVMH	853 292	Euro Stoxx 50	E/R	338
M	Marine Harvest	924 848	Norwegen	S/E	365
M	Mc Donalds	856 958	Dow Jones	S/E	361
M	Mensch + Masch.	658 080	m:access Mü.	E/R	330
M	Merck KGaA	659 990	DAX	S/E	365
M	Micron Techno.	869 020	Nasdaq 100	E/R	354

A bis Z	Aktie, Unternehmen	WKN	Index/ Land	Risiko- stufe	Seiten- zahl
M	Microsoft	870 747	Dow Jones	E/R/K	323/377
M	Munich Re	843 002	DAX	S/E	319
N	Nemetschek	645 290	TecDAX/MDAX	E/R/K	317/376
N	Nestlé	A0Q4DC	Euro Stoxx 50	S/E	361
N	Netflix	552 484	Nasdaq 100	E/R	340
N	Nike	866 993	Dow Jones	S/E	366
N	Nintendo	864 009	Nikkei 225	S/E	361
N	Norilsk Nickel	A14 0M9	Russland RTX	E/R	341
N	Novo Nordisk	A1X A8R	Stoxx 50 DK	E/R	341
N	Nvidia	918 422	Nasdaq 100	E/R	340/377
P	Patrizia	PAT 1AG	SDAX	S/E	360
P	Pfeiffer Vacuum	691 660	TecDAX/SDAX	E/R	371
P	PUMA	696 960	MDAX	S/E	366
P	PVA Tepla	746 100	DAXplus Fam.	E/R/K	340/377
Q	Qualcomm	883 121	Nasdaq 100	E/R	372
R	Rational	701 080	SDAX	S/E	328
R	Richemont	A1W 5CV	Schweiz	E/R	354
R	Rio Tinto	852 147	Stoxx 50	E/R	350
R	Roche	855 167	Stoxx 50	S/E	361
R	Royal Dutch	A0D 94M	Stoxx 50	S/E	361
S	Salesforce	A0B 87V	Nasdaq 100	E/R	355
S	Samsung	881 823	Südkorea	E/R/K	330/377
S	SAP	716 460	DAX/TecDAX	E/R	323/376
S	Sartorius	716 563	TecDAX/MDAX	E/R/K	323/377
S	Sberbank	A1J B8N	Russland RTX	E/R	372
S	Schaeffler	SHA 015	MDAX	E/R	353
S	Secunet	727 650	Prime Stand.	E/R	340
S	Siemens	723 610	DAX	S/E	325
S	Siemens-Health.	SHL 100	TecDAX/MDAX	E/R	373
S	SIXT Stämme	723 132	SDAX	S/E/K	326/376
S	SoftBank	891 624	Nikkei 225	E/R	366
S	Sony	853 687	Nikkei 225	S/E	334

A bis Z	Aktie, Unternehmen	WKN	Index/ Land	Risiko-stufe	Seiten-zahl
S	Stratec Medical	STR A55	Prime Stand.	E/R	371
S	Ströer	749 399	SDAX	S/E	345
S	Symrise	SYM 999	MDAX	S/E	326
T	Tatneft	A2A BS0	Russland RTX	E/R	372
T	Tencent	A11 38D	China	E/R/K	330/377
T	Toyota Motor	853 510	Nikkei 225	S/E	366
T	Tradegate	521 690	Prime Stand.	E/R	366
T	TUI	TUA G00	Prime Stand.	S/E	334
U	United Internet	508 903	TecDAX/MDAX	E/R	337
U	UPM Kymmene	881 026	Finnland	S/E/K	367/377
V	VARTA	A0T GJ5	Prime Stand.	S/E	349
V	Villeroy & Boch	765 723	Prime Stand.	S/E	367
V	VINCI	867 475	Euro Stoxx 50	S/E	328
V	VISA	A0N C7B	Dow Jones	S/E	366
V	Vonovia	A1ML7J	DAX	S/E	345
V	VTG	VTG 999	SDAX	S/E	334
W	Wacker Neuson	WAC K01	SDAX	S/E	337
W	Washtec	750 750	SDAX	S/E	360
W	Wirecard	747 206	DAX/TecDAX	E/R/K	371/376
X	XING	XNG 888	TecDAX/SDAX	E/R	371

Aktiensuche leicht gemacht mit Ihren eigenen Favoriten					
A bis Z	Aktie, Unter-nehmen	WKN	Index/ Land	Aktien-kurs	Hoch/Tief 52 Wochen

15 Testen Sie schnell Ihr Fondswissen

Schnelltest Nr. 1 zur Wissensüberprüfung			
Nr.	Aufgabenstellung – Lösung im Anhang auf S. 409		Punkte
1	Börsenrätsel: Setzen Sie die fehlenden Buchstaben ein. Das aus elf Anfangsbuchstaben zu bildende Lösungswort gehört zur Börse.		11 [ ]
1.1	Bewerten Aktien/Firmen/Fonds		1 [ ]
1.2	Ziel Aktien- und Fondsanlagen		1 [ ]
1.3	Nebenwerte-Index		1 [ ]
1.4	Preissteigerung		1 [ ]
1.5	Aktuelles Ziel Autoindustrie		1 [ ]
1.6	Vorgänger vom TecDAX		1 [ ]
1.7	Firmenzusammenschluss		1 [ ]
1.8	Fondsrichtlinie, dt. Abkürzung		1 [ ]
1.9	Technologiebörse USA		1 [ ]
1.10	Absicherungsinstrumente		1 [ ]
1.11	Wichtig für Börsenerfolg		1 [ ]
2	Wissen: Was stimmt komplett? Was ist falsch? Kreuz!	Ja Nein	12 [ ]
2.1	„Aus dem Bauch", emotionell handeln wird empfohlen		1 [ ]
2.2	Als vorsichtiger Anleger in Hedgefonds investieren		1 [ ]
2.3	Fundiertes Börsenwissen bietet Schutz vor Manipulation.		1 [ ]
2.4	Eine Infoquelle reicht für Fondskauf/-verkauf locker aus.		1 [ ]
2.5	Stimmt oft: Gier frisst Hirn, und Panik tötet den Verstand.		1 [ ]
2.6	Guter Rat: Gewinne laufen lassen, Verluste stets aussitzen.		1 [ ]
2.7	Bei ETFs ist Ausgabeaufschlag niedriger als bei Aktienfonds.		1 [ ]
2.8	Prime Standard: MDAX, TecDAX, SDAX und Nasdaq.		1 [ ]
2.9	Ethik-Themenfonds können bezüglich Rendite mithalten.		1 [ ]
2.10	Value-Aktienfonds: konjunkturunabhängig, substanzstark.		1 [ ]
2.11	Growth-Strategie: Versorger, Konsumgüter, Versicherungen.		1 [ ]
2.12	Offene Immobilienfonds sind sehr sicher und ertragreich.		1 [ ]
3	Zuordnungstest: Welche Aussagen treffen völlig zu?	Nr.	4 [ ]
3.1	**Risikofreudiger Typ:** 1) Nur Value-Fonds. 2) DAX-Fonds. 3) TecDAX-/Nasdaq-Aktienfonds 4) Auch Nebenwertefonds.	Nr.	2 [ ]
3.2	**Kaufsignale:** 1) Ölpreis stürzt ab. 2) Strafzins wird erhöht. 3) Fondsgebühren sinken wegen ETFs. 4. Exportquote steigt.	Nr.	2 [ ]
	26 - 27 P. = 1, 24 - 25 P. = 2, 21 - 23 P. = 3, 18 - 20 P. = 4	Ziel: 27 P.	[ ]

Schnelltest Nr. 2 zur Wissensüberprüfung

Nr.	Aufgabenstellung – Lösung im Anhang auf S. 410	Punkte
1	Börsenrätsel: Setzen Sie die fehlenden Buchstaben ein. Das aus 12 Anfangsbuchstaben bestehende Lösungswort stuft Anleger ein.	12 [ ]
1.1	Wertpapierertrag	1 [ ]
1.2	Oberbegriff, Name für ETF	1 [ ]
1.3	Anlagestrategie	1 [ ]
1.4	Wachstumsmarkt	1 [ ]
1.5	Charttechnik liefert:	1 [ ]
1.6	Wachstumsregion	1 [ ]
1.7	Deutscher Finanzplatz	1 [ ]
1.8	Aktienfonds-Bewertung	1 [ ]
1.9	Bei Banken oft zu gering	1 [ ]
1.10	Engl. Abkürzung bei Fonds	1 [ ]
1.11	Bevölkerungsentwicklung	1 [ ]
1.12	Anlage mit gutem Gewissen	1 [ ]
2	Wissenstest: Was stimmt? Was ist falsch? Ankreuzen! Ja Nein	12 [ ]
2.1	Finanzkennzahlen und Charttechnik schließen einander aus.	1 [ ]
2.2	Gesundheits-/Software-/Immobilienbranche chancenreich.	1 [ ]
2.3	Unverzichtbar bei Hightechfonds: Digitalisierung/Vernetzung.	1 [ ]
2.4	Rohstoffmarkt spielt langfristig weltweit keine Rolle mehr.	1 [ ]
2.5	Risikofreudige Anleger wählen nur USA-Hochzinsfonds aus.	1 [ ]
2.6	Thesaurierung: Dividende wird in weitere Anteile angelegt.	1 [ ]
2.7	Schnelles Rein/Raus bringt bei Fonds die höchste Rendite.	1 [ ]
2.8	Meide die gefährlichen Vier: Euphorie, Panik, Angst und Gier	1 [ ]
2.9	Bei Konsumgütern ist das Risiko viel höher als bei Biotech.	1 [ ]
2.10	Immobilien-Aktienfonds Nutznießer vom Flüchtlingszustrom	1 [ ]
2.11	Aktienfonds sind aktiv gemanagt, klassische ETFs passiv.	1 [ ]
2.12	Kleiner Ausgabeaufschlag am wichtigsten bei Fondsauswahl	1 [ ]
3	Welche Aussagen stimmen zur Beispielreihe Crash?	Nr. 3 [ ]
	1) Nur im Oktober zu befürchten. 2) Nur bei Platzen von Spekulationsblasen möglich. 3) Droht bei großen Krisenherden. 4) Völlig undenkbar bei stabiler Konjunktur. 5) Beim Kernkraft-GAU. 6) Kommt kaum vor: Depot-Panikausverkauf.	Nr. 3 [ ]
4	Welche Aussagen gelten für eine kluge Fondsanlage?	Nr. 3 [ ]
	1) Keine Order unter 1.000 €. 2) Bei Panik alles blitzschnell verkaufen. 3) Sich für sein Tun verantwortlich fühlen. 4) Auf Stammtischtipps hören. 5) Bei Hektik Bauchgefühl vertrauen. 6) Anlegerprofil und Renditeerwartung richtig einschätzen.	Nr. 3 [ ]
	29 - 30 P. = 1, 26 - 28 P. = 2, 23 - 25 P. = 3, 20 - 22 P. = 4	30 P. [ ]

Schnelltest Nr. 3 zur Wissensüberprüfung

Nr.	Aufgabenstellung – Lösung im Anhang auf S. 411	Punkte
1	Börsenrätsel: Setzen Sie die fehlenden Buchstaben ein. Das aus 14 Anfangsbuchstaben bestehende Lösungswort zählt zur Strategie.	14 [ ]
1.1	Fondsart mit großem Anteil	1 [ ]
1.2	Vorn beim Kursgewinn	1 [ ]
1.3	Grund für Kursausschläge	1 [ ]
1.4	Leitet Hauptversammlung	1 [ ]
1.5	Fondsart	1 [ ]
1.6	Hauptziel vom Börsengang	1 [ ]
1.7	Beeinflusst Börsentrends	1 [ ]
1.8	Großer Aktienindex	1 [ ]
1.9	Zahlungsunfähigkeit	1 [ ]
1.10	Begriff Charttechnik	1 [ ]
1.11	Abhängig von Zinssätzen	1 [ ]
1.12	Bestandteil von Mischfonds	1 [ ]
1.13	Engl. Abkürzung bei Fonds	1 [ ]
1.14	Kleine Nebenwerte	1 [ ]
2	Nebenwerte: Was stimmt? Was ist falsch? Ankreuzen! Ja Nein	8 [ ]
2.1	Risiko ist bei Aktienfonds genauso hoch wie bei Einzelaktien.	1 [ ]
2.2	Zahlreiche Aktienfonds mit MDAX-/TecDAX-/SDAX-Werten.	1 [ ]
2.3	Seit 20 Jahren: MDAX Kursgewinn doppelt so hoch wie DAX.	1 [ ]
2.4	Anlageerfolg bei Nebenwertefonds reine Glückssache.	1 [ ]
2.5	Alle Mischfonds ohne Goldbeimischung sind hoch im Minus.	1 [ ]
2.6	Bei allen Dividendenfonds sind die Gebühren extrem hoch.	1 [ ]
2.7	Es gibt 40-/50-jährige Fonds mit über 1.000 % Kursgewinn.	1 [ ]
2.8	Auf- und Abstieg bei MDAX, TecDAX, SDAX einmal jährlich.	1 [ ]
3	A sucht B. Bilden Sie die passenden Wortpaare. A/B	13 [ ]
3.1	A1) Defensivstrategie. A2) Offensivstrategie. A3) Small-Cap-Index. A4) Mid-Cap-Index 60 Titel. A5) Nasdaq. A6) Familienfirmen-Index. A7) Totalverlust droht. A8) Zukunftsmärkte. A9) Riesenfehler im Crash. A10) Mittelabfluss 2016. A11) Breite Streuung. A12) Ordergebühren. A13) Mischfonds.	1 [ ] 1 [ ] 1 [ ] 1 [ ] 1 [ ] 1 [ ] 1 [ ]
3.2	B1) MDAX. B2) Besteht aus Aktien/Anleihen. B3) Ostasien/Lateinamerika. B4) Transaktionskosten. B5) Value-Fonds. B6) Technologiebörse USA. B7) Diversifikation. B8) Hedgefonds. B9) Geschlossene Schifffonds. B10) Growth-Fonds. B11) SDAX. B)12 Panik-Ausverkauf. B13) DAXplus Family.	1 [ ] 1 [ ] 1 [ ] 1 [ ] 1 [ ] 1 [ ]
	33 - 35 P. = 1, 30 - 32 P. = 2, 27 - 29 P. = 3, 23 - 26 P. = 4 35 P.	[ ]

Schnelltest Nr. 4 zur Wissensüberprüfung

Nr.	Aufgabenstellung – Lösung im Anhang auf S. 412	Punkte
1	Börsenrätsel: Setzen Sie die fehlenden Buchstaben ein. Das 10 Anfangsbuchstaben umfassende Lösungswort nennt eine Aktienart.	10 [ ]
1.1	Technologiebörse Amerika	1 [ ]
1.2	Zukunft Autoindustrie	1 [ ]
1.3	Größter Fondsanbieter	1 [ ]
1.4	Mehr Risiko als beim ETF	1 [ ]
1.5	Börsengang/IPO	1 [ ]
1.6	Erneuerbare Energie	1 [ ]
1.7	Ausgebende Bank	1 [ ]
1.8	Abhängig von Zinssätzen	1 [ ]
1.9	Anleger fürchten sich vor	1 [ ]
1.10	Aktien-Index	1 [ ]
2	Welche zwei Aussagen passen nicht? Nummern einsetzen!	14 [ ]
2.1	**Gesundheitsbranche:** 1) Biotech, 2) Medtech, 3) Pharma, 4) Nanotechnologie, 5) Wirkstoffforschung, 6) Suchmaschine	2 [ ]
2.2	**ETF:** 1) Sondervermögen, 2) stets aktiv gemanagt, 3) kleiner Ausgabeaufschlag, 4) deckt den Index ab, 5) Indexfonds	2 [ ]
2.3	**Zukunftstrends:** 1) Industrie 4.0, 2) Cloud Computing, 3) Internet der Dinge, 4) Kosmetik, 5) Big Data, 6) Hardware	2 [ ]
2.4	**MDAX:** 1) 60 Werte, auch Technik, 2) nur deutsche Titel, 3) Auf/Abstieg einmal jährlich, 4) Mid Cap, 5) besser als DAX	2 [ ]
2.5	**TecDAX:** 1) 50 Technologietitel, 2) auch ausländische Titel, 3) Nachfolger Neuer Markt, 4) Micro Cap, 5) viel Software	2 [ ]
2.6	**SDAX:** 1) 70 Titel ohne Technik, 2) nur deutsche Titel, 3) Prime Standard, 4) Small Cap, 5) Industrietitel, 6) Konsumtitel	2 [ ]
2.7	**Investmentfonds:** 1) Breit gestreut, 2) viele Arten, 3) Ausgabeaufschlag üblich, 4) sehr billig, 5) weltweit 1.000 Fonds	2 [ ]
3	A sucht B. Bilden Sie die passenden Wortpaare. A/B	12 [ ]
3.1	A1) Anlage in Aktien und Anleihen. A2) Handel mit geliehenen Aktien. A3) Aktiv gemanagt. A4) Familienindex. A5) Nichts für Anfänger. A6) Fonds-Richtlinie. A7) Schlägt seit 20 Jahren den DAX. A8) Mit Mietshaus vergleichbar. A9) Offene Immobilienfonds. A10) Anlage mit Sparplänen. A11) Voraussetzung Fondsanlageerfolg. A12) Zur Absicherung.	1 [ ] 1 [ ] 1 [ ] 1 [ ] 1 [ ] 1 [ ]
3.2	B1) Dachfonds. B2) Derivate Long/Short. B3) MDAX. B4) Abkürzungen UCITS/OGAW. B5) Mehrere Projekte. B6) Investmentfonds. B7) Langfristiger Anlagehorizont. B8) Bei zahlreichen Investmentfonds möglich. B9) DAXplus Family. B10) Hedgefonds. B11) Leerverkauf. B12) Mischfonds.	1 [ ] 1 [ ] 1 [ ] 1 [ ] 1 [ ] 1 [ ]
	34 - 36 P. = 1, 31 - 33 P. = 2, 27 - 30 P. = 3, 23 - 26 P. = 4	36 P. [ ]

Schnelltest Nr. 5 zur Wissensüberprüfung

Nr.	Aufgabenstellung – Lösung im Anhang auf S. 413		Punkte
1	**Börsenrätsel:** Setzen Sie die fehlenden Buchstaben ein. Das aus 14 Anfangsbuchstaben bestehende Lösungswort nennt eine Branche.		14 [ ]
1.1	Fonds aus Aktien/Anleihen		1 [ ]
1.2	Basis für Wertpapierorder		1 [ ]
1.3	Absicherung bei Fonds		1 [ ]
1.4	Zukunftsmarkt		1 [ ]
1.5	Einfluss auf Geldmarkt		1 [ ]
1.6	Hier gibt es Offene Fonds		1 [ ]
1.7	Fonds soll … wirtschaften		1 [ ]
1.8	Droht z. B. bei Schifffonds		1 [ ]
1.9	Anlage für gutes Gewissen		1 [ ]
1.10	Börseninformationsquelle		1 [ ]
1.11	TecDAX-Merkmal		1 [ ]
1.12	US-Technologie-Index		1 [ ]
1.13	Oberbegriff, Name für ETF		1 [ ]
1.14	Einflussfaktor Börsentrend		1 [ ]
2	**Nebenwerte:** Was stimmt? Was ist falsch? Ankreuzen!	Ja Nein	8 [ ]
2.1	Nasdaq 100: Es ist der Index für Technologieaktien weltweit.		1 [ ]
2.2	Den MDAX und TecDAX gibt es schon seit über 20 Jahren.		1 [ ]
2.3	Der DAXplus Family Index besteht nur aus Nebenwerten.		1 [ ]
2.4	Themen- und Branchenfonds sind oft besser als ein ETF.		1 [ ]
2.5	Dividendenfonds: Das Management behält die Ausschüttung.		1 [ ]
2.6	Thesaurierung: Dividende wird in weitere Anteile angelegt.		1 [ ]
2.7	Auch flexible Mischfonds haben keine Zukunftschancen.		1 [ ]
2.8	Biotech-Aktienfonds gewinnen im Bullenmarkt gegen ETFs.		1 [ ]
3	**Welche zwei Aussagen treffen zu?** Bitte Nummern einsetzen		8 [ ]
3.1	**Nasdaq 100:** 1) Technologiebörse Welt. 2) Kursgewinn vergleichbar mit TecDAX. 3) Biotech fehlt hier. 4) Keine Nasdaq-ETFs im Angebot. 5) Nasdaq-Fonds oft wachstumsstark.	Nr.	2 [ ]
3.2	**Biotech:** 1) Europa-Boom. 2) Übernahmerekord Pharma und Biotech. 3) Value: Biotechfonds. 4) MDAX: keine Biotechtitel. 5) Biotech-ETF USA. 6) Verbot: Fonds mit Gentechnik-AGs.	Nr.	2 [ ]
3.3	**Rechtslage:** 1) Altbestand vor 2010 steuerfrei. 2) Keine Abgeltungsteuer bei ETF. 3) ETF: Sondervermögen. 4) Aktienfonds passiv gemangt. 5) Kein Ausgabeaufschlag bei ETF.	Nr.	2 [ ]
3.4	**Strategie:** 1) DAX-Aktienfonds am besten. 2) Nie Immofonds kaufen. 3) Geld/Glück/Geduld. 4) Wenig Zeit: Aktienfonds.	Nr.	2 [ ]
	29 - 30 P. = 1, 26 - 28 P. = 2, 23 - 25 P. = 3, 20 - 22 P. = 4	30 P.	[ ]

16 Anhang

16.1 Das Lexikon mit Fachbegriffen und Fonds-Schwerpunkten

Aktien. Die Aktie verbrieft einen Anteil am Grundkapital. Als Aktionär sind Sie Miteigentümer dieser AG. Sie haben folgende Rechte: **a) Verwaltungsrechte** (HV-Teilnahme, Auskunfts-, Rede- und Stimmrecht) und **b) Vermögensrechte** (Dividende, wenn Gewinn ausgeschüttet wird; generelles Bezugsrecht bei Kapitalerhöhung gegen Bareinzahlung). Nach **Art der Übertragbarkeit** werden Inhaber- und Namensaktien angeboten. Bezüglich der **Rechte** unterscheiden wir Stammaktien (St = Stimmrecht auf der HV) und Vorzugsaktien (Vz = keine oder begrenzte Stimmrechte, dafür oft etwas mehr Dividende).

Aktienanalyse, Analysten. Analysten bewerten vor allem Index-Aktien und beurteilen die künftige Entwicklung. Aus Rücksicht gegenüber guten Kunden überwiegen Kauftipps. Nie sollte nur eine Analyse als Entscheidungshilfe dienen.

Aktienfonds. Zu den bekanntesten Vermögensverwaltern und Kapitalgesellschaften für Aktienfonds zählen: Allianz, AVIVA, BlackRock, Carmignac, DEKA, DJE, DWS, Fidelity, Janus Henderson, JPMorgan, Morningstar, Schroders, Templeton, Treadneedle, Union Investment, Vanguard. Je nach Strategie und Anlageschwerpunkten investieren sie in Industrie- oder Schwellenländer, in Deutschland, Europa, USA, Asien/Pazifik, Südamerika usw. oder weltweit. Sie entscheiden sich für Aktien von Großkonzernen, Nebenwerten, konzentrieren sich auf bestimmte Märkte, Branchen und Themen. Aktienfonds gewährleisten eine breite Streuung und eignen sich für alle Anlegertypen mit langfristigem Anlagehorizont, die ein Jahrzehnt und länger bei der Stange bleiben wollen. Üblich ist ein Ausgabeaufschlag bis zu 5 %, der verhandelbar ist und sogar entfallen kann. Entscheidend ist bei einer Anlage über mehrere Jahrzehnte die jährliche Verwaltungsgebühr. Da macht es sehr viel aus, ob jährlich 0,2 % oder 2,0 % anfallen. Geht die Anlagegesellschaft pleite, verlieren Sie nicht Ihren Einsatz; denn Investmentfonds zählen zum geschützten Sondervermögen.

Aktiengesellschaft (AG). Bei dieser Rechtsform wird das Grundkapital in Form von Aktien verbrieft. In einer AG treffen Aufsichtsrat, Vorstand und das auf der Hauptversammlung durch die Aktionäre vertretene Aktienkapital alle wichtigen Entscheidungen (pro Aktie: eine Stimme). Soweit es sich um die 100 größten börsennotierten Gesellschaften handelt, ist im Aufsichtsrat eine Frauenquote von 30 % vorgeschrieben.

Aktives Management. Investmentfonds sind aktiv gemanagt. Eine höhere Verwaltungsgebühr gegenüber passiv gemanagten börsennotierten Indexfonds (ETF: Exchange Traded Funds) ist gerechtfertigt. Jedoch verwischen sich die Grenzen bei den ETFs.

Während es bei Aktienfonds üblich ist, Derivate zur Absicherung einzusetzen und bei flexibler Struktur Gewichtung und Zusammensetzung gegenüber dem Referenzindex abzuändern, sollten ETFs passiv gemanagt bleiben. Es fehlt an einfachen, einprägsamen Namen zur Abgrenzung statt des üblichen Gewirrs von Fremdwörtern und Abkürzungen. Um nicht als Mogler zu gelten, sollten sich Aktienfonds deutlich vom Referenzindex abheben. Bei dividendenstarken Aktienfonds ist Thesaurierung wichtig. Statt Auszahlung wandert die Dividende in neue Anteile. Besser kann man den Zinseszinseffekt nicht nutzen.

Altersvorsorge. Das Ungleichgewicht steigender Lebenserwartung bei noch niedriger Geburtenrate stellt die Finanzierung der Renten und den Arbeitsmarkt vor riesige Probleme. Das auf 67 Jahre erhöhte Renteneintrittsalter schwächt die negativen Folgen etwas ab. Die Frühverrentung mit 63 Jahren hebelt dies teilweise aus. Eine eigenverantwortliche Altersvorsorge wird unverzichtbar. Bei einem Zinssatz nahe 0 % führt das beliebte Sparbuch zur schleichenden Kapitalvernichtung, also schrumpfendem Vermögen. Die Betriebsrente gewinnt an Zuspruch. Sparpläne für Aktienfonds und ETFs bleiben interessant.

Anlagebetrug. Jährlich landen ca. 40 Mrd. € in den Kassen der Anlagebetrüger. Jede Warnlampe sollte aufleuchten, wenn Berater ungebeten anrufen, Traumrenditen versprechen, Zeitdruck aufbauen, exklusive Supergeschäfte vorgaukeln, dubiose Produkte anpreisen, als Geschäftssitz exotische Länder nennen. Die Cyberkriminalität greift um sich.

Anlagestrategie. Das A und O für den Erfolg ist eine maßgeschneiderte Anlagestrategie. Zur Groborientierung dienen: sicherheitsbewusster, erfolgsorientierter, risikofreudiger Typ. Eine vernünftige Strategie berücksichtigt: Einkommen, Vermögensdecke, Anlagezeitraum, Renditeziele, familiäre Lage, finanzielle Pflichten, Lebensalter, Steuern und Marktlage.

Anleihen. Sie zählen für Unternehmen seit Jahrzehnten zu den klassischen Möglichkeiten, sich kurz-, mittel- oder langfristig Fremdkapital außerhalb von Bankkrediten zu beschaffen und dafür in der Regel an den Gläubiger Zinsen zu bezahlen. Deshalb gehören diese Bonds, Schuldverschreibungen bzw. Rentenpapiere zu den Hauptbestandteilen von Renten-, Dach- und Mischfonds. Erfolg setzt Flexibilität voraus. Je nach Art der Verzinsung unterscheiden wir Anleihen mit festem und variablem, also anzupassendem Zinssatz je nach Marktlage und den Vorgaben der Notenbanken.

Antizyklisches Handeln. Es geht um beherzte Aktionen entgegen dem herrschenden Trend. Als mutiger Anleger greifen Sie in Bodenbildungsphasen bei starker Korrektur und Crash zu, während Sie nahe dem Gipfel bzw. Höchststand Teilverkäufe vornehmen.

Ausgabeaufschlag. Ein Ausgabeaufschlag von 5 % war früher bei Investmentfonds üblich. Dies hat sich durch den Wettbewerbsdruck mit ETFs geändert. Mancher Fondsmanager oder Bankanbieter halbiert ihn bzw. verzichtet darauf. Da Investmentfonds langfristig angelegt werden sollten, ist der Ausgabeaufschlag nicht so entscheidend wie die jährliche Verwaltungsgebühr. Es wirkt sich erheblich aus, ob 0,2 %, 0,5 % oder 2,0 % anfallen.

Baisse. Damit ist an der Börse ein länger dauernder Kursrückgang gemeint, verursacht durch konjunkturelle Abschwächung bis hin zur Rezession und Deflation.

Baukasten-/Aufbaumodell Geldanlage. Ich habe dieses Aufbaumodell nach dem Baukastensystem entwickelt, um für sicherheitsbewusste, erfolgsorientierte und risikofreudige Anleger einen passenden Einstieg mit Erweiterungsmöglichkeiten anzubieten. Es geht um Einzelaktien, passende Aktienfonds aus bestimmten Börsenbarometern und Branchen sowie zum Risikoprofil zugeschnittene ETFs. So wie eine Einbauküche vom einfachen Grundmodell ausgeht und der Kunde sein maßgeschneidertes Modell unter fachkundiger Beratung zusammenstellt, ist dies auch im Anlagesektor möglich. Bei der Einbauküche geht es um Funktionalität, Design und Qualität, bei meinem Modell um den Anspruch, Einzelaktien, Investmentfonds und ETFs bestmöglich miteinander zu verknüpfen.

Benchmark. Dies ist eine Vergleichsmarke. Fondsmanager wollen die Benchmark, beispielsweise DAX oder Dow Jones, schlagen, auch wenn dies bei großen Standardfonds selten glückt. Gute Ergebnisse winken bei Nebenwerte- und Branchenfonds sowie Anlagen in Zukunftsmärkten. Die passiv gemanagten, preiswerten börsennotierten Indexfonds, ETF genannt, gewinnen nie gegen den Referenzindex. Aber sie verlieren auch nicht, was bei den großen Blue Chips-Aktienfonds zu über 80 % geschieht. Aktiv gemanagte Spitzenfonds schlagen den Referenzindex und bieten geballtes Profiwissen an.

Biotechaktien. Üppige Kursgewinne winken, wenn ein Präparat zugelassen und ein „Blockbuster" wird. Weniger riskant als Aktien sind wegen breiter Streuung ETFs oder Biotech-Aktienfonds, die bei boomender Börse hohe Renditen abwerfen können. Eine prall gefüllte Pipeline mit Arzneimitteln in der klinischen Phase III ist entscheidend. Übernahmefantasien spielen mit. Meldungen über schädliche Nebenwirkungen führen zum Kursabsturz.

Börse. Hier treffen Angebot und Nachfrage aufeinander. Gehandelt wird in Frankfurt (elektronisches Handelssystem XETRA) und an den Regionalbörsen Berlin-Bremen, Düsseldorf, Hamburg, Hannover, München, Stuttgart. Die Deutsche Börse AG ist im DAX notiert. Mittels Börsengang stocken Unternehmen ihr Eigenkapital auf oder bauen Schulden ab.

Branchenfonds. Dies kann die Zauberformel für fachlich versierte Privatanleger sein. Mal gibt es die höchsten Kursgewinne bei Biotech und Kursabschläge bei Rohstoffen. Einige Zeit später verhält es sich umgekehrt. Mal springt der Ölpreis durch die Decke. Dann herrscht wegen Preisverfalls bei den großen Ölkonzernen Totengräberstimmung, während Fluglinien, Premium-Autobauer und Privathaushalte Nutznießer sind. Die Zukunftsmärkte werden von der Industrie 4.0 geprägt. Internet-, Netzwerk- und Softwareunternehmen kommen ebenso groß heraus wie darauf zugeschnittene innovative Branchenfonds.

Branchenrotation. Je nach Konjunktur laufen zyklische oder nichtzyklische Aktien bzw. Aktienfonds gut. Bei guter Konjunktur schwört alles auf Growth, bei Rezession auf Value. Ich empfehle Value-Aktienfonds für sicherheitsbewusste, Growth für risikofreudige Anleger. Ich selbst wähle eine Mischstruktur, bei der sich das schnelle Rein/Raus verbietet.

Buchwert, Substanzwert. Er bezieht sich auf das Eigenkapital abzüglich der Dividendensumme. Nähern sich Aktienkurs und Buchwert an, gilt die Bewertung grob über den Daumen gepeilt als fair. Für eine Kaufentscheidung reicht dies nicht aus. Sonst würde jemand nur Bank-, Versicherungs- und Auto-Aktienfonds auswählen.

Bulle und Bär. Diese Leitfiguren sind das Wahrzeichen der Frankfurter Wertpapierbörse. Der mit seinen Hörnern aufwärts stoßende Bulle steht für steigende, der mit seinen mächtigen Tatzen nach unten schlagende Bär für fallende Aktienkurse.

Cashflow. Die wichtige Kennzahl zur Beurteilung der Finanz- und Ertragskraft umfasst Jahresüberschuss, Abschreibungen, Rückstellungen, Steuern auf Einkommen und Ertrag.

Chart, Charttechnik. Der Kursverlauf von Wertpapieren als Tages-, Wochen-, Jahres- und Langzeitchart wird mittels Linien, Balken, Kerzen usw. grafisch dargestellt. Aus der Kursentwicklung der Vergangenheit ziehen Charttechniker Rückschlüsse für die Zukunft, da menschliches Verhalten zu Wiederholungen neigt.

Cloud Computing gilt als Gehirn der vernetzten Welt in den großen Zukunftsmärkten mit erheblichem Wettbewerbsdruck. Der Software- und Internetsektor lässt sich bei Ausrichtung auf Deutschland, Europa, USA oder weltweit mit spezialisierten Aktienfonds abdecken. Durch breite Streuung sinkt das Risiko erheblich.

Cost average kommt bevorzugt bei Sparplänen für Aktienfonds zum Tragen und ist auf Einzelaktien übertragbar. Der Durchschnittspreis sinkt, indem Sie mit gleich hohem Einsatz bei fallenden Preisen mehr und bei Kursanstieg weniger Wertpapiere bekommen.

Crash. Die größten Kurseinbrüche gab es 1929 und 1987. Beim Crash von Frühjahr 2000 bis März 2003 stürzte der DAX von 8.150 auf 2.200 Punkte ab. Der Neue Markt büßte über 95 % ein. Der Nasdaq verlor zwei Drittel seines Wertes. Im Herbst 2008 und Frühjahr 2009 kam es wegen der Weltwirtschaftskrise zum erneuten Crash. Der DAX notierte nur noch bei 3.600 Punkten. Eine scharfe Korrektur gab es im Januar/Februar 2016, begleitet von heftigen Kursturbulenzen. Ende Juni 2016 kam es durch den Brexit, Austritt Großbritanniens aus der EU, zum Kurssturz frühmorgens. Ähnlich verlief der überraschende Wahlsieg von Donald Trump: Eröffnungskurse stark im Minus, Schlusskurse im Plus.

Dachfonds. Hier legt das Management ausschließlich oder großteils in andere Fonds der entsprechenden Gattung an. Der Dachfonds erinnert an ein Mietshaus mit mehreren Wohnungen. Die Gebühren sind demzufolge meist etwas höher.

D-A-CH-Region. Diese Abkürzung wird im Wirtschaftsleben für den deutschsprachigen Raum, also Deutschland, Austria (Österreich) und Schweiz verwendet.

DAX, Abkürzung für Deutscher AktienindeX. Im DAX werden die Kurse der 30 führenden deutschen Unternehmen notiert. Für die Gewichtung ist neben dem Börsenwert der Streubesitz (Free Float), also der Anteil frei handelbarer Aktien, entscheidend. Seit Sept. 2018 notieren die DAX-Technologietitel Infineon, SAP und Dt. Telekom zusätzlich im TecDAX. Aktienfonds für Blue Chips verlieren oft gegen den Referenzindex. Aber es gibt Nebenwerte- und Branchenfonds, die dem ETF davoneilen. **Tipp:** Aktien oder ETFs bei Standardtiteln, Aktienfonds überall dort, wo ein innovatives Management zeigt, was es kann.

DAXplus Family Index. Der 2010 eingeführte Familienfirmen-Index kommt ohne die unsinnige Sperrklausel einer längeren Börsennotierung als 10 Jahre aus. So werden im Gegensatz zum GEX größere Traditionsfirmen nicht mehr ausgebremst. Der DAXplus Family 30, WKN A0Y KTN, umfasst DAX, TecDAX, MDAX und SDAX. Er lässt sich mit Themenfonds ideal abdecken: ideale Streuung bei nur einer einzigen Transaktionsgebühr. Familienfirmen erwirtschaften oft höhere Erträge als Konzerne mit Fremdmanagement, weil sie nicht auf schnelle Rendite aus sind und flexibel handeln. Sie fühlen sich gegenüber Angehörigen, Kunden, Mitarbeitern verpflichtet, planen langfristig und sind mit Elan bei der Sache. Probleme machen das Nicht-loslassen-Können und ungelöste Nachfolge.

Demografie. Die Lebenserwartung nimmt bei niedriger Geburtenrate weiter zu – pro Jahrzehnt um mehr als zwei Jahre. Mindestens jedes fünfte heute geborene Baby dürfte seinen 100. Geburtstag feiern. Nutznießer sind das Gesundheitswesen mit Biotechnologie, Medizintechnik und Pharma. Die Pharmariesen haben das Geld, die Biotechschmieden die Innovationen. So blüht auch 2018 zwar etwas weniger in Deutschland, aber umso mehr in den USA das Geschäft mit Übernahmen und Beteiligungen.

Depot, Depotgebühren. Ohne Wertpapierdepot kein Aktienkauf! Depotauszug heißt das von der Bank fortlaufend erstellte Verzeichnis über Ihre Börsenaktivitäten. Für die Verwaltung darf die Bank Depotgebühren berechnen. Die Konditionen bei Depoteröffnung und -übertragung sind verhandelbar, in hohem Maße abhängig vom Umfang. Zugang zum Telefon- und erst recht zum Online-Handel ist heute unverzichtbar.

Derivate, derivative Techniken. Dies sind Finanzinstrumente, deren Preisgestaltung von Kursschwankungen, Preiserwartungen anderer Investments und gegenwärtigem Wettbewerb abhängen. Fondsmanager greifen zu Derivaten, um Wertverluste durch Währungseinflüsse oder die Zinspolitik der Notenbanken abzusichern. Aktiv gemanagte Investmentfonds unterschiedlicher Arten und Hedgefonds-Manager setzen Derivate strategisch ein. Derivate dienen darüber hinaus zur Spekulation auf Kursgewinne oder Verluste des zugrunde liegenden Basiswerts. Je nach Einschätzung und Erwartung spekulieren risikofreudige Investoren auf steigende Kurse (Long) oder sinkende Notierungen (Short). Zu den bekanntesten Derivaten zählen Hebelzertifikate, Futures und Swaps. Zahlreiche Fonds machen sich die Swaps-Technologie zunutze. Ich verzichte darauf.

Deutsches Aktieninstitut. Ziel ist, Aktien als Finanzierungsinstrument und Kapitalanlage zu fördern, die Rahmenbedingungen und Aktienkultur zu verbessern. Neben Service und Öffentlichkeitsarbeit ist Grundlagenforschung ein wichtiger Schwerpunkt.

Digitalisierungs-Megatrend. Wir befinden uns im Zeitalter der Digitalisierung und Vernetzung, der Roboterwelt und neuartigen Maschinen. Ob selbst fahrende Autos, Drohnen oder Künstliche Intelligenz. Die Industrie 4.0 prägt Produktionsprozesse und Arbeitswelt. Digitale Technologien, die Vernetzung riesiger Datenmengen, Big Data genannt, verändern unsere Welt und stellen Hightechfirmen vor immense Herausforderungen. Im TecDAX sind Softwarefirmen mit unterschiedlichen Schwerpunkten und Geschäftsmodellen gelistet. Als Alternative zu Einzeltiteln im TecDAX und an der US-Technologiebörse Nasdaq bieten sich attraktive Branchen- und Themenfonds an.

Diversifikation. Das A und O für Erfolg an der Börse ist eine breite Streuung nach Indizes, Branchen, Ländern und zeitlich. Fehlt es an Kapital, Zeit und Lust, um mit Einzelaktien zu streuen, sollten Sie auf ETFs und zukunftsträchtige Themenfonds zugreifen. Studieren Sie meine Musterdepots für sicherheitsbewusste, erfolgsorientierte und risikofreudige Anleger, das Branchen-Musterdepot und das neue Baukasten-Aufbaumodell in Kapitel 6. Zu den größten Fehlern zählt die Einwert-Strategie mit nur einem einzigen Aktienfonds oder ETF. „Breit gestreut – nie bereut" ist Grundlage für den Anlageerfolg.

Dividende. Eine verlässlich steigende Ausschüttung gilt als wichtiges Kaufargument bei Einzelaktien und den beliebten Dividendenfonds als Ersatz für abgeschaffte Guthabenzinsen. Bei Aktienfonds bedeutet „ausschüttend", dass die Dividende gebündelt ausgezahlt wird. „Thesaurierend" heißt, dass die Dividende in weitere Anteile angelegt wird und Sie mit der fortlaufend höheren Anzahl den wichtigen Zinseszinseffekt bestmöglich nutzen.

Dividenden-Aktienfonds. Die Ausschüttung gilt bei Einzelaktien und Dividenden-Aktienfonds als Ersatzzins. Bei der „ausschüttenden" Form zahlt das Fondsmanagement die Dividende gebündelt aus. „Thesaurierend" ist bei vielen Fondssparern beliebt, weil die Dividende in weitere Anteile angelegt wird und die Stückzahl im Laufe der Zeit wächst. Zudem werden Kosten gespart, die bei Überweisung der Ausschüttung anfallen. Dividendenstarke Aktienfonds belohnen ein tüchtiges Management oft mit hohem Kursgewinn.

Dow Jones. Der an der New Yorker Börse (NYSE) gehandelte Dow Jones Industrial Average umfasst die Kurse der 30 größten US-Firmen und gibt weltweit die Marschroute vor. Institutionelle Investoren orientieren sich mehr am S&P 500.

E

Eigenkapital. Es wird vor allem von Aktionären aufgebracht und verbleibt in der AG. Gewinne vergrößern, Verluste verringern das Eigenkapital. Kapitalerhöhungen stärken die Eigenkapitalbasis und schaffen Spielraum für Investitionen.

ETF (Exchange Traded Funds). Indexfonds schneiden weder besser noch schlechter als der Vergleichsindex ab. Einen Ausgabeaufschlag gibt es nicht. Die Verwaltungsgebühr liegt bei ca. 0,30 %. Passiv gemanagte ETFs sind vorteilhaft, wenn es darum geht, große globale Indizes breit gestreut abzudecken. Bei Nebenwerten, zukunftsträchtigen Branchen, Indizes mit vielen Titeln sowie Anlagen in Zukunftsmärkten steigt die Chance von Aktienfonds. Mit wenigen Transaktionen lassen sich wichtige Märkte abdecken.

Ethikfonds. Mit gutem Gewissen Geld anlegen, heißt: Umweltverträglichkeit (Erneuerbare Energien, Naturschutz, umweltfreundliche Bauindustrie, Recycling, Schadstoffvermeidung); Sozialverträglichkeit (keine Diskriminierung von Frauen, keine Kinderarbeit) sowie Kulturverträglichkeit. Nachhaltige Ethikfonds schneiden nicht schlechter ab.

Euro Stoxx 50 (WKN 965 814). Er umfasst die 50 größten Firmen mit etlichen Banken-, Versicherungs- und Öl-Titeln. Der dividendenstarke Leitindex der EU – vergleichbar mit der Champions League im Profifußball – notierte am 10. August 2018 bei 3.426 Punkten – ein kleines Minus in ein bis drei Jahren, ein leichtes Plus im Fünf-Jahres-Vergleich.

F

Fondsmanager. Während Standardwertefonds meist schlechter abschneiden als der Index und hier ETFs vorzuziehen sind, liegt die Stärke der Aktienfondsmanager bei Nebenwerten, Dividenden-, Branchen- und Themenfonds. Denken Sie an Biotech, Software, Internet, Digitalisierung, Vernetzung, Robotik, Immobilien, Elektronik, Konsumgüter und Elektromobilität. Jetzt kann das Management zeigen, was in ihm steckt. Aktien- und Sachwertefonds sind geschütztes Sondervermögen im Gegensatz zu Zertifikaten.

Free Float, Streubesitz. Die frei handelbaren Aktien befinden sich im Streubesitz statt in festen Händen. Für die Gewichtung in den Indizes sowie Auf- und Abstieg ist neben Marktkapitalisierung und Umsatz der Anteil am Streubesitz maßgebend.

Frontierfonds, Frontiermärkte. Die Emerging Markets der 2. Generation sind an einem Entwicklungspunkt angelangt, wo gängige Schwellenländer vor 20 Jahren standen. Es gibt wachstumsstarke Frontier-Nebenwertefonds für mutige Anleger.

Fusion. Zusammenschlüsse zuvor selbstständiger Firmen durch *freundliche* oder *feindliche* Übernahmen sollen Kosten senken und die Marktstellung stärken. Meist steigt der Aktienkurs der Zielfirma, während er beim Bieterunternehmen sinkt.

G

Geldmarktfonds. Vor der Jahrtausendwende mit hohen Zinssätzen galten Geldmarktfonds als sicher und renditestark. Jetzt sind die Erträge dürftig. Geldmarktfonds sind als Sondervermögen geschützte Investmentfonds, die überwiegend in Geldmarkttitel und liquide Wertpapiere mit kurzer Laufzeit bis zu einem Jahr anlegen. Dies sind Termineinlagen, Festgeld, Schuldscheindarlehen, Staats- und Unternehmensanleihen. Geldmarktfonds eignen sich nur für vorsichtige Anleger, die mit geringen Renditen zufrieden sind. Derivate zur Absicherung von Währungsrisiken zählen oft zum Geschäftsmodell. Die Wertschwankungen sind bei Geldmarktfonds gering, woran viele Sparer interessiert sind.

Genussscheine. Dies sind meist Inhaberpapiere, die in ihrer Konstruktion eine Art Zwitterstellung zwischen Aktien und Anleihen einnehmen. Sie verbriefen ein Genussrecht in Form der jährlichen Ausschüttung aus dem Bilanzgewinn des Unternehmens, ohne dass damit ein Teilnahmerecht an der jährlichen Hauptversammlung verbunden ist.

Geschlossene Fonds. Geschlossene Fonds sind im Allgemeinen Minderheits-Beteiligungen an Unternehmen. Wenn ein Management ein solches Projekt auflegt, wird Geld für ein bestimmtes Objekt eingesammelt, z. B. Immobilien-, Schiffs-, Flugzeug-, Filmbeteiligungen. Früher waren Verluste aus solchen Verträgen einkommensteuerrechtlich absetzbar, heute nicht mehr. Geschlossene Fonds haben eine Laufzeit von einem Jahrzehnt und deutlich länger. Ohne Ersatzperson ist ein vorzeitiger Ausstieg nicht möglich. Bei Verlusten wird Nachschuss eingefordert, möglicherweise auch die bislang erfolgte Ausschüttung zurückverlangt. Es gibt nur einen Rat: Immer Hände weg! Offene Fonds beispielsweise im Immobiliensektor sind besser und weniger riskant, aber können auch nur selten mit den erfolgreichsten Immobilien-Aktienfonds mithalten.

Gesundheitswesen. Die Lebenserwartung steigt weiter. Nutznießer ist Biotech mit zukunftsfähigen Wirkstoffen. Die Pharmaindustrie stellt die Weichen für medizinischen Fortschritt durch neuartige Therapien und Zusammenarbeit mit Biotech-Mittelständlern. Die Pharmagiganten haben das Geld, die Biotech-Pioniere bringen Innovationen ein.

Gewinnwarnung. Das Unwort warnt nicht vor Gewinn, sondern negativen Ergebnissen. Je schlechter die Abweichung und aktuelle Prognose, umso größer ist der Kursabsturz!

Globalanalyse. Bei der Fundamentalanalyse überprüfen die Analysten konjunkturelle Daten. Sie untersuchen die Wirtschafts-, Sozial- und Steuerpolitik, den Ölpreis, die Währung, wichtige Wechselkurse, politische Ereignisse, Leitzinssätze usw.

Growth. Längerfristig erzielen Sie mit der Kombination substanzstarker, nachhaltiger Value- und wachstumsstarker Growth-Aktien bessere Renditen als mit nur einem Aktientyp. Bei Konjunkturschwäche auf defensive Value-Titel setzen, bei anspringendem Wirtschaftswachstum offensive konjunkturabhängige zyklische Werte übergewichten!

Grundkapital. Das Grundkapital einer AG wird in Aktien gestückelt. Sie sind als Aktionär nach Aktienanzahl Miteigentümer und können an der Hauptversammlung teilnehmen.

H

Hauptversammlung (HV). Auf dem jährlichen Aktionärstreffen werden Beschlüsse über Kapitalmaßnahmen, Rückkaufprogramme usw. gefasst. Pro Aktie gibt es eine Stimme. Sie erhalten die volle Dividende, wenn Sie am HV-Tag Besitzer sind.

Hausse. Sie steht für einen länger anhaltenden Bullenmarkt mit starkem Kursanstieg. Antizyklisch handelnde Aktionäre realisieren einen Teil ihrer Kursgewinne auf dem Höhepunkt des Bullenmarktes und kaufen in der Bodenbildungsphase einer Baisse wieder zu.

Hedgefonds. Der Begriff „hedge" stammt aus dem Englischen und bedeutet so viel wie „Absicherung". Der Ansatz, bei erwarteten Kurssteigerungen auf „Long" und fallenden Märkten auf „Short" zu setzen, führt aktuell schon wegen des blitzschnellen Rein und Raus nicht zu den erwarteten hohen Erträgen. Vorrangig geht es darum, den Profit zu erhöhen. Derivative Techniken werden nicht nur eingesetzt, um Währungseinflüsse abzufedern. Spekulation, das rasche Ausnutzen von Chancen an Terminmärkten und der Leerverkauf überbewerteter Aktien mit Rückkauf zu günstigen Kursen zählen dazu. Der erste Hedgefonds entstand 1949 in den USA. Hedgefonds-Altmeister **George Soros** wurde in den USA mit dem Global-Macro-Ansatz und Gründung der Quantum-Fonds berühmt. Hedgefonds streben nach absolutem Return. Sie orientieren sich an keine bestimmte Benchmark.

High Yield. Der Begriff kommt im Namen bzw. der Produktbeschreibung von Geldmarkt- und Rentenfonds vor. High Yield steht für Staats- und Firmenbonds sowie Hochzinsanleihen aus Schwellenländern schlechter Kreditqualität bzw. schwacher Schuldner-Bonität. High Yield-Bonds sind also festverzinsliche Wertpapiere minderer Qualität. Der Zinskupon ist so hoch, um genügend Gläubiger bzw. Käufer zu finden. Bei Zinssätzen von 5 % und mehr wird mancher Anleger schwach. Umgekehrt ist die Insolvenzgefahr hoch und ein Totalverlust keineswegs ausgeschlossen. Der Fondsanteil sollte deshalb niedrig sein.

Hochzinsanleihen. Ihr Wert liegt derzeit bei 40 bis 70 Mrd. €. **„High Yield Bonds"** sind Schuldtitel von Unternehmen oder stammen von Schwellenländern. Rating-Agenturen halten ein höheres Ausfallrisiko für wahrscheinlich. Die Verunsicherung ist groß, beeinflusst durch Kapriolen bei Rohstoffen und schwankenden Währungs-Wechselkursen. Vor 2 Jahren wurde das höhere Risiko mit rund 6 % ausgeglichen. Im Vorjahr waren es bis zu 9 %. Im Energiesektor sind Risiko und Ausfallquote hoch. Als Privatanleger sollten Sie keine einzelne Hochzinsanleihe ordern. Haben Sie Pech, ist das Geld weg. Bei Misch- und Rentenfonds ist wegen breiter Streuung das Risiko geringer, zumal Hochzinsanleihen nicht das einzige Produkt sind. Die von Firmen ausgegebenen **Wandelanleihen** mit niedrigem Zinssatz sind sicherer. Finanzstarke Unternehmen brauchen keinen überhöhten Zinskupon.

Hoch-/Tief-Mutstrategie. Im Crash sollten Sie Kursturbulenzen klug nutzen. Nicht jede Aktie versinkt im tiefen Kellerloch. Mancher Wert notiert nahe am Jahreshoch. Da bietet es sich an, mit Teilverkäufen Gewinne mitzunehmen und sich Geld für stark abgestürzte Einzeltitel oder korrigierende Aktienfonds bei guten Zukunftschancen zu beschaffen.

Immobilien-Aktienfonds. Sie investieren in Wohnanlagen, Büro- und Geschäftshäuser. Die Kündigungsfrist beträgt ein Jahr. Während der Weltwirtschaftskrise wurde bei **Offenen Immobilienfonds** durch Mittelabfluss die Rückzahlung gesperrt. Längst haben sich die Aktienkurse erholt. Die Dividende bzw. die oft gewährte steuerfreie Ertragsgutschrift geht bei Aktienfonds nicht verloren. Sie wird gebündelt ausgeschüttet oder bei **Thesaurierung** in weitere Anteile angelegt. Sollte die US-Notenbank FED weitere Zinsschritte vornehmen, dürften Immobilienfirmen Leidtragende sein. Bei den hochriskanten **Geschlossenen Immobilienfonds** besteht keine Rücknahme-, evtl. aber Nachschusspflicht.

Index, Aktienindex. Aktien sind nach **Börsenwert und Streubesitz** gewichtet. Neben der Umsatzentwicklung gilt dies bei deutschen Indizes auch für den Auf- und Abstieg. Die DAX-Familie setzt eine Notierung im strengen Prime Standard voraus.

Income. Im Zusammenhang mit Investmentfonds bedeutet Income **„regelmäßige Ausschüttungen"**. Dies können Zinssätze bei Staats- und Unternehmensanleihen sowie Dividenden bei Aktien sein. Ein Income-Investment gilt als konservativ, also interessant für sicherheitsbewusste und erfolgsorientierte Anleger. Bei Aktien sind Dividenden zwar nicht dauerhaft in bestimmter Höhe festgelegt. Aber regelmäßig steigende Ausschüttungen weisen auf ein stabiles, substanz- und wachstumsstarkes Geschäftsmodell hin. Dividendenfonds sind bei Privatanlegern als „passive Altersvorsorge" besonders beliebt.

Indexfonds (ETF). Im Gegensatz zum Indexzertifikat ist ein ETF keine Schuldverschreibung, sondern geschütztes **Sondervermögen**. Die Kursentwicklung entspricht beim klassischen passiven Management dem Index. ETFs können das Börsenbarometer zwar nicht schlagen. Aber sie verlieren auch nicht. Sie verzichten wegen des passiven Managements auf den Ausgabeaufschlag, verlangen nur geringe Gebühren im Schnitt von 0,30 %, ermöglichen auch bei kleinem Vermögen eine Abdeckung wichtiger Märke und senken das Risiko durch Streuung. Der Anteil der ETFs in Europa wächst seit Jahren massiv.

Industrie 4.0, Internet der Dinge. Die 4. industrielle Revolution mit Industrie 4.0, Internet der Dinge, Digitalisierungs- und Vernetzungs-Megatrend, soll bis 2025 zum geschätzten Mehrwert von 11 Billionen Dollar allein in Deutschland führen. 3,7 Billionen USD dürften vom Industriesektor, 1,7 Billionen USD von der Infrastruktur der Kommunen und 1,6 Billionen USD vom Gesundheitswesen stammen. ISF-Wissenschaftler Dr. Tobias Kämpf meint: *„Die Rolle, die das Maschinensystem für die Industrie des 19. und 20. Jahrhunderts spielte, wird der Informationsraum für die Unternehmen im 21. Jahrhundert einnehmen."*

Inflation. Zum Preisanstieg mit Zinserholung kommt es, wenn die Nachfrage nach Gütern und Dienstleistungen das Angebot übertrifft. Auch Ungleichgewichte bei Währungen wie Dollar/Euro und Rohstoffe gefährden stabile Preise.

Insolvenz. Dies ist die Unfähigkeit, Zahlungsverpflichtungen fristgemäß zu erfüllen. Das Fonds-Ranking sinkt auf die unterste Stufe. Bei DDD spricht man von „Schrott" oder „Ramsch". Bei Aktien droht Kapitalherabsetzung, bei Anleihen Schuldenschnitt. Zinsen werden nicht ausgezahlt. Aktien mutieren zu Penny Stocks.

Investmentfonds. Dies ist das von Kapitalgesellschaften aktiv gemanagte und verwaltete Vermögen. Je nach Ausrichtung investiert das Fondsmanagement in Aktien, Anleihen (Schuldverschreibungen), Immobilien, Rohstoffe usw. Oft werden derivative Techniken mit Swaps zur Absicherung gegen Währungseinflüsse eingesetzt. Das eingesammelte Geld bleibt Eigentum der Investoren, fällt bei einer Pleite der Fondsgesellschaft nicht in die Insolvenzmasse und bleibt als Sondervermögen geschützt. Die Erträge aus Dividenden und Zinsen werden ausgeschüttet oder bei Thesaurierung in weitere Anteile gesteckt.

ISIN (International Securities Identification Number). Seit 2003 gilt die zwölfstellige ISIN neben der sechsstelligen WKN. Die ersten beiden Positionen nennen das Land. DE steht für Deutschland. Die folgenden drei Nullen sind für Erweiterungen geplant. Bei deutschen Aktien folgt als Kern die bisherige WKN. Danach erscheint eine Prüfziffer. Die einprägsame sechsstellige WKN ist beliebt. Bei geringer Schriftgröße drohen Verwechslungen wie: **D:0, 8:B, I:L:J, 8:6:G, S:5.** Das große O wird nicht eingesetzt.

Junge Aktien. Bei Kapitalerhöhungen werden neue Aktien mit oder ohne Bezugsrecht für Altaktionäre ausgegeben. Dies verwässert den Wert und löst bei fehlendem Bezugsrecht (HV-Beschluss) keine Freude aus. Ansonsten sollte der Preisabschlag hoch sein, ist aber nicht allein entscheidend für die Absicht, hier mitzumachen.

Kapitalerhöhung. Eine AG kann ihr Grundkapital aufstocken, z. B. durch Ausgabe junger Aktien. Dies geschieht bei Überschuldung, Investitionen oder Übernahmen. Die bei hohem Kursabschlag begehrten Bezugsrechte gibt es im Verhältnis von 7:2, 5:3, 4:1, 3:2, 2:1 usw. Prüfen Sie bei ungünstigem Bezugsverhältnis, ob es sich lohnt und die Ordergebühren bei einer zu geringen Anzahl nicht den Rabatt auffressen. Solche Sorgen haben Sie mit Aktienfonds nicht. Das Management entscheidet: mitmachen Ja/Nein.

Konjunktur. Ein Konjunkturzyklus verläuft wellenförmig. Günstig im Abwärtstrend ist der „**V**"-Verlauf. Die Wirtschaft erholt sich rasch. Beim „**U**" wird die Talsohle langsam durchschritten. Das „**W**" markiert den gefürchteten Double-Dip. Nach kurzem Auftrieb geht es erneut abwärts. Gefährlich ist der „**L**"-Verlauf. Er signalisiert Deflationstendenzen.

Kurs-Gewinn-Verhältnis. Diese wichtige Kennziffer der Fundamentalanalyse erleichtert die Bewertung von Aktien. Das KGV zeigt, mit welch Vielfachen des Jahresertrags der Titel gehandelt wird. Hightechfirmen haben höhere KGVs als Banken und Autofirmen.

Leerverkauf. Spekulanten setzen auf fallende Kurse überbewerteter Titel. Der Short Seller verkauft Aktien auf attraktivem Niveau. Wie bei einer Autovermietung leiht er sich die gewünschten Aktien gegen Gebühr von einem Broker, um sie später günstig an der Börse zurückzukaufen. Bei anfangs geringem Preisabschlag oder sehr schneller Kurserholung wird der Leerverkäufer möglicherweise auf dem falschen Fuß erwischt.

Leitzins EZB. Die Europäische Zentralbank mit Präsident Mario Draghi legt den Leitzinssatz für die EU fest. Zu diesem Zinssatz können die Banken Geld von der EZB erhalten. Am 10. März 2016 war es mit Guthabenzinsen vorbei. Für Einzahlungen der Banken bei der EZB gilt ein Strafzins von -0,4 %. Die Nullzinspolitik löst eine schleichende Kapitalvernichtung beim Sparbuch aus, erleichtert aber die Fremdfinanzierung bei Immobilien und macht Aktienanlagen gegenüber Anleihen attraktiver. In der EU ist vor 2019 nicht mit einer Zinsschraube nach oben zu rechnen. In den USA steigt der Zinssatz schon länger.

Limit. Um bei marktengen Aktien Enttäuschungen zu vermeiden, sollten Sie bis Monats- oder Quartalsende limitieren. Bei Kauforders ist das Limit der höchste Kurs, bei Verkauf der niedrigste akzeptierte Preis. Limitieren Sie zu eng, wird Ihr Auftrag nicht ausgeführt.

Marktkapitalisierung. Börsenwert, Streubesitz und Umsatz sind wichtig für Aufnahme und Gewichtung im Index. Bei geringem Börsenwert ist die Manipulationsgefahr und bei Fonds das Auflösungsrisiko groß. Kriminelle puschen Kurse billiger Aktien aufwärts, um sie teuer zu verkaufen. Nebenwerte-Fonds greifen oft erst ab 100 Mio.-Börsenwert zu.

MDAX. Er umfasst nach dem DAX die nächst größeren 60 Aktien und erinnert an die 2. Fußballbundesliga. Der MDAX feierte kürzlich sein 20-jähriges Jubiläum und hängte den DAX mit doppelt so hohem Kursgewinn ab. Der Erfolg beruht auch auf Blutauffrischung durch Börsengänge und SDAX-Nachrücker. Seit Neuordnung der deutschen Indizes zum 24. September 2018 notieren im MDAX auch Technologietitel.

Micro Caps. Niedrig kapitalisierte Werte unterhalb SDAX liegen mangels Information in nur wenigen Depots. Es wird kaum kommuniziert. Die Homepage ist oft unverständlich. Mit Darstellungen nur in Englisch wird Marktmacht vorgetäuscht. Einerseits gibt es für Perlenfischer und Schatzsucher gute wachstumsstarke AGs. Andererseits sind hier kriminelle Gurus aktiv. Sie selbst senken Ihr Anlagerisiko erheblich, wenn Sie einen Fonds für die Aktien kleiner Unternehmen z. B. aus Deutschland, Europa oder weltweit aussuchen.

Mid Caps. Die Aktien mittelgroßer Konzerne sind im MDAX mit 60 Titeln und im TecDAX mit 30 Hightechwerten aus dem In- und Ausland bei halbjährigem Auf- und Abstieg notiert.

Mischfonds. Sie setzen sich aus Aktien und Rententitel zusammen. Bei einem festgezurrten Verhältnis 50:50 bzw. 1:1 sind kaum mehr Erträge zu erwirtschaften. Ganz anders sieht dies beim modernen flexiblen Multi Asset-Ansatz aus. Er erlaubt je nach Marktlage eine unterschiedliche Gewichtung z. B. zwischen 5 % und 95 %. Auch Hochzinsanleihen können zum Anlagekonzept gehören, wodurch jedoch das Risiko steigt. Ein innovatives Anlagemodell ohne starre Vorgaben kann den Weg weisen für eine langfristig gewinnbringende Mischfonds-Evolution und an frühere erfolgreiche Zeiten anknüpfen.

N

Nasdaq 100. An der USA-Technologiebörse (WKN A0A E1X) sind Hightech-, Biotech-, Internet-, Telekommunikations-, Software-, Netzwerk- und Medienaktien gelistet. Der Nasdaq 100 präsentiert so bekannte Titel wie Alphabet, Amazon, Amgen, Apple, Biogen, Celgene, Electronic Arts, Facebook, Microsoft, Netflix, Nvidia. Tüchtige Fondsmanager filtern aus 100 Titeln vielleicht 30 bis 50 Spitzenwerte heraus. Nicht jeder Privatanleger hat das Geld und den Überblick, die langfristigen Gewinnbringer zu entdecken. Mit einem erstklassigen Nasdaq-Aktienfonds lässt sich das Problem lösen. Da passiv gemanagte ETFs die Benchmark nicht schlagen können, sind Aktienfonds mit einem Top-Management bei Indizes mit vielen Titeln, wie Nasdaq 100, S&P 500, Nikkei 225, MDAX, SDAX im Vorteil. Hohe Gebühren sind Störfaktoren. Dafür fällt das kostenpflichtige Umschichten weg.

Nebenwerte, Nebenwertefonds. Hierzulande zählen dazu MDAX, TecDAX und SDAX, der DAXplus Family 30, der GEX für Familienfirmen, das neue Börsensegment SCALE und der m:access, Börse München. Es winken substanzstarke Titel mit hoher Dividende und guter Gewinnentwicklung. Um breit zu streuen, brauchen Sie mehrere Titel. Ein tüchtiger Fondsmanager beherrscht das Stock Picking. Er darf im Gegensatz zum ETF flexibel investieren. Innovative Nebenwerte-Fondsmanager schmücken die Siegerlisten.

Neuemission. Eine AG tritt ihren Börsengang (IPO: Initial Public Offering) an. Die Notierung im Prime Standard eröffnet die Chance, in den MDAX, TecDAX oder SDAX aufzusteigen. Das Bookbuilding-Verfahren nennt die Zeichnungs-Preisspanne. 2010 machten Brenntag, 2012 Talanx, 2014 LEG Immobilien, Dt. Annington (jetzt Vonovia), KION und Osram auf sich aufmerksam. Von 2015 begeistern Covestro (DAX), Ado Properties (SDAX) und Siltronic (TecDAX). 2016/2017 herrschte Zurückhaltung. Erwähnenswert an neuen Börsengängen sind Aumann, Corestate, Delivery Hero, Hellofresh, JOST, Shop Apotheke, Stemmer, VARTA und die Abspaltung Siemens Healthineers.

Nichtzyklische Aktien. Dies sind konjunkturabhängige Aktien, Value-Titel aus der Old Economy. An Essen, Trinken, Körperpflege, Strom und Heizung wird auch in Krisen kaum gespart. Sicherheitsbewusste Value-Liebhaber finden hier passende Fonds.

Nikkei. Dies ist der Leitindex für 225 Japan-Aktien an der Börse Tokio. Seit dem Absturz von 40.000 auf 7.000 Punkte notiert der Nikkei (WKN 969 244) aktuell immerhin bei 22.300 Punkten. Interessant für Profis ist auch der breit aufgestellte TOPIX mit 1.700 Titeln.

O

Offene Immobilienfonds. Wer sich keine Immobilie, sei es Reihenhaus oder Eigentumswohnung, leisten kann, wählt vielleicht Offene Immobilienfonds. Das Management investiert in mehrere Projekte. Dies können Wohn- oder Gewerbe-Immobilien für Büro, Einzelhandel, Logistik, Hotels sein. Im letzten Jahrzehnt fiel die Rendite für Offene Immobilienfonds mit +3 % bescheiden aus. Bei starkem Mittelabfluss wurde die Rückzahlung zeitweilig gesperrt. Jetzt besteht eine einjährige Kündigungsfrist. Umgekehrt besteht bei großem Mittelzufluss das Risiko, dass die besten Objekte ausgebucht sind und bei weiterem Zukauf die Qualität sinkt oder der Preis zu hoch ist. Gute **Immobilien-Aktienfonds** sind wegen breiter Streuung und für Könner auch Einzelaktien meist die bessere Alternative. Bei **Geschlossenen Immobilienfonds** gibt es nur einen Rat: Hände weg!

OGAW/UCITS. Es geht um mehr Anlegerschutz für Publikumsfonds. Die OGAW Richtlinie von 1985 informiert über zu erfüllende Rechts- und Verwaltungsvorschriften sowie Vorgaben und Anforderungen für Fondsgesellschaften. OGAW ist die deutsche Abkürzung für **O**rganismus für **G**emeinsame **A**nlagen in **W**ertpapiere. UCITS ist die englische Abkürzung für **U**ndertakings for **C**ollective **I**nvestments in **T**ransferable **S**ecurities.

Order. Dies sind die **Transaktionen** im Wertpapierhandel. Begrenzen Sie mittels **Limit** die Preisspanne. Preiswert sind Orders bei Discountbrokern. Beim Einsatz unter 1.000 Euro fressen die Gebühren leicht den Kursgewinn auf. Häufiges Umschichten lohnt sich meist nur für Ihre Bank. Investmentfonds erfordern einen langen Zeithorizont, am besten ein Jahrzehnt und mehr. Selbst 5 % Ausgabeaufschlag sind dann nicht entscheidend für die Rendite. Vorrang hat eine **niedrige Verwaltungsgebühr**.

Ostasien/Pazifik. In dieser Region mit Schwellenländern gibt es ein reiches Betätigungsfeld für Branchen-Aktienfonds sowie Investitionen in dividendenstarke Aktien aus Frontiermärkten unterhalb von Entwicklungsländern. Auch Mischfondsmanager sind hier aktiv, wenn Hochzinsanleihen zu ihren Finanzinstrumenten zählen.

P

Penny Stock. Unter 1 € abgestürzte Aktien sind Zocker-Spielwiesen, kaum geeignet für eine Langzeitanlage. Penny Stocks müssen die US-Technologiebörse Nasdaq verlassen, wenn sie sich nicht binnen 4 Wochen erholen. In China ist es nicht ungewöhnlich, beim IPO als Penny Stock zu starten. Ich erinnere an den großen China-Autobauer Geely.

Performance. Sie benennt die Entwicklung des Depots und einzelner Wertpapiere, vergleicht auch gern den Kursverlauf der DAX-Familie. Eine hohe Performance verlangt neben Geduld und Disziplin Qualitätsaktien und Spitzenfonds mit Blick auch auf Dividenden.

Pfandbriefe. Dies sind langfristige festverzinsliche Schuldverschreibungen. Die Anleihen werden von Hypothekenbanken, öffentlich-rechtlichen Kreditanstalten und Schiffsfondsbriefbanken aufgelegt. Pfandbriefe finanzieren Hypothekenkredite für Grundstücke, Gebäude und Schiffe. Es können börsengehandelte verzinsliche Wertpapiere sein. Pfandbriefe gelten als **gut besichert**. Dies liegt am strengen Pfandbriefgesetz.

Photovoltaik. Geringere Einspeisevergütungen und Preisdruck infolge starker Konkurrenz aus China und Amerika zerstörten den früheren Boom. Eine Marktbereinigung durch Abbau überhöhter Kapazitäten war zwingend. China dominiert den Markt.

Prime Standard. Seit 2003 besteht der Prime Standard mit strengen Auflagen für deutsche Indizes. Verlangt werden Halbjahresberichte, verkürzte Quartalsangaben, internationale Bilanzierung, Analystenkonferenzen und Ad-hoc-Meldungen in Deutsch/Englisch.

Publikumsfonds. Damit sind Investmentfonds gemeint, die von institutionellen Investoren und Privatanlegern erworben werden können. Die Nachfrage entscheidet. Aktien-, Renten-, Geldmarkt-, Dach- und Mischfonds zählen zur Großgruppe Publikumsfonds. Sie werden von der Bundesanstalt für Finanzdienstleistungsaufsicht **BaFin** kontrolliert.

Q

Quanto. Der Zusatz bedeutet, dass der betreffende Aktienfonds oder ETF **währungsgesichert** ist und dadurch nicht unter Wechselkursen Euro/Dollar/Yen/Franken leidet.

Quartalsdividende. Im Gegensatz zur jährlichen Ausschüttung binnen drei Werktagen nach der Hauptversammlung bezahlen US-Gesellschaften vierteljährlich eine Dividende für das abgelaufene Quartal. Aktienfonds-Manager schütten gebündelt aus oder legen die Dividende bei Thesaurierung in weitere Anteile an. Dies ist insofern vorteilhaft, weil im Laufe der Jahre die Stückzahl wächst. Neulich bekam ich für eine Abspaltung 1 Cent Dividende überwiesen – bei Meldung auf dem Postweg ein hundertfacher Kostenaufwand.

R

Rallye. Sie signalisiert starken Aufwärtstrend an der Börse. Die Rezeptur für Aktien lautet: Nachhaltigkeit, Substanzkraft, seriöse Bilanzierung, üppige Dividende, gutes Management.

Rating/Ranking. Die Rating-Skalen der Agenturen S&P, Moody's, Fitch und Feri Trust zeigen die Kreditwürdigkeit von Staaten an. AAA ist die höchste Bonitätsstufe. Bei DDD besteht Insolvenzgefahr. Solche Einstufungen gibt es auch für Fonds. Das **Rating** beurteilt Qualität, Geschäftsmodell, Management. Das **Ranking** bezieht sich auf die Rendite.

Realtimekurse. Online erscheinen Börsenkurse oft zeitverzögert um 15 Minuten, teilweise auch sekundengenau wie auf der DAX-Bildtafel 216 beim **Fernsehsender n-tv**.

Referenzindex. Zwecks Indexangleichung greifen Investmentfonds oft zu Tauschgeschäften mit Banken und setzen auf **Swaps** und andere derivative Techniken. ETFs bilden bei passivem Management den Referenzindex möglichst genau nach. Aktiv gemanagte Investmentfonds haben abhängig vom strategischen Konzept mehr Freiraum bei der Gestaltung. Während ETFs die Benchmark weder schlagen noch gegen sie verlieren, wollen Fondsmanager von Aktien-, Renten-, Misch- und Geldmarktfonds besser abschneiden. Den Standard-Aktienfonds gelingt dies eher selten. Bei auf Dividenden, Nebenwerte, Themen, Branchen und Immobilien bezogenen Aktienfonds eilen tüchtige innovative Fondsmanager der Benchmark davon. Als Lohn für die intensive Arbeit der Profis ist die Verwaltungsgebühr meist höher als bei ETFs. Oft wird ein Ausgabeaufschlag erhoben.

Regenerative Energie. Bevölkerungswachstum, knapp werdende fossile Energie und Klimawandel erfordern Erneuerbare Energie für Strom und Heizung. Wasser als „blaues Gold" wird zum knappen lebensnotwendigen Gut. Sie sollten mit Aktienfonds, ETFs und bei guter Marktkenntnis mit substanzstarken Einzeltiteln diesen Zukunftsmarkt abdecken.

Regionalbörsen. Neben der Leitbörse in Frankfurt gibt es die Regionalbörsen Berlin-Bremen, Düsseldorf, Hamburg, Hannover, München, Stuttgart. Sie sind auf die Bedürfnisse von Privatanlegern zugeschnitten, bieten günstige Preise und informativen Service.

Rendite. Es geht um den Wertpapierertrag im Verhältnis zum eingesetzten Kapital. Langfristig versprechen substanz- und dividendenstarke Einzelaktien die höchste Rendite. Statt dem Heimatliebedepot DAX sollten Sie beste Aktienfonds und ETFs übergewichten.

Rentenfonds. Hier stecken die Manager ihr Fondsvermögen in unterschiedliche Anleihen, z. B. die zehnjährigen Bundeswertpapiere. Ebenso können es Wandelanleihen sein. Hier sind Anleger berechtigt, innerhalb einer bestimmten Frist statt Geldrückgabe mit Zinsen die Aktien zum festgelegten Preis zu beziehen. Wandelanleihen werden von AGs angeboten und gelten wegen der Wahlmöglichkeit als weniger riskant. Zu den Rentenfonds zählen Firmenanleihen mit Rating ab AAA abwärts – also Premium bis Ramsch.

Mittelstandsanleihen sind wegen hoher Zinskupons und damit verbundener Pleiten in Verruf geraten. Gegenwärtig werden, sofern das Anlagekonzept dies erlaubt, auch Hochzinsanleihen ausländischer Firmen und Schwellenländer zumindest beigemischt, um überhaupt noch eine Rendite im Plus zu erreichen. Früher zählten die Rentenfonds zu den sicheren und ertragreichen Investmentfonds. Seitdem die Guthabenzinsen weitgehend abgeschafft wurden, ist es mit dieser Herrlichkeit vorerst vorbei. Alteingesessene Rentenfonds zeigen nur im jahrzehntelangen Vergleich überzeugende Kursentwicklungen. In den USA wurde die Zinswende bereits eingeleitet. Die EZB will bis 2019 abwarten.

Risikoneigung. Sie sollten Ihr Risikoprofil kennen, um die richtige Strategie aufzubauen. Sicherheitsbewusste Anleger haben andere Ziele als spekulative Investoren. Das größte Risiko bei Null-Zinsen ist, kein Risiko einzugehen. Nur jeder 10. Amerikaner schätzt Aktien als „Zockerpapiere" ein und lehnt einen Kauf rigoros ab. Hierzulande beträgt die Quote laut Bankenumfrage bei den als Angsthasen verschrienen Privatanlegern rund ein Drittel.

Rohstoffmarkt. Der Experte Jim Rogers setzt für den Rohstoffzyklus ein bis zwei Jahrzehnte an. Die Preise steigen langfristig, unterbrochen von scharfer Korrektur. Am besten decken Sie diese Märkte mit ETFs, guten Branchenfonds und substanzstarken Einzelaktien ab, wozu im MDAX Aurubis und K+S, im SDAX Südzucker zählen. Da Zucker als Dickmacher gilt und eine Zuckersteuer angedacht wird, gerät die Südzucker-Aktie in Verruf.

Rote Zahlen. Wer mehr ausgibt, als er einnimmt, dem droht Zahlungsunfähigkeit. Bis 2000 störte es kaum, wenn eine AG im Neuen Markt Verluste erlitt, solange das Wachstum stimmte. Heute werden Nachhaltigkeit, positive Umsatz- und Ertragszahlen erwartet.

Rückkaufprogramme. Sie sind beliebt, soweit damit nicht Aktienoptionen der Führungskräfte finanziert werden. Wenn die AG eigene Aktien einzieht und vernichtet, steigt der Wert der Restmenge. Vernünftig erscheint auch der Einsatz als Akquisitionswährung.

S

Sachwertefonds. Dies sind Geschlossene Investmentfonds. Es handelt sich um langfristige gemeinschaftliche Kapitalanlagen in Sachwerte. Die Geschlossenen Fonds sind reguliert. Die Einhaltung der gesetzlichen Regeln wird von der Bundesanstalt für Finanzdienstleistungsaufsicht BaFin überwacht. Es geht um große Investitionsvorhaben über einen langfristigen Zeitraum ab einem Jahrzehnt. Dazu zählen Grundstücke und Gebäude, Wald, Forst, Agrarwirtschaft, Schiffe, Flugkörper, Schienenfahrzeuge, Container. Ein Ausstieg vor Laufzeitende ist nur möglich, wenn ein Ersatzinvestor einspringt. Möglicherweise besteht eine Nachschusspflicht. <u>Fazit:</u> Hände weg für Privatanleger wegen hoher Ausfallrisiken. Momentan überziehen etliche Klagen geschädigter Investoren diesen Bereich.

Schuldverschreibungen. Zu den Rentenwerten zählen Staats- und Unternehmensanleihen, Corporate Bonds genannt. Die Anlage in Rentenfonds soll Ruhe ins Depot bringen, was jahrzehntelang zutraf, aber bei Niedrigstzinsen kritisch zu hinterfragen ist. Werden Anleihen z. B. aus Lateinamerika und südeuropäischen Ländern vollständig getilgt, oder droht ein Schuldenschnitt? Während Aktien aus Unternehmersicht Eigenkapital darstellen, sind Schuldverschreibungen Fremdkapital. Anleihen hoher Schuldnerqualität galten bislang als sichere Geldanlage, Aktien als Risikopapiere. Renten-, Aktien- und Mischfonds senken breit gestreut das Risiko. Die Rendite hängt vom Anlagekonzept ab.

Schwarze Zahlen. Bleiben dauerhaft Unternehmenserträge aus, ist ein Kurssturz vorprogrammiert. Nachhaltigkeit, Substanzkraft und Ertragswachstum sowie seriöse Bilanzierung sind in den Zeiten abgeschaffter Guthabenzinsen gefragt.

SDAX. Bei der Neuordnung Ende September 2018 wurde auch der SDAX umstrukturiert. Er umfasst nach dem MDAX die 70 größten Unternehmen aller Branchen, aus dem TecDAX auch als Doppelnotiz. Die Indexanpassung geschieht halbjährig. Es dominieren Familienfirmen. Neuemissionen sorgen für Blutauffrischung. Im Jahrzehntvergleich ist der Kursgewinn beim Small Cap-Index, vergleichbar mit der 3. Fußballliga, doppelt so hoch wie beim DAX. Diese Chance nutzen kreative Nebenwerte-Aktienfonds mit Schwerpunkt SDAX.

Sell in May and go away. Der Rat, im Mai seine Aktien zu verkaufen, fußt auf der Annahme, dass danach die Kurse sinken, was oftmals nicht geschieht. Es wird ignoriert, dass von den vielen Transaktionen nur die großen B profitieren: Börse – Broker – Banken. Viele Gebühren schmälern die Rendite. Hinzu kommt häufig der Dividendenverzicht.

Short Seller. Leerverkäufe sind bei Hedgefonds beliebt. Der Short Seller verkauft vom Broker geliehene hoch bewertete Aktien, um sie später billig zurückzukaufen.

SICAV. Dies ist das Kürzel für die Rechtsform einer Fondsgesellschaft. Für Privatanleger macht es kaum einen Unterschied, ob sich ein Fonds SICAV nennt. Die SICAV ist eine in Frankreich und in Luxemburg gebräuchliche Aktiengesellschaft, die über ein variierendes Mindestkapital verfügt. Der Zweck besteht allein darin, das Gesellschaftskapital breit gestreut in Wertpapiere anzulegen. Aus diesem Grund kommt dieser Begriff im Bereich Investitionsfonds bei den Namen und Produktbeschreibungen öfters vor.

Software. Die IT-Branche als Hochburg von Digitalisierung, Vernetzung und Cloud, spezialisiert auf Datenschutz und Abwehr von Cyberattacken, gilt als Zukunftsmarkt. Man denke an Bausoftware, IT für Medizin, Logistik, Zahlungsverkehr und Arbeitsmarkt. Der TecDAX hat mit Bechtle, Cancom, CompuGroup, Nemetschek, RIB und Software AG viel zu bieten. Auch außerhalb der Indizes finden wir interessante Titel wie Adesso, Atoss, Datagroup, GK Software, Mensch+Maschine, USU Software. Nebenwertefonds decken Zukunftsmärkte breit gestreut ab und ersparen Anlegern die Suche nach guten Aktien.

Sondervermögen. Einzelaktien, ETFs und Aktienfonds werden als geschütztes Sondervermögen geführt, von einer Kapitalverwaltungsgesellschaft **KVG** als Treuhänder verwaltet und von einer unabhängigen Organisation verwahrt. Die Fondsgesellschaft verwaltet das Sondervermögen der Anleger rechtlich getrennt vom eigenen Kapital. Die Abwicklung beim Kauf und Verkauf erfolgt über die Depotbank. Bei drohender Pleite bleibt der Anleger vom Zugriff der Gläubiger und vor dem Verlust seiner Fondsanteile geschützt. Schuldverschreibungen, z. B. Zertifikate und Anleihen, sind kein Sondervermögen. Geht der Emittent pleite wie die Großbank Lehman Brothers, ist das Geld womöglich weg.

Sparpläne. Wer langfristig anlegt, kommt an Sparplänen kaum vorbei. Es gibt Modelle, die sich auf veränderte Lebenslagen flexibel anpassen lassen. Fast jeder erlebt Phasen, wo das Geld knapp wird, aber auch Abschnitte, in denen mehr Kapital bereit steht. All dies lässt sich mit Sparplänen umsetzen. Jede Depotbank bietet Sparpläne an, sei es monatlich oder vierteljährig, mit 25 €, 50 € oder 100 € pro Monat bzw. Quartal. Bei Interesse klären Sie vor der Order die Bedingungen mit Ihrer Depotbank ab. Der **Cost-Average-Effekt** wirkt sich günstig aus. Bei niedrigen Börsenkursen erwerben Sie mehr, bei Preisanstieg weniger Anteile. So sinkt das Risiko, zum falschen Zeitpunkt einzusteigen.

Spekulationsblasen. Auch die Börse reagiert irrational, neigt durch die Aktivitäten der Investoren zu Über- und Untertreibungen, angeheizt durch Gier, Panik, Kontrollverlust. Ein Crash ist letztlich unvermeidbar. Die Frage lautet nur: wann, wie lange, wie heftig?

Split(t). Teure Papiere sind durch **Stückelung** 1:2, 1:3, 1:4 usw. besser handelbar. Der Wert ändert sich nicht. **Vergleich:** Ich teile eine Torte in Stücke auf. Solange ich sie nicht aufesse, bleibt die Menge gleich. Ein Split(t) signalisiert guten Geschäftsverlauf. Kreist der Pleitegeier über einer AG, stückelt sich der Kurs mit Wertverfall von selbst.

Stammaktien. Stämme (St) verbriefen volle HV-Stimmrechte. Die früher wegen höherer Dividende beliebten Vorzüge (Vz) verlieren an Zuspruch. Die Deutsche Börse erkennt für die Indexzugehörigkeit nur eine Aktienart an. Dies betrifft auch die aktuelle Neuordnung.

Stoppkurse. Stop-Loss-Orders dienen zur Gewinnabsicherung und Verlustbegrenzung. Dies kann im Abwärtstrend und bei längerer Abwesenheit günstig sein. Bei einem Minuten-Blitzcrash wie am 6. Mai 2010 wird das Depot jedoch leer gefegt. Vielleicht stürzt eine Aktie nur wegen Gerüchten ab. Ärgerlich, wenn es die Aktie kurz vor der Gewinnausschüttung erwischt. Im Bullenmarkt erholen sich gute Titel. Warum nicht Stoppkurse mit einer Spanne von 15 bis 25 % auf riskante Titel begrenzen? Am besten, Sie verkaufen dann, wenn fundamentale Daten dafür sprechen und die Charttechnik klare Ausstiegssignale liefert.

Strategie. *„Für einen Seemann, der nicht weiß, welches Ufer er ansteuern soll, ist kein Wind der richtige."* Wer sich über Ziele und Strategie klar ist, stochert nicht im Nebel. Dies gilt auch für eine überlegte Anlage in maßgeschneiderte Aktienfonds.

Streubesitz. Für die Gewichtung in den deutschen Indizes gilt neben dem Börsenwert der nicht in festen Händen liegende Streubesitz, **Free Float** genannt. Fehlen verlässliche Großaktionäre, ist die Gefahr feindlicher Übernahmen durch sogenannte „Heuschrecken" groß. Solche Risiken sind bei Einzelaktien viel höher als bei Aktienfonds.

Substanz- bzw. Buchwert. Er bezieht sich auf materielle Vermögenswerte, deckt also Eigenkapital wie Maschinen und Anlagen ab. Liegt der Buchwert über dem jetzigen Kurs, dürfte der Titel unterbewertet sein, sichtbar auch am niedrigen **KGV**.

S&P 500. Der bei institutionellen Investoren besonders geschätzte **S&P 500** umfasst 500 der größten amerikanischen Unternehmen. Dies ist wie üblich ein Kursindex, der im Gegensatz zum DAX Dividenden und Sonderausschüttungen ausschließt. Niemand ist imstande, für sich selbst die 20 oder 30 besten Aktien aus dem riesigen Index auszuwählen. Hier füllen innovative Aktienfonds die Lücken. Ein aktiv gemanagter Aktienfonds S&P 500 ist chancenreicher als ein ETF, der den Referenzindex genau abbildet.

Swaps. Dies sind Austauschgeschäfte der Fondsmanager mit Großbanken, also Derivat-Techniken mit dem Ziel, mögliche Verluste bei Investmentfonds auszugleichen. Es geht um Zinsen, veränderte Wechselkurse bei Währungen oder stark schwankende Rohstoffpreise. Nur bei aktiv gemanagten Fonds, nicht bei passiv gemanagten ETFs, sind Derivate mit festgelegten prozentualen Grenzen zulässig. Der Austausch solcher Zahlungsströme zählt zu den OTC-Geschäften. Die vertragliche Vereinbarung klärt alle Einzelheiten ab, wie die zu leistenden Zahlungen berechnet werden und wann sie fällig sind.

T

TecDAX. 2003 wurde der skandalumwitterte Neue Markt durch den TecDAX ersetzt. Er umfasst die 30 größten Hightech-AGs nach dem DAX. Die Indexanpassung erfolgt halbjährig. In den letzten 5 Jahren schnitt der TecDAX als bester Index dreimal so gut wie der Leitindex ab. Seit Neuordnung der deutschen Indizes Ende September 2018 notieren die drei DAX-Technologiewerte Infineon, SAP und Dt. Telekom zusätzlich im TecDAX. Sämtliche TecDAX-Titel sind auch im MDAX oder SDAX gelistet, Wirecard im DAX und TecDAX.

Technische Analyse. Die Charttechniker stellen Kursverläufe mittels Linien, Balken, Kerzen dar. Langzeitcharts erlauben Rückschlüsse auf künftige Entwicklungen von Aktien und anderen Wertpapieren; denn das menschliche Verhalten neigt zu Wiederholungen bzw. wiederkehrenden Verhaltensweisen. Trend und Trendumkehr, Unterstützungs- und Widerstandslinien liefern wichtige Kauf- und Verkaufssignale auch für Laien.

Themenfonds. Sie bieten die Chance, in aktuelle Themen mit Blick auf Zukunftsmärkte zu investieren, z. B. Robotik, Digitalisierung, Internet der Dinge, vernetzte Welt, Umweltschutz und Klimawandel. Ein Blick in die Vergangenheit zeigt, dass ausgewählte Märkte nicht für alle Zeiten, sondern phasenweise boomen. Deshalb ist breite Streuung angezeigt.

Thesaurierend. Hier schütten Aktienfonds und ETFs keine Dividende aus, sondern investieren nach Abzug der Abgeltungsteuer in weitere Anteile. So wächst der Bestand ohne erneuten Einsatz, und Sie profitieren voll vom **Zinseszinseffekt**. Beim Aktienaltbestand bleiben die Kursgewinne steuerfrei, während die Dividenden steuerpflichtig sind.

Trend, Trendkanal. *„Der Trend ist dein Freund"* warnt davor, sich gegen die aktuelle Marschrichtung zu stemmen. Antizyklisches Handeln heißt, entgegen dem Herdentrieb im Vorfeld erkennbarer Trendwenden rasch und entschlossen zu reagieren, also günstig aufzustocken oder zu verkaufen. Insofern besteht kein Widerspruch zum Zitat.

Turnaround. Management und Analysten erwarten, dass der Boden endlich gebildet ist und das Unternehmen wieder schwarze Zahlen schreibt. Glückt dies nicht, und werden Fundamentaldaten geschönt, drohen Kursabsturz und Pleite.

Übernahmen. **Feindliche** Einverleibungen drohen fair bewerteten Unternehmen, die statt verlässlicher Ankeraktionäre viel Streubesitz (Free Float) haben. Die Altaktionäre hoffen auf zweistelligen Preisaufschlag. Zur **freundlichen** Übernahme kommt es, wenn das **Zielunternehmen** zur **Bieterfirma** passt und Analysten positiv gestimmt sind. Oft zerstören jedoch Kulturkämpfe mit ausländischen Partnern die erhofften Synergieeffekte.

Überzeichnung. Begehrte Neuemissionen bringen **Zeichnungsgewinn**. Der Ausgabepreis liegt am oberen Ende der Handelsspanne. Außerbörsliche Kurse erleichtern die Einschätzung. Wer bei der Zeichnung leer ausgeht, sollte geduldig abwarten.

UCITS/OGAW. Beide Abkürzungen bedeuten mehr Anlegerschutz für Publikumsfonds. Die OGAW-Richtlinie informiert über Rechts- und Verwaltungsvorschriften für Fondsgesellschaften. **OGAW** ist die Abkürzung **O**rganismus für **G**emeinsame **A**nlagen in **W**ertpapiere, auch OGAW-konform oder EU-richtlinienkonform genannt. **UCITS** ist die englische Abkürzung und heißt **U**ndertakings for **C**ollective **I**nvestments in **T**ransferable **S**ecurities.

Umkehrformation. Dies betrifft Chartformationen, die auf eine Trendumkehr hinweisen wie die **M-, W-, Schulter-Kopf-Schulter-** und **Untertassenformation**.

Unterstützungslinie. Durchbricht der Kurs die Linie nach unten, so gilt dies als ein **Verkaufssignal**. Hält sie, deutet der Charttechniker dies positiv und rät zum Kauf.

Value. Als die Börsenkurse ab 2000 weltweit abstürzten, feierte **Warren Buffett** sein Comeback. Er verschmäht, was er nicht kennt und versteht. Value gilt für substanz- und dividendenstarke, nachhaltig wirtschaftende, konjunkturunabhängige Firmen. Ideal ist eine Mischung **Value/Growth**. Aktienfonds für vorsichtige Anleger konzentrieren sich auf Value. Wer risikofreudig ist, bevorzugt Growth-Produkte oder Value/Growth gemischt.

Verlustbegrenzung. *„Gewinne lass laufen – im Verlust nicht ersaufen!"* Bewahren Sie bei Spitzentiteln Ihre Chancen. Begnügen Sie sich mit Teilverkäufen. Aber begrenzen Sie Ihre Verluste. Bei Qualitätsaktien und -fonds ist Aussitzen nicht immer verkehrt.

Verwaltungsgebühr. 2015 betrug die Managementgebühr bei Aktienfonds im Schnitt 1,90 %, bei ETFs 0,35 %. Nicht zuletzt wegen des starken Wettbewerbsdrucks durch börsennotierte Indexfonds senken Fondsmanager die Verwaltungsgebühr oder den Ausgabeaufschlag, mitunter auch beides. Nachdem sich Investmentfonds nur für Langzeitanleger eignen, ist eine niedrige Managementgebühr viel wichtiger als die Kürzung oder Streichung des Ausgabeaufschlags. Nur wer das schnelle Rein und Raus wählt, wäre Nutznießer, wenn der Ausgabeaufschlag entfällt, die Jahresgebühr aber bei rund 2 % liegt.

Verzinsliche Wertpapiere. Staats- und Unternehmensanleihen sind verzinsliche Wertpapiere, auch als Schuldverschreibung, Rentenpapier, Bonds oder Obligation bezeichnet. Es handelt sich um Sammelbezeichnungen für alle Schuldverschreibungen mit festem oder variablem Zinssatz, vereinbarter Laufzeit und Tilgungsform. Gläubiger sind die Käufer von Schuldtiteln. Bei Investmentfonds bestehen Mischfonds aus Aktien und Anleihen unterschiedlich gewichtet oder im Verhältnis 1:1 bzw. 50:50. Fondsmanager mischen möglicherweise auch Hochzins- und Wandelanleihen bei. Reine Rentenfonds, früher ein Renner, heute durch die Nullzinspolitik zum Ladenhüter degradiert, konzentrieren sich auf Anleihen. Gut, wenn das Fondsmanagement mit flexibler Multi Asset-Strategie reagiert.

Volatilität. Damit sind Kursschwankungen gemeint, die viele Anleger gar nicht mögen, bei mir aber willkommen sind. Sie bieten die Grundlage für klugen Zukauf und Teilverkauf insbesondere bei Einzelaktien mit starken Kursausschlägen. Hightech- und Biotechaktien sind volatil. Halten Sie das heftige Auf und Ab nicht aus, vertrauen Sie auf ETFs, „ewige Marathon-Aktien" oder Aktienfonds. Breite Streuung verringert Kursausschläge.

Volumen/Umfang Fondsvermögen. Es gibt milliardenschwere alteingesessene Misch-, Renten- und Aktienfonds mit einem Alter von 40 oder 50 Jahren und einem Volumen im zweistelligen Milliardenbereich. Demgegenüber stehen regelrechte Winzlinge, die nicht einmal einen zweistelligen Millionenbetrag aufweisen. Verständlich und nicht beunruhigend, wenn der Fonds erst kürzlich aufgelegt wurde. Ansonsten besser Hände weg! Sie müssen damit rechnen, dass der Fonds aufgelöst oder mit einem anderen Produkt zusammengelegt wird, das nicht unbedingt Ihren Wünschen entspricht. Zudem ist der Handel bisweilen so gering, dass Sie einige Tage auf die Ausführung Ihrer Kauforder oder Rückgabe warten müssen und günstige Kurse ungenutzt verstreichen lassen müssen.

Vorzugsaktien. „Kastrierte" Vorzüge sind wegen fehlender HV-Stimmrechte unbeliebt. Mehr Dividende tröstet kaum. Vorzüge werden vielleicht in Stämme umgewandelt, weil im Index nur eine Aktiengattung zählt, ein Aufstieg denkbar ist oder der Abstieg droht.

Wachstumsmärkte und Wachstumswerte (Growth). Dazu gehören Hightech-, Biotech-, Software- und Internetwerte. Wachstumsaktien sind attraktiv, wenn die Konjunktur anzieht und das Geschäftsmodell überzeugt. Der Zukunftsmarkt wird von Industrie 4.0, Internet der Dinge, Digitalisierung, Cloud und Vernetzung geprägt. Auch die Bauindustrie dürfte durch Flüchtlingszustrom, Verkehrsüberlastung, sich häufende Unwetter und höheren Flächenbedarf in Wohnungen, soweit finanzierbar, genügend Aufträge einsammeln.

Wandelanleihen. Hier gibt die Aktiengesellschaft die Wandelanleihen an ihre Aktionäre aus. Die Anteilseigner haben die Wahl, Geld und Zinsen zum vereinbarten Zeitpunkt ausgezahlt zu bekommen oder bis zu einem bestimmten Termin die ausgehandelte Anzahl von Aktien ins Depot zu nehmen. Diese Investmentform ist gewöhnlich mit einem eher niedrigen Zinskupon ausgestattet und gilt wegen des Anleger-Wandlungsrechts als fair.

Wertgesicherte Fonds. Damit sind die bei Privatanlegern beliebten Garantiefonds gemeint, handelt es sich doch um strukturierte Fonds mit Kapitalgarantie. Wertgesicherte Fonds erzielen aktuell (errechnet am 10. Aug. 2018) nur eine Rendite von 0,25 % sowohl im 52-Wochen- als auch im Drei-Jahresvergleich. Derzeit besteht bei 165 Garantiefonds die Qual der Wahl. Wertgesicherte Fonds wollen ansehnliche Renditen erwirtschaften und besser abschneiden als Lebensversicherungen. Sie mischen Aktien, Anleihen, sonstige Produkte bei und setzen Derivate zum Absichern ein. Bei Null-Zins funktioniert dies nicht.

Wertpapier-Kenn-Nummer (WKN). Ordern Sie Aktien telefonisch oder online, wählen Sie die einprägsame sechsstellige WKN. Die zwölfstellige ISIN ist schwer zu entziffern und verleitet zu Fehlern. Nur bei deutschen Aktien entspricht der ISIN-Kern nach DE000 der alten WKN. Hüten Sie sich vor Verwechslungen bei **D:0, G:6, B:8, I:J:L, 2:Z:7, 9:8:B.** Zu kleine Schrift ist die Hauptursache solcher Pannen. Das große O wird nicht eingesetzt.

Widerstandslinie. Wird sie nach oben durchstoßen, steht die Ampel charttechnisch auf „Grün". Viele Anleger ordern, wenn der Weg nach oben frei zu sein scheint. Wichtige Widerstände liegen bei runden Zahlen, alten Höchstständen und der 200-Tage-Linie.

Z

Zeichnung. So heißt die Abgabe eines Kaufangebots für neue Aktien zum Ausgabepreis. Hohe Gewinne am 1. Börsentag sind nur bei überzeichneten attraktiven Titeln zu erwarten.

Zinspolitik. Die Europäische Zentralbank (EZB) mit ihrem Präsidenten Mario Draghi (Vorgänger Jean-Claude Trichet) schaffte im Frühjahr 2016 den Guthabenzins durch Senkung von 0,5 auf 0,0 % ab. Der EZB-Chef erhöhte gleichzeitig die Strafzinsen für Banken, die ihr Geld bei der EZB parken, von -0,3 % auf -0,4 %.

Zukunftsmärkte. Der demografische Wandel mit längerem Leben führt zu gesellschaftlichen und wirtschaftlichen Veränderungen. Einerseits sterben Geschäftsfelder und Berufe aus. Andererseits kommt es zu neuem Höhenflug in bestimmten Branchen. Zu den großen Zukunftsmärkten gehören das Gesundheitswesen mit Pharma, Biotech, Medtech. Kein Weg führt vorbei an Industrie 4.0, Internet der Dinge, Digitalisierung, Vernetzung, Künstliche Intelligenz mit Robotik. Nicht alles, was möglich ist und angeboten wird, tut uns gut. Innovative Aktienfonds spiegeln die großen Zukunftsmärkte rund um den Globus wider.

Zykliker, zyklische Aktien. Dies sind konjunkturabhängige Gesellschaften mit ihren offensiven Wachstumsaktien, z. B. Maschinenbauer, Biotech-, Software-, Internet- und Netzwerkfirmen. Schwächt sich das Wirtschaftswachstum ab, bevorzugen vorsichtige Anleger Konsumgüter- und Industrietitel. Wer jedoch risikofreudig ist, greift bevorzugt zu zyklischen Aktien und erfolgreichen Growth-Aktienfonds. Hochtechnologie steht im Fokus.

16.2 Lösungen der fünf Leistungs-Schnelltests

	Schnelltest-Lösung Nr. 1 zur Wissensüberprüfung		
Nr.	Aufgabenstellung auf Seite 383		Punkte
1	Börsenrätsel: Setzen Sie die fehlenden Buchstaben ein. Das aus elf Anfangsbuchstaben zu bildende Lösungswort gehört zur Börse.		11 [ ]
1.1	Bewerten Aktien/Firmen/Fonds	A N A L Y S T E N	1 [ ]
1.2	Ziel Aktien- und Fondsanlagen	K U R S G E W I N N E	1 [ ]
1.3	Nebenwerte-Index	T E C D A X	1 [ ]
1.4	Preissteigerung	I N F L A T I O N	1 [ ]
1.5	Aktuelles Ziel Autoindustrie	E L E K T R O A U T O	1 [ ]
1.6	Vorgänger vom TecDAX	N E U E R M A R K T	1 [ ]
1.7	Firmenzusammenschluss	F U S I O N	1 [ ]
1.8	Fondsrichtlinie, dt. Abkürzung	O G A W	1 [ ]
1.9	Technologiebörse USA	N A S D A Q 1 0 0	1 [ ]
1.10	Absicherungsinstrumente	D E R I V A T E	1 [ ]
1.11	Wichtig für Börsenerfolg	S T R A T E G I E	1 [ ]
2	Wissen: Was stimmt komplett? Was ist falsch? Kreuz!	Ja Nein	12 [ ]
2.1	„Aus dem Bauch", emotionell handeln wird empfohlen.	X	1 [ ]
2.2	Als vorsichtiger Anleger in Hedgefonds investieren	X	1 [ ]
2.3	Fundiertes Börsenwissen bietet Schutz vor Manipulation.	X	1 [ ]
2.4	Eine Infoquelle reicht für Fondskauf/-verkauf locker aus.	X	1 [ ]
2.5	Stimmt oft: Gier frisst Hirn, und Panik tötet den Verstand.	X	1 [ ]
2.6	Guter Rat: Gewinne laufen lassen, Verluste stets aussitzen.	X	1 [ ]
2.7	Bei ETFs ist Ausgabeaufschlag niedriger als bei Aktienfonds.	X	1 [ ]
2.8	Prime Standard: MDAX, TecDAX, SDAX und Nasdaq	X	1 [ ]
2.9	Ethik-Themenfonds können bezüglich Rendite mithalten.	X	1 [ ]
2.10	Value-Aktien-Fonds: konjunkturunabhängig, nachhaltig	X	1 [ ]
2.11	Growth-Strategie: Versorger, Konsumgüter, Versicherungen	X	1 [ ]
2.12	Offene Immobilienfonds sind sehr sicher und ertragreich.	X	1 [ ]
3	Zuordnungstest: Welche Aussagen treffen völlig zu?	Nr.	4 [ ]
3.1	**Risikofreudiger Typ:** 1) Nur Value-Fonds. 2) DAX-Fonds. 3) TecDAX-/Nasdaq-Aktienfonds 4) Auch Nebenwertefonds.	Nr. 3, 4	2 [ ]
3.2	**Kaufsignale:** 1) Ölpreis stürzt ab. 2) Strafzins wird erhöht. 3) Fondsgebühren sinken wegen ETFs. 4. Exportquote steigt.	Nr. 3, 4	2 [ ]
	26 - 27 P. = 1, 24 - 25 P. = 2, 21 - 23 P. = 3, 18 - 20 P. = 4	Ziel: 27 P. [ ]	

Schnelltest-Lösung Nr. 2 zur Wissensüberprüfung

Nr.	Aufgabenstellung auf S. 384		Punkte
1	Börsenrätsel: Setzen Sie die fehlenden Buchstaben ein. Das aus 12 Anfangsbuchstaben bestehende Lösungswort stuft Anleger ein.		12 [ ]
1.1	Wertpapierertrag	R E N D I T E	1 [ ]
1.2	Oberbegriff, Name für ETF	I N D E X F O N D S	1 [ ]
1.3	Anlagestrategie	S T R E U U N G	1 [ ]
1.4	Wachstumsmarkt	I N D O N E S I E N	1 [ ]
1.5	Charttechnik liefert:	K A U F S I G N A L E	1 [ ]
1.6	Wachstumsregion	O S T A S I E N	1 [ ]
1.7	Deutscher Finanzplatz	F R A N K F U R T	1 [ ]
1.8	Aktienfonds-Bewertung	R A T I N G	1 [ ]
1.9	Bei Banken oft zu gering	E I G E N K A P I T A L	1 [ ]
1.10	Engl. Abkürzung bei Fonds	U C I T S	1 [ ]
1.11	Bevölkerungsentwicklung	D E M O G R A F I E	1 [ ]
1.12	Anlage mit gutem Gewissen	E T H I K F O N D S	1 [ ]

Nr.	Wissenstest: Was stimmt? Was ist falsch? Ankreuzen!	Ja	Nein	12 [ ]
2.1	Finanzkennzahlen und Charttechnik schließen einander aus.		X	1 [ ]
2.2	Gesundheits-/Software-/Immobilienbranche chancenreich	X		1 [ ]
2.3	Unverzichtbar bei Hightechfonds: Digitalisierung/Vernetzung.	X		1 [ ]
2.4	Rohstoffmarkt spielt langfristig weltweit keine Rolle mehr.		X	1 [ ]
2.5	Risikofreudige Anleger wählen nur USA-Hochzinsfonds aus.		X	1 [ ]
2.6	Thesaurierung: Dividende wird in weitere Anteile angelegt.	X		1 [ ]
2.7	Schnelles Rein/Raus bringt bei Fonds die höchste Rendite.		X	1 [ ]
2.8	Meide die gefährlichen Vier: Euphorie, Panik, Angst und Gier	X		1 [ ]
2.9	Bei Konsumgütern ist das Risiko viel höher als bei Biotech.		X	1 [ ]
2.10	Immobilien-Aktienfonds Nutznießer vom Flüchtlingszustrom	X		1 [ ]
2.11	Aktienfonds sind aktiv gemanagt, klassische ETFs passiv.	X		1 [ ]
2.12	Kleiner Ausgabeaufschlag am wichtigsten bei Fondsauswahl.		X	1 [ ]

Nr.	Welche Aussagen stimmen zur Beispielreihe Crash?	Nr.	3 [ ]
	1) Nur im Oktober zu befürchten. 2) Nur bei Platzen von Spekulationsblasen möglich. 3) Droht bei großen Krisenherden. 4) Völlig undenkbar bei stabiler Konjunktur. 5) Beim Kernkraft-GAU. 6) Kommt kaum vor: Depot-Panikausverkauf.	Nr. 3, 5	3 [ ]
4	Welche Aussagen gelten für eine kluge Fondsanlage?	Nr.	3 [ ]
	1) Keine Order unter 1.000 €. 2) Bei Panik alles blitzschnell verkaufen. 3) Sich für sein Tun verantwortlich fühlen. 4) Auf Stammtischtipps hören. 5) Bei Hektik Bauchgefühl vertrauen. 6) Anlegerprofil und Renditeerwartung richtig einschätzen.	Nr. 1, 3, 6	3 [ ]
	29 - 30 P. = 1, 26 - 28 P. = 2, 23 - 25 P. = 3, 20 - 22 P. = 4	30 P.	[ ]

Schnelltest-Lösung Nr. 3 zur Wissensüberprüfung

Nr.	Aufgabenstellung auf S. 385												Punkte
1	Börsenrätsel: Setzen Sie die fehlenden Buchstaben ein. Das aus 14 Anfangsbuchstaben bestehende Lösungswort zählt zur Strategie.												14 [ ]
1.1	Fondsart mit großem Anteil	**A**	K	T	I	E	N	F	O	N	D	S	1 [ ]
1.2	Vorn beim Kursgewinn	**N**	E	B	E	N	W	E	R	T	E		1 [ ]
1.3	Grund für Kursausschläge	**L**	E	E	R	V	E	R	K	A	U	F	1 [ ]
1.4	Leitet Hauptversammlung	**A**	U	F	S	I	C	H	T	S	R	A T	1 [ ]
1.5	Fondsart	**G**	E	L	D	M	A	R	K	T			1 [ ]
1.6	Hauptziel vom Börsengang	**E**	I	G	E	N	K	A	P	I	T	A L	1 [ ]
1.7	Beeinflusst Börsentrends	**Z**	I	N	S	P	O	L	I	T	I	K	1 [ ]
1.8	Großer Aktienindex	**E**	U	R	O		S	T	O	X	X		1 [ ]
1.9	Zahlungsunfähigkeit	**I**	N	S	O	L	V	E	N	Z			1 [ ]
1.10	Begriff Charttechnik	**T**	R	E	N	D	K	A	N	A	L		1 [ ]
1.11	Abhängig von Zinssätzen	**R**	E	N	T	E	N	F	O	N	D	S	1 [ ]
1.12	Bestandteil von Mischfonds	**A**	N	L	E	I	H	E	N				1 [ ]
1.13	Engl. Abkürzung bei Fonds	**U**	C	I	T	S							1 [ ]
1.14	Kleine Nebenwerte	**M**	I	C	R	O		C	A	P	S		1 [ ]

Nr.	Nebenwerte: Was stimmt? Was ist falsch? Ankreuzen!	Ja	Nein	8 [ ]
2.1	Risiko ist bei Aktienfonds genauso hoch wie bei Einzelaktien.		X	1 [ ]
2.2	Zahlreiche Aktienfonds mit MDAX-/TecDAX-/SDAX-Werten	X		1 [ ]
2.3	Seit 20 Jahren: MDAX Kursgewinn doppelt so hoch wie DAX.	X		1 [ ]
2.4	Anlageerfolg bei Nebenwertefonds reine Glückssache		X	1 [ ]
2.5	Alle Mischfonds ohne Goldbeimischung sind hoch im Minus.		X	1 [ ]
2.6	Bei allen Dividendenfonds sind die Gebühren extrem hoch.		X	1 [ ]
2.7	Es gibt 40-/50-jährige Fonds mit über 1.000 % Kursgewinn.	X		1 [ ]
2.8	Auf- und Abstieg bei MDAX, TecDAX, SDAX einmal jährlich.		X	1 [ ]

Nr.	A sucht B. Bilden Sie die passenden Wortpaare.	A/B	13 [ ]
3.1	A1) Defensivstrategie. A2) Offensivstrategie. A3) Small-Cap-Index. A4) Mid-Cap-Index 60 Titel. A5) Nasdaq. A6) Familienfirmen-Index. A7) Totalverlust droht. A8) Zukunftsmärkte. A9) Riesenfehler im Crash. A10) Mittelabfluss 2016. A11) Breite Streuung. A12) Ordergebühren. A13) Mischfonds	A1/B5 A2/B10 A3/B11 A4/B1 A5/B6 A6/B13	1 [ ] 1 [ ] 1 [ ] 1 [ ] 1 [ ] 1 [ ]
3.2	B1) MDAX. B2) Besteht aus Aktien/Anleihen. B3) Ostasien/Lateinamerika. B4) Transaktionskosten. B5) Value-Fonds. B6) Technologiebörse USA. B7) Diversifikation. B8) Hedgefonds. B9) Geschlossene Schifffonds. B10) Growth-Fonds. B11) SDAX. B)12 Panik-Ausverkauf. B13) DAXplus Family.	A7/B9 A8/B3 A9/B12 A10/B8 A11/B7 A12/B4 A13/B2	1 [ ] 1 [ ] 1 [ ] 1 [ ] 1 [ ] 1 [ ] 1 [ ]

33 - 35 P. = 1, 30 - 32 P. = 2, 27 - 29 P. = 3, 23 - 26 P. = 4	35 P.	[ ]

Schnelltest-Lösung Nr. 4 zur Wissensüberprüfung

Nr.	Aufgabenstellung auf S. 386		Punkte
1	**Börsenrätsel:** Setzen Sie die fehlenden Buchstaben ein. Das 10 Anfangsbuchstaben umfassende Lösungswort nennt eine Aktienart.		10 [ ]
1.1	Technologiebörse Amerika	**N** A S D A Q 1 0 0	1 [ ]
1.2	Zukunft Autoindustrie	**E** L E K T R O A U T O S	1 [ ]
1.3	Größter Fondsanbieter	**B** L A C K R O C K	1 [ ]
1.4	Mehr Risiko als beim ETF	**E** I N Z E L A K T I E N	1 [ ]
1.5	Börsengang/IPO	**N** E U E M I S S I O N	1 [ ]
1.6	Erneuerbare Energie	**W** I N D K R A F T	1 [ ]
1.7	Ausgebende Bank	**E** M I T T E N T	1 [ ]
1.8	Abhängig von Zinssätzen	**R** E N T E N F O N D S	1 [ ]
1.9	Anleger fürchten sich vor	**T** O T A L V E R L U S T	1 [ ]
1.10	Aktien-Index	**E** U R O S T O X X	1 [ ]
2	Welche zwei Aussagen passen nicht? Nummern einsetzen!		14 [ ]
2.1	**Gesundheitsbranche:** 1) Biotech, 2) Medtech, 3) Pharma, 4) Nanotechnologie, 5) Wirkstoffforschung, 6) Suchmaschine	4) 6)	2 [ ]
2.2	**ETF:** 1) Sondervermögen, 2) stets aktiv gemanagt, 3) kleiner Ausgabeaufschlag, 4) deckt den Index ab, 5) Indexfonds	2) 3)	2 [ ]
2.3	**Zukunftstrends:** 1) Industrie 4.0, 2) Cloud Computing, 3) Internet der Dinge, 4) Kosmetik, 5) Big Data, 6) Hardware	4) 6)	2 [ ]
2.4	**MDAX:** 1) 60 Werte, auch Technik, 2) nur deutsche Titel, 3) Auf/Abstieg einmal jährlich, 4) Mid Cap, 5) besser als DAX	2) 3)	2 [ ]
2.5	**TecDAX:** 1) 50 Technologietitel, 2) auch ausländische Titel, 3) Nachfolger Neuer Markt, 4) Micro Cap, 5) viel Software	1) 4)	2 [ ]
2.6	**SDAX:** 1) 70 Titel ohne Technik, 2) nur deutsche Titel, 3) Prime Standard, 4) Small Cap, 5) Industrietitel, 6) Konsumtitel	1) 2)	2 [ ]
2.7	**Investmentfonds:** 1) Breit gestreut, 2) viele Arten, 3) Ausgabeaufschlag üblich, 4) sehr billig, 5) weltweit 1.000 Fonds	4) 5)	2 [ ]
3	A sucht B. Bilden Sie die passenden Wortpaare.	A/B	12 [ ]
3.1	A1) Anlage in Aktien und Anleihen. A2) Handel mit geliehenen Aktien. A3) Aktiv gemanagt. A4) Familienindex. A5) Nichts für Anfänger. A6) Fonds-Richtlinie. A7) Schlägt seit 20 Jahren den DAX. A8) Mit Mietshaus vergleichbar. A9) Offene Immobilienfonds. A10) Anlage mit Sparplänen. A11) Voraussetzung Fondsanlageerfolg. A12) Zur Absicherung.	A1/B12 A2/B11 A3/B6 A4/B9 A5/B10 A6/B4	1 [ ] 1 [ ] 1 [ ] 1 [ ] 1 [ ] 1 [ ]
3.2	B1) Dachfonds. B2) Derivate Long/Short. B3) MDAX. B4) Abkürzungen UCITS/OGAW. B5) Mehrere Projekte. B6) Investmentfonds. B7) Langfristiger Anlagehorizont. B8) Bei zahlreichen Investmentfonds möglich. B9) DAXplus Family. B10) Hedgefonds. B11) Leerverkauf. B12) Mischfonds.	A7/B3 A8/B1 A9/B5 A10/B8 A11/B7 A12/B2	1 [ ] 1 [ ] 1 [ ] 1 [ ] 1 [ ] 1 [ ]
	34 - 36 P. = 1, 31 - 33 P. = 2, 27 - 30 P. = 3, 23 - 26 P. = 4	36 P.	[ ]

Schnelltest-Lösung Nr. 5 zur Wissensüberprüfung

Nr.	Aufgabenstellung auf Seite 387													Punkte
1	Börsenrätsel: Setzen Sie die fehlenden Buchstaben ein. Das aus 14 Anfangsbuchstaben bestehende Lösungswort nennt eine Branche.													14 [ ]
1.1	Fonds aus Aktien/Anleihen	**M**	I	S	C	H	F	O	N	D	S			1 [ ]
1.2	Basis für Wertpapierorder	**E**	C	H	T	Z	E	I	T	K	U	R	S	1 [ ]
1.3	Absicherung bei Fonds	**D**	E	R	I	V	A	T	E					1 [ ]
1.4	Zukunftsmarkt	**I**	N	D	O	N	E	S	I	E	N			1 [ ]
1.5	Einfluss auf Geldmarkt	**Z**	I	N	S	P	O	L	I	T	I	K		1 [ ]
1.6	Hier gibt es Offene Fonds	**I**	M	M	O	B	I	L	I	E	N			1 [ ]
1.7	Fonds soll … wirtschaften	**N**	A	C	H	H	A	L	T	I	G			1 [ ]
1.8	Droht z. B. bei Schifffonds	**T**	O	T	A	L	V	E	R	L	U	S	T	1 [ ]
1.9	Anlage für gutes Gewissen	**E**	T	H	I	K	F	O	N	D	S			1 [ ]
1.10	Börseninformationsquelle	**C**	H	A	R	T	T	E	C	H	N	I	K	1 [ ]
1.11	TecDAX-Merkmal	**H**	I	G	H	T	E	C	H					1 [ ]
1.12	US-Technologie-Index	**N**	A	S	D	A	Q		1	0	0			1 [ ]
1.13	Oberbegriff, Name für ETF	**I**	N	D	E	X	F	O	N	D	S			1 [ ]
1.14	Einflussfaktor Börsentrend	**K**	O	N	J	U	N	K	T	U	R			1 [ ]

Nr.	Aufgabenstellung	Ja	Nein	Punkte
2	Nebenwerte: Was stimmt? Was ist falsch? Ankreuzen!			8 [ ]
2.1	Nasdaq 100: Es ist der Index für Technologieaktien weltweit.		X	1 [ ]
2.2	Den MDAX und TecDAX gibt es schon seit über 20 Jahren.		X	1 [ ]
2.3	Der DAXplus Family Index besteht nur aus Nebenwerten.		X	1 [ ]
2.4	Themen- und Branchenfonds sind oft besser als ein ETF.	X		1 [ ]
2.5	Dividendenfonds: Das Management behält die Ausschüttung.		X	1 [ ]
2.6	Thesaurierung: Dividende wird in weitere Anteile angelegt.	X		1 [ ]
2.7	Auch flexible Mischfonds haben keine Zukunftschancen.		X	1 [ ]
2.8	Biotech-Aktienfonds gewinnen im Bullenmarkt gegen ETFs.	X		1 [ ]

Nr.	Welche zwei Aussagen treffen zu? Bitte Nummern einsetzen		Punkte
3			8 [ ]
3.1	**Nasdaq 100:** 1) Technologiebörse Welt. 2) Kursgewinn vergleichbar mit TecDAX. 3) Biotech fehlt hier. 4) Keine Nasdaq-ETFs im Angebot. 5) Nasdaq-Fonds oft wachstumsstark.	2, 5	2 [ ]
3.2	**Biotech:** 1) Europa-Boom. 2) Übernahmerekord Pharma und Biotech. 3) Value: Biotechfonds. 4) MDAX: keine Biotechtitel. 5) Biotech-ETF USA. 6) Verbot: Fonds mit Gentechnik-AGs.	2, 5	2 [ ]
3.3	**Rechtslage:** 1) Altbestand vor 2010 steuerfrei. 2) Keine Abgeltungstuer bei ETF. 3) ETF: Sondervermögen. 4) Aktienfonds passiv gemanagt. 5) Kein Ausgabeaufschlag bei ETF.	3, 5	2 [ ]
3.4	**Strategie:** 1) DAX-Aktienfonds am besten. 2) Nie Immofonds kaufen. 3) Geld/Glück/Geduld. 4) Wenig Zeit: Aktienfonds.	3, 4	2 [ ]
	29 - 30 P. = 1, 26 - 28 P. = 2, 23 - 25 P. = 3, 20 - 22 P. = 4	30 P.	[ ]

16.3 Die wichtigsten Indizes weltweit für den raschen Überblick

Die Indexübersicht bis Ende August 2018 enttäuscht gegenüber 2017. Der von Donald Trump ausgelöste Handelskrieg mit Strafzoll gegen China, EU und andere Länder verunsichert die Börse.

Globale Indexübersicht 8 Monate 2018: Punkte & Kurse				
Index/Börsen-Barometer	WKN	Kurs am 30.08.18	Kursverlauf 1, 3, 5, 10 J.	Hoch/Tief 52 Wochen
DAX Perform.	846 900	12.494 P.	+4/+21/+54/+95 %	13.597/11.727
DAX Kursindex	846 744	5.755 P.	+1/+11/+34/+42 %	6.444/5.541 P.
MDAX	846 741	27.185 P.	+11/+38/+89/+213 %	27.525/24.562
TecDAX	720 327	3.020 P.	+34/+78/+196/+265 %	3.046/2.266 P.
SDAX	965 338	12.594 P.	+11/+46/+105/+206 %	12.749/11.315
DivDAX Perform.	A0C 33D	326 P.	+5/+23/+60/+95 %	355/308 Punkte
DAXplus Family	A0Y KTN	6.492 P.	+16/+45/+115 %	6.526/5.584 P.
GEX	A0A ER0	2.428 P.	+11/+51/+152/+39 %	2.684/2.188 P.
Euro Stoxx 50	965 814	3.431 P.	+1/+4/+26/+2 %	3.709/3.262 P.
STOXX 50	965 816	3.072 P.	+2/-1/+15/+5 %	3.283/2.884 P.
Dow Jones	969 420	26.125 P.	+19/+56/+75/+125 %	26.617/21.709
S&P 500	A0A ET0	2.914 P.	+18/+46/+78/+126 %	2.917/2.447 P.
Nasdaq 100	A0A E1X	7.660 P.	+29/+77/+149/+308 %	7.691/5.540 P.
Nikkei 225	A1R RF6	22.870 P.	+17/+20/+71/+75 %	24.129/19.240
Hang Seng China	145 733	28.156 P.	+1/+30/+30/+32 %	33.112/27.083
RTX Russland	965 707	1.567 P.	+7/+37/-14/-35 %	1.905/1.458 P.
SMI Schweiz	969 000	9.042 P.	+2/+3/+17/+25 %	9.616/8.373 P.
FTSE/London	969 378	7.516 P.	+2/+20/+17/+33 %	7.904/6.867 P.
MSCI WORLD	969 273?	6.833 P.	+16/+42/+78/+124 %	6.833/5.885 P.

Anmerkung: Die unterstrichenen Angaben zeigen im 1-, 3-, 5-, 10-Jahresüberblick siegreiche Börsenbarometer und Verlierer. Die Übersicht ist nützlich, wenn es darum geht, Indizes mit ETFs und Aktienfonds abzudecken, Charts auszuwerten oder bei Einzelaktien z. B. bevorzugt im TecDAX und Nasdaq zu investieren.

16.4 Unser Partner DJE Kapital AG stellt sein Geschäftsmodell vor

Die DJE Kapital AG präsentiert ihre Spitzenfonds

Aktienfonds DJE – Dividende & Substanz

> Ein Blick in die Börsenhistorie zeigt: Auf lange Sicht bieten Aktien von Qualitätsunternehmen die beste Rendite. Mit dem Aktienfonds DJE – Dividende & Substanz investieren wir eben genau in die Aktien solcher Qualitätsfirmen. Doch was heißt Qualität?

Der Investitionsschwerpunkt des Fonds, für den mein Sohn Jan seit der Auflage im Jahr 2003 verantwortlich ist, liegt auf dividenden- und substanzstarken Aktien. Die Grundidee hinter dem Fonds ist: Qualitätsfirmen sind robust und langfristig erfolgreich. Sie leisten also meist attraktive und regelmäßige Dividendenausschüttungen. Dabei wird von Anlegern häufig die Bedeutung von Dividendenzahlungen für die Gesamtperformance unterschätzt. Diese liefern langfristig oft den höchsten Beitrag für den Erfolg einer Aktienanlage, weil wieder angelegte Ausschüttungen einen beachtlichen Zinseszinseffekt erzielen. Die neuen Anteile erwirtschaften ihrerseits Kursgewinne und Dividenden, sodass die Anzahl weiter steigt.

Allerdings müssen wir klar trennen: Entscheidend ist nicht allein die höchste Dividendenrendite, sondern vor allem eine nachhaltige und idealerweise steigende Dividendenzahlung – also quasi die Stabilität von Dividenden in einem langen Zeitablauf. Zudem haben empirische Analysen gezeigt, dass dividendenstarke Werte insbesondere in schwierigen Marktphasen eine wesentlich stabilere Anlageform darstellen als ausschüttungsschwache Papiere.

Der Dividende kommt also eine Art Pufferfunktion bei vorübergehenden Kursverlusten zu. Die Rechnung ist einfach und einleuchtend: Gute Substanz, ausgezeichnete Bilanzqualität sowie eine hohe Dividendenrendite bei möglichst abgesicherter Ertragslage erhöhen die Chance, langfristig nachhaltige Anlageerfolge zu erzielen. Üppige Ausschüttungen gehen oft einher mit einer fairen Bewertung, also einem niedrigen Kurs-Gewinn-Verhältnis (KGV).

Natürlich gibt es auch in diesem Aktienfonds Risiken. Die Kurse der Unternehmen können je nach Marktlage relativ stark schwanken, sodass Kursverluste möglicherweise nicht über die Renditen aus den Dividenden voll ausgeglichen bzw. kompensiert werden können. Interessierte Anleger sollten sich daher in jedem Fall in unseren Verkaufsunterlagen informieren. Alles Wesentliche bringt unsere **Internetseite www.dje.de**.

DJE – Dividende & Substanz P	WKN	Kurs 23.08.18	Hoch/Tief 52 Wochen	Kursentwicklung 1, 3, 5, 10 Jahre
	164325	409,32 €	422,25/378,41 €	+8/+17/+53/+96 %
Volumen: ca. 1,27 Mrd. €, Auflage: 27.01.2003, Ausgabeaufschlag: **5,00 %**, Verwaltungsgebühr/Anlageberatungsvergütung: 1,32 %/0,30 % p. a., thesaurierend. Anlage international und benchmarkunabhängig in dividenden- und substanzstarke Aktien.				

Mischfonds DJE – Zins & Dividende

➤ **Die Korrektur im Frühjahr 2018 hat wieder gezeigt, dass die Börsen keine Einbahnstraße sind. Gerade dann sind Flexibilität und eine gewisse Ruhe unabdingbar. Das setzen wir mit unserem weltweit anlegenden Mischfonds DJE – Zins & Dividende um, den ebenfalls mein Sohn Jan managt.**

Der ausgewogene Mix aus Aktien und Anleihen macht den Fonds aus. Er verfolgt das Ziel, unabhängig von den Kapitalmärkten einen möglichst stetigen positiven Ertrag zu erzielen. Dazu investieren wir mindestens 50 % des Fondsvermögens in Anleihen öffentlicher und privater Emittenten mit sehr guter bis guter Bonität. Außerdem legen wir breit gestreut in Aktien von Unternehmen an, die aus unserer Sicht Qualität haben und nachhaltig hohe Dividenden ausschütten. Dabei setzen wir auf eine Kombination aus einer flexiblen Aufteilung von Anleihen und Aktien und einer darauf zugeschnittenen passenden Einzeltitelauswahl – hier liegt unser bewährter Dividendenansatz zugrunde.

Verluste lassen sich natürlich nicht immer vermeiden. Dafür ist das Marktgeschehen zu unstet, vor allem an den Aktienmärkten. Wir investieren maximal 50 % des Fondsvermögens in Aktien. Unser Vorteil ist jedoch unsere Flexibilität. Wir können den Fonds schnell an die veränderten Marktgegebenheiten anpassen und die Aktienquote auf 25 % senken. Von dieser Möglichkeit machen wir taktisch, das heißt auf kurze Sicht, Gebrauch. So wollen wir vielversprechende Anlage-Ideen nutzen, um einen möglichst beständigen Ertrag für unsere Anleger zu erzielen und um sie in Börsenkrisen wie bei starker Korrektur und Crash möglichst vor größeren Wertverlusten zu schützen.

Freilich bestehen auch hier Risiken. Aktien bergen je nach Marktlage das Risiko stärkerer Kursrückgänge. Anleihen wiederum unterliegen unter anderem dem Risiko, ob die Emittenten in der Lage sind, ihren Zahlungsverpflichtungen nachzukommen und die Anleihe nach dem Ende der Laufzeit zurückzuzahlen. Alle Risiken werden in den Verkaufsunterlagen des Fonds auf der **Internetseite www.dje.de** beschrieben.

DJE – Zins & Dividende PA	WKN	Kurs 24.08.18	Hoch/Tief 52 Wochen	Kursentwicklung 1, 3, 5 Jahre
	A1C7Y8	146,90 €	148,07/140,52 €	+5/+13/+41 %

Volumen: ca. 1,07 Mrd. €, Auflage: 10.02.2011, Ausgabeaufschlag: **4,00 %**, Verwaltungsgebühr/Anlageberatungsvergütung: 1,15 %/0,35 % p. a., ausschüttend. Der globale Mischfonds verfolgt den Absolute-Return-Gedanken mit dem wichtigen Ziel, Verluste weitestgehend zu vermeiden.

Dr. Jens Ehrhardt stellt seinen Lieblingsfonds vor: Aktienfonds DJE – Mittelstand & Innovation

Vor gut drei Jahren, im August 2015, haben wir den DJE – Mittelstand & Innovation gegründet. Hier konzentrieren wir uns auf wachstumsstarke kleine und mittelgroße Unternehmen. Der deutschsprachige Raum ist mit 1.500 Firmen die Kernregion der „Hidden Champions" – der unbekannten Weltmarktführer.

Diese Gesellschaften überzeugen oft durch ihre Innovationskraft und hohen Marktanteile in strukturell wachsenden Nischenmärkten. Ein weiterer Vorteil sind oft solide Bilanzen und ihre inhabergeführte Leitung – wie bei der DJE selbst. Daher steht der Erhalt der Firma auf Basis gesunder Bilanz und geringer Verschuldung im Vordergrund. Das stärkste Wachstumspotenzial entwickeln noch junge Firmen, die auf dem Sprung sind, zu einem großen Unternehmen heranzureifen.

Die Aktienkurse kleiner und mittelgroßer Firmen schwanken meist stärker als die der großen Wettbewerber. Sie stehen weniger im Rampenlicht der Medien und werden von Analysten seltener durchleuchtet. Deshalb sind Unternehmensbesuche für uns sehr wichtig, um Chancen und Risiken mit den Führungskräften zu besprechen und gute Kenntnisse über das Geschäftsmodell zu erhalten.

Über alle Risiken des Fonds, vor allem die Gefahr markt- und einzelwertbedingter Kursverluste, die jeder Anleger kennen sollte, informieren die Verkaufsunterlagen auf unserer **Internetseite www.dje.de**.

DJE – Mittelstand & Innovation PA	WKN	Kurs 23.08.18	Hoch/Tief 52 Wochen	Kursentwicklung 1, 3, 5 Jahre
	A14SK0	156,82 €	160,2/136,0 €	+15/+64 %

Volumen: ca. 130 Mio. €, Auflage: 03.08.2015, Ausgabeaufschlag: **5,00 %**, Verwaltungsgebühr/Anlageberatungsvergütung: 1,30 %/0,35 % p. a., ausschüttend. Schwerpunkt: innovationsstarke Mittelständler aus dem deutschsprachigen Raum.

» KEIN VERSTECKTER BÖRSENSCHATZ BLEIBT LANGE UNENTDECKT, ... «

FOCUS MONEY*
02.08.2017

» ABER MIT ÜBER 40 JAHREN ERFAHRUNG HEBT MAN IHN ETWAS SCHNELLER. «

DR. JENS EHRHARDT
Vorstandsvorsitzender | DJE Kapital AG

DJE Kapital ist seit Generationen inhabergeführt und eine der ältesten Vermögensverwaltungen Deutschlands. Erfolgreiche Vermögensverwaltung bedeutet uns zweierlei: Einerseits eine anspruchsvolle Wissenschaft, die Sachverstand und Erfahrung erfordert. Andererseits eine Leidenschaft, die Kreativität und Bereitschaft zum Hinterfragen verlangt. Mit beidem bewirken wir für unsere Kunden seit über 40 Jahren nachweislich herausragende Performances.
Erfahren Sie mehr unter www.dje.de

Alle veröffentlichten Angaben dienen ausschließlich Ihrer Information und stellen keine Anlageberatung oder sonstige Empfehlung dar. Aktienkurse können markt-, währungs- und einzelwertbedingt relativ stark schwanken. Auszeichnungen, Ratings und Rankings sind keine Kauf- oder Verkaufsempfehlungen. Frühere Wertentwicklungen sind kein verlässlicher Indikator für die künftige Wertentwicklung. Weitere Informationen zu Chancen und Risiken finden Sie auf der Webseite www.dje.de. Der Verkaufsprospekt und weitere Informationen sind in deutscher Sprache kostenlos bei der DJE Investment S.A. oder unter www.dje.de erhältlich. Verwaltungsgesellschaft der Fonds ist die DJE Investment S.A. Vertriebsstelle ist die DJE Kapital AG.

* FOCUS MONEY 32/2017, S. 8, „Das Beste kaufen"

16.5 Unser Partner Qiagen aus dem TecDAX und MDAX informiert über sein Geschäftsmodell

Das 21. Jahrhundert ist das Zeitalter der Biologie. Rasante Fortschritte bei der Erforschung der kleinsten Bausteine des Lebens – DNA, RNA sowie Proteine – und ihrer Funktion ebnen kontinuierlich den Weg zur Bekämpfung vieler Krankheiten und Verbesserung unserer Lebensqualität. Der Weg zu neuen Erkenntnissen ist jedoch steinig. Die hochkomplexe Welt der Biologie stellt Wissenschaftler und Mediziner vor immer neue Herausforderungen. Genau hier setzt QIAGEN an. Als der weltweit führende Anbieter von Komplettlösungen zur Gewinnung wertvoller molekularer Erkenntnisse aus biologischen Proben helfen wir unseren 500.000 Kunden weltweit, komplexe Fragestellungen zu lösen und neue Durchbrüche zu erzielen.

QIAGENs Portfolio deckt alle Arbeitsschritte in der molekularen Testung von der Verarbeitung biologischer Proben wie Blut, Speichel oder Gewebe über passende Test- und Analyseverfahren bis hin zur Interpretation hochkomplexer Daten. Dies lässt sich in zwei übergeordnete Kategorien unterteilen: Verbrauchsmaterialien einschließlich spezialisierter Bioinformatik-Lösungen (88 % vom Umsatz) sowie Instrumente (12 % vom Umsatz), um Arbeitsabläufe im Labor zu automatisieren.

QIAGEN vermarktet das Portfolio an vier Kundengruppen: Molekulare Diagnostik, Akademische Forschung, Pharmazeutische Industrie und Angewandte Testung wie die Forensik (Gerichtsmedizin). Wesentliche Faktoren für QIAGENs nachhaltigen Erfolg sind ein Höchstmaß an Qualität und Zuverlässigkeit, Nutzerfreundlichkeit, Standardisierung und Kosteneffektivität.

Um unsere Führungsposition weiter zu stärken, setzt QIAGEN auf gezielte Investitionen in wachstumsstarke Bereiche des Portfolios: **QuantiFERON-TB** für den Nachweis latenter Tuberkulose; Lösungen für das **Next-Generation Sequencing (NGS)** inklusive des innovativen GeneReader NGS Workflow. Außerdem Tests für die **Personalisierte Medizin**; die **QIAsymphony** Plattform zur Automatisierung molekularer Testworkflows; **Differenzierte Technologien** zur Adressierung von Herausforderungen in dynamischen Forschungsbereichen.

QIAGEN beschäftigt weltweit knapp 4.700 Mitarbeiter an mehr als 35 Standorten und erzielte im Jahr 2016 einen Umsatz von 1,4 Mrd. US-Dollar. QIAGEN ist an der NYSE und der Frankfurter Börse notiert. Sitz der Holding ist Venlo in den Niederlanden. Weitere Informationen finden Sie unter https://corporate.qiagen.com.

Making improvements in life possible

Die kleinsten Bausteine des Lebens sind unsere Leidenschaft. Unseren Kunden bei der Entschlüsselung ihrer Geheimnisse zu helfen und so Durchbrüche in der Medizin und Forschung zu ermöglichen, treibt uns an. Dafür stehen unsere innovativen Produkte, die von der Probe zur Erkenntnis selbst höchsten Anforderungen an molekulare Testverfahren gerecht werden. So verwirklichen wir unsere Vision, weltweit die Lebensqualität von Menschen zu verbessern.

Mehr Informationen finden Sie unter:
corporate.qiagen.com

— Sample to Insight —

16.6 Sachwortverzeichnis: Wo steht was?

Schwerpunktwissen: violett und fett gedruckt
Ausführliche Informationen: fett gedruckt
Alle übrigen Hinweise: Normalschrift

A

Aktien, Aktienfonds, ETF Vergleich: 283
Aktien, Aktienfonds Russland: **149**
Aktiencrash Russland 2018: **148/149**
Aktien, Expertennachlese Favoriten 2017: **308-311**
Aktien, Kursträume: **292-294, 306/307**
Aktien Nasdaq 100: 132
Aktienfonds Afrika, Naher Osten: **166**
Aktienfonds amerikanische Standardwerte: **163/164**
Aktienfonds Asien/Pazifik: **66-69, 150-152**
Aktienfonds für drei Anlegertypen: **141**
Aktienfonds Auslands-Indizes: 48-88
Aktienfonds und ETFs: Automobilsektor: 115
Aktienfonds Banken: **117/118**
Aktienfonds Bau/Immobilien: **96-98**
Aktienfonds Bausteinmodell nach Anlegergruppen: 138-143
Aktienfonds Bergwerke, Minen, Edelmetalle, Rohstoffe: **92/93**
Aktienfonds Biotechnologie: **83/84**
Aktienfonds Branchen: 79-124
Aktienfonds Branchen-Bestenliste 2018: 171-177
Aktienfonds DAX: **25/26**
Aktienfonds deutsche Indizes: 22-42
Aktienfonds Digitalisierung: 105-107
Aktienfonds Dividende: **44-46**
Aktienfonds Edelmetalle, Gold: **122**

Aktienfonds Elektronik, Elektrotechnik, Hightech, IT, Industrie 4.0: **105-107**
Aktienfonds Emerging Markets: **70-73**
Akienfonds Energie/Versorger: **123/124**
Aktienfonds Entwicklungsländer: **71-73**
Aktienfonds Erneuerbare Energie: **86/87**
Aktienfonds Ethik/Umwelt: **74-78**
Aktienfonds Europa: **51-53**
Aktienfonds europäische Nebenwerte: **161/162**
Aktienfonds europäische Standardtitel: **159/160**
Aktienfonds Familienunternehmen: **39**
Aktienfonds-Favoriten ARD-Börse: **198-203**
Aktienfonds-Favoriten Handelsblatt: **195-198**
Aktienfonds-Favoriten Wallstreet.online: **193/194**
Aktienfonds Finanzdienstleister: **117/118**
Aktienfonds Frontiermärkte: **70-73, 155/156**
Aktienfonds Gesundheitswesen: **83/84, 183**
Aktienfonds Gold: **94, 122**
Aktienfonds Hightech und IT-Software: **105-107**
Aktienfonds Immobilien: 245-254
Aktienfonds Indien: **167/168**
Aktienfonds Industriesektor und Industrie 4.0: **105-107, 178/179, 184/185**

Aktienfonds Informationstechnologie und Internet: **109-111, 180/181**

Aktienfonds Infrastruktur: **120, 179**

Aktienfonds international: **40-42**

Aktienfonds Internet der Dinge: 109-111

Aktienfonds Japan: **61/62, 152-154**

Aktienfonds Konsumgüter: **101/102, 182**

Aktienfonds Lateinamerika: **167**

Aktienfonds Logistik/Transport: **120, 179**

Aktienfonds Medien: **112/113**

Aktienfonds Medizintechnik: **83/84**

Aktienfonds Musterdepots Anlegertypen und Nasdaq: 125-132

Aktienfonds Nachhaltigkeit: **74-78**

Aktienfonds Nebenwerte Deutschland: **29/30, 158/159**

Aktienfonds Nebenwerte international: **170**

Aktienfonds Ökologie: **184/185**

Aktienfonds Ostasien: **66-69**

Aktienfonds Osteuropa: **165/166**

Aktienfonds Pharma: **83/84**

Aktienfonds Rohstoffe, Minen: **92/93**

Aktienfonds Schweiz: **165**

Aktienfonds Standardwerte Deutschland: **157/158**

Aktienfonds Standardwerte global: **168/169**

Aktienfonds Technologie, Künstliche Intelligenz, Industrie 4.0: **105-107, 185/186**

Aktienfonds Telekommunikation: **112/113**

Aktienfonds Umweltschutz, Klimawandel, Ökologie: **86/87, 184/185**

Aktienfonds USA/Welt: **57/58**

Aktienfonds Versicherungen: **117/118**

Aktienfonds Versorger: **123/124**

Aktienfonds Werkstatt Börse: 125-149

Aktienfonds Zukunftsmärkte: 85-88

Aktiensuche leicht gemacht: **378-382**

Aktiensuche Vordruck: 382

Allgemeine Informationen Vorwort: **9-12, 13-16**

Alphabet-Aktie in Fonds: **309/310**

Altbestand Fonds, Steuerrecht: 46/47

Altbestand steuerfrei: **304**

Alternative Fonds bzw. Hedgefonds: 255-262

Angst/Panikstarre Crash: 303, **305/306**

Anlage ab 5.000, 10.000, 20.000, 30.000, 50.000, 100.000 €: 312-382

Anlagebetrug: **144-147**

Anlageformen, Anlageziele: **13-16**

Anlagestrategie Baukastenmodell: **138-143**

Anlagestrategie, Börsenverhalten Millionäre: **299-303**

Anlagetipps Stefan Loipfinger: 142

Anlageverhalten Frauen/Männer: **226**

Anlegerängste und Sorgen: **305/306**

Anlegerfallen Fondssektor: **144-147**

Anlegertypen: **13-15, 125-132, 141/142, 312-373**

Anlegertyp erfolgsorientiert: **127/128, 316, 320, 326, 335, 347, 362**

Anlegertyp risikofreudig: **129/130, 317, 322, 328, 338, 351, 368**

Anlegertyp sicherheitsbewusst: **125/126, 128-132, 315, 318, 324, 332, 342, 356**

ARD-Börse Aktienfonds: **190-192, 198-203**

Aufbau Aktiendepot Altbestand: **304**

Aufbaumodell, Baukastensystem Aktien, Fonds, ETFs: 138-143

Aufbaumodell, Vordruck: **143**

Aufgaben Schnelltests Börsenwissen: **383-387**

Ausländische Indizes mit Fonds: **48-78**

Ausschüttend: 98, 270

Auswertung Familienfonds-Vision: **298**

Autoaktien, Aktienfonds, ETFs: **115**

Automobilindustrie mit Krisen: 114, 176

B

Banken mit Aktienfonds: **117/118**

Bauindustrie, Immobilien: **95-99**

Baukasten-Aufbaumodell Wertpapieranlage: **138-143**

Baukastensystem Vordruck: **143**

Bergwerke, Minen, Rohstoffe: **92/93**

Bestenlisten-Auswahl Aktienfonds international: **40-42**

Bestenliste Aktienfonds ARD-Börse: **198-203**

Bestenliste Aktienfonds Handelsblatt: **195-198**

Bestenliste Aktienfonds www.finanzpartner.de: **157-170**

Bestenliste Favoriten Wallstreet.online: **193/194**

Bilanz Fondssektor 2016-2018: **190-192**

Biotechnologie, Aktienfonds: **83/84, 183**

Blockchain-Technologie: 226

Börsenbarometer Ausland: **48-78**

Börsenbarometer deutsch: **22-47**

Börsenbarometer, Indizes: **22-78, 414**

Börsencrash Russland: 148/149

Börsengurus: 346

Börsenkrisen/Börsencrash: 303, **305/306**

Börsensprüche/Weisheiten: **237**

Börsenverhalten Millionäre: **300-302**

Börsenwerkstatt: Aktien, Aktienfonds, ETFs: **125-149**

Börsenwissen Bundesbürger: **265**

BÖRSE ONLINE Auswertung Fonds-Ersttipps von 2017: **266-268**

Börsenwissen 5 Schnelltests Aufgaben: **383-387**

Börsenwissen 5 Schnelltests Lösungen: **409**

Branchen-Aktienfonds: **79-124**

Branchen-Aktienfonds-Musterdepot: **133-137**

Branchenauswahl allgemein: **79**

Branchen-Aktienfonds: **79-124**

Branchen-ETFs: **279-282**

Brexitkäufe 2016: **305**

Buchgewinne Aktien, Übersicht: 341

Bundesanleihen: 232

C

Chancen Weltwirtschaftskrise 2008/2009: **304**

Chemie/Pharma, Biotech, Medtech Einzelaktien und Aktienfonds: **79, 83-84**

China: **63-69**

China, Aktien-Favoriten: **63/64, 68**

China, Aktienfonds: **65**

China, Dividendenstars: 64

Crash: 303, **305/306, 431/432**

Cyberkriminalität: 101, 111, **265**

D

Dachfonds: **223-226**

Dachfonds Allgemeines: **223/224**

Dachfonds-Auswahl e-fund research.com: **224**

Dachfonds-Musterdepot: **225**

DAX 30 Jahre: **268**

DAX-Familie: **22-40**

DAX, Leitindex: **23-26**

DAX Aktienfondsauswahl: **25/26**

DAX Langzeitvergleich Kursentwicklung: **24**

DAXplus Family 30: 38-40

DAX-Plus Family Langzeitvergleich: **39**

Demograf. Wandel: **79-84,** 100, **181**

Deutscher Familienfirmen-Aktienfonds (Vision) ergänzt durch Nasdaq: 291-298

Deutsche Indizes mit Aktien- und Fondslisten: 22-42

Deutsche Indizes, Neuordnung: 34

Deutsche Millionärsfamilien: **299-302**

Digitale Revolution: 100

Digitale Transformation: 116

Digitalisierungs-Megatrend mit Statistik: **108**

Digitalisierung, Zitate: **175**

DivDAX: 43/44

Diversifikation (Streuung): 12, 368

Dividenden-Aktienfonds: **44-46**

Dividenden als passive Altersvorsorge: **367**

Dividenden Euro Stoxx, Stoxx 50:

Dividendenfonds Musterdepot: 47

Dividendenrendite mit Kursliste: 293/294

DJE Kapital AG: **415-418**

Dow Jones: 54-58

Dow Jones Dividendenstars: **55**

Dreikampf Aktien/Fonds/ETFs: **285**

Duell: DivDAX-Aktien/ETF: 44

Edelmetall, Rohstoffe mit Aktienfondsauswahl Kontinente/Länder: **88-94**

Ehrhardt, Dr. Jens: **415-418**

Einzelaktien, ETFs, Aktienfonds: **283**

Elektroautos/Elektromobilität: **114,** 176

Elektrotechnik/Elektronik: **104-107**

Emerging Markets, Aktienfonds: **70-73**

Energie- und Rohstoffsektor: **88-94**

Entwicklungsländer: **70-73**

Erfolgsorientierter Anlegertyp: **127/128, 316, 320, 326, 335, 347, 362**

Erfolgsorientierter Anlegertyp, Musterdepot: **127/128**

Erneuerbare Energie: **85-88**

ETC: 270

ETF/Indexfonds: 269-290

ETF aktiv/passiv: **270**

ETF Anlegertypen: **142**

ETF-Auswahl ARD-Börse: **274-278**

ETF-Auswahl Asien: 66

ETF-Auswahl Bausteinmodell: **138-143**

ETF-Auswahl Branchen: 280-284

ETF-Auswahl deutsche Nebenwerte: **35**

ETF Automobilsektor: 115

ETF Bauindustrie/Immobilien: **254**

ETF-Boom: **269/270**

ETF Favoriten **Ex**tra-Magazin: **286-288**

ETF Finanzdienstleistungen: 118

ETF/ETC: Globale Marktabdeckung: **271-274**

ETF Infrastruktur: 121

ETF Wallstreet.online Favoriten: **195**

ETF, wann am besten? **283**

ETF zweifacher Hebel: 265, 278, **289/290**

Ethik-Standards Wertpapiere: 75

Ethische Geldanlage, Ethikfonds: **74-78**

Europäische Aktienfonds: **51-53**

Euro Stoxx 50: 48-53

Euro Stoxx 50, Dividende: 49

Euro Stoxx 50, Stoxx 50, ETF: 50

Euro Stoxx 50, Top und Flop: 49

„Ewige Aktien", Aktienfonds: **308-311**

Expertennachlese mit Aktienfavoriten: 308-311

 F

Fallbeispiele Fondsstilblüten: **62, 229, 237, 254**

Fallbeispiel Geldanlageprojekt: **314**

Fallbeispiel Leerverkauf, Kursabsturz Wirecard und Ströer: 256

Fallbeispiel Londons Wolkenkratzer „Gurke": **252/253**

Fallbeispiel Rohstoffe: **89**

Fallbeispiel Startkapital 5.000 bis 100.000 €: **314**

Familienfirmen-Aktienfonds, Modell: **294-298**

Familienfirmen-Aktienfonds, Vision: **291-298**

Familienunternehmen Allgemeines: **291**

Familienunternehmen Erfolge: **38**

Familienunternehmen Kursträume: **292**

Finanzkrise 2008/2009: **304**

Fonds Grundwissen, Einführung: 13-21

Fondsanlagefallen: 144-147

Fondsarten: 206-268

Fondsarten Siegerquartett 2018: **263-265**

Fondsauswahl Bestenlisten: **41/42**

Fondsbewertungen Ranking/Rating: **19**

Fondsbilanzen: **190-192**

Fonds-Ersttipp Börse Online: **266-268**

Fondsrenditen 2018: **244**

Fondsstatistik: **190-192**

Fondswissen, Aufgaben und Lösungen: 383-387, 409-413

Forschungsprojekt Expertenfavoriten Aktien/Aktienfonds: **308-311**

Fracking: 122

Frontiermärkte, Aktienfonds: **70-73**

500 und 1.000 Prozent-Aktien: **314/315**

 G

Garantiefonds/Sachwertefonds mit Kurslisten: **227-231**

Garantieprodukte Allgemeines: **227**

Geldanlage ab 5.000, 10.000, 20.000, 30.000, 50.000, 100.000 Euro mit Aktien, Fonds, ETF: 312-382

Geldanlage 5.000 €, drei Anlegertypen: 315-318

Sicherheitsbewusst: 315

Erfolgsorientiert: 316

Risikofreudig: 317

Geldanlage 10.000 €, drei Anlegertypen: 319-323

Sicherheitsbewusst: 318

Erfolgsorientiert: 320

Risikofreudig: 322

Geldanlage 20.000 €, drei Anlegertypen: 324-330

Sicherheitsbewusst: 324

Erfolgsorientiert: 326

Risikofreudig: 328

Geldanlage 30.000 €, drei Anlegertypen: 331-341

Sicherheitsbewusst: 332

Erfolgsorientiert: 335

Risikofreudig: 338

Geldanlage 50.000 €, drei Anlegertypen: 341-355

Sicherheitsbewusst: 342

Erfolgsorientiert: 347

Risikofreudig: 351

Geldanlage 100.000 €, drei Anlegertypen: 356-373

Sicherheitsbewusst: 356

Erfolgsorientiert: 362

Risikofreudig: 368

Geldanlage 100.000 €, Musterdepot: 373-377

Geldanlage: Aktiensuche leicht gemacht: 378-382

Geldanlage Millionäre: **299/300**

Geldanlage-Strategie Millionäre: **300-302**

Geldanlage, worauf es ankommt: **312-314**

Geldmarktfonds: 240-244

Geldmarktfonds Handelsblattauswahl: **242-243**

Geschlossene Immobilienfonds: **98/99, 251-253**

Gesellschaftlicher Wandel: 112/113

Gesundheitsaktien-Auswahl: **82**

Gesundheitswesen Biotech, Medtech, Pharma: **79-84**

Gesundheitswesen Aktienfonds: **83/84**

Globalisierung: 119

Glossar Fachbegriffe: 388-408

Gold und Silber: 91, **94,** 122/123

Grauer Kapitalmarkt: **144-147,** 253

Growth: 38, 214, 323, 346

Handelsblatt, Aktienfonds: **195/198**

Handlungsabläufe Fondsanlage: **21**

Hebel zweifach bei ETFs: 265, 278, 288, **288-290**

Hedgefonds: 255-262

Hedgefonds 2015 bis 2018: **255/256**

Hedgefonds Anforderungen und Merkmale: **257**

Hedgefonds Long/Short-Equity: **258**

Hedgefonds-Strategien: **258/259**

Hedgefonds-Vermögen: 258

Hightech-Aktienfonds: **105-107**

High Yield Bonds: 69, 244

I

Immobilien-Aktien Deutschland: 145, 251

Immobilien, Bauindustrie: **95-99**

Immobilienfonds: **245-254**

Indexfonds/ETF: 269-290

Index-Neuordnung 2018: 34, 222, 331

Indexübersicht/Vergleich: **56, 414**

Indien: Zahlen und Fonds: **69**

Indizes Ausland: **48-78**

Indizes Deutschland: **22-40**

Indizes, globale Übersicht: **414**

Industrie 4.0 mit Internet der Dinge: 21, **104-107,** 275

Industrielle Evolution und Revolution: **112/113**

Informationstechnologie: 108

Infrastruktur, Logistik, Transport: **119-121**

Internet der Dinge: 108

Investmentfonds Grundlagen: 13-21

IT-/Software mit Aktienfonds: 104-107

Japan, Nikkei 225: **59-61**

Junge Erwachsene Wisensrückstände Finanzen: **265**

Kapitalanlage 5.000 bis 100.000 €: 312-382

Kapitalanlage 100.000 €, Musterdepot: **373-377**

Kapitalanlage Aktiensuche leicht gemacht: **378-382**

Kapitalanlage Millionäre: **299/300**

Kapitalanlage, worauf es ankommt: **312-314**

Kapitalvermehrung langfristig: **301/302**

Kapitalvernichtung schleichend: 11, **305/306**

Kernkraftausstieg: 121/122

Klimawandel/Umweltschutz: 85/86, 124

Kondratjew I bis VI: 80

Konsumgüter mit Aktienfonds: **100-103**

Kostenrechnung Energiewende: 124

Kostolany André: 265

Kursindex DAX: 23

Kursträume Aktien: **292-294, 306/307**

L

Langzeitanlage: 190, **314/315**

Lebenserwartung: **181**

Lebensversicherungen: 116

Leerverkauf: 256

Leistungstests, Schnelltests, Aufgaben und Lösungen: 383, 409

Lexikon der Fachbegriffe: 388-408

Logistik, Transport, Infrastruktur mit Aktienfonds: **119-121**

Luxusgüter mit Aktienfonds: **103**

M

MDAX: 27-30

MDAX Dividendenstars: 29

MDAX-Duell mit DAX: **28**

MDAX-Langzeitvergleich: **28/29**

MDAX Top/Flop: 29

Medien mit Aktienfonds: **112/113**

Medizinfortschritt: **80, 183**

Medizintechnik mit Aktienfonds: **83/84**

Medtronic in Fondsanlagen: 311

Millionärsfamilien deutsch: **299-302**

Mischfonds mit Kurslisten: 206-222

Mischfonds Allgemeines: **206-209**

Mischfonds-Auswahl fondsdiscount.de und boerse.ARD.de: **209-213**

Mischfonds-Musterdepot Multi Asset-Ansatz: 220/221

Mischfonds-Siegerliste dasinvestment.com: **218**

Mischfonds-Siegerliste finanztreff.de: **219**

Mischfonds-Siegerliste Handelsblatt: **215-217**

Mischfondsstatistik und Bilanz: **207**

Modesektor: 103

Modell Familienfirmenfonds deutsche Indizes, ergänzt durch Nasdaq: 294-298

Multi-Asset-Ansatz Mischfonds: **214, 220**

Musterdepots Aktienfonds Anlegertypen und Nasdaq: 125-132

Musterdepot Aktienfonds erfolgsorientiert: **127/128**

Musterdepot Aktienfonds Länder: **204/205**

Musterdepot Aktienfonds risikofreudig: **129/130**

Musterdepot Aktienfonds sicherheitsbewusst: **125/126**

Musterdepot Aktienfonds USA: **131**

Musterdepot Branchenfonds: 133-137, 187-189

Musterdepot Dividendenfonds: 47

Musterdepot Mischfonds: 220/221

N

Nachhaltige Geldanlage: **74-78**

Nachhaltigkeitsfonds: 74, **76-78**

Nasdaq 100: 54-58, 318, 340

Nebenwerte: **27-40**, 53

Nebenwerte-Aktienfonds global: **170**

Nebenwerte-Aktienfonds Deutschland: **29/30, 158/159**

Nebenwerte **ETF: 35**

Nefiodow, Leo: 80

Neuer Markt, Überlebende: 33

Neuordnung Indizes: **34, 222, 331**

Nikkei 225: 59-65

Nikkei Fondsauswahl: 61/62

Notfallfahrplan Börsencrash: **431/432**

Null-/Niedrig-/Strafzinsen: 11, **116, 305**

Offene Immobilienfonds: **98/99, 245-254**

Offene Immobilienfonds Bestenliste Handelsblatt: **246-248**

Offene Immobilienfonds und Immobilien-Aktienfonds ARD-Börse: **248-251**

OGAW/UCITS: 244

Ölsektor: 20, **121-124**

Panikverkäufe Crash: 303, **305/306**

Passive Altersvorsorge Dividende: **367**

Performance-Index DAX: 23

Pharma-Industrie: **81, 183**

Pharma mit Aktienfonds: **83/84**

Photovoltaik, Solarstrom: 88

Produktbeschreibungen Fonds-Stilblüten: **62, 229, 237, 254**

Qiagen, Tec DAX: **419/420**

R

Rating-Agenturen: **19**

REIT-Immobilien: 98

Renten-ETFs Sieger ARD-Börse: **284**

Rentenfonds Allgemeines: **232**

Rentenfonds ARD-Börse: **238/239**

Rentenfonds aus Siegerlisten: **233/234**

Rentenfonds Handelsblatt: **235/236**

Rentenfonds mit Kursliste: 232-239

Risikofreudiger Typ, Musterdepot, Kursrslisten: **71-73, 129/130, 260/261, 317, 322, 328, 338, 351, 368**

Roche in Aktienfnds: 310

Rohstoffe mit Aktienfonds: **88-94**

Rohstoffgruppen und Preise: 89/90

Russland-Aktien und -Aktienfonds: **149**

Russland-Crash 2018: **148/149**

Salesforce in Aktienfonds: 311

Schlussbilanz Fonds: 190-192

Schnelltests, Aufgaben: 383

Schnelltests, Lösungen: 409

SDAX: 36/37

SDAX, Dividenden: 37

SDAX, Langzeitvergleich: **37**

SDAX, Top/Flop: 37

SICAV Fonds-Rechtsform: 73, 244

Sicherheitsbewusster Anlegertyp mit Musterdepot und Kurslisten: **125/126, 128-132, 232-236, 240-243, 315, 318, 324, 332, 342, 356**

Solarstrom, Photovoltaik: 88

Sondervermögen: 20, 270

Soros, George: 257

Sparbuch: 12, 14, 19

Sparplan mit Cost-Average-Effekt: 16/17, 53

Spartopffunktion Investmentfonds: 18

Startkapital 5.000 bis 100.000 €: 312-382

Startkapital 5.000 €, drei Anlegertypen: 315-318

Sicherheitsbewusst: 315

Erfolgsorientiert: 316

Risikofreudig: 317

Startkapital 10.000 €, drei Anlegertypen: 319-323

Sicherheitsbewusst: 318

Erfolgsorientiert: 320

Risikofreudig: 322

Startkapital 20.000 €, drei Anlegertypen: 324-330

Sicherheitsbewusst: 324

Erfolgsorientiert: 326

Risikofreudig: 328

Geldanlage 30.000 €, drei Anlegertypen: 331-341

Sicherheitsbewusst: 332

Erfolgsorientiert: 335

Risikofreudig: 338

Startkapital 50.000 €, drei Anlegertypen: 341-355

Sicherheitsbewusst: 342

Erfolgsorientiert: 347

Risikofreudig: 351

Startkapital 100.000 €, drei Anlegertypen: 356-373

Sicherheitsbewusst: 356

Erfolgsorientiert: 362

Risikofreudig: 368

Startkapital Aktiensuche: 378-382

Statistik Bundesverband Banken: 318

Statistik Cyberkriminalität: 116

Statistik deutsche Industrie: **104**

Statistik Digitalisierung: **108**

Statistik Fondsarten: **240**

Statistik Fondsrendite: **190-192**

Statistik Immobilienfonds: **245/246**

Statistik Medizin: 183

Statistik Mischfonds: **207**

Statistik Ziffer 10: 368

Steuerrecht Fondsaltbestand: 46/47

Stilblüten bei Fonds: **62, 229, 237, 254**

Stoxx 50: 48-53

Stoxx 50, Dividende: 49

Stoxx 50 ETF: 50

Stoxx 50 Top und Flop: 50

S&P 500: 54-58

TecDAX: 31-35

TecDAX, Dividendenstars: 32

TecDAX, Langzeitvergleich: **32**

TecDAX, Top/Flop: 32

Technologie mit Aktienfonds: **105-107**

Telekommunikation mit Fonds: **112/113**

Themenfonds: **74-78**

Thesaurierend: 46, 98, 270

Tipps für Fondsanlage: **12**

TOPIX: 60

Transaktionsumfang und Kosten: 12, 15/16, 18, 23, 226

Trendwende Gold: **91/92**

Überlebende Neuer Markt: 33

Übersicht weltweite Indizes: **414**

UCITS/OGAW: **70**

Umfrage Bankenverband: 99

Umfrage Erwachsene: 355

Umfrage Cyberkriminalität: 116

Umfrage Forsa/Handelsblatt: 21, **355**

Umfrage Industrie 4.0: **275**

Untergangspropheten: 16, 40, 306

USA: **57/58, 68, 163/164**

Value-Aktien: 38, 214, 323, 346

Vergleich Aktien, Aktienfonds, ETF: **283**

Vergleich Aktienfonds und Mischfonds: **222**

Vergleich Offene und Geschlossene Immobilienfonds: **252**

Verhaltenskodex Corporate Gov.: **75**

Verlust: 13, 15, 31, 91, 246

Vermögen: 16, 56

Versorger Energie: 121/122

Verwaltungsgebühr, Ausgabeaufschlag: 12, 23, 40

VINCI in Aktienfonds: 312

Vision: Aktienfonds Deutsche Familienunternehmen ergänzt durch Nasdaq: 291-298

Volatilität: 12, 214, 226, 262, 289, 308

Wallstreet.online Bestenliste: **193/194**

Wann Aktien, ETFs, Aktienfonds? **283**

Warnung Trendwende Gold: **91/92**

Wasserwirtschaft: **85/86**

Weltweite Börsenindizes: 414

Weltwirtschaftskrise 2008/2009: **304**

Werkstatt Börse: **125-149**

Wertgesicherte Fonds: 227-231

Wertgesicherte Fonds ARD-Börse: **230**

Wertgesicherte Fonds Handelsblattauswahl: **228/229**

Wertverluste Immobilienfonds: 246

Wertvollste Unternehmen: **57**

Wikifolio Nasdaq-Anlage: **318**

Windkraft: 121

Wissensrückstände Börse, Wirtschaft, Finanzen: 20, **265, 318**

Wissens-Schnelltests Aufgaben: 383-387, Lösungen: 388-409

Wohnungsmarkt Deutschland, Wohnraummangel: 16, 95/96

Zahlenspiegel Altersvorsorge: **355**

Zahlenspiegel Autobauer: 114

Zahlenspiegel Bankenverband: 318

Zahlenspiegel Cyberkriminalität: 116

Zahlenspiegel deutsche Industrie: **104**

Zahlenspiegel Digitalisierung: **108**

Zahlenspiegel Emerging Markets: **71**

Zahlenspiegel Energie: 124

Zahlenspiegel Firmenrisiken: 116

Zahlenspiegel Fondsarten: 230, 233, 238, **240, 244**

Zahlenspiegel Immobilien: **245/246**

Zahlenspiegel Indien: **69**

Zahlenspiegel Medizin: 80, 183

Zahlenspiegel Mischfonds: **207,** 214

Zahlenspiegel Pharma: 81

Zahlenspiegel Rohstoffe: **90**

Zahlenspiegel ZEW Frau/Mann: 226

Zinseszins: 130, **154,** 181, 214, 270

Zinspolitik, Zinssätze: **116,** 232, 265

Zitat ARD-Börse Immobilienfonds: **246**

Zitat Kasparow, Garri, früherer Schachweltmeister: 147

Zitat Dahmen, Dietmar, KI: 81

Zitat Deichmann, Heinrich: 175

Zitat Dittrich, Klaus, Messe Mü.: 175

Zitat Flossbach von Storch, Gold: 90

Zitat Franklin, Benjamin: 137

Zitat Gabriel, Sigmar: 47

Zitate Hedgefonds: **262**

Zitat Holeksa, Jürgen: 175

Zitat Kant, Immanuel: 140

Zitat Kirchhoff, Rainer, Telekommunikation: 112

Zitate Loipfinger, Stefan: 137, **146/147**

Zitat London, Jack, Schriftsteller: 147

Zitat Mohn, Dorothea, Bundesverband Verbraucherzentrale: 146

Zitat Nefiodow, Leo, Kondratjew: 80

Zitat Thaler, Richard, Verhaltensökonomik, Nobelpreisträger Wirtschaft: **262**

Zukauf Brexit: **305**

Zukunftsmärkte: 79, 85-88, 119, 331

Zweifacher Hebel: 265